BIOskop

Sekundarstufe II

Herausgeber
Rainer Hausfeld
Wolfgang Schulenberg

Autoren
Thorsten Frankenberg
Rainer Hausfeld
Daniel Klaßen
Isabel Lisbach
Tjado Nußwaldt
Jörn Peters
Martin Ratermann
Rüdiger Schmalz
Eckhart Schröder
Wolfgang Schulenberg
Franz Stoppel
Henning Teschner

Linksammlung
Ulrich Helmich

westermann

© 2010 Bildungshaus Schulbuchverlage
Westermann Schroedel Diesterweg Schöningh Winklers GmbH, Braunschweig
www.westermann.de

Das Werk und seine Teile sind urheberrechtlich geschützt.
Jede Nutzung in anderen als den gesetzlich zugelassenen Fällen bedarf der vorherigen schriftlichen Einwilligung des Verlages.
Hinweis zu § 52 a UrhG: Weder das Werk noch seine Teile dürfen ohne eine solche Einwilligung gescannt und in ein Netzwerk eingestellt werden.
Dies gilt auch für Intranets von Schulen und sonstigen Bildungseinrichtungen.
Auf verschiedenen Seiten dieses Buches befinden sich Verweise (Links) auf Internet-Adressen. Haftungshinweis: Trotz sorgfältiger inhaltlicher Kontrolle wird die Haftung für die Inhalte der externen Seiten ausgeschlossen. Für den Inhalt dieser externen Seiten sind ausschließlich deren Betreiber verantwortlich. Sollten sie bei dem angegebenen Inhalt des Anbieters dieser Seite auf kostenpflichtige, illegale oder anstößige Inhalte treffen, so bedauern wir dies ausdrücklich und bitten Sie, uns umgehend per E-mail davon in Kenntnis zu setzen, damit beim Nachdruck der Verweis gelöscht wird.

Druck A[1] Jahr 2010
Alle Drucke der Serie A sind im Unterricht parallel verwendbar.

Redaktion: Heidrun Kiene
Herstellung: Jennifer Kirchhof
Satz und Grafik Partner GmbH, Meitingen
Umschlaggestaltung: Jennifer Kirchhof
Typographie: Andrea Heissenberg
Druck und Bindung: westermann druck GmbH, Braunschweig

ISBN 978-3-14-**150601**-3

Inhaltsverzeichnis

Zellen und Stoffwechsel

1 Bau und Funktionen von Zellen
1.1 Ebenen der biologischen Organisation – Systemebenen 10
1.2 Die Reiche der Lebewesen 12
1.3 Die Zellen von Prokaryoten und Eukaryoten 14
1.4 Struktur und Funktion von Zellorganellen 16
1.5 Geschichte der Zellmembranforschung 18
1.6 Struktur und Funktion von Zellmembranen 20
1.7 Aktiver und passiver Stofftransport 22

2 Vererbung und Funktion der DNA
2.1 Der Zellkern enthält Chromosomen 26
2.2 Zellzyklus: Mitose und Interphase 28
2.3 Bildung von Geschlechtszellen: Meiose 30
2.4 Genetische Variabilität durch Meiose 32
2.5 Veränderte Chromosomenanzahl: Trisomie 21 34
2.6 Die Vererbung erfolgt nach Regeln 36
2.7 Die Chromosomentheorie der Vererbung 38
2.8 Stammbaumuntersuchungen von genetisch bedingten Krankheiten 40
2.9 DNA: Träger der Erbinformation 42
2.10 Bau der DNA 44
2.11 Identische Verdoppelung der DNA: Replikation 46
2.12 Von der DNA zum Protein: Transkription und Translation 48
2.13 Der genetische Code und Genmutationen 50
2.14 Übersicht: Vom Gen zum Protein 52

3 Regulation der Genaktivität
3.1 Regulation der Genaktivität bei Prokaryoten 54
3.2 Genexpression bei Eukaryoten 56
3.3 Regulation der Genaktivität bei Eukaryoten 58
3.4 Differentielle Genaktivität und die Vielfalt der Zellen 60
3.5 Kontrolle des Zellzyklus 62
3.6 Tumorwachstum durch Fehlregulation der Zellteilungskontrolle 64
3.7 Übertragung von extrazellulären Signalen in intrazelluläre Signale 66
3.8 Biologische Arbeitstechnik: DNA-Microarray-Technologie 68

4 Enzyme beschleunigen biochemische Reaktionen
4.1 Enzyme als Biokatalysatoren 70
4.2 Enzymkinetik: Reaktionsgeschwindigkeit und Substratkonzentration 72
4.3 Hemmungen und Aktivierung der Enzymaktivität 74
4.4 Enzyme: Modelle, Hypothesen, Experimente 76
4.5 Biologische Arbeitstechnik: ELISA und Enzymatik in der Medizin 78
4.6 Weiße Biotechnologie 80

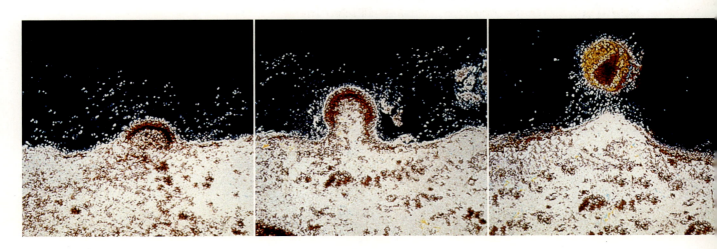

5 Energiestoffwechsel: Zellatmung und Gärung
5.1 Bereitstellung von Energie aus Glucose 82
5.2 Energiestoffwechsel und Mitochondrien 84
5.3 Grundprinzipien von Stoffwechselwegen 86
5.4 Die Glykolyse findet im Cytoplasma statt 88
5.5 Pyruvatabbau zu Kohlenstoffdioxid im Mitochondrium 90
5.6 Elektronentransport und Energiefreisetzung in der Atmungskette 92
5.7 Chemiosmose als Mechanismus der ATP-Synthese 94
5.8 Gärungen: Glucoseabbau unter Sauerstoffmangel 96
5.9 Regulation energieliefernder Stoffwechselwege 98
5.10 Übersicht: Glucoseabbau und Energiebereitstellung 100
5.11 Hormonelle Regulation des Kohlenhydratstoffwechsels 102
5.12 Diabetes 104
5.13 Rote Gentechnik: Herstellung von Insulin 106

6 Atmung und Sauerstoffversorgung der Zellen
6.1 Vergleich von Atmungsorganen 108
6.2 Regelung der äußeren Atmung 110
6.3 Sauerstofftransport – Struktur und Funktion des Hämoglobins 112
6.4 Sauerstoffaffinität des Hämoglobins 114
6.5 Molekulare Angepasstheiten beim Hämoglobin 116
6.6 Biologische Arbeitstechnik: Gelelektrophorese 118
6.7 Sichelzellanämie: Molekulare Ursachen einer Erkrankung 120

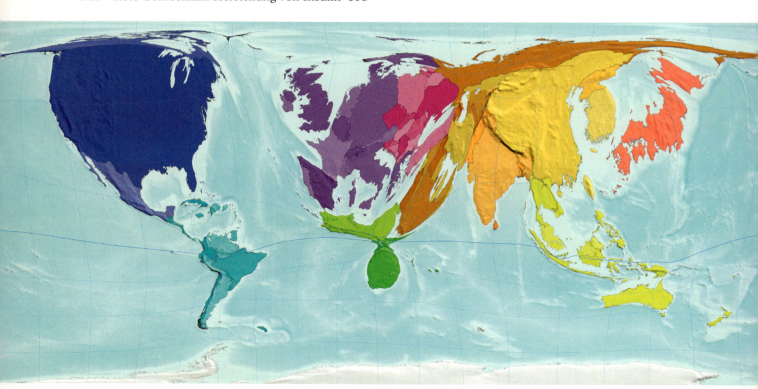

Ökologie und nachhaltige Zukunft

7 Fotosynthese – Umwandlung von Lichtenergie in chemische Energie
7.1 Vom Organ zum Molekül: Laubblatt – Chloroplasten – Chlorophyll 124
7.2 Arbeitstechnik: Chromatografie und Autoradiografie 126
7.3 Pigmente absorbieren Licht 128
7.4 Lichtreaktionen: Bereitstellung von chemischer Energie 130
7.5 Der Calvin-Zyklus: Umwandlung von Kohlenstoffdioxid in Glucose 132
7.6 Die Fotosynthese ist von verschiedenen Faktoren abhängig 134
7.7 Mais – eine C_4-Pflanze als Fotosynthesespezialist 136
7.8 CAM-Pflanzen – angepasst an extreme Trockenheit 138
7.9 Übersicht: Fotosynthese 140
7.10 Die Kohlenstoffbilanz einer Pflanze 142
7.11 Die Vielfalt pflanzlicher Naturstoffe beruht auf genetischer Vielfalt 144

8 Anpassungen und Angepasstheiten von Lebewesen an Umweltfaktoren
8.1 Homöostase: Stabilität in biologischen Systemen durch Regelungsvorgänge 146
8.2 Abiotische und biotische Umweltfaktoren wirken auf Lebewesen 148
8.3 Angepasstheiten von Tieren an extreme Temperaturen 150
8.4 Angepasstheiten von Pflanzen an Wassermangel 152
8.5 Angepasstheiten von Lebewesen an Sauerstoffmangel 154
8.6 Abiotischer und biotischer Stress bei Pflanzen 156

9 Wechselwirkungen zwischen Lebewesen
9.1 Konkurrenz, Parasitismus, Symbiose 158
9.2 Auswirkung von interspezifischer Konkurrenz auf das Vorkommen von Lebewesen 160
9.3 Malaria 162
9.4 Regulation der Individuendichte in Populationen 164
9.5 Das Konzept der ökologischen Nische 166

10 Vernetzte Beziehungen in Ökosystemen
10.1 Stoffkreisläufe in Ökosystemen 168
10.2 Energiefluss in Ökosystemen 170
10.3 Stickstoffkreislauf und Überdüngung 172
10.4 Übersicht: Stoffkreisläufe und Energiefluss in einem Ökosystem 174
10.5 Fließgleichgewichte in offenen Systemen 176
10.6 Funktionen des Bodens 178
10.7 Biologische Aktivität im Boden 180
10.8 Bioindikatoren für Bodeneigenschaften 182
10.9 Ökosystem Wald 184
10.10 Ökosystem See 186
10.11 Ökosystem Hochmoor 188
10.12 Produktivität von Ökosystemen im Vergleich 190

11 Anthropogene Einflüsse und nachhaltige Zukunft
11.1 Der globale Kohlenstoffkreislauf 192
11.2 Der Treibhauseffekt 194
11.3 Kohlenstoffdioxid-Bilanzen und Nachhaltigkeit 196
11.4 Ökologisches Bewerten: Beispiel Kursfahrt 198
11.5 Ökologisches Bewerten: Beispiel Streuobstwiese 200
11.6 Bedeutung der Biodiversität 202
11.7 Grüne Gentechnik – Fakten 204
11.8 Grüne Gentechnik – Bewertung 206

Mit Basiskonzepten arbeiten 208
Struktur und Funktion 210
Kompartimentierung 212
Steuerung und Regelung 214
Stoff- und Energieumwandlung 216
Information und Kommunikation 218
Reproduktion 220
Variabilität und Angepasstheit 222
Geschichte und Verwandtschaft 224
Concept-map 226

Nerven-, Hormon- und Immunsystem

12 Bau und Funktion von Nerven- und Sinneszellen
12.1 Nervenzellen und Nervensysteme 230
12.2 Das Ruhepotenzial 232
12.3 Das Aktionspotenzial an Nervenzellen 234
12.4 Kontinuierliche und saltatorische Erregungsleitung 236
12.5 Multiple Sklerose 238
12.6 Informationsübertragung an Synapsen 240
12.7 Neuronale Verrechnung 242
12.8 Beeinflussung von Nervenzellen durch neuroaktive Stoffe 244
12.9 Bau und Funktion der Skelettmuskulatur 246
12.10 Muskelkontraktion 248
12.11 Neuronale Steuerung von Muskelkontraktionen 250
12.12 Trainingseffekte 252
12.13 Riechen: Vom Reiz zum Aktionspotenzial 254
12.14 Molekulare Vorgänge der Signaltransduktion an Sinneszellen 256
12.15 Vom Reiz zur Reaktion 258
12.16 Vergleich hormoneller und neuronaler Informationsübertragung 260

13 Zusammenwirken von Hormon- und Nervensystem bei Stress
13.1 Der Anpassungswert der Stressreaktion 262
13.2 Hormonelle und neuronale Grundlagen der Stressreaktion 264
13.3 Zelluläre Wirkmechanismen von hydrophilen und lipophilen Hormonen 266

14 Lernen und Gedächtnis
14.1 Lernen und Gedächtnis 268
14.2 Erfahrungen verändern neuronale Verbindungen 270
14.3 Alzheimer-Krankheit 272

15 Immunsystem
15.1 Das Erkennen und die Abwehr von Antigenen 274
15.2 Unterscheidung von Selbst und Fremd 276
15.3 Das HI-Virus und Aids 278

16 Individualentwicklung des Menschen
16.1 An den Grenzen des Lebens 280
16.2 Ethisches Bewerten: Die Präimplantations-Diagnostik 282
16.3 Embryonale und adulte Stammzellen 284
16.4 Biologische Aspekte des Alterns 286

Evolution der biologischen Vielfalt

17 Stammesgeschichtliche Verwandtschaft und der Verlauf der Evolution
17.1 Ähnlichkeiten zwischen Lebewesen: Homologien und Analogien 290
17.2 Verwandtschaftsbelege durch molekularbiologische Homologien 292
17.3 Verwandtschaftsbelege aus der molekulargenetischen Entwicklungsbiologie 294
17.4 Die Endosymbiontentheorie 296
17.5 Evolution der Stoffwechseltypen 298

18 Die Evolution der biologischen Vielfalt
18.1 Die Evolutionstheorien von LAMARCK und DARWIN 300
18.2 Die Synthetische Evolutionstheorie 302
18.3 Variabilität 304
18.4 Selektionstypen und Selektionsfaktoren 306
18.5 Die Bedeutung von Präadaptation für die Evolution 308
18.6 Isolationsmechanismen 310
18.7 Das Zusammenwirken der Evolutionsfaktoren im Prozess der Artbildung 312
18.8 Adaptive Radiation 314

19 Evolution des Sozialverhaltens
19.1 Proximate und ultimate Erklärungsformen in der Biologie 316
19.2 Der adaptive Wert von Verhalten: Kosten-Nutzen-Analysen 318
19.3 Evolutionsstabile Strategien und Fitnessmaximierung 320
19.4 Fortpflanzungsstrategien und Lebensgeschichte 322
19.5 Sozialverhalten der Primaten 324

20 Evolution des Menschen
20.1 Evolutionäre Geschichte des menschlichen Körpers 326
20.2 Molekularbiologische Verwandtschaftsanalyse von Menschen und Menschenaffen 328
20.3 Der Stammbaum des Menschen 330
20.4 Biologische Arbeitstechnik: PCR 332
20.5 Evolution des menschlichen Gehirns 334
20.6 Lebensgeschichte und Elterninvestment 336
20.7 Evolutionäre Trends in der Menschwerdung 338
20.8 Vergleich biologischer und kultureller Evolution 340

Worterklärungen 342
Stichwortverzeichnis 357
physikalische Einheiten 365
Gefahrensymbole 365
Operatoren 366
Bild- und Textquellennachweis 367

Linksammlung unter:
http://www.westermann.de/bioskop-s2-link

Bio*skop* vernetzt →
In jedem Abschnitt finden Sie, unten auf der Seite, mögliche Vernetzungen zu anderen Abschnitten des Buches.

Zellen und Stoffwechsel

1 Bau und Funktion von Zellen

2 Vererbung und Funktion der DNA

3 Regulation der Genaktivität

4 Enzyme beschleunigen biochemische Reaktionen

5 Energiestoffwechsel: Zellatmung und Gärung

6 Atmung und Sauerstoffversorgung der Zellen

Zellen sind die Grundeinheiten aller Lebewesen. Zellen gehen aus Zellen hervor. Einzellige Lebewesen, wie zum Beispiel das Pantoffeltierchen, bestehen nur aus einer Zelle. Der Körper eines erwachsenen Menschen enthält etwa 6×10^{13} Zellen mit einer großen Vielfalt verschiedener Funktionen. In jeder Sekunde werden beim erwachsenen Menschen etwa 2,5 Millionen rote Blutzellen neu gebildet, ebenso viele gehen zugrunde. Alle Zellen benötigen Energie und haben einen Stoffwechsel. Zellen nehmen Stoffe aus ihrer Umgebung auf, wandeln sie um und geben Stoffe an die Umgebung ab. Jede Zelle ist von einer Membran umgeben und ist dadurch von der Umgebung abgegrenzt.
Viren sind keine Zellen, sie haben keinen Stoffwechsel. Viren können sich nur im Inneren befallener Zellen mit Hilfe deren Zellstoffwechsels vermehren. Das Bild zeigt ein HI-Virus, der Erreger von AIDS, das im Inneren einer weißen Blutzelle gebildet wurde und nun die Zelle durch die Zellmembran verlässt. Dabei wird die Zellmembran geschädigt und die weiße Blutzelle stirbt ab.

1.1 Ebenen der biologischen Organisation – Systemebenen

Ein Merkmal des Lebens auf der Erde ist die riesige Vielfalt. Um die Vielfalt biologischer Phänomene und Sachverhalte zu ordnen, sind verschiedene Ordnungssysteme entwickelt worden. Eines davon ordnet biologische Sachverhalte nach Ebenen biologischer Organisation, den **Systemebenen** (Abb. 1). Dabei baut jede Ebene auf den vorherigen Ebenen auf.

Zur Ebene der **Moleküle** gehören unter anderem die biologisch bedeutsamen Proteine, Fette, Kohlenhydrate und Nucleinsäuren. Chlorophyll ist ein Molekül, das Licht absorbiert und für die Fotosynthese wichtig ist. Verschiedene Moleküle ordnen sich zu **Zellorganellen,** z. B. zu Chloroplasten, den Orten der Fotosynthese. Zellorganellen sind Bestandteile von **Zellen,** den Grundeinheiten aller Lebewesen. Vielzeller besitzen in der Regel eine große Vielfalt an Zelltypen, die jeweils auf eine bestimmte Funktion spezialisiert sind. Gleichartige Zellen schließen sich zu **Geweben** zusammen, verschiedene Gewebe zu einer Funktionseinheit, einem **Organ.** Das Laubblatt ist ein Beispiel für ein Organ, in dem unter anderem Gewebe für Fotosynthese und für die Leitung von Stoffen enthalten sind. Neben Blättern sind Wurzeln und Sprossachse Organe einer Blütenpflanze. Diese verschiedenen Organe wirken in einem einzelnen Lebewesen, einem **Organismus,** zusammen, z. B. einer Rotbuche. Alle Rotbuchen gehören zu einer Art, alle Fichten zu einer anderen Art. Mit **Art** bezeichnet man die Gesamtheit der Lebewesen, die sich untereinander fruchtbar fortpflanzen können. Diejenigen Lebewesen einer Art, die in einem bestimmten Gebiet leben, bilden eine **Population.** Populationen verschiedener Arten in einem abgrenzbaren Lebensraum bezeichnet man als **Lebensgemeinschaft** (Biozönose). Die Wechselwirkungen einer Lebensgemeinschaft untereinander und mit den unbelebten Umweltfaktoren ihres Lebensraumes bilden ein **Ökosystem,** z. B. einen mitteleuropäischen Buchenwald. Die **Biosphäre** umfasst alle Bereiche der Erde, die von Lebewesen bewohnt sind.

Ebene der Moleküle

Ebene der Zellorganellen

Ebene der Zellen und Gewebe

Ebene der Organe

Ebene des Organismus und der Art

Ebene der Biosphäre

Ebene der Ökosysteme

Ebene der Lebensgemeinschaften

Ebene der Populationen

1 Ebenen biologischer Organisation

→ 5.10 Übersicht: Glucoseabbau und Energiebereitstellung   → 6.7 Sichelzellanämie: Molekulare Ursachen einer Erkrankung

1 Biologische Informationen den Systemebenen zuordnen. Das Ordnungssystem der „Ebenen biologischer Organisation" kann in Wissenschaft und Unterricht dazu benutzt werden, biologische Informationen sinnvoll zu ordnen. Die zugehörige Leitfrage lautet: „Welchen Ebenen der biologischen Organisation, welchen Systemebenen, lassen sich Untersuchungs- und Forschungsergebnisse sowie andere biologische Informationen zuordnen?" Ordnen Sie in einer tabellarischen Übersicht einzelne Informationen aus den Abb. 2, 3 den Systemebenen zu.

Raupen des in Nordamerika lebenden Monarchfalters sind auf die Seidenpflanze als Futterpflanze spezialisiert. Die Seidenpflanze enthält sogenannte Herzglykoside. Das sind Stoffe, die abhängig von der Konzentration giftig sein können. Die Raupen fressen die Blätter und werden durch die Herzglykoside nicht vergiftet. Diese Fähigkeit ist genetisch bedingt. Raupen des Monarchfalters reichern die Herzglykoside in ihrem Körper stark an, von wo sie im Verlauf der Metamorphose auf den Falter übergehen. Jungvögel des Amerikanischen Blauhähers, die einen Monarchfalter fressen, entwickeln heftige Vergiftungssymptome wie Erbrechen, Übelkeit und Gleichgewichtsstörungen und meiden künftig die durch ihre auffällige Warntracht leicht identifizierbaren Monarchfalter. Diese Warntracht imitieren wiederum andere Schmetterlingsarten, wie der Vizekönig, die gar keine Herzglykoside enthalten und von Vögeln unbeschadet gefressen werden können. (Weiler, Nover: Allgemeine und molekulare Botanik)

2 Geborgter Schutz beim Vizekönig

Man unterscheidet zwei Formen schwerer Nahrungsmangelzustände: Marasmus – eine allgemeine Unterernährung, bei der die Nahrung sowohl protein- wie energiearm ist, und Kwashiorkor – ein Proteinmangel bei ausreichender Energiezufuhr. Der Marasmus ist bei Kleinkindern verbreitet, die zu früh abgestillt und auf eine protein- und energiearme Ernährung umgestellt werden. Diese Kinder sind apathisch und ihre Körper magern stark ab. Kwashiorkor ist ein aus Westafrika entlehntes Wort, das eine Krankheit beschreibt, die sich bei einem Kind einstellt, das als Kleinkind durch einen neugeborenen Säugling von der mütterlichen Milchversorgung verdrängt wird. Generell entsteht die Krankheit aber durch Fehlernährung, die durch das Fehlen essenzieller Aminosäuren gekennzeichnet ist. So fehlt z. B. in Mais, der in vielen Ländern Afrikas die Hauptnahrungsquelle darstellt, die Aminosäure Lysin. Aufgrund der Mangelversorgung mit Lysin kommt es zu einer starken Abnahme von Blutproteinen. Die

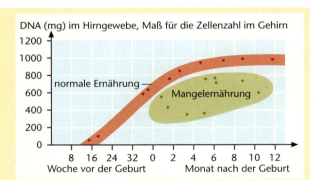

Wirkung früher Mangelernährung auf die Zellzahl eines menschlichen Gehirns. Jeder Punkt steht für ein untersuchtes Kind.

Krankheit ist durch verzögertes Wachstum, Anämie, Muskelschwäche und einen aufgetriebenen Körper mit einem ganz typisch aufgequollenen Bauch sowie starken Durchfällen, eine Empfänglichkeit für Infektionen und eine hohe Sterblichkeit gekennzeichnet. (Hickman u. a.: Zoologie)

3 Aus der Forschung: Die Krankheiten Marasmus und Kwashiorkor

1.2 Die Reiche der Lebewesen

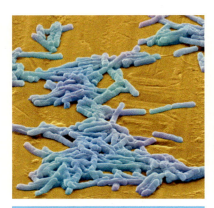  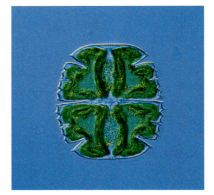

Domäne Bacteria

Das Reich Eubacteria (Echte Bakterien)
Bakterien besitzen keinen abgegrenzten Zellkern und keine Zellorganellen. Sie gehören zu den Prokaryoten. Die meisten von ihnen leben als Destruenten: Sie bauen organische Stoffe in anorganische Stoffe um. Bakterien haben vielfältige Stoffwechselwege z. B. Gärung, Bakterien-Fotosynthese oder Chemosynthese. Manche Arten besitzen zur Fortbewegung Geißeln. Bakterien vermehren sich durch Zweiteilung des Zellkörpers.

Domäne Archaea

Das Reich Archaebacteria (Urbakterien)
Die Archaebacteria besitzen keinen Zellkern und keine Zellorganellen. Sie ernähren sich auf vielfältige Weise von anorganischen Stoffen. Für die meisten Archaebacteria ist Sauerstoff giftig. Viele können unter extremen Lebensbedingungen z. B. großer Hitze überleben. Die Vermehrung erfolgt durch Zweiteilung. Sie besitzen Geißeln zur Fortbewegung. Der Aufbau und die Zusammensetzung der Zellwand unterscheidet sich deutlich von der anderer Lebewesen.

Domäne Eukarya

Das Reich Protista (Einzeller)
Es handelt sich um eukaryotische ein- bis wenigzellige Lebewesen. Sie besitzen abgegrenzte Zellkerne und Zellorganellen. Die Vermehrung kann geschlechtlich oder ungeschlechtlich erfolgen. Die Fortbewegung erfolgt mit Hilfe von Geißeln oder Wimpern. Autotrophe Einzeller, die Chloroplasten besitzen, stellen energiereiche Nährstoffe durch Fotosynthese her. Andere nehmen energiereiche Nährstoffe aus der Umgebung auf. Diese ernähren sich heterotroph durch Zellatmung oder Gärung.

1 *Domänen und Reiche der Lebewesen*

Forscher versuchen seit mehreren Jahrhunderten, eine Ordnung in die Vielfalt der Lebewesen zu bringen. Ursprünglich unterschied man nur zwischen Tieren und Pflanzen. Sie wurden zwei Reichen zugeordnet. Später wurden alle einzelligen eukaryotischen Organismen dem Reich Protista zugeordnet (Abb. 1, 2). Es gab also drei Reiche. Schließlich trennte man die Pilze von den Pflanzen und ordnete sie vor allem aufgrund ihres abweichenden Stoffwechsels einem eigenen Reich zu.

Mitte des 20. Jahrhunderts wurde eine Unterscheidung zwischen Lebewesen mit Zellkern (Eukaryota) und solchen ohne Zellkern (Prokaryota) durchgeführt. Später wurden die Archaebakterien einem eigenen Reich zugeordnet. Forscher entdeckten bei ihnen auffällige Unterschiede zu anderen Bakterien: Die Struktur der Zellen und deren Eigenheiten im Stoffwechsel ließen auf eine eigene Gruppe von Prokaryoten schließen. Diese Unterschiede wurden in den folgenden Jahren auch in der molekularen Biologie bestätigt. Das führte zu einer grundlegenden Änderung der Einteilung der Lebewesen. Eubakterien und Archaebakterien wurden in Bacteria und Archaea umbenannt und 1990 als eigenständige Domänen neben der Domäne der Eukarya beschrieben. Diese Einteilung wird „Drei-Domänen-System" genannt.

Das Reich Fungi (Pilze)

Pilze sind vielzellige eukaryotische Organismen. Sie ernähren sich heterotroph. Pilze können sowohl Zellatmung als auch Gärung betreiben. Die Zellen der Pilze besitzen eine Zellwand aus Chitin. Die Zellen haben Zellkern und Zellorganellen. Die Vermehrung erfolgt geschlechtlich oder ungeschlechtlich. Einige Pilze bilden ein Mykorrhiza aus, das ist eine Symbiose von Pilzen und den Wurzeln von Pflanzen. Beim Abbau toter organischer Substanz spielen Pilze eine große Rolle als Destruenten.

Das Reich Plantae (Pflanzen)

Pflanzen sind vielzellige Eukaryoten. Ihre Zellen werden durch Zellwände stabilisiert, die hauptsächlich aus Cellulose bestehen. Pflanzenzellen besitzen Zellorganellen z. B. die Chloroplasten, mit deren Hilfe sie das Sonnenlicht zum Aufbau energiereicher Glucose nutzen. Sie leben fotoautotroph. Im Inneren vieler Pflanzenzellen befinden sich Vakuolen. Sie enthalten eine wässrige Lösung, in der Salze und organische Verbindungen wie Zucker, Säuren oder Farbstoffe enthalten sind.

Das Reich Animalia (Tiere)

Tiere sind vielzellige Eukaryoten, deren Zellen keine Zellwand und keine Chloroplasten, aber andere Zellorganellen aufweisen. Sie bauen energiereiche organische Stoffe unter Sauerstoffverbrauch bei der Zellatmung ab. Sie leben heterotroph. Die meisten Tiere sind ortsbeweglich und besitzen Sinnesorgane und ein Nervensystem.

1 Vergleich der Reiche. Legen Sie eine Tabelle an und vergleichen Sie die Reiche in Bezug auf Aufbau der Zelle, Stoffwechsel, Vermehrung, Beweglichkeit und auf das Vorhandensein eines Nervensystems.

2 Historische und aktuelle Einteilungen. Beschreiben Sie die historische Entwicklung und begründen Sie die Einteilungsversuche, so weit möglich, mit Hilfe des Textes und der Abb. 1 und 2.

3 Vorläufigkeit. Auch die in Abb. 1 vorgestellte Einteilung hat einen vorläufigen Charakter. Überprüfen Sie die Einteilung auf mögliche Widersprüchlichkeiten im Zusammenhang mit dem Reich der Protista.

2 Historische und aktuelle Einteilungen der Lebewesen in Anlehnung an die genannten Wissenschaftler

→ 17.5 Evolution der Stoffwechseltypen → 20.1 Evolutionäre Geschichte des menschlichen Körpers

1.3 Die Zellen von Prokaryoten und Eukaryoten

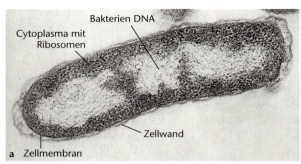

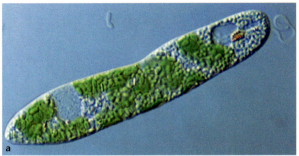

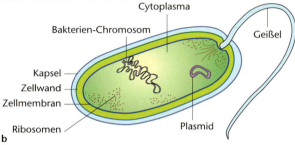

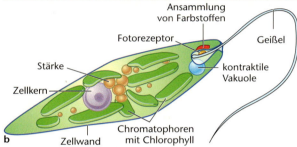

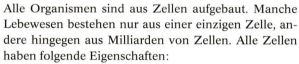

1 a) E. coli, elektronenmikroskopische Aufnahme, b) Schema eines Bakteriums

2 Euglena a) lichtmikroskopische Aufnahme, b) Schema

Alle Organismen sind aus Zellen aufgebaut. Manche Lebewesen bestehen nur aus einer einzigen Zelle, andere hingegen aus Milliarden von Zellen. Alle Zellen haben folgende Eigenschaften:
- Zellen gehen aus Zellen hervor.
- Mit wenigen Ausnahmen besitzt jede Zelle den kompletten Satz an Erbinformationen, den man Genom nennt. Das Genom ist der Informationsspeicher für Bau und Funktion jeder Zelle. Es wird durch die Mitose bei der Zellteilung identisch verdoppelt.
- Zellen sind von einer Zellmembran umgeben und grenzen sich dadurch von ihrer Umgebung ab.
- Zellen sind offene Systeme mit einem Stoffwechsel. Sie nehmen selektiv Stoffe aus ihrer Umgebung über die Zellmembran auf, wandeln sie um und geben andere Stoffe wieder ab.
- Zellen benötigen zur Aufrechterhaltung ihrer Funktionen Energie.

Man unterscheidet zwei Grundtypen von Organismen: Zu den **Prokaryoten** gehören Bakterien (Abb. 1). Sie besitzen keine Zellorganellen und keinen Zellkern. Die Erbinformation ist in Form eines ringförmigen DNA-Moleküls, dem Bakterien-Chromosom, und in kleinen DNA-Ringen, den Plasmiden, gespeichert. Außerdem findet man im Cytoplasma Ribosomen. Die Prokaryoten sind von einer Zellmembran und einer Zellwand umgeben. Die Zellwand besteht aus Polysacchariden. Zum Schutz der Zellwand und um sich in ihrer Umgebung anheften zu können, sondert die Zellwand mancher Bakterien eine schleimige Kapsel ab. Viele Bakterien besitzen Geißeln zur Fortbewegung. Zu den **Eukaryoten** zählen alle Vielzeller und viele Einzeller wie Hefezellen oder Euglena (Abb. 2). Eukaryotenzellen besitzen einen Zellkern und andere durch Membranen abgegrenzte Zellorganellen. Diese räumliche Unterteilung oder **Kompartimentierung** ermöglicht es, dass verschiedene chemische Reaktionen ungestört voneinander innerhalb der Zelle ablaufen können. Spezialisierte eukaryotische Zellen erfüllen die verschiedensten Aufgaben in einem Organismus.

Neben der Art des Zellaufbaus werden Lebewesen auch nach ihrer Ernährungsweise unterteilt. Man unterscheidet unter anderem **autotrophe** und **heterotrophe** Organismen. Autotrophe Organismen, z. B. Pflanzen, nehmen anorganische Moleküle auf und bauen mit Hilfe von Lichtenergie in der Fotosynthese organische Moleküle auf. Tiere und Pilze sind heterotroph. Sie nehmen energiereiche organische Moleküle aus der Umgebung auf. Daraus beziehen sie die notwendige Energie zum Überleben.

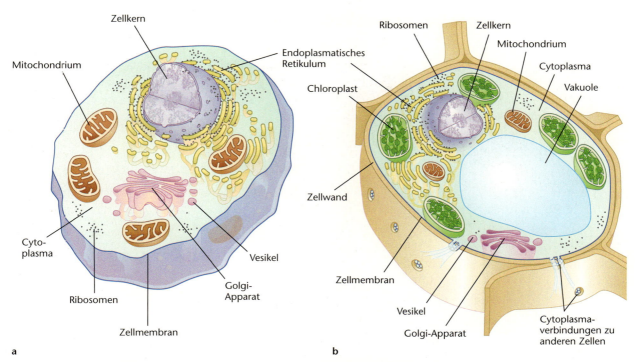

3 *Schema a) einer Tierzelle und b) einer Pflanzenzelle nach elektronenmikroskopischen Aufnahmen*

1 Vergleich von Tier- und Pflanzenzellen und Prokaryoten.
a) Vergleichen Sie in einer Tabelle unter Bezug auf Abb. 1 und 3 Tier-, Pflanzenzellen und Prokaryoten.
b) Vergleichen Sie Mitochondrien und Chloroplasten.

2 Größe von Zellorganellen. Eine Mundschleimhautzelle des Menschen hat einen Durchmesser von ca. 80 µm. Zeichnen Sie, mit Hilfe des Anhangs, auf einem ganzen DIN-A4-Blatt maßstabsgetreu ein Mitochondrium, ein Ribosom und einen Zellkern ein. Vergleichen Sie Ihre Darstellung mit der Abb. 3.

3 Recherche: Vielfalt von Zellen. Bereiten Sie einen Kurzvortrag zu einer spezialisierten Pflanzen- oder Tierzelle Ihrer Wahl vor.

4 Evolution von Prokaryoten und Eukaryoten.
Prokaryoten waren die ersten Lebewesen auf der Erde. Diese Bakterien hatten einen anaeroben Stoffwechsel und entstanden vor rund 3,8 Milliarden Jahren. In der Folge entwickelten sich Fotosynthese betreibende Bakterien und aerobe Bakterien. Die Entstehung der ersten Eukaryoten datiert man etwa auf 1,4 Milliarden Jahre. Die Endosymbiontentheorie gibt Erklärungen für die Entstehung von Eukaryoten. Informieren Sie sich in diesem Buch über die Endosymbiontentheorie und erläutern Sie deren Grundaussagen.

5 „Primitive" Bakterien. Vor einigen Jahren erschien ein Buch mit dem Titel „Wunder primitiven Lebens". Unter anderem befasst sich der Autor mit Bakterien. Beurteilen Sie unter Berücksichtigung der Abb. 4 die Bezeichnung „primitiv" in Bezug auf die Bakterien.

Bakterien besiedeln seit fast 3,8 Milliarden Jahren die Erde. In einem Gramm Boden befinden sich ca. 1 Billion, im menschlichen Darm etwa 10^{14} Bakterien. Unter günstigen Bedingungen teilen sich manche Bakterienarten etwa alle 20 Minuten. Nach 24 Stunden sind also aus einem Bakterium $4{,}72 \cdot 10^{21}$ Bakterien geworden. Manche Bakterien sind in der Lage, im Zellinneren eine widerstandsfähige Kapsel auszubilden, die man Endospore nennt. Unter lebensfeindlichen Bedingungen stirbt die Zelle ab, die Endospore bleibt zurück und bleibt Hunderte von Jahren lebensfähig. Bakterien besiedeln annähernd jeden Lebensraum auf der Erde. Sie sind in arktischen Gebieten ebenso heimisch wie im tiefsten Ozean oder in heißen Quellen.

4 *Bakterien*

→ 3.2 Regulation der Proteinbiosynthese bei Eukaryoten   → 17.4 Die Endosymbiontentheorie

1.4 Struktur und Funktion von Zellorganellen

Chloroplasten sind von einer Doppelmembran umgeben. Die innere Membran weist zahlreiche Einstülpungen auf, sodass eine große innere Oberfläche entsteht. Chloroplasten enthalten Ribosomen sowie DNA. In den Chloroplasten findet die Fotosynthese statt, bei der Lichtenergie der Sonne in chemisch gebundene Energie in Form von Glucose umgewandelt wird. Dabei wird Sauerstoff frei. Chloroplasten können sich, unabhängig von der Teilung der Zelle, vervielfältigen.

Vakuolen sind von einer Membran, dem Tonoplasten, umgeben und enthalten in erster Linie Wasser. In Vakuolen können Stoffe gespeichert werden. Sie dienen auch als Lagerstätte für teilweise schädliche Stoffwechselprodukte oder für Farbstoffe. Die Vakuole spielt für den Wasserhaushalt der Zelle und den Zellinnendruck eine wichtige Rolle.

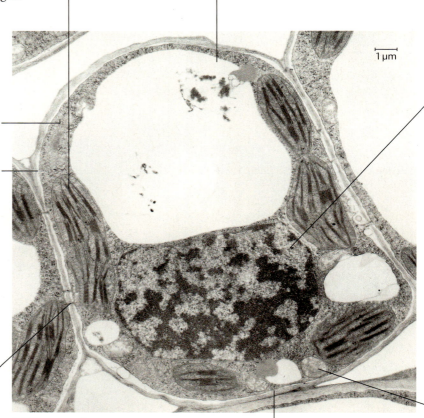

ER mit **Ribosomen**

Pflanzen haben eine **Zellwand,** die hauptsächlich aus Cellulose besteht. Sie schützt die Pflanzenzelle, verleiht ihr Stabilität und verhindert, dass die Zelle anschwillt, wenn Wasser ins Zellinnere gelangt.

1 *Pflanzenzelle*

Bei den **Plasmodesmen** handelt es sich um von der Zellmembran umhüllte Cytoplasmastränge zwischen verschiedenen Zellen. Auf diese Weise werden Verbindungen zwischen Zellen hergestellt. Die Zellen einer Pflanze bilden dadurch eine Einheit. Durch die Plasmodesmen können Stoffe von einer Zelle zur nächsten transportiert werden, ohne die Barriere der Zellmembran passieren zu müssen.

Die **Zellmembran** umschließt das Cytoplasma. Sie besteht aus einer Lipid-Doppelschicht, in die Proteine an- und eingelagert sind. Die Zellmembran reguliert den Stofftransport in die Zelle hinein und aus der Zelle hinaus. Manche Proteine der Zellmembran dienen als Membranrezeptoren, die extrazelluläre Signale in intrazelluläre Signale umwandeln.

Der **Zellkern** ist von einer Doppelmembran, der Kernmembran, umgeben, die von vielen kleinen Öffnungen, den Kernmembranporen, durchsetzt ist. Im Inneren befindet sich die Erbinformation in Form von DNA-Molekülen, den Chromosomen. Der Zellkern steuert die Proteinsynthese an den Ribosomen, indem die auf der DNA enthaltenen Informationen mit Hilfe von Botenmolekülen (mRNA) an die Ribosomen weitergeleitet werden.

Das **Endoplasmatische Retikulum** (ER) gehört zum **Membransystem** der Zelle. Beim ER handelt es sich um ein ausgedehntes Membransystem. Man unterscheidet das glatte und das raue ER. Beim rauen ER befinden sich Ribosomen an der Membran. Die Hauptaufgabe des rauen ERs ist die Proteinbiosynthese. Das glatte ER wirkt an einer Vielzahl von Stoffwechselvorgängen, vor allem dem Kohlenhydratstoffwechsel, mit. Außerdem ist es an der Beseitigung von Giftstoffen und Stoffwechselprodukten beteiligt.

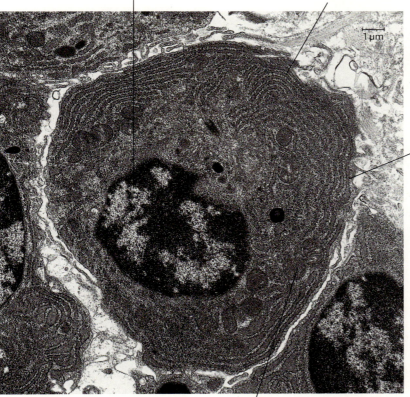

Die **Ribosomen** findet man in prokaryotischen sowie in eukaryotischen Zellen. Die Ribosomen befinden sich im Cytoplasma oder bei eukaryotischen Zellen auch auf dem rauen ER. An den Ribosomen findet die Synthese von Proteinen statt.

2 Menschliche Zelle, Dickdarmwand

Ein **Mitochondrium** ist von einer Doppelmembran umgeben. Dabei besitzt die äußere Membran eine glatte Oberfläche, während die innere Membran zahlreiche Einfaltungen, die Cristae, zeigt. Dadurch wird der Innenraum des Mitochondriums stark vergrößert. Die innere Membran umschließt die Mitochondrienmatrix. Sie enthält DNA und Ribosomen. In den Mitochondrien finden die wichtigsten Schritte der Zellatmung statt. Die Mitochondrien werden nicht von der Zelle gebildet, sondern vervielfältigen sich durch Teilung selbstständig.

Der **Golgi-Apparat** gehört zum Membransystem der Zelle. Er besteht aus vielen, durch Membranen abgegrenzten Räumen. Die Membranen sind übereinander gestapelt. Diese Stapel stehen untereinander in Verbindung und können Vesikel abschnüren. Vesikel anderer Zellorganellen, beispielsweise vom ER, werden aufgenommen, die Inhaltsstoffe verarbeitet, gespeichert und weitertransportiert.

→ 7.1 Vom Organ zum Molekül: Laubblatt – Chloroplasten – Chlorophyll   → 17.4 Die Endosymbiontentheorie

1.5 Geschichte der Zellmembranforschung

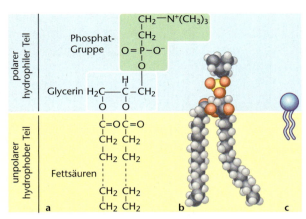

1 *Phospholipidmolekül, a) Strukturformel, b) Kalottenmodell, c) Strukturmodell*

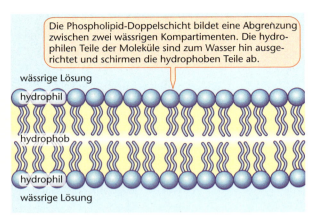

2 *Modell Phospholipid-Doppelschicht, 1925*

CHARLES OVERTON machte 1895 die Beobachtung, dass fettlösliche, lipophile, Substanzen deutlich leichter aus der Umgebung in Zellen eindringen können als fettunlösliche, lipophobe, Stoffe. Er vermutete, dass Membranen aus Lipiden bestehen müssten. Bei diesen Lipiden handelt es sich um Phospholipide, die aus Glycerin, zwei Fettsäuren und einer Phosphat-Gruppe bestehen (Abb. 1). An die Phosphat-Gruppe können zusätzliche positiv geladene Moleküle gebunden sein. Ein solches Phospholipid-Molekül ist ein Grundbaustein von Membranen.

Membranen bilden eine Abgrenzung zwischen zwei wässrigen Kompartimenten. 1925 maßen die niederländischen Wissenschaftler GORTER und GRENDEL den Phospholipidgehalt von Membranen roter Blutzellen und stellten fest, dass dieser gerade ausreichte, um die Zellen mit zwei Molekülschichten zu umgeben. Sie nahmen an, dass Zellmembranen Phospholipid-Doppelschichten sind, in denen die hydrophoben Molekülteile der Phospholipide durch die Molekülanordnung gegen das Wasser abgeschirmt sind, während die hydrophilen Bereiche zum Wasser hin ausgerichtet sind. (Abb. 2). Dabei blieb aber die Frage offen, wie die Proteine in diese Struktur integriert sind.

DAVSON und DANIELLI beantworteten diese Frage 1935 mit einer Modellvorstellung, bei der die Membran auf beiden Seiten von Proteinen bedeckt ist. Nach diesem Modell war die Membran wie ein Sandwich gebaut (Abb. 3). Erst in den fünfziger Jahren des vergangenen Jahrhunderts konnte man Membranen im Elektronenmikroskop sichtbar machen. Die Aufnahmen ließen drei Schichten erkennen (Abb. 5). Das Modell von DAVSON-DANIELLI galt als bestätigt.

Das Modell von DAVSON-DANIELLI konnte jedoch zwei Probleme nicht erklären. Die Dicke der Zellmembran und der Lipid- und Proteingehalt waren in unterschiedlichen Zellkompartimenten nicht gleich. Fortschritte in der Erforschung der Membranproteine zeigten, dass auch sie hydrophobe und hydrophile Bereiche besitzen. Demnach war eine Anordnung der Membranproteine als durchgehende Schicht auf der Phospholipid-Doppelschicht nicht möglich, denn dann befänden sich nicht nur ihre hydrophilen, sondern auch ihre hydrophoben Bereiche in einer wässrigen Umgebung.

SINGER und NICOLSON stellten 1972 ein modifiziertes Membranmodell vor. Die Membranproteine sind in diesem Modell in die Phospholipid-Doppelschicht eingelagert. Nur die hydrophilen Bereiche ragen in die wässrige Umgebung. Die hydrophoben Bereiche befinden sich in der Umgebung der hydrophoben Membranteilchen, in denen sie frei beweglich sind. Es entsteht ein veränderliches Mosaik. Es erhielt den Namen **Flüssig-Mosaik-Modell** (Abb. 4).

Die Beweglichkeit der Membranproteine bestätigten FRYE und EDIDIN 1970. Dazu vereinigten sie menschliche Zellen mit denen von Mäusen. Daraus resultierten einzelne Zellen mit Zellmembranen, in denen Membranproteine der Maus- und der Menschenzelle mosaikartig vorkamen (Abb. 6).

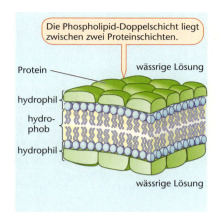

3 *Sandwich-Modell, 1935*

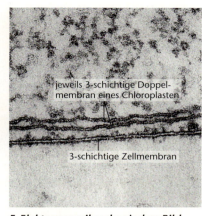

4 *Flüssig-Mosaik-Modell, 1972*

5 *Elektronenmikroskopisches Bild einer Zellmembran*

1 Entwicklung und Aussagekraft von Modellen. Stellen Sie die Entwicklung der unterschiedlichen Modelle zum Bau der Zellmembran in Form einer Zeitleiste oder Erkenntnisspirale dar.

2 Das Frye-Edidin-Experiment. Menschliche Zellen wurden mit Zellen von Mäusen vereint (Abb. 6). Durch die Fusion entstanden sogenannte Mosaikzellen, deren Membranen H-2-Membranproteine der Maus und menschliche HLA-Proteine enthielten. Die H-2-Membranproteine der Mauszellen wurden mit fluoreszierenden Antikörpern markiert.
a) Analysieren Sie den Text in Abb. 8 und arbeiten Sie heraus, welche Fragestellung dem Experiment vermutlich zugrunde lag.
b) Beschreiben Sie den Versuchsablauf in Abb. 6.
c) Werten Sie die Versuchsergebnisse in Abb. 7 aus und fassen Sie sie zusammen.

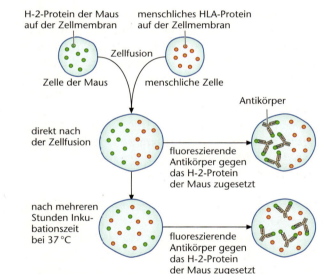

6 *Untersuchungen zur Bewegung von Membranproteinen*

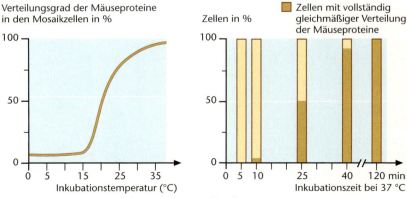

7 *Diagramme zur Entstehung von Mosaikzellen*

"The surface of membranes of animal cells rapidly change shape as the cells move, form pseudopods, or ingest materials from their environment. These rapid changes in shape suggest that the plasma membrane itself is fluid, rather than rigid in character, and that at least some of its component macromolecules are free to move relative to one another within the fluid. We have attempted to demonstrate such freedom of movement using specific antigen markers of 2 unlike cell surfaces."

8 *Publikation von Frye und Edidin, 1970*

1.6 Struktur und Funktion von Zellmembranen

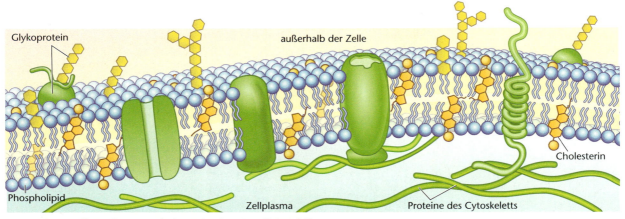

1 *Bau einer Zellmembran nach dem Flüssig-Mosaik-Modell*

Die Basis jeder Zellmembran bildet eine Doppelschicht aus **Phospholipiden.** Jedes Molekül besitzt einen hydrophilen (polaren, lipophoben) Teil und einen hydrophoben (unpolaren, lipophilen) Teil. Nach dem Flüssig-Mosaik-Modell sind Membranproteine in der Phospholipid-Doppelschicht mosaikartig verteilt. Sie sind in der Membran beweglich. Ihr Fließvermögen innerhalb der Membran hängt unter anderem von der Temperatur und vom Anteil von Phospholipid-Molekülen mit ungesättigten Fettsäuren, z. B. Cholesterin ab. Das **Flüssig-Mosaik-Modell** beschreibt Membranen also nicht als starre, sondern dynamische Strukturen.

Die Vielfalt der **Membranfunktionen** lässt sich folgendermaßen darstellen (Abb. 1, 2).
1. Die Membranen gewährleisten eine Kompartimentierung.
2. Membranen sind selektiv permeabel, d. h. der Stofftransport wird kontrolliert. Tunnelproteine durchziehen die Membran. Sie ermöglichen Transportvorgänge für einige Substanzen, die aufgrund ihrer Ladung oder Größe eine Phospholipid-Membran sonst nicht passieren könnten.
3. Ein Membranprotein kann eine spezifische Bindungsstelle für ein Signalmolekül, z. B. ein Hormon, aufweisen, wodurch ein extrazelluläres Signal in ein intrazelluläres Signal umgewandelt wird (Signaltransduktion).
4. Andere Membranproteine sind an der Regulation bestimmter Enzymaktivitäten beteiligt.
5. Fädige Gebilde durchziehen als Bestandteile des Cytoskeletts das Zellplasma. Sie sind häufig mit Membranproteinen verbunden und tragen dazu bei, dass bestimmte Membranproteine an ihrem Platz bleiben und so die Stabilität der Zelle unterstützen.
6. Manche Membranproteine sind Glykoproteine, deren Zuckeranteile aus der Zelloberfläche herausragen. Sie vermitteln die Erkennung von Zellen untereinander und ermöglichen das Zusammentreten von

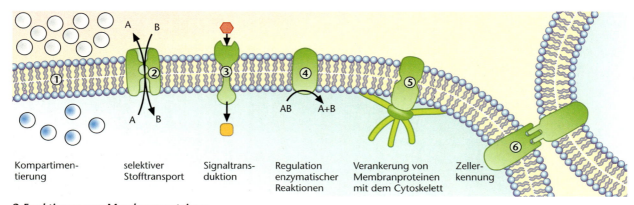

2 *Funktionen von Membranproteinen*

1 Struktur und Funktion von Zellmembranen.
a) Beschreiben Sie anhand der Abb. 1 den Bau einer Zellmembran.
b) Erläutern Sie das Flüssig-Mosaik-Modell.
c) Ordnen Sie den Funktionen, die in Abb. 4 sowie im Text der linken Seite aufgeführt sind, passende Strukturen in Abb. 1 zu.

2 Mukoviszidose.
a) Erläutern Sie unter Bezug auf Abb. 3 Mukoviszidose auf genetischer und auf zellulärer Ebene sowie auf Organebene.
b) Recherchieren Sie zu den Symptomen der Mukoviszidose und wie sie den Alltag der Betroffenen beeinflusst.

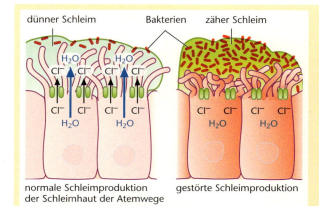

normale Schleimproduktion der Schleimhaut der Atemwege — gestörte Schleimproduktion

Mukoviszidose ist die häufigste vererbte Krankheit in der westlichen Welt. Man schätzt, dass etwa eines von 2500 Neugeborenen davon betroffen ist. Die Krankheit beeinträchtigt viele Organe, besonders jedoch die Atemwege und die Lungen.
Die Atemwege sind von einem dünnen Schleim überzogen. Die Flimmerhärchen der Schleimhaut der Atemwege transportieren diesen Schleim laufend mitsamt den darin befindlichen Staubteilchen und anderen eingeatmeten Teilchen, unter anderem Bakterien, in Richtung Rachen. Dort wird der Schleim durch Abhusten oder Verschlucken entfernt. Der Schleim hat einen bestimmten Wassergehalt, der die Zähflüssigkeit des Schleims beeinflusst. Zu viel Wasser macht den Schleim so flüssig, dass er zwischen den Flimmerhärchen verrinnt. Zu wenig Wasser führt dagegen zu einem zähen Schleim, der von den Flimmerhärchen nicht mehr bewegt werden kann. Der Wassergehalt des Schleims wird fein reguliert. Dafür ist unter anderem ein Membranprotein verantwortlich, das einen Ionenkanal für Cloridionen (Cl^-) bildet. Durch aktiven Transport werden Chloridionen aus der Zelle in den Schleim transportiert. Wasser folgt osmotisch nach. Bei Mukoviszidose ist die Funktion des Kanalproteins so beeinträchtigt, dass der geregelte aktive Transport der Chloridionen gestört ist. In der Folge gelangt weniger Wasser in den Schleim. Er wird so zäh, dass die Flimmerhärchen den Schleim nicht mehr transportieren können. Dieser zähe Schleim wird zu einem Nährboden für Bakterien und Pilze, die zu schweren Erkrankungen der Atemwege führen können.
Ursache der Mukoviszidose sind Mutationen eines Gens (CFTR-Gen) auf dem Chromosom 7. Dieses Gen codiert für die Aminosäuresequenz des Kanalproteins, das den aktiven Transport der Chloridionen regelt. Mukoviszidose wird rezessiv vererbt.

3 Mukoviszidose

Bestandteil	Kategorie	Funktion	Beispiel
Phospholipid-Doppelschicht	Phospholipid-Moleküle	verhindert das Hindurchtreten wasserlöslicher Moleküle	Die Phospholipid-Doppelschicht ist für größere wasserlösliche Moleküle, wie z. B. Glucose undurchlässig.
Membranproteine	Carrierproteine	transportieren aktiv oder passiv Moleküle durch Membranen	Carrier für den Transport von Zuckermolekülen; Natrium-Kalium-Pumpe
	Tunnelproteine	transportieren passiv Moleküle durch die Membran	Na^+- und K^+-Kanäle in Nervenzellen
	Rezeptoren	Signaltransduktion: Signalmoleküle binden an ein Rezeptorprotein an der Zelloberfläche. Dies beeinflusst den Teil des Rezeptorproteins im Zellinneren und verursacht spezifische Aktivitäten.	Hormone und Neurotransmitter werden über diese Rezeptoren an die Zellmembran gebunden.
Ankerproteine	Strukturproteine	bestimmen die Form und Gestalt der Zelle, verankern die Membran mit dem Cytoskelett im Zellplasma	gleichartiger Bau aller roten Blutzellen
Zelloberflächenmarker	Glykoproteine	Zellerkennung, Zusammentreten von Zellen zu Geweben	Merkmale von Zellen, die vom Immunsystem als fremd bzw. körpereigen erkannt werden

4 Bestandteile der Zellmembran und ihre Funktion

1.7 Aktiver und passiver Stofftransport

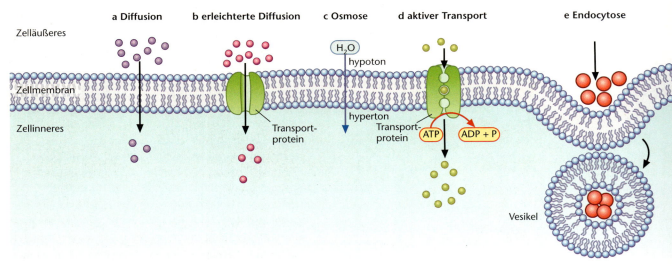

1 *Verschiedene Möglichkeiten des Stofftransports durch Membranen; a, b, c passiver Transport*

Eine Zelle steht in ständigem Stoffaustausch mit der Umgebung. Stoffe müssen in die Zelle hinein- und aus der Zelle hinausgelangen. Die Zelle ist durch Membranen in verschiedene Reaktionsräume, auch **Kompartimente** genannt, unterteilt. Kompartimente können z. B. Zellorganellen sein. Die Zellmembran und die Membranen der Kompartimente müssen also von Stoffen durchquert werden können. Die Membran ist eine Schranke, die das Zellinnere von der Umgebung sowie die Kompartimente voneinander trennt. Sie ist etwa acht Nanometer dick und besteht aus einer Phospholipid-Doppelschicht, in die Proteine beweglich eingelagert und angelagert sind. Man spricht vom Flüssig-Mosaik-Modell der Zellmembran. Da die Membran für manche Stoffe durchlässig ist, für andere aber nicht, spricht man von einer **selektiven Permeabilität** der Membran. Manche Stoffe können die Membranen passiv, d. h. ohne Energieaufwand, passieren. Man spricht dann von **passivem Transport.** Unpolare Moleküle und kleinere polare Moleküle, ganz besonders Wasser, durchdringen die Membran auf passivem Weg.

Die Grundlage, die den passiven Transport ermöglicht, ist die von der Temperatur abhängige Eigenbewegung der Moleküle, die man Brownsche Molekularbewegung nennt. Sie äußert sich in Form der **Diffusion:** Teilchen in Flüssigkeiten oder Gasen führen ungerichtet und zufällig Bewegungen durch. In der Bilanz bewegen sich mehr Teilchen in Richtung geringerer Konzentration. Ein Stoff diffundiert vom Bereich höherer Konzentration zum Bereich niedriger Konzentration, er diffundiert also entlang des **Konzentrationsgefälles.** Dies kann man beobachten, wenn man z. B. einige Tropfen Kaliumpermanganat in ein Becherglas mit Wasser gibt. Dann verteilt sich das Kaliumpermanganat nach und nach im ganzen Wasser und es tritt eine gleichmäßige Färbung ein (Abb. 2). Durch Diffusion gelangt Sauerstoff auf passivem Wege durch die Zellmembran, wenn außerhalb der Zelle eine höhere Sauerstoffkonzentration vorliegt als innerhalb der Zelle (Abb. 1a). Im Fall der **erleichterten Diffusion** wird die Diffusion durch Transportproteine in der Membran begünstigt (Abb. 1b). Weil dabei keine Energie benötigt wird, handelt es sich um einen passiven Transport.

2 *Diffusion: Kaliumpermanganat in Wasser*

→ 5.7 Chemiosmose als Mechanismus der ATP-Synthese → 7.4 Lichtreaktionen: Bereitstellung von chemischer Energie

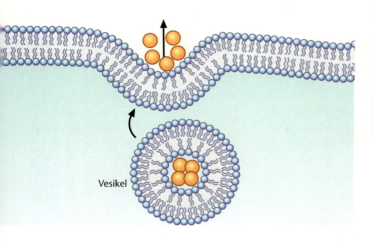

f Exocytose

Vesikel

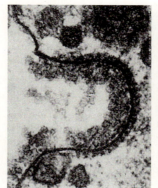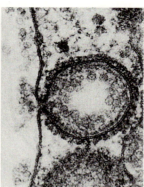

3 *Endocytose*

Man kann Lösungen, z. B. Kochsalzlösungen, bezüglich ihrer Konzentration vergleichen. Die Lösung mit einer höheren Konzentration an gelösten Stoffen bezeichnet man als **hyperton,** die mit der niedrigen Konzentration als **hypoton.** Befindet sich eine Zelle in einer hypotonen Umgebung, z. B. Leitungswasser, so ist die Flüssigkeit in der Zelle hyperton, da die Konzentration an gelösten Stoffen in der Zelle wesentlich höher ist. Die beiden Kompartimente sind durch die Zellmembran voneinander getrennt. Das hypertone Medium besitzt also eine geringere Konzentration an Wassermolekülen. Entsprechend dem Konzentrationsgefälle findet eine Diffusion von Wasser durch die Zellmembran ins Innere der Zelle statt. Die Diffusion von Wasser durch die selektiv permeable Membran stellt einen Sonderfall des passiven Transportes dar. Man bezeichnet ihn als **Osmose** (Abb. 1c). Entscheidend bei der Osmose ist der Unterschied in der Gesamtkonzentration gelöster Stoffe. Die meisten gelösten Stoffe im Inneren der Zelle können die Zellmembran aufgrund ihrer Eigenschaften nicht passieren.

Die Auswirkungen der Osmose auf Tier- und Pflanzenzellen sind unterschiedlich. Verliert eine Tierzelle Wasser auf osmotischem Wege, schrumpft die Zelle. Dringt zuviel Wasser in die Zelle ein, kann die Zelle platzen. Befindet sich eine Pflanzenzelle in einer hypertonen Lösung, verliert sie Wasser und es kommt zu **Plasmolyse.** Dabei löst sich die elastische Zellmembran größtenteils von der starren Zellwand ab. Gibt man eine solch plasmolysierte Zelle in ein hypotones Medium, wird die Plasmolyse rückgängig gemacht, die Zelle nimmt wieder Flüssigkeit auf. Befindet sich eine Pflanzenzelle in einer hypotonen Lösung, erhöht sich der Zellinnendruck, der **Turgor.** Durch die umgebende Zellwand platzt die Zelle jedoch nicht. In einer isotonen Lösung, in der die Konzentration an gelösten Stoffen gleich hoch ist wie in der Zelle, ist die Aufnahme und Abgabe an Wasser gleich hoch. In diesem Fall befindet sich die Zelle im Normalzustand.

Bei bestimmten Stoffen muss für den Transport durch die Membran Energie in Form von ATP aufgewendet werden. Dieser **aktive Transport** ist an Proteine gebunden, die in die Membran eingelagert sind (Abb. 1d). Ob ein Stoff passiv oder aktiv durch die Membran transportiert wird, hängt von den Eigenschaften des Stoffes ab. Für manche größere polare Moleküle und manche Ionen ist die Membran undurchlässig, sie werden aktiv mit Hilfe von Proteinen durch die Membran transportiert. Beim aktiven Transport kann die Zelle einen Stoff gegen das Konzentrationsgefälle in die Zelle hinein oder aus der Zelle hinaus transportieren.

Bestimmte Makromoleküle, größere Teilchen oder Flüssigkeitstropfen, werden durch **Endocytose** bzw. **Exocytose** in die Zelle hinein- bzw. aus der Zelle hinausbefördert (Abb. 1e, f). Bei der Endocytose umschließt die Zellmembran größere Teilchen. Es wird ein Vesikel gebildet, das sich nach innen hin abschnürt. Bei der Exocytose werden Stoffe, die sich in einem Vesikel befinden, zur Zellmembran transportiert. Hier verschmilzt die Vesikelmembran mit der Zellmembran und die Stoffe werden in das umgebende Medium abgegeben.

→ 12.2 Das Ruhepotenzial   → 12.3 Das Aktionspotenzial an Nervenzellen

a b c d e

4 *Mikroskopieranleitung zur Plasmolyse*

1 Mikroskopische Übung zur Plasmolyse.
Material: Mikroskop, Messer, Küchenzwiebel, Rasierklinge, Pipette, Pinzette, Objektträger, Deckgläschen, Filterpapier, Methylenblau, Kochsalzlösung.
Durchführung (Abb. 4):
– Schneiden Sie die Zwiebel längs durch und lösen sie eine Schuppe aus der Zwiebel.
– Schneiden Sie mit einer Rasierklinge in die Innenseite der Schuppe ein kleines Viereck hinein und lösen Sie das Zwiebelhäutchen mit der Pinzette ab.
– Bringen Sie das Zwiebelhäutchen in einen Tropfen Wasser auf dem Objektträger und legen Sie ein Deckgläschen darauf.
– Geben Sie an den Rand des Deckgläschens einen Tropfen Methylenblau und saugen Sie ihn von der gegenüberliegenden Seite her mit einem Stück Filterpapier unter dem Deckgläschen hindurch.
– Mikroskopieren Sie bei 100-facher Vergrößerung und fertigen Sie eine Zeichnung an.
– Geben Sie ein bis zwei Tropfen Kochsalzlösung an den Rand des Deckgläschens und saugen Sie die Lösung unter dem Deckgläschen hindurch. Fertigen Sie eine Zeichnung an.
– Geben Sie ein bis zwei Tropfen Leitungswasser an den Rand des Deckgläschens und ziehen Sie es mit Filterpapier unter dem Deckgläschen hindurch. Fertigen Sie eine weitere Zeichnung an.
– Notieren Sie jeweils Ihre Beobachtungen, nachdem Sie dem Präparat die Kochsalzlösung und das Leitungswasser hinzugefügt haben. Erläutern Sie die Vorgänge.

2 Rote Blutzellen und Pflanzenzellen in unterschiedlich stark konzentrierten Lösungen. Rote Blutzellen und Pflanzenzellen werden in unterschiedlich stark konzentrierte Lösungen gegeben (Abb. 5).
a) Beschreiben und erklären Sie die jeweiligen Zustände mit Hilfe des Textes auf voriger Seite.
b) Leiten Sie aus diesen Versuchen die Bedeutung der Zellwand ab.

3 Experiment: Turgorveränderungen in Kartoffelgeweben.
Material: Kartoffel, Messer, zwei Petrischalen, Kochsalz, Millimeterpapier, Digitalwaage
Durchführung:
– Schneiden Sie aus einer Kartoffel zwei Streifen von exakt 5 cm Länge, 1 cm Breite und 0,5 cm Höhe. Wiegen Sie die Kartoffelstreifen.
– Zeichnen Sie auf dem Millimeterpapier zwei parallele Linien im Abstand von fünf Zentimetern.
– Platzieren Sie die zwei Petrischalen so auf dem Millimeterpapier, dass die Kartoffelstreifen genau zwischen den beiden Linien liegen. Eine Petrischale füllen Sie mit gesättigter Kochsalzlösung, die andere Petrischale mit destilliertem Wasser (Abb. 6).
– Notieren Sie die Größenveränderungen nach 70 Minuten und wiegen Sie die Kartoffelstreifen erneut.
– Erläutern Sie die Versuchsergebnisse.

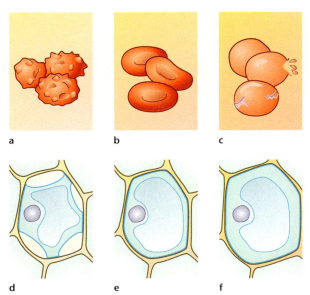

a b c

d e f

5 *Rote Blutzellen und Pflanzenzellen in unterschiedlich konzentrierten Lösungen*

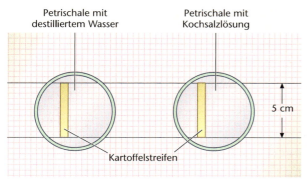

6 Kartoffelversuch

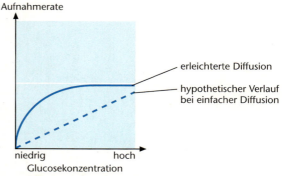

7 Aufnahme von Glucose in Nervenzellen

4 Glucoseaufnahme in Nervenzellen durch erleichterte Diffusion. Die erleichterte Diffusion ist ein Sonderfall der Diffusion. Dabei wird die Diffusion durch Proteine, die in der Membran einen Kanal bilden, begünstigt. Die erleichterte Diffusion erfolgt allein auf Grund des Konzentrationsgradienten und benötigt keine Energie. Ein Kanalprotein mit dem Kurzbezeichnung GLUT-1 ermöglicht die erleichterte Diffusion in Nervenzellen des Gehirns. Das Gehirn des Menschen ist sehr energiebedürftig. Es ist ständig auf eine gleichmäßig hohe Versorgung mit Glucose angewiesen. Das Gehirn benötigt ungefähr ein Viertel der gesamten Stoffwechselenergie.

a) Vergleichen Sie die beiden Graphen in Abb. 7.
b) Erläutern Sie die erleichterte Diffusion von Glucose in Nervenzellen als Angepasstheit an den hohen Glucosebedarf des Gehirns.

5 Osmotische Regulation. Die Abb. 8 zeigt drei Gruppen von Lebewesen, die ein Anschwellen und Platzen von Zellen durch osmotischen Wassereintritt mit drei unterschiedlichen Mechanismen vermeiden. Erläutern Sie für jede der drei Gruppen die Wirkungsweise.

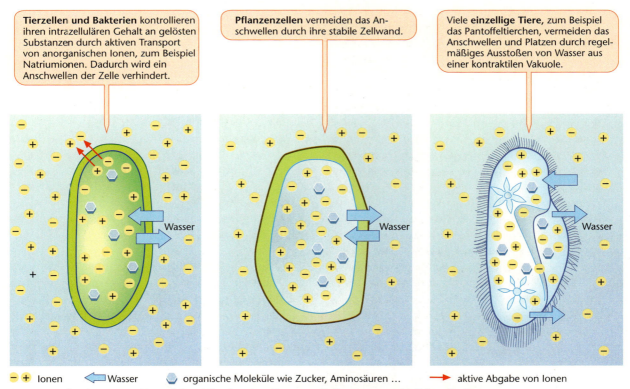

8 Drei Mechanismen zur Vermeidung des Anschwellens von Zellen unter natürlichen Bedingungen

2.1 Der Zellkern enthält Chromosomen

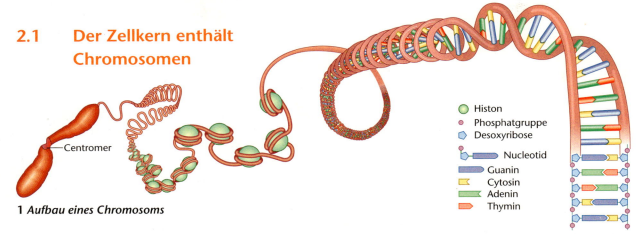

1 *Aufbau eines Chromosoms*

Tiere, Pflanzen, Pilze und Einzeller sind Lebewesen mit einem Zellkern. Sie gehören zu den Eukaryoten. Im Zellkern sind in den Chromosomen alle Erbinformationen gespeichert. Dazu gehören die Bauanleitungen für die Zellen und die Entwicklung des Körpers, die Informationen für den Stoffwechsel und die Fortpflanzung. Die Gesamtheit der Erbinformationen in einer Zelle bezeichnet man als **Genom.**

Jedes einzelne Chromosom besteht aus einem DNA-Molekül (Desoxyribonucleinsäure). Die **DNA** ist ein langes, spiralig aufgebautes Molekül aus vielen Bausteinen, den Nucleotiden. Jedes Nucleotid besteht aus einer Phosphatgruppe, dem Zucker Desoxyribose und einer Base. Es gibt vier verschiedene Basen, von denen jeweils zwei von ihrer Form zueinander passen (Abb. 1). Die Nucleotide sind paarweise angeordnet, sodass zwei zueinander passende Basen sich gegenüberstehen. Sie bilden die Sprossen einer Leiter, deren Holme aus den Phosphatgruppen und Zuckerbausteinen der Nucleotide bestehen. Diese Leiter ist wie eine verdrehte Strickleiter gewunden. In der Reihenfolge der Basenpaare im DNA-Molekül ist die Erbinformation codiert. Die einzelnen DNA-Moleküle unterscheiden sich in der Anzahl und Abfolge ihrer Basenpaare. Die DNA ist im Chromosom von Proteinen, den Histonen, umgeben. Normalerweise liegt die DNA als sehr langes Molekül im Zellkern. Vor der Zellteilung rollt sich die DNA auf, sodass sie im Lichtmikroskop sichtbar wird (Abb. 4). Jedes DNA-Molekül entspricht einem **Chromosom.** Nach der Zellteilung nimmt die DNA wieder die fädige, entspiralisierte Form an.

Der Mensch besitzt in jeder Körperzelle 46 Chromosomen. Davon sind 22 je zwei Mal vorhanden. Sie heißen **Autosomen.** Die beiden Chromosomen dieser Chromosomenpaare werden als **homologe Chromosomen** bezeichnet. Hinzu kommen Chromosomen, die das Geschlecht des Menschen bestimmen. Sie heißen daher Geschlechtschromosomen oder **Gonosomen.** Bei den Gonosomen unterscheidet man X- und Y-Chromosomen. Frauen besitzen zwei X-Chromosomen, Männer haben ein X-Chromosom und ein Y-Chromosom (Abb. 4). Bei jedem Autosomenpaar stammt ein Chromosom von der Mutter und eines vom Vater. Auch von den beiden Gonosomen stammt eines von der Mutter und eines vom Vater. Die Körperzellen des Menschen haben also einen doppelten Chromosomensatz: 2 x 22 + XX bei einer Frau und 2 x 22 + XY bei einem Mann. Zellkerne mit einem doppelten Chromosomensatz nennt man **diploid.** Eizellen und Spermazellen haben von jedem Chromosomenpaar entweder nur das Chromosom von der Mutter oder das vom Vater. Sie haben nur einen einfachen Chromosomensatz, der aus 23 Chromosomen besteht. Man bezeichnet solche Zellen als **haploid.**

Vor einer Zellteilung verdoppelt sich jedes DNA-Molekül, wobei die beiden DNA-Moleküle gleich sind. An einem Punkt berühren sie sich. Man nennt diese Stelle Centromer (Abb. 1). Zu Beginn einer Zellteilung haben die Chromosomen daher ein x-förmiges Aussehen (Abb. 3). Sie bestehen dann aus zwei zusammengerollten DNA-Molekülen. Es sind zwei Chromosomen, die am Centromer zusammenhängen. Man bezeichnet sie in dieser Form als **Doppelchromosom.**

Die Zahl der Chromosomen des einfachen Chromosomensatzes einer Zelle bezeichnet man mit n. Beim Menschen ist n = 23. Körperzellen besitzen von jedem Chromosom ein Exemplar von der Mutter und eines vom Vater. Ihr Chromosomensatz beträgt 2n. Vor der Zellteilung wird jedes DNA-Molekül verdoppelt. Durch Kern- und Zellteilung werden die Chromosomen so verteilt, dass jede Tochterzelle den diploiden Chromosomensatz mit 2n hat.

→ 1.4 Struktur und Funktion von Zellorganellen

Art	Anzahl (2n)
Regenwurm	32
Stechmücke	6
Karpfen	104
Rind	60
Erbse	14

2 *Chromosomenzahl verschiedener Lebewesen*

Körperzellen		Geschlechtszellen
direkt vor der Zellteilung	zwischen zwei Zellteilungen	
✕✕	⟩⟩	⟩
46 Doppelchromosomen	46 Chromosomen	23 Chromosomen

3 *Übersicht Chromosomenzahl*

1 **Chromosomenzahl.** Überprüfen und diskutieren Sie anhand der Abb. 2 die Hypothese, dass der Entwicklungsstand einer Art von der Anzahl der Chromosomen abhängt.

2 **Versuche mit Acetabularia.** Die einzelligen Algen der Gattung Acetabularia bestehen aus einer „Wurzelregion", die den Zellkern enthält, einem Stiel und einem Schirm (Abb. 6). Die einzelnen Arten unterscheiden sich in der Form des Schirms. Junge Algen besitzen noch keinen Schirm. Mit den in Abb. 5 dargestellten Experimenten untersuchten Wissenschaftler die Regenerationsfähigkeit der Alge *Acetabularia mediterranea*.
a) Beschreiben Sie die in der Abb. 5a dargestellten Versuche. Stellen Sie eine begründete Hypothese auf, die das unterschiedliche Regenerationsvermögen der einzelnen Algenteile in Teil a des Experiments erklären kann.
b) Überprüfen Sie, ob Ihre Hypothese das Versuchsergebnis von Experiment b schlüssig erklären kann.

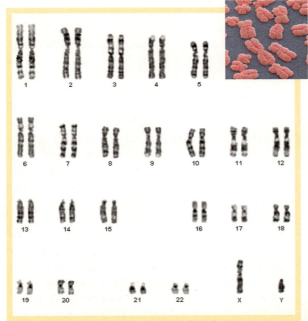

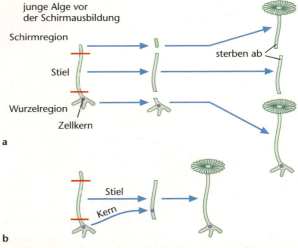

5 *Regenerationsversuche mit Acetabularia mediterranea*

Während der Zellteilung werden die Chromosomen im Lichtmikroskop sichtbar. Sie liegen dann als Doppelchromosomen vor. Jedes Doppelchromosom ist zweifach vorhanden. Die Chromosomen werden fotografiert und ausgeschnitten. Anschließend ordnet man sie nach Form und Größe. Die jeweils gleichen Chromosomen werden dabei nebeneinandergelegt. Man nennt diese Zusammenstellung der Chromosomen Karyogramm. So kann man feststellen, ob alle Chromosomen vollständig sind und in der richtigen Anzahl vorliegen.

4 *Karyogramm*

6 *Acetabularia*

→ 2.10 Bau der DNA

2.2 Zellzyklus: Mitose und Interphase

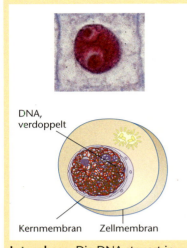

Interphase. Die DNA steuert in ihrer entspiralisierten Form die Stoffwechselaktivität der Zelle. Die identische Verdopplung der DNA erfolgt vor dem Beginn der Mitose.

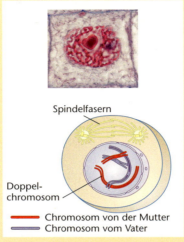

Prophase. Zur Beginn der Mitose wird die Hülle des Zellkerns aufgelöst. Durch Aufschraubung und Faltung der DNA erfolgt eine Verdichtung und Verkürzung. Die verdoppelte DNA wird als Doppelchromosomen im Lichtmikroskop sichtbar. Spindelfasern aus fadenförmigen Proteinen bilden sich. Die Kernmembran beginnt sich aufzulösen.

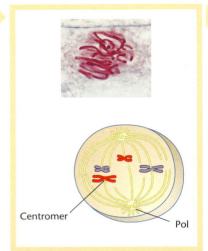

Frühe Metaphase. Die Doppelchromosomen sind maximal verkürzt und am Centromer mit den Spindelfasern verbunden. Die Doppelchromosomen wandern mit Hilfe der Spindelfasern zur Zellmitte.

1 *Zellzyklus*

Nach jeder Zellteilung haben die beiden neu entstandenen Zellen die gleiche Erbinformation wie die Zelle, aus der sie hervorgingen. Die Vorgänge in der Zelle von einer Zellteilung bis zur nächsten bezeichnet man als **Zellzyklus**. Im Zellzyklus unterscheidet man **Mitose** und **Interphase**.

In der **Interphase** wächst die Zelle und nimmt ihre Stoffwechselfunktion wahr. Der Zellkern und damit die Chromosomen befinden sich in der Arbeitsform. Die Chromosomen liegen in der entspiralisierten Form als langes DNA-Molekül vor und können z. B. zur Proteinbiosynthese abgelesen werden. Während einer bestimmten Zeit in der Interphase findet die identische Verdopplung jedes DNA-Moleküls statt. Die beiden DNA-Moleküle bleiben im Centromer verbunden. Damit ist der Ausgangszustand vor einer Mitose erreicht. Während der **Mitose** erfolgt die Aufteilung der Chromosomen auf die neu entstehenden Zellen. Die Mitose wird in die Prophase, Metaphase, Anaphase und Telophase unterteilt (Abb. 1) Nach der Telophase schließt sich im Zellzyklus erneut die Interphase an. Die Zunahme an Zellen während des Wachstums eines Lebewesens ist auf den Vorgang der Mitose zurückzuführen. Auch die ständige Erneuerung von Zellen in einem Lebewesen erfolgt durch Mitose.

Zelltyp	Interphase bis zur Verdopplung der DNA	Dauer der Verdopplung der DNA	Mitose
blutbildendes Knochenmark	2	8	0,7
Dünndarm	6	8	0,7
Dickdarm	22	8	0,7
Speiseröhre	170	8	0,7
Haut	989	8	0,7
Leber	9990	8	0,7

2 *Phasendauer im Zellzyklus in Stunden*

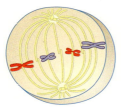

Späte Metaphase. Die Doppelchromosomen sind in der Zellmitte in einer Ebene angeordnet.

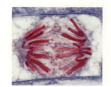
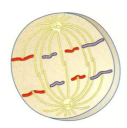

Anaphase. Die Doppelchromosomen werden getrennt. Je eines der beiden identischen Chromosomen wandert nun mit Hilfe der Spindelfasern zu einem Pol.

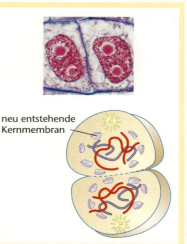

neu entstehende Kernmembran

Telophase. An jedem Pol wird eine neue Kernmembran gebildet, die die Chromosomen umschließt. Gleichzeitig verlieren die Chromosomen wieder ihre verdickte Struktur und können im Lichtmikroskop nicht mehr unterschieden werden. Das Cytoplasma wird auf die entstehenden Tochterzellen aufgeteilt, die Zellen durch Zellmembranen vollständig getrennt.

1 Zellen in der Mitose. Ordnen Sie die Zellen in der Abb. 3 den Phasen der Abb. 1 zu. Begründen Sie Ihre Zuordnung.

2 Phasendauer im Zellzyklus. Werten Sie die Abb. 2 aus.

3 DNA-Gehalt von Zellen. In einem Gewebe, in dem sich ständig viele Zellen teilen, besitzen einige Zellen nur die Hälfte der DNA der übrigen Zellen. In welcher Phase des Zellzyklus können sich diese Zellen befinden? Begründen Sie Ihre Ansicht.

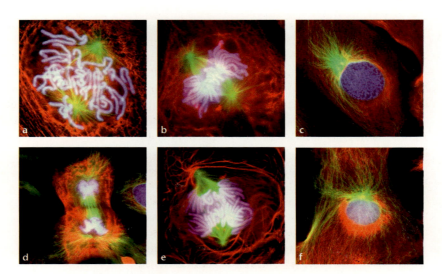

3 *Mitose in der Wurzelspitze einer Zwiebel. DNA, Chromosomen blau, Spindelfasern grün*

→ 2.11 Identische Verdoppelung der DNA: Replikation   → 3.5 Kontrolle des Zellzyklus

2.3 Meiose – Bildung der Geschlechtszellen

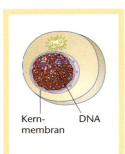 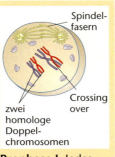 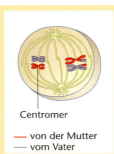 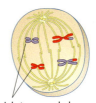 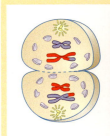

Interphase. Die Verdopplung der DNA hat bereits statt gefunden.

Prophase I. Jedes Chromosom liegt in Form von zwei homologen Doppelchromosomen vor. Die beiden homologen Doppelchromosomen lagern sich zusammen. Dabei kann es vorkommen, dass Abschnitte der Chromosomen ausgetauscht werden. Man bezeichnet diesen Vorgang als Crossing over.

Metaphase I. Die Doppelchromosomen ordnen sich in der Zellmitte in einer Ebene an.

Anaphase I. Die Doppelchromosomen werden so verteilt, dass von jedem Paar Doppelchromosomen ein Exemplar zu jeweils einem Pol der Zelle wandert. Dabei ist es zufällig, welches Exemplar zu welchem Pol gelangt.

Telophase I. In jede Tochterzelle liegt von jedem Doppelchromosom ein Exemplar vor. Jede Tochterzelle enthält mit großer Wahrscheinlichkeit sowohl Doppelchromosomen vom Vater als auch der Mutter.

1 Schematischer Ablauf der Meiose

Der Vorgang, bei dem die Geschlechtszellen gebildet werden, heißt **Meiose.** Die Meiose findet bei der Frau in den Eierstöcken und beim Mann in den Hoden statt. Sie besteht immer aus zwei Teilungsschritten, der Meiose I und der Meiose II. Aus der Ursprungszelle entstehen durch die beiden Teilungsschritte vier haploide Geschlechtszellen. Die Meiose findet bei allen Tieren und Pflanzen mit geschlechtlicher Fortpflanzung statt.

Beim Mann entstehen aus den in der Meiose gebildeten Zellen die Spermien. Aus einer Ursprungszelle entstehen vier Spermien. Bei der Frau wird bei den Teilungen der Meiose das Zellplasma ungleich verteilt. Es entstehen aus der Ursprungszelle eine große Zelle, die zukünftige Eizelle, und drei sehr kleine Zellen, die nahezu kein Zellplasma enthalten. Man nennt sie Polkörperchen. Sie gehen später zugrunde. Bei der anschließenden Befruchtung verschmelzen Eizelle und Spermazelle. Es entsteht die **diploide Zygote.**

Bei der Meiose und der späteren Befruchtung wird das genetische Material neu kombiniert. Diesen Vorgang bezeichnet man als **Rekombination.** Die Rekombination geschieht einerseits bei der nach dem Zufallsprinzip erfolgenden Verteilung der homologen Chromosomen auf die Geschlechtszellen. So werden die 23 ursprünglich vom Vater und die 23 von der Mutter stammenden Chromosomen in völlig neuen Kombinationen in der Anaphase I und II auf die zukünftigen Geschlechtszellen verteilt. Rekombination erfolgt außerdem durch den Austausch von DNA-Abschnitten zwischen Chromosomen, dem sogenannten **Crossing over.**

Die Rekombination verursacht eine riesige genetische Vielfalt. Lebewesen mit sexueller Fortpflanzung weisen innerhalb ihrer Art genetische Vielfalt auf. Genetische Vielfalt ist eine wichtige Grundlage für die evolutionäre Veränderung von Arten.

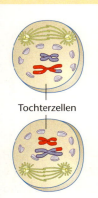
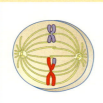
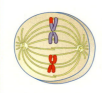

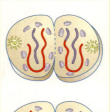

Tochterzellen

Doppelchromosomen werden getrennt

Entstehung von 4 Geschlechtszellen

Prophase II. Meist folgt die Prophase II, noch bevor die Kernmembran wieder aufgebaut wird und die Chromosomen entspiralisiert werden. Die Doppelchromosomen der Tochterzellen wandern zur Mitte der Zelle.

Metaphase II. Die Doppelchromosomen ordnen sich in einer Ebene an.

Anaphase II. Die Doppelchromosomen werden getrennt. Je eines der beiden Chromosomen wandert zu einem Pol.

Telophase II. An jedem Pol wird eine neue Kernmembran gebildet, die die Chromosomen umschließt. Gleichzeitig verlieren die Chromosomen wieder ihre aufgerollte Struktur. Das Cytoplasma wird auf die entstehenden Tochterzellen aufgeteilt, die Zellen durch Membranen vollständig getrennt. Es liegen vier haploide Geschlechtszellen vor. Sie besitzen unterschiedliche Erbinformationen.

1 Mitose/Meiose. Ordnen Sie die folgenden Begriffe und Aussagen der Mitose und/oder der Meiose zu.
A – erbgleiche Teilung
B – Verringerung der Chromosomenzahl
C – haploide Zellen
D – diploide Zellen
E – Bildung von Geschlechtszellen
F – Crossing over
G – homologe Doppelchromosomen
H – Paarung homologer Doppelchromosomen
I – DNA-Moleküle trennen sich.

2 Schema der Meiose. Zeichnen Sie ein Schema für die Meiose einer Zelle mit zwei verschiedenen Doppelchromosomen und Gonosomen entsprechend der Abb. 1. Ordnen Sie die Begriffe diploid und haploid den Abschnitten zu.

3 Geschlechtschromosomen. In welcher Phase der Meiose entscheidet sich, ob eine Spermazelle ein X- oder ein Y-Chromosom enthält? Begründen Sie Ihre Ansicht.

4 Kombinationsmöglichkeiten. Zeichnen Sie alle Geschlechtszellen mit unterschiedlichen Kombinationen der Chromosomen, die aus einer Ursprungszelle mit drei homologen Chromosomenpaaren entstehen können. Lassen Sie dabei Möglichkeiten, die aus Crossing over entstehen, außer Acht.

→ 2.11 Identische Verdoppelung der DNA: Replikation   → 18.3 Variabilität

2.4 Genetische Variabilität durch Meiose

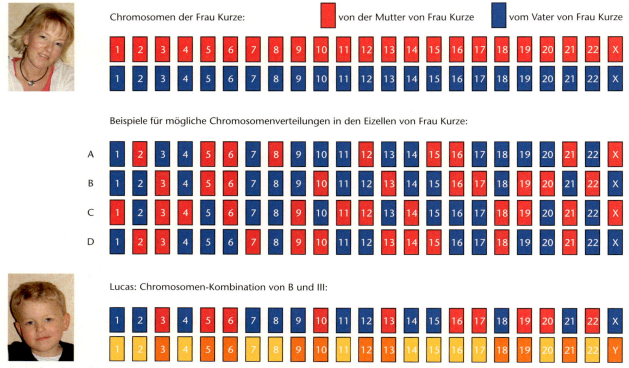

1 *Neukombination von Chromosomen bei der Bildung von Geschlechtszellen und der Befruchtung*

Die Körperzellen eines Menschen enthalten Chromosomen von dessen Mutter und Vater. In der Abbildung 1 ist vereinfacht davon ausgegangen, dass die Hälfte der Chromosomen von Frau Kurze von ihrer Mutter, die andere Hälfte von ihrem Vater stammt. Die Chromosomen werden bei der Bildung der Eizellen von Frau Kurze neu kombiniert, wobei eine unglaublich große Zahl von Kombinationsmöglichkeiten besteht (Abb. 1 A–D). Der gleiche Vorgang findet bei der Spermienbildung des Vaters statt (Abb. 1 I–IV). Durch die Befruchtung erfolgt anschließend die Kombination von mütterlichen und väterlichen Chromosomen in der Zygote. Die Zygote, und damit alle Zellen des daraus entstehenden Kindes, enthält so eine andere Kombination der Chromosomen als die Zellen der Eltern. Eine Neukombination erfolgt also sowohl bei der Bildung der Geschlechtszellen als auch bei der Befruchtung. Diese auch als **Rekombination** bezeichneten Vorgänge erzeugen eine riesige **genetische Variabilität**. Beim Menschen haben nur eineiige Zwillinge identische genetische Information.

Die große genetische Variabilität ist eine wesentliche Grundlage der Evolution. Sie hat zur Folge, dass sich alle Lebewesen einer Art genetisch etwas unterscheiden. Dies hat z. B. Auswirkungen auf ihr Aussehen, ihr Verhalten oder ihren Stoffwechsel. Ändern sich für die Lebewesen, die einen Lebensraum bewohnen, die Lebensbedingungen, gibt es Individuen, die mit der Veränderung weniger gut zurechtkommen und solche, die damit besser zurechtkommen. Diese Lebewesen haben dadurch statistisch einen Überlebensvorteil und werden sich im Durchschnitt häufiger fortpflanzen als die anderen Individuen. Diesen Vorgang nennt man **Selektion,** man sagt, die Lebewesen haben einen Selektionsvorteil. Die Lebewesen der folgenden Generationen zeigen dadurch veränderte Eigenschaften gegenüber den ursprünglichen Lebewesen des Lebensraumes. Es findet dadurch eine Entwicklung der Art statt.

Die genetische Variabilität erzeugt also die Vielfalt an genetisch unterschiedlichen Lebewesen, die Voraussetzung für Evolution ist. Die Meiose ist damit eine Triebfeder der Evolution für alle Organismen mit geschlechtlicher Fortpflanzung.

→ 2.3 Bildung von Geschlechtszellen: Meiose → 18.3 Variabilität

Beispiele für mögliche Chromosomenverteilungen in den Spermazellen von Herrn Kurze:

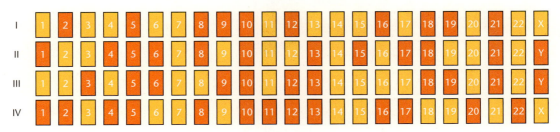

Isabel: Chromosomen-Kombination von A und IV:

1 Kombinationsmöglichkeiten berechnen. Die Zahl der Kombinationsmöglichkeiten der Chromosomen väterlicher und mütterlicher Herkunft bei der Bildung der Geschlechtszellen berechnet sich bei diploiden Organismen nach folgender Formel:

$x = 2^y$

wobei gilt:
x = Zahl der Kombinationsmöglichkeiten

$y = \dfrac{\text{Gesamtzahl der Chromosomen (n)}}{2}$

Berechnen Sie die Zahl der Kombinationsmöglichkeiten beim Menschen.

2 Vergleich von Geschwistern.
a) Vergleichen Sie die Chromosomen-Kombinationen der beiden in Abb. 1 dargestellten Kinder.
b) Vergleichen Sie die Chromosomen-Kombinationen von Geschwistern allgemein mit der von eineiigen Zwillingen.

3 Kombinationsmöglichkeiten von Chromosomen.
a) Frau und Herr Kurze erwarten ein weiteres Kind, einen Jungen. Zeichnen Sie unter Bezug auf Abb. 1 eine Kombinationsmöglichkeit.
b) Zeichnen Sie zwei mögliche Chromosomenverteilungen in den Eizellen von Isabel.

4 Fragen zum Thema „Individuum und Individualität". Das Wort Individuum kommt aus dem Lateinischen und heißt wörtlich übersetzt „das Unteilbare". Die Eigenarten und Eigentümlichkeiten eines einzelnen Menschen machen seine Individualität aus.
a) Entwerfen Sie Fragen zum Thema „Individuum und Individualität".
b) Erörtern Sie, welche dieser Fragen sich mit Hilfe von naturwissenschaftlichen Methoden klären lassen. Welche Fragen können die Naturwissenschaften nicht beantworten?

5 Meiose und Selbstbefruchtung. Manche Pflanzen, aber auch Tiere, befruchten sich selbst nach vorausgegangener Meiose. Stellen Sie Hypothesen über ultimate Erklärungen für diesen Vorgang auf.

→ 18.4 Selektionstypen und Selektionsfaktoren → 18.5 Die Bedeutung von Präadaptation für die Evolution

2.5 Veränderte Chromosomenanzahl: Trisomie 21

1 *Julia hat Trisomie 21*

Fehler bei der Verteilung der Chromosomen in der Meiose können zu einer veränderten Chromosomenanzahl in den Geschlechtszellen führen. Kommt es durch eine solche Geschlechtszelle zu einer Befruchtung, entsteht ein Embryo mit veränderter Chromosomenanzahl. Man bezeichnet diese Mutation als **numerische Chromosomenaberration.** Die meisten dieser Mutationen führen zu Fehlgeburten, einige zu mehr oder weniger starken Behinderungen des Kindes. Dabei gelten Menschen als behindert, die in ihrem Lernen, im sozialen Verhalten, in der sprachlichen Kommunikation oder in ihren motorischen Fähigkeiten so weit beeinträchtigt sind, dass ihre Teilnahme am Leben in der Gesellschaft wesentlich erschwert ist.

Die häufigste numerische Chromosomenaberration bei den Autosomen ist die Trisomie 21, auch unter dem Namen Down-Syndrom bekannt. Dabei ist das 21. Chromosom dreimal in jeder Zelle vorhanden (Abb. 1, 2). Unter 700 Neugeborenen befindet sich im Durchschnitt ein Kind mit Trisomie 21, wobei die Häufigkeit sehr stark vom Alter der Eltern abhängt (Abb. 4). Schwangeren über 35 Jahren oder Eltern, die bereits ein Kind mit Trisomie 21 haben, wird eine genetische Beratung empfohlen. Unter bestimmten Umständen wird eine Amniozentese durchgeführt (Abb. 3). Durch diese Untersuchung ist eine Trisomie 21 des ungeborenen Kindes zu erkennen. Die individuelle Ausprägung der Behinderung bei Trisomie 21 variiert sehr stark. Während einige Kinder eine starke geistige Behinderung zeigen, können andere sogar Fremdsprachen erlernen. Durch gezielte Förderung, aber auch den gemeinsamen Besuch von Kitas und Schulen, wird versucht die Integration von Kindern mit Behinderungen zu fördern.

Trisomie 21 entsteht, wenn sich in der Meiose I die homologen Doppelchromosomen 21 nicht trennen, oder sich in der Meiose II die Chromosomen des Doppelchromosoms 21 nicht trennen (Abb. 2). Man spricht in beiden Fällen von Non-Disjunktion. In den meisten Fällen tritt Non-Disjunktion bei der Bildung der Eizellen auf, doch ist das Phänomen auch bei der Bildung der Spermazellen bekannt.

Auch bei der Verteilung der Geschlechtschromosomen kann es zu Fehlern in der Meiose und in der Folge zu numerischen Aberationen der Chromosomen kommen (Abb. 5). Eine Veränderung der Chromosomenanzahl bei den Gonosomen hat in der Regel geringere Auswirkungen als bei den Autosomen.

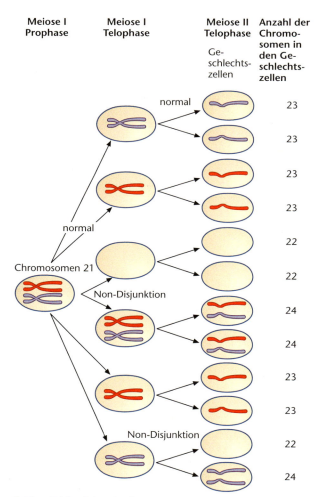

2 *Non-Disjunktion in der Meiose führt zu numerischen Chromosomenaberationen*

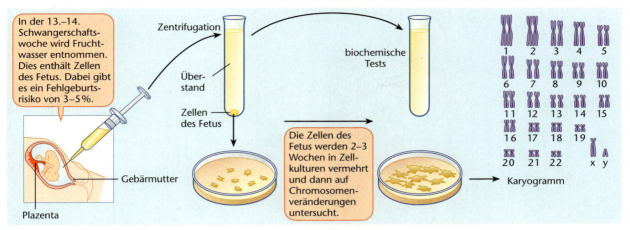

3 *Amniozentese*

1 Amniozentese.
a) Beschreiben Sie anhand von Abb. 3 die Amniozentese.
b) Beurteilen Sie die Amniozentese als Methode zur frühzeitigen Erkennung von Behinderungen (Abb. 3, 4).

2 Vier Positionen zur Amniozentese. Schwangeren, die über 35 Jahre alt sind, wird häufig die Durchführung einer Amniozentese empfohlen. Im Folgenden werden vier mögliche Positionen dazu genannt:
– Ich will nichts wissen und werde keine Amniozentese machen lassen.
– Ich traue mir ein Leben mit einem behinderten Kind nicht zu und werde gegebenenfalls abtreiben.
– Ich will das Ergebnis wissen, werde aber nicht abtreiben, wenn eine Trisomie 21 vorliegt.
– Ich weiß gar nicht, wie ich mich verhalten soll.
Erläutern Sie für jede der vier Positionen, welche Überlegungen zu der Aussage geführt haben könnten.

3 Alter der Mütter bei der Geburt. Werten Sie die Abb. 4 und 6 aus. Erörtern Sie mögliche Gründe für die Verschiebung der Geburtenhäufigkeit. Diskutieren Sie dabei auch gesellschaftliche Aspekte.

4 Gonosomenaberrationen. Skizzieren Sie die Möglichkeiten bei der Entstehung von numerischen Chromosomenaberrationen bei Gonosomen (Abb. 5). Lehnen Sie Ihre Skizze an Abb. 2 an.

Turner-Syndrom: X (kein Y), unfruchtbar, meist normale Intelligenz und Lebenserwartung. Häufigkeit: 1:3000 Frauen.
Triple-X-Syndrom: XXX, äußerlich unauffällig, meist leicht geistig rückständig. Häufigkeit: 1:1000 Frauen.
Klinefelter-Syndrom: XXY, unfruchtbar, reduzierte Testosteronbildung. Häufigkeit: 1:700 Männer.
Diplo-Y-Syndrom: XYY, fruchtbar, erhöhter Testosteronspiegel, häufig psychisch labil. Häufigkeit: 1:800 Männer.

5 *Numerische Aberrationen von Geschlechtschromosomen*

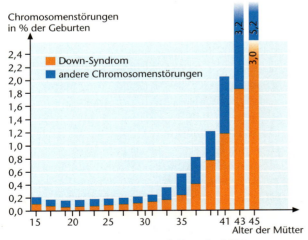

4 *Chromosomenstörungen und Alter der Mütter*

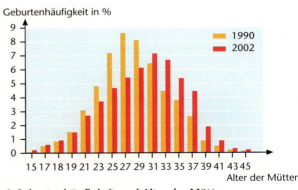

6 *Geburtenhäufigkeit und Alter der Mütter*

→ 16.2 Ethisches Bewerten: Die Präimplantations-Diagnostik

2.6 Die Vererbung erfolgt nach Regeln

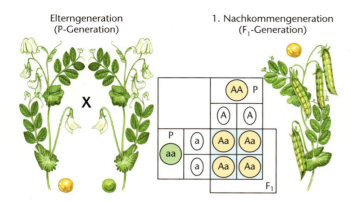

1. Mendelsche Regel – Uniformitätsregel
Wenn reinerbige Individuen einer Art gekreuzt werden, die sich in einem Merkmal unterscheiden, dann ist bei allen Nachkommen in der F_1-Generation das betrachtete Merkmal gleich (uniform).
A = Erbanlage für gelbe Samenfarbe
a = Erbanlage für grüne Samenfarbe

1 *Uniformitätsregel*

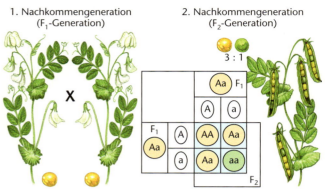

2. Mendelsche Regel – Spaltungsregel
Wenn in Bezug auf ein Merkmal mischerbige Individuen der F_1-Generation miteinander gekreuzt werden, treten in der F_2-Generation beide betrachteten Merkmale im Zahlenverhältnis 3:1 wieder auf.
A = Erbanlage für gelbe Samenfarbe
a = Erbanlage für grüne Samenfarbe

2 *Spaltungsregel*

GREGOR MENDEL (1822–1884), ein Augustinermönch, untersuchte die Vererbung der Samenfarbe bei Erbsen. Er kam zu dem Ergebnis, dass jede Pflanze zwei Erbanlagen in sich tragen müsse, die die Ausbildung der Merkmale bewirkt. Diese Erbanlagen werden heute als **Gene** bezeichnet. MENDEL nannte Pflanzen mit Genen für grünen und gelben Samen **mischerbig**. Diese beiden möglichen Ausprägungen des Gens werden heute **Allele** oder Genvarianten genannt. Erbsenpflanzen mit zwei identischen Allelen bezeichnet man als **reinerbig**.

MENDEL führte Bestäubungen mit reinerbigen Erbsenpflanzen aus grünen Samen und aus gelben Samen durch. Die Pflanzen sind die Elterngeneration, die sogenannte Parental-Generation (P-Generation). Die Samen, die die erste Nachkommengeneration oder auch 1. Filialgeneration (F_1-Generation) bildeten, waren ausschließlich gelb. Aus den Ergebnissen dieser Versuche leitete er die **Uniformitätsregel** ab (Abb. 1, 3).

MENDEL säte die gelben Erbsen der F_1-Generation aus und untersuchte die Samen, die sich nach Selbstbestäubung an den Erbsenpflanzen entwickelten. Sie stellen die 2. Filialgeneration, die F_2-Generation, dar. Diese Pflanzen besaßen Hülsen, die sowohl gelbe als auch grüne Samen enthielten. Aus der Tatsache, dass sich dabei immer wieder das Zahlenverhältnis 3:1 zwischen gelben und grünen Samen ergab, leitete er die **Spaltungsregel** ab (Abb. 2). An der äußeren Erscheinung der F_1-Generation, hier den gelben Samen, kann man nicht erkennen, ob die Pflanzen auch ein Allel für die Ausprägung der grünen Samenfarbe besitzen. Deshalb unterscheidet man das Erscheinungsbild eines Lebewesens, den **Phänotyp**, von seinem **Genotyp** der Gesamtheit seiner Erbanlagen.

MENDELS Beobachtungen lassen sich anhand eines Erbschemas erklären (Abb. 1, 3). Im Genotyp weisen die reinerbigen Individuen der P-Generation je zwei gleiche Allele, gelb/gelb (AA) beziehungsweise grün/grün (aa), für das Merkmal „Samenfarbe" auf. Jedes Elternteil gibt nur eines seiner beiden Allele an die F_1-Generation weiter, ein Elternteil das Allel für gelbe Samen und das andere ein Allel für grüne Samen. Die Pflanzen der F_1-Generation erhalten auf diese Weise von ihren Eltern für das Merkmal „Samenfarbe" zwei unterschiedliche Allele (Aa). Trotz zweier unterschiedlicher Allele entwickelt sich in der F_1-Generation nur der Phänotyp „gelbe Samen". Das Allel für gelbe Erbsen setzt sich also bei der Ausbildung des Phänotyps durch. MENDEL nannte dieses Allel **dominant**, das Allel für den nicht ausgebildeten Phänotyp „grüne Samen" **rezessiv**. Wenn sich bei mischerbigen Individuen ein dominantes Allel gegenüber einem rezessiven durchsetzt, spricht man von einem **dominant-rezessiven Erbgang**.

Im Erbschema werden die Allele durch Buchstaben symbolisiert. Dominante Allele werden mit großen Buchstaben, rezessive mit entsprechenden kleinen Buchstaben bezeichnet. Der Großbuchstabe steht im Genotyp vorne.
Der Phänotyp in Bezug auf die Samenfarbe wird z. B. durch grün beziehungsweise gelb gefärbte Kreise veranschaulicht.

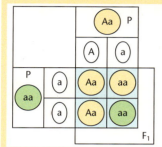

2 Pflanzen (P) werden gekreuzt.

mögliche Geschlechtszellen der P-Generation

Phänotypen und Genotypen der daraus entstandenen Nachkommen (F_1)

3 *Erstellen eines Erbschemas*

1 Kreuzungsversuche Mendels.
a) Erläutern Sie das Erbschema der Spaltungsregel (Abb. 2). Geben Sie das Zahlenverhältnis der verschiedenen Phänotypen und Genotypen an.
b) In Abb. 4 sind Ergebnisse von weiteren Kreuzungsversuchen Mendels zusammengestellt. Ermitteln Sie für jedes untersuchte Merkmal, welches Allel für die Ausbildung des dargestellten Merkmals dominant und welches rezessiv ist. Begründen Sie Ihre Aussagen. Berechnen Sie jeweils das Zahlenverhältnis der Phänotypen in der F_2-Generation.

2 Vererbung der Fellfarbe bei der Maus. Eine reinerbige weiße Maus wird mit einer reinerbigen schwarzen Maus gekreuzt. Die Erbanlage für die schwarze Fellfarbe bei Mäusen ist dominant. Zeichnen Sie ein Erbschema für die F_1- und F_2-Generation. Finden Sie passende Symbole für die Phänotypen und Genotypen. Beschreiben Sie Ihre Ergebnisse und vergleichen Sie sie mit den Mendelschen Regeln.

3 Vererbung beim Mais. Der Blütenstand der Maispflanze, der Maiskolben, besteht aus vielen kleinen Einzelblüten. Aus jeder Einzelblüte entsteht ein Maiskorn. Reinerbiger gelber wird mit reinerbigem blauen Mais gekreuzt (Abb. 5). Die Individuen der F_1-Generation werden wieder miteinander gekreuzt.
a) Erläutern Sie, welcher Generation der Maiskolben mit den gelben und blauen Maiskörnern zuzuordnen ist.
b) Zeichnen Sie ein Erbschema.

4 Modellversuch zur Spaltungsregel.
a) Besorgen Sie 100 Centstücke und zwei Kästen. Legen Sie 50 Münzen in jeden Kasten. Nun verbinden Sie einem Mitschüler/einer Mitschülerin die Augen und fordern ihn/sie auf, aus jedem Kasten jeweils eine Münze zu holen und sie paarweise auf den Tisch zu legen. Es sind drei Kombinationsmöglichkeiten vorhanden, nämlich Kopf/Kopf, Kopf/Zahl und Zahl/Zahl. Nachdem alle Münzen gelegt sind, zählen Sie aus, wie häufig jede Kombination aufgetreten ist. Wiederholen Sie diesen Versuch mehrmals und vergleichen Sie das Zahlenverhältnis der entstandenen Kombinationen mit dem Zahlenverhältnis der Genotypen in der F_2-Generation in Abb. 2.
b) Stellen Sie dar, inwieweit dieser Versuch auch die Vorgänge bei der Meiose und der Befruchtung modellhaft repräsentiert.

Färbung der Samen	gelb	grün	P: gelbe oder grüne Samen F_1: nur gelbe Samen F_2: 6022 gelbe Samen und 2001 grüne Samen
Gestalt der Samen	rund	runzelig	P: runde oder runzlige Samen F_1: nur runde Samen F_2: 5474 runde Samen und 1850 runzelige Samen
Gestalt der Hülse	einfach gewölbt	eingeschnürt	P: einfach gewölbte oder eingeschnürte Hülsen F_1: nur einfach gewölbte Hülsen F_2: 882 einfach gewölbte und 299 eingeschnürte Hülsen
Färbung der Hülse	grün	gelb	P: grüne oder gelbe Hülsen F_1: nur grüne Hülsen F_2: 428 grüne Hülsen und 152 gelbe Hülsen

4 *Versuchsergebnisse Mendels*

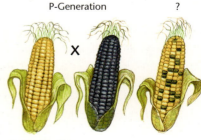

5 *Maiskolben*

→ 2.4 Genetische Variabilität durch Meiose

2.7 Die Chromosomentheorie der Vererbung

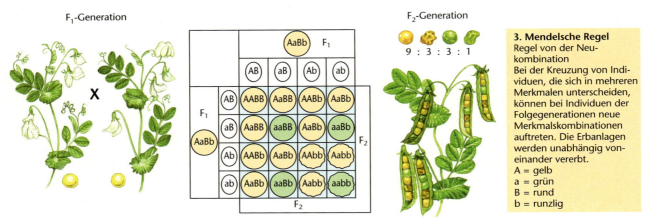

1 Regel von der Neukombination

3. Mendelsche Regel
Regel von der Neukombination
Bei der Kreuzung von Individuen, die sich in mehreren Merkmalen unterscheiden, können bei Individuen der Folgegenerationen neue Merkmalskombinationen auftreten. Die Erbanlagen werden unabhängig voneinander vererbt.
A = gelb
a = grün
B = rund
b = runzlig

MENDEL kreuzte auch Erbsenpflanzen, bei denen sich zwei Merkmale unterschieden, nämlich Farbe und Form der Samen. Er wählte als Elterngeneration reinerbige Erbsenpflanzen mit glatten, gelben Samen und solche mit grünen, runzeligen Samen. Alle F_1-Samen hatten gelbe, glatte Samen (Abb. 1). Bei der Kreuzung der Pflanzen der F_1-Generation untereinander entwickelten sich vier unterschiedliche Phänotypen in einem Zahlenverhältnis von ungefähr 9:3:3:1. Die Merkmalskombination grün-runzelige Samen, die in der F_1-Generation gefehlt hatte, trat in der F_2-Generation erneut auf. Es waren aber auch zwei völlig neue Merkmalskombinationen, nämlich gelb-runzelige und grün-glatte Samen, entstanden. MENDEL nahm deshalb an, dass Allele unabhängig voneinander vererbt werden und in nachfolgenden Generationen neu kombiniert werden können. Seine Ergebnisse fasste MENDEL in der **Regel von der Neukombination** als 3. Mendelsche Regel zusammen (Abb. 1).

MENDEL folgerte aus seinen Versuchen auf die Existenz von Erbanlagen, ohne Kenntnis von der Bedeutung von Zellkern und Chromosomen zu haben. Nach MENDELs Tod entdeckten Zellforscher 1884, dass in Geschlechtszellen nur halb so viele Chromosomen wie in den Körperzellen enthalten sind. Man erkannte, dass die Reduktion der Chromosomenanzahl bei der Geschlechtszellenbildung durch die Meiose mit der von MENDEL vermuteten Reduktion der Zahl der Erbanlagen in Einklang stand (Abb. 3). Nach MENDEL werden die Erbanlagen der Geschlechtszellen so an die Nachkommen weitergegeben, dass sie nach der Befruchtung doppelt vorhanden sind. Je eine Erbanlage stammt vom Vater, eines von der Mutter. Dass die Chromosomen in Körperzellen paarweise vorkommen, war gegen Ende des 19. Jahrhunderts ebenfalls bekannt. Man erkannte auch, dass die genetische Information im Zellkern lokalisiert ist und über Geschlechtszellen weitergegeben wird. Diese Ergebnisse der Zellforschung konnten also die Versuchsergebnisse MENDELs erklären (Abb. 3, 4). Daher stellte man 1903 die Theorie auf, dass die Chromosomen die Träger der Erbanlagen sind. Man nannte diese Theorie die „Chromosomentheorie der Vererbung".

Heute weiß man, dass auf jedem Chromosom zahlreiche Gene lokalisiert sind. MENDEL stellte in seiner Regel der Neukombination die Hypothese auf, dass die Erbanlagen unabhängig voneinander von einer Generation zur nächsten weitergegeben werden. Diese von MENDEL postulierte unabhängige Weitergabe von Erbanlagen ist nur gegeben, wenn die Gene auf unterschiedlichen Chromosomen liegen. Liegen die betrachteten Gene auf dem gleichen Chromosom, werden sie gemeinsam vererbt. Man spricht von **gekoppelten Genen** (Abb. 2).

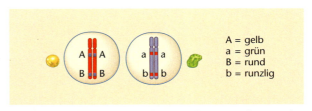

2 Gekoppelte Gene. Lägen die Gene für Samenform und Samenfarbe in dieser Anordnung vor, würde die 3. Mendelsche Regel nicht für diese Merkmale gelten.

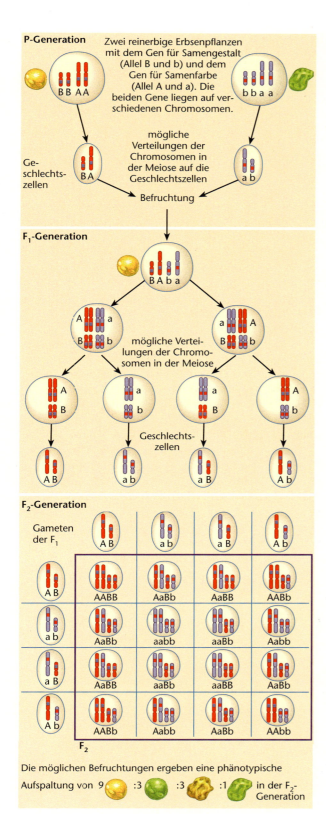

3 MENDELS *Versuchsergebnisse und die Chromosomentheorie der Vererbung*

Ergebnisse MENDELS	Ergebnisse der Zellforschung
1. Die Erbanlagen bewahren bei der Weitergabe durch die Generationen ihre Eigenständigkeit.	1. Die Chromosomen werden als selbstständige Einheiten durch die Generationen weitergegeben. Die Gene sind auf den Chromosomen lokalisiert.
2. In den Körperzellen ist für jedes Merkmal ein Erbanlagenpaar vorhanden.	2. Die Chromosomen sind in den Körperzellen paarweise vorhanden. Auf diesen beiden homologen Chromosomen können die sich entsprechenden Gene in verschiedenen Genvarianten oder Allelen vorliegen.
3. In jede Geschlechtszelle gelangt je eine Erbanlage dieses Paares.	3. Bei der Meiose gelangt von den beiden homologen Chromosomen jeweils eines in jede Geschlechtszelle.
4. Die Erbanlagen werden unabhängig voneinander auf die Geschlechtszellen verteilt. Sie können bei der Befruchtung neu kombiniert werden.	4. Bei der Geschlechtszellenbildung werden die homologen Chromosomen unabhängig voneinander auf die Geschlechtszellen verteilt. Sie können bei der Befruchtung neu kombiniert werden.

4 MENDELS *Ergebnisse und die der Zellforschung*

1 Weiße Leistenkrokodile. In einem Zoo gibt es ein Leistenkrokodil mit einem weißen Panzer und roten Augen, ein sogenanntes Albino-Krokodil. Diese Merkmale sind auf rezessive Allele zurückzuführen.  Alle anderen Krokodile besitzen einen bräunlichen Panzer und grünliche Augen. Man kennt kein Leistenkrokodil, das einen bräunlichen Panzer und rote Augen oder einen weißen Panzer und grünliche Augen aufweist. Auch durch Kreuzung ist es noch nie gelungen, solche Leistenkrokodile zu züchten. Inwiefern ist dies ein Widerspruch zu MENDELS Aussage, dass Erbanlagen unabhängig voneinander vererbt werden? Stellen Sie begründete Hypothesen auf, die diesen Widerspruch erklären.

2 Gekoppelte Gene. Nehmen Sie hypothetisch an, dass die Gene für Samenform und Samenfarbe auf einem Chromosom gekoppelt vorliegen (Abb. 2). Begründen Sie an diesem Beispiel, dass bei gekoppelten Genen die Anzahl der Neukombinationen stets niedriger ist als bei Genen, die auf unterschiedlichen Chromosomen liegen. Legen Sie dazu eine Skizze an, die sich an Abb. 3 orientiert.

→ 2.4 Genetische Variabilität durch Meiose   → 18.3 Variabilität

2.8 Stammbaumuntersuchungen von genetisch bedingten Krankheiten

Will man herausfinden, wie ein Merkmal vererbt wird, muss man die Mendelschen Regeln beachten. In vielen Fällen werden Merkmale dominant oder rezessiv vererbt. Manche Menschen haben zum Beispiel erblich verkürzte Finger (Abb. 1). Das Merkmal Kurzfingrigkeit wird dominant vererbt. Man kann das entsprechende Allel mit dem Großbuchstaben K benennen, da es dominant ist. Ein Mensch, der in seinen Erbinformationen die Kombination KK oder Kk besitzt, hat also die verkürzten Finger, ein Mensch mit der Erbinformation kk hat normal lange Finger.

Liegt das zu untersuchende Gen auf einem Autosom, spricht man von einem **autosomalen Erbgang**. Befindet sich ein Gen auf einem Geschlechtschromosom (Gonosom), spricht man von einem **gonosomalen Erbgang**. Häufig wird angeführt, auf welchem Geschlechtschromosom sich das Gen befindet, zum Beispiel „X-chromosomaler Erbgang", wenn das Gen auf einem X-Chromosom liegt.

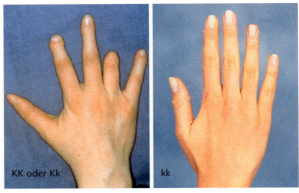

1 *Kurzfingrigkeit und normale Hand*

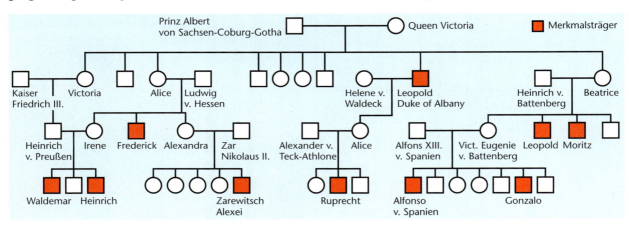

2 *Bluterkrankheit im europäischen Hochadel im 19. und 20. Jahrhundert*

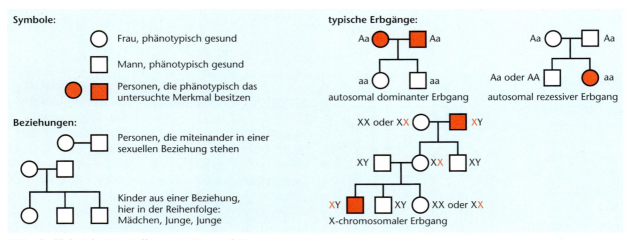

3 *Symbolik bei der Darstellung von Stammbäumen*

Ein Beispiel für einen X-chromosomalen Erbgang ist die Bluterkrankheit. Bei ihr ist die Blutgerinnung gestört und harmlose Verletzungen können dadurch lebensbedrohend sein. Die Bluterkrankheit war besonders im Adel weit verbreitet (Abb. 2). Treten in einer Familie Erbkrankheiten auf, lässt sich aus dem Stammbaum häufig ermitteln, wie groß die Wahrscheinlichkeit für ein weiteres Kind ist, die Erbkrankheit zu haben (Abb. 4). Dies ist wichtig für eine genetische Beratung, wenn Eltern aus Familien, in denen Erbkrankheiten vorkommen, vor der Entscheidung stehen, ein weiteres Kind zu bekommen.

1 **Rot-Grün-Sehschwäche.** Der Erbgang ist X-chromosomal rezessiv. Zeichnen Sie mit Hilfe der Abb. 3 und 6 den Stammbaum der Familie von Mr. SCOTT und tragen Sie alle Genotypen der genannten Familienmitglieder ein. Werten Sie dazu den Text in Abb. 6 aus. Erklären Sie, warum eine Rot-Grün-Sehschwäche bei Männern häufiger vorkommt als bei Frauen.

2 **Retinoblastom.** Retinoblastom, der erbliche Augenkrebs, wird nach dem Stammbaum in Abb. 5 vererbt. Analysieren Sie den Stammbaum und geben Sie an, mit welcher Wahrscheinlichkeit das Merkmal in der nächsten Generation auftritt, wenn ein Elternteil das Merkmal besitzt.

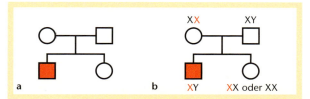

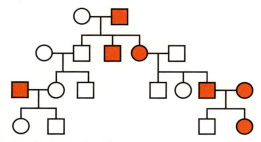

5 *Stammbaum Retinoblastom*

Ein Elternpaar hat einen Sohn, der Bluter ist und eine gesunde Tochter (a). Keiner der Eltern ist Merkmalsträger. Bei der Frage, wie groß die Wahrscheinlichkeit ist, dass ein weiteres Kind mit der Bluterkrankheit geboren wird, geht man so vor: Das Merkmal wird X-chromosomal rezessiv vererbt. Daraus ergeben sich die Genotypen bezüglich des Merkmals (b). Die Wahrscheinlichkeit, dass das Merkmal in der nächsten Generation auftritt, muss für jedes weitere Kind neu betrachtet werden. Dazu wird ein Erbschema erstellt:

	Geschlechtszellen des Vaters	
	X	Y
Geschlechts-zellen der Mutter X	XX	XY
X	XX	XY

Die vier Möglichkeiten zeigen, dass zu 50 % Söhne gezeugt werden, wobei die Wahrscheinlichkeit, dass ein Sohn bluterkrank ist, 1:1 beträgt. Zu 50 % treten Töchter auf, die alle gesund sind, wobei sie zu 50 % Überträgerinnen des Gens für das Merkmal Bluterkrankheit sind. Die Wahrscheinlichkeit für das Auftreten des Blutermerkmals im Phänotyp beträgt also 1:3.

4 *Wahrscheinlichkeit für das Merkmal Bluterkrankheit*

„Ich kenne kein Grün in der Welt. Vor einigen Jahren habe ich meine Tochter mit einem vornehmen Mann vermählt. Am Tage vor der Hochzeit kam er in einem neuen Mantel aus bestem Stoff in mein Haus. Ich war sehr gekränkt, dass er, wie ich glaubte, in Schwarz gekleidet war, der Farbe der Trauer. Ich sagte ihm, er solle gehen und den Mantel wechseln. Aber meine Tochter sagte, dass mich meine Augen trögen. Der Mann trug einen feinen weinroten Mantel. Dieser aber war für meine Augen schwarz. Es handelt sich um ein altes Familienleiden. Mein Vater hatte genau dieselbe Krankheit. Meine Mutter und eine meiner Schwestern konnten fehlerfrei sehen. Meine zweite Schwester war farbuntüchtig wie ich. Sie hatte zwei Söhne, die beide an dieser Krankheit litten. Ihre Tochter war dagegen normalsichtig. Ich selber habe einen Sohn und eine Tochter, die beide alle Farben ohne Ausnahme sehen können. Das Gleiche gilt für meine Frau. Der Bruder meiner Mutter hat denselben Fehler wie ich."

6 *Im Jahr 1777 schrieb Mr. Scott diesen Brief an einen Freund*

2.9 DNA: Träger der Erbinformation

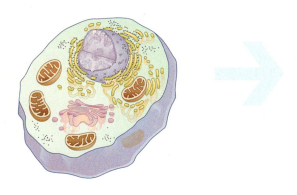
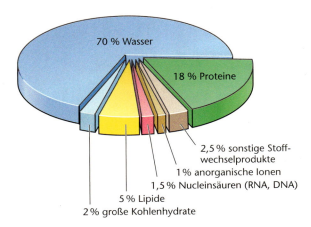

1 *Zusammensetzung einer Säugetierzelle*

Um das Jahr 1940 war der Stand des genetischen Wissens etwa folgendermaßen: Man wusste, dass Chromosomen die Träger der Erbanlagen sind. Auch war bekannt, dass Chromosomen aus DNA und Proteinen bestehen. Außerdem wusste man, dass Gene Informationen für die Ausbildung von Merkmalen enthalten. Ebenfalls bekannt waren die Regeln der Vererbung, wie sie MENDEL entdeckt hatte. Nicht bekannt war dagegen, ob die Erbinformation in Proteinen oder in DNA festgelegt ist.

Noch ehe die Erbsubstanz eindeutig identifiziert wurde, war klar, welche Anforderungen sie erfüllen muss:
- Die Erbsubstanz muss Informationen speichern können.
- Die Erbsubstanz muss sich identisch verdoppeln können.
- Die Informationen der Erbsubstanz müssen gelesen werden können.
- Die Erbsubstanz muss den Zellstoffwechsel steuern können.
- Die Erbsubstanz muss mutieren können.

Um 1940 hatten die meisten Forscherinnen und Forscher die Hypothese, dass Gene aus Proteinen bestehen. Im Jahr 1944 wurde diese Hypothese für Bakterien durch Versuche von AVERY widerlegt und die DNA bei Bakterien eindeutig als Erbsubstanz festgestellt (Abb. 4). Bakterien haben ein ringförmiges Chromosom und vermehren sich schnell. Manche Bakterien können fremde DNA-Bruchstücke durch ihre Zellwand aufnehmen und in ihre eigene DNA einbauen (Abb. 2). Man bezeichnet diesen Vorgang als Transformation. Auf diese Weise erhält eine Bakterienzelle neue genetische Information.

Um 1950 wusste man nicht zweifelsfrei, ob auch bei Eukaryoten DNA die Erbsubstanz ist. Trotzdem wurde vermutet, dass DNA universell, also bei allen Lebewesen die Erbsubstanz ist, denn für diese Annahme sprachen indirekte Beweise. Chromosomen im Zellkern bestehen aus DNA und aus Proteinen. Proteine kommen in großer Menge auch im Cytoplasma einer eukaryotischen Zelle vor, DNA jedoch nicht. Des Weiteren war zu erwarten, dass Zellen mit doppeltem Chromosomensatz (diploide Zellen) etwa doppelt so viel Erbsubstanz enthalten wie Zellen mit einfachem Chromosomensatz (haploide Zellen). Untersuchungen über den DNA- und den Proteingehalt diploider und haploider Zellen zeigten, dass diese Erwartung auf DNA, nicht jedoch auf Proteine zutraf.

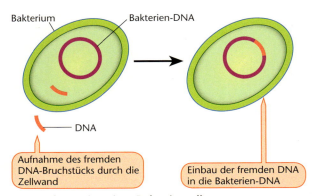

2 *Transformation einer Bakterienzelle*

→ 1.3 Die Zellen von Prokaryoten und Eukaryoten

1928 führte der Mikrobiologe Fred Griffith Versuche mit zwei Stämmen der Bakteriengattung Pneumococcus durch. Der S-Stamm (engl. *smooth*, glatt) bildet auf Nährboden glatte Kolonien. Beim S-Stamm sind je zwei Zellen von einer Schleimkapsel umgeben. Verantwortlich dafür ist das S-Gen. Injizierte man Mäusen lebende S-Zellen, so erkrankten die Mäuse an Lungenentzündung und die meisten starben daran (a). Heute weiß man, dass die S-Pneumokokken wegen ihrer Schleimkapsel nicht schnell genug von den weißen Blutzellen der Mäuse erkannt und vernichtet werden können. Durch Erhitzen verlieren die S-Pneumokokken ihre Gefährlichkeit (b). Erhitzen zerstört Zellwand und Zellmembran, verformt Proteine und zerstückelt die ringförmige Bakterien-DNA in kleine Bruchstücke.
Der R-Stamm der Pneumokokken (engl. *rough*, rau) bildet auf Nährboden Kolonien mit rauer Oberfläche. Diesen Bakterien fehlt das S-Gen.
Daher bilden sie keine Schleimkapsel aus. Das Immunsystem der Mäuse kann die Bakterien des R-Stammes wirkungsvoll bekämpfen (c).
Griffith mischte in dem entscheidenden Versuch durch Hitze zerstörte S-Zellen mit lebenden R-Zellen (d). Die Injektion dieses Gemisches führte zur Lungenentzündung und zum Tod der Mäuse. Im Blut dieser Mäuse konnten neben lebenden R-Zellen auch lebende S-Zellen gefunden werden.

3 *Die Versuche von Griffith (1928)*

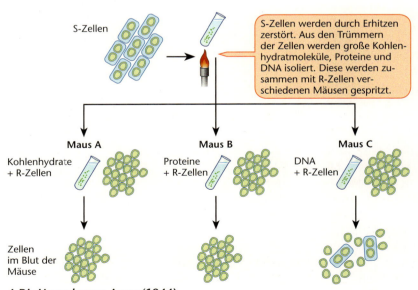

4 *Die Versuche von Avery (1944)*

1 Beweis für DNA als Erbsubstanz bei Bakterien. Erläutern Sie unter Bezug auf den Text und die Abb. 3 und 4, inwiefern die Versuche von Griffith und Avery als Beweis für die DNA als Erbsubstanz bei Bakterien gelten.

2 Transformation. Erläutern Sie mit Hilfe geeigneter Skizzen die Transformation im Teilversuch d von Griffith (Abb. 3) und im Teilversuch mit Maus C von Avery (Abb. 4).

→ 2.14 Übersicht: Vom Gen zum Protein

2.10 Bau der DNA

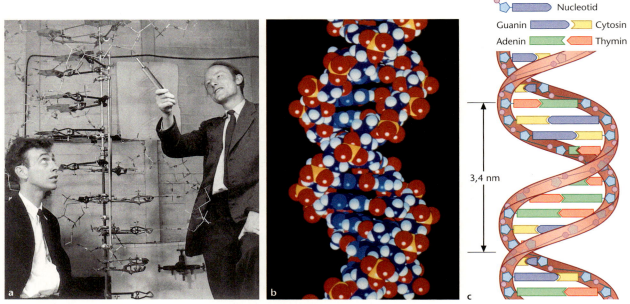

1 *a) Watson und Crick präsentieren 1953 ihr DNA-Modell, b) Kalottenmodell der DNA, c) schematisches DNA-Modell,*

Alle Lebewesen haben genetische Information in chemischer Form gespeichert. Der Informationsträger heißt Desoxyribonucleinsäure. Die Abkürzung für dieses Molekül ist DNA. Bei den Eukaryoten liegt die DNA im Zellkern als dünnes, stark aufgeknäueltes Molekül vor. Mitochondrien und Chloroplasten enthalten ebenfalls DNA. Die Aufklärung des Baus der DNA im Jahr 1953 durch WATSON und CRICK war ein wissenschaftlicher Meilenstein und wurde mit dem Nobelpreis gewürdigt (Abb. 1a).

DNA ist ein Kettenmolekül, das aus vielen hintereinander geknüpften Bausteinen, den **Nucleotiden,** besteht. Jedes Nucleotid besteht aus einer Phosphatgruppe, die sich von der Phosphorsäure ableitet, und aus einem Zucker mit fünf Kohlenstoffatomen, der Desoxyribose (Abb. 1c). Zusätzlich gehört zu jedem Nucleotid eine von vier stickstoffhaltigen Basen. Diese Basen heißen Adenin (A), Cytosin (C), Guanin (G) und Thymin (T). Nucleotide unterscheiden sich also nur in der Base. Die Abfolge der Basen in einem DNA-Molekül bezeichnet man als **DNA-Basensequenz.** In ihr ist die genetische Information verschlüsselt. Nucleotide werden im Stoffwechsel einer Zelle gebildet. Letztlich stammen die dafür notwendigen Baustoffe aus der Nahrung.

Ein DNA-Molekül besteht aus zwei Strängen, die sich schraubig umeinander winden (Abb. 1a, b, c). Man spricht von **Doppelhelix-Struktur.** Dabei bilden die einander gegenüberstehenden Nucleotide mit ihren Basen ein Paar. Man kann die Doppelhelix modellhaft vereinfacht mit einer Wendeltreppe vergleichen, die an beiden Seiten ein Geländer hat. In diesem Modell entspricht die regelmäßige, hunderttausendfache Abfolge von Phosphatgruppe und Desoxyribose dem Geländer der Wendeltreppe. Phosphatgruppe und Desoxyribose sind durch Atombindungen fest miteinander verbunden. Entlang dieser Zucker-Phosphat-Abfolge ist das 3'-Kohlenstoffatom des einen Zuckers über die Phosphatgruppe mit dem 5'-Kohlenstoffatom des nächsten Zuckers verbunden. Man sagt, die Stränge verlaufen in 5'-3'-Richtung. Die senkrecht zum Geländer stehenden Basenpaare sind im Modell der Wendeltreppe die Stufen oder Sprossen. Die Basen jedes Paares sind durch Wasserstoffbrücken miteinander verbunden (Abb. 1d).

Die einzelnen Basen eines Paares sind nicht beliebig. Bei allen Lebewesen bildet Adenin (A) immer nur mit Thymin (T) und Cytosin (C) nur mit Guanin (G) ein Paar. Wenn Adenin und Thymin oder Cytosin und Guanin einander gegenüberliegen, passen sie wie Schlüssel und Schloss zusammen. Man sagt, die zueinander passenden Basen sind **komplementär.** Die Anordnung der komplementären Basen ist ein Beispiel für das **Schlüssel-Schloss-Prinzip.**

→ 2.2 Zellzyklus: Mitose und Interphase

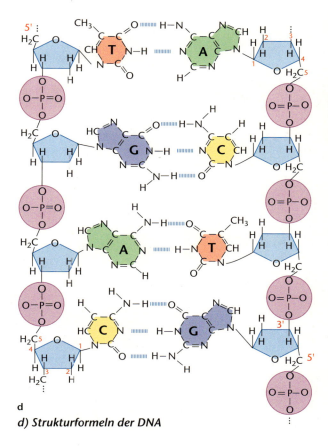

d) Strukturformeln der DNA

Material:
100 ml Wasser, 3 g Kochsalz, 10 ml Spülmittel, 20 ml Brennspiritus (F), ein Faltenfilter und ein passender Trichter, ein Becherglas, ein Reagenzglas, ein Pürierstab, eine Tomate, ein Messer, ein Glasstab, ein Holzstab
Durchführung:
Die Tomate wird klein geschnitten. 3 g Kochsalz werden in 10 ml Spülmittel gegeben und unter Rühren mit 100 ml Wasser aufgefüllt. Zusammen mit den klein geschnittenen Tomatenstückchen wird der Ansatz bei Zimmertemperatur mindestens eine Viertelstunde stehen gelassen. Das Spülmittel zerstört in dieser Zeit Membranen. Danach wird die Probe etwa 10 Sekunden püriert und das Gemisch durch einen Faltenfilter in ein Becherglas gegossen. Etwa 20 ml des Filtrats werden in ein Reagenzglas gegeben und langsam 20 ml Brennspiritus hinzugefügt. In der Flüssigkeit bilden sich zwei Phasen: oben der Brennspiritus (F), unten das Filtrat aus der Tomate.
Ergebnis:
An der Grenze zwischen beiden Phasen fällt die isolierte DNA als weißgelber Ring aus. Mit einem Holzstab kann die DNA aus dem Reagenzglas gehoben werden.

3 *Isolierung von DNA aus Tomaten*

1 DNA-Modelle.
a) Beschreiben Sie die Darstellung der DNA in Abb. 1d.
b) Vergleichen Sie die drei DNA-Modelle in Abb. 1b, 1c und 1d.

2 Basenzusammensetzung der DNA bei verschiedenen Lebewesen und einem Virus. Werten Sie die Abb. 2 aus. Prüfen Sie, inwiefern die Daten das WATSON-CRICK-Modell der DNA in Abb. 1 stützen.

3 Berechnungen zur DNA. Ein menschlicher Säugling besitzt etwa 2×10^{12} Zellen. Die Masse der DNA in jeder dieser Zellen ist etwa 6 pg. Die DNA einer Zelle enthält etwa 5500×10^6 Basenpaare. Berechnen Sie mit Hilfe der Abb. 1 die Masse (in g) und die Länge (in km) der gesamten DNA eines menschlichen Säuglings.

4 DNA-Trennung durch Erhitzen. Wird DNA erhitzt, lösen sich bei bestimmten Temperaturen die Wasserstoffbrückenbindungen zwischen den Basenpaaren und das DNA-Doppelhelix-Molekül zerfällt in zwei Einzelstränge.
Begründen Sie mit Hilfe der Abb. 1d, warum sich ein DNA-Molekül mit einem hohen Gehalt an den Basen Cytosin und Guanin erst bei höheren Temperaturen in Einzelstränge trennt.

Lebewesen	Basenzusammensetzung in %				Basenverhältnis		Basenverhältnisse	
	A	T	G	C	A/T	G/C	(A + G)/(T + C)	(A + T)/(G + C)
Mensch	30,9	29,4	19,9	19,8	1,05	1,00	1,03	1,52
Seeigel	32,8	32,1	17,7	17,3	1,02	1,02	1,02	1,85
E. coli (Bakterium)	24,7	23,6	26,0	25,7	1,05	1,01	1,03	0,93
Sarcina lutea (Bakterium)	13,4	12,4	37,1	37,1	1,08	1,00	1,02	0,35
T7-Virus	26,0	26,0	24,0	24,0	1,00	1,00	1,00	1,08

2 *Basenzusammensetzung der DNA verschiedener Lebewesen*

→ 20.4 Biologische Arbeitstechnik: PCR

2.11 Identische Verdopplung der DNA: Replikation

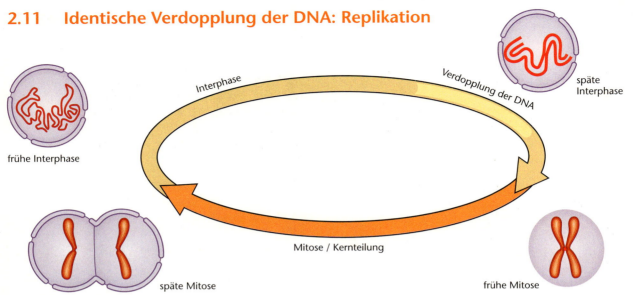

1 Zellzyklus am Beispiel eines Chromosoms

Die identische Verdopplung der DNA ist der Grund dafür, dass aus jeder Zell- und Kernteilung (Mitose) erbgleiche Tochterzellen hervorgehen. Dadurch haben alle Körperzellen die gleichen genetischen Informationen.

Die identische Verdopplung der DNA und damit der Chromosomen findet in der Interphase des Zellzyklus statt (Abb. 1). Aus einem DNA-Molekül entstehen zwei identische DNA-Moleküle. Durch sehr starke Verkürzung und Spiralisierung werden die DNA-Moleküle in der Mitose als Doppelchromosomen sichtbar. Jedes Doppelchromosom besteht in dieser Phase aus zwei identischen DNA-Molekülen. Diese werden so voneinander getrennt, dass die Tochterzellen untereinander und zur Zelle, aus der sie hervorgingen, erbgleich sind (Abb. 1).

Der Vorgang der identischen Verdopplung beginnt damit, dass der DNA-Doppelstrang durch Trennen der Wasserstoffbrückenbindungen zwischen den Basenpaaren mit Hilfe des Enzyms Helicase geöffnet wird (Abb. 2). Dann wird entsprechend zu der Basenabfolge der vorhandenen Einzelstränge des DNA-Moleküls je ein neuer Strang gebildet. Dies erfolgt für die beiden DNA-Stränge in unterschiedlicher Weise, da die Anlagerung der neuen Nucleotide stets am 3' Ende der neuen DNA-Stränge erfolgt (Abb. 2). Im Ergebnis liegen zwei DNA-Doppelstränge vor, die untereinander, aber auch im Vergleich zum Ausgangsmolekül, identische Basensequenzen haben und daher erbgleich sind (Abb. 2). Man nennt die Art der Verdopplung der DNA **semikonservativ,** was so viel wie „halb bewahrend" bedeutet. Die eine Hälfte des neuen DNA-Moleküls ist der alte Molekülteil, die andere Hälfte ist neu gebildet.

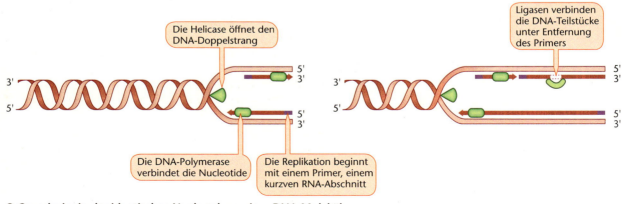

2 Grundprinzip der identischen Verdopplung eines DNA-Moleküls

→ 2.2 Zellzyklus: Mitose und Interphase   → 3.5 Kontrolle des Zellzyklus

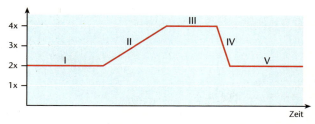

3 *DNA-Gehalt des Zellkerns während des Zellzyklus*

1 Identische Verdopplung der DNA und Zellzyklus.
Beschreiben Sie die Abb. 3. Ordnen Sie die Phasen I bis V dem Geschehen im Zellzyklus in Abb. 1 zu.

2 Mechanismus der identischen Verdopplung der DNA.
a) Vergleichen Sie semikonservative und konservative Verdopplung der DNA in Abb. 4.
b) Welche Anteile schwerer, mittelschwerer und leichter DNA finden sich voraussichtlich in der dritten Bakteriengeneration, wenn die DNA-Verdopplung dem semikonservativen oder dem konservativen Mechanismus folgt? Fertigen Sie zur Beantwortung der Frage eine Skizze an.

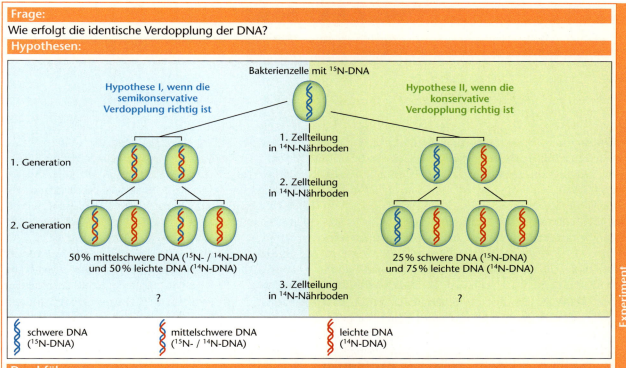

Frage: Wie erfolgt die identische Verdopplung der DNA?

Hypothesen:

Durchführung:
Isotope sind Atome eines chemischen Elements mit unterschiedlicher Massezahl. Beim Stickstoff (N) gibt es ein schweres Isotop mit der Massezahl 15 (^{15}N) und ein leichtes Isotop mit der Massezahl 14 (^{14}N). Bakterien benötigen Stickstoff zum Aufbau der DNA.
Das Experiment von MESELSON und STAHL nimmt als Ausgangspunkt Bakterien, die zu hundert Prozent die etwas schwerere ^{15}N-DNA besitzen. Diese Bakterien wurden auf einen Nährboden überführt, der nur ^{14}N als Stickstoffquelle enthielt. Dort vermehrten sich die Bakterien durch Zellteilungen. Somit enthielt neu gebildete DNA ausschließlich leichtere ^{14}N-DNA. MESELSON und STAHL verfügten über technische Möglichkeiten, um schwere, mittelschwere und leichte DNA voneinander zu trennen. Von jeder Bakteriengeneration wurde die DNA isoliert und der Anteil der unterschiedlich schweren DNA-Moleküle bestimmt.

Ergebnis:
Mit Hilfe von Stickstoff-Isotopen konnten die beiden Forscher MATTHEW MESELSON und FRANKLIN STAHL 1958 an Bakterien beweisen, dass die Verdopplung der DNA semikonservativ erfolgt. Die alternative Hypothese, die konservative Verdopplung, bei der eine vollständig neue Kopie des DNA-Moleküls hergestellt wird, wurde nicht bestätigt.

4 *Der Versuch von Meselson und Stahl, semikonservative und konservative Verdopplung der DNA*

→ 3.6 Tumorwachstum durch Fehlregulation der Zellteilungskontrolle

2.12 Von der DNA zum Protein: Transkription und Translation

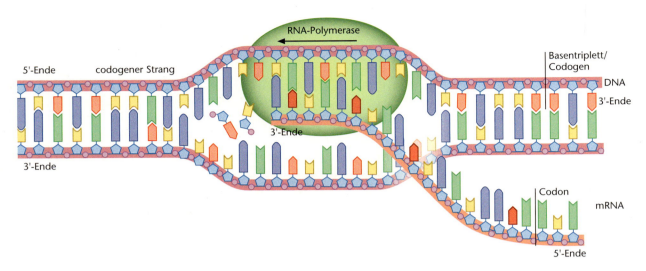

1 *Transkription im Zellkern*

In der genetischen Information der DNA sind keine konkreten Informationen über Merkmale, z. B. „rote Blütenfarbe", niedergelegt, sondern Informationen für die Bildung von Proteinen. Proteine sind an der Ausbildung von Merkmalen unmittelbar beteiligt. Einen Abschnitt auf der DNA, der die Information für die Bildung eines Proteins enthält, bezeichnet man als **Gen**.

Die Proteinbiosynthese beginnt mit der **Transkription** im Zellkern, dem Umschreiben von DNA in mRNA. Den DNA-Strang, der abgelesen wird, nennt man **codogenen Strang** (Abb. 1). Er enthält die Erbinformation, die in ein Protein übersetzt wird. Jeweils drei aufeinanderfolgende Basen bilden die kleinste Informationseinheit der DNA. Diese wird **Basentriplett** oder **Codogen** genannt. Jedes Basentriplett codiert eine Aminosäure des zu bildenden Proteins.

RNA-Moleküle sind ähnlich aufgebaut wie DNA-Moleküle, bestehen aber nur aus einem einzelnen Nucleotidstrang und weisen statt der Base Thymin die Base Uracil (U) auf. Die **RNA-Polymerase** ist ein Enzym, das die Bildung der mRNA-Moleküle an der DNA katalysiert. Nach der Bindung der RNA-Polymerase an die DNA beginnt die Trennung der beiden DNA-Stränge. Die RNA-Polymerase kann aufgrund ihres Aufbaus die DNA nur in die 3'→5'-Richtung ablesen (Abb. 1). Die mRNA wird durch die Anlagerung immer neuer Nukleotide gebildet. Jeweils drei Nucleotide bilden ein **Codon**, das komplementäre Basentriplett zur DNA.

Das mRNA-Molekül wird im Zellkern weiter bearbeitet und gelangt ins Zellplasma zu den Ribosomen. Dort findet die **Translation** statt: Die mRNA fädelt sich mit dem 5'-Ende in ein Ribosom ein, wird schrittweise in 3'-Richtung abgelesen und in eine Folge von Aminosäuren umgesetzt.

Im Ribosom kann sich an jedes Codon der mRNA eine andere Ribonucleinsäure binden (Abb. 2). Diese Transfer-RNA (tRNA) besitzt an einem Ende ebenfalls ein Basentriplett, das sogenannte **Anticodon**. Am anderen Ende befindet sich eine Bindungsstelle für eine bestimmte, dem Anticodon entsprechende, Aminosäure. An der Anbindungsstelle im Ribosom verbindet sich das Anticodon der tRNA mit dem passenden Codon der mRNA. Wenn das Ribosom beim Ablesen der mRNA eine Stelle weiterrückt, gelangt die gerade gebundene tRNA an die Mittelstelle, wo die mitgeführte Aminosäure an das entstehende Proteinmolekül gebunden wird. Beim Weiterrücken gelangt die nun entladene tRNA an die Abgangsstelle, von wo aus sie das Ribosom verlässt. Im Cytoplasma bindet die entladene tRNA erneut die passende Aminosäure. Das gesamte Protein wird so entsprechend den Erbinformationen der DNA hergestellt.

→ 2.14 Übersicht: Vom Gen zum Protein

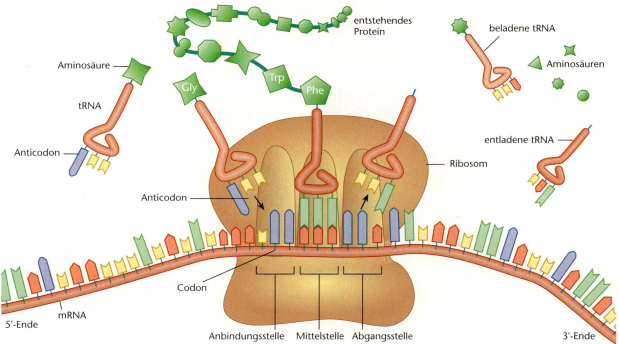

2 Translation am Ribosom im Zellplasma

1 Vom Codogen zum Anticodon. Übertragen Sie die Abb. 3 in Ihr Heft. Ergänzen Sie die fehlenden Basentripletts, sodass jede Zeile die Informationsübertragung vom codogenen Strang der DNA über die mRNA bis zur tRNA darstellt.

2 Lebensdauer der mRNA. Die mRNA-Moleküle zerfallen bei Bakterien schon nach einigen Minuten, bei Säugetieren nach wenigen Stunden. Stellen Sie Hypothesen auf, warum diese Kurzlebigkeit biologisch sinnvoll ist.

Codogen (DNA)	Codon (mRNA)	Anticodon (tRNA)
ACG		
	UAG	
		UCG
TTA		
		UUA
	AUC	
GAA		
TCG		

3 Vom Codogen zum Anticodon

Durchführung:
Man bricht E.coli-Bakterien auf, zentrifugiert und nutzt den Überstand. Dieser enthält alle Aminosäuren, mRNA, tRNA, DNA, Ribosomen, ATP sowie Enzyme wie z. B. die RNA-Polymerase. Durch Zugabe von ^{14}C-markierten Aminosäuren kann nachgewiesen werden, dass in dem Überstand Proteine synthetisiert werden, in die die markierten Aminosäuren eingebaut sind. Es wurden die Versuchsreihen a–e durchgeführt. DNase und RNase sind DNA- bzw. RNA-abbauende Enzyme:

Zugabe von ^{14}C-markierten Aminosäuren und …	Kommt es zum Einbau von ^{14}C-markierten Aminosäuren in ein Protein?
a) … DNase	?
b) … RNase	?
c) … Zugabe von RNase, aber Stoppen der RNase-Aktivität durch einen Hemmstoff; dann Zugabe von tRNA	?
d) … vorherige Entfernung der Ribosomen	?
e) … anschließende Dichtegradienten-Zentrifugation zu verschiedenen Zeitpunkten und Messung der Radioaktivität der einzelnen Bestandteile	

4 Versuch zur Aufklärung des Informationsflusses bei der Proteinbiosynthese

3 Informationsfluss bei der Proteinbiosynthese. Begründen Sie Ihre Prognosen zu den möglichen Ergebnissen der Versuche a) bis d) in Abb. 4 und werten Sie das Ergebnis des Versuchs e) aus.

2.13 Der genetische Code und Genmutationen

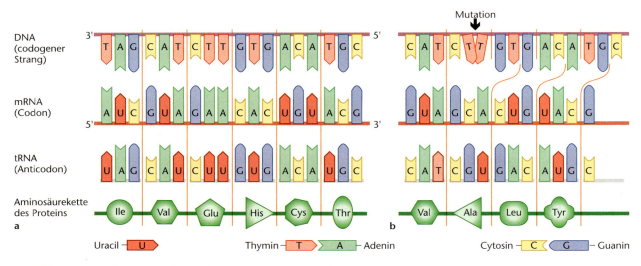

1 *a) Übertragung der genetischen Information, b) Auswirkung einer Genmutation durch Bildung eines Thymindimers*

Die DNA im Zellkern enthält unter anderem die genetische Information für die Synthese von Proteinen. Die DNA des Menschen enthält etwa 25 000 Protein bildende Gene. Jeweils drei aufeinanderfolgende Basen im DNA-Molekül bilden die kleinste Einheit der genetischen Information, das **Basentriplett.** Ein Basentriplett codiert eine Aminosäure eines Proteins. Die Reihenfolge der Basentripletts codiert die Reihenfolge der Aminosäuren im Protein und damit auch seine räumliche Struktur (Abb. 1). Der **genetische Code,** die Zuordnung der Basentripletts zu den Aminosäuren, weist typische Besonderheiten auf. Er ist:
- **universell,** d. h. bei allen Lebewesen codieren die gleichen Basentripletts die gleichen Aminosäuren,
- **degeneriert,** d. h. es gibt mehr Basentripletts als notwendig: 64 Basentripletts für 20 Aminosäuren,
- **„kommalos",** d. h. es wird strikt nach Triplettraster abgelesen, ohne dass ein Leerzeichen nach einem Triplett folgt,
- **nicht überlappend,** d. h. es wird keine Base in zwei Tripletts gemeinsam benutzt.

Die Umsetzung der Basentripletts in bestimmte Aminosäuren kann an der Code-Sonne nachvollzogen werden (Abb. 2). Sie ist eine schematische Darstellung des genetischen Codes, mit deren Hilfe man ablesen kann, welches Basentriplett der mRNA für welche Aminosäure codiert.

Durch Veränderungen der Basensequenz in der DNA kann es zu Veränderungen der hergestellten Proteine kommen. Diese Veränderungen der Basensequenz werden **Genmutationen** genannt. Eine bekannte Genmutation ist das Thymindimer, bei dem sich unter Einwirkung von UV-Strahlung zwei benachbarte Thyminbasen verbinden und nicht mehr abgelesen werden können (Abb. 1b). Da der genetische Code kommalos ist, werden ab der Stelle, an der diese Mutation auftritt, alle nachfolgenden Basentripletts verändert. Diese Mutation gehört zu den Leserastermutationen, bei denen Basen entfallen oder zusätzliche hinzugefügt werden (Abb. 4). Bei Punktmutationen wird eine Base des Basentripletts durch eine andere ausgetauscht.

Genmutationen können zu schwerwiegenden Strukturveränderungen des hergestellten Proteins führen, sodass es seine Funktion nicht mehr erfüllen kann und das betroffene Lebewesen stirbt. An der Code-Sonne ist zu erkennen, dass unterschiedliche Basen an der dritten Stelle des Basentripletts für die gleiche Aminosäure codieren können. Das verweist darauf, dass der genetische Code degeneriert ist. Punktmutationen der dritten Base eines Tripletts bleiben oft folgenlos. Lebewesen sind in der Lage, Punktmutationen in ihrer DNA zu reparieren. Dabei wird die Mutation durch spezielle Enzyme erkannt und die ursprüngliche Base wieder eingefügt. Mutationen bewirken in seltenen Fällen eine bessere Angepasstheit eines Lebewesens. Diese Mutationen sind von großer Bedeutung für die Evolution, denn sie sind eine Quelle für neue erbliche Eigenschaften von Lebewesen.

→ 1.6 Struktur und Funktion von Zellmembranen

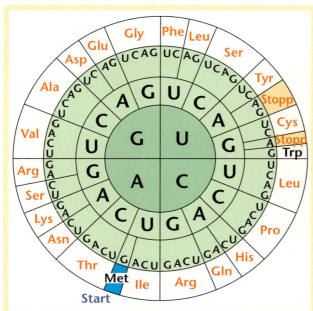

Kurzbezeichnung der Aminosäuren

Gly = Glycin
Val = Valin
Ile = Isoleucin
Phe = Phenylalanin
Cys = Cystein
Ser = Serin
Asn = Asparagin
Tyr = Tyrosin
Asp = Asparaginsäure
Glu = Glutaminsäure
Lys = Lysin
His = Histidin
Ala = Alanin
Leu = Leucin
Pro = Prolin
Met = Methionin
Thr = Threonin
Gln = Glutamin
Trp = Tryptophan
Arg = Arginin

Die Codons der mRNA sind von innen nach außen zu lesen, das entspricht der Ableserichtung von 5'→3'. Die erste Base des Tripletts wird aus dem inneren Kreis gewählt. Von diesem Kreissegment aus wählt man die zweite Base auf dem nach außen angrenzenden Kreisring. Auf dem dritten Kreisring legt man die dritte Base des Tripletts fest und kann jetzt außen die codierte Aminosäure ablesen. Start-Codons codieren für eine Aminosäure und gleichzeitig für den Beginn der Proteinsynthese. Drei Basentripletts bilden Stopp-Codons, das sind Signale für das Ende der Proteinsynthese.

2 Code-Sonne für mRNA-Basentripletts; Basen: A = Adenin, C = Cytosin, G = Guanin; U = Uracil

1 Informationsfluss bei der Proteinbiosynthese.
Übersetzen Sie mit Hilfe von Abb. 2 die Abfolge der mRNA-Basentripletts in eine Abfolge von DNA- und tRNA-Basentripletts sowie in eine Abfolge von Aminosäuren.
DNA .... ?
mRNA 5' AUG AAG GAC UUU CCA UCU AUG 3'
tRNA .... ?
Aminosäuren ... ?

2 Genmutationen.
a) Ordnen Sie der ursprünglichen DNA-Basensequenz in Abb. 3 die entsprechende Aminosäuresequenz eines Proteins zu. Weisen Sie den in Abb. 3 schematisch dargestellten Genmutationen einem Mutationstyp aus Abb. 4 zu.
b) Erläutern Sie mögliche Auswirkungen dieser Mutationen.

Ursprüngliche DNA-Basensequenz
3' TCC – GGA – GCC – ACG – TCA – AAC – AAA – TGG – AAG – GGG – ACA – TTG – GCT – TAT – TTT – ATA 5'

DNA-Basensequenz nach Genmutationen
a) TCC – GGA – GCC – ACG – TCA – AAC – AAA – ATG – GAA – GGG – GAC – TTT – GGC – TTA – TTT – TAT
b) TCC – GGA – GCC – ACG – TCA – AAC – AAG – TGG – AAG – GGG – ACA – TTG – GCT – TAT – TTT – ATA
c) TCC – GCA – GCC – ACG – TCA – AAC – AAA – TGA – AGG – GGA – CAT – TGG – CTT – ATT – TTA – TAT
d) TCC – GCA – GCC – ACG – TCA – AAC – AAA – TGG – AAG – GGG – ACA – TTG – GCT – TAT – ATT – ATA
e) TCC – GGA – GCC – ACG – TCA – AAC – AAA – TGG – AAG – GGG – ACA – TTG – GCT – TAA – TTT – ATA

3 Basensequenzen und Genmutationen

Punktmutationen: Eine Base eines Basentripletts wird durch eine andere Base ausgetauscht.	
1. Stumme Mutation:	Das veränderte Basentriplett codiert für dieselbe Aminosäure, daher bleibt die Aminosäuresequenz des Proteins unverändert.
2. Missense-Mutation:	Das veränderte Basentriplett codiert für eine andere Aminosäure.
3. Nonsense-Mutation:	Das veränderte Basentriplett codiert für ein Stopp-Codon, das den Abbruch der Translation an dieser Stelle bewirkt.
Leserastermutationen: Eine Base geht verloren oder wird hinzugefügt, sodass sich das Triplett-Leseraster ab dieser Stelle verschiebt.	
4. Missense-Mutation:	Durch die Verschiebung des Triplett-Leserasters entsteht eine andere Aminosäuresequenz.
5. Nonsense-Mutation:	Das Triplett-Leseraster ist verschoben und es entsteht auch ein Stopp-Codon, das den Abbruch der Translation an dieser Stelle bewirkt.

4 Übersicht Genmutationen

2.14 Übersicht: Vom Gen zum Protein

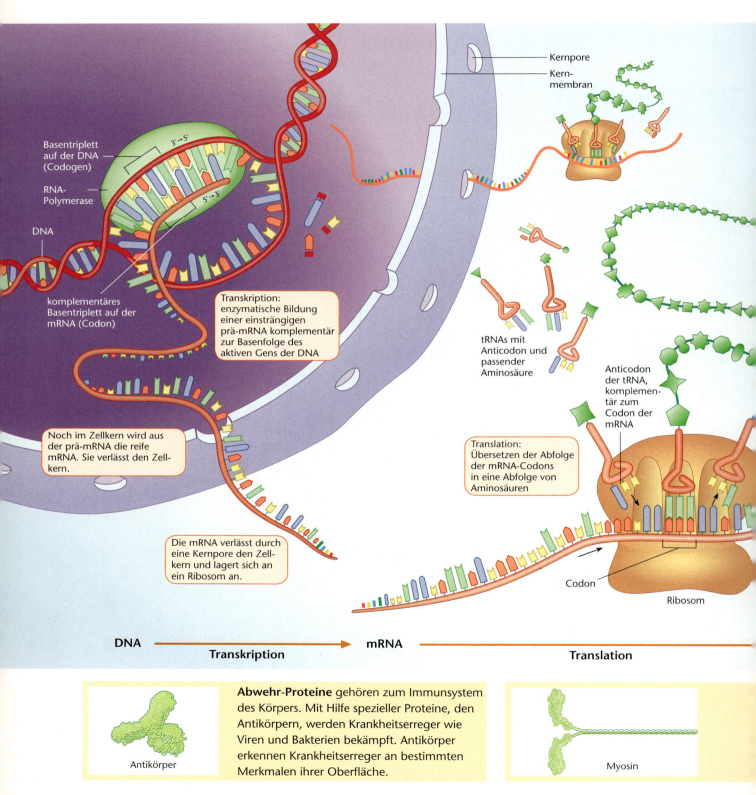

Die Aminosäuresequenz in einem Protein wird Primärstruktur genannt. Durch Wasserstoffbrücken und weitere chemische Wechselwirkungen entsteht die räumliche Struktur eines Proteins. Sie ist für jedes Protein charakteristisch und bestimmt seine biologische Funktion.

Protein

Je nach Anticodon werden die tRNA-Moleküle mit einer bestimmten Aminosäure beladen.

Protein

Bewegliche Proteine sind Moleküle, die Bewegungen von Zellorganellen, Zellen oder des ganzen Körpers bewirken. Muskeln bestehen aus den beiden länglichen Proteinen Aktin und Myosin. Millionen dieser Proteinmoleküle sind an der Kontraktion eines Muskels beteiligt.

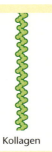

Kollagen

Struktur-Proteine sind für die Form, Festigkeit und Elastizität von Zellen und Geweben verantwortlich.
Beim Menschen ist Kollagen das häufigste Protein. Es befindet sich unter anderem im Bindegewebe sowie in Sehnen, Gelenkbändern und in der Haut. Kollagen besitzt eine enorme Zugfestigkeit. Keratin ist ein Struktur-Protein in Hörnern, Hufen, Federn, Nägeln und Haaren.

Trypsin

Enzyme ermöglichen, beschleunigen und steuern alle chemischen Reaktionen im Körper. Sie sind an dem Auf-, Um- und Abbau von Stoffen beteiligt. Die Aufgaben und Leistungen jeder lebenden Zelle erfordern beständig eine große Zahl verschiedener Enzyme. Enzyme sind z. B. an der Verdauung der Nahrung, der Energieversorgung von Zellen sowie der DNA-Verdopplung und der Zellteilung beteiligt. Blütenfarbstoffe werden aus Vorstufen durch Enzyme gebildet. Trypsin ist ein Enzym, das im Dünndarm an der Proteinverdauung beteiligt ist.

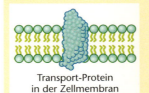

Transport-Protein in der Zellmembran

Transport-Proteine dienen dem Transport von Stoffen in Zellen, durch Zellmembranen hindurch und im Körper.
Manche Transport-Proteine ermöglichen die gezielte Aufnahme von Stoffen in die Zelle. Hämoglobin ist ein Transport-Protein, das Sauerstoff im Körper vom Ort der Sauerstoffaufnahme, zum Beispiel den Lungen, zum Gewebe transportiert.

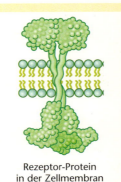

Rezeptor-Protein in der Zellmembran

Rezeptor-Proteine befinden sich in Zellmembranen und nehmen von außen kommende Signale auf.
Rezeptor-Proteine können von außerhalb der Zelle kommende Signale empfangen und in ein intrazelluläres Signal umwandeln. Diesen Vorgang nennt man Signaltransduktion. So binden Duftmoleküle an spezifische Rezeptoren in Riechsinneszellen. Daraufhin startet eine Signalkette, die zu elektrischen Impulsen führt. Diese werden über das Nervensystem zum Gehirn geleitet, erst dort erfolgt die Wahrnehmung des Duftes.

→ 3.2 Genexpression bei Eukaryoten

3.1 Regulation der Genaktivität bei Prokaryoten

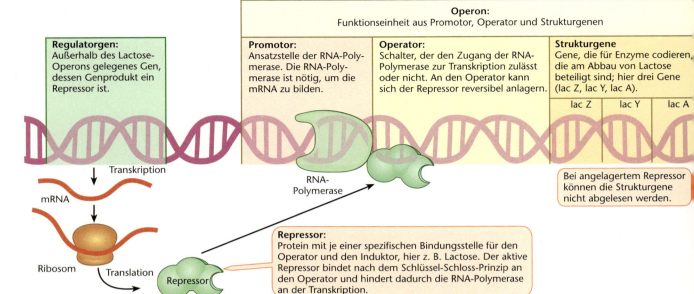

1 *Regulation der Genaktivität bei Bakterien – das Operon-Modell: Hemmung der Genaktivität*

Bakterien passen sich an Veränderungen in der Umwelt, zum Beispiel im Nährstoffangebot, mit dem Aktivieren oder Inaktivieren von Genen an. Überführt man E.coli-Bakterien in ein Medium, das Lactose (Milchzucker, ein Disaccharid aus Galactose und Glucose) als Energiequelle enthält, reagieren die Bakterien innerhalb weniger Minuten mit der Synthese von Enzymen für den Abbau von Lactose. Die Enzyme für den Lactoseabbau werden erst hergestellt, wenn Lactose verfügbar ist. Leben E.coli-Bakterien in einem Medium, das Glucose und Lactose enthält, wird zuerst nur die Glucose abgebaut und anschließend die Lactose.

1961 stellten die beiden französischen Forscher JACOB und MONOD ein grundlegendes Modell zur Genregulation bei Prokaryoten vor, das **Operon-Modell.** Die beiden Nobelpreisträger erläuterten die Funktionsweise ihres Modells am Beispiel des Lactose-Operons (lac-Operon) bei E.coli-Bakterien. In Abb. 1 sind die Komponenten des Operon-Modells und ihre Aufgaben beschrieben. Die Regulation der Transkription erfolgt durch spezifische Abschnitte auf dem ringförmigen Bakterienchromosom. Zum **Operon** gehören drei benachbarte Abschnitte der DNA: die Strukturgene, die für bestimmte Proteine codieren, und zwei regulatorische Bereiche, der Operator und der Promotor. Der Operator ist der eigentliche Schalter im Operon-Modell. Er steuert, ob die Transkription der Strukturgene durch die RNA-Polymerase stattfindet oder nicht. Dazu besitzt er eine Bindungsstelle für einen Repressor. Wird der Operator durch einen aktiven Repressor nach dem Schlüssel-Schloss-Prinzip besetzt, kann die RNA-Polymerase keine mRNA bilden. Dann findet keine Enzymsynthese statt (Abb. 1). Ist Lactose im Medium, wirkt es als Induktor und kann sich als Substrat reversibel an den Repressor binden. Dadurch wird dessen Raumstruktur verändert und der Repressor kann nicht mehr an den Operator binden, der Repressor wird inaktiviert. Nun können die Transkription und nachfolgend die Translation an Ribosomen erfolgen (Abb. 3). Man spricht von **Substratinduktion** (lat. *inducere,* herbeiführen), weil Lactose das Substrat von Enzymen ist, deren Synthese es herbeiführt.

2 *Regulation der Genaktivität einmal anders*

→ 1.3 Prokaryoten und Eukaryoten   → 2.14 Übersicht: Vom Gen zum Protein

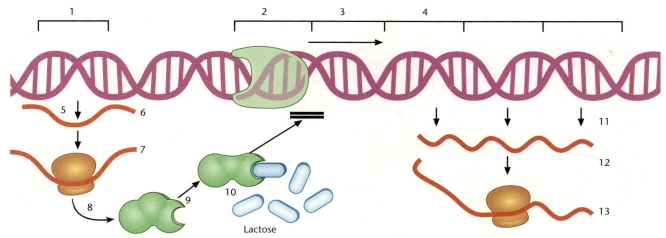

3 *Regulation der Genaktivität bei Bakterien – das Operon-Modell: Induktion der Genaktivität durch Lactose*

1 Induktion der Genaktivität. Erläutern Sie in einem zusammenhängenden Kurzvortrag unter Bezug auf die Abb. 3 die Induktion der Genaktivität bei E.coli durch Lactose. Präzisieren Sie dabei die mit Ziffern versehenen Positionen in Abb. 3.

2 Regulation der Genaktivität. E.coli-Bakterien wurden in eine Nährlösung gebracht, die zu Beginn des Versuches 0,4 mg Glucose und 2 mg Lactose enthielt. Erklären Sie die Versuchsergebnisse in Abb. 5 unter Bezug auf das Operon-Modell.

3 Endprodukt-Hemmung. E.coli synthetisiert die Aminosäure Tryptophan in mehreren Teilprozessen, die jeweils durch eines von fünf Enzymen katalysiert werden. Erst wenn genügend Tryptophan vorliegt, sorgt dieses Endprodukt für die Aktivierung eines Repressors. Dadurch wird die Herstellung gestoppt (Abb. 4). Man spricht von Endprodukt-Hemmung.

a) Erläutern Sie die Regulation der Genaktivität bei der Tryptophan-Synthese.
b) Vergleichen Sie Substratinduktion (Abb. 3) und Endprodukt-Hemmung (Abb. 4).

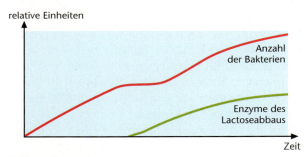

5 *Versuchsergebnis*

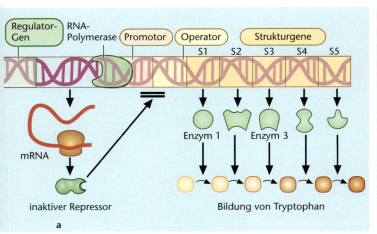
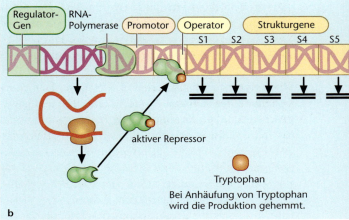

4 *Endprodukt-Hemmung bei der Tryptophan-Synthese, a) Bildung von Tryptophan, b) Hemmung*

→ 3.3 Regulation der Genaktivität bei Eukaryoten   → 3.6 Tumorwachstum durch Fehlregulation der Zellteilungskontrolle

3.2 Genexpression bei Eukaryoten

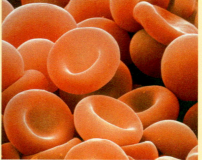
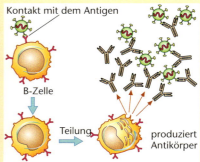

Blütenbildung
Die Zellen der Laubblätter der Acker-Schmalwand bilden ein Protein, das durch den Lichteinfall ab einer bestimmten Tageslänge weitere Reaktionen auslöst. Diese sorgen in den Laubblatt-Zellen für die Expression eines Gens, das ein Protein namens Florigen codiert. Florigen ist ein Pflanzenhormon, das die Blütenbildung einleitet.

Hämoglobinsynthese
Der Hauptbestandteil von roten Blutzellen ist das Hämoglobin. Hämoglobin ist aus vier Protein-Untereinheiten zusammengesetzt. Seine Funktion ist der Transport von Sauerstoff im Blut. Nur während der Reifung von roten Blutzellen aus Stammzellen im Knochenmark sind die Gene für die Synthese der Protein-Untereinheiten des Hämoglobins aktiv.

Immunabwehr
Eine Gruppe von weißen Blutzellen, die B-Lymphocyten, sind darauf spezialisiert, Antikörper herzustellen und in das Blut abzugeben. Trifft ein B-Lymphocyt im Verlauf einer Infektion erstmals auf sein spezifisches Antigen, wird ein bestimmtes Gen aktiviert. Die Zelle beginnt sich zu teilen und jede Tochterzelle bildet durch Genexpression den speziellen Antikörper in großer Zahl.

1 *Drei Beispiele für Genexpression bei Vielzellern*

Die genetische Information der Eukaryoten ist auf verschiedene Chromosomen im Zellkern verteilt. Durch Proteinbiosynthese werden bei der Transkription im Zellkern und der Translation an den Ribosomen Proteine gebildet. Die Umsetzung der genetischen Information von Genen in Proteine erfolgt durch Genexpression. Während bei Prokaryoten die Regulation der Genexpression vor allem der Anpassung an schnelle Veränderungen der Umwelt dient, hat die Regelung der Genexpression bei Vielzellern auch die Funktion, verschieden spezialisierte Zellen zu entwickeln und ihre Tätigkeit aufeinander abzustimmen (Abb. 1).

Man unterteilt die Gesamtheit der Gene eines eukaryotischen Lebewesens in **protein-codierende** und in **nicht-protein-codierende Gene.** Letztere enthalten die Informationen für die Bildung der verschiedenen RNA-Moleküle (rRNA, tRNA). Ein Teil der protein-codierenden Gene wird ständig abgelesen. Diese sogenannten **Haushalts-Gene** (Housekeeping-Gene) werden beständig in allen Zellen exprimiert. Haushalts-Gene codieren für unentbehrliche, ständig benötigte Proteine. In den meisten Fällen wird die Expression eines protein-codierenden Gens aber reguliert. Ein Signalmolekül wirkt von außen auf die Zelle ein. Es gibt mehrere Wege, wie solche Signalmoleküle die Genaktivität beeinflussen (Abb. 2). Durch das An- und Abschalten regulierter Gene wird die Proteinzusammensetzung der Zelle ständig an die Anforderungen angepasst, die die Umgebung an die Zelle stellt.

Die Regulation der Genexpression bei Eukaryoten kann man mit fünf W-Fragen erschließen:
1. Was für ein Protein wird durch Genexpression gebildet? (Welche Struktur, welche Funktion hat es?)
2. Wo wird das Protein gebildet? (In welchen Zellen oder Organen wird es gebildet?)
3. Wann wird das Gen exprimiert? (In bestimmten Phasen der Zelldifferenzierung? In bestimmten Entwicklungsstadien des Organismus?)
4. Wie viel Protein wird gebildet? (Wie oft wird das Gen transkribiert, wie schnell die mRNA abgebaut?)
5. Wohin wird das Protein nach der Translation gebracht? (In welches Zellkompartiment wird es transportiert? Wird es aus der Zelle geschleust?)

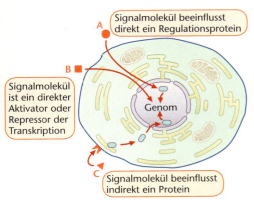

2 *Drei Wege, über die ein extrazelluläres Signalmolekül die Genaktivität beeinflussen kann*

Bei einzelligen Lebewesen wie den Bakterien hängen die wichtigsten äußeren Reize mit dem Nährstoffangebot zusammen. Bakterien leben in Umgebungen, in denen sich das Angebot an Nährstoffen häufig ändern kann. Veränderungen in der Verfügbarkeit von Nährstoffen werden durch Veränderungen der Aktivität bestimmter Gene abgebildet. Dabei werden jeweils die Gene exprimiert, die für die Verwertung der vorhandenen Nährstoffe notwendig sind.

In vielzelligen Lebewesen liegen die meisten Zellen in einer wenig veränderlichen Umgebung. Um diese aufrecht zu erhalten, müssen die Aktivitäten der verschiedenen Zellen koordiniert werden. Für diese Zellen bestehen die hauptsächlichen äußeren Reize aus Hormonen, Wachstumsfaktoren und ähnlichen Molekülen, die Signale innerhalb des Organismus übermitteln und koordinierte Veränderungen der Genaktivitäten anregen.

3 *Genexpression als Angepasstheit an Vielzelligkeit*

1 **Beeinflussung der Genaktivität durch Signalmoleküle.** Beschreiben Sie die drei Wege, auf denen extrazelluläre Signalmoleküle Einfluss auf die Genaktivität nehmen können (Abb. 2).

2 **Regulation der Genexpression bei Vielzellern.** Erläutern Sie unter Bezug auf den Text auf der linken Seite und die Abb. 1, 3 die Regulation der Genexpression bei Vielzellern als Angepasstheit.

3 **Das grün fluoreszierende Protein (GFP).**
a) GFP wird auch als ein „Reporterprotein" bezeichnet, weil seine Anwesenheit analog dem Bericht eines Zeitungsreporters Informationen bereitstellt. Geben Sie unter Bezug auf Abb. 4 an, welche Aussagen die grüne Fluoreszenz zulässt.
b) Werten Sie Abb. 4c und d sowie den zugehörigen Text in Hinblick auf die Frage aus, inwiefern GFP zur Erforschung der Alzheimer-Erkrankung beitragen kann.
c) Geben Sie an, welche der beiden Nervenzellen in Abb. 4c und d das fehlerhafte Protein enthält. Begründen Sie.

Mit einem grün fluoreszierenden Protein (abgekürzt GFP, engl. *green fluorescent protein*) kann nachgewiesen werden, ob ein Gen, das für ein Protein codiert, aktiv war. GFP wirft grünes Licht zurück, wenn es mit ultraviolettem Licht bestrahlt wird. GFP ist nicht giftig und stört die Vorgänge in einer Zelle nicht. Das Gen mit der Bauanleitung für GFP kann mit gentechnischen Methoden an andere Gene angekoppelt werden. Wenn dieses Gen abgelesen und seine Information in ein Protein übersetzt wird, entsteht auch GFP als Anhängsel. Es gibt durch sein Leuchten im ultravioletten Licht den Aufenthaltsort des Proteins kund. Mit Hilfe des GFP kann so die räumliche und zeitliche Verteilung von Proteinen in Lebewesen beobachtet werden. a) Junge Mäuse eines Wurfs mit und ohne GFP. b) Mit GFP wurde in Zellen ein fädiges Protein sichtbar gemacht. Dieses Protein kommt in allen Teilen des Zellplasmas vor und ist an Transportvorgängen innerhalb der Zelle beteiligt. Fehlfunktionen des Proteins können dazu führen, dass die Mitochondrien, gelb-orange in Abb. b, nicht gleichmäßig in einer Zelle verteilt werden.
c, d) Geschieht dies in Nervenzellen, sind die Axone mit Energie unterversorgt und können absterben. Fehlfunktionen des Proteins in Nervenzellen sind wahrscheinlich ursächlich für die Alzheimer-Erkrankung.

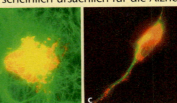
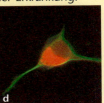

4 *Forschungsergebnisse mit Hilfe des grün fluoreszierenden Proteins*

→ 13.3 Zelluläre Wirkmechanismen von hydrophilen und lipophilen Hormonen

3.3 Regulation der Genaktivität bei Eukaryoten

Bei den regulierten protein-codierenden Genen ist die Regulation der Transkription im Zellkern von großer Bedeutung (Abb. 1a). Wesentliche Strukturen der Regulation sind Transkriptionsfaktoren und DNA-Steuerelemente. Unter **Transkriptionsfaktoren** versteht man alle Proteine, die nach dem Schlüssel-Schloss-Prinzip in Wechselwirkung mit spezifischen DNA-Abschnitten treten und die RNA-Polymerase aktivieren oder hemmen. Transkriptionsfaktoren werden durch Signalmoleküle wie zum Beispiel Hormone aktiviert (Abb. 1a). **DNA-Steuerelemente** sind regulatorische Abschnitte auf der DNA, an die Transkriptionsfaktoren binden. Zu den DNA-Steuerelementen gehört die Promotor-DNA. Das ist der Bereich, an dem die Transkription mit Hilfe einer für Eukaryoten typischen mRNA-Polymerase eingeleitet wird. Die Transkription kann erst beginnen, wenn verschiedene Transkriptionsfaktoren – mitunter mehr als ein Dutzend – an die Promotor-DNA gebunden haben. Die Summe der gleichzeitigen Einflüsse vieler Transkriptionsfaktoren entscheidet darüber, wo, wann und wie häufig ein Gen abgelesen wird.

Die Proteinbiosynthese kann durch äußere, extrazelluläre Einflüsse wie z. B. Hormone reguliert werden (Abb. 1a). Man spricht von Signaltransduktion, wenn ein extrazelluläres Signal in ein intrazelluläres Signal übertragen wird und dadurch eine Reaktion der Zelle hervorgerufen wird. Die Regulation der Proteinbiosynthese durch äußere Signale ist sehr bedeutsam. Sie spielt unter anderem bei der Zellteilung, bei Wachstums- und Entwicklungsvorgängen, bei der Regulation des Stoffwechsels, bei der Abwehr von Krankheitserregern und bei der Bildung des Langzeitgedächtnisses eine große Rolle.

Nach der Transkription finden im Zellkern Vorgänge statt, die man insgesamt als **mRNA-Prozessierung** bezeichnet (Abb. 1b). Während Gene der Prokaryoten durchgängig aus codierenden Sequenzen bestehen, haben Eukaryoten **Mosaikgene:** Sie enthalten codierende Bereiche, die **Exons,** und nicht-codierende Bereiche, die **Introns.** Beim Spleißen (engl. *splicing*, verbinden) werden in kontrollierter Weise aus der Primärabschrift (prä-mRNA) die Introns herausgeschnitten und die verbliebenen Exons zur mRNA verknüpft. Die mRNA verlässt den Zellkern und wird an den Ribosomen translatiert. Auf Ebene der Translation finden weitere Regelungsvorgänge statt.

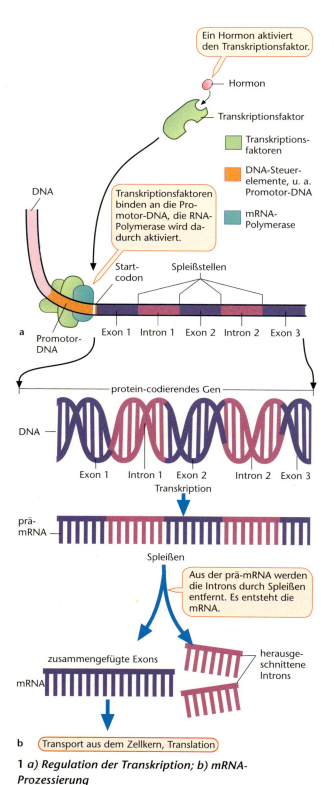

1 *a) Regulation der Transkription; b) mRNA-Prozessierung*

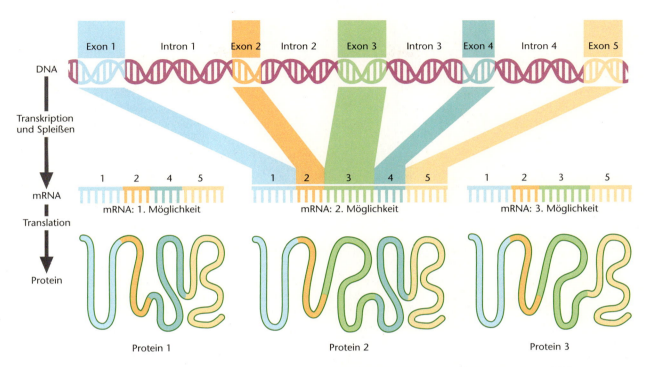

2 Durch alternatives Spleißen können mit der Information eines Gens viele unterschiedliche Proteine gebildet werden

1 Worterklärungen. Erstellen Sie anhand des Textes und der Abb. 1 ein Glossar für folgende Fachbegriffe: DNA-Steuerelemente, Transkriptionsfaktoren, Promotor-DNA, mRNA-Prozessierung, Spleißen.

2 Alternatives Spleißen.
a) Erläutern Sie das Spleißen im Rahmen der mRNA-Prozessierung anhand der Abb. 1b.
b) Beschreiben Sie anhand der Abb. 2 beispielhaft die verschiedenen Alternativen beim Spleißen. Verdeutlichen Sie modellhaft die Alternativen, indem Sie Worte für Exons und Introns wählen, z. B. Otto angelt sich einen Fisch.
c) Alternatives Spleißen kommt bei allen Vielzellern vor, ist aber bei Wirbeltieren besonders verbreitet. Der Mensch hat etwa 25 000 proteincodierende Gene, das sind ungefähr so viele Gene, wie die Acker-Schmalwand, eine kleine, krautige Blütenpflanze, besitzt. Die Hausmaus hat ungefähr 30 000 Gene, der Mais 50 000. Man schätzt, dass der Mensch etwa drei Viertel seiner 25 000 Gene mehrfach durch alternatives Spleißen nutzt.
Stellen Sie begründete Vermutungen zur biologischen Funktion des alternativen Spleißens auf. Beachten Sie dabei Abb. 3. Diskutieren Sie Ihre Vermutungen.

3 Definitionsprobleme: Was ist ein Gen? „Ein Gen codiert für ein Protein" lautet ein alter, mittlerweile überholter Grundsatz der Molekularbiologie. Begründen Sie, dass dieser Grundsatz so nicht mehr haltbar ist.

Das Genom des Menschen verfügt über etwa 25 000 protein-codierende Gene.

Die Gesamtheit der verschiedenen Proteine des Menschen umfasst mehrere hunderttausend Proteine, darunter :
– Enzyme (Biokatalysatoren)
– Transport- und Träger-Proteine
– Struktur-Proteine
– bewegliche Proteine
– Proteine der Signalübertragung
– Rezeptor-Proteine
– regulatorisch wirkende Proteine (z. B. Zellzyklus, Transkriptionsfaktoren)
– Proteine der Immunabwehr
– Kanal-Proteine der Membranen

3 Proteinvielfalt beim Menschen

3.4 Differenzielle Genaktivität und die Vielfalt der Zellen

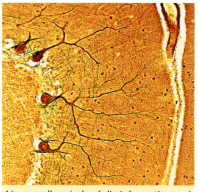
Nervenzellen sind auf die Informationsweiterleitung spezialisiert.

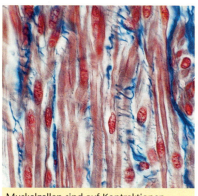
Muskelzellen sind auf Kontraktionen spezialisiert.

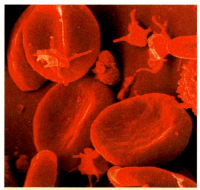
Rote Blutzellen sind auf den Transport von Sauerstoff spezialisiert.

1 *Zellen eines vielzelligen Organismus sind auf eine bestimmte Funktion spezialisiert*

In einem vielzelligen Organismus findet man verschieden spezialisierte Zellen, die jeweils eine ganz bestimmte Funktion haben, sodass eine Arbeitsteilung stattfindet (Abb. 1). Die Entwicklung von unspezialisierten zu spezialisierten Zellen wird **Zelldifferenzierung** genannt (lat. *differe,* sich unterscheiden). Zelldifferenzierung findet während der Individualentwicklung von Vielzellern statt. Die Zellkerne aller Körperzellen lassen sich durch eine Kette von erbgleichen Teilungen, den Mitosen, auf den Zellkern der befruchteten Eizelle, der Zygote, zurückführen. Alle Zellen eines Vielzellers besitzen dadurch gleiche Erbinformationen, auch wenn sie unterschiedliche Funktionen haben.

Auf molekularer Ebene äußert sich Zelldifferenzierung darin, dass neben den Genen für grundlegende Lebensvorgänge nur solche Gene aktiv werden, die für die spezielle Funktion, zum Beispiel die einer Nervenzelle, notwendig sind. Verschieden differenzierte Zellen, z. B. eine Nervenzelle und eine weiße Blutzelle, zeigen also Unterschiede in der Aktivität ihrer Gene. Man spricht von **differenzieller Genaktivität.** Sie äußert sich in Unterschieden in den gebildeten Proteinen, den Produkten der Genexpression (Abb. 2). Welchen Weg der Differenzierung eine undifferenzierte Zelle einschlägt, wird durch Hormone beeinflusst sowie durch Wachstumsfaktoren und andere Signalstoffe benachbarter Zellen.

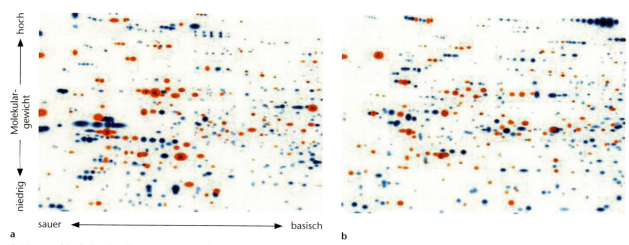

2 *Unterschiede in den Proteinen von a) Hirngewebe und b) Lebergewebe des Menschen. Die Proteine wurden durch Gelelektrophorese aufgetrennt. Rote Punkte: in Hirngewebe und Leber vorkommende Proteine; blaue Punkte: nur in einer der beiden Proben vorkommende Proteine.*

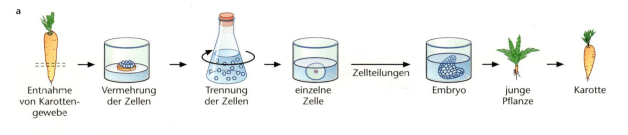

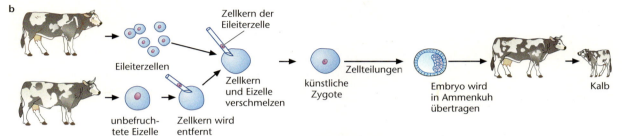

3 *Versuche mit spezialisierten Zellen a) Karottenzelle, b) Eileiterzelle einer Kuh*

1 Differenzielle Genaktivität. Informieren Sie sich in diesem Buch über die Arbeitstechnik der Gelelektrophorese. Werten Sie Abb. 2 in Hinblick auf differenzielle Genaktivität aus.

2 Versuche mit spezialisierten Zellen. Beschreiben Sie den Ablauf der beiden Versuche in Abb. 3. Vergleichen Sie die beiden Versuche hinsichtlich genetischer Eigenschaften der benutzten spezialisierten Karottenzelle und der Eileiterzelle einer Kuh.

3 Modell zur Zelldifferenzierung durch differenzielle Genaktivität.
a) Erläutern Sie das Modell in Abb. 4
b) Beschreiben Sie das Ergebnis der Modelldarstellung in Abb. 4.
c) Skizzieren Sie mit Farbstiften eine weitere Generation von Zellen mit den aktivierten Genen ⑥ und ⑦.
d) Erläutern Sie, inwiefern dieses Modell den Vorgang der Zelldifferenzierung durch differenzielle Genaktivität abbildet.

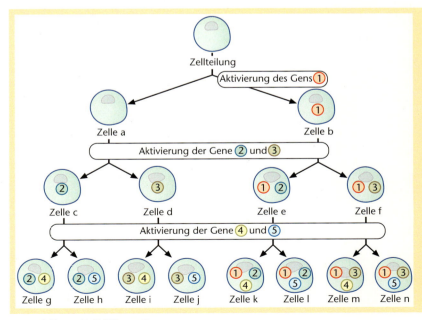

In diesem stark vereinfachten Modell werden die aktivierten Gene durch nummerierte farbige Kreise symbolisiert. Es gelten folgende Regeln:
1. Nach der ersten Zellteilung werden bei jeder weiteren Zellteilung zwei Gene (②–⑤) aktiviert, die für verschiedene Proteine codieren.
2. Gene mit ungerader Zahl sind in der jeweils rechten Tochterzelle aktiviert, Gene mit gerader Zahl in der linken Tochterzelle.

4 *Modell zur Zelldifferenzierung*

→ 15.2 Unterscheidung von Selbst und Fremd   → 16.3 Embryonale und adulte Stammzellen

3.5 Kontrolle des Zellzyklus

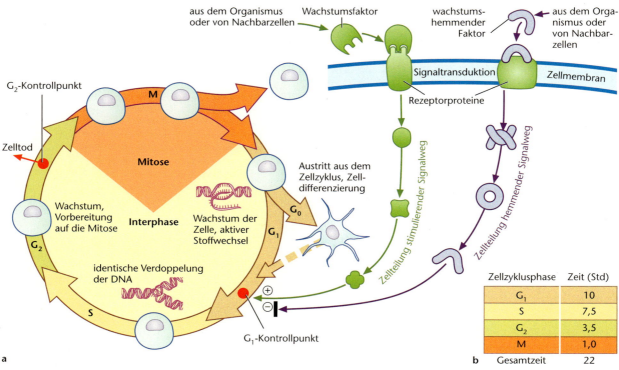

1 *a) Phasen des Zellzyklus und die Regulation durch äußere Wachstumsfaktoren, b) Dauer der Phasen des Zellzyklus bei Zellkulturen*

Im System eines Vielzellers ist Zellteilung ein grundlegender Vorgang, der geregelt und gesteuert wird. Man spricht von **kontrollierter Zellteilung.** Unkontrollierte Zellteilungen können z. B. das Wachstum von bösartigen Tumoren wie Hautkrebs zur Folge haben.

Der Zellzyklus, die Zeit zwischen zwei Zellteilungen, wird in die **Interphase** und die **Mitose** eingeteilt (Abb. 1a). Die Interphase wird in drei Phasen untergliedert, von denen die G_1-Phase in der Regel die längste ist (Abb. 1b). In dieser Phase wächst die Zelle heran, bildet neue Zellorganellen und betreibt einen intensiven Stoffwechsel. Danach folgt die S-Phase, in der die DNA identisch verdoppelt wird. In der G_2-Phase erfolgt die Vorbereitung der Zelle auf die folgende Mitose, deren Ergebnis zwei genetisch identische Tochterzellen sind. Manche Zellen, wie z. B. Nervenzellen, treten aus dem Zellzyklus aus, differenzieren sich und teilen sich nicht mehr oder nur unter ganz besonderen Bedingungen (G_0-Zustand, Abb. 1a).

Im Laufe eines Zellzyklus gibt es mehrere Zeitpunkte, an denen die Zelle Kontrollen durchlaufen muss. Allen **Kontrollpunkten** ist gemeinsam, dass bestimmte Proteine als molekulare Schalter wirken, die den Zellzyklus anhalten oder seine Fortsetzung einleiten. Der wichtigste Kontrollpunkt liegt am Übergang von der G_1- in die S-Phase. **Wachstumsfaktoren** aus Nachbarzellen und dem Organismus stimulieren über **Signaltransduktion** und intrazelluläre Signalwege den Start der S-Phase (Abb. 1a). Außerdem fließen Informationen über die Größe der Zelle und die Schäden der DNA in die Kontrollen ein. Sind die Bedingungen günstig, wird die S-Phase und die Verdopplung der DNA eingeleitet. Nach Durchlaufen des G_1-Kontrollpunktes erfolgen die weiteren Schritte des Zellzyklus unabhängig von äußeren Wachstumsfaktoren. Am G_2-Kontrollpunkt wird die DNA abermals auf Schäden geprüft. Sind sie sehr umfangreich und können sie nicht mehr durch das zelleigene DNA-Reparatursystem behoben werden, kann die Zelle über eine Kette vorprogrammierter enzymatischer Reaktionen absterben. Diesen Vorgang nennt man programmierten Zelltod oder **Apoptose**.

Die Oberhaut des Menschen bildet seine äußere Schutzhülle. Sie ist ca. 0,1 mm dick und besteht hauptsächlich aus Keratinocyten. Wenn diese Zellen sich differenzieren und schließlich verhornen (keratinisieren), geht aus ihnen die widerstandsfähige Hornschicht hervor. Ausgehend von Stammzellen werden Keratinocyten durch Zellzyklen beständig erneuert. Stammzellen sind Körperzellen, aus denen spezialisierte Zellen hervorgehen können. Es dauert etwa 30 Tage von der Entstehung der Keratinocyten aus einer Stammzelle bis zum Abschilfern der toten Hornzellen in Form von Hautschuppen. Im Laufe eines Menschenlebens erneuert sich die Oberhaut etwa 1000-mal.

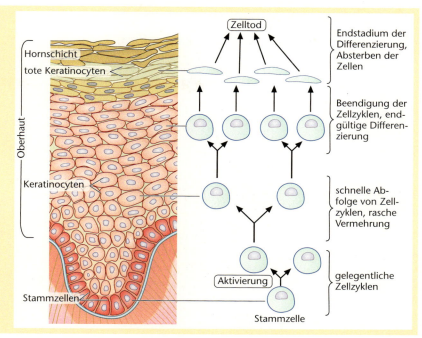

2 *Stammzellen und Zellzyklen in der Oberhaut des Menschen*

1 Stammzellen und Zellzyklus in der Oberhaut. Beschreiben Sie unter Bezug auf den Text und die Abb. 1, 2 die Zellzyklen bei Keratinocyten von der Entstehung aus Stammzellen bis zu ihrem Absterben.

2 Versuch zum Zellzyklus von Zellen in Kultur. Entwickeln Sie unter Bezug auf Abb. 1 Hypothesen über Ursachen des Versuchsergebnisses in Abb. 3.

3 Biologische Bedeutung der Prüfung auf DNA-Schäden an den Kontrollpunkten. Erläutern Sie die biologische Bedeutung der Prüfung auf DNA-Schäden an den Kontrollpunkten des Zellzyklus (Abb. 1).

4 Recherche: Rinderrasse, Zellzyklus und Gendoping. Die äußerst muskulöse Rinderrasse der „Weißblauen Belgier" (Abb. 4) hat eine Mutation in dem Gen, dessen Produkt, das Protein Myostatin, den Zellzyklus von Skelettmuskelzellen hemmt. Fehlfunktionen des Myostatins können auch beim Menschen zu überschießendem Wachstum der Skelettmuskulatur führen. Recherchieren Sie für einen Kurzvortrag, ob Myostatin ein Mittel für Gendoping sein könnte. Erläutern Sie in diesem Zusammenhang auch, was man unter Gendoping versteht.

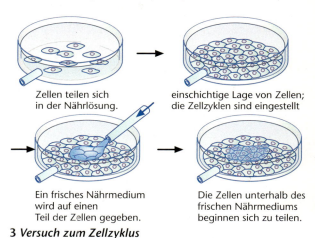

3 *Versuch zum Zellzyklus*

4 *Rinderrasse „Weißblaue Belgier"*

→ 3.6 Tumorwachstum durch Fehlregulation der Zellteilungskontrolle → 16.4 Biologische Aspekte des Alterns

3.6 Tumorwachstum durch Fehlregulation der Zellteilungskontrolle

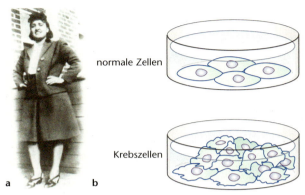

1 a) Von HENRIETTA LACKS, die 1951 an einem Tumor starb, stammen die „unsterblichen" HeLa-Krebszellen. b) In einer Kulturschale mit Nährlösung stellen normale Zellen ihre Zellteilungen ein, wenn sie am Boden des Gefäßes eine einschichtige Lage aus Zellen gebildet haben. Krebszellen wie die HeLa-Zellen teilen sich weiter und wachsen dabei übereinander hinweg.

HENRIETTA LACKS, Mutter von fünf Kindern, starb am 4. Oktober 1951 im Alter von 31 Jahren in Baltimore (USA) an Krebs. Monate zuvor hatte man eine Gewebeprobe ihres Tumors, eines Gebärmutterhalskrebses, entnommen und versucht, die Zellen außerhalb des Körpers in Kultur zu vermehren (Abb. 1). Mit den HeLa-Zellen gelang das erstmals. Auch heute wird mit den HeLa-Zellen in unzähligen Labors weltweit geforscht.

Krebszellen zeigen eine Reihe typischer Eigenschaften. Sie teilen sich unkontrolliert und missachten extra- und intrazelluläre Signale der Zellteilungskontrolle. Krebszellen altern nicht, sind unreif und wenig oder gar nicht differenziert. Krebszellen stellen bei Kontakt zu Nachbarzellen ihre Teilungen und Wanderungsbewegungen nicht ein (Abb. 1b). Sie dringen in Nachbargewebe vor und können es zerstören. Viele Tumore können schnell wachsen, weil sie durch Botenstoffe Blutkapillaren dazu anregen, in den Tumor hineinzuwachsen und ihn zu versorgen. Die Beweglichkeit von Krebszellen ist ungehemmt und feste Kontakte zu Nachbarzellen fehlen. Dadurch haben sie die Fähigkeit, Tochtertumore (Metastasen) im Körper zu bilden. Metastasen sind oft das medizinische Hauptproblem der Behandlung bösartiger Tumore.

In der Krebsforschung stehen auf molekularer und zellulärer Ebene solche Gene im Mittelpunkt, die für Proteine codieren, die in normalen Zellen an der Zellteilung beteiligt sind sowie mit den stimulierenden oder hemmenden Signalwegen bei der Kontrolle des Zellzyklus zu tun haben (Abb. 2). Durch Mutationen können diese Gene zu Krebsgenen umgewandelt werden und dann fehlerhafte oder funktionslose Proteine codieren. Wenn sich solche Mutationen anhäufen, kann eine Krebszelle entstehen.

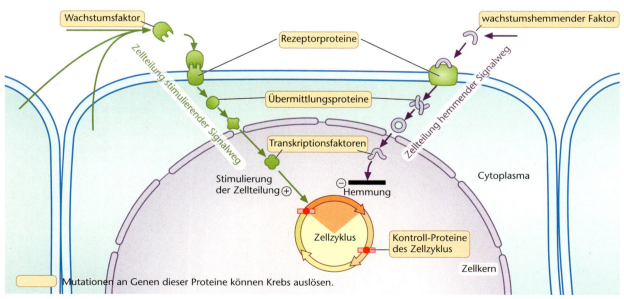

2 Grundlegend notwendige Gene für die Zellteilung und deren Kontrolle können, wenn sie mutieren, Krebs auslösen.

→ 2.13 Der genetische Code und Genmutationen   → 3.7 Übertragung von extrazellulären Signalen in intrazelluläre Signale

1 Transformation zur Krebszelle durch fehlerhafte Zellteilungskontrolle.
a) Erläutern Sie Abb. 2.
b) Ermitteln Sie unter Bezug auf Abbildung 2 mögliche Folgen, wenn bedingt durch Mutation(en) …
1. der Rezeptor für den Wachstumsfaktor dauerhaft die intrazelluläre Signalkette aktiviert, ohne dass der Wachstumsfaktor an ihn bindet;
2. der Rezeptor für den wachstumshemmenden Faktor defekt ist und die zugehörige intrazelluläre Signalkette nicht aktivieren kann;
3. eines der intrazellulären Übermittlungsproteine des hemmenden (des stimulierenden) Signalweges übermäßig gebildet wird;
4. Proteine an den Kontrollstellen des Zellzyklus ausfallen.

2 Melanome bei Zahnkarpfen. Verschiedene Kreuzungen des Spiegelkärpflings (Xiphophorus maculatus) und Schwertträgers (Xiphophorus helleri) ergeben Nachkommen mit unterschiedlicher Fleckung, zum Teil auch Nachkommen mit Melanomen, d. h. Tumoren der melaninbildenden Zellen. Die Abb. 3a zeigt X. maculatus mit seinen vier Chromosomenpaaren I, II, III und IV und Abb. 3b zeigt X. helleri mit den Chromosomenpaaren 1 bis 4.
Werten Sie Abb. 3 in Hinblick auf Ursachen für die Entstehung von Melanomen bei e und g aus.

3 Der Ames-Test: Bakterien entlarven Krebs auslösende Substanzen. Beim Ames-Test arbeitet man mit einem Bakterienstamm von *Salmonella typimurium*, der die Fähigkeit verloren hat, die Aminosäure Histidin selbst herzustellen. Auf einem Nährboden ohne Histidin können diese Bakterien nicht wachsen. Bringt man solche Bakterien auf einen Nährboden ohne Histidin,

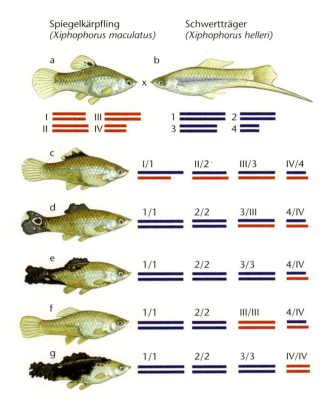

3 *Melanome beim Zahnkarpfen*

treten dennoch einige Kolonien auf (Abb. 4a). Durch spontane Mutationen haben einige Bakterien die Fähigkeit zur Histidin-Synthese zurückgewonnen (Rück-Mutationen). Indem man dem Nährboden andere Substanzen zusetzt, kann man prüfen, ob diese mutagen wirken. Im Fall b der Abb. 4 wurden dem Nährboden 250 Nanogramm, im Fall c 750 Nanogramm Nitrosoguanidin zugefügt.
Welche Aussagen zur Mutagenität von Nitrosoguanidin lassen sich dem Ergebnis von b und c entnehmen?

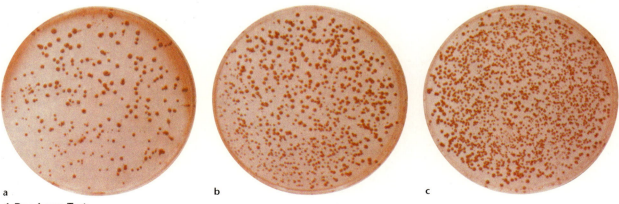

4 *Der Ames-Test*

3.7 Übertragung von extrazellulären Signalen in intrazelluläre Signale

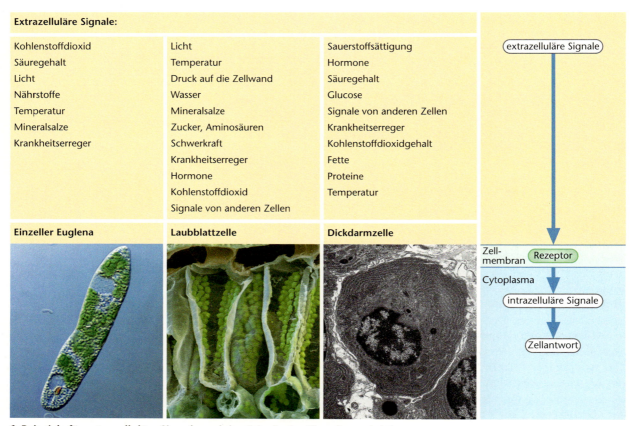

1 *Beispiele für extrazelluläre Signale und das Prinzip der Signaltransduktion*

Der eukaryotische Einzeller Euglena bewegt sich mit einer Geißel fort, die im Inneren der Zelle verankert ist (Abb. 1). Euglena schwimmt immer zum Licht. Das ist möglich, weil Euglena auf die Lichthelligkeit als extrazelluläres Signal mit einer intrazellulären Antwort reagiert. In diesem Fall wird der Geißelschlag so geändert, dass Euglena zum Licht schwimmt.

Alle lebenden Zellen nehmen beständig Informationen aus ihrer Umwelt auf. Auf solche extrazellulären Signale können Zellen reagieren. Zwischen extrazellulären Signalen und Zellantwort vermittelt der Prozess der **Signaltransduktion** (lat. *traductio*, Hinüberführung). Darunter versteht man die Aufnahme von extrazellulären Signalen und ihre Umwandlung in intrazelluläre Signale, die schließlich zur Zellantwort führen (Abb. 1).

Die Signaltransduktion beginnt damit, dass ein extrazelluläres Signal auf einen passenden Rezeptor in der Zellmembran trifft. Solche Rezeptoren sind oft Proteine, die außen und innen aus der Membran herausragen. Rezeptoren wandeln ein extrazelluläres Signal in ein intrazelluläres Signal um. Meistens folgt eine intrazelluläre Signalkette, an der verschiedene Signalmoleküle beteiligt sind (Abb. 2). Sehr häufig sind Calciumionen (Ca^{2+}) oder cyklisches Adenosinmonophosphat (cAMP) Bestandteil intrazellulärer Signalketten. Die Zellantwort kann unter anderem darin bestehen, dass Enzyme aktiviert werden oder die Genaktivität beeinflusst wird.

Die Fähigkeit zur Signaltransduktion ist eine Eigenschaft aller lebenden Zellen. Signaltransduktion spielt unter anderem bei der Informationsverarbeitung aller Sinnes- und Nervenzellen, bei der Muskelkontraktion, bei Zellteilungen, beim An- und Abschalten von Genen, der Abwehr von Krankheitserregern und bei allen hormonellen Vorgängen eine Rolle.

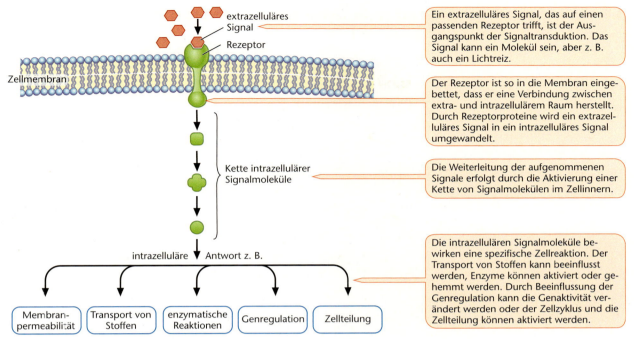

2 *Aktivierung intrazellulärer Signalwege*

1 Kurzvortrag zur Signaltransduktion. Bereiten Sie anhand der Informationen auf der linken Seite einen Kurzvortrag zur Signaltransduktion vor. Gliedern Sie Ihren Kurzvortrag durch sinnvolle Zwischenüberschriften.

2 Keimung von Getreidekörnern als Beispiel für Signaltransduktion.
a) Informieren Sie sich über den Bau eines Getreidekorns und seine Inhaltsstoffe.
b) Erstellen Sie anhand der Abb. 3 ein Fließdiagramm zu den Vorgängen bei der Keimung.
c) Erläutern Sie das Prinzip der Signaltransduktion an den durch das Hormon Gibberelin hervorgerufenen Vorgängen in den Zellen der Aleuronschicht bei der Keimung. Fertigen Sie dazu eine Skizze der Vorgänge in einer Zelle der Aleuronschicht an.

Bevor die keimende Pflanze grüne Blätter ausbildet und Fotosynthese betreibt, ist sie auf energiereiche Reservestoffe angewiesen.
Der Mehlkörper eines Getreidekorns besteht hauptsächlich aus Stärke, die Aleuronschicht enthält viel Eiweiß. Unter geeigneten Umweltbedingungen nimmt die Getreidefrucht Wasser auf und quillt. Der Embryo scheidet ein Hormon, das Gibberelin, aus. Dieses Hormon ist für Zellen in der Aleuronschicht ein Signal. Gibberelin bindet an einen Rezeptor in der Membran einer Aleuronzelle. Dadurch leitet der Rezeptor eine intrazelluläre Signalkette ein. Sie führt über mehrere Schritte zur Aktivierung eines bestimmten Gens, das für α-Amylase codiert. Nach Translation und Transkription wird an den Ribosomen der Zellen der Aleuronschicht α-Amylase gebildet. Die Zellen der Aleuronschicht geben das Enzym in den Mehlkörper ab. Dort

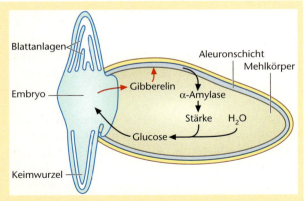

katalysiert α-Amylase den hydrolytischen Abbau von Stärke zu Glucose. Glucose wird vom Embryo aufgenommen und bewirkt auch die Bildung von Enzymen, die Proteine abbauen. Dadurch stehen der keimenden Pflanze Aminosäuren für das Wachstum zur Verfügung.

3 *Nährstoffmobilisierung bei der Keimung von Getreide*

→ 12.6 Informationsübertragung an Synapsen → 13.3 Zelluläre Wirkmechanismen von hydrophilen und lipophilen Hormonen

3.8 Biologische Arbeitstechnik: DNA-Microarray-Technologie

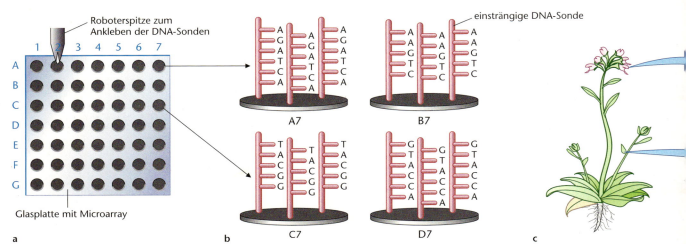

1 a: *Microarrays werden auf kleinen Glasplatten hergestellt. Die Platte ist in mehrere zehntausend Felder (engl. array, Kästchen) unterteilt, jedes nicht einmal halb so breit wie ein menschliches Haar. Hier ist zum besseren Verständnis nur ein DNA-Chip mit 7 x 7 = 49 Feldern (A1 bis G7) dargestellt. Mit Hilfe eines Roboters werden in jedes Feld Kopien von kurzen einzelsträngigen DNA-Bruchstücken, DNA-Sonden, aus dem Genom der Pflanze an das Glas geklebt.*

1 b: *In jedem einzelnen Feld ist die Basensequenz dieser DNA-Sonden einheitlich, von Feld zu Feld jedoch verschieden. Die DNA-Sonden eines jeden Feldes repräsentieren einen bestimmten DNA-Abschnitt aus dem Genom der Pflanze. Die Basensequenz der DNA-Sonden eines jeden Feldes und die Position des Feldes im Array sind in einem Computer gespeichert.*

In der Biologie und Medizin sind Vergleiche auf molekularer und zellulärer Ebene interessant. Wichtige Fragen sind dabei z. B.: Wie verändert sich die Genexpression von einem Entwicklungsstadium zum anderen? Wodurch unterscheidet sich ein bösartiger Tumor von normalem Gewebe? In diesem Zusammenhang spielt die Technik der **DNA-Microarrays** (DNA-Chips) eine wichtige Rolle. Sie basiert auf dem **Schlüssel-Schloss-Prinzip** der komplementären Basenpaarung (Adenin-Thymin, Cytosin-Guanin). Treffen zwei komplementäre DNA-Einzelstränge aufeinander, können sie aufgrund der Basenpaarung durch Wasserstoffbrückenbindungen einen Doppelstrang, eine DNA-Doppelhelix, bilden.

In Abb. 1 ist das Prinzip der DNA-Microarray-Technik am Beispiel der Acker-Schmalwand, einem kleinen einjährigen Kraut, dargestellt. Untersucht wurde, ob sich Blüten- und Laubblätter in der Genexpression unterscheiden.

Die Anwendungsgebiete von DNA-Microarrays sind sehr vielfältig. Dazu gehören unter anderem:

- die Analyse der Genaktivität im Verlauf von Entwicklungsprozessen und dem Altern,
- die Untersuchung der Auswirkungen von Umwelteinflüssen auf die Genaktivität,
- die Erforschung von erblichen und erblich mitbedingten Krankheiten,
- die Analyse der Unterschiede in der Genexpression von gesundem und erkranktem Gewebe,
- die Analyse der Wirkungen von Medikamenten auf die Genexpression.

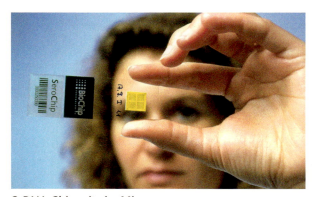

2 *DNA-Chip mit vier Microarrays*

→ 2.14 Übersicht: Vom Gen zum Protein

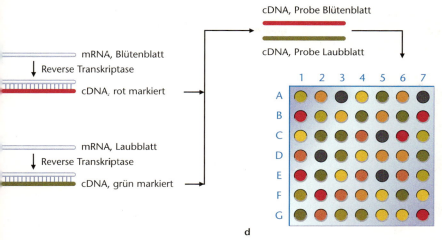
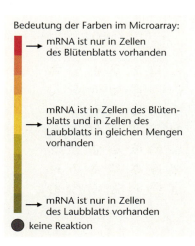

1 c: Aus Blütenblättern und aus Laubblättern der Pflanze wird mRNA gewonnen; mRNA-Moleküle repräsentieren aktive Gene. Die mRNA-Moleküle sind instabil. Mit Hilfe des Enzyms **Reverse Transkriptase** werden die mRNA-Moleküle in stabile einzelsträngige komplementäre, sogenannte **cDNA**-Moleküle umgeschrieben. Die cDNA aus Laubblättern und Blütenblättern wird getrennt mit verschiedenen **Fluoreszenzfarbstoffen** markiert. Häufig werden solche Farbstoffe benutzt, die durch grünes Licht (hier für cDNA aus dem Laubblatt) oder durch rotes Licht (hier für cDNA aus dem Blütenblatt) angeregt werden.

1 d: Die Proben werden zu gleichen Teilen gemischt und auf das Microarray gegeben. Bei der **Hybridisierungsreaktion** (lat. hybrida, Mischling) „fischt" eine DNA-Sonde eine cDNA der Probe mit komplementärer Basensequenz heraus und bildet einen Doppelstrang. Aufgrund seiner Fluoreszenz-Markierung wird dieser Doppelstrang mit einem Laserlicht-Scanner erkannt und am Computerbildschirm als farbiger Kreis wiedergegeben. Die Färbung eines Kreises hängt davon ab, wieviele DNA-Doppelstränge sich in dem Array gebildet haben und in welchem Verhältnis dabei rot und grün markierte cDNA beteiligt sind.

1 Komplementäre Basenpaarung. Nehmen Sie an, die folgende Basensequenz sei Teil der DNA-Sonde im Feld A1 des Microarrays (Abb. 1):
5' …AGTCCCTTGGCTC …3'.
Nennen Sie die Basensequenz der entsprechenden mRNA und der komplementären cDNA.

2 Auswertung eines DNA-Microarrays.
a) Begründen Sie unter Bezug auf das Microarray-Verfahren die in Abb. 1d angegebene Interpretation eines grünen, roten und gelben Fleckes. Deuten sie die verschiedenen intensiv gefärbten Flecke mit Mischfarben zwischen gelb und grün bzw. gelb und rot. Erläutern Sie, welche Aussage(n) ein graues Feld in Abb. 1d zulässt.
b) Werten Sie das Microarray mit Bezug zur Hypothese: „Blüten- und Laubblätter unterscheiden sich in der Genexpression" aus.

3 Hautkrebs und DNA-Microarray-Technik. Erläutern Sie, welche Fragestellungen mit einem Microarray in Hinblick auf das maligne Melanom beantwortet werden können (Abb. 3). Beschreiben Sie in den Grundzügen die Vorgehensweise.

Aus dem Prospekt einer Firma, die Microarrays herstellt:
DNA microarrays are the ideal tools for studying gene expression. Our Human Microarray is designed to profile gene expression of a panel of 113 genes. Through a simple hybridization experiment you can determine differential gene expression between your samples.

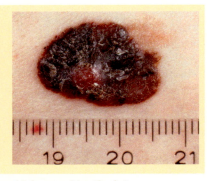

3 Text aus Firmenprospekt und malignes Melanom (Hautkrebs)

→ 3.4 Differenzielle Genaktivität und die Vielfalt der Zellen

4.1 Enzyme als Biokatalysatoren

Bei Körpertemperatur würden viele Reaktionen ohne Enzyme gar nicht oder nur sehr langsam ablaufen. Enzyme sind Biokatalysatoren, die im Körper biochemische Prozesse stark beschleunigen. Enzyme setzen die **Aktivierungsenergie** für chemische Reaktionen im Körper herab.

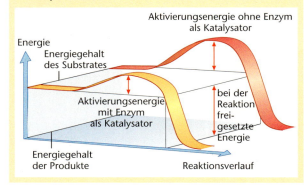

1 *Enzyme verringern die Aktivierungsenergie*

Enzyme sind Proteine. Proteine bestehen aus langen Ketten von Aminosäuren. Zwischen verschiedenen Aminosäuren der Kette bilden sich Anziehungskräfte aus: Ionenbindungen, van-der-Waals-Kräfte, Wasserstoffbrückenbindungen und Disulfidbrücken. Durch diese Wechselwirkungen falten sich die Aminosäureketten in einer festgelegten Weise auf und das Enzym erhält eine typische Raumstruktur.

Die meisten Enzyme besitzen neben dem eigentlichen Proteinanteil, dem **Apoenzym,** einen Nichtproteinbestandteil, den **Cofaktor.** Cofaktoren können Metallionen oder organische Moleküle sein. Letztere bezeichnet man als **Coenzyme** oder, wenn sie fest gebunden sind, als **prosthetische Gruppen.**

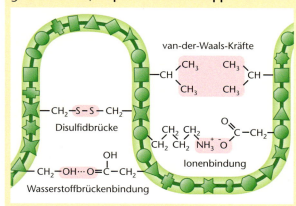

2 *Stoffliche Natur der Enzyme*

Ablauf einer durch Enzyme katalysierten Reaktion: Das Enzym bindet das passende Substrat. Dabei bildet sich ein **Enzym-Substrat-Komplex.** Nur ein bestimmtes Substrat passt genau in das aktive Zentrum des Enzyms. Diesen Zusammenhang bezeichnet man als **Schlüssel-Schloss-Prinzip.** Enzyme sind substratspezifisch. Während das Substrat an das Enzym gebunden ist, findet die Umwandlung des Substrates zum Produkt statt. Es bildet sich zunächst ein Enzym-Produkt-Komplex, der schließlich das Produkt freisetzt. Das Enzym geht unverändert aus dieser Reaktion hervor und steht für weitere Reaktionen zur Verfügung.

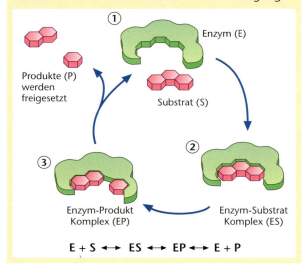

3 *Mechanismus der Enzymwirkung – das Schlüssel-Schloss-Prinzip*

Wenn ein Substrat zum aktiven Zentrum eines Enzyms passt, bedeutet das, dass sich Anziehungskräfte wie Wasserstoffbrückenbindungen ausbilden können.

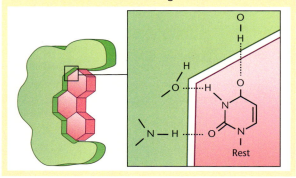

4 *Molekulare Wechselwirkung zwischen Substrat und Enzym*

→ 2.14 Übersicht: Vom Gen zum Protein   → 4.3 Hemmungen und Aktivierung der Enzymaktivität

Bei steigenden Temperaturen laufen alle chemischen Reaktionen schneller ab. Die RGT-Regel besagt, dass eine Temperaturerhöhung um 10 °C eine Verdoppelung der Reaktionsgeschwindigkeit zur Folge hat. In biologischen Systemen ist dem jedoch eine Grenze gesetzt, da bei höheren Temperaturen zunehmend die Denaturierung des Enzyms einsetzt. Das führt zum Verlust der Enzymfunktion.
Unterschiedliche Enzyme haben unterschiedliche Temperaturoptima. Die meisten Enzyme werden durch hohe Temperaturen geschädigt. Enzyme von Bakterien, die in heißen Quellen vorkommen, sind aber noch bei sehr hohen Temperaturen aktiv.

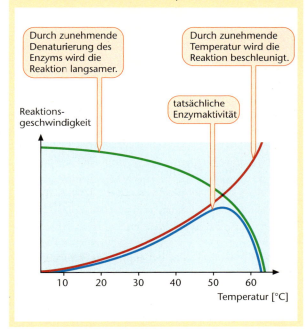

5 Enzymaktivität und Temperatur

Enzyme sind wirkungsspezifisch. Sie katalysieren jeweils nur eine Reaktion. Nach ihren Wirkungsspezifitäten lassen sich alle Enzyme in sechs Hauptklassen eingruppieren.

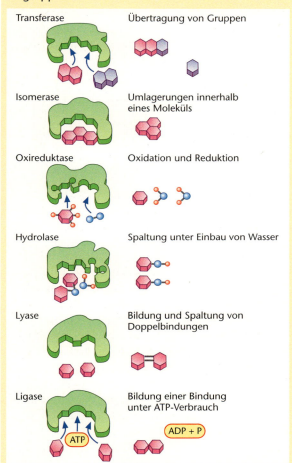

7 Wirkungsspezifitäten und Enzymklassen

Der pH-Wert beeinflusst die Raumstruktur der Enzyme und damit ihre Fähigkeit, Substrate zu binden. Enzyme haben pH-Optima, die an ihren Wirkungsort angepasst sind. Pepsin ist im sauren Milieu des Magens aktiv, Trypsin im alkalischen Milieu des Dünndarms, Speichelamylase im fast neutralen Mundspeichel.

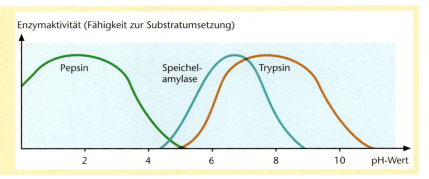

6 pH-Optima von Enzymen

→ 4.6 Weiße Biotechnologie   → 5.9 Regulation energieliefernder Stoffwechselwege

4.2 Enzymkinetik: Reaktionsgeschwindigkeit und Substratkonzentration

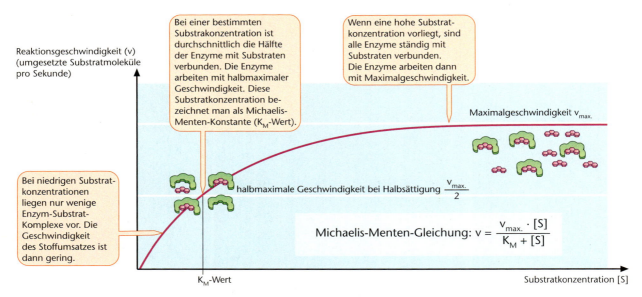

1 *Abhängigkeit der Reaktionsgeschwindigkeit v von der Substratkonzentration [S] bei gleichbleibender Enzymkonzentration:* Michaelis-Menten-Diagramm und Michaelis-Menten-Gleichung

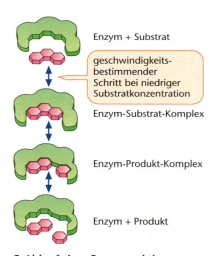

2 *Ablauf einer Enzymreaktion*

Enzym	Wechselzahl
Carboanhydrase	600 000
Acetylcholinesterase	25 000
Lactat-Dehydrogenase	1 000
Chymotrypsin	100
DNA-Polymerase I	15
Tryptophan-Synthetase	2
Lysozym	0,5

3 *Anzahl von Substratmolekülen, die ein Enzym pro Sekunde umsetzt*

Enzymkatalysierte Reaktionen verlaufen in aufeinander folgenden Schritten (Abb. 2). Diese Reaktionsschritte laufen mit unterschiedlichen Geschwindigkeiten ab. Der langsamste Schritt ist die Bildung des Enzym-Substrat-Komplexes. Dieser Schritt bestimmt die Geschwindigkeit des Stoffumsatzes bei niedrigen Substratkonzentrationen. Je mehr Substrat vorhanden ist, desto schneller können sich Enzym-Substrat-Komplexe bilden. Bei hohen Substratkonzentrationen bindet jedes Enzym nach Abspaltung des Produktes sofort wieder ein neues Substrat. Die Enzyme arbeiten dann mit Maximalgeschwindigkeit. Eine Steigerung des Stoffumsatzes ist auch bei weiterer Erhöhung der Substratkonzentration nicht möglich.

Die Abhängigkeit der Reaktionsgeschwindigkeit von der Substratkonzentration kann man in einem sogenannten **Michaelis-Menten-Diagramm** darstellen (Abb. 1). Die Substratkonzentration, bei der Maximalgeschwindigkeit erreicht wird, nennt man **Sättigungskonzentration.** Diese ist aus dem Michaelis-Menten-Diagramm schwer zu ermitteln, da die Kurve stark abgeflacht ist. Deshalb bestimmt man den **K_M-Wert,** die Substratkonzentration, bei der halbmaximale Geschwindigkeit erreicht wird. Der Kurvenverlauf lässt sich mathematisch durch die Michaelis-Menten-Gleichung beschreiben (Abb. 1).

Bei Vorliegen der Sättigungskonzentration von Substraten sind praktisch alle Enzyme ständig mit Substraten beladen. Dann wird die Geschwindigkeit der Reaktion von der **Wechselzahl** des Enzyms bestimmt. Darunter versteht man die Anzahl der Substratmoleküle, die ein Enzymmolekül pro Sekunde umsetzt. Eine hohe Wechselzahl bedeutet, dass die katalysierte Reaktion bei vorliegen der Sättigungskonzentration schnell verläuft (Abb. 3).

1 Enzymkinetik – mit einer Modellvorstellung veranschaulicht. Die Enzymkinetik soll mit einem „Supermarktmodell" veranschaulicht werden.
Kassen mit Kassierer entsprechen in diesem Modell Enzymen, Kunden den Substraten, Kunden, die bezahlt haben, den Produkten (Abb. 4).
a) Beschreiben Sie die Situationen a – c im Supermarkt.
b) Erläutern Sie, wie mit Hilfe des Supermarktbeispiels die im Michaelis-Menten-Diagramm dargestellten Zusammenhänge veranschaulicht werden können (Abb. 1).
c) Beschreiben Sie, wie die folgenden Aspekte mit Hilfe des Supermarktmodells veranschaulicht werden können.
– Halbsättigung der Enzyme
– Reaktionsgeschwindigkeit
– Maximalgeschwindigkeit
– K_M-Wert
– Wechselzahl
d) Begründen Sie, warum eine weitere Erhöhung der Substratkonzentration bei hohen Substratkonzentrationen fast keinen Einfluss auf die Reaktionsgeschwindigkeit hat.
e) Für Enzyme gilt: Je kleiner der K_M-Wert, desto größer ist die Affinität, das Bindungsbestreben, zwischen Substrat und Enzym. Begründen Sie diesen Zusammenhang und verdeutlichen Sie ihn mit dem Supermarktbeispiel.

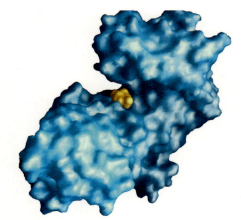

5 Raumstruktur des Enzyms Hexokinase mit angelagerter Glucose

2 Kinetik der Penicillinase. In einer Versuchsreihe wird untersucht, welche Penicillinmengen innerhalb einer Sekunde von 10^{-8} g ($3{,}4 \cdot 10^{-13}$ mol) des Enzyms Penicillinase umgesetzt – hier gepalten – werden:

Penicillinkonzentration in mol/l · 10^{-5}	0,1	0,3	0,5	1,0	3,0	5,0
gespaltenens Penicillin in mol · 10^{-9} · sec^{-1}	0,11	0,25	0,34	0,45	0,58	0,60

a) Zeichnen Sie mit diesen Daten das Michaelis-Menten-Diagramm und bestimmen Sie K_M und v_{max}.
b) Bestimmen Sie die Wechselzahl der Penicillinase und vergleichen Sie das Ergebnis mit den Wechselzahlen der Enzyme in Abb. 3.

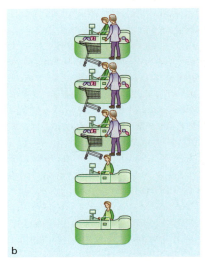

4 Supermarktkassen: Modell zum Michaelis-Menten-Diagramm

→ 5.9 Regulation energieliefernder Stoffwechselwege

4.3 Hemmungen und Aktivierung der Enzymaktivität

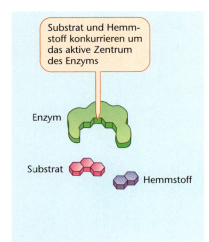

1 *Kompetitive Hemmung*

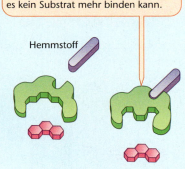

2 *Allosterische oder nichtkompetitive Hemmung*

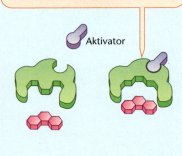

3 *Allosterische Aktivierung*

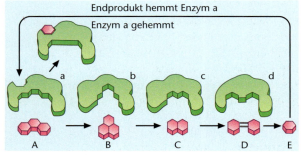

4 *Endprodukthemmung*

5 *Irreversible Hemmung eines Enzyms durch Bleiionen*

Die Geschwindigkeiten, mit denen Enzymreaktionen ablaufen, können auf verschiedene Weise beeinflusst werden. Hemmstoffe, so genannte Inhibitoren, behindern die Enzymfunktion, so dass die entsprechenden Reaktionen langsamer ablaufen. Von einer **kompetitiven Hemmung** spricht man, wenn der Hemmstoff und das Substrat um das aktive Zentrum des Enzyms konkurrieren (Abb. 1). Voraussetzung für diesen Hemmtyp ist, dass sich die Strukturen von Substrat und Hemmstoff ähneln. Wie schnell das Enzym dann noch arbeiten kann, hängt vom Konzentrationsverhältnis von Substrat und Hemmstoff ab.

Andere Hemmstoffe binden am Enzym und verursachen dadurch eine veränderte Raumstruktur des aktiven Zentrums. Das Enzym wird dadurch gehemmt. Diesen Hemmtyp bezeichnet man als **nichtkompetitive** oder **allosterische Hemmung** (Abb. 2). Er dient im Stoffwechselgeschehen häufig der Regulation der Enzymaktivität. Vorhandene Endprodukte können gleichzeitig Hemmstoffe sein. Sind viele Produkte vorhanden, hemmen diese ein Enzym des Syntheseweges und unterbinden damit ihre weitere Bildung (Abb. 4). Dadurch wird eine Überproduktion verhindert. Diesen Zusammenhang bezeichnet man als **negative Rückkopplung.** Sowohl kompetitive als auch nichtkompetitive Hemmstoffe können sich wieder vom Enzym lösen. Deshalb spricht man in beiden Fällen von reversibler Enzymhemmung.

Einige Hemmstoffe wie bestimmte Schwermetallionen oder verschiedene Gifte binden jedoch so fest an Enzyme, dass sie diese dauerhaft inaktivieren (Abb. 5). Bei dieser **irreversiblen Hemmung** spricht man von einer Vergiftung der Enzyme. Andere Stoffe verändern bei ihrer Bindung das aktive Zentrum des Enzyms so, dass es aktiviert wird (Abb. 3).

→ 4.1 Enzyme als Biokatalysatoren → 5.4 Die Glykolyse findet im Cytoplasma statt

6 *Modellvorstellung zur Enzymkinetik*

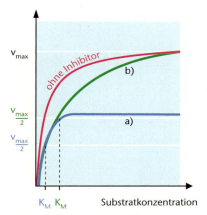

7 *Kinetik bei unterschiedlichen Hemmtypen*

1 Ein Modell zur Veranschaulichung der Enzymhemmung. Die Supermarktkasse soll als Modell für ein Enzym aufgefasst werden (Abb. 6). Erläutern Sie, inwiefern das dargestellte Modell geeignet ist, die Verhältnisse bei einer kompetitiven und allosterischen Hemmung modellhaft zutreffend darzustellen.

2 Wirkung der unterschiedlichen Hemmtypen auf die Kinetik der Enzymreaktion
a) Beurteilen Sie jeweils, ob die folgenden Aussagen für eine kompetitive oder allosterische Hemmung zutreffen.
– Wenn die Substratkonzentration viel höher ist als die Hemmstoffkonzentration, wird annähernd die Maximalgeschwindigkeit der Enzymreaktion erreicht.
– Bei Anwesenheit des Hemmstoffes bleibt der K_M-Wert unverändert.
– Auch bei hohen Substratkonzentrationen wird bei Anwesenheit des Hemmstoffes keine Maximalgeschwindigkeit erreicht.
b) Für die Ermittlung der Graphen, die in Abb. 7 dargestellt sind, wurden zwei unterschiedliche Hemmstoffe eingesetzt. Beide Hemmstoffe lagen in gleichen Konzentrationen vor. Ordnen Sie den Graphen a und b in Abb. 7 den allosterischen und kompetitiven Hemmtyp begründet zu.

3 Die Wirkung von Silbernitrat auf das Enzym Urease. Das Enzym Urease spaltet Harnstoff (H_2N-CO-NH_2). Dabei entstehen unter anderem Ammonium- und Carbonat-Ionen. Bei einem Experiment wird die elektrische Leitfähigkeit einer Harnstofflösung kontinuierlich gemessen (Abb. 8). Zum Zeitpunkt 1 wird eine Spatelspitze Urease zugegeben. Zum Zeitpunkt 2 werden einige Tropfen Silbernitratlösung zugetropft.
a) Beschreiben und deuten Sie das Versuchsergebnis.
b) Skizzieren Sie das Aussehen des Graphen, wenn zum Zeitpunkt 1 Silbernitrat und zum Zeitpunkt 2 Urease zugegeben worden wäre.

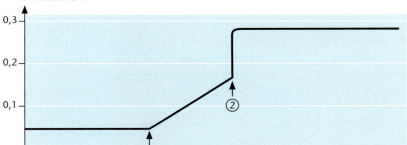

8 *Leitfähigkeitskurve der Harnstofflösung*

→ 5.9 Regulation energieliefernder Stoffwechselwege

4.4 Enzyme: Modelle, Hypothesen, Experimente

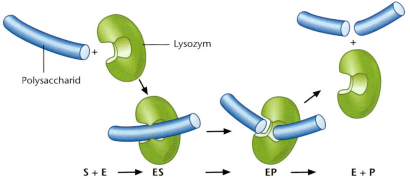
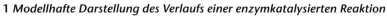

1 *Modellhafte Darstellung des Verlaufs einer enzymkatalysierten Reaktion*

2 *Kalottenmodell des Enzym-Substrat-Komplexes aus Lysozym und Polysaccharid*

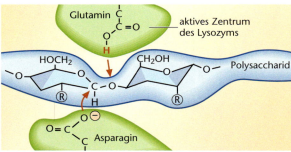

Im Enzym-Substrat-Komplex wird das Substrat in eine Position gebracht, in der die Aminosäuren Glutamin und Asparagin die glykosidische Bindung im Polysaccharid lösen können.

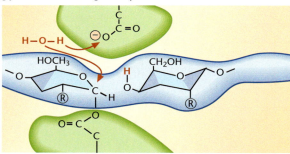

Die Spaltung der Bindung ist erfolgt. Vorübergehend besteht eine Atombindung zwischen einem der Zuckerbausteine und der Asparaginsäure des Lysozyms. H_2O wird angelagert.

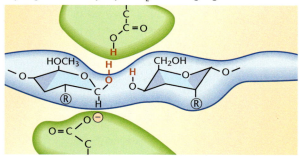

Unter Wassereinlagerung werden die Produkte der Reaktion freigesetzt.

3 *Hydrolytische Spaltung einer Zucker-Zucker-Bindung durch Lysozym*

Viele Zusammenhänge, die von Naturwissenschaftlern untersucht werden, erweisen sich als komplex. Um wichtige Aspekte zu verstehen oder diese anschaulich zu erklären, entwerfen Forscher **Modelle.** Modelle sind vereinfachte Darstellungen der Realität. Sie sollen die Realität nicht vollständig abbilden. Bei der Entwicklung eines Modells werden bewusst nur die für die jeweilige Fragestellung relevanten Aspekte der Realität berücksichtigt. Die Reduktion auf die wesentlichen Aspekte führt zu anschaulichen und zweckmäßigen Modellen.

Das Enzym Lysozym spaltet Polysaccharide, die in den Zellwänden von Bakterien vorkommen. Der grundsätzliche Verlauf der Reaktion kann mit einem einfachen Modell veranschaulicht werden (Abb. 1). Modelle müssen die naturwissenschaftlichen Fragestellungen, für die sie entwickelt wurden, exakt und widerspruchsfrei erklären. Das leistet dieses einfache Modell. Soll jedoch das Schlüssel-Schloss-Prinzip räumlich dargestellt werden, ist zum Beispiel ein Kalottenmodell geeignet. Es wird erkennbar, dass das Substrat eine ganz bestimmte Position einnimmt (Abb. 2). Soll die Bedeutung dieser Substratposition für den Reaktionsverlauf exakt erklärt werden, muss die Modelldarstellung Strukturformelausschnitte des Substrates und des aktiven Zentrums des Enzyms enthalten (Abb. 3).

Derartige Modelle erzeugt man heute mit Hilfe von Computern. Die detaillierte Kenntnis der Struktur des aktiven Zentrums des Lysozyms ermöglicht es, zum Beispiel gezielt potenzielle Hemmstoffe auszuwählen und anschließend experimentell zu testen. Auch dies ist ein typischer Nutzen der Arbeit mit Modellen. Sie erlauben die Formulierung von **Hypothesen,** die anschließend im **Experiment** überprüft werden können.

Die Enzymaktivität wird häufig untersucht, indem die Geschwindigkeit getestet wird, mit der ein Enzym Substrate unter verschiedenen Bedingungen umsetzt. Man versucht, den Verlauf der Reaktion möglichst mathematisch mit Gleichungssystemen zu beschreiben. Diese Gleichungssysteme sind mathematische Modelle, die den zeitlichen Verlauf der Reaktion abbilden. Die Forscher MICHAELIS und MENTEN konnten experimentell ermitteln, dass verschiedene Substrate unterschiedliche Affinitäten (Bindungsbestreben) zum Enzym haben. Ist die Affinität groß, dann reichen geringe Substratkonzentrationen, um die halbe Maximalgeschwindigkeit zu erreichen. Aus dieser Beziehung leiteten sie die **Michaeliskonstante (K_M-Wert)** ab. Ist die Michaeliskonstante niedrig, so ist die Affinität des Substrates zum Enzym hoch. Daraus folgerten sie, dass die Bildung des Enzym-Substrat-Komplexes der langsamste und damit geschwindigkeitsbestimmende Schritt ist. Daraus ergibt sich eine mathematische Beschreibung der Abhängigkeit der Reaktionsgeschwindigkeit von der Substratkonzentration in Form einer Gleichung:

$$v = \frac{v_{max} \cdot [S]}{K_M + [S]}$$

v = Reaktionsgeschwindigkeit
v_{max} = Maximalgeschwindigjkeit
[S] = Substratkonzentration
K_M = Michaeliskonstante = Substratkonzentration, bei der die halbmaximale Reaktionsgeschwindigkeit erreicht wird.

In der Abb. 4 beruhen die eingezeichneten Geschwindigkeiten 1–8 auf den tatsächlich erhaltenen experimentellen Daten. Aufgrund dieser Daten wurde das mathematische Modell oben stehender Gleichung ermittelt. Der erhaltene Graph wird aufgrund dieser Gleichung gezeichnet. Die Abb. 4 zeigt, dass die experimentell erhaltenen Daten gut mit dem durch die Gleichung ermittelten Graphen übereinstimmen. Offensichtlich beschreibt das mathematische Modell die Abhängigkeit der Reaktionsgeschwindigkeit von der Substratkonzentation zutreffend. Das ist ein starkes Indiz dafür, dass die Annahmen von MICHAELIS und MENTEN mit der Realität übereinstimmen.

Einfacher sind proportionale Zusammenhänge durch eine Übertragung in eine lineare Beziehung zu untersuchen. In diesem Fall kann eine Linearisierung der Funktion erreicht werden, indem die Daten doppeltreziprok aufgetragen werden (Abb. 5). Das heißt, dass von beiden Seiten der Michaelis-Menten-Gleichung die Kehrwerte gebildet werden. Dann erhält man:

$$1/v = \left(\frac{K_M}{v_{max}}\right)\left(\frac{1}{[S]}\right) + 1/v_{max}$$

Trägt man 1/v gegen 1/[S] ab, erhält man eine lineare Beziehung (Abb. 5). Dieses Diagramm nennt man Lineweaver-Burk-Diagramm.

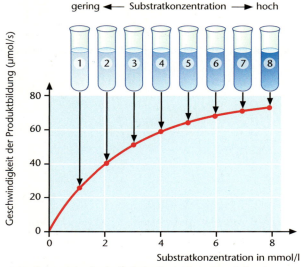

4 *Reaktionsgeschwindigkeit einer Enzymreaktion in Abhängigkeit von der Substratkonzentration*

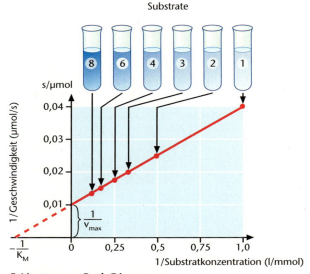

5 *Lineweaver-Burk-Diagramm*

4.5 Biologische Arbeitstechnik: ELISA und Enzymatik in der Medizin

Verlauf der Virusinfektion durch das HI-Virus:

① Andocken des Virus an der Zelloberfläche
② Injektion der Virus-RNA
③ Umschreiben der Virus-RNA in eine DNA durch das Enzym **Reverse Transkriptase**
④ Integration der Virus-DNA in die Zell-DNA durch das Enzym **Integrase**
⑤ Synthese von Virusbestandteilen durch die Wirtszelle
⑥ Bestimmte **Proteasen** spalten die in der Wirtszelle hergestellten Polypeptide in Bruchstücke, die zur Verpackung in neue Viren gebraucht werden.
⑦ Die vollständigen Viren werden ausgeschleust und befallen neue Wirtszellen.

1 *Die Vermehrung des HI-Virus kann an verschiedenen Stellen durch Hemmstoffe (grün) unterbunden werden*

Enzyme werden in der Labormedizin zum Beispiel bei der Bestimmung des **Blutzuckerwertes** eingesetzt. Blutzuckerteststäbchen enthalten das Enzym Glucoseoxidase, das Glucose zu Gluconsäurelacton oxidiert. Dabei entsteht Wasserstoffperoxid. Mit Hilfe von Wasserstoffperoxid wandelt ein zweites Enzym, eine Peroxidase, eine farblose Vorstufe eines Stoffes in einen Farbstoff um (Abb. 2). Anhand der auftretenden Verfärbung kann der Blutzuckerwert sofort angegeben werden. Das Enzym Glucoseoxidase ist substratspezifisch. Deshalb stören andere Substanzen im Blut die Messung nicht.

Enzyme werden in der Medizin häufig eingesetzt, um die **Antigen-Antikörper-Bindung** sichtbar zu machen. Sehr verbreitet ist der ELISA-Test, zum Beispiel zum Nachweis von Virusinfektionen (Abb. 3).

Auch bei der Diagnostik spielen Enzyme eine wichtige Rolle. Das Auftreten von bestimmten Enzymen im Blut kann ein Hinweis auf Krankheiten sein. Bei einem Herzinfarkt gehen Herzmuskelzellen zugrunde. Dabei wird das Enzym Creatininkinase in die Blutbahn freigesetzt. Der Nachweis eines erhöhten Creatininkinasespiegels im Blut bestätigt den Infarkt. In der Regel kann man die Enzyme nicht direkt nachweisen. Stattdessen setzt man den Proben geeignete Substrate für die zu überprüfenden Enzyme zu und misst entweder die gebildeten Produkte oder man bestimmt die fehlende Substratmenge. Dabei spielt für die Diagnose häufig auch die Geschwindigkeit der enzymkatalysierten Reaktionen eine Rolle.

Es ist auch möglich, durch Einsatz spezifischer Hemmstoffe die Aktivität von Enzymen zu beeinflussen. Besondere Bedeutung haben derartige Hemmstoffe bei der Behandlung von Virusinfektionen oder bei Chemotherapien. Der Verlauf von HIV-Infektionen lässt sich heute durch Hemmung der an der Virusvermehrung beteiligten Enzyme verlangsamen (Abb. 1).

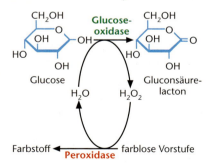

2 *Glucoseoxidasetest – Glucose durch indirekte Farbreaktion sichtbar gemacht*

→ 4.1 Enzyme als Biokatalysatoren   → 4.4 Enzyme: Modelle, Hypothesen, Experimente

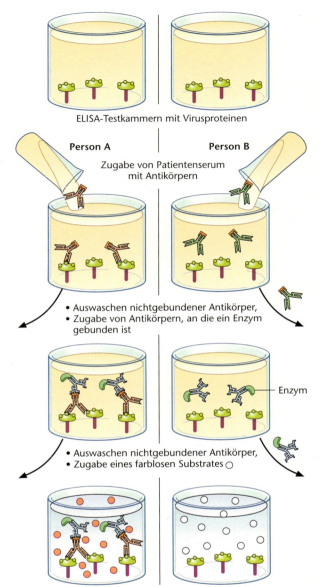

3 ELISA-Test zum Nachweis von Virusinfektionen

Hypothese:
Acarbose beeinflusst die Stärkespaltung im Körper.

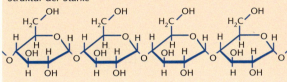

Strukturformeln von Acarbose und Stärke

Durchführung:
Etwas Acarbose wird in Wasser gelöst. Dann werden sechs Reagenzgläser mit je 0,1 %iger Stärkelösung befüllt. Weiterhin werden folgende Reagenzien zugegeben: 1: nichts, 2: Mundspeichel ohne Acarbose, 3 bis 6 erhalten neben Mundspeichel zusätzlich ansteigende Mengen an Acarbose. Alle Ansätze stellt man für 10 Minuten in ein 35 °C warmes Wasserbad. Dann gibt man einige Tropfen Iodkaliumiodidlösung zu.

Versuchsergebnis:
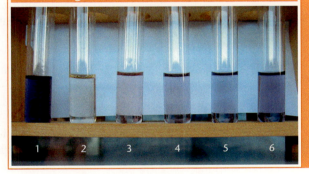

4 *Experiment zur Wirkweise von Acarbose*

1 ELISA-Test zum Nachweis einer Virusinfektion.
a) Beschreiben Sie das Prinzip des ELISA-Tests in Abb. 3 und analysieren Sie, ob bei den getesteten Personen eine Virusinfektion vorliegt.
b) Beurteilen Sie, ob der ELISA-Test ganz spezifisch die Infektion mit einem bestimmten Virus nachweist oder ob allgemein überprüft wird, ob eine Virusinfektion vorliegt.
c) ELISA steht für Enzyme-Linked-Immuno-Sorbent-Assay. Erläutern Sie die Namensgebung für das Testverfahren.

2 Acarbose – ein Medikament für Diabetiker?
a) Formulieren Sie die dem in Abb. 4 beschriebenen Experiment zugrunde liegende Fragestellung und begründen Sie den Versuchsansatz.
b) Beschreiben Sie das Versuchsergebnis und überprüfen Sie die Hypothese.
c) Leiten Sie aus dem Versuchsergebnis die Wirkungsweise von Acarbose ab.
d) Bewerten Sie die Einsatzmöglichkeiten von Acarbose bei Diabetikern.

→ 15.1 Das Erkennen und die Abwehr von Antigenen → 15.3 Das HI-Virus und Aids

4.6 Weiße Biotechnologie

1 *Weiße Biotechnologie – Mikroorganismen aus dem Labor in Produktion und Anwendung*

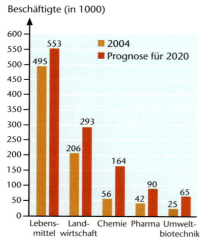

2 *Beschäftigte in der Biotechnologie in Deutschland – eine Prognose*

– „Ersatz endlicher fossiler Brennstoffe durch nachwachsende Ausgangsstoffe, also Biomasse."
– „Ersatz konventioneller, nicht auf biologischen Prozessen beruhender Methoden der industriellen Produktion durch solche, denen biologische Systeme zugrunde liegen."

3 *Schwerpunkte biotechnologischer Anwendungen nach OECD*

In vielen Bereichen der Produktion werden heute bereits erfolgreich Organismen, Zellen oder Zellbestandteile, vor allem Enzyme, eingesetzt (Abb. 1). Die Biotechnologie ist eines der am stärksten wachsenden und zukünftig bedeutsamsten Wissenschaftsfelder (Abb. 2). Unter **Weißer Biotechnologie** versteht man den Einsatz biotechnologischer Methoden in der industriellen Produktion. Biotechnologische Verfahren optimieren die Produktausbeute, verringern den Energiebedarf, vermindern Umweltbelastungen und senken Kosten. Zellen und Enzyme werden häufig mit gentechnischen Methoden für ihren Einsatz optimiert. Bei der **Roten Biotechnologie** geht es um medizinische Anwendungen von der Diagnostik bis zur Therapie, in erster Linie um die Entwicklung neuer Medikamente. **Grüne Biotechnologie** beinhaltet die gentechnische Veränderung von Pflanzen zur Steigerung von Erträgen.

Eine bedeutsame Anwendung der Weißen Biotechnologie ist die Waschmitteltechnologie. Fast alle modernen Waschmittel enthalten heute spezielle Enzyme, die Verschmutzungen bereits bei niedrigen Temperaturen effektiv entfernen. Durch niedrigere Waschtemperaturen konnte der Energiebedarf pro Maschinenwäsche seit 1970 halbiert werden. Dadurch wurden die Kohlendioxidemissionen in Deutschland um 1,5 Millionen Tonnen jährlich reduziert. Dieser Effekt wird aber dadurch wieder weitgehend aufgehoben, dass heute häufiger gewaschen wird. Die Industrie erforscht bereits Proteasen, die schon bei 20 °C aktiv sind. Dadurch könnten in naher Zukunft sogar die Heizstäbe der Waschmaschinen überflüssig werden. Dank des Einsatzes von Enzymen kann die Waschlauge weniger alkalisch sein. Auch das schont Fasern und Umwelt. Seit einigen Jahren gibt es jedoch Hinweise darauf, dass die biologische Aktivität der Waschmittel auch unerwünschte Nebenwirkungen haben kann. An der zunehmenden Zahl von Hauterkrankungen könnten enzymhaltige Waschmittel beteiligt sein.

→ 4.1 Enzyme als Biokatalysatoren   → 5.13 Rote Gentechnik: Herstellung von Insulin

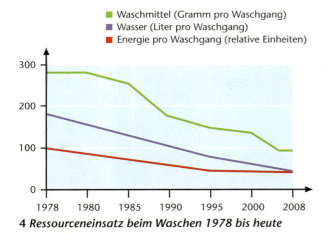

4 Ressourceneinsatz beim Waschen 1978 bis heute

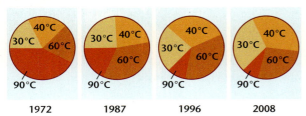

5 Durchschnittliche Temperaturverteilung bei der Maschinenwäsche 1972 bis heute

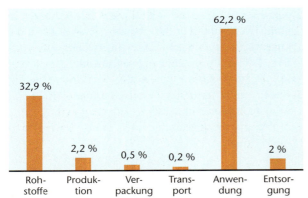

6 Rohstoff- und Energieaufwand bei der Herstellung und Anwendung eines Waschmittels

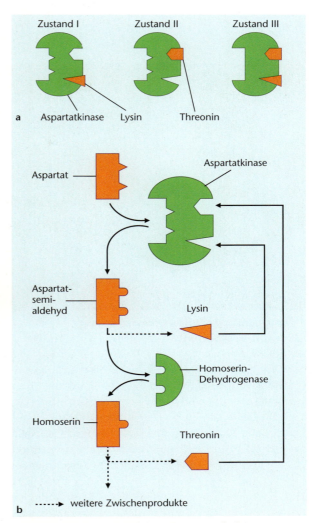

7 a) Veränderung des aktiven Zentrums bei Aspartatkinase durch Anlagerung von Lysin und Threonin, **b)** Lysinbildung bei Corynebakterien (Wildstamm)

1 Nachhaltigkeit beim Waschen.

a) Erläutern Sie mit Hilfe des Textes sowie Abb. 4 und 5 Innovationen im Waschmaschinen- und Waschmittelbereich der letzten 40 Jahre und deren Auswirkungen.

b) Formulieren Sie unter Berücksichtigung der Abb. 4–6 mögliche Ziele für zukünftige Forschungsprojekte zur Verbesserung der Nachhaltigkeit beim Waschen. Erstellen Sie eine begründete Prioritätenliste für Ihre Vorhaben. Stellen Sie sich dazu vor, Sie hätten eine Million Euro, um die Forschungsprojekte zu fördern. Welchen Anteil bekämen die einzelnen Projekte?

2 Biotechnische Herstellung von Lysin.

Lysin ist eine für Säugetiere essenzielle Aminosäure, die in großen Mengen als Futtermittelzusatz in der Tiermast benötigt wird. Früher wurde Lysin chemisch hergestellt. Dieses Verfahren war jedoch sehr aufwändig. Heute nutzt man Mikroorganismen für die Lysinproduktion. Bei der biotechnischen Produktion werden Mutanten eines Wildstammes von Corynebakterien eingesetzt. Bei der Mutante A ist das Enzym Homoserin-Dehydrogenase inaktiv, bei der Mutante B ist die Bindungsstelle des Lysins an dem Enzym Aspartatkinase defekt. Erläutern Sie anhand der Abb. 7 die Konsequenzen der Mutationen und beurteilen Sie, inwiefern der Wildstamm und/oder die Mutanten A/B für die biotechnologische Herstellung von Lysin geeignet sind.

→ 11.8 Grüne Gentechnik – Bewertung

5.1 Bereitstellung von Energie aus Glucose

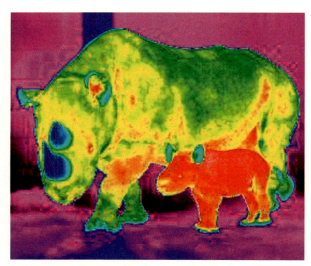

1 *Thermografie eines Nashornes mit Jungtier, Temperaturverringerung von rot → orange → gelb → grün → blau*

Organismen benötigen zur Aufrechterhaltung ihrer Körpertemperatur und aller Lebensvorgänge Energie, z. B. für die Neubildung von Körperzellen, für Bewegungen und für die Funktion der Nervenzellen. Auch bei völliger Ruhe benötigen Lebewesen ständig Energie, um ihre Lebensfunktionen aufrecht zu erhalten.

Der Energiebedarf eines ruhenden Organismus zur Aufrechterhaltung der Lebensvorgänge wird als **Grundumsatz** bezeichnet. Wird z. B. durch Bewegung dieser Energiebedarf erhöht, spricht man vom **Arbeitsumsatz** eines Organismus. Bei allen Energieumwandlungen entsteht im Körper Wärme, wovon ein Teil an die Umgebung abgegeben wird. Das neugeborene Nashorn ist noch schlecht vor Wärmeabgabe geschützt, da die isolierende Fettschicht noch dünn ist (Abb. 1).

Brennstoffe wie Holz oder Erdöl enthalten gespeicherte Energie, die bei ihrer Verbrennung in Form von Licht und Wärme freigesetzt wird. Lebende Organismen benötigen energiehaltige Betriebsstoffe. Pflanzen können sie selbst herstellen, Tiere nehmen sie mit der Nahrung auf. Wichtigster Betriebsstoff der Lebewesen ist **Glucose.**

Glucose verbrennt mit dem Luftsauerstoff zu Kohlenstoffdioxid und Wasser:
$C_6H_{12}O_6 + 6O_2 \rightarrow 6CO_2 + 6H_2O \mid \Delta G = -2880$ kJ/mol

Mit Hilfe eines Kalorimeters kann die Energiemenge, die bei der vollständigen Verbrennung von Glucose freigesetzt wird, exakt ermittelt werden (Abb. 2). Die bei der Verbrennung frei werdende Wärmemenge erwärmt das Wasser im Kalorimeter, wobei eine Temperaturerhöhung um 1 °C pro Liter Wasser einer Energiefreisetzung von 4,19 kJ entspricht.

Formal läuft die im Kalorimeter Energie freisetzende (exergonische) Reaktion auch in den Körperzellen ab, jedoch erfolgt sie hier nicht als direkte Verbrennung, sondern als vielstufiger, durch Enzyme gesteuerter Prozess. Dieser Stoffwechselprozess wird als **Zellatmung** bezeichnet. Dabei wird die Energie, die bei der direkten Verbrennung von Glucose auf einmal frei wird, nacheinander in vielen kleinen Schritten frei. Bei der Zellatmung wird ein Teil der Energie in Wärme umgewandelt und ein anderer Teil in Übertragermolekülen gespeichert (Abb. 3).

Stoffwechselwege wie die Zellatmung werden von mehreren Merkmalen bestimmt:
- Komplexe chemische Reaktionen finden immer in einer Reihe von getrennten Teilreaktionen statt, die zusammen einen Stoffwechselweg bilden.
- Jede Teilreaktion wird durch ein Enzym katalysiert.
- Bei Eukaryoten sind die Stoffwechselwege in der Regel kompartimentiert, d. h. bestimmten Reaktionsräumen zugeordnet.
- Stoffwechselwege laufen bei allen Lebewesen prinzipiell ähnlich ab.

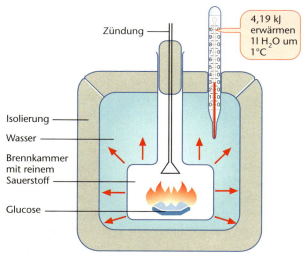

2 *Funktionsweise eines Kalorimeters*

→ 5.4 Die Glykolyse findet im Cytoplasma statt   → 5.8 Gärungen: Glucoseabbau unter Sauerstoffmangel

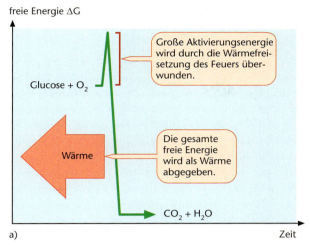 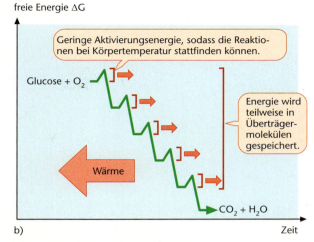

3 *Energiediagramme des Glucoseabbaus, a) Verbrennung im Kalorimeter, b) Oxidation in den Zellen*

1 **Vergleich zwischen Verbrennung von Glucose im Kalorimeter und Zellatmung.** Vergleichen Sie das Energiediagramm der direkten Verbrennung von Glucose im Kalorimeter mit dem Energiediagramm des stufenweise ablaufenden Abbaus bei der Zellatmung (Abb. 3).

2 **Experiment: Qualitative Analyse von Glucose.** Fragestellung: Welche Reaktionsprodukte entstehen bei der Verbrennung von Glucose? Entwickeln Sie einen Versuchsaufbau zum Nachweis der Produkte bei der Verbrennung von Glucose. Folgende Materialien stehen zur Verfügung: Glastrichter, Abdampfschale, U-Rohr, Waschflasche, Wasserstrahlpumpe, Schlauchstücke, Kalkwasser, weißes Kupfersulfat. Der Glucose muss zur Verbrennung etwas Asche als Katalysator zugesetzt werden. Führen Sie das Experiment nach Rücksprache mit Ihrer Lehrerin oder Ihrem Lehrer durch.

3 **Experiment: Bestimmung der frei werdenden Wärmeenergie bei der Keimung.** Fragestellung: Wie groß ist die bei der Keimung von Samen frei werdende Wärmeenergie? Entwickeln Sie ein Experiment zur Ermittlung der bei der Keimung von Bohnensamen frei werdenden Wärme. Führen Sie das Experiment durch und fertigen Sie ein Versuchsprotokoll an.

4 **Nachweis der Atmung bei Pflanzen.** Beschreiben Sie das historische Experiment zum Nachweis der Reaktionsprodukte bei der Atmung von Pflanzen in Abb. 4. Begründen Sie die Versuchsanordnung.

5 **Energiefluss im System Pflanze.** Fassen Sie die Kernaussagen des in Abb. 5 dargestellten Schemas zusammen.

4 *Versuchsaufbau des historischen Experiments von 1851 zum Nachweis der Atmung bei Pflanzen*

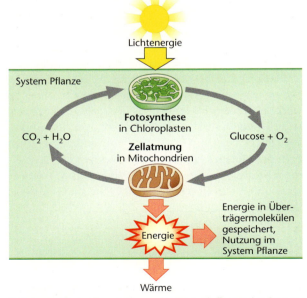

5 *Schematische Darstellung des Energieflusses im System Pflanze*

5.2 Energiestoffwechsel und Mitochondrien

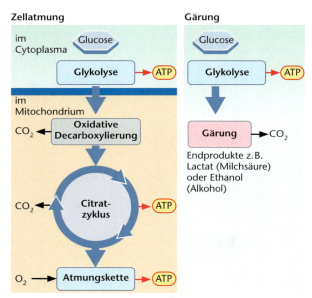

1 *Zellatmung und Gärung im Überblick*

Mitochondrien besitzen eine Doppelmembran. Über Tunnelproteine können auch größere organische Moleküle die äußere Membran passieren und fast ungehindert in den Raum zwischen beiden Membranen, den Intermembranraum, gelangen. Die innere Mitochondrienmembran weist zahlreiche Einstülpungen auf, die nach innen gerichtet sind. Daher ist ihre Oberfläche im Vergleich zur äußeren Membran stark vergrößert. Die innere Membran selektiert, welche Substanzen in das Innere des Mitochondriums gelangen können oder auch wieder hinaus. In dem von der inneren Membran eingeschlossenen Raum, der Mitochondrienmatrix, befinden sich die Mitochondrien-DNA und Ribosomen, die einige der wichtigen Enzyme für die Zellatmung synthetisieren können. In der Mitochondrienmatrix findet also auch Proteinbiosynthese statt.

Heterotrophe Organismen gewinnen ihre Energie aus organischen Stoffen. Stoffwechselwege, die energiereiche Moleküle, wie Kohlenhydrate, aber auch Fette und Eiweiße zu niedermolekularen Stoffen mit geringem Energiegehalt umwandeln, heißen **katabole Stoffwechselwege**. Bei den katabolen Stoffwechselwegen unterscheidet man **Gärungen,** die unter sauerstofffreien (anaeroben) Bedingungen mit einer unvollständigen Oxidation ablaufen und die wesentlich energieeffizientere **Zellatmung.** Hierbei wird die Glucose in Anwesenheit von Sauerstoff, also unter aeroben Bedingungen, in einer vollständigen Oxidation abgebaut. Die Zellatmung gliedert sich in vier Teilprozesse, die im Cytoplasma und den Mitochondrien der Zelle ablaufen (Abb. 1). Dabei wird die in den Nährstoffen gespeicherte Energie zum Aufbau von ATP (Adenosintriphosphat) verwendet. Die zur ATP-Bildung notwendigen Enzyme befinden sich bei Eukaryoten überwiegend in den Mitochondrien, den Orten der ATP-Bildung. ATP ist das wichtigste Überträgermolekül für chemische Energie in der Zelle.

Die **Mitochondrien** sind Zellorganellen mit einer Länge von 2-8 µm sowie einem Durchmesser von etwa 1,5 µm und entsprechen damit der Größe von Bakterien (Abb. 2). Körperzellen, die am meisten Energie in Form von ATP benötigen, wie z. B. Muskelzellen, besitzen auch die meisten Mitochondrien pro Volumeneinheit.

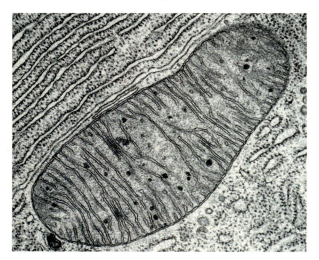

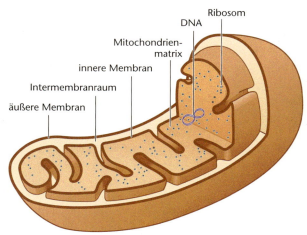

2 *Bau von Mitochondrien*

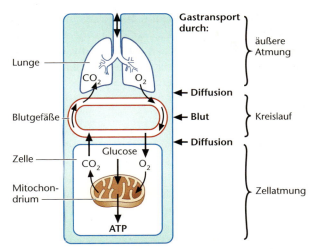

3 Stoffwechselprozesse bei der äußeren Atmung und der Zellatmung am Beispiel eines Wirbeltiers

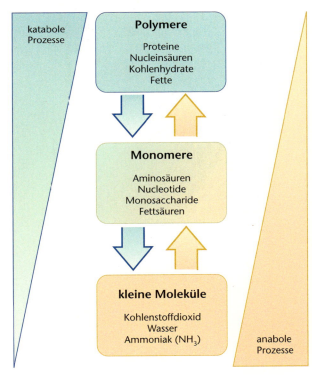

4 Katabole (abbauende) und anabole (aufbauende) Stoffwechselprozesse

1 **Stoffwechselprozess: Atmung.** Beschreiben Sie die Transport- und Reaktionswege der bei der Atmung beteiligten Stoffe anhand der Abb. 3.

2 **Katabole und anabole Stoffwechselprozesse.** Erläutern Sie mit Hilfe der Abb. 4 sowie den Textinformationen die Begriffe katabole und anabole Stoffwechselprozesse, gehen Sie dabei auch auf den Energiegehalt der Stoffe ein.

3 **Vergleich von Plasmazellen und braunen Fettzellen.**
a) Vergleichen Sie die Zellen in Abb. 5 und 6. Benennen Sie die bezifferten Zellbestandteile.
b) Begründen Sie die unterschiedliche Anzahl der Mitochondrien mit einem „Struktur-Funktions"-Zusammenhang.

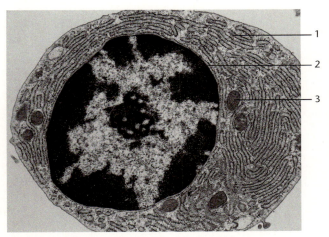

5 Plasmazelle: Plasmazellen sind Bestandteile des Immunsystems. Sie produzieren Antikörper und geben diese ins Blut ab.

6 Ausschnitt aus brauner Fettzelle: Braune Fettzellen haben eine wichtige Funktion bei der Wärmefreisetzung. Man findet sie beim Menschen z. B. zwischen den Schulterblättern.

→ 16.4 Biologische Aspekte des Alterns   → 17.4 Die Endosymbiontentheorie

5.3 Grundprinzipien von Stoffwechselwegen

Beispiel: Wird ein Eisennagel in eine Kupfersulfat-Lösung gegeben, so überzieht er sich mit Kupfer.

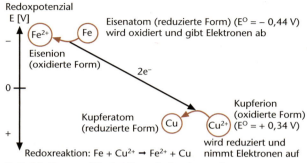

1 Oxidation und Reduktion sind gekoppelt

Eine chemische Reaktion ist durch die beiden Merkmale Stoffumsatz und Energieumsatz gekennzeichnet. Ein Weg zur Übertragung chemischer Energie ist die Übertragung von Elektronen. Ein Elektronentransfer von einem Stoff auf einen anderen ist immer eine **Redoxreaktion,** bei der **Oxidation** (Elektronenabgabe) und **Reduktion** (Elektronenaufnahme) miteinander gekoppelt sind (Abb. 1). In biologischen Systemen geschieht der Elektronentransfer häufig durch die Übertragung von Wasserstoffatomen. Da dies immer an die Übertragung von Elektronen gekoppelt ist, kann man folgende Faustregel aufstellen: Die Abgabe von Wasserstoffatomen ist eine **Oxidation** ($H \rightarrow H^+ + e^-$), die Aufnahme von Wasserstoffatomen ($H^+ + e^- \rightarrow H$) ist eine **Reduktion.**

Als Maß für die Leichtigkeit der Elektronenabgabe bzw. der Elektronenaufnahme dient das **Redoxpotenzial.** Je negativer das Redoxpotenzial ist, desto größer ist das Bestreben eines Stoffes zur Elektronenabgabe. Beim aeroben Abbau von Glucose nimmt Sauerstoff z. B. Elektronen auf und Glucose gibt diese ab.

Eine Schlüsselrolle bei der Energie- und Wasserstoffübertragung in Redoxreaktionen spielt das **Coenzym NAD** (Nicotinamid-Adenin-Dinucleotid). Dieses kann in oxidierter Form (NAD^+) und in reduzierter Form ($NADH + H^+$) vorkommen (Abb. 2). Die Oxidation von $NADH + H^+$ ist mit der Abgabe einer hohen Energiemenge verbunden. Ganz ähnlich wie beim

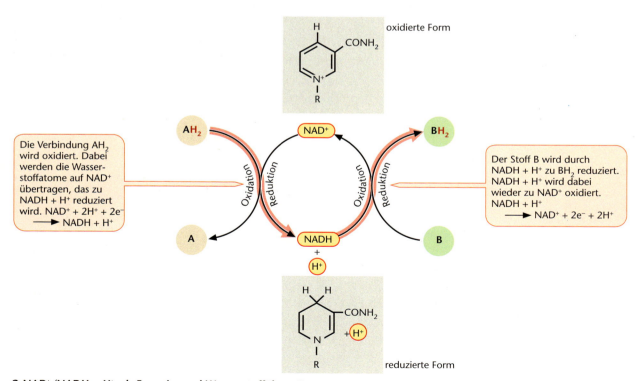

2 NAD^+/$NADH + H^+$ als Energie- und Wasserstoffüberträger

NADH + H⁺ sind die Verhältnisse bei dem im Fotosyntheseprozess beteiligten NADP⁺ (Nicotinamid-Adenin-Dinucleotid-phosphat).

Neben NAD⁺ kann noch ein weiteres Coenzym, das **FAD** (Flavin-Adenin-Dinucleotid) Elektronen und Wasserstoff übertragen. Im Gegensatz zum NAD⁺ liegt dieses jedoch nicht als Ion vor. Durch Aufnahme von zwei Elektronen und zwei Protonen reagiert es zu FADH$_2$. Alle Coenzyme ermöglichen den Ablauf von Redoxreaktionen in der Zelle. Sie werden daher auch als **Reduktionsäquivalente** bezeichnet.

Alle Lebewesen benötigen **ATP** (Adenosin-Tri-Phosphat), um freie Energie zu binden und zu übertragen. ATP wird in allen Zellen aller Lebewesen benötigt. ATP ist damit der wichtigste Überträgerstoff für Energie im Zellstoffwechsel (Abb. 3). Eine Energie freisetzende, exergone Stoffwechselreaktion wird dabei an den Energie benötigenden, endergonen Vorgang gekoppelt, bei dem aus ADP und einem Phosphatrest das ATP entsteht (Abb. 4). Diese Kopplung ist für Stoffwechselprozesse typisch. ATP wird gebildet und speichert dabei chemische Energie:
ADP + P → ATP ($\Delta G = +30{,}5$ kJ/mol).

Energie kann aus dem energiereichen ATP durch Abspaltung eines Phosphatrestes auch wieder freigesetzt werden: ATP → ADP + P ($\Delta G = -30{,}5$ kJ/mol). Diese Reaktion verläuft exergon, Energie wird also freigesetzt (Abb. 4). ATP kann somit als Energiewährung lebender Systeme angesehen werden.

Hydrolysiert man ATP im Reagenzglas, erwärmt die dabei frei werdende Energie das Wasser im Reagenzglas. Die gespeicherte Energie wird als Wärmeenergie entwertet.

ATP wird vor allem in den Mitochondrien gebildet. ATP wird innerhalb einer Zelle vom Ort seiner Bildung zum Ort seines Bedarfs transportiert. An den Orten des Bedarfs gibt das ATP seine gespeicherte Energie durch Spaltung in ADP und einen Phosphatrest wieder frei und ermöglicht so Energie benötigende, endergone Reaktionen. Auf diese Weise werden z. B. Moleküle wie Hormone oder Nucleinsäuren aufgebaut oder Energie benötigende Prozesse ermöglicht, wie:
– Bewegung
– aktiver Transport von Stoffen
– Synthese organischer Substanzen
– Leitung von Aktionspotenzialen bei Nervenzellen.

Eine Muskelzelle verbraucht zum Beispiel bei maximaler Tätigkeit ihren gesamten ATP-Vorrat innerhalb weniger Sekunden. ATP wird ständig aus ADP und P regeneriert. Eine einzelne Zelle ist ungefähr mit einer Milliarde ATP-Molekülen ausgestattet, die pro Tag mehrere tausend Mal hydrolysiert und wieder phosphoryliert werden. In einem Menschen werden täglich etwa 75 kg ATP gebildet und wieder zerlegt.

3 Bau von ATP, ADP und AMP

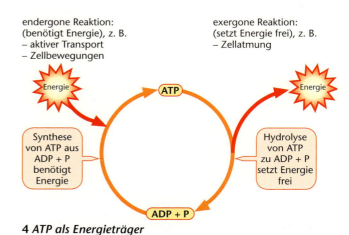

4 ATP als Energieträger

5.4 Die Glykolyse findet im Cytoplasma statt

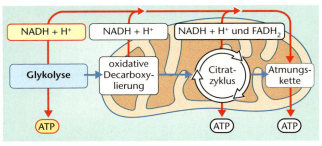

Die Teilschritte der **Glykolyse** (griech. *glykys*, süß; *lysis*, Auflösung) wurden mit Hilfe autoradiographischer Untersuchungen durch radioaktive Markierung der Glucose-Moleküle mit dem Isotop ^{14}C ermittelt. Aus der Tatsache, dass im Cytoplasma, aus dem man zuvor die Mitochondrien entfernt hatte, die Konzentration von Pyruvat nach Zugabe der radioaktiv markierten Glucose immer weiter anstieg, konnte man schließen, dass Pyruvat das Endprodukt der Glykolyse ist. Pyruvat ist das Salz der Brenztraubensäure. Die Glykolyse kann prinzipiell in zwei Abschnitte unterteilt werden. Im ersten Abschnitt, der Energieaufwendungsphase, wird ATP verbraucht. Im zweiten Abschnitt, der Energiefreisetzungsphase, wird ATP gebildet. Für die gesamte Glykolyse ergibt sich folgende Bilanz: Aus einem Molekül Glucose entstehen 2 Moleküle Pyruvat.
Dabei werden
– 2 Moleküle ATP,
– 2 Moleküle NADH + H$^+$,
– 2 Moleküle H$_2$O gebildet.

NAD (Nicotinamid-adenin-dinucleotid) ist ein Coenzym. Es kann Elektronen aufnehmen und wird dann zu NADH+H$^+$. Zu den Coenzymen gehört auch FAD (Flavin-adenin-dinucleotid). Coenzyme sind Elektronenquellen bei vielen Stoffwechselvorgängen.

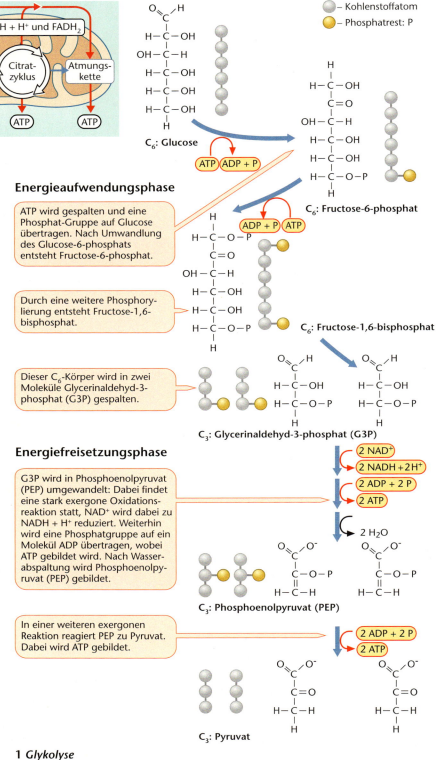

Energieaufwendungsphase

ATP wird gespalten und eine Phosphat-Gruppe auf Glucose übertragen. Nach Umwandlung des Glucose-6-phosphats entsteht Fructose-6-phosphat.

Durch eine weitere Phosphorylierung entsteht Fructose-1,6-bisphosphat.

Dieser C$_6$-Körper wird in zwei Moleküle Glycerinaldehyd-3-phosphat (G3P) gespalten.

Energiefreisetzungsphase

G3P wird in Phosphoenolpyruvat (PEP) umgewandelt: Dabei findet eine stark exergone Oxidationsreaktion statt, NAD$^+$ wird dabei zu NADH + H$^+$ reduziert. Weiterhin wird eine Phosphatgruppe auf ein Molekül ADP übertragen, wobei ATP gebildet wird. Nach Wasserabspaltung wird Phosphoenolpyruvat (PEP) gebildet.

In einer weiteren exergonen Reaktion reagiert PEP zu Pyruvat. Dabei wird ATP gebildet.

1 *Glykolyse*

→ 4.1 Enzyme als Biokatalysatoren   → 5.1 Bereitstellung von Energie aus Glucose

Änderung der freien Energie ΔG (kJ/mol)

2 Energiestufen-Diagramm der Glykolyse

1 Gesamtbilanz der Glykolyse. Stellen Sie die Gesamtbilanz der Glykolyse in Form einer Reaktionsgleichung dar.

2 Sind die Aussagen korrekt? Überprüfen Sie die folgenden Aussagen auf Korrektheit. Begründen Sie Ihre Entscheidung ausführlich. Korrigieren Sie die Aussagen in den Fällen, die Sie als unzutreffend erachtet haben. Die Glykolyse…
– findet im Mitochondrium statt.
– bildet kein ATP.
– kann sowohl unter aeroben wie unter anaeroben Bedingungen ablaufen.
– oxidiert zwei Moleküle NAD$^+$ pro Molekül Glucose.
– bildet aus einem C_6-Molekül zwei C_3-Moleküle.

3 Energiestufen-Diagramm der Glykolyse. Erläutern Sie das Energiestufen-Diagramm der Glykolyse in Abb. 2 für die Energieaufwendungsphase und die Energiefreisetzungsphase.

4 Experiment zum Nachweis von NADH. Führen Sie das Experiment in Abb. 3 durch. Notieren Sie Ihre Beobachtungen und werten Sie das Experiment im Hinblick auf Fragestellung und Hypothese umfassend aus.

→ 5.8 Gärungen: Glucoseabbau unter Sauerstoffmangel

Fragestellung:
Wie kann man das im Verlauf der Glykolyse entstehende NADH als Reduktionsäquivalent nachweisen?

Hypothese:
Durch Zugabe einer Substanz, die ein größeres Bestreben hat, Elektronen aufzunehmen als NAD$^+$.

Material:
Trockenhefe, Erlenmeyerkolben, Gäraufsatz, Wasserbad, 8 %ige Zuckerlösung (Haushaltszucker), 2,6-Dichlorphenolindophenol (DCPIP) (Xi), Kalkwasser. Informationen zu DCPIP: DCPIP ist ein Redoxindikator. In seiner oxidierten Form weist der Indikator eine blaue Färbung auf, in seiner reduzierten Form ist der Indikator farblos.

Durchführung:
In 100 ml Zuckerlösung löst man in einem Erlenmeyerkolben 1,4 g Trockenhefe, verschließt diesen mit dem Gäraufsatz, in dem sich etwas Kalkwasser befindet. Die Flüssigkeit wird im Wasserbad erwärmt, bis Gasentwicklung eintritt. Nun gibt man zu dem Ansatz eine kleine Spatelspitze DCPIP hinzu und setzt den Gäraufsatz mit frischem Kalkwasser auf.

3 Experiment zum Nachweis von NADH im Verlauf der Glykolyse

5.5 Pyruvatabbau zu Kohlenstoffdioxid im Mitochondrium

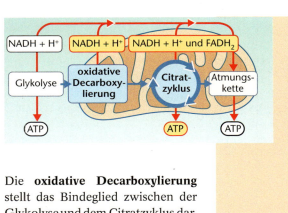

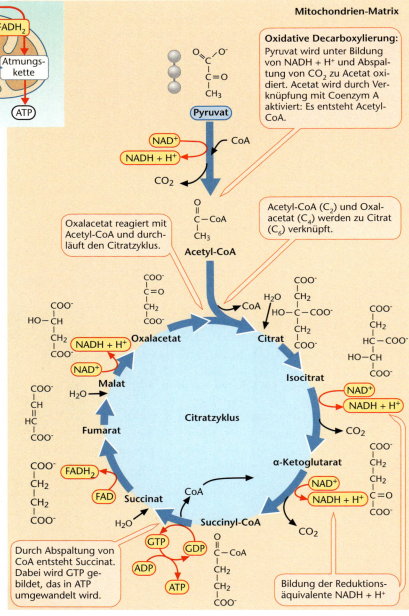

Die **oxidative Decarboxylierung** stellt das Bindeglied zwischen der Glykolyse und dem Citratzyklus dar. Autoradiographische Untersuchungen belegen, dass das entstandene Pyruvat entlang des Konzentrationsgefälles in die Matrix des Mitochondriums diffundiert. Das Pyruvat (C_3) ist der Ausgangsstoff der oxidativen Decarboxylierung. Es wird unter Abspaltung von Kohlenstoffdioxid zu Acetat (C_2) oxidiert. Die dabei freigesetzte Energie wird zum Teil zur Reduktion von NAD^+ zu $NADH + H^+$ verwendet. Ein weiterer Teil der Energie wird für die Verknüpfung von Acetat mit einem Molekül Coenzym A (CoA) zu Acetyl-CoA genutzt (Abb. 1).

Für die oxidative Decarboxylierung ergibt sich folgende Bilanz: Aus einem Molekül Pyruvat entstehen:
- 1 Molekül $NADH + H^+$,
- 1 Molekül Acetyl-Coenzym A,
- 1 Molekül CO_2.

Das entstandene, energiereiche Acetyl-CoA dient der enzymatischen Übertragung der Acetylgruppe auf das Akzeptormolekül Oxalacetat (C_4) des Citratzyklus. Dabei entsteht ein C_6-Körper, das Citrat, das Anion der Citronensäure. Der **Citratzyklus** geht von diesem C_6-Körper aus.

1 *Oxidative Decarboxylierung und Citratzyklus*

Die acht Teilschritte des Citratzyklus finden in der Mitochondrienmatrix statt. Dabei werden sämtliche C-Atome des in die Glykolyse eingetretenen Glucose-Moleküls zu Kohlenstoffdioxid umgewandelt (Abb. 1).

Für den Citratzyklus ergibt sich folgende Bilanz: Aus einem Molekül Acetyl-CoA entstehen:
- 1 Molekül ATP,
- 3 Moleküle $NADH + 3H^+$,
- 1 Molekül $FADH_2$,
- 2 Moleküle CO_2.

1 Zusammenfassung der bisherigen Teilschritte des oxidativen Glucoseabbaus. Fassen Sie die bisherigen Teilschritte des Glucoseabbaus: Glykolyse, oxidative Decarboxylierung und Citratzyklus in einer tabellarischen Übersicht zusammen. Geben Sie für jeden der Teilschritte den Ausgangsstoff, die Produkte sowie die (Netto-)Bilanz an ATP und Reduktionsäquivalenten an.

2 Transformation des Citratzyklus in eine andere Darstellungsform. In Abb. 1 ist der Citratzyklus mit Strukturformeln dargestellt. Vereinfachend kann man von jeder Strukturformel nur noch das Kohlenstoffgerüst, wie bei Pyruvat in Abb. 1, darstellen.
a) Transformieren Sie die biochemischen Umsetzungen der oxidativen Decarboxylierung und des Citratzyklus in die „Nur-Kohlenstoffgerüst-Darstellung". Die Positionen der Bildung von Reduktionsäquivalenten, von ATP sowie der Freisetzung von CO_2 sollen dabei beibehalten werden. Diskutieren Sie Stärken und Schwächen der beiden Darstellungsweisen.
b) Entwerfen und skizzieren Sie eine weitere vereinfachte Darstellung des Citratzyklus.

3 Energiestufendiagramm. Erläutern Sie das Energiestufen-Diagramm der oxidativen Decarboxylierung und des Citratzyklus in Abb. 2.

4 Stellung nehmen: Nehmen Sie begründet Stellung zu folgender Aussage: „Kreisprozesse, wie der Citratzyklus, sind für den Organismus bedeutsam, da durch sie große Mengen an Energie und Material eingespart werden können".

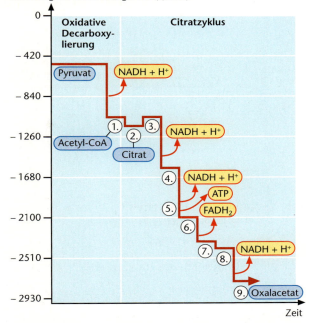

2 Energiestufendiagramm der oxidativen Decarboxylierung und des Citratzyklus

5 Schlüsselstellung des Citratzyklus. Der Citratzyklus nimmt eine zentrale Stellung im Gesamtstoffwechsel ein. Zusätzlich zur Glucose können z. B. auch Fettsäuren oder Aminosäuren abgebaut werden. Viele Zwischenprodukte des Citratzyklus dienen zudem als Ausgangsstoff für vielfältige Biosynthesewege. Beschreiben Sie die zentrale Bedeutung des Citratzyklus für den Gesamtstoffwechsel anhand von Abb. 3.

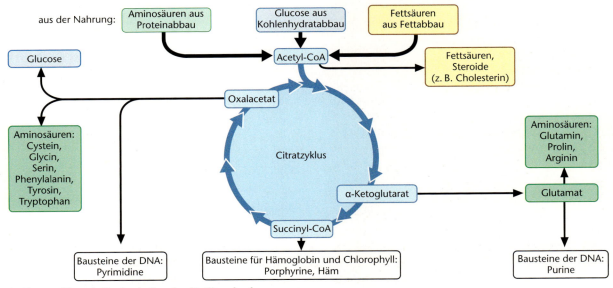

3 Citratzyklus als Drehscheibe des Stoffwechsels

→ 7.11 Die Vielfalt pflanzlicher Naturstoffe beruht auf genetischer Vielfalt   → 10.5 Fließgleichgewichte in offenen Systemen

5.6 Elektronentransport und Energiefreisetzung in der Atmungskette

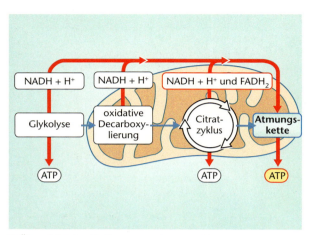

1 *Übersicht der Zellatmung: Atmungskette*

In der Glykolyse, der oxidativen Decarboxylierung und im Citratzyklus wird das Kohlenstoffgerüst der Glucose vollständig abgebaut. Durch die dabei gebildeten Reduktionsäquivalente NADH + H$^+$ und FADH$_2$ stehen viele Wasserstoffatome zur Verfügung, die in einer Abfolge exergoner Reaktionen letztlich mit Sauerstoff zu Wasser reagieren können. Zudem müssen die Reduktionsäquivalente wieder oxidiert werden, denn ohne sie könnten die Redoxreaktionen in der Glykolyse, der oxidativen Decarboxylierung und dem Citratzyklus nicht mehr ablaufen. Die Vorgänge zur Freisetzung von Energie und ihrer Speicherung in Form von ATP finden in der **Atmungskette** statt, die in der inneren Mitochondrienmembran lokalisiert ist. Hier sind die für die ATP-Bildung notwendigen Bedingungen gegeben (Abb. 3):
1. Die innere Mitochondrienmembran enthält vier große Proteinkomplexe, die aus spezifischen Redoxsystemen für den Elektronentransport bestehen. Die Elektronen werden am Ende der Atmungskette auf Sauerstoff-Moleküle übertragen.
2. Es liegen zwei voneinander getrennte Reaktionsräume vor, der Intermembranraum zwischen innerer und äußerer Mitochondrienmembran sowie die Mitochondrienmatrix.

An der Atmungskette sind eine Vielzahl von Redoxsystemen beteiligt (Abb. 3). Diese vielen Teilreaktionen sind notwendig, um die Elektronen auf den Sauerstoff zu übertragen, da die direkte Oxidation von NADH + H$^+$ (NADH + H$^+$ + ½ O$_2$ → NAD$^+$ + H$_2$O) so stark exergon ist, dass sie explosiv ablaufen würde, ganz ähnlich wie die Knallgasreaktion (2 H$_2$ + O$_2$ → 2 H$_2$O). Die stufenweise Übertragung der Elektronen von Redoxsystem zu Redoxsystem macht die Reaktion innerhalb des Mitochondriums kontrollierbar, da immer nur kleine Energiemengen freigesetzt werden (Abb. 4). Der Proteinkomplex I nimmt die Elektronen vom NADH + H$^+$ auf, wobei sein Zentralion reduziert wird: 2 Fe^{3+} + 2 e$^-$ → 2 Fe^{2+}. Die Elektronen werden schnell auf Ubichinon übertragen, da sein Bestreben zur Aufnahme von Elektronen größer ist als das von Komplex I. Die Elektronen werden dann von Proteinkomplex zu Proteinkomplex weitergegeben. Dabei werden die Redoxpaare in den Proteinkomplexen immer energieärmer und besitzen somit immer positivere Redoxpotenziale (Abb. 2). Das positivste Redoxpotenzial besitzt der Sauerstoff. Daher werden am Ende der Atmungskette die Elektronen auf die Sauerstoffatome übertragen: ½ O$_2$ + 2e$^-$ → O^{2-}. Die entstandenen Oxidionen reagieren mit den Protonen, die sich innerhalb der Mitochondrienmatrix befinden, zu Wasser: O^{2-} + 2H$^+$ → H$_2$O.

Aufgrund des Elektronentransports werden in den Proteinkomplexen I, III und IV Protonen aus der Mitochondrienmatrix durch die innere Mitochondrienmembran in den Intermembranraum des Mitochondriums gepumpt (Abb. 3). Die Protonenkonzentration in der Mitochondrienmatrix wird zudem durch die Synthese von Wasser noch zusätzlich verringert. Es kommt zur Entstehung eines Konzentrationsunterschieds an Protonen. Dieser **Konzentrationsgradient** kann bis zu zwei pH-Einheiten betragen. Aufgrund des Ladungsunterschiedes bildet sich zudem an der Membran ein **Ladungsgradient** aus. Konzentrationsgradient und Ladungsgradient stellen gemeinsam eine potenzielle Energiequelle dar, die **protonenmotorische Kraft**, die die Zelle zur ATP-Bildung nutzt.

Oxidierte Form	Reduzierte Form	Redoxpotenzial
NAD$^+$	NADH + H$^+$	– 0,32 V
Proteinkomplex I (Fe^{3+})	Proteinkomplex I (Fe^{2+})	– 0,10 V
Proteinkomplex III (Fe^{3+})	Proteinkomplex III (Fe^{2+})	+ 0,08 V
Proteinkomplex IV (Fe^{4+})	Proteinkomplex IV (Fe^{3+})	+ 0,55 V
½ O$_2$ + 2H$^+$	H$_2$O	+ 0,82 V

2 *Redoxpotenziale einiger an der Atmungskette beteiligter Redoxsysteme*

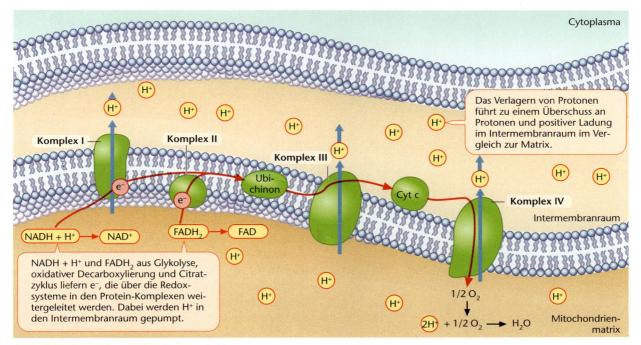

3 *Vereinfachtes Schema der Atmungskette*

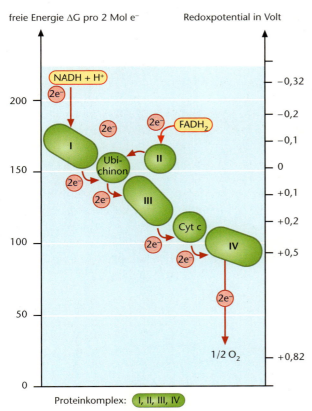

4 *Energetisches Modell der Atmungskette*

Frage:
Wie kann man die Richtung des Elektronenflusses bei Redoxreaktionen vorhersagen?
Hypothese:
Die Elektronen wandern immer zu dem Element mit dem größeren Bestreben, Elektronen aufzunehmen.
Durchführung:
Ein Eisennagel oder eine Zink-Granalie wird in eine Kupfersulfat-Lösung (Xn, N) gegeben. Umgekehrt wird ein Stück Kupfer in eine Eisensulfat (Xn)- bzw. in eine Zinksulfat-Lösung (Xi, N) getaucht.

5 *Modell-Experiment zur Elektronenübertragung*

1 Das energetische Modell der Atmungskette.
Erläutern Sie das in Abb. 4 dargestellte energetische Modell der Atmungskette. Stellen Sie dabei auch die besondere biologische Bedeutung dieser Vorgänge für atmende Lebewesen heraus.

2 Modell-Experiment zur Elektronenübertragung.
a) Werten Sie das Experiment in Abb. 5 aus. Erstellen Sie dabei die Teilgleichungen für die Oxidations- und Reduktionsprozesse sowie die Gesamtgleichung der Redoxreaktionen. Beschreiben und erklären Sie dabei genau den Weg der Elektronen.
b) Vergleichen Sie das Modell-Experiment mit den Vorgängen in der inneren Mitochondrienmembran.

→ 5.10 Übersicht: Glucoseabbau und Energiebereitstellung   → 7.4 Lichtreaktionen: Bereitstellung von chemischer Energie

5.7 Chemiosmose als Mechanismus der ATP-Synthese

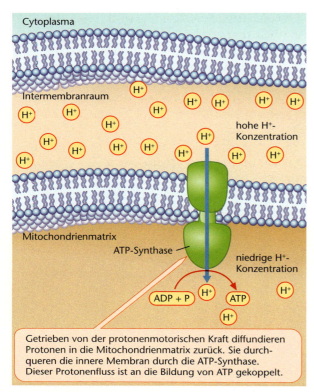

1 *ATP-Bildung durch die ATP-Synthase*

An der inneren Mitochondrienmembran ist durch die Atmungskette aus dem Konzentrationsgradienten der Protonen und dem Ladungsgradienten eine protonenmotorische Kraft entstanden. Die Umwandlung dieser protonenmotorischen Kraft in chemische Energie für die ATP-Synthese kann nur an bestimmten Stellen in der inneren Mitochondrienmembran erfolgen. Dies liegt daran, dass die polaren und daher hydrophilen Protonen nicht einfach durch die hydrophobe Membran diffundieren können, sondern nur durch spezielle Tunnelproteine, die **ATP-Synthasen** (Abb. 1). Die Protonen passieren die Membran durch einen Kanal in der ATP-Synthase. Dieser Energie freisetzende Protonenfluss ermöglicht die ATP-Bildung. Die Redoxreaktionen in der Atmungskette sind also an die ATP-Synthese gekoppelt. Diese Kopplung wird auch als **Chemiosmose** (griech. *osmos*, Schub) bezeichnet. Die ATP-Synthase hat zwei Aufgaben:
– Rückdiffusion der Protonen in die Mitochondrienmatrix
– Nutzung der Energie des Konzentrationsgradienten zur Synthese von ATP aus ADP + P.

Da die ATP-Bildung eine reversible Reaktion ist, muss die Konzentration von ATP im Mitochondrium stets gering gehalten werden, damit nicht die Rückreaktion zu ADP + P einsetzt. Daher wird ATP direkt nach seiner Synthese im Mitochondrium zu den Orten seines Verbrauchs transportiert. Für die gesamte Atmungskette ergibt sich pro Molekül Glucose insgesamt ein Nettogewinn von 34 Molekülen ATP (Abb. 2).

Insgesamt werden im Verlauf der Zellatmung pro Molekül Glucose durchschnittlich 38 Moleküle ATP gebildet. Da pro Mol ATP etwa 30,5 kJ chemische Energie gebunden sind, werden bei der Zellatmung pro Mol Glucose 1159 kJ in Form von ATP gespeichert. Bei der unmittelbaren Oxidation von 1 Mol Glucose durch Verbrennung werden jedoch 2880 kJ freigesetzt. Die Energiedifferenz wird als Wärme abgegeben.

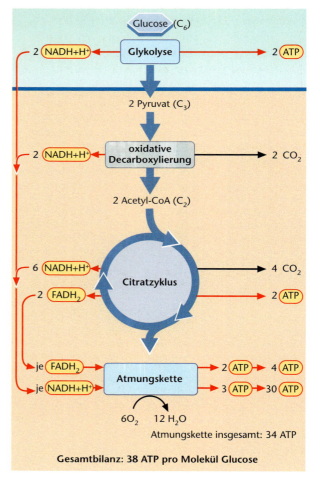

2 *Energiebilanz des Glucoseabbaus*

1 Kompartimentierung der Mitochondrien.
a) Beschreiben Sie die Kompartimentierung von Mitochondrien.
b) Formulieren Sie Hypothesen über die biologische Funktion der Kompartimentierung. Beachten Sie dabei, dass die äußere Membran der Mitochondrien für viele Stoffe durchlässig ist, die innere Membran jedoch kaum durchlässig ist.

2 Gesamtbilanz der Zellatmung. Erstellen Sie die Gesamtbilanz der Zellatmung in Form einer Reaktionsgleichung (Abb. 2).

3 Atmungskette und Knallgasreaktion im Vergleich. Vergleichen Sie die Vorgänge in der Atmungskette mit der Knallgasreaktion.

4 Experiment zur Chemiosmose.
a) Beschreiben Sie die Durchführung des Experiments in Abb. 3 unter Verwendung geeigneter Fachbegriffe.
b) Vergleichen Sie das Experiment mit den Vorgängen an der Mitochondrienmembran bei der Zellatmung.

5 Wirkungsgrad der Zellatmung. Beurteilen Sie den Wirkungsgrad der Zellatmung von etwa 40 % im Hinblick auf die Energiefreisetzung im Vergleich zur direkten Verbrennung von Glucose.

6 Angepasstheit an kalte Temperaturen. Werden bestimmte Tiere, wie z. B. Ratten, längere Zeit niedrigen Temperaturen ausgesetzt, so bildet sich an bestimmten Körperstellen neben dem normalen weißen Fettgewebe ein braun gefärbtes Fettgewebe, dessen Zellen deutlich mehr Mitochondrien enthalten als die Zellen des weißen Fettgewebes. Dort fand man in der inneren Mitochondrienmembran neben der ATP-Synthase noch ein ähnlich aufgebautes Protein, das **Thermogenin**. Bei näherer Untersuchung wurden Erkenntnisse gewonnen, die in Abb. 4 zusammengefasst sind:
a) Beschreiben Sie die Vorgänge an der inneren Mitochondrienmembran anhand von Abb. 4.
b) Deuten Sie folgende Befunde im Hinblick auf die besondere Angepasstheit der Ratten mit braunem Fettgewebe an kalte Temperaturen: Ratten, die längere Zeit bei warmen Temperaturen gehalten wurden, fehlte das braune Fettgewebe. Sie wiesen nur das normale weiße Fettgewebe auf. Sie zeigten bei Absenkung der Außentemperaturen ein deutliches Muskelzittern, das bei den Ratten mit braunem Fettgewebe nicht zu beobachten war, nachdem man auch sie niedrigen Temperaturen ausgesetzt hatte.

Frage:
Kann die Tatsache, dass ein H^+-Konzentrationsgradient zwischen zwei Reaktionsräumen des Mitochondriums herrscht, zur ATP-Bildung beitragen?

Durchführung:

Mitochondrien werden aus Zellen isoliert und in eine Flüssigkeit mit pH 8 gegeben. Dies führt zu einer niedrigen H^+-Konzentration inner- und außerhalb der Mitochondrien.

Diese Mitochondrien werden in eine Flüssigkeit mit pH 4 (hohe H^+-Konzentration) überführt.

Aufgrund des Protonengradienten wird trotz Fehlen der Atmungskette die ATP-Synthese angetrieben und ATP gelangt ins Außenmedium.

3 *Experiment zur Chemiosmose*

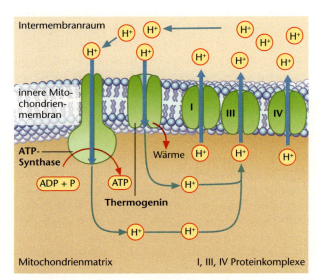

4 *Vorgänge an der inneren Mitochondrienmembran bei Zellen des braunen Fettgewebes*

5.8 Gärungen: Glucoseabbau unter Sauerstoffmangel

Hefen sind einzellige Pilze, die sich durch Knospung ungeschlechtlich fortpflanzen.

Hefen können in Anwesenheit von Sauerstoff atmen. Ohne Sauerstoff betreiben sie alkoholische Gärung.

Hefen werden bei der Lebensmittelherstellung, besonders bei der Brot- und Bierherstellung verwendet.

1 *Hefezellen*

Viele Lebewesen bauen Glucose vollständig zu Kohlenstoffdioxid und Wasser ab. Sie benötigen Sauerstoff für ihren Stoffwechsel. Lebewesen, die nur mit Sauerstoff leben können, bezeichnet man als **obligate Aerobier.** Einige Lebewesen können auch ohne Sauerstoff Glucose abbauen. Diesen anaeroben Stoffwechsel nennt man **Gärung.** Manche dieser Lebewesen sind **obligate Anaerobier,** d. h. sie betreiben ausschließlich anaeroben Stoffwechsel. Sauerstoff ist für sie giftig, ein Beispiel dafür sind Milchsäurebakterien.

Hefen, wie z. B. die Bierhefe, sind einzellige Pilze, die Gärung betreiben können. Bereits vor über 8000 Jahren nutzten Menschen die Tatsache, dass Hefen Glucose zu Ethanol abbauen, zur Herstellung alkoholischer Getränke. Wird süßer Traubensaft mit Hefezellen versetzt und luftdicht abgeschlossen, so wird Glucose in der Glykolyse zu Pyruvat umgesetzt. Danach wird Kohlenstoffdioxid abgespalten und das entstehende Acetaldehyd durch $NADH + H^+$ zu Ethanol reduziert (Abb. 2). Man spricht daher von **alkoholischer Gärung.**

Die Bildung von Alkohol durch Hefezellen wurde von LOUIS PASTEUR (1822–1895) entdeckt. Weiterhin erkannte er, dass Hefen auch in Anwesenheit von Sauerstoff Stoffwechsel betreiben können. Sie sind also **fakultative Anaerobier.** Allerdings wird die Glucose beim Vorhandensein von Sauerstoff nicht mehr zu Ethanol umgesetzt. Hefen können demnach je nach Umweltbedingungen zwischen anaerobem und aerobem Stoffwechsel umschalten und ihren Energiebedarf wahlweise über die Zellatmung oder über die Gärung decken. Diese Fähigkeit stellt eine Angepasstheit an einen zeitweise sauerstoffarmen Lebensraum dar. Die Hemmung der Gärung durch die Zellatmung bezeichnet man nach ihrem Entdecker als **Pasteur-Effekt.**

Gärungen führen zu einem unvollständigen Abbau von Glucose und setzen damit weniger Energie pro Molekül Glucose frei als beim Abbau in Anwesenheit von Sauerstoff. Die Netto-Energieausbeute der Glykolyse mit anschließender Gärung beträgt pro Molekül Glucose zwei Moleküle ATP, die mit anschließender Zellatmung hingegen 38 ATP. Demnach wird unter anaeroben Bedingungen also 19-mal mehr Glucose verbraucht als unter aeroben Bedingungen, um den gleichen Energiebetrag wie bei der Zellatmung zu erhalten.

Gelangen Zellen in eine sauerstofffreie Umgebung, so steht Sauerstoff nicht mehr als Elektronenakzeptor in der Atmungskette zur Verfügung. Eine Folge davon ist, dass NAD^+ und FAD durch den Ausfall der Atmungskette nicht mehr aus $NADH+H^+$ bzw. $FADH_2$ regeneriert werden können. Zelltod wäre die Folge, da die in den Nährstoffen gespeicherte Energie nicht mehr freigesetzt werden kann. Die Gärung bietet die Möglichkeit, auch bei Sauerstoffmangel ATP in der Glykolyse bilden zu können, da das hierfür benötigte NAD^+ durch die Gärung regeneriert werden kann (Abb. 2).

Allen Gärungen ist gemeinsam:
– Gärungen verlaufen in zwei Teilprozessen: der Glykolyse mit ATP-Bildung und der anschließenden Gärung mit der Regeneration von NAD^+.
– In der Glykolyse wird nur eine sehr geringe Menge an ATP fortlaufend gebildet, in den Gärungsreaktionen selbst entsteht kein ATP. Um den Energiebedarf trotzdem decken zu können, erhöhen sich die Glykolyserate und der Glucoseverbrauch um ein Vielfaches.

Bei der Herstellung von Joghurt muss man die mit Milchsäurebakterien versetzte Milch luftdicht verschließen. Milchsäurebakterien sind obligate Anaerobier. Das in der Glykolyse entstehende, für den Organismus in größeren Konzentrationen giftige Pyruvat wird von den Milchsäurebakterien in die vergleichsweise ungefährliche Milchsäure umgewandelt, weshalb man auch von **Milchsäuregärung** spricht. Sie findet auch im Muskel des Menschen statt, wenn bei Hochleistung nicht genügend Sauerstoff für die Zellatmung zur Verfügung steht. Während beim Menschen und bei Tieren nur bestimmte Zellen Gärung betreiben können, sind bei Pflanzen fast alle Zellen vorübergehend dazu in der Lage.

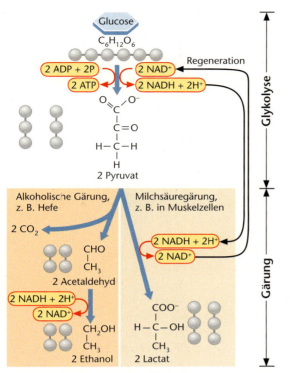

2 *Stoffwechselschema der alkoholischen Gärung und der Milchsäuregärung*

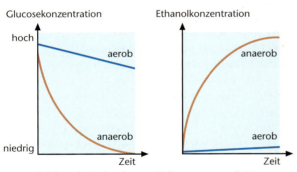

3 *Vergleichende Befunde zur Zellatmung und Gärung bei Hefen*

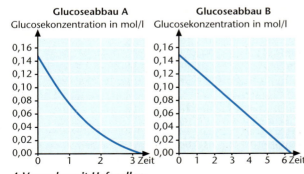

4 *Versuche mit Hefezellen*

> **Frage:**
> Welche Produkte entstehen bei der alkoholischen Gärung?
>
> **Hypothese:**
> Es entstehen Ethanol und Kohlenstoffdioxid.
>
> **Durchführung:**
> Man füllt in zwei Erlenmeyerkolben je 100 ml Hefesuspension (2 g Bäckerhefe in 100 ml 10%iger Glucoselösung) und verschließt beide mit einem Gäraufsatz, der etwas Kalkwasser enthält. Einem Erlenmeyerkolben werden einige Natriumhydroxid-Plätzchen (C) zugesetzt, um eventuell entstehendes Kohlenstoffdioxid zu binden. Der andere Erlenmeyerkolben bleibt einen Tag lang stehen. Destillieren Sie dann den Inhalt des Erlenmeyerkolbens ohne Natriumhydroxid und versuchen Sie die ersten Tropfen des Destillats zu entzünden.

5 *Nachweis der Reaktionsprodukte bei der alkoholischen Gärung*

1 Experiment: Alkoholische Gärung. Fertigen Sie vom Experiment in Abb. 5 ein Versuchsprotokoll an und deuten Sie die Beobachtungen im Hinblick auf die Hypothese.

2 Vergleich von Milchsäuregärung und alkoholischer Gärung. Vergleichen Sie die Gärungen in Abb. 2 miteinander.

3 Pasteur-Effekt. Beschreiben Sie Abb. 3. Deuten Sie die beiden Kurvenverläufe in Zusammenhang mit dem Pasteur-Effekt.

4 Zellatmung und Gärung bei Hefen. Zwei Lösungen, A und B, von jeweils 0,15 ml/l Glucose werden zeitgleich mit der jeweils gleichen Masse an Hefezellen versetzt. Einer der beiden Ansätze wird unter anaeroben, der andere unter aeroben Bedingungen gehalten und der Glucoseabbau gemessen (Abb. 4).
a) Vergleichen Sie die Veränderung der Glucosekonzentration in den beiden Versuchsansätzen. Begründen Sie, welcher der beiden Versuchsansätze unter anaeroben und welcher unter aeroben Bedingungen stattfindet.
b) Skizzieren Sie den Verlauf der Alkoholkonzentration in dem Versuchsansatz, in dem Gärung stattfindet. Erläutern Sie ihre Skizze.

→ 12.12 Trainingseffekte   → 17.5 Evolution der Stoffwechseltypen

5.9 Regulation energieliefernder Stoffwechselwege

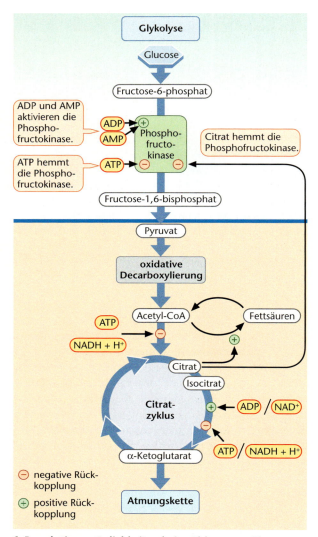

1 *Regulationsmöglichkeiten beim Abbau von Glucose*

Zellen synthetisieren Stoffe nicht über den Bedarf hinaus. Ist zum Beispiel ATP in einer Zelle in ausreichender Menge vorhanden, wird der Stoffwechselweg, der ATP entstehen lässt, „abgeschaltet". Der energieliefernde Stoffwechselweg wird reguliert. Da der Glucoseabbau durch Enzyme in verschiedene Teilschritte gegliedert ist, können Regulationsmechanismen an verschiedenen Abschnitten des Stoffwechselweges wirken.

Auf der Ebene der Enzyme ist dies zunächst die allosterische Hemmung des Enzyms Phosphofructokinase, das die wichtigste Schaltstelle in der Glykolyse darstellt. Es katalysiert die Umwandlung von Fructose-6-phosphat zu Fructose-1,6-bisphosphat und damit den geschwindigkeitsbestimmenden Schritt in der Glykolyse. Ab einer bestimmten Konzentration hemmt ATP die Phosphofructokinase allosterisch, indem es an das allosterische Zentrum dieses Enzyms bindet. Dieser Regulationstyp wird als **allosterische Regulation** bezeichnet. Durch die Hemmung der Phosphofructokinase kann Fructose-6-phosphat nicht mehr in Fructose-1,6-bisphosphat umgewandelt werden. Die Geschwindigkeit des Glucoseabbaus sinkt daher. Liegen in der Zelle überwiegend Vorstufen des ATPs wie AMP oder ADP vor, dann wird das Enzym aktiviert, denn diese Moleküle binden nicht an das allosterische Zentrum der Phosphofructokinase. Dieser Regulationsmechanismus ist eine **negative Rückkopplung.** Es erfolgt eine gegensinnige (je mehr, desto weniger bzw. je weniger, desto mehr) Rückwirkung des ATP-Gehaltes auf den Glucoseabbau. **Positive Rückkopplung** (je mehr, desto mehr bzw. je weniger, desto weniger) und negative Rückkopplungsmechanismen findet man an vielen Stellen des Glucoseabbaus (Abb. 1).

Manche Organismen, wie z. B. Hefen, können zwischen aerobem und anaerobem Glucoseabbau wechseln. Findet in der Zelle Gärung statt, wird nur eine geringe Menge an ATP geliefert, die Phosphofructokinase arbeitet nahezu mit voller Intensität. Findet dagegen Zellatmung statt, wird 19-mal mehr ATP gebildet, die Phosphofructokinase wird gehemmt.

Die Regulation des Blutzuckergehalts beeinflusst die Funktion der Phosphofructokinase ebenfalls. Die Glucosekonzentration im Blut wird durch die Hormone Glukagon und Insulin auf einem bestimmten Wert konstant gehalten. Glukagon wird bei niedrigem Blutglucosespiegel produziert und erhöht den ATP-Spiegel in der Leber. Es erfolgt eine Phosphorylierung der Phosphofructokinase in der Leber. Dadurch wird das Enzym gehemmt und der Glucoseabbau in der Leber gestoppt. Glucose kann aber weiterhin von anderen Organen, z. B. dem Gehirn, abgebaut werden, die dringender Energie benötigen. Durch Dephosphorylierung wird Phosphofructokinase wieder aktiviert. Aktivierung und Hemmung von Enzymen wird meist durch Hormone gesteuert.

Eine weitere Möglichkeit zur Regulation des Stoffwechsels ist die **Induktion** bzw. **Repression von Genen,** welche die Enzyme, z. B. die Phosphofructokinase codieren.

1 Regulation des aeroben Glucoseabbaus. Erläutern Sie, wie durch die Einwirkung von AMP, ATP, ADP, NAD⁺ oder NADH + H⁺ auf allosterische Enzyme die Stoffwechselrate beim aeroben Abbau von Glucose gesteigert oder vermindert wird (Abb. 1).

2 Regulation der Phosphofructokinase. Deuten Sie den in Abb. 2 dargestellten Sachverhalt im Zusammenhang mit der Regulation der Glykolyse.

3 Aktivität des Phosphofructokinase-Gens. Erklären Sie, inwieweit die Aktivität des Gens, das die Phosphofructokinase codiert, als Regulationsmechanismus für die Glykolyse dienen kann.

4 Regulation des Energiestoffwechsels in Abhängigkeit vom Sauerstoffangebot. Der Wechsel zwischen aerobem und anaerobem Glucoseabbau z. B. bei Hefen muss reguliert werden. Hierfür sind zwei Aspekte wichtig:
– Der Glucoseverbrauch muss an den ATP-Bedarf angepasst werden.
– Pyruvat muss durch das Enzym Pyruvat-Decarboxylase abgebaut werden und nicht mehr von dem Enzym Pyruvat-Dehydrogenase (Abb. 3). Das Enzym Pyruvat-Decarboxylase benötigt eine höhere Pyruvatkonzentration um eine nennenswerte Enzymaktivität zu zeigen als die Pyruvat-Dehydrogenase.

a) Geben Sie anhand der Informationen aus Abb. 3 und der Textinformationen begründet an, welche Regulationsmechanismen hier vorliegen.
b) Erklären Sie den Mechanismus der Regulation des Umschaltens zwischen aerobem und anaerobem Glucoseabbau.
c) Skizzieren Sie in einem geeigneten Diagramm die Konzentration des gebildeten Acetyl-CoA pro Zeit in Abhängigkeit von der Konzentration des Pyruvats einmal in Anwesenheit von NADH+H⁺ und in Abwesenheit von NADH+H⁺.

5 Biologische Bedeutung der Veränderung von Enzymaktivitäten. Erörtern Sie, welche biologische Bedeutung die Beeinflussung der Phosphofructokinaseaktivität durch die Substanzen ADP, ATP und Citrat hat. Berücksichtigen Sie dabei, dass die Zwischenprodukte der Glykolyse, der oxidativen Decarboxylierung und des Citrat-Zyklus auch Ausgangsstoffe für andere wichtige Synthesewege im Organismus Mensch darstellen.

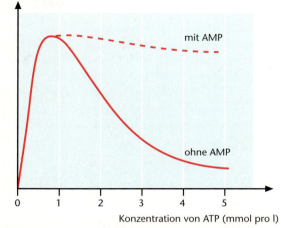

2 Regulation der Phosphofructokinase durch ATP und AMP

6 Fettleibigkeit durch Citrat? Durch eine Ansammlung von Citrat wird das Acetyl-CoA nicht mehr in den Citrat-Zyklus eingespeist, sondern zu Fettsäuren umgewandelt, die im Körper gespeichert werden. Dies ist einer der Gründe, weshalb Menschen, die übermäßig viel Nahrung aufnehmen, Fett ansammeln und dick werden, auch, wenn die Nahrung kein Fett enthält. Erläutern Sie diesen Sachverhalt unter dem Aspekt der Regulation von Stoffwechselwegen (Abb. 1).

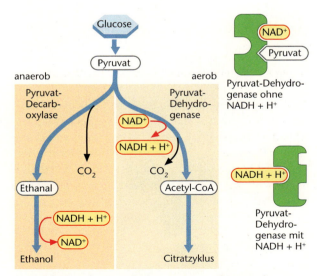

3 Regulation des Umschaltens von aerobem und anaerobem Glucoseabbau bei Hefen

5.10 Übersicht: Glucoseabbau und Energiebereitstellung

Herkunft von Glucose und Sauerstoff

Pflanzen haben eine autotrophe Lebensweise. Sie können Lichtenergie in chemische Energie wandeln und energiereiche organische Verbindungen wie Glucose selbst herstellen. Glucose und Sauerstoff aus der Fotosynthese werden in der Zellatmung genutzt.

Menschen, Tiere, Pilze und viele Mikroorganismen müssen energiereiche Kohlenstoffverbindungen mit der Nahrung aufnehmen. Auch der für die Zellatmung notwendige Sauerstoff wird der Umgebung entnommen.

Transport und Speicherung von Glucose im Organismus

Wenn Glucose und Sauerstoff aus der Fotosynthese nicht unmittelbar für die Zellatmung genutzt werden, kann Glucose von der Pflanze in Form von Stärke gespeichert und bei Bedarf wieder in Glucose umgewandelt werden. Blütenpflanzen verfügen über Leitungsgewebe, in denen vor allem Saccharose in alle Teile einer Blütenpflanze transportiert wird. Manche Pflanzen besitzen Speicherorgane für Stärke und andere Kohlenhydrate.

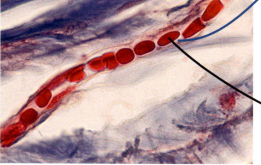

Beim Menschen arbeiten Blutkreislauf, Verdauungsorgane und Atmungsorgane zusammen. Alle Zellen werden über Blutkapillaren mit Glucose und Sauerstoff versorgt. Der Gehalt an Glucose im Blut und die Sauerstoffversorgung der Zellen unterliegen Regelungsvorgängen. Überschüssige Glucose wird in Form von Glykogen in Skelettmuskeln und Leber gespeichert. Bei Bedarf kann Glykogen wieder in Glucose umgewandelt und in das Blut abgegeben werden.

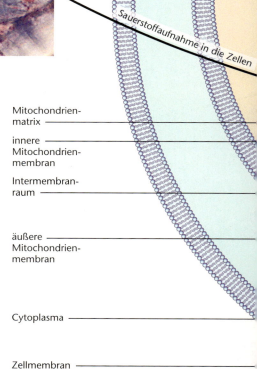

→ 5.11 Hormonelle Regulation des Kohlenhydratstoffwechsels   → 7.10 Die Kohlenstoffbilanz einer Pflanze

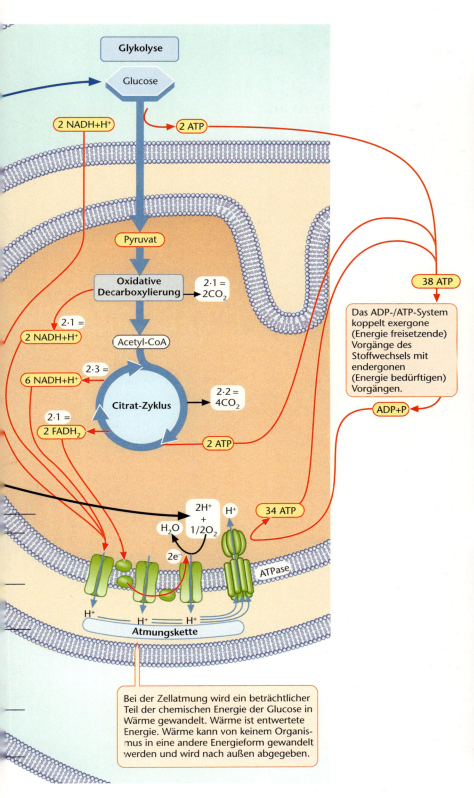

Bewegungs- und Transportarbeit

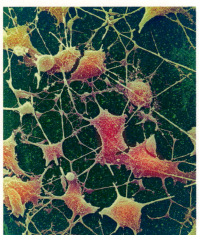

elektrische Arbeit

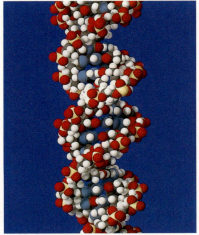

Synthesearbeit

→ 10.5 Fließgleichgewichte in offenen Systemen   → 12.10 Muskelkontraktion

5.11 Hormonelle Regulation des Kohlenhydratstoffwechsels

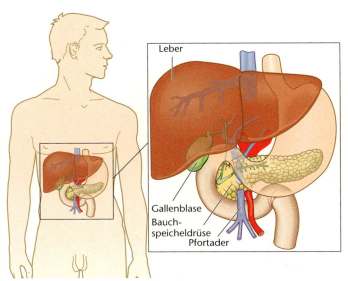

1 *Die Leber ist ein wichtiges Organ in der Regelung des Kohlenhydratstoffwechsels.* Sie kann Glucose in Form von Glykogen speichern. Glykogen ist ein Molekül, das aus mehreren zehntausend Glucose-Molekülen zusammengesetzt sein kann. Bei Bedarf wird Glykogen zu Glucose abgebaut und in das Blut abgegeben. So wird mit Hilfe des Glykogen-Speichers der Leber die Glucosekonzentration im Blut, der Blutzuckerspiegel, innerhalb einer Bandbreite von 80 bis 130 mg/100 ml konstant gehalten. Das Gehirn kann seinen hohen Energiebedarf nur mit Glucose decken. Das Gehirn ist auf eine konstante Nachlieferung von Glucose aus dem Blut angewiesen.

Das Kohlenhydrat Glucose ist der wichtigste Energieträger des menschlichen Stoffwechsels. Mit „Kohlenhydratstoffwechsel" sind alle Prozesse gemeint, die eine ausreichende Versorgung des Organismus mit unmittelbar verfügbarer Glucose sicherstellen. Eine stabile Versorgung mit Glucose ist für Menschen und viele Tiere besonders in Zeiten des Nahrungsmangels überlebenswichtig. Ein geregelter Blutzuckerspiegel ist ein wichtiger Beitrag zu einem stabilen inneren Milieu. Man spricht daher bei der Regelung des Blutzuckerspiegels von **Glucose-Homöostase.**

Im Körper kann Glucose auf vielfältige Weise in den Stoffwechsel eingebunden sein (Abb. 2):
– Glucose kann in manchen Zellen anaerob durch **Gärung** zu Milchsäure abgebaut werden. Dieser Weg wird immer in roten Blutzellen eingeschlagen, die bei Säugetieren und beim Menschen keine Mitochondrien besitzen. In aktiven Skelettmuskeln kann vorübergehender Sauerstoffmangel zur Milchsäuregärung führen.
– In den meisten Zellen wird Glucose bei der **Zellatmung** in den Mitochondrien oxidiert. Der aerobe Glucoseabbau zu Kohlenstoffdioxid und Wasser ist der weitaus bedeutsamste und effizienteste Weg, Energie durch Bildung von ATP nutzbar zu machen.
– Glucose kann vor allem in der Leber und in Muskeln durch Aufbau von **Glykogen** gespeichert werden (Abb. 1). Umgekehrt kann Glykogen zu Glucose abgebaut werden. Leberzellen besitzen im Gegensatz zu Muskelzellen ein Enzym, das Glucose durch die Zellmembran nach außen und in das Blut gelangen lässt. Der Glykogenspeicher der Leber reicht ungefähr einen Tag.
– Glucose kann zum **Aufbau von Fetten** verwendet werden, insbesondere wenn der Glykogenspeicher gefüllt ist.
– Aus bestimmten Abbauprodukten der Fette und aus Milchsäure kann Glucose unter ATP-Aufwand neu gebildet werden.
– Wenn ein bestimmter Blutzuckerwert überschritten ist, wird Glucose mit dem Harn ausgeschieden.

Insulin, Glukagon und Adrenalin sind die wichtigsten Hormone bei der Regelung des Kohlenhydrathaushalts (Abb. 2). **Insulin** und **Glukagon** werden aus der Bauchspeicheldrüse freigesetzt, **Adrenalin** aus dem Nebennierenmark. Insulin einerseits sowie Glukagon und Adrenalin andererseits sind **Antagonisten** (Gegenspieler). Während Insulin den Blutzuckerspiegel senkt, wirken Adrenalin und Glukagon gegensinnig zu Insulin (Abb. 2). Die maßgebliche Größe für die Regelung der Hormonausschüttung durch **Rückkopplung** ist der Blutzuckerwert. Ein erhöhter Blutzuckerwert, etwa nach einer Mahlzeit, stimuliert die Insulinausschüttung, ein niedriger Blutzuckerwert z. B. nach körperlicher Anstrengung bewirkt die Ausschüttung von Glukagon und Adrenalin. Vermittelt durch das Nervensystem wird Adrenalin zusätzlich in Alarmsituationen („Stress") ausgeschüttet.

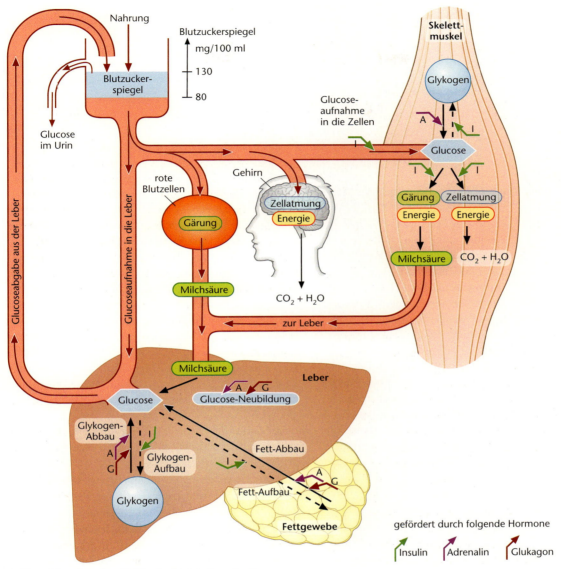

2 Übersicht über den Kohlenhydratstoffwechsel

1 Übersicht: Wirkungen von Insulin, Glukagon und Adrenalin. Erstellen Sie unter Bezug auf Abb. 2 eine tabellarische Übersicht zur Wirkung der drei Hormone.

2 Kohlenhydratstoffwechsel in verschiedenen (Lebens-)Situationen. Erläutern Sie den Kohlenhydratstoffwechsel und seine hormonelle Regulation für folgende (Lebens-)Situationen:
A – nach einer kohlenhydrathaltigen Mahlzeit;
B – nach einer kurzzeitigen körperlichen Anstrengung;
C – nach einer längerfristigen sportlichen Aktivität, z. B. Marathonlauf;
D – nach tagelangem Hunger;
E – Leben im Glucose-Überfluss: Längerfristig erhöhte Glucoseaufnahme bei bereits gefülltem Leber-Glykogenspeicher.

3 Glucose-Homöostase bei Nahrungsmangel – ultimate und proximate Perspektive. Erläutern Sie die Regelung des Blutzuckerspiegels in Phasen längerfristigen Nahrungsmangels unter proximaten und unter ultimaten Gesichtspunkten.

→ 12.16 Vergleich hormoneller und neuronaler Informationsübertragung   → 13.2 Hormonelle und neuronale Grundlagen …

5.12 Diabetes

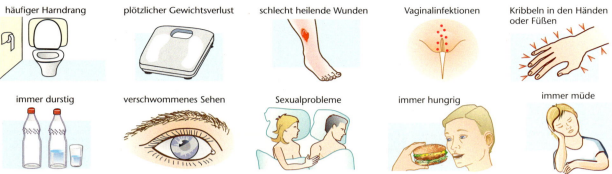

1 Einige Symptome, die im Zusammenhang mit Diabetes Typ I auftreten können

Zu Beginn des vorigen Jahrhunderts war die Zuckerkrankheit, Diabetes mellitus, noch eine tödliche Erkrankung. Das Hauptsymptom ist ein zu hoher Blutzuckerwert, der auf eine fehlerhafte Regulation zurückzuführen ist. Häufig wird dabei Glucose im Urin ausgeschieden, was durch verschiedene Zuckertestverfahren nachgewiesen werden kann. Aber auch eine Vielzahl andere Symptome können ein Hinweis auf Diabetes sein (Abb. 1).

Die Bauchspeicheldrüse produziert die beiden Hormone **Insulin** und **Glukagon.** Es sind antagonistisch wirkende Hormone, die den Blutzuckerwert regulieren. Die Blutzuckerregulation ist von fundamentaler Bedeutung für den Körper, da Glucose die Hauptenergiequelle des Körpers darstellt. Die Glucosekonzentration wird im Normalfall auf Werten zwischen 80 und 120 mg Glucose pro 100 ml Blut konstant gehalten. Insulin bewirkt die Aufnahme von Glucose aus dem Blut in die Zellen. Insulin wirkt dabei als extrazelluläres Signal nach dem Schlüssel-Schloss-Prinzip auf Rezeptoren in der Zellmembran, unter anderem von Muskel- und Leberzellen. Der Rezeptor löst durch Signaltransduktion eine intrazelluläre Signalkette aus, die zum Einbau von Glucose-Transportproteinen in die Zellmembran führt. Dadurch wird vermehrt Glucose in die Zelle aufgenommen.

Man unterscheidet zwei Formen von Diabetes. Insulinabhängiger **Diabetes Typ I** ist eine Immunkrankheit, bei der Bauchspeicheldrüsenzellen vom Immunsystem angegriffen werden. Als Folge wird nur sehr wenig oder gar kein Insulin mehr produziert. Der Typ I tritt bei etwa 10 % der Diabetiker auf.

Bei **Diabetes Typ II** sprechen die Zellen vermindert auf Insulin an. Man spricht von **Insulinresistenz.** Die genauen Ursachen der Insulinresistenz sind noch weitgehend unverstanden, werden aber intensiv erforscht. Wahrscheinlich spielen angeborene und erworbene Ursachen zusammen. Bei Insulinresistenz ist Insulin im Blut zwar ausreichend oder sogar erhöht vorhanden, kann aber nicht mehr richtig wirken. Die Zahl der funktionstüchtigen Insulin-Rezeptoren kann vermindert oder/und die intrazelluläre Signalkette zum Einbau der Glucose-Transportproteine in die Zellmembran kann gestört sein. Außerdem setzt das Fettgewebe im Bauchbereich Stoffe frei, die das Ansprechen der Zellen auf Insulin mindern. Über mehrere Jahrzehnte hinweg kompensiert die Bauchspeicheldrüse dies durch eine erhöhte Insulinproduktion, sodass die noch funktionstüchtigen Insulinrezeptoren immer hinreichend besetzt werden können. Schließlich kann die Bauchspeicheldrüse diese hohe Insulinproduktion nicht mehr aufrechterhalten, sodass nicht mehr genügend Insulin vorhanden ist. Dennoch ist mehr Insulin vorhanden als bei einem Menschen mit normalem Stoffwechsel. Viele Typ-II-Diabetiker haben jahrelang keine Symptome. Diese treten nur schleichend auf, weshalb die Krankheit oft erst spät erkannt wird. Der Typ II geht bei 80 % der Patienten einher mit Übergewicht und trat früher häufig bei älteren Personen auf, findet sich aber zunehmend auch bei jüngeren Menschen.

Durch Bewegungstraining kann der Anteil der Insulinrezeptoren in den Körperzellen wieder erhöht werden. Daher kann Diabetes Typ II in vielen Fällen durch eine Gewichtsabnahme verbunden mit vermehrter Bewegung therapiert werden. Die Behandlung durch Verabreichung von Insulin ist erst angebracht, wenn diese Maßnahmen nicht mehr ausreichend sind.

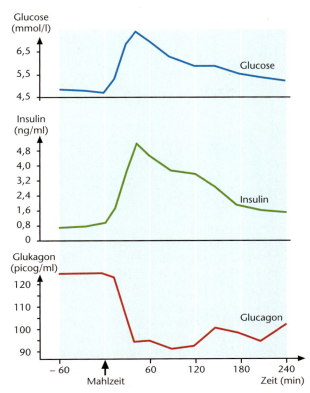

2 Veränderung der Konzentration von Glucose, Insulin und Glukagon nach einer Mahlzeit bei einem gesunden Menschen

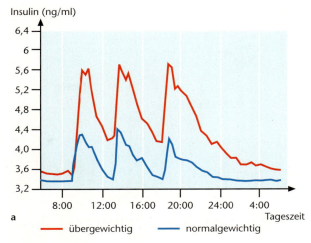

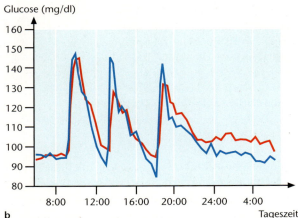

4 a) Insulinkonzentration und b) Glucosekonzentration im Blut in Abhängigkeit von der Tageszeit bei einer normalgewichtigen und einer übergewichtigen Person nach Aufnahme derselben Nahrungsmenge

1 Veränderung der Glucosekonzentration nach einer Mahlzeit.

a) Beschreiben Sie Abb. 2. Begründen Sie den Verlauf der Kurven.

b) Stellen Sie je eine begründete Hypothese auf, in welcher Weise sich der Verlauf der Kurve für Glucose in Abb. 2 verändert, wenn die Versuchspersonen Diabetiker der Typen I und II sind, die sich noch nicht in Therapie befinden.

2 Veränderungen von Insulin- und der Glucosekonzentrationen in Abhängigkeit vom Gewicht.

Beschreiben Sie die Glucosekonzentration und die Insulinkonzentration im Blut innerhalb eines Tages bei einer normalgewichtigen und bei einer übergewichtigen Person anhand der Abb. 4. Deuten Sie die Konzentrationsveränderungen unter Berücksichtigung der Tatsache, dass die normalgewichtige und die übergewichtige Person dieselben Nahrungsmengen aufgenommen haben.

3 Recherche: Vergleich von Hyper- und Hypoglykämie.

Informieren Sie sich über die Unterzuckerung (Hypoglykämie) und die Überzuckerung (Hyperglykämie). Geben Sie die jeweilige Symptomatik an. Erläutern Sie, wie Sie sich in einer Notfallsituation gegenüber der betroffenen Person verhalten würden.

4 Diabetes – Epidemie des 21. Jahrhunderts?

Erläutern Sie die in Abb. 3 dargestellten Tendenzen hinsichtlich der Anzahl der an Diabetes erkrankten Menschen weltweit und entwickeln Sie Hypothesen für diese Entwicklung.

Jahr	Anzahl an Diabetes (Typ I und II) erkrankter Menschen weltweit
1994	110 Millionen
2000	150 Millionen
2003	194 Millionen
2006	246 Millionen

3 Diabeteskranke weltweit

→ 5.13 Rote Gentechnik: Herstellung von Insulin   → 8.1 Homöostase ...

5.13 Rote Gentechnik: Herstellung von Insulin

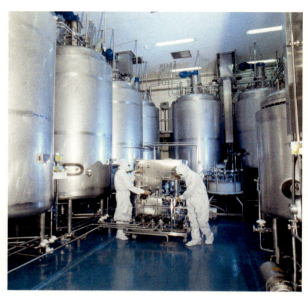

1 *Industrielle Produktion von Insulin*

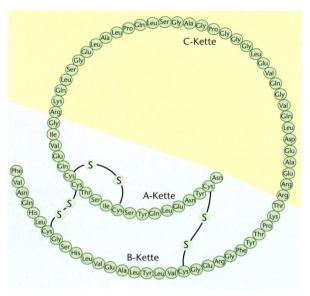

2 *Molekülstruktur des Insulins.* Aus Proinsulin wird durch Entfernen der C-Kette und vier weiterer Aminosäuren das Insulin, bestehend aus A- und B-Kette.

Als **Rote Gentechnik** bezeichnet man die Bereiche der Biotechnologie, die medizinische Anwendungen zum Ziel haben. „Rot" steht hierbei für die Farbe des Blutes. Die Herstellung gentechnisch produzierter Wirkstoffe wie Humaninsulin oder verschiedener Impfstoffe, Blutgerinnungsfaktoren und Hormone sind heute selbstverständlich und stehen uns als Medikamente zur Verfügung.

Von 1921 bis 1982 wurde Insulin zur Therapie beim Menschen aus den Bauchspeicheldrüsen von Rindern und Schweinen gewonnen. Für den Jahresbedarf an Insulin eines Zuckerkranken wurden etwa 50 Bauchspeicheldrüsen benötigt. Die Gabe des so gewonnenen Insulins war mit Problemen verbunden. Einerseits unterscheiden sich das Schweine- und Rinderinsulin in einer bzw. drei Aminosäuren vom menschlichen Insulin. Zum anderen war die Reinheit der Präparate nicht immer gewährleistet, sodass sich bei langfristiger Verabreichung durch die täglich mehrfachen Injektionen Komplikationen durch Immunreaktionen ergeben konnten. Zudem wurde durch die ständig steigende Anzahl von Diabetikern ein Ressourcenproblem an Bauchspeicheldrüsen prognostiziert. Durch die gentechnische Herstellung von Insulin in Bakterien konnten solche Probleme vermieden werden, da menschliches Insulin in großen Mengen mit hoher Reinheit produziert werden kann (Abb. 1).

Ein Insulinmolekül ist ein kleines Molekül von nur 51 Aminosäuren und besteht aus zwei Aminosäureketten A und B, die über Disulfidbrücken miteinander verbunden sind (Abb. 2). Die Vorstufe Proinsulin enthält zusätzlich eine C-Kette. Die C-Kette erleichtert die Faltung der A- und B-Kette zu einer stabilen Tertiärstruktur. Nach erfolgter Faltung wird die C-Kette aus dem Molekül herausgeschnitten.

Das gentechnisch gewonnene Insulin wird durch *Escherichia coli* Bakterien hergestellt (Abb. 3). Das Genom von E.coli besteht aus einem Bakterienchromosom und einem ringförmigen DNA-Molekül, dem Plasmid. Plasmide können leicht isoliert und mit Hilfe eines Restriktionsenzyms aufgeschnitten werden. In die Schnittstellen wird ein aus menschlichen Zellen isoliertes DNA-Stück, das das Insulingen enthält, eingefügt. Das veränderte Plasmid wird wieder in E.coli übertragen. Mit dem menschlichen Insulingen wird in den Bakterien durch Proteinbiosynthese das Protein Insulin synthetisiert. Nach Isolation aus den Bakterien und anschließender Reinigung liegt das Insulin als fertiger Wirkstoff vor.

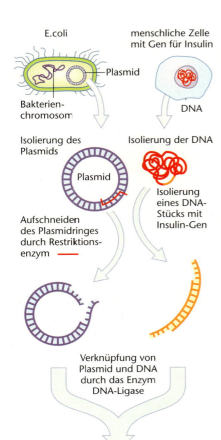

1 Gentechnische Herstellung von Insulin. Erläutern Sie unter Bezug auf Abb. 1–3 das Verfahren zur gentechnischen Herstellung von Insulin.

2 Recherche: Gentechnisch hergestellte Proteine als Arzneimittel. Recherchieren Sie in arbeitsteiliger Weise zu jedem der in Abb. 4 genannten Beispiele weitergehende Informationen, insbesondere zur Herstellungsweise und zum Einsatz als Medikament. Präsentieren Sie das Ergebnis Ihrer Recherchen in einem Kurzvortrag.

3 Sicherheitsaspekte in der Roten Gentechnik. Für gentechnische Arbeiten gelten seit 1975 u. a. folgende Regeln (Konferenz von Asilomar):
1. Künstliche Plasmide dürfen keine Krankheiten hervorrufen und keine umweltgefährdenden Eigenschaften haben.

2. Die gentechnisch veränderten Organismen dürfen nur im Labor, aber nicht im Freiland lebensfähig sein. Erörtern Sie Gesichtspunkte, die das Aufstellen dieser Regeln begünstigt haben könnten. Beachten Sie hierfür zusätzlich folgende Auszüge aus dem Gentechnikgesetz (GenTG, Stand: 01.04.2008), das Sie im Internet erhalten: § 7–9 und 16b.

4 Insulinproduktion aus zwei Bakterienstämmen. In einem anderen Verfahren zur Insulinherstellung werden die A- und die B-Kette des Insulins von je einem E.coli-Bakterienstamm hergestellt und dann durch Ausbildung der Disulfid-Brücken zum Humaninsulin verknüpft. Skizzieren Sie analog zur Abb. 3 das Verfahren zur Herstellung von Insulin aus zwei E.coli-Bakterienstämmen. Formulieren Sie zu den jeweiligen Schritten einen kurzen Informationstext.

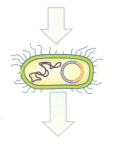

E.coli produziert menschliches Insulin

3 *Verfahren zur gentechnischen Herstellung von Humaninsulin durch E.coli*

gentechnisch hergestellte Proteine	Erkrankung, bei der die Proteine als Medikament eingesetzt werden
Epidermaler Wachstumsfaktor	Verbrennungen, Hauttransplantationen
Erythropoietin	Anämien (verminderte Sauerstoff-Transportfähigkeit des Blutes); wird auch als Dopingmittel missbraucht
Faktor VIII	Hämophilie (Bluterkrankheit, Störung der Blutgerinnung)
Hepatitis-B-Impfstoffe	Hepatitis-B: Infektionskrankheit der Leber mit dem Hepatitis-B-Virus
Menschliches Wachstumshormon	Zwergwuchs und Kleinwuchs, insbesondere bei Mangel an Wachstumshormon
Interleukin 2	Krebs, der Wachstumsfaktor stimuliert T-Helfer-Zellen
Superoxiddismutase	Translationen
Gewebe-Plasminogenaktivator	Herzinfarkt; das Enzym spielt bei der Auflösung von Blutgerinseln eine entscheidende Rolle

4 *Gentechnisch hergestellte Proteine als Arzneimittel (Auswahl)*

→ 5.12 Diabetes

6.1 Vergleich von Atmungsorganen

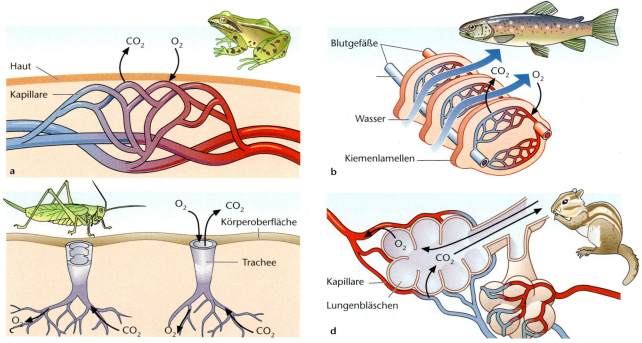

1 a) Hautatmung bei Amphibien, b) Kiemenatmung bei Fischen, c) Tracheenatmung bei Insekten, d) Lungenatmung bei Wirbeltieren

Die Zellatmung, die auch **innere Atmung** genannt wird, erfolgt in den Mitochondrien der Zellen. Bei der Zellatmung wird Sauerstoff benötigt und Kohlenstoffdioxid freigesetzt. Ohne **äußere Atmung**, ohne den Austausch der Atemgase zwischen Körperinnerem und Umgebung, käme die Zellatmung schnell zum Erliegen.

Bei vielen kleineren Tieren, die im Wasser oder in feuchter Umgebung leben, können die Atemgase über die gesamte Haut durch Diffusion ausgetauscht werden. Diese **Hautatmung** wird dadurch begünstigt, dass kleine Tiere in der Regel eine große Körperoberfläche im Verhältnis zum Körpervolumen haben. Während Regenwürmer ausschließlich Hautatmung betreiben, erfolgt bei vielen Amphibien die Hautatmung zusätzlich zur Lungenatmung (Abb. 1a).

Die meisten im Wasser lebenden Tiere wie Fische, Krebse und Muscheln nehmen Sauerstoff mit Kiemen auf. **Kiemen** sind dünn, gut durchblutet und haben eine Struktur, die eine große Oberfläche für den Gasaustausch bietet (Abb. 1b). Bei der Mehrzahl der Fische erfolgt die äußere Atmung durch aktive pumpenartige Mundbewegungen und Bewegungen des Kiemendeckels. Die Kiemen der Fische werden von Wasser umspült, das in eine Richtung fließt, während das Blut in den Kiemen in die entgegengesetzte Richtung strömt. So werden, nur durch wenige Zellschichten getrennt, sauerstoffhaltiges Wasser und sauerstoffarmes Blut im Gegenstrom aneinander vorbeigeleitet (Abb. 4). Dieses Gegenstromprinzip ermöglicht es, dass bis zu 80 Prozent des im Wasser gelösten Sauerstoffs in das Blut übertreten. Dies ist besonders wichtig, da der Sauerstoffgehalt im Wasser ungefähr 30-fach niedriger als in der Luft ist. Wassertiere benötigen etwa ein Viertel ihrer Energie für Atembewegungen, Landtiere dagegen nur etwa zwei Prozent.

Die äußere Atmung der Insekten erfolgt über Einstülpungen der Körperoberfläche, die **Tracheen** (Abb. 1c). Sie verzweigen sich im Körperinneren in zunehmend feinere Äste, die bis in die Gewebe reichen.

Die **Lungen** der Wirbeltiere unterscheiden sich in Bezug auf ihre innere Fläche. Während die Lungen von Amphibien wenig eingefaltet sind und eine glatte innere Oberfläche haben, sind die Lungen der Vögel und Säugetiere stark gefaltet und bieten daher auf kleinem Raum eine sehr große Oberfläche für den Austausch der Atemgase (Abb. 1d).

1 Wirbeltierlungen.
a) Berechnen Sie anhand der Daten in Abb. 3 für jedes der genannten Wirbeltiere das Verhältnis von innerer Lungenoberfläche zum Lungenvolumen.
b) Werten Sie die Angaben in Abb. 3 und Ihre Berechnung aus. Beachten Sie dabei auch die Lebensweise der genannten Tiere.
c) Stellen Sie Hypothesen über Strukturmerkmale der Lungen der genannten Wirbeltiere auf.

2 Gegenstromprinzip. In den Kapillaren der Kiemen von Fischen fließt das Blut entgegengesetzt zum Wasserstrom.
a) Erläutern Sie anhand von Abb. 4 die Vorteile dieses Gegenstromaustausches im Gegensatz zum Gleichstromaustausch.
b) Nennen Sie weitere Struktur-Funktions-Prinzipien, die bei den Kiemen der Fische deutlich werden.

3 Lungen- und Hautatmung bei Grasfröschen im Jahreslauf. Werten Sie die Abb. 5 aus. Beachten Sie dabei die Lebensweise der Grasfrösche.

4 Temperatur und Löslichkeit von Sauerstoff im Wasser. Mit steigender Temperatur erhöhen sich entsprechend der RGT-Regel die Stoffwechselintensität und damit gleichzeitig auch der Sauerstoffbedarf. Analysieren Sie mit Hilfe von Abb. 2, in welchem Dilemma sich im Wasser lebende Organismen bei steigenden Temperaturen befinden.

	Frosch	Schildkröte	Huhn	Kaninchen
Körpermasse (g)	300	990	1600	1600
Lungenvolumen (ml · g^{-1})	0,2	0,28	0,01	0,075
Lungenoberfläche (cm^2 · g^{-1})	2,8	2,5	18	18
Diffusionsbarriere Luft-Blut (µm)	2	0,5	0,1	0,2

3 Daten zu verschiedenen Wirbeltierlungen

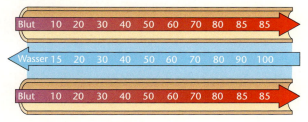
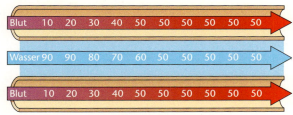

Werte: O$_2$-Sättigung in %

4 Gegenstromaustausch im Vergleich zum Austausch bei gleicher Strömungsrichtung in den Kiemen

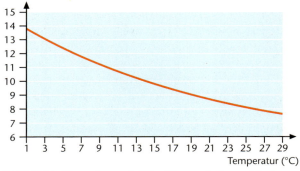

2 Löslichkeit von Sauerstoff im Wasser bei verschiedenen Temperaturen

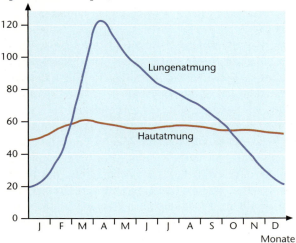

5 Anteile von Lungenatmung und Hautatmung bei Grasfröschen

6.2 Regelung der äußeren Atmung

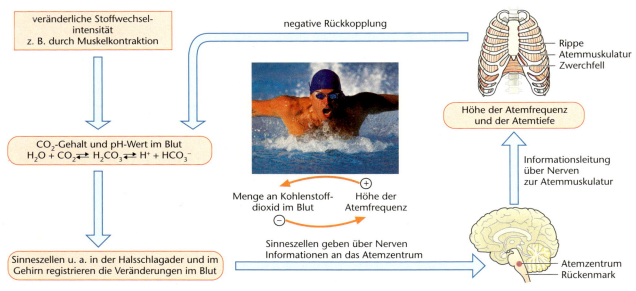

1 *Regelung der Atmung*

Wenn sich ein Mensch körperlich betätigt, benötigt er vermehrt Sauerstoff. Die verstärkte Muskeltätigkeit vermindert kurzzeitig den Sauerstoffgehalt in den Arterien und erhöht zugleich die Kohlenstoffdioxidkonzentration in den Venen. Die Konzentration der Atemgase im Blut wird rasch vom Atemzentrum reguliert, das zwischen Rückenmark und Gehirn liegt (Abb. 1). Indem es die Tätigkeit der Atemmuskulatur und des Zwerchfells steuert, passt es die Häufigkeit der Atembewegungen an den Sauerstoffbedarf des Körpers an – bei körperlicher Belastung atmet man schneller.

Das Atemzentrum ist somit an der Aufrechterhaltung der Homöostase im Blut beteiligt, da es ständig Informationen über den Kohlenstoffdioxidgehalt, den pH-Wert und den Sauerstoffgehalt des Blutes auswertet. Diese Informationen erhält es durch Sinneszellen in der Halsschlagader sowie in bestimmten Hirnregionen. Entscheidend für die Regelung der Atmung ist nicht der Sauerstoffgehalt im Blut, sondern die Konzentration an Kohlenstoffdioxid. Auf die Verminderung des Sauerstoffgehaltes reagiert das Atemzentrum sehr viel langsamer und nicht so intensiv wie bei einer Erhöhung der Kohlenstoffdioxidkonzentration.

Luft besteht aus einem Gemisch verschiedener Gase, unter anderem Sauerstoff, Kohlenstoffdioxid und Stickstoff. Jedes dieser Gase übt einen bestimmten Teildruck aus, den Partialdruck (P). Die Summe der Partialdrücke ergibt den Gesamtdruck. Der Partialdruck bezeichnet nicht nur die Konzentration der Atemgase in der Luft, sondern auch in Lösungen wie Blut oder Wasser.

Auf Meereshöhe übt die Luft einen Gesamtdruck von 101 Kilopascal (kPa) aus. In extremer Höhe, wie z. B. auf dem Mount Everest, beträgt der Luftdruck nur noch 30,5 kPa. Der Sauerstoffanteil der Luft beträgt immer 21 Volumenprozente, daher beträgt der Sauerstoffpartialdruck (P_{O_2}) auf Meereshöhe 21,2 kPa. Auf dem Mount Everest beträgt der P_{O_2} dagegen nur 6,3 kPa. Solch eine geringe Menge an Sauerstoff macht die Atmung fast unmöglich.

Damit Sauerstoff durch Diffusion aus den Lungenalveolen ins Blut aufgenommen werden kann, muss der Partialdruck des Sauerstoffs in den Alveolen höher sein als im Blut, denn Gase diffundieren aus Bereichen mit einem höheren Partialdruck in Bereiche mit einem niedrigeren Partialdruck. Die Atembewegungen sorgen für sauerstoffreiche Atemluft in der Lunge, sodass der Sauerstoff aus den Alveolen ins Blut diffundieren kann. In den Lungenkapillaren wird der Sauerstoff an das Hämoglobin der roten Blutzellen gebunden und mit dem Blutstrom abtransportiert.

1 Regelung der äußeren Atmung.
a) Beschreiben Sie anhand der Abb. 1 die Regelung der äußeren Atmung in Ruhe und bei körperlichen Anstrengungen.
b) Regelungsvorgänge lassen sich unter anderem in Form eines Regelkreises darstellen. In Abb. 4 sind die Komponenten eines Regelkreises dargestellt und definiert. Erstellen Sie in Anlehnung an Abb. 4 einen Regelkreis der äußeren Atmung. Gehen Sie dabei vereinfachend davon aus, dass ein P_{CO_2} von 5 kPa der alleinige Sollwert ist.

2 Sauerstoffversorgung in Ruhe und bei Belastung.
Erläutern Sie die Daten in der rechten Spalte der Abb. 2 als kurzfristige Anpassungen an körperliche Anstrengungen oder als deren Folge.

	in Ruhe	bei Belastung
P_{O_2} in der Alveole (kPa)	13,9	13,9
P_{O_2} in der Arterie (kPa)	13,3	12,6
P_{O_2} in der Vene (kPa)	5,3	2,8
O_2-Gehalt im arteriellen Blut (ml O_2/100 ml)	19	18
O_2-Gehalt im venösen Blut (ml O_2/100 ml)	14,3	4,8
O_2-Sättigung des arteriellen Blutes (%)	97	96
O_2-Sättigung des venösen Blutes (%)	73	26
Lungenventilation (l Luft/min)	9	135
Atemzugvolumen (l)	0,6	3
Atemzüge pro min	15	45
Herzminutenvolumen (l Blut/min)	6	30

2 *Daten zur Sauerstoffversorgung eines Menschen*

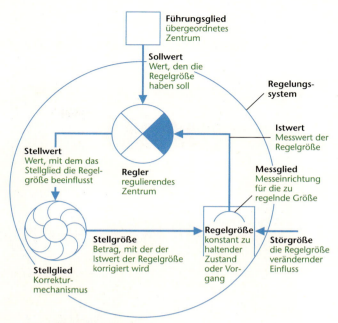

4 *Allgemeiner Regelkreis*

3 Unfall beim Tauchen. Beim Tauchen kann eine kritische Situation entstehen, wenn der Taucher unmittelbar vor dem Tauchen stark hyperventiliert, d. h. mehrmals schnell und tief ein- und ausatmet. Dadurch wird der CO_2-Partialdruck im Blut zum Beginn des Tauchgangs gesenkt (Abb. 3). Der Taucher kann beim Tauchgang ohnmächtig werden und – falls keine Hilfe zur Stelle ist – sogar ertrinken. Entwerfen Sie unter Bezug auf Abb. 3 Hypothesen über die Ursachen der Entstehung dieser kritischen Situation. Prüfen Sie die Hypothesen auf Plausibilität.

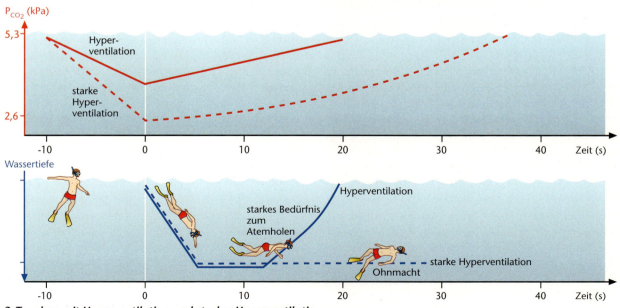

3 *Tauchen mit Hyperventilation und starker Hyperventilation*

6.3 Sauerstofftransport – Struktur und Funktion des Hämoglobins

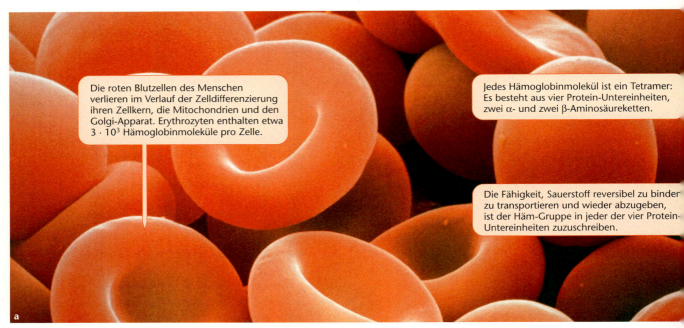

> Die roten Blutzellen des Menschen verlieren im Verlauf der Zelldifferenzierung ihren Zellkern, die Mitochondrien und den Golgi-Apparat. Erythrozyten enthalten etwa $3 \cdot 10^3$ Hämoglobinmoleküle pro Zelle.

> Jedes Hämoglobinmolekül ist ein Tetramer: Es besteht aus vier Protein-Untereinheiten, zwei α- und zwei β-Aminosäureketten.

> Die Fähigkeit, Sauerstoff reversibel zu binden, zu transportieren und wieder abzugeben, ist der Häm-Gruppe in jeder der vier Protein-Untereinheiten zuzuschreiben.

1 a) Rote Blutzellen (Erythrozyten) des Menschen, b) Struktur des Hämoglobins, c) Struktur der Häm-Gruppe

Sauerstoff wird bei vielen Tieren und beim Menschen über Atmungsorgane in den Körper aufgenommen und mit der Flüssigkeit des Kreislaufsystems transportiert. **Hämoglobin** ist ein Protein, das Sauerstoff transportiert. Bei Wirbeltieren und dem Menschen befindet sich Hämoglobin in den roten Blutzellen (Abb. 1). Mit Hämoglobin im Blut ist die transportierte Sauerstoffmenge etwa 60-mal höher als ohne Hämoglobin, wenn sich Sauerstoff nur in der Blutflüssigkeit löst.

Am Beispiel des Hämoglobins kann der Zusammenhang von Struktur und Funktion auf molekularer Ebene veranschaulicht werden. Hämoglobin des Menschen besteht aus vier Protein-Untereinheiten, zwei α-Ketten mit je 141 Aminosäuren und zwei β-Ketten mit je 146 Aminosäuren (Abb. 1). Jede Protein-Untereinheit besitzt in einer Vertiefung eine Häm-Gruppe mit einem zweiwertigen Eisen-Ion in der Mitte. Ein Hämoglobin-Molekül kann maximal vier Sauerstoff-Moleküle transportieren. Die Struktur, mit der das Eisen-Ion in die Häm-Gruppe und diese in die Protein-Untereinheit eingebettet ist, bewirkt, dass Sauerstoff reversibel gebunden wird (Abb. 1c). Es handelt sich dabei nicht um eine Bindung, bei der ein bindendes Elektronenpaar oder eine Ionenbindung ausgebildet wird. Vielmehr wird das Sauerstoffmolekül an das Eisen-Ion angelagert, wobei ein freies Elektronenpaar des Sauerstoffs mit dem Eisen-Ion in Wechselwirkung tritt, ohne dass eine Oxidation stattfindet. Diesen Vorgang nennt man **Oxigenierung des Hämoglobins.** Das Sauerstoffmolekül kann wieder leicht vom Hämoglobin gelöst und an die Zellen im Körper abgegeben werden.

Bei der Aufnahme von Sauerstoff und bei der Abgabe von Sauerstoff (Desoxygenierung) wirken in Bruchteilen von Sekunden die vier Protein-Untereinheiten des Hämoglobins durch chemische Wechselwirkungen zusammen. Man spricht von **kooperativen Effekten** zwischen den Protein-Untereinheiten. Bei der Oxigenierung bewirkt die Bindung eines Sauerstoffmoleküls an eine der Häm-Gruppe der vier Untereinheiten, dass die anderen drei Untereinheiten so verändert werden, dass sie leichter Sauerstoff binden. Umgekehrt ist es bei der Desoxygenierung: Hat eine Protein-Untereinheit ein Sauerstoffmolekül abgegeben, so verändert dies durch kooperative Effekte die drei anderen Protein-Untereinheiten so, dass sie ihre Sauerstoffmoleküle leicht und schnell abgeben. Die kooperativen Effekte bewirken, dass Hämoglobin in kurzer Zeit mit Sauerstoff beladen wird und in kurzer Zeit den transportierten Sauerstoff abgeben kann.

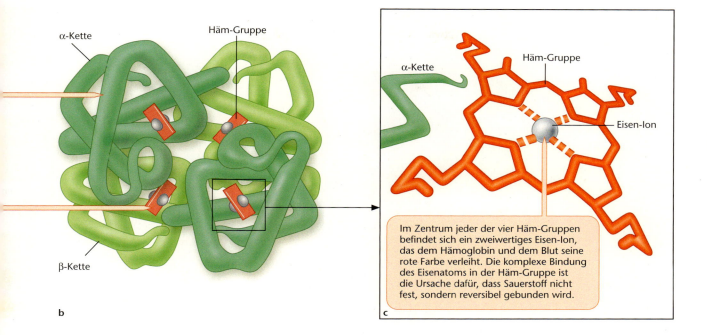

b

c) Im Zentrum jeder der vier Häm-Gruppen befindet sich ein zweiwertiges Eisen-Ion, das dem Hämoglobin und dem Blut seine rote Farbe verleiht. Die komplexe Bindung des Eisenatoms in der Häm-Gruppe ist die Ursache dafür, dass Sauerstoff nicht fest, sondern reversibel gebunden wird.

1 **Struktur und Funktion von Hämoglobin.**
a) Beschreiben Sie unter Bezug auf Abb. 1 den Bau des menschlichen Hämoglobins.
b) Vergleichen Sie Oxidation und Oxygenierung.

2 **Gedankenmodell zu den kooperativen Effekten.**
Abb. 3 zeigt ein Boot mit Platz für vier Schwimmer. Nachdem ein Schwimmer in das Boot gelangt ist, hilft er dem nächsten Schwimmer usw. Wenn das voll besetzte Boot anlegt, hilft derjenige, der als erster das Boot verlässt, dem zweiten usw.
Erläutern Sie die Entsprechungen von Modell und den kooperativen Effekten zwischen den vier Protein-Untereinheiten des Hämoglobins.

3 **Sauerstofftransport mit Hämoglobin – Kosten und Nutzen.** Ein Sauerstoffmolekül hat nur etwa 0,1 % der Größe einer der vier Protein-Untereinheiten des Hämoglobins. Zu den Kosten des Sauerstofftransports mit Hämoglobin gehört, dass dieses relativ große Molekül energie- und materialaufwändig im Stoffwechsel synthetisiert werden muss. Dennoch hat sich der Sauerstofftransport mit Hilfe von Hämoglobin im Laufe der Evolution bei vielen Gruppen von Tieren durchgesetzt. Erläutern Sie die Nutzen des Sauerstofftransports mit Hämoglobin, verwenden Sie auch Abb. 2.

Sauerstoff physikalisch gelöst:
In 100 ml Blutplasma des Menschen können etwa 0,3 ml Sauerstoff (physikalisch) gelöst sein.

Sauerstoff an Hämoglobin gebunden:
In 100 ml Blut des Menschen sind etwa 20 ml Sauerstoff an Hämoglobin gebunden.

2 Sauerstoff im Blut des Menschen

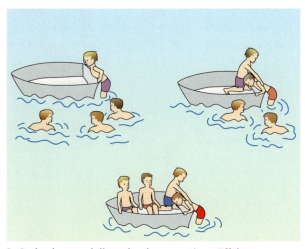

3 Gedankenmodell zu den kooperativen Effekten

→ 8.5 Angepasstheiten von Lebewesen an Sauerstoffmangel

6.4 Sauerstoffaffinität des Hämoglobins

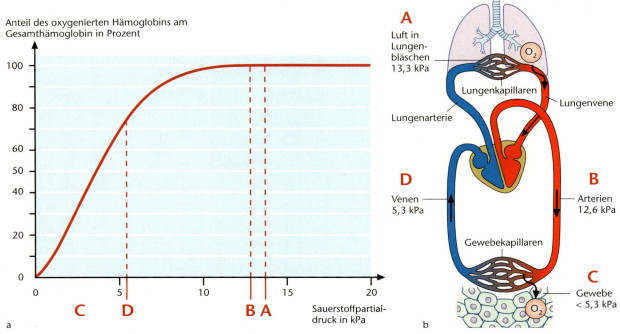

1 *a) Sauerstoffbindungskurve des Hämoglobins, b) Sauerstoffpartialdruck im Körper des Menschen*

Die Beladung von Hämoglobin mit Sauerstoff hängt in erster Linie vom Partialdruck des Sauerstoffs ab (Abb. 1). In einer Sauerstoffbindungskurve wird dargestellt, bei welchem O_2-Partialdruck welche Sauerstoffsättigung im Blut erreicht wird. Die Sauerstoffsättigung gibt an, wie viel Prozent des Gesamthämoglobins oxygeniert sind. Es ergibt sich eine S-förmige, **sigmoide Sauerstoffbindungskurve.** Bei niedrigem Sauerstoff-Partialdruck liegt nur wenig Hämoglobin in der oxygenierten Form vor. Bei hohem Sauerstoffpartialdruck liegen fast hundert Prozent des Hämoglobins oxigeniert vor; man spricht von Sättigung des Hämoglobins. Die Sauerstoffbindungskurve des Hämoglobins ist eine **Sättigungskurve.**

Im Körper eines Menschen ist der Sauerstoffpartialdruck in den Lungenbläschen aufgrund der sauerstoffhaltigen Einatmungsluft hoch (Abb. 1b). Im Bereich der Gewebe im Innern des Körpers ist der Sauerstoffpartialdruck gering. Eine wesentliche Ursache dafür ist die Zellatmung im Gewebe, bei der Sauerstoff in den Mitochondrien benötigt wird.

Sobald oxygeniertes Hämoglobin mit dem Blutkreislauf in Gewebe mit niedrigem Sauerstoffpartialdruck gelangt, gibt das Hämoglobin Sauerstoff ab. Der Sauerstoff diffundiert aus den Kapillaren in die umliegenden Zellen. Desoxygeniertes Hämoglobin wird bei hohem Sauerstoffpartialdruck im Bereich der Lungenkapillaren mit Sauerstoff beladen. Da sich die roten Blutzellen nur sehr kurze Zeit in den Kapillaren aufhalten, ist es vorteilhaft, wenn in dieser kurzen Zeit viel Sauerstoff aufgenommen bzw. abgegeben wird. Die kooperativen Effekte zwischen den Protein-Untereinheiten des Hämoglobins fördern eine schnelle Oxygenierung und Desoxygenierung. Der steile Teil der Sauerstoffbindungskurve erklärt sich durch diese kooperativen Effekte (Abb. 1a).

Die **Sauerstoffaffinität** gibt an, wie bereitwillig Hämoglobin Sauerstoff bindet. Meistens wird der P_{50}-Wert als Maßeinheit genommen. Er bezeichnet den Sauerstoffpartialdruck, bei dem 50 Prozent des Hämoglobins oxygeniert ist. Die Sauerstoffaffinität wird durch eine Reihe von Faktoren wie Blut-pH-Wert, Kohlenstoffdioxidpartialdruck und Temperatur beeinflusst. Eine veränderte Sauerstoffaffinität macht sich in einer Rechts- oder Linksverschiebung der Sauerstoffbindungskurve bemerkbar (Abb. 2).

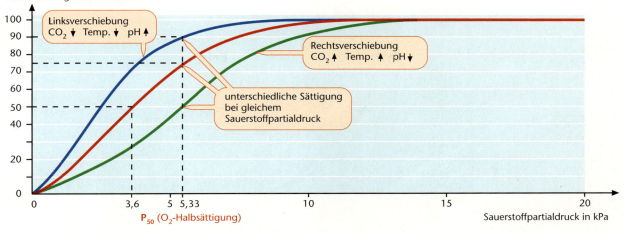

2 Rechts- und Linksverschiebung der Sauerstoffbindungskurve

1 Reise eines Hämoglobin-Moleküls im Körper.
Beschreiben Sie anhand der Abb. 1a und 1b die Vorgänge bei der Reise eines Hämoglobin-Moleküls mit dem Blutkreislauf im Körper eines Menschen. Beginnen Sie in der rechten Herzkammer. Beachten Sie die relevanten Fachbegriffe.

2 Rechts- und Linksverschiebung der Sauerstoffbindungskurve.
a) Stellen Sie in einer tabellarischen Übersicht die Wirkungen von pH-Wert, Kohlenstoffdioxid-Konzentration und Temperatur auf die Sauerstoffaffinität dar (Abb. 2).
b) Erläutern Sie die Auswirkungen einer Rechts- und einer Linksverschiebung der Sauerstoffbindungskurve auf die Sauerstoffaffinität sowie auf die Sauerstoffabgabe (Desoxygenierung) in den Gewebekapillaren (Abb. 2).

3 Anpassung an körperliche Anstrengungen.
Bei körperlichen Anstrengungen wird im Bereich der Skelettmuskulatur aufgrund intensivierter Zellatmung mehr Kohlenstoffdioxid freigesetzt und die Temperatur im Muskelgewebe erhöht sich. Auch der pH-Wert ändert sich im Muskelgewebe. Kohlenstoffdioxid wird im Blut zum Teil mit Hämoglobin transportiert, zum größeren Teil als Hydrogencarbonat-Ion im Blutplasma:

$$CO_2 + 2\,H_2O \rightleftharpoons \underbrace{H_2CO_3}_{\text{Kohlensäure}} + H_2O \rightleftharpoons \underbrace{HCO_3^-}_{\text{Hydrogencarbonat-Ion}} + H_3O^+$$

Daher gibt es einen Zusammenhang zwischen Intensität der Zellatmung, Kohlenstoffdioxid-Konzentration und pH-Wert.

Beschreiben Sie, in welche Richtung die Sauerstoffbindungskurve bei körperlichen Anstrengungen verschoben wird. Interpretieren Sie diese Veränderung als Anpassung an erhöhten Sauerstoffbedarf bei körperlicher Anstrengung.

4 Kohlenstoffmonooxid-Vergiftung.
Kohlenstoffmonooxid (CO) entsteht bei Verbrennungsprozessen und ist unter anderem im Tabakrauch enthalten. Kohlenstoffmonooxid besetzt dieselben Bindungsstellen im Hämoglobin wie Sauerstoff. Beschreiben Sie die CO-Bindungskurve in Abb. 3. Erläutern Sie die Wirkung von Kohlenstoffmonooxid als Gift.

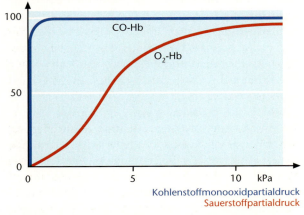

3 Kohlenstoffmonooxid- und Sauerstoffbindungskurve

→ 12.12 Trainingseffekte

6.5 Molekulare Angepasstheiten beim Hämoglobin

1 Streifengänse überqueren alljährlich den Himalaja in einer Flughöhe von etwa 9000 Metern. Der Sauerstoffgehalt der Luft in dieser Höhe beträgt 65 ml pro Liter Luft (zum Vergleich: auf Meeresniveau sind es 210 ml O_2 pro l). Das Hämoglobin der Streifengänse ist im Vergleich zu den nächsten Verwandten, der bei uns beheimateten Graugans, in einer Aminosäureposition verändert. Dieser Unterschied trägt dazu bei, dass das Hämoglobin der Streifengänse mehr Sauerstoff binden kann und sie daher 3500 Meter höher fliegen können als Graugänse.

Viele Tiere und auch der Mensch reagieren auf ein verringertes Sauerstoffangebot mit einer gesteigerten Synthese von Hämoglobin. Dadurch wird die **Sauerstoff-Transportkapazität** des Blutes erhöht. Diese durch Umwelteinflüsse bedingte Veränderung des Blutes ist eine **Modifikation** und wird nicht vererbt. Diese Modifikation tritt z. B. bei einem Aufenthalt im Hochgebirge auf. Menschen aus dem Tiefland, die sich einige Wochen in der sauerstoffärmeren Hochgebirgsluft aufhalten, bilden vermehrt rote Blutzellen und Hämoglobin. Ein Hormon aus der Niere, Erythropoetin (abgekürzt: Epo), ist an dieser Regelung beteiligt. Auslöser für die Synthese und Freisetzung von Erythropoetin ist eine Unterversorgung mit Sauerstoff in den Nieren. Bei wieder verbessertem Sauerstoffangebot wird die Epo-Synthese durch negative Rückkopplung gehemmt. Beim Menschen liegen die Gene für die Protein-Untereinheiten des Hämoglobins und die zugehörigen Kontrollregionen auf den Chromosomen 11 und 16. Durch spezifische Eiweiße wird die Transkription ausgelöst und so die Genaktivität für die Hämoglobinsynthese reguliert.

Zahlreiche Untersuchungen haben artspezifische Unterschiede in der Sauerstoffaffinität des Hämoglobins nachgewiesen (Abb. 1). Oftmals sind diese Unterschiede nur auf einen oder wenige Unterschiede in der Aminosäuresequenz der Hämoglobin-Untereinheiten zurückzuführen. Die Unterschiede der Sauerstoffaffinität von Elefanten- und Menschen-Hämoglobin (Abb. 2) beruhen auf einer unterschiedlichen Aminosäure in den β-Ketten des Hämoglobins. Diese artspezifischen Unterschiede sind als **Angepasstheiten** zu deuten. Angepasstheiten sind vorteilhafte Merkmale oder Eigenschaften, mit denen Lebewesen an ihre Umwelt angepasst sind. Angepasstheiten sind im Laufe der Zeit durch natürliche Auslese entstanden und erblich festgelegt.

Besondere Umstände liegen bei der Versorgung des Fetus mit Sauerstoff vor. Der Gasaustausch zwischen mütterlichem und fetalem Blut erfolgt in der Plazenta. Das Hämoglobin des Fetus ist genetisch bedingt etwas anders zusammengesetzt als das Hämoglobin des Erwachsenen. **Fetales Hämoglobin** hat eine höhere Sauerstoffaffinität als das Hämoglobin der Mutter (Abb. 4).

→ 8.5 Angepasstheiten von Lebewesen an Sauerstoffmangel   → 12.12 Trainingseffekte

Im Jahr 218 v. Chr. fiel Hannibal im Zweiten Punischen Krieg in Norditalien ein. Er hatte mit seinem Heer und 37 Elefanten von Spanien kommend die Alpen überquert und dabei auch den 2482 Meter hohen Col du Clapier überwunden.
Als beachtlich muss die körperliche Leistungsfähigkeit von Elefanten im Hinblick auf die Atmung in der Höhe gelten. Dort ist der Sauerstoffpartialdruck gering.
Heute weiß man, dass Elefanten-Hämoglobin an der zweiten Stelle der β-Kette die Aminosäure Asparagin enthält. Beim Menschen liegt dort Histidin vor. Dies ist die Ursache für Unterschiede in der Sauerstoffaffinität von Elefanten- und Menschen-Hämoglobin.

2 *Hannibal überquert die Alpen mit Elefanten*

1 Modifikation oder Angepasstheit? Nennen Sie aus diesem Abschnitt Beispiele für Modifikationen und für Angepasstheiten des Sauerstofftransports durch Hämoglobin. Begründen Sie Ihre Zuordnung.

2 Hannibals Alpenüberquerung aus molekularbiologischer Sicht. Erläutern Sie unter Bezug auf Abb. 2 und 3 die Ursachen der großen Leistungsfähigkeit von Elefanten in der Höhe.

3 P_{50}-Wert kleiner Säugetiere. Kleine Säugetiere haben in der Regel einen höheren P_{50}-Wert für Sauerstoff als größere Säugetiere (Abb. 3). Deuten Sie diesen Befund als Angepasstheit.

4 Fetales Hämoglobin. Formulieren Sie unter Bezug auf Abb. 4 begründete Hypothesen über die Sauerstoffversorgung des Fetus.

5 Recherche: Epo als Dopingmittel. Führen Sie eine Internetrecherche zum Thema „Epo und Doping" durch. Präsentieren Sie das Ergebnis in Form eines Kurzreferats mit Handout, einschließlich einer kommentierten Linkliste der drei Ihnen besonders geeignet erscheinenden Adressen.

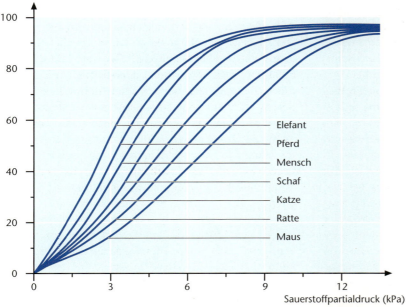

3 *Sauerstoffbindungskurven des Hämoglobins verschiedener Säugetiere und des Menschen*

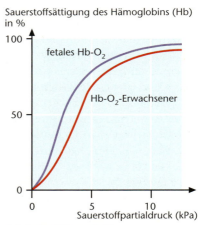

4 *Fetales Hämoglobin*

6.6 Biologische Arbeitstechnik: Gelelektrophorese

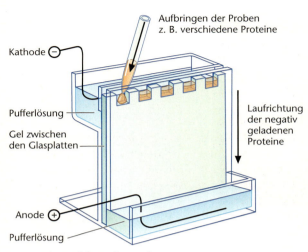

1 *Bau einer Elektrophoresekammer*

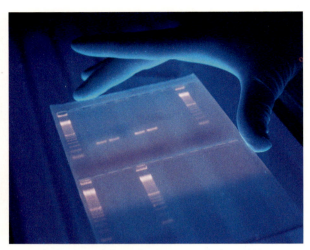

2 *Ergebnis einer Elektrophorese, angefärbte DNA-Banden unter UV-Licht*

In der molekularbiologischen Forschung müssen häufig bestimmte Stoffe aus einem Stoffgemisch voneinander getrennt werden, bevor sie identifiziert und genauer untersucht werden können. Um Protein- oder DNA-Gemische zu analysieren, wird eine Trennung durch **Gelelektrophorese** durchgeführt. Als Elektrophorese bezeichnet man die Wanderung geladener Teilchen durch ein Gel in einem elektrischen Feld. Damit Protein- oder DNA-Gemische durch Gelelektrophorese voneinander getrennt werden können, müssen drei Kriterien erfüllt sein:
1. Die voneinander zu trennenden Teilchen müssen eine Ladung tragen, damit sie in einem elektrischen Feld wandern können.
2. Die zu trennenden Teilchen müssen sich in mindestens einer ihrer Eigenschaften (Größe, Molmasse, Ladung) voneinander unterscheiden.
3. Das Gel muss als Trägermaterial auf die Teilchen eine bremsende Wirkung ausüben, damit die Teilchen aufgrund ihrer verschiedenen Eigenschaften im elektrischen Feld unterschiedlich schnell wandern.

Proteine haben aufgrund ihrer sauren oder basischen Aminosäureketten in der Regel eine positive oder negative Ladung. DNA-Teilstücke haben aufgrund ihrer Phosphat-Gruppen bei neutralem pH-Wert eine negative Ladung.

Zu Beginn der Gelelektrophorese wird das Gel beispielsweise aus Agarose oder aus Polyacrylamid hergestellt. Das Gel bildet ein engmaschiges Netz, das die aufzutrennenden Moleküle bei ihrer Wanderung durch das Gel unterschiedlich stark behindert. Agarose-Gele sind relativ großporig, Polyacrylamid-Gele deutlich kleinporiger. Die Gele wirken also wie ein molekulares Sieb. In das Gel wird das aufzutrennende Stoffgemisch aufgebracht (Abb. 1). Dann wird eine elektrische Spannung an das Gel angelegt. Die Moleküle beginnen nun je nach ihren Eigenschaften unterschiedlich schnell durch das Gel zu wandern. Kleine, negativ geladene Anionen wandern beispielsweise schneller zur positiv geladenen Anode als große Anionen. Gleiche Teilchen laufen mit gleicher Geschwindigkeit durch das Gel. Sie befinden sich also immer in derselben Zone des Gels, die auch als „Bande" bezeichnet wird. Die Elektrophorese wird beendet, wenn die am schnellsten beweglichen Teilchen das Ende des Gels erreicht haben. Dadurch wird eine optimale Auftrennung erreicht. Um die voneinander getrennten Teilchen identifizieren zu können, werden anschließend in der Regel zwei Verfahren angewendet: Eine Möglichkeit ist, dass die Teilchen vor der Elektrophorese radioaktiv markiert werden und anschließend das Gel einer Autoradiographie unterzogen wird, um die Banden sichtbar zu machen. Eine zweite Möglichkeit besteht darin, das Gel vor oder nach der Elektrophorese mit UV-fluoreszierenden Farbstoffen zu versetzen. Unter UV-Licht betrachtet leuchten die DNA-Fragmente unterschiedlich stark (Abb. 2). Proteine werden direkt angefärbt.

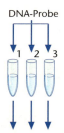

1. Schneiden der DNA-Proben durch Restriktionsenzyme

Jedes Restriktionsenzym schneidet die DNA an einer ganz bestimmten Position. Verschiedene Restriktionsenzyme unterscheiden sich in der Position, an der sie die DNA schneiden.

Restriktionsenzym A → Probe 1 (A, B)
Restriktionsenzym B → Probe 2 (C, D)
Restriktionsenzym A und B → Probe 3 (A, E, D)

2. Jede Probe wird in eine der Geltaschen gegeben und eine Spannung wird angelegt.

3.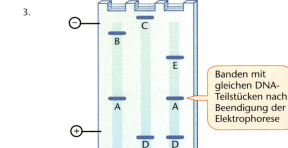

Banden mit gleichen DNA-Teilstücken nach Beendigung der Elektrophorese

4 *Gelelektrophorese einer DNA-Lösung*

→ 17.2 Verwandtschaftsbelege durch molekularbiologische Homologien

---

Frage:
Wie kann man ein Gemisch aus zwei verschiedenen Ionensorten voneinander trennen?

Hypothese:
In einem elektrischen Feld werden die Ionen durch ihre Ladung getrennt.

Durchführung:
Stellen Sie eine Lösung von ammoniakalischer Kupfersulfat-Lösung (C, Xn, N) und Kaliumpermanganat-Lösung (O, Xn, N) her. Geben Sie 1–2 Tropfen dieser Lösung, die Kupfer- und Permanganat-Ionen (Cu^{2+} und MnO_4^-) enthält, auf die Mitte eines Filterpapierstreifens, der zuvor mit Kaliumnitrat-Lösung (O) getränkt wurde. Legen Sie je eine Kohleelektrode (Anode und Kathode) auf eine der Seiten des Filterpapiers, sodass sich die Tropfen in der Mitte zwischen den Elektroden befinden. Legen Sie eine Gleichspannung von 20 V an.

3 *Experiment zur Ionenwanderung*

1 Experiment zur Ionenwanderung. Beschreiben Sie Ihre Beobachtungen aus dem Experiment in Abb. 3 nach einigen Minuten und überprüfen Sie die Hypothese. Stellen Sie die Vorgänge auf Teilchenebene grafisch dar.

2 Das Verfahren der Gelelektrophorese.
a) Beschreiben Sie das in Abb. 4 dargestellte Verfahren zur Gelelektrophorese.
b) Deuten Sie das Ergebnis mit den DNA-Banden nach Beendigung der Gelelektrophorese. Beachten Sie dabei, dass die Teilschritte 1 und 2 für uns nicht sichtbar sind.

3 Gedankenexperiment: Trennung eines Proteingemischs durch Gelelektrophorese. Skizzieren Sie die Banden, die sich in dem Gel erkennen lassen, wenn Sie ein Proteingemisch gelelektrophoretisch auftrennen. Das Proteingemisch soll aus vier verschiedenen Proteinen A–D bestehen. Die Proteine A–C sind unterschiedlich groß, wobei A das kleinste und C das größte Protein ist. Alle drei Proteine sind einfach negativ geladen. Das Protein D ist genauso groß wie das Protein A, es ist aber zweifach negativ geladen. Erläutern Sie Ihre Skizze und begründen Sie die Position der Banden.

4 Trennung von Stärke- oder Fettmolekülen durch Gelelektrophorese? Informieren Sie sich über den Bau von Stärke- und von Fettmolekülen. Beurteilen Sie anschließend, ob man mit Hilfe der Gelelektrophorese auch Gemische aus Stärke- oder Fettmolekülen auftrennen kann.

6.7 Sichelzellanämie: Molekulare Ursachen einer Erkrankung

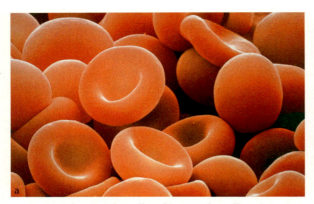 

1 *a) normale rote Blutzellen, b) rote Blutzellen eines Menschen mit Sichelzellanämie*

Die Sichelzellanämie ist eine genetisch bedingte und vererbbare Erkrankung. Die Betroffenen haben ein verändertes Hämoglobin, das man gegenüber dem normalen Hämoglobin (Hb-A) als **Sichelzell-Hämoglobin** (Hb-S) bezeichnet. In der desoxygenierten Form neigen die Hb-S-Moleküle in den roten Blutzellen dazu, sich zusammen zu lagern. Das führt zur sichelförmigen Gestalt der roten Blutzellen (Abb. 1b). Bei der Sichelzellanämie ist die Sauerstofftransport-Kapazität des Hämoglobins stark eingeschränkt. Sichelförmige rote Blutzellen verhaken und verklumpen leicht miteinander und verstopfen dadurch Blutkapillaren. Auf Ebene der Organe können Nieren, Muskeln, Gelenke, der Verdauungstrakt und die Lungen betroffen sein. Die Funktionen des Gehirns können beeinträchtigt sein und es kann zu Lähmungen kommen. Die Sichelzellanämie ist eine lebensbedrohliche Erkrankung.

Die Sichelzellanämie wird rezessiv vererbt. Die homozygoten Träger von zwei Sichelzell-Allelen (Genotyp aa) bilden die Krankheit voll aus. Heterozygote (Genotyp Aa) zeigen dagegen nur leichte Krankheitserscheinungen. Etwa die Hälfte ihrer Blutzellen ist sichelförmig.

Ursache der Sichelzellanämie ist eine **Punktmutation** im Gen für die ß-Ketten des Hämoglobins auf dem Chromosom 11 des Menschen. Diese Punktmutation führt zu einer veränderten Aminosäuresequenz. Die hydrophile Aminosäure Glutaminsäure ist durch die hydrophobe Aminosäure Valin ersetzt (Abb. 2). Das hat schwerwiegende Auswirkungen auf die Tertiär- und Quartärstruktur des Hämoglobins und damit auf seine Funktion, den Sauerstofftransport.

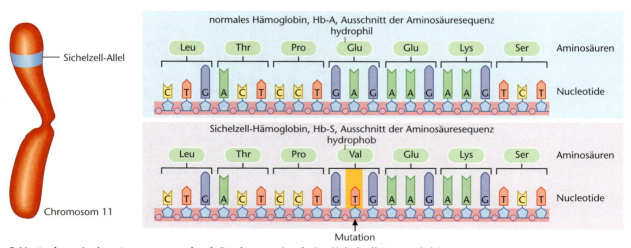

2 *Veränderte Aminosäuresequenz durch Punktmutation beim Sichelzell-Hämoglobin*

→ 2.13 Der genetische Code und Genmutationen   → 6.6 Biologische Arbeitstechnik: Gelelektrophorese

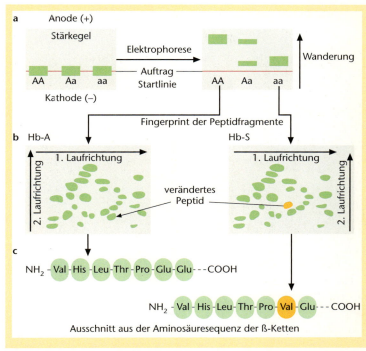

a) **Elektrophorese im Stärkegel:** Hämoglobin von Menschen dreier verschiedener Genotypen (AA, Aa, aa) wurde isoliert und getrennt voneinander auf die Startlinie eines Stärkegels aufgetragen. Dann wurde eine elektrische Spannung angelegt.

b) **Fingerprint der Peptidfragmente:** Hb-A und Hb-S wurden durch Enzyme in kurzkettige Bruchstücke, Peptidfragmente, zerteilt. Die Mischung aus diesen Bruchstücken wurde auf ein Papier aufgetragen und einem elektrischen Feld ausgesetzt. Nach einer festgelegten Zeit wurde das Papier im rechten Winkel gedreht. Bei der nun folgenden Chromatographie bewegen sich die Peptidfragmente in die zweite Richtung. Das Ergebnis ist eine zweidimensionale Trennung der Peptidfragmente zu einem Muster von Punkten oder „Fingerprints".

c) **Aminosäuresequenz-Analyse:** Das veränderte Peptid des Fingerprints wird auf seine Aminosäuresequenz untersucht.

3 *Untersuchung von Hb-A und Hb-S durch Elektrophorese, Fingerprint und Aminosäuresequenz-Analyse*

1 Molekulare, zelluläre und Organ-Ebene der Sichelzellanämie. Beschreiben Sie die Ursachen und Auswirkungen der Sichelzellanämie auf molekularer und zellulärer Ebene sowie auf Ebene der Organe eines Menschen.

2 Aufklärung der molekularen Ursachen der Sichelzellanämie. Bei der Aufklärung der Ursachen der Sichelzellanämie wurden in der Mitte des vergangenen Jahrhunderts die in Abb. 3 dargestellten Methoden eingesetzt.
a) Informieren Sie sich in diesem Buch über das Prinzip der Elektrophorese und der Chromatographie.
b) Erläutern Sie unter Bezug auf Abb. 3 die Ergebnisse der Elektrophorese, des Fingerprints und der Aminosäuresequenz-Analyse. Fassen Sie die Teilergebnisse zusammen.

3 Sichelzell-Allel und Malaria in Afrika. In Malariagebieten sind heterozygote Träger des Sichelzell-Allels relativ häufig (Abb. 4). In Malariagebieten steht die Häufigkeit des Sichelzell-Allels meistens in einem stabilen Verhältnis zum Normal-Allel. Erörtern Sie mögliche Ursachen für diese beiden Sachverhalte.

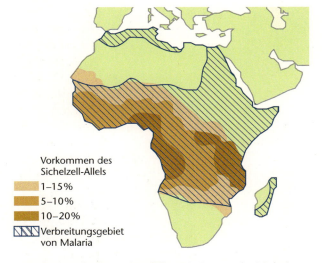

4 *Malariaverbreitung in Afrika.* Die Erreger der Malaria sind Einzeller. Sie werden durch den Stich der weiblichen Anopheles-Mücke übertragen. Für die Fortpflanzung der Mücke sind Wärme und stehende Gewässer notwendig. Bestimmte Stadien der Malaria-Erreger befallen rote Blutzellen. Sie gewinnen aus dem Abbau von Hämoglobin Aminosäuren. Das Sichelzell-Hämoglobin ist allerdings für die Einzeller kaum verwertbar. In sichelförmigen Blutzellen wachsen die Malariaerreger schlecht. Heterozygote Träger des Sichelzell-Allels sind zu 60 bis 90 Prozent vor dem Krankheitsbild der schweren Malaria geschützt.

Ökologie und nachhaltige Zukunft

7 Fotosynthese – Umwandlung von Lichtenergie in chemische Energie

8 Anpassungen und Angepasstheiten von Lebewesen an Umweltfaktoren

9 Wechselwirkungen zwischen Lebewesen

10 Vernetzte Beziehungen in Ökosystemen

11 Anthropogene Einflüsse und nachhaltige Zukunft

Kohlenstoffdioxid ist ein Molekül, das in den vernetzten Systemen der Biosphäre an vielen Stellen eine Rolle spielt. Es wird bei der Atmung von Menschen, Pflanzen, Tieren und anderen Lebewesen freigesetzt. Bei der Fotosynthese von Pflanzen und bestimmten Bakterien wird es zum Aufbau energiereicher organischer Substanzen benötigt. Ohne Kohlenstoffdioxid in der Atmosphäre wäre es sehr viel kälter auf der Erde. Zu viel Kohlenstoffdioxid heizt die Atmosphäre auf. Nachhaltigkeit ist gefordert, also ein Handeln, das nicht auf Kosten zukünftiger Generationen erfolgt.
Das Kartogramm zeigt den CO_2-Ausstoß pro Kopf im Jahr 2000 in den verschiedenen Ländern. Je größer ein Land im Verhältnis zu seiner Fläche dargestellt ist, desto höher ist der CO_2-Ausstoß.

7.1 Vom Organ zum Molekül: Laubblatt – Chloroplasten – Chlorophyll

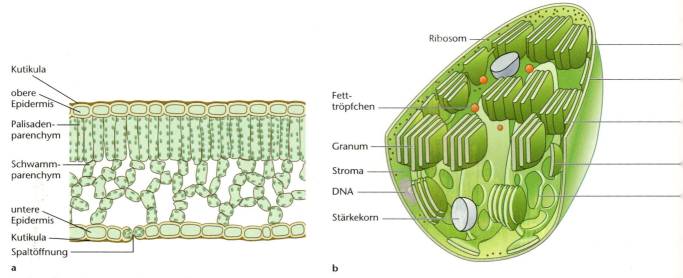

1 a) Aufbau eines typischen Laubblattes, b) Aufbau eines Chloroplasten, c) Granathylakoid-Membran, d) Chlorophyllmolekül

Die **Fotosynthese** ist ein mehrstufiger Prozess, bei dem eine Pflanze mit Hilfe von Lichtenergie aus Kohlenstoffdioxid und Wasser energiereiche Glucose herstellt. Fotosynthese ist die Grundlage für Wachstum und Entwicklung einer Pflanze sowie für die Herstellung fast aller in einer Pflanze vorhandenen Stoffe. Durch Fotosynthese ernähren sich Pflanzen nicht nur selbst, sondern sie bilden auch die Nahrungsgrundlage für Tiere und Menschen.

Blätter sind Organe einer Pflanze, die neben der geregelten Abgabe von Wasserdampf, der Transpiration, vor allem der Fotosynthese dienen. Zwischen der Struktur und Funktion eines Blattes gibt es zahlreiche Zusammenhänge. Meistens sind Blätter dünn und haben eine große Oberfläche. Das begünstigt die Aufnahme von Licht in das Innere des Blattes. Bei einem typischen Laubblatt findet Fotosynthese vor allem im Palisadengewebe statt (Abb. 1a). Die länglichen Palisadenzellen an der Oberseite des Blattes enthalten im Vergleich zu anderen Geweben eines Blattes viele Chloroplasten. Kohlenstoffdioxid gelangt aus der Umwelt durch Spaltöffnungen in das Blattinnere, zunächst in das mit großen Zellzwischenräumen (Interzellularräumen) ausgestattete Schwammgewebe. Es dient dem **Gasaustausch.**

Chloroplasten sind diejenigen Zellorganellen, in denen die Fotosynthese der Pflanzen stattfindet. Chloroplasten sind wie die Mitochondrien von zwei Membranen umhüllt (Abb. 1b). Die Grundsubstanz eines Chloroplasten wird Stroma genannt. Darin befinden sich unter anderem eine ringförmige DNA, Ribosomen, Stärkekörner und Fetttröpfchen. Der Chloroplast wird durchzogen von einem lamellenartigen System von weitgehend parallel verlaufenden Membranen, den Thylakoid-Membranen. Sie gehen aus der inneren Chloroplasten-Membran hervor. Die Thylakoid-Membranen trennen den mit Flüssigkeit gefüllten Innenraum der Thylakoide vom Stroma (Abb. 1b). Dort, wo die Thylakoide ähnlich wie die Münzen einer Geldrolle aufeinander gepackt sind, spricht man von **Granathylakoiden.** Die Granathylakoide eines Chloroplasten sind durch flächige **Stromathylakoide** verbunden.

Vor allem in den Granathylakoid-Membranen sind verschiedene Pigmente, die Fotosysteme, eingelagert (Abb. 1c). Pigmente sind Moleküle, die Licht absorbieren können. Zu den Fotosynthese-Pigmenten gehört auch das Chlorophyll (Abb. 1d). Die Umwandlung von Kohlenstoffdioxid in Glucose findet im Stroma des Chloroplasten statt.

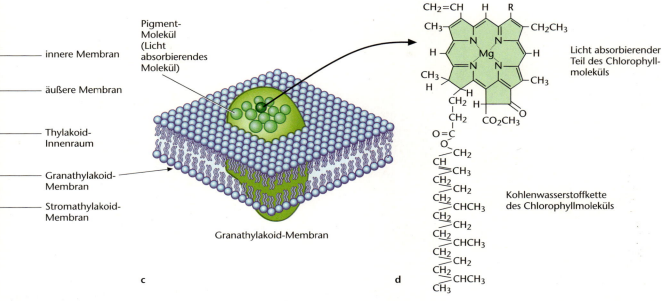

- innere Membran
- äußere Membran
- Thylakoid-Innenraum
- Granathylakoid-Membran
- Stromathylakoid-Membran

Pigment-Molekül (Licht absorbierendes Molekül)

Granathylakoid-Membran

Licht absorbierender Teil des Chlorophyllmoleküls

Kohlenwasserstoffkette des Chlorophyllmoleküls

c   d

1 Laubblatt: Strukturen und Funktionen zuordnen. Ordnen Sie die nachfolgend aufgeführten Funktionen den Strukturen eines Laubblattes zu (Abb. 1a):
a) Leitung von Wasser, Mineralsalzen und Fotosyntheseprodukten; b) Gasaustausch und Transpiration; c) Transpirationsschutz, Schutz vor dem Eindringen von Krankheitserregern; d) Fotosynthese.

2 Basiskonzept Kompartimentierung. Erläutern Sie an Beispielen aus diesem Abschnitt das Basiskonzept Kompartimentierung.

3 Sonnen- und Schattenblätter der Rotbuche. Sonnen- und Schattenblätter der Rotbuche sind Modifikationen, also nicht erbliche Angepasstheiten. Beschreiben Sie die Unterschiede zwischen Sonnen- und Schattenblättern in Abb. 2 und interpretieren Sie die Angaben.

4 Mikroskopische Übung: Blattquerschnitt. In der Abb. 3 ist die Vorgehensweise für ein Blatt der Christrose *(Helleborus niger)* gezeigt. Man schneidet den Querschnitt nahe der stabilen Mittelrippe.
Zeichnen und beschriften Sie einen Ausschnitt des Querschnitts. Fertigen Sie außerdem ein Zupfpräparat an, an dem Sie die Spaltöffnungen erkennen. Fassen Sie dafür das Blatt mit der Hand und reißen schnell mit einer Pinzette ein kleines Blattstück heraus, welches Sie mikroskopieren.

Blattquerschnitt schematisiert	Sonnenblatt	Schattenblatt
durchschnittliche Blattoberfläche (cm^2)	28,8	48,9
durchschnittliche Blattdicke (mm)	0,185	0,093
durchschnittliche Blattmasse (g pro m^2)	115,1	52,7

2 Vergleich Sonnen- und Schattenblätter

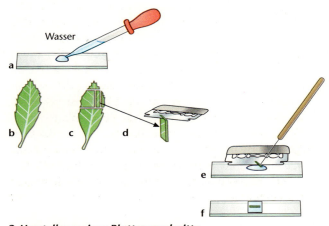

3 Herstellung eines Blattquerschnitts

→ 7.9 Übersicht: Fotosynthese   → 17.4 Die Endosymbiontentheorie

7.2 Arbeitstechnik: Chromatographie und Autoradiographie

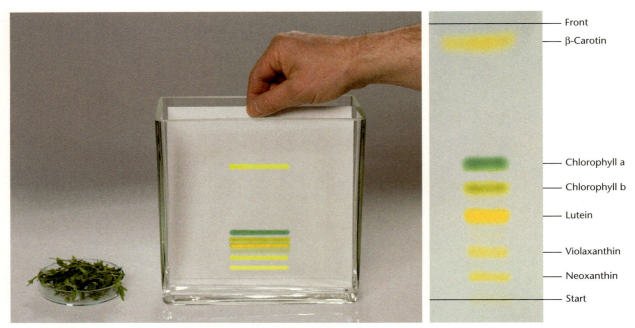

1 *Dünnschichtchromatographische Auftrennung von Blattfarbstoffen*

Um Inhaltsstoffe von Zellen qualitativ oder quantitativ zu erfassen, kann man sie aus der Zelle herauslösen und voneinander trennen. Dies kann durch die Methode der **Chromatographie** geschehen. Dabei handelt es sich um ein Stofftrennverfahren, bei dem sich Stoffe aufgrund verschiedener Wechselwirkungen mit dem Lösungsmittel oder dem Trägermaterial auftrennen lassen. Die von F. Runge (1795–1867) entwickelte Papierchromatographie bildete die Grundlage für die modernen Chromatographieverfahren. Anstelle des Papiers werden heute als Trägermaterial Glasplatten oder Metallfolien verwendet, die mit Kieselgel, Cellulose oder Aluminiumoxid beschichtet sind. Die Vorteile dieser Dünnschichtchromatographie liegen in einer kürzeren Laufzeit und einer besseren Auftrennung.

Bei der Dünnschichtchromatographie wird ein Farbstoffgemisch auf das Trägermaterial an einer Startlinie aufgetragen. Das Trägermaterial wird dann z. B. in eine Laufkammer mit einem Lösungsmittel gestellt (Abb. 1). Das Trägermaterial saugt das Lösungsmittel auf. Das Lösungsmittel steigt auf und mit ihm die darin gelösten Farbstoffe, wobei sich aufgrund der Wechselwirkungen der Farbstoffe mit dem Lösungsmittel einerseits und dem Trägermaterial andererseits stoffspezifische Wanderungsgeschwindigkeiten ergeben (Abb. 1).

Um herauszufinden, in welchen Schritten Stoffwechselprozesse innerhalb der Zelle ablaufen, muss man die zeitliche Reihenfolge der auftretenden Stoffe ermitteln. Dies geschieht mit Hilfe der **Autoradiographie.** Man setzt dabei radioaktiv markierte Isotope ein. Isotope sind Atome eines Elements, die sich in der Anzahl der Neutronen im Kern voneinander unterscheiden.

Melvin Calvin erhielt im Jahr 1961 den Nobelpreis für die Aufdeckung der Sekundärreaktionen bei der Fotosynthese (Calvin-Zyklus). Er hatte Algen das radioaktiv markierte Isotop ^{14}C in Form von $NaH^{14}CO_3$ angeboten, das in Wasser u. a. in $^{14}CO_2$ zerfällt. Dieses wurde von den Algen aufgenommen. Durch Abtöten der Algen nach bestimmten Zeitintervallen, Herstellung eines Extraktes mit anschließender Auftrennung durch Chromatografie konnten sämtliche Zwischenprodukte nachgewiesen werden. Die radioaktiv markierten Stoffe wurden mittels einer fotografischen Platte sichtbar gemacht (Abb. 2). Die Methode der Autoradiographie lieferte in der Geschichte der Biologie bereits viele Erkenntnisse. Zum Beispiel wurde sie auch angewandt, um den Ort und die Schritte der Proteinbiosynthese zu ermitteln.

Frage:
In welchen Schritten verläuft die CO_2-Fixierung in der Fotosynthese?

Hypothesen:
1. Kohlenstoffdioxid wird in einem Schritt zu Glucose umgewandelt.
2. Kohlenstoffdioxid wird in mehreren Schritten über Zwischenprodukte zu Glucose umgewandelt.

Durchführung:

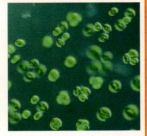

Grünalgen wurden in einem Kulturgefäß mit $^{14}CO_2$ versorgt und belichtet. Nach 3 und nach 30 Sekunden wurden die Grünalgen entnommen, abgetötet und aus ihnen ein Extrakt hergestellt.

Die beiden Pflanzenextrakte wurden jeweils hier aufgetragen und nacheinander in zwei Richtungen chromatographiert.

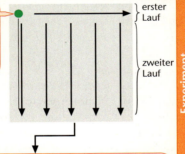

Nach der Auftrennung wurden die beiden Chromatogramme mit einem Röntgenfilm bedeckt, der durch die radioaktive Strahlung von ^{14}C verändert wird. Jeder dunkle Punkt entspricht einer mit ^{14}C markierten Verbindung.

Ergebnisse:

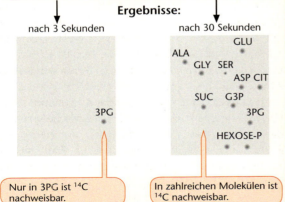

nach 3 Sekunden — Nur in 3PG ist ^{14}C nachweisbar.

nach 30 Sekunden — In zahlreichen Molekülen ist ^{14}C nachweisbar.

Auswertung:
Hypothese 2 ist bestätigt.

2 Prinzip der Autoradiographie

Frage:
Welche Zwischenprodukte des Citrat-Zyklus sind in Fruchtsäften vorhanden?

Durchführung:
Vergleichslösungen: 5%ige wässrige Lösungen von Citrat, Malat, α-Ketoglutarat, Succinat und Fumarat.
Probelösungen: Orangen-, Apfel- und Grapefruitsaft.
Laufmittel (200 ml): Essigsäureethylester (F, Xi), Ameisensäure (C), Wasser = 10 : 2 : 3 sowie 30 mg Bromphenolblau und 75 mg Na-Formiat.
Durchführung: Auf eine mit Cellulose beschichtete Platte (20 x 20 cm) werden die Vergleichslösungen und die Probelösungen mit Hilfe eines Kapillarröhrchens etwa 1,5 cm vom unteren Rand entfernt aufgetragen und danach in die Laufkammer mit dem Lösemittel (Füllhöhe: max. 1 cm) gestellt. Die Trenndauer beträgt ca. 2 Stunden. Durch den Indikator Bromphenolblau (basisch: blau, sauer: gelb) erscheinen die Substanzen (Säuren) als gelbe Flecke auf blauem Hintergrund.

3 Experiment zum chromatographischen Nachweis von Zwischenprodukten des Citrat-Zyklus in Fruchtsäften

1 Experiment: Fruchtsäfte chromatographisch untersuchen. Führen Sie das Experiment in Abb. 3 durch. Protokollieren Sie die Lage der Stoffe und stellen Sie fest, welche Zwischenprodukte des Citrat-Zyklus in den Fruchtsäften vorkommen.

2 Ermittlung des R_f-Werts. Zur Identifikation von Substanzen in einem Chromatogramm dient der R_f-Wert. Dies ist der Quotient aus der Laufstrecke der jeweiligen Substanz und der Frontstrecke (Strecke zwischen der Startlinie und der Lösungsmittelfront). Ermitteln Sie anhand der Abb. 1 für jede der Substanzen die entsprechenden R_f-Werte.

3 Internetrecherche. Informieren Sie sich mit Hilfe des Internets über folgende Chromatographie-Methoden: Säulen-Chromatographie, Gas-Chromatographie, HPLC. Bereiten Sie jeweils einen Kurzvortrag vor und präsentieren Sie ihn.

→ 7.5 Der Calvin-Zyklus: Umwandlung von Kohlenstoffdioxid in Glucose

7.3 Pigmente absorbieren Licht

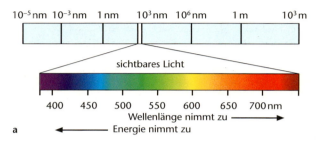

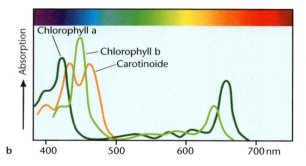

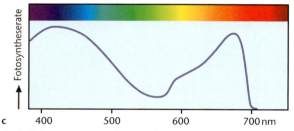

1 a) elektromagnetisches Spektrum, b) Absorptions- und c) Wirkungsspektrum der Fotosynthese-Pigmente

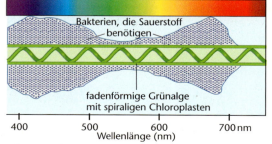

2 Engelmannsches Experiment

Die evolutionäre Entwicklung der Fotosynthese vor ungefähr 3,5 Milliarden Jahren war einer der bedeutendsten Schritte in der Geschichte des Lebens auf unserem Planeten. Mit der Fotosynthese wurde die Nutzung der nahezu unerschöpflichen Energiequelle Sonne möglich. Der zentrale Vorgang im Fotosynthese-Prozess ist die Umwandlung von Lichtenergie in chemische Energie, die vom Organismus genutzt werden kann. Dazu wird Licht zunächst aufgenommen (absorbiert). Dies geschieht durch Farbstoff-Moleküle, die Fotosynthese-Pigmente, die sich in den Thylakoidmembranen der Chloroplasten befinden.

Bei der thermonuklearen Fusion in der Sonne wird Energie in Form elektromagnetischer Strahlung frei (Abb. 1a). Das für Menschen sichtbare Licht nimmt nur einen schmalen Bereich des elektromagnetischen Spektrums ein. Die Strahlen breiten sich als Pakete, die man Lichtquanten oder Photonen nennt, mit Lichtgeschwindigkeit aus. Ihr Energiegehalt hängt von der Wellenlänge ab. Blaues Licht ist energiereicher als rotes Licht.

Zu den wichtigsten **Fotosynthese-Pigmenten** der Blütenpflanzen, Farne, Moose und Grünalgen gehören Chlorophyll a, Chlorophyll b und Carotinoide. In Abbildung 1b sind ihre Absorptionsspektren dargestellt. Unter Absorptionsspektrum versteht man die Fähigkeit eines Pigments, Photonen verschiedener Wellenlänge zu absorbieren. Trotz Unterschieden in den Absorptionsspektren ist den genannten Pigmenten gemeinsam, dass sie grünes Licht kaum oder gar nicht absorbieren.

Die verschiedenen Fotosynthese-Pigmente sind in Gruppen in der Thylakoidmembran angeordnet (Abb. 3). Diese Gruppen nennt man Fotosysteme. In jedem dieser **Fotosysteme** wird Licht absorbiert. Zentrale Bedeutung in den Fotosystemen aller Pflanzen hat das Chlorophyll a.

Die verschiedenen Wellenlängen des Lichts treiben die Fotosynthese mit unterschiedlicher Wirkung an. Misst man in Experimenten die Sauerstoff-Produktion durch Fotosynthese als Funktion der Wellenlänge, erhält man das **Wirkungsspektrum** der Fotosynthese (Abb. 1c). Zwischen Absorptions- und Wirkungsspektrum der Fotosynthese gibt es Zusammenhänge.

1 Versuch: Papier-Chromatogramm der Blattpigmente. Informieren Sie sich in diesem Buch über die Methode der Chromatografie. Als Ausgangsmaterial für eine Rohpigmentlösung sind unter anderem Spinat, Feldsalat oder Efeu geeignet. Extrahieren Sie aus dem zerkleinerten Blattmaterial, das mit Quarzsand in einer Reibschale zerrieben wurde, mittels 96-prozentigem Ethanol die Pigmente. Filtern Sie die Rohpigmentlösung in ein sauberes Reagenzglas. Als Laufmittel können Sie Petrolether (40–60 °C Siedebereich) – Petrolether (50–70 °C) – Aceton (100 %) im Verhältnis 8:2:1,6 verwenden. Führen Sie die Papierchromatografie durch. Beschreiben Sie das Ergebnis und werten Sie es aus.

2 Absorptionsspektren und Wirkungsspektrum. Beschreiben Sie die Graphen in Abb. 1b und c. Erläutern Sie den Zusammenhang zwischen Wirkungsspektrum und Absorptionsspektren.

3 Der Engelmannsche Versuch. Im Jahre 1883 führte Thomas Engelmann einen Versuch durch (Abb. 2), bei dem sauerstoffbedürftige Bakterien und fadenförmige Grünalgen zusammengebracht wurden. Mit Hilfe eines Prismas wurde farbiges Licht auf die fadenförmige Grünalge projiziert und die Verteilung der Bakterien entlang der Algen beobachtet. Das Ergebnis ist in Abb. 2 dargestellt. Beschreiben und deuten Sie die Versuchsergebnisse.

4 Modifikationen der Fotosysteme.
a) Stellen Sie eine begründete Hypothese auf, ob es sich bei Abb. 4a um ein Schatten- oder ein Sonnenblatt handelt.
b) Erläutern Sie die Modifikationen der Fotosysteme in Sonnen- und Schattenblättern der Rotbuche (Abb. 4) mit Hilfe der Angaben in Abb. 3 als Anpassung.

In der Thylakoidmembran der Chloroplasten sind Fotosynthese-Pigmente (Chlorophyll a, b, Carotinoide) in Form von Fotosystemen organisiert. Jedes Fotosystem besteht aus einem Chlorophyll-a-Molekül als Reaktionszentrum und Pigmenten darum herum, die als Antennenpigmente bezeichnet werden. Dazu gehören Chlorophyll b und Carotinoide. Wird ein Antennenpigment durch Photonen angeregt, überträgt es die Energie in einer Kettenreaktion über benachbarte Pigmentmoleküle bis zum Chlorophyll a im Reaktionszentrum. Jedes Mal, wenn das Chlorophyll a im Reaktionszentrum angeregt wird, überträgt es ein Elektron auf einen primären Elektronenakzeptor, der sich ebenfalls im Reaktionszentrum befindet.
Man unterscheidet Fotosystem I und Fotosystem II. Die Ziffern geben die Reihenfolge ihrer Entdeckung wieder. Fotosystem I hat im Reaktionszentrum ein Chlorophyll a, das am besten bei einer Wellenlänge von 700 Nanometern absorbiert (P700, P steht für Pigment), im Fotosystem II ist es P680.

3 Bau und Funktion eines Fotosystems

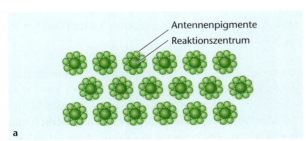
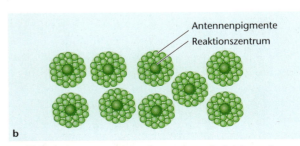

4 Schema zur Struktur der Fotosysteme bei Sonnen- und Schattenblättern der Rotbuche, bezogen auf gleich große Thylakoidmembranflächen

→ 10.4 Übersicht: Stoffkreisläufe und Energiefluss in einem Ökosystem   → 17.5 Evolution der Stoffwechseltypen

7.4 Lichtreaktionen: Bereitstellung von chemischer Energie

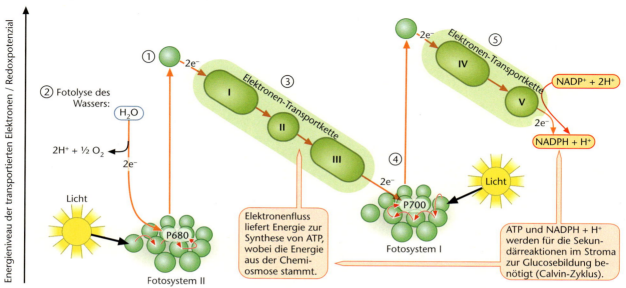

1 Energetisches Modell der Lichtreaktionen. ① Durch Lichtenergie wird Chlorophyll a (P680) im Reaktionszentrum des Fotosystems II angeregt und zwei Elektronen werden auf eine Elektronen-Transportkette übertragen. ② Die dadurch entstandene Elektronenlücke im P680 wird durch Elektronen aus Wasser ersetzt, indem ein Wasser-Molekül in zwei Elektronen (e^-), zwei Protonen (H^+) und ein Sauerstoffatom zerlegt wird. Der Vorgang heißt **Fotolyse des Wassers**. ③ Die Elektronen durchlaufen eine **Elektronen-Transportkette** aus hintereinander geschalteten Redoxsystemen. Dabei geben die Elektronen schrittweise Energie ab. Diese Energie wird teilweise als Wärme frei, teilweise wird sie zur **ATP-Synthese** genutzt (Abb. 2). ④ Chlorophyll a (P700) im Reaktionszentrum des Fotosystems I wird durch Licht angeregt und zwei Elektronen werden auf eine weitere Elektronen-Transportkette übertragen. Die Elektronenlücke im P700 wird durch Elektronen aus der Elektronen-Transportkette (3) gefüllt. ⑤ In der Elektronen-Transportkette werden Elektronen schließlich auf $NADP^+ + 2H^+$ übertragen. Es entsteht das Reduktionsäquivalent $NADPH + H^+$. Für die Bildung eines Moleküls $NADPH + H^+$ müssen zwei Elektronen die Elektronen-Transportketten der Lichtreaktionen durchlaufen.

Die Lichtreaktionen sind der Teil der Fotosynthese, in dem an den Thylakoidmembranen Lichtenergie in chemische Energie des ATP gewandelt und so für die Pflanzen nutzbar wird. Außerdem werden mit Hilfe der Lichtenergie Reduktionsäquivalente ($NADPH + H^+$) gebildet. Sie übertragen Elektronen. Unter Beteiligung von ATP und $NADPH + H^+$ wird im Stroma des Chloroplasten Glucose aus Kohlenstoffdioxid hergestellt.

Die Lichtreaktionen umfassen eine Kette von Teilschritten, in die beide **Fotosysteme** und verschiedene **Redoxsysteme** als Elektronenüberträger einbezogen sind (Abb. 2). Im Zentrum stehen die beiden Fotosysteme, in denen durch Lichtabsorption Chlorophyll a angeregt wird und Elektronen auf eine **Elektronen-Transportkette** übertragen werden (Abb. 1). Wenn Elektronen diese Kette von Redoxsystemen durchfließen, geben sie schrittweise Energie ab (Abb. 1). Sie wird dazu benutzt, um Protonen (H^+) aus dem Stroma in das Innere der Thylakoide zu pumpen (Abb. 2). Dieser Unterschied in der Konzentration der Protonen, der Protonengradient, zwischen Stroma und Innerem der Thylakoide wird zur ATP-Bildung benutzt. Die Kopplung von Elektronenfluss, Aufbau eines Protonengradienten und ATP-Bildung wird **Chemiosmose** genannt (Abb. 2).

Die Elektronen, die in den Lichtreaktionen transportiert werden, stammen aus der **Fotolyse** des Wassers am Fotosystem II (Abb. 1), bei der auch Sauerstoff frei wird. Fast jedes Sauerstoffmolekül, das Lebewesen einatmen, ist so gebildet worden.

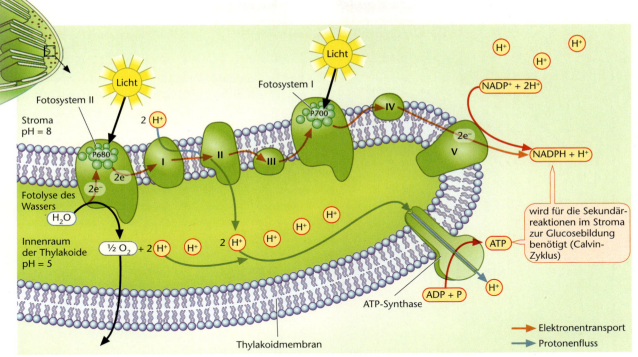

2 Chemiosmotisches Modell der Lichtreaktionen. Die Abbildung zeigt die Anordnung der beiden Fotosysteme und der Redoxsysteme I bis V in der Thylakoidmembran. Die Membran trennt das Stroma des Chloroplasten vom Innenraum der Thylakoide. Diese Kompartimentierung ist Voraussetzung für Bildung und Aufrechterhaltung eines Konzentrationsgefälles an Protonen (H^+). Der Protonengradient wird vor allem durch die Redoxsysteme I und II gefördert. Sie wirken zusammen als Protonen-Pumpe: Für jedes Elektron, das unter Freisetzung von Energie in der Elektronen-Transportkette weiterfließt, wird ein Proton aus dem Stroma in den Innenraum der Thylakoide gepumpt (Abb. 1, Ziffer 3). Zusätzlich reichern sich Protonen aus der Fotolyse des Wassers im Innenraum der Thylakoide an. Der Protonengradient wird am Unterschied des pH-Wertes von Stroma und Thylakoid-Innenraum deutlich. Im Protonengradienten ist Energie gespeichert. Sie wird durch das Enzym ATP-Synthase genutzt. Beim Fluss der Protonen durch die ATP-Synthase entlang des Konzentrationsgefälles von innen nach außen wird Energie frei, die zur Bildung von ATP verwendet wird. Der Zusammenhang von Energie, Elektronentransport, Aufbau und Aufrechterhaltung eines Protonengradienten und ATP-Bildung wird auch als **Chemiosmose** bezeichnet.

1 **Energetisches und chemiosmotisches Modell der Lichtreaktionen ergänzen sich.**
a) Erläutern Sie das energetische und das chemiosmotische Modell jeweils mit Hilfe einer geeigneten, möglichst einfachen Tafelskizze im freien Kurzvortrag.
b) Vergleichen Sie das energetische und das chemiosmotische Modell. Erläutern Sie, auf welche Weise sich beide Modelle ergänzen.

2 **Manche Herbizide wirken in den Lichtreaktionen der Fotosynthese.** Bestimmte Herbizide (Unkrautvernichtungsmittel) blockieren den Elektronentransport in den Lichtreaktionen, z. B. zwischen Redoxsystem I und II. Erläutern Sie kurz-, mittel- und langfristige Folgen dieser Blockade.

3 **Versuche planen: Herkunft des Sauerstoffs.** Lange Zeit war unklar, ob der Sauerstoff, der bei der Fotosynthese freigesetzt wird, aus dem Kohlenstoffdioxid (Hypothese 1) oder aus dem Wasser (Hypothese 2) oder aus beiden stammt (Hypothese 3). Mit Hilfe von Isotopen konnte eine Klärung dieser Frage herbeigeführt werden. Planen Sie in Grundzügen Versuche, mit denen die Hypothesen geprüft und die Frage widerspruchsfrei beantwortet werden kann. Ihnen stehen Wasser und Kohlenstoffdioxid zur Verfügung, die ausschließlich das Sauerstoffisotop ^{18}O gebunden haben. Gehen Sie vereinfachend davon aus, dass normales Wasser und Kohlenstoffdioxid nur ^{16}O enthalten. Zur Analyse wird ein Massenspektrometer verwendet, mit dem das Isotop ^{18}O nachgewiesen werden kann.

→ 5.7 Chemiosmose als Mechanismus der ATP-Synthese

7.5 Der Calvin-Zyklus: Umwandlung von Kohlenstoffdioxid in Glucose

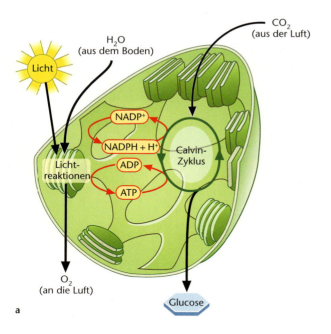

Die Umwandlung von Kohlenstoffdioxid in energiereiche organische Verbindungen wie Glucose findet im Stroma der Chloroplasten statt (Abb. 1a). Nach seinem Entdecker MELVIN CALVIN wird der Stoffwechselweg Calvin-Zyklus genannt. Eine andere Bezeichnung für den Calvin-Zyklus ist „Sekundärreaktionen der Fotosynthese". Damit wird deutlich gemacht, dass diese Reaktionen auf die Primärreaktionen, die Lichtreaktionen, angewiesen sind. Tatsächlich werden ATP und Reduktionsäquivalente (NADPH+H$^+$) aus den Lichtreaktionen im **Calvin-Zyklus** benötigt (Abb. 1a). Da ATP und NADPH+H$^+$ nicht auf Vorrat gebildet werden, sondern schon nach wenigen Sekunden oder Minuten umgesetzt sind, kann der Calvin-Zyklus unter natürlichen Bedingungen nur ablaufen, wenn gleichzeitig die Lichtreaktionen stattfinden. Der Calvin-Zyklus wird in drei Phasen eingeteilt, die jeweils aus mehreren enzymatischen Einzelreaktionen bestehen (Abb. 1b). Die Umwandlung von Kohlenstoffdioxid in Glucose ist insgesamt eine Reduktion.

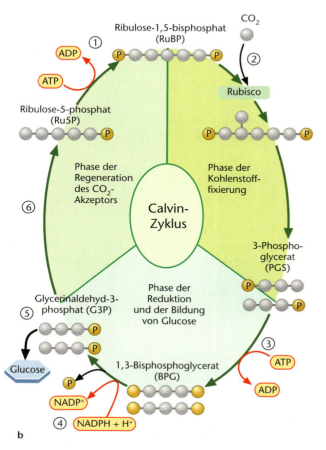

1 a) Übersicht zur Fotosynthese, b) Calvin-Zyklus ① Mit Hilfe von ATP aus den Lichtreaktionen wird aus Vorstufen Ribulose-1,5-bisphosphat (RuBP) gebildet. Das ist der **CO$_2$-Akzeptor**, also das Molekül, das Kohlenstoffdioxid aufnimmt. ② Das Enzym Rubisco katalysiert die Bindung von CO$_2$ an RuBP. Aus dem instabilen C$_6$-Körper entstehen zwei Moleküle 3-Phosphoglycerat (PGS). Man spricht von **Kohlenstofffixierung**, weil der Kohlenstoff des CO$_2$ in ein organisches Molekül eingebaut wurde. ③ ④ Mittels ATP aus den Lichtreaktionen wird PGS auf ein höheres Energieniveau gehoben und schließlich durch Übertragung energiereicher Elektronen, die NADPH+H$^+$ aus den Lichtreaktionen bereitstellt, zu Glycerinaldehyd-3-phosphat (G3P) reduziert **(Phase der Reduktion)**. ⑤ Der C$_3$-Körper G3P ist das energiereiche Produkt des Calvin-Zyklus, aus dem Glucose und andere organische Verbindungen hervorgehen können. Für die Bildung von einem Molekül Glucose muss der Calvin-Zyklus sechs Mal durchlaufen werden. ⑥ Der größte Teil des gebildeten G3P verbleibt im Calvin-Zyklus und wird für die **Regeneration des CO$_2$-Akzeptors** genutzt.

→ 4.1 Enzyme als Biokatalysatoren   → 7.9 Übersicht: Fotosynthese

1 Lichtreaktionen und Calvin-Zyklus.

a) Erläutern Sie unter Bezug auf Abb. 1b die drei Phasen des Calvin-Zyklus.
b) Beschreiben Sie anhand einer selbst gefertigten Skizze das wechselseitige Zusammenwirken von Lichtreaktionen und Calvin-Zyklus (Sekundärreaktionen).
c) Erläutern Sie den Fotosynthese-Prozess in Chloroplasten unter dem Gesichtspunkt der Kompartimentierung.

2 Experiment mit Grünalgen zum Calvin-Zyklus.
a) Werten Sie die Ergebnisse des Experimentes in Abb. 2 unter Bezug auf die Hypothesen aus. Begründen Sie das Versuchsergebnis mit Hilfe Ihrer Kenntnisse über den Calvin-Zyklus.
b) Entwerfen Sie ein Abb. 2 entsprechendes Diagramm über den Konzentrationsverlauf von PGS und RuBP, wenn durchgängig genügend Licht vorhanden ist, jedoch beim Übergang von Phase I zu II das Kohlenstoffdioxid dem Wasser entzogen wird.

3 Isotopenmarkierung und Autoradiographie.
Melvin Calvin gewann seine mit dem Nobelpreis (1961) gewürdigten Erkenntnisse mit Hilfe der Autoradiographie. Informieren Sie sich in diesem Buch über die Methode der Autoradiographie und die Ergebnisse, die Calvin damit erzielte.

4 Das Zusammenwirken verschiedener Komponenten bei der Fotosynthese. Chloroplasten lassen sich experimentell in die Fraktion der Thylakoidmembranen und in die Fraktion des Stromas trennen. Abb. 3 zeigt fünf Versuchsansätze (I bis V) in Reagenzgläsern bei 25 °C mit jeweils unterschiedlicher Kombination von Thylakoidmembranen, Stroma, Licht sowie von außen hinzugefügtem ATP und NADPH+H$^+$. In allen Reagenzgläsern befand sich genügend Kohlenstoffdioxid. (Lesebeispiel: Versuchsansatz II enthält im Regenzglas neben Kohlenstoffdioxid die Fraktion der Thylakoidmembranen. Das Reagenzglas wurde belichtet.) Jeder dieser fünf Versuchsansätze wurde daraufhin untersucht, ob es im Reagenzglas zur Bildung von ATP, von NADPH+H$^+$ und von Glucose kommt.
Entwerfen Sie für jeden der Versuche I bis V Hypothesen

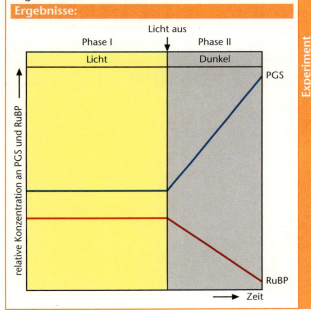

2 Versuch mit Grünalgen zum Calvin-Zyklus

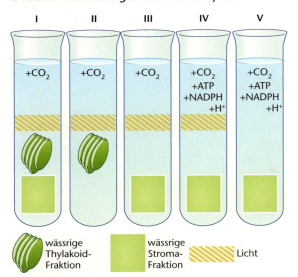

3 Versuchsanordnung zum Zusammenwirken verschiedener Bestandteile bei der Fotosynthese

→ 7.10 Die Kohlenstoffbilanz einer Pflanze

7.6 Die Fotosyntheserate ist von verschiedenen Faktoren abhängig

1 *Frühblüher wie das Buschwindröschen* nutzen die relativ hohe Beleuchtungsstärke, die vor der Belaubung der Bäume den Waldboden erreicht.

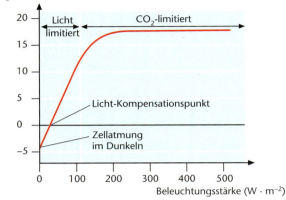

2 *Lichtsättigungskurve der Fotosynthese*

Die Fotosynthese wird in der Natur von mehreren Faktoren gleichzeitig beeinflusst. Selten sind alle Faktoren optimal. Bei niedrigen Temperaturen bleibt eine hohe Beleuchtungsstärke auf die Fotosyntheserate wirkungslos, in der Dämmerung begrenzt die geringe Beleuchtungsstärke die Fotosynthese, auch wenn die Temperaturen optimal sind. Es gilt das von JUSTUS VON LIEBIG (1803–1873) formulierte **„Gesetz des begrenzenden Faktors"**. Es besagt Folgendes: Hängt ein Prozess von mehreren Faktoren ab, so kann seine Intensität nur durch denjenigen Faktor gesteigert werden, der jeweils im Minimum ist und daher begrenzend wirkt. Der begrenzende Faktor wird auch **limitierender Faktor** genannt. Dieses Gesetz gilt auch für die Fotosynthese. Die wichtigsten limitierenden Faktoren sind für die Fotosynthese Beleuchtungsstärke, Temperatur und Kohlenstoffdioxidkonzentration.

Licht: Trägt man die Fotosyntheserate gegen die Lichtstärke auf, ergibt sich der in Abb. 2 dargestellte Kurvenverlauf. Im Dunkeln und bei sehr schwachem Licht liegt nur Atmung vor, bei der CO_2 freigesetzt und O_2 aufgenommen wird. Mit steigender Beleuchtungsstärke setzt der gegenläufige Prozess der Fotosynthese ein, bei dem CO_2 aufgenommen und O_2 abgegeben wird. An dem Punkt, wo die Kurve die Abszisse schneidet, liegt der **Licht-Kompensationspunkt**. Er gibt die Beleuchtungsstärke an, bei der sich CO_2-Freisetzung durch Atmung und CO_2-Aufnahme durch Fotosynthese ausgleichen. Oberhalb des Lichtkompensationspunktes liegt ein Kohlenstoff-Nettogewinn für die Pflanze vor. Dauerhaft kann eine Pflanze nur überleben, wenn sie einen Kohlenstoff-Nettogewinn durch Fotosynthese erzielt. Im Bereich des linearen Anstiegs der Kurve ist die Fotosynthese durch Licht begrenzt. Schließlich stagniert bei weiterer Erhöhung der Beleuchtungsstärke die Fotosyntheserate. Dann limitiert die CO_2-Konzentration die Fotosyntheserate. Insgesamt zeigt die Kurve den typischen Verlauf einer **Sättigungskurve** (Abb. 2). Der Lichtkompensationspunkt und der Beginn der Lichtsättigung unterscheiden sich bei Sonnen- und Schattenpflanzen, aber auch bei Sonnen- und Schattenblättern ein und derselben Pflanze.

Temperatur: Die Temperaturabhängigkeit der Fotosynthese folgt einer typischen **Optimumkurve** (Abb. 3). Ein Maß für die Temperaturabhängigkeit eines Prozesses ist der Q_{10}-Wert. Er ist definiert durch die Steigerung der Reaktionsgeschwindigkeit bei einer Temperaturerhöhung um 10 °C. Temperaturunabhängige Prozesse haben einen Q_{10}-Wert von 1, d. h., die Temperatur hat keinen Einfluss auf die Reaktionsgeschwindigkeit. Die an der Fotosynthese beteiligten chemischen Reaktionen haben Q_{10}-Werte von 2 bis 3.

Kohlenstoffdioxid: Am natürlichen Standort ist die CO_2-Konzentration von 0,038 % immer dann limitierender Faktor, wenn die Temperatur optimal und die Lichtstärke hoch ist. In bestimmten Gewächshauskulturen wird künstlich mit CO_2 begast.

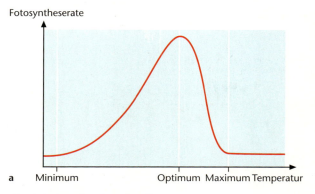

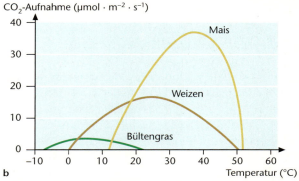

3 *Temperaturabhängigkeit der Fotosynthese* a) allgemeines Schema einer Optimumkurve; b) Fotosynthese-Temperatur-Kurven für drei Gräser

1 Temperatur-Optimumkurve der Fotosynthese.

a) Beschreiben Sie die Kurve in Abb. 3a. Erläutern Sie die Kurve. Entwickeln Sie plausible Hypothesen für die Ursachen des Kurvenverlaufs zwischen Minimum und Optimum sowie zwischen Optimum und Maximum. Diskutieren Sie Ihre Hypothesen.
b) Werten Sie Abbildung 3b aus.

2 Lichtsättigungskurven bei Sonnen- und Schattenpflanzen.

a) Schauen Sie aus dem Fenster Ihres Kursraumes und schätzen Sie anhand der folgenden Beispiele die Beleuchtungsstärke in verschiedenen Bereichen des Schulgeländes bzw. der Umgebung:
– mittags, wolkenloser Himmel, auf Meeresniveau: ca. 900 W · m^{-2}
– mittags, bedeckter Himmel: ca. 100 W · m^{-2}
– mittags, wolkenlos, Unterwuchs eines Buchenwaldes: ca. 10 W · m^{-2}
– Vollmond: ca. 2 bis 3 W · m^{-2}
b) Vergleichen Sie die Lichtsättigungskurven der verschiedenen Pflanzen in Abb. 4.

3 Zusammenwirken von Lichtstärke und Temperatur.
Die drei Kurven in Abb. 5 stammen von derselben Pflanze. Vergleichen Sie die drei Kurven. Interpretieren Sie anschließend die Kurven.

4 Tomaten aus dem Gewächshaus.
Erläutern Sie in Form einer schriftlichen Anleitung, wie ein gläsernes Gewächshaus betrieben werden sollte, um zum Beispiel Tomaten zu produzieren. Nutzen Sie dazu die Infor-

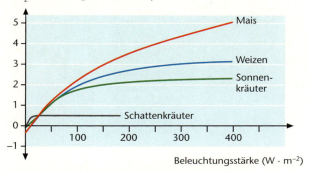

4 *Lichtsättigungskurven verschiedener Pflanzen*

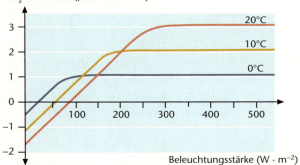

5 *Zusammenwirken von Lichtstärke und Temperatur bei einer Pflanze*

6 *Gewächshaustomaten*

7.7 Mais – eine C₄-Pflanze als Fotosynthesespezialist

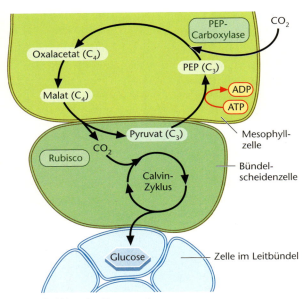

1 *Der C₄-Weg der Fotosynthese*

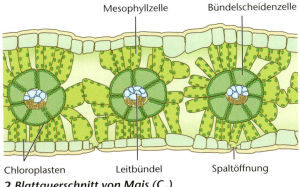

2 *Blattquerschnitt von Mais (C₄)*

Mais gehört neben Weizen und Reis zu den weltweit wichtigsten Getreidearten für unsere Ernährung. Seinen Ursprung hat der Mais in Regionen mit hohen Temperaturen in Mexiko. Ein Grund für die weltweite Verbreitung verschiedener Zuchtformen des Maises ist seine hohe Biomasseproduktion. Sie liegt in Besonderheiten des Fotosynthese-Stoffwechsels begründet, die man unter dem Begriff **C₄-Weg der Fotosynthese** zusammenfasst. Neben Mais gehören eine Reihe anderer tropischer und subtropischer Pflanzen, darunter Zuckerrohr und Hirse, zu den C₄-Pflanzen. Bei ihnen ist das erste Produkt der CO_2-Fixierung in der Fotosynthese Oxalacetat, ein Molekül mit vier Kohlenstoffatomen.

C₄-Pflanzen zeigen im Vergleich zu C₃-Pflanzen Besonderheiten in Struktur und Funktion ihrer Blätter. Diese Besonderheiten wurden im Laufe der Evolution durch natürliche Auslese begünstigt. Es handelt sich um Angepasstheiten. Mit ihrer Hilfe können C₄-Pflanzen auch dann noch Substanzgewinn durch Fotosynthese erzielen, wenn die Spaltöffnungen bei großer Hitze kaum oder gar nicht geöffnet sind. Durch diesen Regelungsvorgang verringert die Pflanze Wasserverluste, kann jedoch gleichzeitig weniger CO_2 aufnehmen. Die CO_2-Konzentration im Blatt sinkt.

C₄-Pflanzen besitzen zwei Formen von fotosynthetisch aktiven Zellen, die kranzförmig um die Leitbündel an-geordnet sind. Die Bündelscheidenzellen umgeben die Leitbündel, nach außen schließen sich die Mesophyllzellen an (Abb. 2). Bündelscheidenzellen und Mesophyllzellen unterscheiden sich in ihren Enzymen. Die Chloroplasten der Bündelscheidenzellen können, ähnlich den C₃-Pflanzen, CO_2 mit Hilfe des Enzyms Rubisco fixieren, den Calvin-Zyklus durchführen und Glucose bilden (Abb. 1). Die Mesophyllzellen enthalten kein Rubisco. Im Cytoplasma der Mesophyllzellen befindet sich das Enzym PEP-Carboxylase. Dieses Enzym fixiert CO_2 an den Akzeptor PEP (Phosphoenolpyruvat). Es entsteht Oxalacetat, ein C₄-Molekül, das in den Chloroplasten weiter zu Malat umgesetzt wird. Malat wird schließlich durch stark ausgebildete Zell-Zell-Plasmaverbindungen von den Mesophyllzellen in die Bündelscheidenzellen transportiert. Dort wird CO_2 abgespalten. Auf diese Weise wird in der Umgebung des Enzyms Rubisco die CO_2-Konzentration beträchtlich erhöht. Das Enzym PEP-Carboxylase versorgt das Enzym Rubisco mit viel CO_2.

CO_2 wird bei C₄-Pflanzen also zweimal fixiert, zunächst durch PEP-Carboxylase in den Mesophyllzellen, dann durch Rubisco in den Bündelscheidenzellen. Diese räumliche Trennung ist ein Beispiel für Kompartimentierung. Das Enzym PEP-Carboxylase hat eine vielfach höhere Affinität zu CO_2 als Rubisco. PEP-Carboxylase nutzt geringe CO_2-Konzentrationen sehr viel effektiver aus als Rubisco. Das ist einer der Gründe dafür, dass C₄-Pflanzen besonders in warmer oder heißer Umgebung, wenn die Spaltöffnungen kaum oder gar nicht geöffnet sind, eine relativ hohe Fotosyntheserate haben. Durch Züchtung gelang es, dass Mais auch in gemäßigten Klimazonen eine hohe Biomasseproduktivität hat.

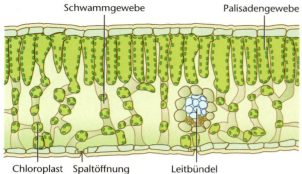

3 *Blattquerschnitt Laubblatt (C_3)*

1 **Vergleich der Blätter.** Vergleichen Sie den Blattquerschnitt eines typischen Laubblattes einer C_3-Pflanze mit dem Blattquerschnitt einer C_4-Pflanze (Abb. 2, 3).

2 **Der C_4-Weg der Fotosynthese.** Beschreiben Sie den C_4-Weg der Fotosynthese anhand der Abb. 1.

3 **Experiment: Fotosyntheserate von C_3- und C_4-Pflanzen.** Entwickeln Sie Hypothesen über die Farbveränderung des pH-Indikators in den drei Versuchsansätzen des Experiments in Abb. 4.

4 **Gedankenexperiment: Konkurrenzversuch zwischen Weizen (C_3) und Mais (C_4).** In einen großen abgeschlossenen Glasbehälter werden eine Weizenpflanze und eine Maispflanze mit etwa gleicher Masse gepflanzt. Der Behälter wird durchgängig mit einer Intensität belichtet, die etwa dem Licht um die Mittagszeit eines sonnigen Sommertages entspricht. Entwickeln Sie Hypothesen über mögliche Veränderungen im Laufe der Zeit im Glasbehälter.

5 **Fotosynthese von C_3- und C_4-Pflanzen in Abhängigkeit von Außenfaktoren.** Beschreiben Sie unter Bezug auf Abb. 5, unter welchen Bedingungen C_4-Pflanzen im Vorteil sind und unter welchen Bedingungen C_3-Pflanzen im Vorteil sind.

> **Experiment:**
> Fotosyntheserate von C_3- und C_4-Pflanzen.
>
> **Hypothese:**
> ???
>
> **Durchführung:**
> Mit dieser Versuchsanordnung wurden Blätter etwa gleicher Masse von Mais (C_4) und Bohne (C_3) bei sonst gleichartigen Versuchsbedingungen auf ihre Fotosyntheserate hin untersucht. Als Kontrolle diente ein Versuchsansatz ohne Pflanzen. In allen drei Versuchsansätzen war der pH-Wert auf 5,5 eingestellt. Bromthymolblau diente als pH-Indikator. Alle drei Versuchsansätze wurden mit gleicher Lichtintensität etwa zwei Stunden lang belichtet.

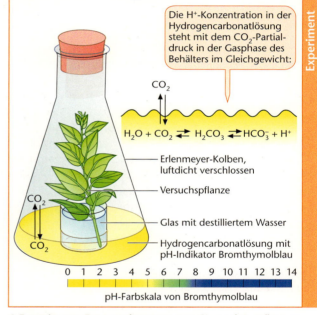

Die H^+-Konzentration in der Hydrogencarbonatlösung steht mit dem CO_2-Partialdruck in der Gasphase des Behälters im Gleichgewicht:

$$H_2O + CO_2 \rightleftarrows H_2CO_3 \rightleftarrows HCO_3^- + H^+$$

4 *Experiment: Fotosyntheserate von C_3- und C_4-Pflanzen*

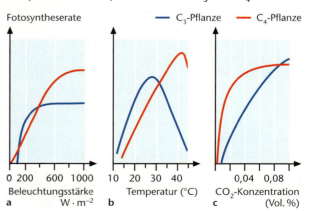

5 *Abhängigkeit der Fotosyntheserate* von a) der Lichtintensität, b) der Temperatur und c) der CO_2-Konzentration bei C_3-Pflanzen und bei C_4-Pflanzen

→ 7.1 Vom Organ zum Molekül: Laubblatt – Chloroplasten – Chlorophyll

7.8 CAM-Pflanzen – angepasst an extreme Trockenheit

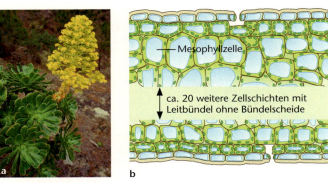
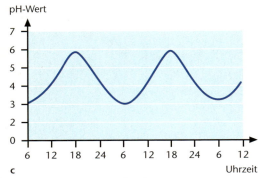

1 a) *Riesenhauswurz (Aeonium spec.)*, b) *Blattquerschnitt*, c) *pH-Wert des Zellsaftes in der Vakuole*

In Gebieten mit extremer Trockenheit leben Pflanzen mit Wasserspeichern. Man nennt dieses Phänomen **Sukkulenz** (lat. *succus,* Saft). Zu den Sukkulenten gehören vor allem Kakteen und die Dickblattgewächse, die Wasser in den Blättern speichern (Abb. 1). Diese **Blattsukkulenten** sind an die klimatischen Verhältnisse an ihrem Standort, wie hohe Temperaturen und sehr seltene Niederschläge, besonders gut angepasst.

Das Dilemma zwischen notwendiger Aufnahme von Kohlenstoffdioxid und der Gefahr der Austrocknung durch Wasserdampfverlust über die Spaltöffnungen ist bei diesen Pflanzen groß. Sukkulenten öffnen ihre Spaltöffnungen daher nachts, wenn es kühler ist, und schließen sie tagsüber – genau umgekehrt wie bei den meisten anderen Pflanzen. Lange Zeit war unklar, weshalb der Kohlenhydratgehalt in den Blättern tagsüber ansteigt, obwohl durch die geschlossenen Spaltöffnungen kein Kohlenstoffdioxid für die Fotosynthese aufgenommen werden kann. Man beobachtete, dass der Säuregehalt des Zellsaftes der Vakuolen tagsüber abfällt und nachts wieder ansteigt (Abb. 2). Die Untersuchung des Zellsaftes ergab, dass nachts der Gehalt an Äpfelsäure, einer C_4-Verbindung, anstieg, der Gehalt an PEP, einer C_3-Verbindung im Zellplasma, dagegen sank (Abb. 2). Damit war der CO_2-Akzeptor identifiziert. Nachts wird das CO_2 im Cytoplasma in Form von Äpfelsäure fixiert und in die Vakuolen zur Speicherung transportiert, was zu einer Absenkung des pH-Werts des Zellsafts in der Vakuole führt. Tagsüber wird die Äpfelsäure wieder aus der Vakuole heraus und in die Chloroplasten transportiert, der pH-Wert des Zellsaftes steigt wieder an. Im Chloroplast wird das CO_2 wieder abgespalten und in den Calvin-Zyklus eingebaut, wobei Glucose gebildet wird. Diese Besonderheit gab dem besonderen Stoffwechselweg seinen Namen: **C**rassulacean **A**cid **M**etabolism: **CAM.**

Die besondere Anpassung der CAM-Pflanzen besteht also in einer zeitlichen Trennung der CO_2-Fixierung und der Sekundärreaktion der Fotosynthese und nicht in einer räumlichen, wie bei den C_4-Pflanzen. Im Vergleich mit den C_3-Pflanzen weisen CAM-Pflanzen zwar eine geringere Produktivität auf, dafür kann der Wasserverlust aber auf mehr als ein Zehntel des Wasserverlusts einer C_3-Pflanze reduziert werden. Die Angepasstheit der CAM-Pflanzen im Fotosynthese-Stoffwechsel ermöglicht es diesen Pflanzen, ökologische Nischen zu besetzen, die ihnen sonst nicht zugänglich wären.

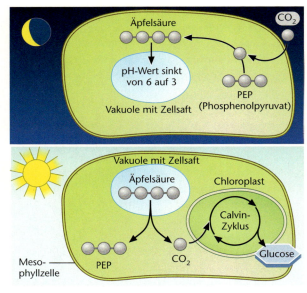

2 CO_2-Fixierung bei CAM-Pflanzen, schematisch

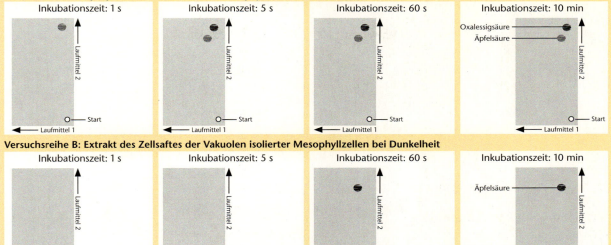

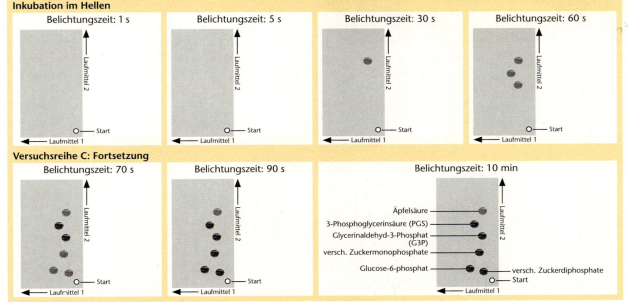

3 Autoradiogramme der CO_2-Fixierung bei Nacht bei Aeonium spec.

1 Blattvergleich. Vergleichen Sie den Bau des Laubblattes von Aeonium (Abb. 1) mit dem einer C_3- und einer C_4-Pflanze.

2 Erstellung eines Stoffwechselschemas aus Autoradiogrammen. Leiten Sie auf Grundlage des Textes und der Autoradiogramme in Abb. 3 ein vereinfachtes Stoffwechselschema ab. Stellen Sie dies zeichnerisch z. B. in einem Pfeildiagramm dar. Begründen Sie Ihre jeweiligen Entscheidungen unter Bezug auf die Autoradiogramme.

→ 7.5 Der Calvin-Zyklus: Umwandlung von Kohlenstoffdioxid in Glucose   → 9.5 Das Konzept der ökologischen Nische

7.9 Übersicht: Fotosynthese

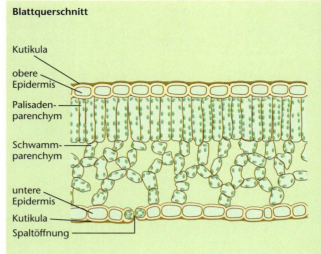

Blattquerschnitt

Blätter – Orte der Fotosynthese
In allen grünen Teilen der Pflanze kann Fotosynthese stattfinden. Für die Fotosynthese erforderlich sind Kohlenstoffdioxid, Wasser und Licht. Das Blatt ist meist der Hauptort der Fotosynthese. Trotz der Vielgestaltigkeit von Blättern sind es im Wesentlichen zwei Funktionen, die ihren Aufbau prägen: Transpiration und Fotosynthese.

Transport und Speicherung von Glucose
Leitbündel bestehen aus toten Zellen, die das Xylem bilden, sowie aus den lebenden Zellen, den Siebröhren, die das Phloem bilden. Die Aufgabe des Xylems ist der Transport von Wasser und Mineralsalzen aus den Wurzeln in alle Pflanzenteile. Über das Phloem wird in Saccharose umgewandelte Glucose von den Fotosyntheseorten (Quelle) zu den Orten des Bedarfs oder der Speicherung (Senke), z. B. den Wurzeln, transportiert. Dort wird sie als Stärke in den Zellen gespeichert.

Umwandlung von Lichtenergie in chemische Energie
Grüne Pflanzen nutzen das Sonnenlicht. Sie bilden mit Hilfe der Lichtenergie energiereiche Stoffe wie Glucose. Grüne Pflanzen sind autotroph. Die Entstehung der Fotosynthese kann man als Schlüsselereignis in der Evolution des Lebens auf der Erde bezeichnen, denn in der Frühzeit der Erde gab es noch keine Fotosynthese. Die Uratmosphäre war noch frei von Sauerstoff. Fotosynthese betreibende Organismen schufen erst allmählich die sauerstoffhaltige Atmosphäre der Erde und damit eine unserer Lebensgrundlagen.

Heterotrophe Organismen beziehen die energiereichen Stoffe für ihren Stoffwechsel, indem sie sich von anderen Lebewesen ernähren. Um weltweit alle pflanzenfressenden heterotrophen Lebewesen zu ernähren und gleichzeitig den Fortbestand der autotrophen Organismen zu sichern, sind sehr große Fotosyntheseraten notwendig. Jährlich werden auf der Erde etwa 100 Milliarden Tonnen Kohlenstoff in etwa 200 Milliarden Tonnen Biomasse fixiert. Diese immense Masse bildet die Lebensgrundlage aller heterotrophen Organismen – auch die des Menschen.

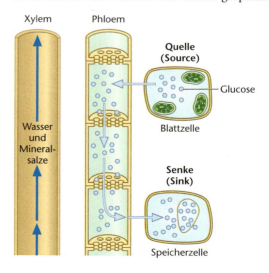

→ 5.10 Übersicht: Glucoseabbau und Energiebereitstellung → 7.1 Vom Organ zum Molekül …

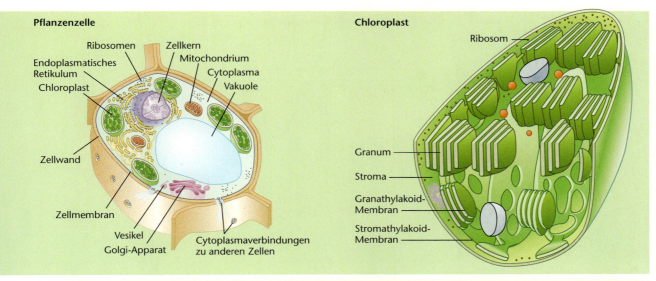

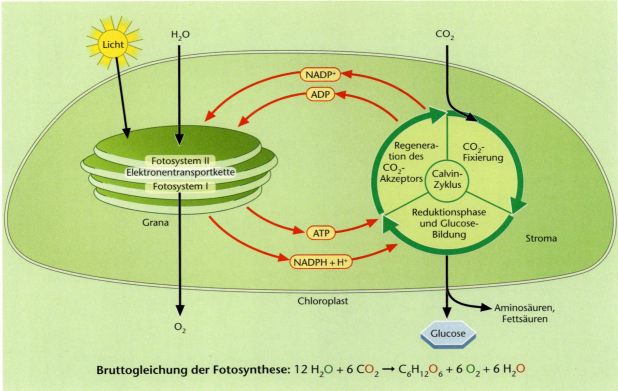

Bruttogleichung der Fotosynthese: $12\ H_2O + 6\ CO_2 \rightarrow C_6H_{12}O_6 + 6\ O_2 + 6\ H_2O$

Vernetzung mit anderen Stoffwechselprozessen

Die durch die Fotosynthese aufgebaute Glucose wird zum Aufbau von Biomasse und für die Zellatmung eingesetzt. Die beim Abbau der Glucose gebildeten energiereichen Moleküle ATP und NADH + H$^+$ werden für aktive Transport- und anabole Stoffwechselprozesse benötigt. So werden aus den Produkten des Calvin-Zyklus im Stoffwechsel der Pflanze z. B. Fette, Nuklein-säuren, Aminosäuren oder Proteine aufgebaut. All diese Prozesse können gleichzeitig stattfinden, da sie in unterschiedlichen Kompartimenten ablaufen: Glykolyse im Zellplasma, Zellatmung im Mitochondrium und Fotosynthese im Chloroplasten.

Die Energie fließt also von der Sonne über den reduzierten Kohlenstoff in der Fotosynthese weiter zum ATP.

→ 7.4 Lichtreaktionen: Bereitstellung von chemischer Energie   → 10.4 Übersicht: Stoffkreisläufe und Energiefluss …

7.10 Die Kohlenstoffbilanz einer Pflanze

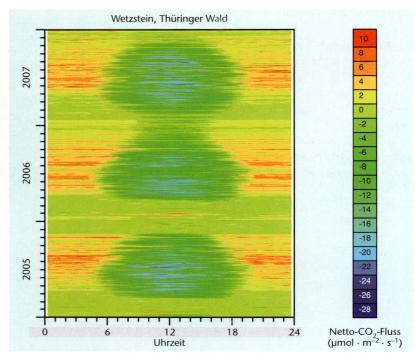

1 *Die Jahres- und Tagesgänge des CO_2-Flusses eines Fichtenbestandes* sind Ausdruck des jeweiligen Verhältnisses von Zellatmung und Fotosynthese. Der Netto-CO_2-Fluss ist die Differenz von CO_2-Abgabe durch Zellatmung und CO_2-Aufnahme durch Fotosynthese pro Quadratmeter Blattfläche und Sekunde.

Als **Kohlenstoffbilanz** einer Pflanze bezeichnet man die Differenz aus Gewinnen und Verlusten an Kohlenstoff. Durch **Fotosynthese** produziert eine Pflanze Biomasse. Dabei wird das Kohlenstoffdioxid der Luft in energiereiche Kohlenstoffverbindungen eingebaut. Sie sind die Grundlage zahlreicher Lebensvorgänge einer Pflanze. Dazu zählt u. a. die Versorgung des bereits vorhandenen Pflanzenkörpers, Wachstum und Entwicklung sowie die Speicherung von Reservestoffen. Die gesamte fotosynthetische Stoffproduktion in einer bestimmten Zeiteinheit bezeichnet man als Brutto-Fotosynthese oder Brutto-Primärproduktion.

Energie in Form von ATP gewinnt eine Pflanze aus der **Zellatmung**. Dabei wird die von ihr durch Fotosynthese selbst hergestellte Glucose genutzt (Abb. 2). Weil bei der Zellatmung Kohlenstoff in Form von gasförmigem Kohlenstoffdioxid frei wird, spricht man auch von **Atmungsverlusten** in der Kohlenstoffbilanz.

Netto-Fotosynthese = Brutto-Fotosynthese minus Zellatmung

Eine entsprechende Gleichung kann sich auf eine Pflanze oder eine Population beziehen (Abb. 1, 3). Dauerhaft kann eine Pflanze nur überleben, wenn ihre Netto-Fotosynthese ein positives Vorzeichen hat.

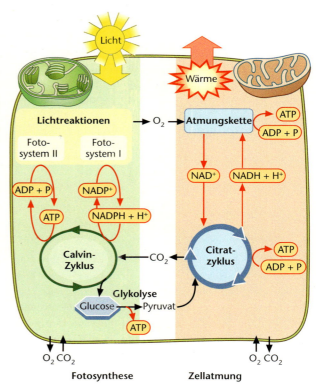

2 Zusammenhang von Fotosynthese und Zellatmung

→ 5.10 Übersicht: Glucoseabbau und Energiebereitstellung   → 7.9 Übersicht: Fotosynthese

1 Fotosynthese und Atmung. Erläutern Sie Abb. 2.

2 Atmung und Fotosynthese von Fichten im Tagesgang und im Jahresgang.
a) Üben Sie sich im Lesen des Diagramms in Abb. 1, indem Sie Ihrer Nachbarin oder Ihrem Nachbarn je ein Beispiel für einen Tagesgang und einen Jahresgang beschreiben.
b) Ordnen Sie der Abb. 1 unter Bezug auf Abb. 2 folgende Gegebenheiten zu: Netto-Fotosynthese = 0; Netto-Fotosynthese > 0; Netto-Fotosynthese < 0.
c) Interpretieren Sie unter Bezug auf Abb. 2 folgende Daten in Abb. 1: 1.7.05, 12 Uhr; 1.1.06, 12 Uhr; 1.9.07, 21 Uhr.

3 Kohlenstoffbilanz eines Rotbuchenbestandes, eines Fichtenbestandes und eines Gerstenfeldes.
a) Errechnen Sie anhand von Abb. 3 die Netto-Fotosyntheserate für Buchen, Fichten und Gerste in Tonnen Kohlenstoff pro Hektar und Jahr.
b) Werten Sie Abb. 3 vergleichend aus.

4 Experiment zum Nachweis von Fotosynthese und Atmung über den pH-Wert. Mit dem in Abb. 4 dargestellten geschlossenen Versuchsaufbau lässt sich die Aufnahme oder Abgabe von CO_2 über pH-Wert-Änderungen erfassen. Führen Sie das Experiment in Abb. 4 durch. Fertigen Sie ein Versuchsprotokoll an. Werten Sie die Ergebnisse aus. Diskutieren Sie mögliche Fehlerquellen.

	Buche	Fichte	Gerste
Brutto-Fotosynthese ($t\,C \cdot ha^{-1} \cdot Jahr^{-1}$)	8,6 (100 %)	14,9 (100 %)	8,3 (100 %)
Atmung	2,4 (28 %)	7,8 (52 %)	1,7 (20 %)
Blätter	1,3 (15 %)	6,4 (43 %)	1,5 (18 %)
Knospen	0,4 (5 %)	1,0 (6 %)	0,0 (0 %)
Stamm und Wurzel	0,7 (8 %)	0,4 (37 %)	0,2 (2 %)
Streu	3,2 (37 %)	2,9 (20 %)	6,6 (80 %)
Blätter	1,8 (21 %)	1,2 (8 %)	4,4 (53 %)
Feinwurzeln	1,4 (16 %)	1,7 (12 %)	2,2 (27 %)
Wachstum	3,0 (35 %)	4,2 (28 %)	0,0 (0 %)
Grobwurzeln	0,4 (4 %)	0,7 (5 %)	0,0 (0 %)
Äste	1,4 (16 %)	1,5 (10 %)	0,0 (0 %)
Stamm	1,3 (15 %)	2,0 (13 %)	0,0 (0 %)

3 *Jährliche Kohlenstoffbilanz* eines Buchenbestandes, eines Fichtenbestandes und eines Gerstenfeldes

Durchführung:
Die Hydrogencarbonat-Lösung wird hergestellt, indem 83 mg $NaHCO_3$ und 7326 mg KCl in 1000 ml destilliertem Wasser gelöst werden. 50 ml davon werden mit 0,5 ml 0,1%iger Bromthymolblau-Lösung (F, B) versetzt und gegebenenfalls mit wenigen Tropfen kohlensäurehaltigem Mineralwasser auf pH 7,0 eingestellt. Nach Einbringen der beblätterten Sprossachse, z. B. von Efeu, und luftdichtem Abschluss stellt sich das dargestellte Gleichgewicht ein. Über eine Kette von Gleichgewichtsreaktionen verändert die Entnahme von CO_2 aus der Gasphase und gegensinnig die Zufuhr von CO_2 in die Gasphase die Konzentration an H^+-Ionen in der Lösung. Der Versuchsansatz wird für 4 Stunden hell belichtet, eine Dunkelkontrolle kommt unter einen Karton oder in einen Schrank.

Versuchsaufbau:

4 *Experiment: Nachweis von Fotosynthese und Atmung über den pH-Wert*

→ 10.4 Übersicht: Stoffkreisläufe und Energiefluss in einem Ökosystem   → 11.1 Der globale Kohlenstoffkreislauf

7.11 Die Vielfalt pflanzlicher Naturstoffe beruht auf genetischer Vielfalt

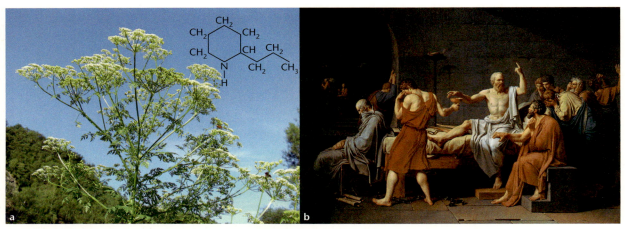

1 a) *Der Gefleckte Schierling gehört zu den sehr giftigen heimischen Pflanzen.* Sein Gift, das Coniin, wirkt an den motorischen Endplatten der Nervenzellen am Muskel. Natürliche Funktion des Coniin ist vermutlich der Fraßschutz gegenüber Pflanzenfressern. **1 b)** *Der griechische Philosoph* SOKRATES *wurde durch Coniin hingerichtet.* Er musste 399 v. Chr. den „Schierlingsbecher" trinken, weil er angeblich verderblichen Einfluss auf die Jugend im damaligen Athen hatte (Gemälde von J. L. DAVID, 1787).

Pflanzen sind **Primärproduzenten.** So nennt man Lebewesen, die aus anorganischen Stoffen organische Stoffe herstellen können. Pflanzen können eine Vielzahl von organischen Stoffen synthetisieren. Sie lassen sich alle letztlich auf Stoffe zurückführen, die im Verlauf der **Fotosynthese** gebildet werden. Vielfach gehen auch **Mineralsalze** in die Synthese organischer Stoffe durch Pflanzen ein.

Die sehr vielfältigen, nur teilweise bekannten Stoffe, die von Pflanzen produziert werden, basieren auf vielfältigen biochemischen Reaktionen der Pflanzen. Für die biologische Synthese eines Stoffes sind ganz bestimmte Enzyme notwendig. Wie bei allen Proteinen, ist die Information über die Aminosäuresequenz und damit den Bau eines Enzyms genetisch festgelegt. Die Vielfalt der pflanzlichen Naturstoffe beruht daher auf der **Vielfalt der Enzyme** und diese wiederum auf **genetischer Vielfalt.**

Pflanzliche Naturstoffe haben nicht nur für die Pflanzen selbst, sondern oft auch eine ökologische Bedeutung, zum Beispiel für die Konsumenten in den Nahrungsketten. Kohlenhydrate, Fette und Proteine dienen als Nähr- und Speicherstoffe. Als Baustoffe werden sie für den Aufbau des Pflanzenkörpers, seiner Zellen und der Membranen benötigt. Nucleinsäuren speichern genetische Information und sind an der Proteinbiosynthese beteiligt. Proteine regulieren als Enzyme den Stoffwechsel. Pflanzenhormone und andere Signalstoffe steuern Wachstum und Entwicklung und dienen der Kommunikation innerhalb einer Pflanze sowie zwischen Pflanzen. Fotosynthesepigmente absorbieren Licht; Farbstoffe in Blüten und Früchten stehen im Dienst der Fortpflanzung und Ausbreitung. Vielfältige Abwehrstoffe und Gifte richten sich gegen Fressfeinde und Krankheitserreger (Abb. 1, 2).

Für den Menschen sind Naturstoffe aus Pflanzen als Nahrungsmittel und als Futtermittel unersetzlich. Darüber hinaus werden aus Pflanzen Heilmittel, Gewürze und Genussmittel, aber auch Drogen und Rauschgifte gewonnen. Eine Reihe von pflanzlichen Naturstoffen findet technische Verwendung, z. B. als Fasern, Bauholz, Papier, Gerbstoffe, Kautschuk, Harze und Farbstoffe. In letzter Zeit stehen Pflanzen als nachwachsende Rohstoffe und als so genannte „Energiepflanzen" in der Diskussion. Allein im Jahr 2007 wurde der wirtschaftliche Wert pflanzlicher Arzneimittel weltweit auf ungefähr 60 Milliarden Euro geschätzt. Ein Beispiel für die Vielfalt der Funktionen von Naturstoffen sind die drei chemisch sehr ähnlichen Stoffe Salicylsäure (SA), ein Signalstoff innerhalb einer Pflanze, Methylester-Salicylsäure (Me-SA) mit ökologischen Funktionen – und Acetylsalicylsäure (ASA) als Wirkstoff eines sehr weit verbreiteten Medikaments.

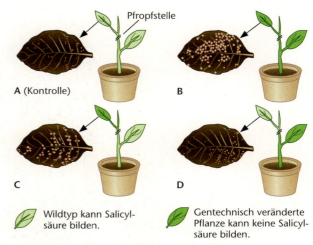

5 Ein Teil der Salicylsäure wird in gasförmige Methylester-Salicylsäure umgesetzt. Sie unterstützt die Wirkung von Salicylsäure bei der Ausbildung der Resistenz. Außerdem kann sie Nachbarpflanzen „informieren".

4 In Blättern, die entfernt von der Infektionsstelle liegen, wird viel Salicylsäure gebildet. Diese aktiviert die Bildung von Proteinen, die eine gewisse Resistenz gegenüber Krankheitserregern bieten.

3 Der Anstieg der Salicylsäure-Konzentration führt zur Bildung eines Signalstoffes, der in den Leitbündeln der Pflanze transportiert wird.

2 Bevor die infizierten Zellen absterben, bilden sie Salicylsäure.

1 Die Infektion mit Viren, Bakterien oder Pilzen ist das erste Signal in der Kette.

🍃 Wildtyp kann Salicylsäure bilden.

🍃 Gentechnisch veränderte Pflanze kann keine Salicylsäure bilden.

Versuchsablauf: Wildtyp-Tabakpflanzen und gentechnisch veränderte Tabakpflanzen wurden so aufeinandergepfropft wie abgebildet. In allen vier Versuchsansätzen wurde zuerst das untere Blatt mit TMV-haltiger Lösung bestrichen, sieben Tage später das obere Blatt. Die braunen Blattzeichnungen zeigen die oberen Blätter und ihren Befall mit dem TMV nach weiteren fünf Tagen.

a b

2 a) Signalkette bei der erworbenen Resistenz von Tabakpflanzen; b) Versuch zur erworbenen Resistenz bei Tabakpflanzen gegen das Tabakmosaikvirus (TMV)

1 Salicylsäure – pflanzlicher Signalstoff gegen Krankheitserreger.
Salicylsäure ist ein bei Pflanzen weit verbreiteter Signalstoff, der bei Infektionen mit Krankheitserregern wie Viren, Bakterien und Pilzen ein wesentlicher Bestandteil einer Signalkette ist. Er sorgt dafür, dass noch nicht infizierte Teile der Pflanze Schutzproteine bilden und dadurch eine gewisse Widerstandskraft gegen die Krankheitserreger ausbilden (Abb. 2). Man nennt dies erworbene Resistenz.
a) Beschreiben Sie anhand der Abb. 2a die Signalkette bei der Ausbildung der erworbenen Resistenz bei Tabakpflanzen.
b) Beschreiben Sie die Versuchsergebnisse in Abb. 2b. Werten Sie diese im Zusammenhang mit Abb. 2a aus.

2 Methylester-Salicylsäure – ein Alarmstoff, der Marienkäfer anlockt.
Von Blattläusen befallene Pflanzen sondern verschiedene gasförmige Stoffe ab, darunter auch Methylester-Salicylsäure. Dadurch werden Marienkäfer angelockt, die Blattläuse fressen. Die Weibchen der Marienkäfer legen bevorzugt Eier an Pflanzen, die von Blattläusen befallen sind. Die Marienkäferlarven ernähren sich ebenfalls von Blattläusen (Abb. 3).
Skizzieren Sie die Wechselwirkungen zwischen Pflanze, Blattläusen und Marienkäfern. Erörtern Sie die Frage, ob hier Parasitismus und/oder Symbiose vorliegt.

3 Acetylsalicylsäure – eine über hundertjährige Erfolgsgeschichte mit pflanzlichem Ursprung. Seit mehr als 2000 Jahren werden Extrakte aus Weiden, Pappeln und anderen Pflanzen zur Linderung von Schmerzen und Fieber eingesetzt. Die wirksame Substanz in diesen Pflanzen ist Salicylsäure. Seit 1898 wird die an Nebenwirkungen ärmere Acetylsalicylsäure unter dem Handelsnamen Aspirin© vertrieben. Aspirin ist bis heute eines der meistverkauften Medikamente.
Recherchieren Sie für einen Kurzvortrag die Entdeckungsgeschichte, Anwendungsgebiete sowie Wirkungsweise und Nebenwirkungen von Acetylsalicylsäure.

3 Marienkäferlarve frisst Blattläuse

→ 11.6 Bedeutung der Biodiversität

8.1 Homöostase: Stabilität in biologischen Systemen durch Regelungsvorgänge

1 Rotlachse wandern in ihre Laichgewässer. Lachse verbringen den Großteil ihres Lebens im salzhaltigen Meer. Nur zum Laichen wandern sie in süßwasserhaltige Flüsse zurück. Lachse können die Salzkonzentration in ihrem Körper konstant halten. Im Meer trinken sie Salzwasser und scheiden überschüssiges Salz über die Kiemen aus. Im Süßwasser stellen die Lachse das Trinken ein, stattdessen nehmen sie mit Hilfe der Kiemen Ionen aus dem salzarmen Süßwasser auf.

Lebewesen haben im Laufe der Evolution verschiedene Strategien hervorgebracht, die das Überleben bei stark schwankenden oder ungünstigen Außenbedingungen sichern. Unter **Überlebensstrategien** versteht man evolutionär erworbene Merkmale und Verhaltensweisen, die ein Überleben unter ungünstigen Umweltbedingungen ermöglichen. Hitze und Kälte, Trockenheit und Überflutung, zu niedriger oder zu hoher Salzgehalt oder Nahrungsmangel sind Beispiele für solche Stresssituationen.

Die Fähigkeit, unabhängig von den Schwankungen der Umwelt im Inneren von Zellen, Organen und Organismen annähernd gleich bleibende Bedingungen zu erhalten, bezeichnet man als **Homöostase** (Abb. 2). Die Fähigkeit zur Homöostase ermöglicht es Lebewesen, auch solche Lebensräume zu besiedeln, die für sie nicht optimal sind. Homöostase setzt Regelungsvorgänge voraus. Zellen, Organe und Organismen sind biologische Systeme, die über die Fähigkeit zur Regulation innerer Bedingungen verfügen. Viele Tiere können den pH-Wert, den Salzgehalt und den Wassergehalt, den Gehalt an Sauerstoff und Glucose in Zellen und im Körper regulieren. Gleichwarme Tiere regulieren ihre Körpertemperatur. Durch die Fähigkeit zur Regulation werden Lebewesen unabhängiger von ungünstigen Außenbedingungen, zum Beispiel Hitze oder Kälte. Lebewesen, die über die Fähigkeit zur Regulation bezüglich eines bestimmten Faktors verfügen, nennt man **Regulierer,** zum Beispiel Thermoregulierer oder Osmoregulierer. Um die inneren Bedingungen unabhängig von den Umweltbedingungen stabil zu halten, ist ein relativ großer Energieumsatz notwendig.

Fische, Amphibien und Reptilien sind Beispiele für wechselwarme Wirbeltiere. Den Gehalt an Glucose im Blut können sie regulieren, die Körpertemperatur aber nicht. In Bezug auf die Körpertemperatur sind sie sogenannte **Konformer.** Konformer verfügen nicht über die Fähigkeit zur Regulation bezüglich eines bestimmten Faktors, zum Beispiel der Temperatur. Die Bedingungen innerhalb des Körpers ändern sich bei ihnen für diesen Faktor mit den äußeren Bedingungen.

Sandeidechsen sind wechselwarme Reptilien, die in Hitzewüsten leben. Sie können aktiv Schatten aufsuchen und dadurch ihre Körpertemperatur in gewissen Grenzen beeinflussen. Das ist ein Beispiel dafür, dass es zwischen der Fähigkeit zur Regulation und der Unfähigkeit zur Regulation Übergänge gibt.

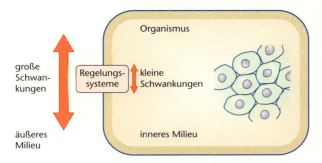

2 Die Umwelt von Organismen kann großen Schwankungen unterliegen. Durch Regelungsvorgänge können diese Schwankungen im inneren Milieu gering gehalten werden.

1 Regulierer und Konformer.
a) Beschreiben Sie die Abb. 3 und 5.
b) Analysieren Sie anhand der Abb. 3 und 5 die unterschiedlichen Reaktionen auf Umweltveränderungen und begründen Sie, ob es sich bei den Tieren um Regulierer oder Konformer handelt.
c) Stellen Sie die beiden Strategien in einem Koordinatensystem in idealisierter Form grafisch dar. Tragen Sie auf der y-Achse die Messgröße im Körper und auf der x-Achse die Messgröße in der Umwelt auf.
d) Erläutern Sie anhand der Abb. 5 die Kosten für die Maus und die Eidechse. Entwerfen Sie begründete Hypothesen über den Nutzen einer konstant gehaltenen und einer wechselnden Körpertemperatur.

2 Harnbildung in der Niere.
Zwei Versuchspersonen trinken einen Liter Leitungswasser bzw. einen Liter physiologische Kochsalzlösung. Die Harnbildung der beiden Versuchspersonen wird über drei Stunden fortlaufend kontrolliert (Abb. 4).
a) Stellen Sie die Versuchsergebnisse grafisch dar.
b) Beschreiben und deuten Sie die Ergebnisse der beiden Versuche.

Zeit (min)	Harnbildung in ml/min bei Person I – Leitungswasser	Harnbildung in ml/min bei Person II – physiologische Kochsalzlösung
0	0,8	0,8
15	2,0	0,75
30	4,3	0,7
45	11,1	0,8
60	14,2	0,8
75	14,3	1,0
90	12,0	1,1
105	4,0	1,0
120	2,0	0,9
135	0,9	0,9
150	0,6	1,1
175	0,5	1,0
180	0,5	1,0

4 Versuchsergebnisse zur Harnbildung

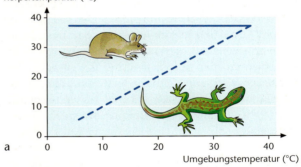

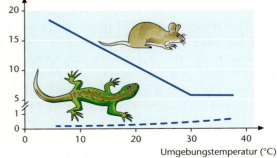

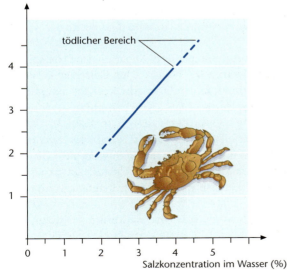

3 Salzkonzentration im Körper von Dreieckskrabben im Meer

5 a) Körpertemperatur und b) Energieumsatz von Maus und Eidechse bei verschiedenen Umgebungstemperaturen

→ 8.6 Abiotischer und biotischer Stress bei Pflanzen   → 13.1 Der Anpassungswert der Stressreaktion

8.2 Abiotische und biotische Faktoren wirken auf Lebewesen

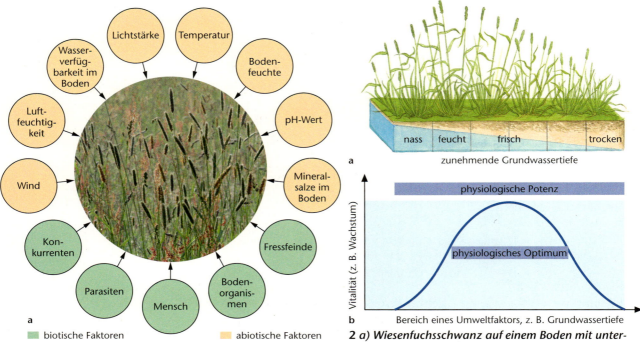

a
biotische Faktoren   abiotische Faktoren
1 *Abiotische und biotische Umweltfaktoren des Wiesenfuchsschwanzes*

2 *a) Wiesenfuchsschwanz auf einem Boden mit unterschiedlicher Grundwassertiefe, b) Schema zur physiologischen Potenz*

Der Wiesenfuchsschwanz ist ein weit verbreitetes Gras auf frischen bis feuchten Böden. Wie jedes Lebewesen wird es von Faktoren in seiner Umwelt beeinflusst. Man unterscheidet dabei zwischen **biotischen Umweltfaktoren,** die von Lebewesen ausgehen, z. B. Konkurrenz durch andere Gräser, und **abiotischen Umweltfaktoren,** die von der unbelebten Umwelt ausgehen (Abb. 1). Jeder Umweltfaktor kann in unterschiedlichen Intensitäten vorliegen. Das Überleben eines Organismus, sein Wachstum und die Reproduktion sind nur innerhalb bestimmter Grenzen eines Umweltgradienten möglich (Abb. 2b).

In Versuchen, bei denen Konkurrenz durch andere Pflanzen ausgeschlossen wurde und nur der Grundwasserstand variierte, konnte ermittelt werden, in welchen Bereichen des Umweltfaktors „Grundwassertiefe" der Wiesenfuchsschwanz wächst (Abb. 2a). Auf feuchten und frischen Böden wächst der Wiesenfuchsschwanz gut, auf sehr nassen und auf sehr trockenen Böden weniger gut. Stellt man den Zusammenhang zwischen Intensität eines Umweltfaktors und der Intensität der Lebensäußerungen eines Organismus, z. B. seines Wachstums, in einem Koordinatensystem dar,

ergibt sich oftmals eine glockenförmige Kurve mit einem Optimalbereich und zunehmend ungünstigeren Bereichen, in denen der Organismus unter Stress gerät (Abb. 2b). Der Bereich eines Umweltfaktors, in dem Individuen einer Art ohne Konkurrenz durch Vertreter anderer Arten leben können, heißt **physiologische Potenz** (lat. *potentia*, Fähigkeit). Die Breite der physiologischen Potenz bezüglich eines bestimmten Umweltfaktors ist genetisch bedingt. Die Abbildungen 2a, 3a und 3b zeigen die physiologische Potenz hinsichtlich des Umweltfaktors „Grundwassertiefe" bei drei Arten von Gräsern.

Der Bereich eines Umweltfaktors, in dem Organismen einer Art unter natürlichen Bedingungen, also mit Konkurrenz durch andere Arten, bestimmte Lebensäußerungen wie z. B. Wachstum zeigen, wird **ökologische Potenz** genannt. Auch die Kurven der ökologischen Potenz sind glockenförmig mit einem Optimalbereich (Abb. 4b). Der Optimalbereich wird als ökologisches Optimum bezeichnet. Interspezifische Konkurrenz führt bei vielen Arten dazu, dass das ökologische Optimum vom physiologischen Optimum abweicht.

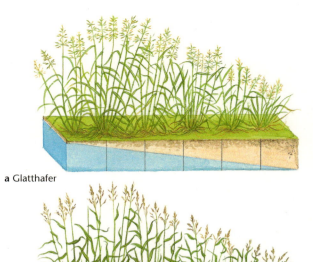

a Glatthafer

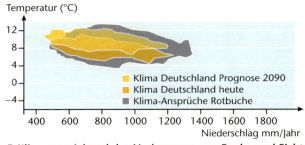

b Trespe

3 *Wachstum von Glatthafer und Trespe ohne Konkurrenz auf Böden mit unterschiedlicher Grundwassertiefe*

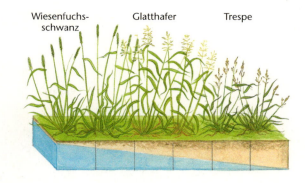

a

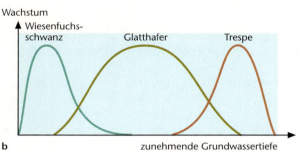

b   zunehmende Grundwassertiefe

4 *a) Drei Grasarten gemischt auf einem Boden mit unterschiedlicher Grundwassertiefe, b) Ökologische Potenz der drei Grasarten bezüglich der Grundwassertiefe*

1 Physiologische Potenz. Skizzieren Sie entsprechend der Abb. 2b Kurven für einen Organismus mit kleiner physiologischer Potenz und einen Organismus mit großer physiologischer Potenz bezüglich des Umweltfaktors „Temperatur".

2 Hohenheimer Grundwasserversuch: Vergleich von physiologischer und ökologischer Potenz. Der Einfluss von Konkurrenz bei verschiedenen Gräsern wurde in einem grundlegenden Versuch an der Universität Hohenheim untersucht. Dabei wurde jeweils eine Grasart auf ein Beet mit einem Gradienten hinsichtlich der Grundwassertiefe ausgesät und das Wachstum nach einer bestimmten Zeit festgestellt (Abb. 2a, 3). Auf einem vierten Beet wurden alle drei Grasarten gemeinsam ausgesät (Abb. 4a).

a) Skizzieren Sie unter Bezug auf Abb. 2a, 3a und 3b Kurven der physiologischen Potenz bezüglich des Umweltfaktors „Grundwassertiefe" für die drei Gräser. Vergleichen Sie die drei Kurven untereinander.
b) Beschreiben Sie Abb. 4. Vergleichen Sie physiologische und ökologische Potenz bezüglich des Umweltfaktors „Grundwassertiefe" der drei Gräser.

3 Klimawandel. Das Klima wird im Wesentlichen durch die Temperatur und die Niederschläge bestimmt. Abb. 5 zeigt das Klima in Deutschland in der Gegenwart und das prognostizierte Klima um das Jahr 2090. Interpretieren Sie die Abb. 5 in Hinblick auf die Auswirkungen für die Forstwirtschaft bezüglich der Rotbuche und der Fichte durch den zu erwartenden Klimawandel.

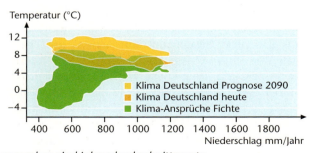

5 *Klimawandel und das Vorkommen von Buche und Fichte,* angegeben sind Jahresdurchschnittswerte

→ 10.8 Bioindikatoren für Bodeneigenschaften   → 19.1 Proximate und ultimate Erklärungsformen in der Biologie

8.3 Angepasstheiten von Tieren an extreme Temperaturen

1 *Eidechsen überwintern in frostgeschützten Verstecken*

2 *Polarbarsch, er lebt bei −2 °C Wassertemperatur*

Gleichwarme Tiere halten auch bei extremen Temperaturen ihre Körpertemperatur in engen Grenzen konstant. Bei tiefen Temperaturen ist dazu eine gute Isolierung durch Fell, Federn oder Fett vorteilhaft. Dadurch wird der Energieaufwand für die Wärmeproduktion verringert. In der Regel genügt die Wärme, die bei Stoffwechselprozessen entsteht, um die Körpertemperatur zu halten, doch können manche Tiere durch Fettabbau zusätzlich Wärme freisetzen, z. B. Winterschläfer beim Aufwachen aus dem Winterschlaf.

In kalten Regionen sind Tiere einer Art oder nahe verwandter Arten oft größer als in warmen Regionen (Abb. 3). Man nennt diesen Zusammenhang **Bergmannsche Regel.** Zur Erklärung dieser Regel wird das Verhältnis von Körperoberfläche zum Körpervolumen herangezogen. Durch die Körperoberfläche erfolgt die Wärmeabgabe an die Umgebung. Die Bildung von Wärme erfolgt in stoffwechselaktiven Zellen, ist also näherungsweise vom Körpervolumen abhängig. Wenn ein Tier größer wird, wächst die Oberfläche quadratisch, das Volumen kubisch. Daraus folgt, dass ein großer Körper im Vergleich zu einem kleinen Körper eine relativ verringerte Körperoberfläche im Verhältnis zum Volumen hat.

Winterschläfer wie z. B. der Igel senken in der kalten Jahreszeit ihre Körpertemperatur stark ab und damit auch ihre Stoffwechselintensität. Bei hohen Temperaturen muss eine Überhitzung des Körpers vermieden werden. Viele Tiere sondern zur Kühlung Schweiß ab, wobei das Verdunsten der Schweißflüssigkeit den Körper kühlt. Bei Wassermangel droht durch das Schwitzen ein zu großer Wasserverlust des Körpers.

Wechselwarme Tiere können nur durch ihr Verhalten, z. B. das Aufsuchen geeigneter Orte, Einfluss auf ihre Körpertemperatur nehmen. So suchen Eidechsen zum Aufwärmen am Morgen sonnige Plätze auf, während sie in heißen Phasen den Schatten oder kühle Höhlen wählen. Bei zu hohen Temperaturen droht der Hitzetod durch Zerstörung der Enzyme in den Zellen, bei tiefen Temperaturen wird der Stoffwechsel gedrosselt und die Tiere werden träge und langsam. Bei Temperaturen unter 5 °C fallen viele wechselwarme Tiere in Kältestarre. Sie sind dann nicht mehr in der Lage, einen Ortswechsel vorzunehmen. Bei strengem Frost bilden sich in den Zellen Eiskristalle, die die Zellmembranen zerstören und so zum Tod führen. Amphibien und Reptilien suchen sich daher zur Überwinterung frostfreie Verstecke (Abb. 1). Manche Fische und Insekten haben die Fähigkeit, Frostschutzmittel, z. B. Glycerin, in ihrer Körperflüssigkeit und ihren Zellen anzureichern, sodass keine Eisbildung erfolgt. Manche Tiere können auf diese Weise Temperaturen bis unter −30 °C ertragen (Abb. 2).

3 *Größenvergleich und Verbreitung von Pinguinen*

→ 7.8 CAM-Pflanzen – angepasst an extreme Trockenheit

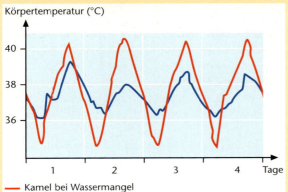

Kamele können ihre Körpertemperatur in gewissen Grenzen variieren. Tagsüber heizt sich der Körper auf und kühlt nachts ab. Kamele schwitzen erst bei einer Körpertemperatur von über 40 °C. Eine weitere Angepasstheit an die Trockenheit bei hohen Temperaturen ist die Fähigkeit, die Wasserverluste des Blutes beim Schwitzen durch Flüssigkeit aus den Körperzellen zu ersetzen. Dadurch bleibt der Kreislauf auch bei größerem Wasserverlust stabil und die im Körper produzierte Wärme kann an die Körperoberfläche transportiert werden.

4 *Angepasstheiten von Kamelen*

Gelbaugenpinguin 66 cm 40. Breitengrad Neuseeland	Felsenpinguin 55 cm 48. Breitengrad Kerguelen	Kleiner Pinguin 39 cm 35. Breitengrad Australien

1 **Pinguine im Vergleich.** Erläutern Sie Körperform und Größe der Pinguine in Abb. 3 als Angepasstheiten.

2 **Angepasstheiten von Kamelen.** Erläutern Sie anhand der Abb. 4 die Angepasstheiten der Kamele an hohe Temperaturen bei gleichzeitiger Trockenheit. Vergleichen Sie dabei die in der Abb. 4 aufgezeigten Kurven und interpretieren Sie diese.

3 **Stoffwechsel einiger Säugetiere.** Interpretieren Sie die Kurven in Abb. 5 unter dem Aspekt der Wärmeregulation der Tiere.

4 **Fische in kalten Gewässern.** Zeigen Sie anhand der Abb. 6 die Überlebensstrategie von Fischen in sehr kalten Gewässern auf und interpretieren Sie die in der Tabelle angegebenen Werte als Angepasstheiten an den Lebensraum.

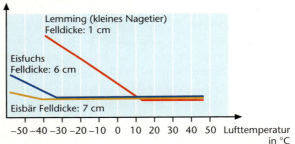

5 *Stoffwechselaktivität im Ruhezustand einiger Tiere*

Der Gefrierpunkt ist der Temperaturpunkt, bei dem beim Abkühlen die Eisbildung eintritt. Liegt der Gefrierpunkt in Lösungen unterhalb von 0 °C, so spricht man von Gefrierpunkterniedrigung. Sie spielt bei Fischen in arktischen und antarktischen Gewässern eine für das Überleben wichtige Rolle.
Die Tabelle gibt Ergebnisse von Versuchen wieder, die in diesem Zusammenhang gemacht wurden. Bei einer Dialyse werden die Salze aus der Flüssigkeit entfernt.

Flüssigkeit	Gefrierpunkt	Gefrierpunkt nach Dialyse
Süßwasser	0,0 °C	0,0 °C
Meerwasser	−1,86 °C	−0,02 °C
Blut Goldfisch	−0,6 °C	−0,02 °C
Blut Dorsch	−0,76 °C	−0,1 °C
Blut Polarbarsch (Antarktis)	−2,2 °C	−1,2 °C
Blut Polarbarsch ohne Glykoprotein	−1,0 °C	−0,02 °C

6 *Gefrierpunkterniedrigung von Blut*

→ 8.4 Angepasstheiten von Pflanzen an Wassermangel   → 8.6 Abiotischer und biotischer Stress bei Pflanzen

8.4 Angepasstheiten von Pflanzen an Wassermangel

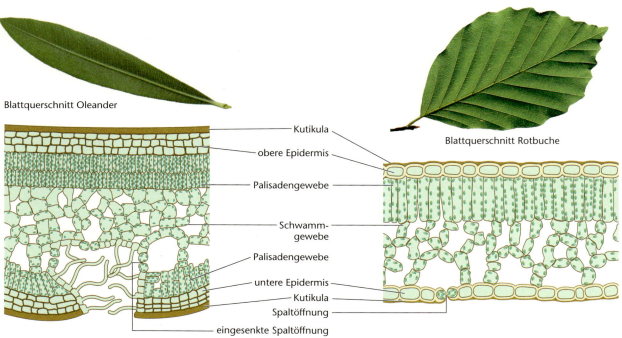

1 *Vergleich Oleanderblatt und Rotbuchenblatt*

Die bei uns heimische Rotbuche verfügt während der Vegetationsperiode über eine hinreichende Wassernachlieferung aus dem Boden, die die Transpirationsverluste ausgleicht. Das Laubblatt weist keine auffälligen Angepasstheiten auf, die dem Transpirationsschutz dienen (Abb.1). Pflanzen in warmen Gegenden wie der am Mittelmeer wachsende Oleander haben zum Schutz vor Austrocknung durch Transpiration so genannte **xeromorphe Blätter** (griech. *xeros*, trocken) entwickelt (Abb. 1). Diese meist kleinen Blätter weisen eine sehr dicke Kutikula und eine stark verdickte mehrschichtige Epidermis auf, sodass über die Blattfläche nur sehr wenig Wasser abgegeben wird. Wasserdampf wird vorwiegend über die Spaltöffnungen abgegeben, die tief in die Blattoberfläche eingesenkt und durch haarähnliche Zellausläufer vor austrocknenden Luftbewegungen geschützt sind (Abb. 1). Ein Großteil der Spaltöffnungen befindet sich an der Blattunterseite, wo die Sonneneinstrahlung und damit die Verdunstung nicht so groß ist. Einige Arten verfügen zusätzlich über eine weißliche Färbung der Blätter, die ebenso wie eine glänzende Wachsschicht auf der Kutikula zur Reflexion des Sonnenlichtes beiträgt und die Verdunstung verringert.

Durch ihre Spaltöffnungen geben Pflanzen aber nicht nur Wasserdampf ab, sondern nehmen auch das für die Fotosynthese notwendige Kohlenstoffdioxid aus der Atmosphäre auf. Viele xeromorphe Pflanzen regulieren daher die Öffnung der Spaltöffnungen nach dem Tagesgang der Temperatur und der Luftfeuchtigkeit. Dadurch ist ihre Biomasseproduktion verhältnismäßig gering, da sie in der Zeit der stärksten Sonneneinstrahlung ihre Spaltöffnungen schließen, sodass dann kein für die Fotosynthese nötiges Kohlenstoffdioxid aufgenommen werden kann. Zur effizienten Nutzung des schwächeren Sonnenlichtes bei geöffneten Spaltöffnungen ist das chloroplastenreiche Palisadengewebe häufig mehrschichtig ausgebildet. Xeromorphe Blätter besitzen in der Regel weitaus mehr Spaltöffnungen als Blätter von Arten kühlerer Standorte. Auf diese Weise können sie, wenn die Spaltöffnungen geöffnet sind, in kürzerer Zeit mehr Kohlenstoffdioxid aufnehmen.

Viele xeromorphe Pflanzen wie z. B. Kakteen können nicht nur die Wasserabgabe stark einschränken, sondern zusätzlich Wasser speichern. Sie besitzen ein lockeres, aus kleinen Zellen bestehendes Schwammgewebe, in das sie große Mengen Wasser einlagern können. Man nennt die wasserspeichernden xeromorphen Pflanzen auch Sukkulenten (Abb. 5).

1 Struktur und Funktion xeromorpher Blätter.
Fassen Sie die Angepasstheiten der xeromorphen Blätter in Form einer zweispaltigen Tabelle zusammen. Die Spaltenüberschriften sind „Struktur" und „Funktion".

2 Bau des Laubblattes als Angepasstheit an den Lebensraum.
a) Vergleichen Sie die Blattquerschnitte von Rotbuche, Oleander und der im tropischen Regenwald lebenden Pflanze *Ruellia portellae* und notieren Sie die Unterschiede in einer Tabelle (Abb. 1,2).
b) Erklären Sie die Unterschiede im Blattbau als Angepasstheit an die Wasserversorgung und Luftfeuchtigkeit in den jeweiligen Lebensräumen.

3 Vergleich von Fotosyntheseleistungen. Die Steineiche *(Quercus ilex)* lebt im mediterranen Klimaraum und ist immergrün. Die Flaumeiche *(Quercus pubescens)* kommt in Südwestdeutschland vor. Werten Sie die Abb. 4 aus und erklären Sie die unterschiedlichen Fotosyntheseleistungen.

4 Xeromorphe Pflanzen in Deutschland?
a) Erläutern Sie anhand des Blattquerschnittes der Kiefer, inwiefern dieses Blatt xeromorphe Merkmale aufweist (Abb. 3).
b) Nehmen Sie Stellung zu der folgenden Aussagen eines Forstwissenschaftlers: „Mit der prognostizierten Klimaveränderung und entsprechender Ausdehnung trockener Standorte wird die Pionierbaumart Waldkiefer […] wahrscheinlich eher zurechtkommen als die anderen einheimischen Baumarten."

5 Kugelförmige Xerophyten. Viele Kakteen weisen eine fast regelmäßige Kugelform auf (Abb. 5). Erläutern Sie diese Bauform als Angepasstheit an den trockenen Standort. Führen Sie zunächst eine Modellrechnung durch (siehe unten) und nutzen Sie diese für die Beantwortung der Aufgabenstellung.
Ein Zylinder und eine Kugel sollen das gleiche Volumen V von $5\ cm^3$ aufweisen (Zylinderradius $r = 1\ cm$).
Modellberechnung der Oberfläche:
$O_{Zyl} = 2(V + \pi r^3)/r$, $O_{Kug} = (36 \cdot \pi \cdot V^2)^{(1/3)}$

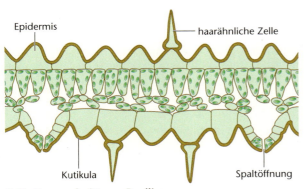

2 Blattquerschnitt von Ruellia

4 Fotosyntheseleistungen zweier Eichenarten

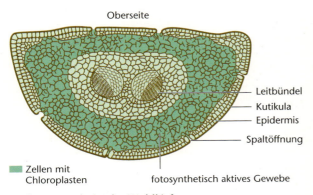

3 Blattquerschnitt der Waldkiefer

5 Kugelkakteen

→ 7.8 CAM-Pflanzen – angepasst an extreme Trockenheit   → 9.5 Das Konzept der ökologischen Nische

8.5 Angepasstheiten von Lebewesen an Sauerstoffmangel

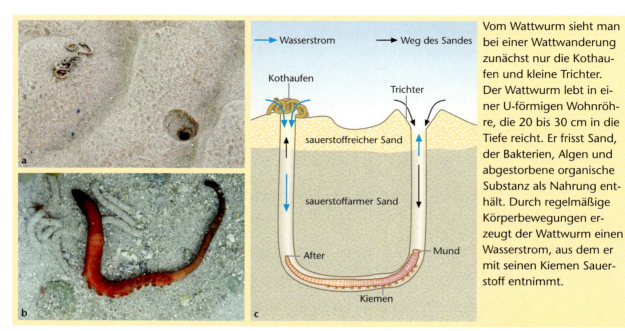

Vom Wattwurm sieht man bei einer Wattwanderung zunächst nur die Kothaufen und kleine Trichter. Der Wattwurm lebt in einer U-förmigen Wohnröhre, die 20 bis 30 cm in die Tiefe reicht. Er frisst Sand, der Bakterien, Algen und abgestorbene organische Substanz als Nahrung enthält. Durch regelmäßige Körperbewegungen erzeugt der Wattwurm einen Wasserstrom, aus dem er mit seinen Kiemen Sauerstoff entnimmt.

1 *Wattwurm a) Kothaufen und Trichter, b) Wattwurm, c) Wattwurmröhre im Querschnitt*

In der Entwicklungsgeschichte der Erde entstanden zunächst Organismen, die ohne Sauerstoff lebten. Erst mit der Fotosynthese entstand eine Atmosphäre mit Sauerstoff, die Grundlage für Lebewesen mit Atmung. Auch heute gibt es Lebensräume ohne Sauerstoff oder Lebenssituationen, in denen ein Mangel an Sauerstoff vorhanden ist, z. B. im feinen Schlamm des Wattenmeeres (Abb. 1). Organismen, die immer ohne Sauerstoff leben, nennt man **obligate Anaerobier.** Sauerstoff ist für sie giftig. Organismen, die mit und ohne Sauerstoff existieren können, heißen **fakultative Anaerobier.** Sie können ihren Stoffwechsel zur Energiegewinnung zwischen Gärung und Zellatmung umschalten, je nachdem, ob Sauerstoff vorhanden ist oder nicht. Zu dieser Gruppe gehört der Wattwurm (Abb. 1). Er betreibt Bernsteinsäuregärung. Dabei ist die ATP-Ausbeute mit ca. 7 mol ATP/mol Glucose höher als bei der Milchsäuregärung oder der alkoholischen Gärung. Der Wattwurm lebt im unteren Teil seiner Wohnröhre häufig in einer sauerstoffarmen Umgebung. Als Angepasstheit an diesen Sauerstoffmangel kann er durch Umschalten von Zellatmung auf Bernsteinsäuregärung mehrere Tage ohne Sauerstoff auskommen. Außerdem enthält das Blut des Wattwurms Hämoglobin, was bei wirbellosen Tieren selten ist. Hämoglobin hat eine hohe Affinität zu Sauerstoff, sodass die Kiemen des Wattwurms auch bei geringem Sauerstoffgehalt des umgebenden Wassers noch Sauerstoff aufnehmen können.

Viele Pflanzen müssen Sauerstoffmangel ertragen, z. B. erhalten Bäume an Flussrändern bei Hochwasser für ihre Wurzeln nicht genügend Sauerstoff, weil im wassergesättigten Boden nicht genug Sauerstoff aufgenommen werden kann. Da in den Bäumen keine Leitungsbahnen für Sauerstoff existieren, können die Zellen der Wurzeln keine Zellatmung mehr betreiben. Sie schalten ihren Stoffwechsel zunächst auf Milchsäuregärung und bei länger anhaltendem Sauerstoffmangel auf alkoholische Gärung um. Auch viele Sumpfpflanzen erhalten durch Gärung die notwendige Energie zum Überleben. Diese Angepasstheiten bei Pflanzen und Tieren, die in sauerstoffarmen oder zeitweise sauerstoffarmen Lebensräumen existieren, fasst man unter dem Begriff **biotopbedingte Anaerobiose** zusammen. Davon unterscheidet sich die **funktionsbedingte Anaerobiose,** die vorübergehend bei starker Muskeltätigkeit auftreten kann. Funktionsbedingte Anaerobiose tritt vor allem bei Tieren auf, die sich schnell bewegen können.

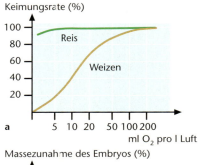
a

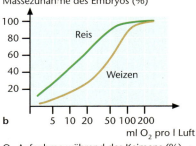
b

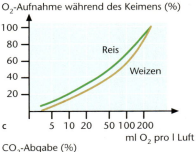
c

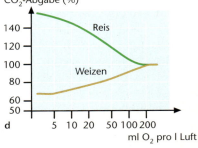
d

2 Keimung bei Reis und Weizen

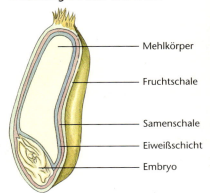

3 Längsschnitt durch Weizenfrucht

1 Der Wattwurm. Erläutern Sie anhand des Textes und der Abb. 1 und 4 die Angepasstheiten des Wattwurms an Sauerstoffmangel.

2 Keimung bei Weizen und Reis. Die meisten Kulturpflanzen sind im Gegensatz zu angepassten Wildpflanzen nicht in der Lage, bei längerer Überflutung zu überleben. Sie sterben infolge des Sauerstoffmangels ab. Eine der Ausnahmen ist der Reis, eine Sumpfpflanze, die in überfluteten Äckern angebaut wird (Abb. 5). Zur Keimung greifen sowohl Reis als auch Weizen auf die Glucosevorräte in Form der Stärke im Mehlkörper der Frucht zurück (Abb. 3). In Abb. 2 sind Experimente während der Keimung bei Reis und Weizen dargestellt, bei denen die Keimung bei unterschiedlichem Sauerstoffgehalt untersucht wurde. Die Massenzunahme des Embryos in Teil b wurde zwischen der 12. und 108. Stunde nach Keimungsbeginn bestimmt, die Aufnahme der Kurven c und d erfolgte 30 Stunden nach Keimungsbeginn. Die Messwerte für 100 % an der y-Achse beziehen sich in allen Teilen der Abbildung auf den normalen Sauerstoffgehalt der Luft von 210 ml O_2 pro l Luft.

a) Beschreiben Sie die Unterschiede von Weizen und Reis in den Abb. 3a–d.
b) Recherchieren und vergleichen Sie die Energiebilanzen der verschiedenen Gärungen und der Zellatmung.
c) Stellen Sie Hypothesen auf, die die Unterschiede zwischen Weizen und Reis erklären können. Begründen Sie diese Hypothesen anhand der Abbildungen und setzen Sie sie in Bezug zu den natürlichen Keimungsbedingungen der beiden Pflanzen.

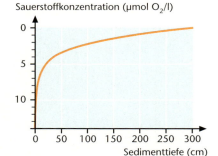

4 Sauerstoffgehalt im Wattboden

5 Reispflanzen wachsen im Wasser

→ 6.5 Molekulare Angepasstheiten beim Hämoglobin   → 7.9 Übersicht: Fotosynthese

8.6 Abiotischer und biotischer Stress bei Pflanzen

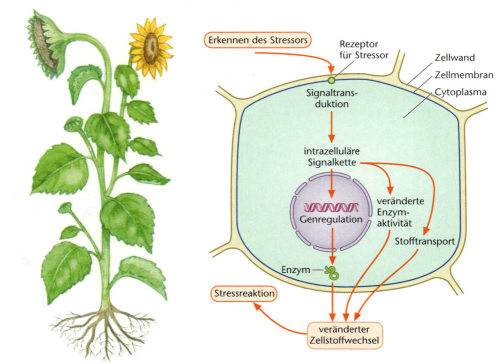

abiotische Stressoren
– Lichtmangel
– UV-Strahlung
– Hitze, Kälte, Frost
– mechanische Belastung
– Verwundung
– Wassermangel
– Sauerstoffmangel durch Überflutung
– Mineralsalzmangel
– Giftstoffe (z. B. Herbizide)

biotische Stressoren
– intra- und interspezifische Konkurrenz
– Verbiss durch Tiere
– Insektenbefall
– Krankheitserreger

1 *Abiotische und biotische Stressoren bei Pflanzen und die Auslösung einer Stressreaktion*

Die Umweltbedingungen für Lebewesen sind selten in jeder Hinsicht optimal. Pflanzen können verschiedenen belastenden **Stress-Situationen** ausgesetzt sein, wie z. B. Hitze, Kälte oder Frost. Auch die Versorgung mit Licht, Mineralsalzen, Sauerstoff oder Wasser kann unzureichend sein oder Krankheitserreger können eine Pflanze befallen. Man unterscheidet die belastenden Umweltfaktoren in **abiotische und biotische Stressoren** (Abb. 1). Die meisten Pflanzen sind ortsfest und können belastende Situationen nicht durch Fortbewegung vermeiden. Zudem sind Pflanzen oftmals mehreren Stressoren gleichzeitig ausgesetzt.

Pflanzen haben im Verlauf der Evolution vorteilhafte Eigenschaften erworben, die negative Folgen von Stress mindern. Dazu gehören artspezifische, erblich bedingte Angepasstheiten im Bau und im Stoffwechsel. Zum Beispiel überdauern manche Pflanzen den Zeitraum winterlicher Kälte und Frost mit Hilfe von Zwiebeln oder Knollen.

Pflanzen verfügen außerdem über die Fähigkeit, auf viele Stressoren mit einer Anpassungsreaktion, der **Stressreaktion,** zu reagieren. In Abb. 1 ist der grundlegende Verlauf solch einer Stressreaktion dargestellt:

Zunächst wird der Stressor von der Pflanze erkannt. Wie dies geschieht, ist in seinen Einzelheiten noch nicht für alle Stressoren bekannt. Eine wichtige Rolle spielen Rezeptoren in den Membranen der Zellen. Über einen passenden Rezeptor wird das extrazelluläre Signal in eine intrazelluläre Signalkette umgewandelt. Dieser Vorgang wird **Signaltransduktion** genannt. Durch die intrazelluläre Signalkette werden Gene angeschaltet und Enzyme neu produziert, vorhandene Enzyme in ihrer Aktivität beeinflusst oder der Transport von Stoffen verändert (Abb. 1). Der so veränderte Stoffwechsel ist die zelluläre Grundlage der Stressreaktion der Pflanze. Zum Beispiel führt Wassermangel im Wurzelbereich zu einer Stressreaktion, in deren Folge die Wasserdampfabgabe über die Spaltöffnung in den Blättern gemindert wird (Abb. 2).

Wenn die Anpassung an belastende Umweltbedingungen mit Hilfe einer Stressreaktion durch längerfristigen und übermäßigen Stress schwierig wird, können dauerhafte Schäden und verringertes Pflanzenwachstum die Folge sein. Abiotischer und biotischer Stress spielen für die Ertragsminderung im Kulturpflanzenanbau eine herausragende Rolle (Abb. 3).

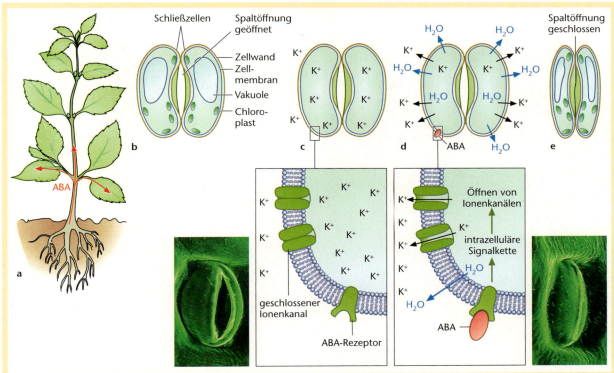

Wassermangel führt dazu, dass in den Wurzeln ein Pflanzenhormon namens Abscisinsäure, abgekürzt ABA, gebildet wird und durch die Wasserleitungsbahnen in die Blätter der Pflanze gelangt (a). Die dort befindlichen Spaltöffnungen dienen dem Gasaustausch zwischen der Pflanze und der Umgebung. Das Öffnen und Schließen der Spaltöffnungen wird von vielen Faktoren beeinflusst, unter anderem durch die Kohlenstoffdioxid-Konzentration, Licht sowie durch ABA. Bei geöffneter Spaltöffnung sind die Vakuolen der Schließzellen prall mit Wasser gefüllt (b). In den Schließzellen liegt eine hohe Konzentration von Kaliumionen vor, die durch aktiven Transport von außen nach innen aufrechterhalten wird (c). ABA bindet nach dem Schlüssel-Schloss-Prinzip an Rezeptoren in der Zellmembran der Schließzellen (d). Durch Signaltransduktion wird eine intrazelluläre Signalkette aktiviert, die zum Öffnen der K^+-Ionenkanäle führt. Kaliumionen gelangen entsprechend dem Konzentrationsgefälle von innen nach außen (d). Wasser folgt durch Osmose passiv nach. Die Schließzellen werden schlaffer (e). Dadurch wird der Spalt enger oder ganz geschlossen. Der Wasserverlust der Pflanze durch Transpiration wird eingeschränkt.

2 *Stressreaktion einer Pflanze bei Wassermangel*

1 Abiotische und biotische Stressoren bei Pflanzen. Informieren Sie sich über Signaltransduktion sowie abiotische und biotische Umweltfaktoren. Erläutern Sie dann die Abb. 1.

2 Stressreaktion auf Wassermangel. Erstellen Sie ein Fließdiagramm zur Stressreaktion auf Wassermangel bei Blütenpflanzen (Abb. 2). Erläutern Sie Ihr Diagramm.

3 Abiotischer und biotischer Stress im Kulturpflanzenanbau.
a) Stellen Sie die Daten aus Abb. 3 mit geeigneten Diagrammen dar, z. B. mit Hilfe geeigneter Software.
b) Werten Sie die Abb. 3 und Ihre Diagramme aus.
c) Erörtern Sie die Bedeutung der Stressforschung an Pflanzen im Zusammenhang mit Klimaveränderungen und wachsender Weltbevölkerung.

	Rekordernte	Durchschnittsernte	biotischer Stress	abiotischer Stress
Mais	19 300	4 600	1 952	12 700
Weizen	14 500	1 880	726	11 900
Sojabohne	7 390	1 610	666	5 120
Kartoffel	94 100	28 300	17 775	50 900

3 *Maximale Ertragsminderung durch abiotischen und biotischen Stress, Angaben in kg pro ha*

9.1 Konkurrenz, Parasitismus, Symbiose

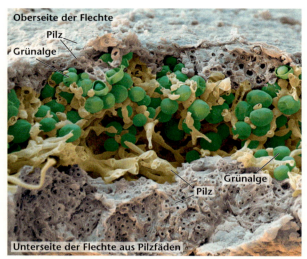

1 *Elektronenmikroskopisches Bild des Querschnitts einer Flechte*

Kein Lebewesen lebt für sich allein. Alle Lebewesen stehen in Wechselwirkung untereinander. Wenn es sich dabei um Wechselwirkungen von Lebewesen der gleichen Art handelt, spricht man von innerartlichen oder **intraspezifischen Wechselwirkungen.** Wechselwirkungen zwischen Lebewesen verschiedener Arten bezeichnet man als zwischenartliche oder **interspezifische Wechselwirkungen.** Bei diesen interspezifischen Wechselwirkungen unterscheidet man außerdem zwischen vorteilhaften und nachteiligen Wechselwirkungen (Abb. 3).

Symbiosen (griech. *sym*, zusammen; *bios*, Leben) sind dauerhafte Wechselwirkungen zwischen Vertretern zweier Arten, bei denen beide Vorteile voneinander haben. Getrennt voneinander ist ihre Lebensfähigkeit meistens eingeschränkt. Ein Beispiel für Symbiose sind Flechten (Abb. 1). Sie bestehen aus einem Pilz, dessen Fäden den Flechtenkörper vor allzu schneller Austrocknung schützen und Grünalgen, die energiereiche Produkte der Fotosynthese an die Pilzfäden abgeben.

Parasiten sind Lebewesen, die in oder auf einem artfremden Wirtsorganismus leben, von ihm Nahrung beziehen und ihn schädigen. Der Wirt ermöglicht dem Parasiten zu überleben und sich weiter fortzupflanzen. Beim **Parasitismus** (griech. *para*, bei, neben; *sitos*, Essen) hat der Wirt in jedem Fall Nachteile, wird aber vom Parasiten meistens nicht getötet. Ein Beispiel für diese Form der Wechselwirkung sind einzellige Tiere der Gattung Plasmodium, die Erreger der Malaria. Sie vermehren sich in roten Blutzellen des Menschen und beeinträchtigen deren Funktion (Abb. 2). Zwischen Symbiose und Parasitismus gibt es zahlreiche Übergangsformen.

Bei der **zwischenartlichen Konkurrenz** stehen Vertreter verschiedener Arten im Wettbewerb um knappe Lebensgrundlagen. Dieser Wettbewerb ist nachteilig für beide Arten. Pflanzen konkurrieren zum Beispiel um Licht, Mineralsalze und Wasser, Tiere um Nahrung und Nistplätze. In einer **Nahrungsbeziehung** fressen Vertreter der einen Art die Vertreter einer anderen Art. Pflanzenfresser nehmen meist nur Teile einer Pflanze auf. Die Pflanze stirbt nicht ab. In einer **Räuber-Beute-Beziehung** dagegen tötet der Beutegreifer seine tierische Beute. Die Vorteile dieser Wechselwirkung liegen auf Seiten der Beutegreifer.

Parasitismus, Symbiose sowie Nahrungsbeziehungen sind Beispiele für **Koevolution.** So nennt man die Evolution artverschiedener Organismen, die über lange Zeiträume intensiv miteinander in Wechselwirkung stehen und sich in ihrer Evolution gegenseitig beeinflussen. Dabei üben die Vertreter der beiden Arten einen starken Selektionsdruck aufeinander aus. Er äußert sich z. B. beim Parasitismus in immer stärkerer Angepasstheit beim Parasiten.

2 *Malaria-Erreger in roten Blutzellen des Menschen*

Mistel
Die Mistel ist eine Samenpflanze, die auf Ästen bestimmter Bäume wächst. Ihre gelbgrünen Blätter enthalten vergleichsweise wenig Chlorophyll. Mit speziellen Gewebeauswüchsen, den sogenannten Haustorien, wachsen Misteln in das Holz der Bäume und entnehmen ihnen Wasser und Mineralsalze.

Mäusebussard und Feldmaus
Feldmäuse sind die häufigsten Säugetiere in Mitteleuropa. Sie ernähren sich u. a. von Kräutern, Wurzeln und Samen. Zu den Lebensräumen von Feldmäusen gehören Wiesen, Weiden, Äcker und Böschungen. Feldmäuse sind die Hauptnahrung des Mäusebussards. Er frisst durchschnittlich zehn Mäuse am Tag.

Wurzelknöllchen
Bestimmte Bodenbakterien der Gattung Rhizobium leben in knöllchenförmigen Auswüchsen der Wurzeln von Schmetterlingsblütlern. Dort binden sie Luftstickstoff und bilden daraus Stickstoff-Verbindungen, die sie der Pflanze zur Verfügung stellen. Die Wurzelknöllchenbakterien erhalten von der Pflanze Wasser, Mineralsalze und Glucose.

Mikroorganismen im Pansen von Wiederkäuern
Im Pansen von Wiederkäuern, zum Beispiel Rindern, leben Mikroorganismen (Bakterien, Einzeller, Pilze), die schwer verdauliche Cellulose abbauen können, sodass deren Abbauprodukte dem Energiestoffwechsel der Wiederkäuer zugutekommen. Cellulose ist wichtigster Bestandteil der pflanzlichen Zellwände. Wegen des Nahrungsangebots, der Wärme und Feuchtigkeit im Pansen vermehren sich die Mikroorganismen stark.

Pilzzucht durch Insekten
Südamerikanische Blattschneiderameisen bilden durch Zerkleinern von Pflanzenteilen einen speziellen Nährboden für Pilze, auf dem sie gut wachsen können. Teile der Pilzfäden dienen den Ameisen als eiweißreicher Nahrungsbestandteil. Die Ameisen schützen ihre Pilze vor Fressfeinden.

Maiszünsler
Der Maiszünsler ist ein kleiner Schmetterling. Ende Juli legt er seine Eier an Maispflanzen ab. Die Raupen des Maiszünslers fressen das Stängelmark der Maispflanze. Dadurch wird die Entwicklung der Maispflanze und ihr Kornertrag beeinträchtigt. Außerdem sind vom Maiszünsler befallene Maispflanzen nicht sehr standfest und knicken schneller um.

Kuckuck
Beim Kuckuck legt das Weibchen ein Ei in das Nest einer anderen Singvogelart, zum Beispiel des Teichrohrsängers. Die Färbung des Eies entspricht der jeweiligen Vogelart. Nach dem Ausbrüten und Schlüpfen wirft das Kuckucksküken alle anderen Eier oder Jungvögel aus dem Nest. Die artfremden Eltern füttern das Kuckucksküken, bis es flügge ist und das Nest verlässt.

Symbole für verschiedene Wechselwirkungen:
+ = Der Vertreter dieser Art hat Vorteile von der Wechselwirkung (positiv).
− = Der Vertreter dieser Art hat Nachteile von der Wechselwirkung (negativ).
o = Der Vertreter dieser Art hat weder Vorteile noch Nachteile von der Wechselwirkung.
Beispiel: +/+ bedeutet: Die Vertreter beider Arten haben Vorteile von der Wechselwirkung, Symbiose

3 Verschiedene Formen von interspezifischen Wechselwirkungen und Symbole für verschiedene Wechselwirkungen

1 Analyse verschiedener Wechselwirkungen.
Erstellen Sie eine vierspaltige Tabelle für alle im Text angegebenen Beispiele interspezifischer Wechselwirkungen.
a) Analysieren Sie die verschiedenen Beispiele interspezifischer Wechselwirkungen in Abb. 3 und ordnen Sie jedem Beispiel in der Tabelle eine Form von zwischenartlicher Wechselwirkung begründet zu.
b) Geben Sie für alle Beispiele die entsprechende Symbolschreibweise an (Abb. 3).
c) Nennen Sie bei Parasitismus, Symbiose und Räuber-Beute-Beziehung jeweils die Angepasstheiten der beteiligten Lebewesen.

2 Recherche weiterer Beispiele für Konkurrenz, Parasitismus, Symbiose.
a) Recherchieren Sie weitere Beispiele für Konkurrenz, Parasitismus und Symbiose. Erläutern Sie jeweils die interspezifischen Wechselwirkungen.
b) Erläutern Sie die Eigenschaften einer interspezifischen +/o-Wechselwirkung.

3 Flechten: Symbiose oder kontrollierter Parasitismus? Bei Flechten kontrolliert der Pilz durch bestimmte Stoffe das Wachstum und die Zellteilungsrate der Grünalgen. Manche Fachleute meinen, die Flechten-Symbiose sei eher eine Form von „kontrolliertem Parasitismus". Diskutieren Sie, was für und was gegen diese Auffassung spricht.

→ 9.2 Auswirkung von interspezifischer Konkurrenz ...   → 9.5 Das Konzept der ökologischen Nische

9.2 Auswirkungen von interspezifischer Konkurrenz auf das Vorkommen von Lebewesen

1 *Wachsen Bäume dort, wo sie optimale Bedingungen vorfinden oder dort, wo die Konkurrenz es zulässt?*
a) Rotbuchen auf einem schwach sauren, mäßig feuchten Boden; b) Waldkiefer auf einem trockenen, sauren Boden

In einer Gemeinschaft von Lebewesen, einer Biozönose, nutzen Individuen verschiedener Arten die gleichen Lebensgrundlagen. Zu diesen Ressourcen gehören bei Pflanzen unter anderem Licht, Wasser, Kohlenstoffdioxid und Mineralsalze. Sind diese Lebensgrundlagen nur eingeschränkt vorhanden, dann konkurrieren die Vertreter der verschiedenen Arten um begrenzte Ressourcen. Zum Beispiel stehen in einem Mischwald die verschiedenen Baumarten in **interspezifischer Konkurrenz** um Licht. Unter natürlichen Bedingungen bestimmt bei Bäumen die interspezifische Konkurrenz weitgehend das Vorkommen der verschiedenen Arten.

Der Erfolg im interspezifischen Wettbewerb kann durch bestimmte Eigenschaften der konkurrierenden Lebewesen gefördert oder gemindert werden. Bei Baumarten können solche Eigenschaften z. B. die Toleranz gegenüber Kälte, Trockenheit, Mineralsalzmangel und Schatten sein (Abb. 2). All diese artspezifischen Eigenschaften beeinflussen die Konkurrenz und machen Bäume unterschiedlich erfolgreich im interspezifischen Wettbewerb. Es handelt sich dabei um Eigenschaften, die durch natürliche Selektion entstanden und genetisch beeinflusst sind.

Ob bestimmte Eigenschaften Konkurrenzvorteile oder Konkurrenznachteile mit sich bringen, hängt unter anderem von der jeweiligen Umwelt und vom Entwicklungsstadium der Pflanzen ab. Für einen kleinen Buchenkeimling sind teilweise andere Eigenschaften vorteilhaft als für den tief wurzelnden, großen hundertjährigen Baum.

Eigenschaft und Faktoren, die die Konkurrenz beeinflussen	Rotbuche	Waldkiefer
Kälte-Toleranz	4	5
Trockenheits-Toleranz	3	5
Mineralsalzmangel-Toleranz	3	5
Schatten-Toleranz der heranwachsenden Bäume	5	2
Fähigkeit der herangewachsenen Bäume, selbst Schatten zu erzeugen	5	1
Geschwindigkeit des Höhenwachstums	5	4
Hohe Lebensdauer	4	4
1 = sehr niedrig, 2 = niedrig, 3 = mittel, 4 = stark, 5 = sehr stark ausgeprägt		

2 *Unterschiedliche Ausprägung von Eigenschaften, die die Konkurrenz beeinflussen*

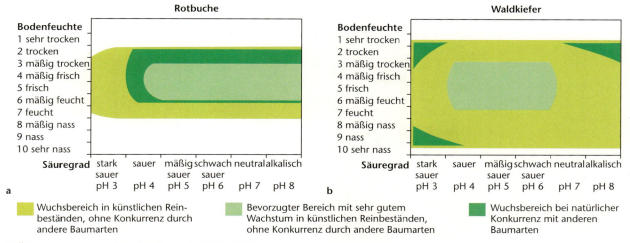

3 Ökogramme von a) Rotbuche und b) Waldkiefer

▮ Wuchsbereich in künstlichen Reinbeständen, ohne Konkurrenz durch andere Baumarten
▮ Bevorzugter Bereich mit sehr gutem Wachstum in künstlichen Reinbeständen, ohne Konkurrenz durch andere Baumarten
▮ Wuchsbereich bei natürlicher Konkurrenz mit anderen Baumarten

1 Ökogramme von Rotbuche und Waldkiefer. Ökogramme sind eine Form von Diagrammen, in denen die Wuchsbereiche von Pflanzen in Abhängigkeit von zwei Umweltfaktoren dargestellt werden (Abb. 3).
a) Beschreiben und vergleichen Sie die beiden Diagramme.
b) Interpretieren Sie die beiden Diagramme und die Abb. 1 in Hinblick auf die interspezifische Konkurrenz beider Baumarten.

2 Recherche: Einwanderung gebietsfremder Arten: Kanadische Goldrute und Blutweiderich. Unter Neophyten (griech. *neos,* neu) versteht man gebietsfremde Pflanzen, die nach 1492 durch Menschen eingeführt wurden. Beispiele für Neophyten sind die Kanadische Goldrute *(Solidago canadensis),* die aus Nordamerika nach Europa gelangte und der Blutweiderich *(Lythrum salicaria),* der von Europa nach Nordamerika eingeführt wurde. Recherchieren Sie über diese beiden Neophyten und ihre Ausbreitungsgeschichte. Nennen Sie Konkurrenzvorteile der beiden Arten in den neuen Gebieten.

3 Experiment zur Konkurrenz von Reismehlkäfern. Stellen Sie die Daten der Abb. 5 in geeigneter Weise graphisch dar, eventuell auch digital. Interpretieren Sie die Graphen.

4 Kanadische Goldrute, Blutweiderich

Klima	Temperatur	relative Luftfeuchte	T. castaneum überlebt	T. confusum überlebt
heiß-feucht	34 °C	70 %	100 %	0 %
heiß-trocken	34 °C	30 %	10 %	90 %
warm-feucht	29 °C	70 %	86 %	14 %
warm-trocken	29 °C	30 %	13 %	87 %
kühl-feucht	24 °C	70 %	31 %	69 %
kühl-trocken	24 °C	30 %	0 %	100 %

5 Daten zur Konkurrenz von Reismehlkäfern. Für jeden der 6 Teilversuche wurden je 200 Tiere der beiden Reismehlkäferarten zusammen im Labor gehalten und mit Weizenkleie gefüttert.

→ 9.5 Das Konzept der ökologischen Nische → 10.8 Bioindikatoren für Bodeneigenschaften

9.3 Malaria

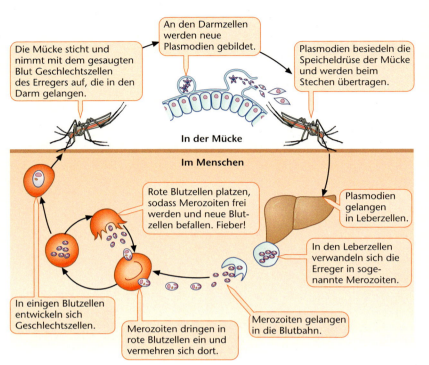

1 *Entwicklungszyklus von Plasmodium*

Anopheles, Stechmücken mit rund 200 Arten, von denen etwa 50 Arten Überträger der Malaria sind. Nur die dämmerungsaktiven Weibchen saugen Blut und sind damit Überträger. Die Eier werden ins stehende Wasser abgelegt, z. B. Pfützen oder Seen. Die Larven strudeln sich, unter der Wasseroberfläche hängend, Nahrung herbei. Die Bekämpfung der Anopheles-Mücken erfolgt u. a. durch Beseitigung der Brutplätze, Aussetzung sterilisierter Männchen oder Einsetzen bestimmter Fische in die Brutgewässer. Auch das verbotene Insektizid DDT wird verwendet.

2 *Anopheles-Mücke*

Malaria ist die häufigste Tropenkrankheit. Mehr als 500 Millionen Menschen leiden an der Krankheit, die meisten davon in Afrika (Abb. 5). Man schätzt, dass jährlich eine Million Menschen an Malaria sterben, davon die Hälfte Kinder. Malaria wird von Einzellern der Gattung Plasmodium hervorgerufen und durch die Anopheles-Mücke übertragen. Plasmodien sind **Parasiten** und schädigen ihren Wirt, den Menschen.

Plasmodien leben in den roten Blutzellen des Menschen, die Infektion erfolgt durch den Stich der Anopheles-Mücke (Abb. 1). Nach dem Stich befallen die Erreger zunächst Leberzellen, in denen sich eine Zwischenform, die Merozoiten, entwickelt. Diese befallen die roten Blutzellen und vermehren sich in ihnen. In bestimmten Abständen platzen die roten Blutzellen und setzen neue Merozoiten frei, die weitere rote Blutzellen befallen. Da der Vermehrungszyklus in den roten Blutzellen synchron verläuft, ist der Organismus durch die Vielzahl der gleichzeitig geplatzten roten Blutzellen und die frei werdenden Erreger stark belastet, was zu einem starken Fieberschub mit über 40 °C führt. Durch den synchronen Entwicklungszyklus des Erregers treten die Fieberschübe periodisch auf. Die Abstände bewegen sich dabei je nach Plasmodiumart zwischen 48 und 72 Stunden. Dadurch wird der Körper stark geschwächt. In einigen roten Blutzellen entstehen Geschlechtszellen, die von blutsaugenden Mücken aufgenommen werden. In der Anopheles-Mücke entwickeln sich daraus an der Darmwand Plasmodien, die in die Speicheldrüse der Mücke gelangen. Bei einem erneuten Stich des Insekts wird Speichel in die Stichstelle injiziert, um die Blutgerinnung zu verhindern. Dabei werden Plasmodien übertragen und der Erreger gelangt wieder in einen neuen menschlichen Wirt.

Die Bekämpfung der Malaria hat bisher nur begrenzte Erfolge (Abb. 2). Eine medikamentöse Behandlung ist möglich, aber sehr aufwändig und für die vorwiegend in Armut lebenden Betroffenen nicht zu finanzieren. Zudem werden Plasmodien zunehmend resistent gegen die eingesetzten Medikamente. Bisher sind alle Maßnahmen, einen wirkungsvollen Impfstoff gegen Malaria zu entwickeln, gescheitert. Wissenschaftler befürchten eine Zunahme von Malaria im Zuge der Klimaerwärmung. Auch Europa könnte davon betroffen sein.

Die gefährlichste Form der Malaria wird von dem Parasiten *Plasmodium falciparum* ausgelöst. Dieser Erreger produziert spezielle Oberflächenproteine, die auch an der Außenmembran der befallenen roten Blutzellen eingebaut werden. Sie bewirken, dass sich die Blutzellen an der Gefäßwand festsetzen und damit die Kapillaren verstopfen, was zum Tode führen kann. Der Erreger verfügt über mehrere Gene für solche Proteine, wobei in kurzen Abständen immer ein anderes dieser Gene aktiv wird. Dadurch kann das Immunsystem des Menschen keine wirksame dauerhafte Abwehrreaktion durchführen.

3 *Plasmodium falciparum*

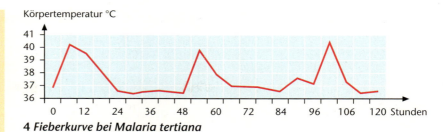

4 *Fieberkurve bei Malaria tertiana*

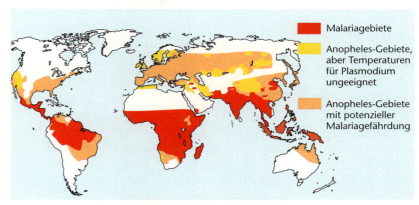

5 *Heutige Verbreitung von Anopheles-Mücken und Plasmodium*

1 Vermehrungszyklus von Plasmodien.
a) Beschreiben Sie den Vermehrungszyklus von Plasmodium (Abb. 1).
b) Ordnen Sie die Fieberkurve in Abb. 4 den Stadien des Entwicklungszyklus zu und begründen Sie diese Zuordnung.

2 Bekämpfung von Plasmodien.
a) Erläutern Sie anhand der Abb. 3 detailliert, weshalb das Immunsystem des Menschen große Probleme hat, den Erreger zu bekämpfen.
b) Diskutieren Sie aufgrund der Abb. 2, 3 und 7 sowie des Textes Möglichkeiten der Bekämpfung von Malaria und deren Schwierigkeiten.

3 Klimaänderung. Werten Sie die Abb. 5–7 zur Problematik des Klimawandels aus und stellen Sie Hypothesen auf, welche Entwicklungen zur Erhöhung des Risikos für Malaria führen.

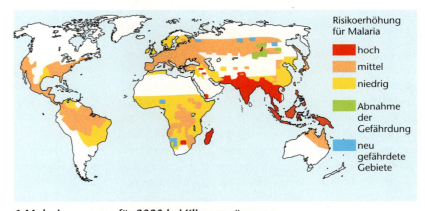

6 *Malariaprognose für 2020 bei Klimaerwärmung*

7 *Umwelteinflüsse auf Anopheles-Mücken*

Für die Übertragung von Malaria liegen die Temperaturgrenzen etwa zwischen 16 °C und 37 °C. Am günstigsten sind Temperaturen um 31 °C. Die Anopheles-Mücke reagiert sehr empfindlich auf Veränderungen ihrer Umwelt. Wenn sich die Temperatur von Gewässern erhöht, wachsen die Anopheles-Larven schneller heran und haben auch eine höhere Überlebensrate. In einem wärmeren Klima saugen weibliche Anopheles-Mücken das Blut schneller und steigern damit die Übertragungsintensität. Außerdem beschleunigt sich die Entwicklung der Plasmodien in den Anopheles-Mücken, wenn die Temperatur steigt. Eine Erwärmung über 34 °C hat dagegen im Allgemeinen negative Folgen für das Überleben von Anopheles-Mücken und Plasmodien. Auch Niederschlagsveränderungen besitzen einen Einfluss auf das Verhalten der Anopheles-Mücken: Zunehmende Niederschläge können Anzahl und Qualität ihrer Brutplätze steigern, abnehmende Niederschläge erschweren dagegen deren Überleben.

→ 11.2 Der Treibhauseffekt → 15.1 Das Erkennen und die Abwehr von Antigenen

9.4 Regulation der Individuenanzahl in Populationen

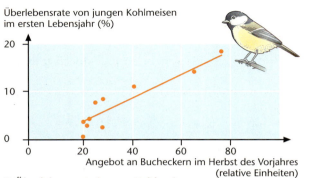

1 *Überlebensrate junger Kohlmeisen*

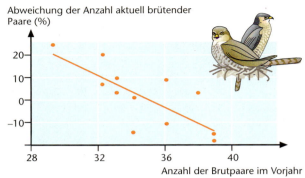

2 *Regulation der Populationsdichte beim Sperber*

Die Individuenanzahlen von Populationen schwanken in verschiedenen Lebensräumen und verschiedenen Jahren oft erheblich. So ist die Anzahl junger Kohlmeisen abhängig von der Ernährungssituation im vorausgegangenen Winter: Gab es im Herbst viele Bucheckern, nimmt der Brutvogelbestand im Folgejahr zu. Vom Angebot an Bucheckern hängt auch die Überlebensrate der jungen Kohlmeisen ab (Abb. 1).

Die Anzahl der Individuen innerhalb einer Population, die **Populationsdichte,** wird von unterschiedlichen Faktoren bestimmt. Neben Umweltfaktoren wie z. B. Temperatur und Luftfeuchtigkeit können auch Naturkatastrophen wie Überschwemmungen oder der Einsatz von Pestiziden eine wichtige Rolle spielen. Nasskalte Witterung im Frühjahr führt zu erheblichen Verlusten bei Jungvögeln. Allerdings ist oft nicht bekannt, ob es sich hierbei um direkte temperaturbedingte Verluste handelt oder ob sie indirekt auf eine witterungsbedingt schlechte Nahrungsversorgung zurückgehen. So kommt es bei Schleiereulen im Winter nur dann zu vielen Todesfällen, wenn es kaum Mäuse gibt. Sind dagegen ausreichend Mäuse vorhanden, bleibt die Populationsdichte der Schleiereulen auch bei sehr niedrigen Wintertemperaturen nahezu konstant.

Umweltfaktoren wie Temperatur oder Pestizideinsatz sind unabhängig von der Anzahl der Individuen in einer Population. Sie werden deshalb als **dichteunabhängige Faktoren** zusammengefasst. Von den dichteunabhängigen Faktoren unterscheidet man die **dichteabhängigen Faktoren,** diese sind von der Individuenanzahl in der Population abhängig. Die Populationsdichte ist auch abhängig von der Individuenanzahl im Vorjahr (Abb. 2). Dichteabhängige Faktoren sind z. B. die Häufigkeit von Fressfeinden oder Parasiten sowie die Menge an Nahrung und die Größe des Lebensraums. Sowohl die dichteunabhängigen als auch die dichteabhängigen Faktoren verändern die Geburten- und die Sterberate einer Population und beeinflussen auf diese Weise die Populationsdichte (Abb. 3).

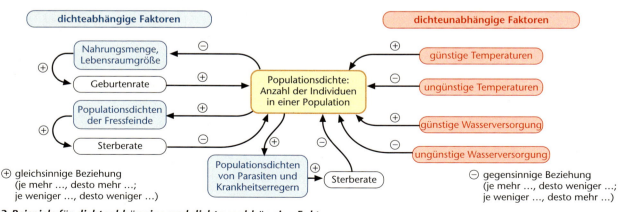

3 *Beispiele für dichteabhängige und dichteunabhängige Faktoren*

1 Dichteunabhängige und dichteabhängige Faktoren. Erläutern Sie Abb. 1 und Abb. 2 mit Hilfe der allgemeinen Darstellung in Abb. 3.

2 Intraspezifische Konkurrenz. Der Queller ist eine typische Pflanze der Salzwiesen und des Wattenmeeres. Werten Sie Abb. 4 aus. Erläutern Sie an diesem Beispiel die intraspezifische Konkurrenz.

3 Intraspezifische Regulation. Entwickeln Sie Hypothesen zur Erklärung der in Abb. 5 beschriebenen Beobachtungen. Unterscheiden Sie dabei zwischen proximaten und ultimaten Erklärungen.

4 Interspezifische Konkurrenz bei Mönchsgrasmücken.
a) Beschreiben Sie die in Abb. 6 dargestellte Beobachtung.
b) Werten Sie das Experiment bezüglich der Hypothese aus.

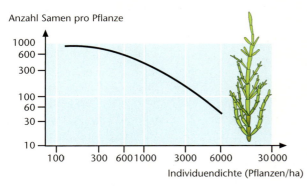

4 Intraspezifische Konkurrenz beim Queller

In zwei von großen Straßen begrenzten Gebieten lebt je eine Hausmaus-Population. Die Individuen der einen Population A leben dicht gedrängt, die Population B hingegen besitzt eine geringere Populationsdichte. Einigen Weibchen beider Populationen entnimmt man Urin, tränkt damit Filterpapier und gibt es in Laborkäfige zu noch nicht geschlechtsreifen Hausmäusen. Bei den jungen Weibchen, die dem Urin der Population A ausgesetzt werden, verzögert sich in der Folge der Eintritt der Geschlechtsreife. Der Urin aus der Population B zeigt keine Wirkung.

5 Intraspezifische Regulation der Populationsdichte bei Hausmäusen

6 Experiment zur interspezifischen Konkurrenz

→ 9.2 Auswirkung von interspezifischer Konkurrenz auf das Vorkommen von Lebewesen

9.5 Ökologische Nische

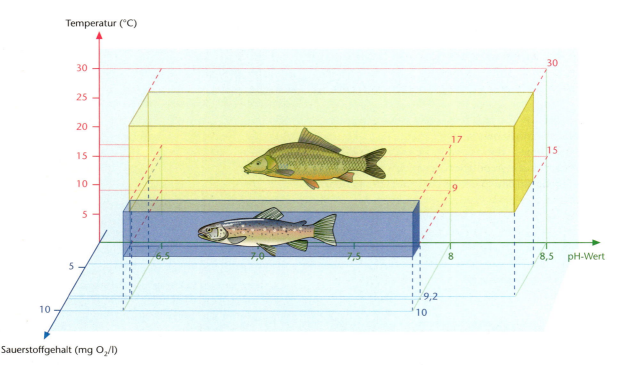

1 *Dreidimensionales Modell zur ökologischen Nische von Karpfen und Forelle.*

Jedes Lebewesen beansprucht biotische und abiotische Umweltfaktoren in bestimmter Intensität. Z. B. lebt die Forelle in einem Temperaturbereich des Wassers von 9 °C bis 17 °C und benötigt Kleintiere wie Insektenlarven und kleine Fische als Nahrung. Die jeweiligen Ausschnitte der Umweltfaktoren, die beansprucht werden, ergeben in ihrer Gesamtheit die **ökologische Nische** einer Art. Man kann die ökologische Nische als Überlappungsraum aller ökologischer Potenzen der Art verstehen. Wenn jede ökologische Potenz eine Dimension darstellt, dann besteht die ökologische Nische aus einer Vielzahl von Dimensionen. Ein solcher n-dimensionaler Raum ist aber für uns Menschen nur schwer vorstellbar, da wir im Allgemeinen nur drei Dimensionen wahrnehmen können. In entsprechenden Diagrammen werden daher maximal drei Dimensionen, meistens jedoch nur zwei Dimensionen, der ökologischen Nische dargestellt (Abb. 1, 2).

Verschiedene Arten können nur dann nebeneinander leben, wenn sie sich in ihrer ökologischen Nische unterscheiden, zum Beispiel dadurch, dass sie unterschiedliche Nahrung bevorzugen. Durch die unterschiedlichen ökologischen Nischen vermeiden die Lebewesen der verschiedenen Arten Konkurrenz. Man spricht vom Prinzip der **Konkurrenzvermeidung.** Bei völliger Gleichheit der Ansprüche an Umweltfaktoren hätten die Lebewesen der beiden Arten die gleiche ökologische Nische. Das **Konkurrenzausschlussprinzip** besagt, dass nicht mehrere Arten mit gleicher ökologischer Nische auf Dauer nebeneinander existieren können.

Das Modell zur ökologischen Nische ist eng mit dem Evolutionsgedanken verknüpft. Mit der Veränderung einer Art im Laufe der Evolution ändert sich auch die ökologische Nische dieser Art. Artbildung begreift man als Anpassungsprozess an veränderte Umweltbedingungen. Hierbei spielt Konkurrenz eine wichtige Rolle. Veränderungen von Lebewesen sind dann erfolgreich, wenn sie zur Verminderung von Konkurrenz führen. Der Prozess, der dazu führt, wird als **Einnischung** bezeichnet. Auch hier gilt: Einnischung ist keine Besetzung eines vorhandenen Raumes, sondern eine erfolgreiche Entwicklung zur Nutzung von Ressourcen unter Konkurrenzvermeidung.

1 Recherche: ökologische Nischen von Kampffischen. Recherchieren Sie im Internet für eine Art tropischer Kampffische die Parameter Temperatur, pH-Wert und Sauerstoffgehalt. Veranschaulichen Sie die Ergebnisse in geeigneter Weise. Vergleichen Sie sie mit den Abb. 1 und 2.

2 Ökologische Nischen von zwei Laufkäfern. Laufkäfer sind in Europa weitverbreitet. Sie ernähren sich von Würmern, Insekten und Schnecken. In der Abb. 3 sind die Ergebnisse von Experimenten zur Untersuchung der Präferenz, also des Vorzugsbereichs der beiden Käferarten, gegenüber der Temperatur, der Luftfeuchtigkeit und der Lichtintensität dargestellt.
a) Werten Sie die Abb. 3 aus.
b) Planen Sie ein Experiment, mit dem man den Vorzugsbereich von Lebewesen gegenüber einem abiotischen Umweltfaktor unter Laborbedingungen ermitteln kann.

3 Modelle zur ökologischen Nische. Der Begriff der ökologischen Nische wurde im Lauf der Zeit unterschiedlich mit Inhalt gefüllt. Abb. 2a zeigt eine Darstellung, die auf J. GRINNELL beruht, der erstmals den Begriff 1917 einführte. Abb. 2b ist eine Darstellung nach G. HUTCHINSON, 1958, dem Begründer der modernen Auffassung der ökologischen Nische. Vergleichen Sie die beiden Vorstellungen und arbeiten Sie die wichtigsten Unterschiede heraus.

Poecilus cupreus

Molops elatus

Temperatur in °C	Temperaturpräferenz relative Individuenanzahl der jeweiligen Art in %	
	Molops elatus	*Poecilus cupreus*
00 – 05	4	0
06 – 10	21,5	10
11 – 15	48,5	6,5
16 – 20	16	3,5
21 – 25	10	8,5
26 – 30	0	16
31 – 35	0	26,5
36 – 40	0	29

Luftfeuchtigkeit in %	Feuchtigkeitspräferenz relative Individuenzahl der jeweiligen Art in %	
	Molops elatus	*Poecilus cupreus*
0 – 40	10,4	45
41 – 55	13,3	19,5
56 – 75	21,7	21,5
76 – 90	21,3	7
91 – 100	33,3	7

Lichtintensität in Lux	Lichtpräferenz relative Individuenzahl der jeweiligen Art in %	
	Molops elatus	*Poecilus cupreus*
20	51,2	31,5
150 – 200	13,8	9,4
300 – 450	13,1	9,4
550 – 700	11,9	14,8
1150 – 1350	8,5	18,8
1350 – 1650	1,5	16,1

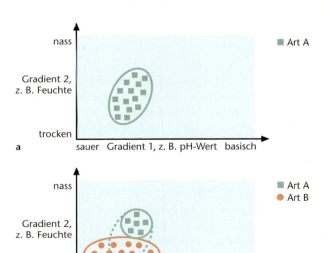

2 Modelldarstellungen zur ökologischen Nische

3 Untersuchungsergebnisse zu unterschiedlichen Präferenzen bei zwei Laufkäferarten

10.1 Stoffkreisläufe in Ökosystemen

1 *Das Projekt „Biosphäre 2" bei Tucson, Arizona*

1991 wurde die „Biosphäre 2" mit dem Ziel gebaut, ein künstliches, von der Außenwelt unabhängiges, sich selbst erhaltendes Ökosystem zu schaffen (Abb. 1). Es sollte bewiesen werden, dass in einem eigenständigen, geschlossenen ökologischen System Leben über Jahre hinweg möglich ist. Das Projekt sollte auch Erkenntnisse über mögliche bemannte Stationen auf dem Mond oder dem Mars bringen. Die Namensgebung „Biosphäre 2" wurde gewählt, da die gesamte Erde „Biosphäre 1" genannt wurde.

Die Erde besteht aus vielen Ökosystemen, die zusammen die Biosphäre bilden. Man unterscheidet die Land-, die Meeres- und die Süßwasserökosysteme. Ein **Ökosystem** umfasst alle Organismen und die abiotischen Faktoren, die auf sie einwirken. Alle Organismen benötigen zum Leben organische Stoffe, die in den meisten Ökosystemen von den **Produzenten** aus anorganischen Stoffen erzeugt werden. Zu ihnen gehören alle fotosynthetisch aktiven (autotrophen) Organismen, hauptsächlich Pflanzen und bestimmte Bakterien. In allen Ökosystemen nehmen die nicht fotosynthetisch aktiven (heterotrophen) Organismen direkt oder indirekt als **Konsumenten** die von den Produzenten gebildeten energiereichen organischen Stoffe auf, um ihren eigenen Stoff- und Energiebedarf zu decken. Anhand der Art und Weise, wie Organismen dies erreichen, lassen sie sich in **Trophieebenen** (griech. *trophe*, Nahrung) unterteilen. Zu einer Ebene gehören dabei alle Organismen mit einer ähnlichen Hauptnahrungsquelle (Abb. 2). Alle Pflanzen fressenden Organismen bilden die Trophieebene der **Primärkonsumenten.** Die Fleisch fressenden Lebewesen, welche sich von Pflanzenfressern ernähren, bezeichnet man als **Sekundärkonsumenten.** Diejenigen, die sich von Sekundärkonsumenten ernähren, heißen **Tertiärkonsumenten** und so weiter. Allesfresser, wie z. B. Menschen, können sich sowohl von den Primärproduzenten als auch von Organismen anderer Trophieebenen ernähren.

Den Weg, auf dem die Nährstoffe, ausgehend von den Produzenten, von einer Trophieebene an die nächste weitergegeben werden, bezeichnet man als **Nahrungskette.** In einem Ökosystem sind die Nahrungsketten zu einem komplexen **Nahrungsnetz** verflochten, weil sich fast alle Lebewesen von mehr als einer anderen Art ernähren und auch selbst von mehreren Arten gefressen werden (Abb. 3).

Ökosysteme haben mit der Sonne zwar eine unerschöpfliche Energiequelle, die chemischen Elemente sind auf der Erde aber nur begrenzt vorhanden. Sie durchlaufen einen Stoffkreislauf. **Destruenten** bauen abgestorbene Biomasse zu anorganischen Stoffen, wie Wasser, Kohlenstoffdioxid und Mineralsalzen, ab. Durch diesen Abbau wird der Vorrat an anorganischen Stoffen, die Pflanzen und andere autotrophe Organismen zum Aufbau von Biomasse benötigen, wieder aufgefüllt. In allen Ökosystemen gibt es eine Vielzahl solcher **Stoffkreisläufe,** z. B. den Kohlenstoff-, den Stickstoff- und den Phosphorkreislauf (Abb. 2).

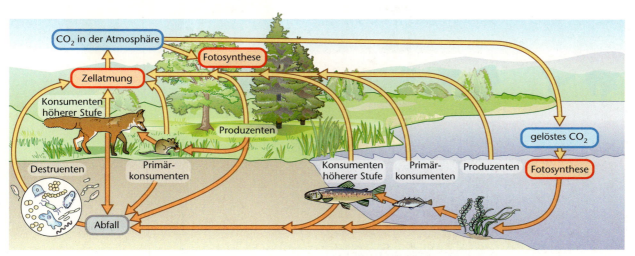

2 *Der Kohlenstoffkreislauf*, helle Pfeile: Kohlenstoff in Form von CO_2, dunkle Pfeile: Kohlenstoff in Biomasse gebunden

1 Der Kohlenstoffkreislauf. Erläutern Sie den Kohlenstoffkreislauf in Abb. 2.

2 Trophieebenen.
a) Ordnen Sie die in Abb. 3 genannten Organismen den verschiedenen Trophieebenen zu. Formulieren Sie anhand von Abb. 3 zwei Nahrungsketten mit mindestens vier Trophieebenen.
b) Erläutern Sie anhand des Nahrungsnetzes in Abb. 3 den Biomassefluss innerhalb des Nadelwaldes.

3 Biosphäre 2. Nach zwei Jahren musste das Projekt abgebrochen werden, da immer größere Probleme auftraten. Formulieren Sie begründete Hypothesen bezüglich des Scheiterns des Projektes. Prüfen Sie Ihre Hypothesen, indem Sie mit Hilfe des Internets die Gründe für das Scheitern des Projekts „Biosphäre 2" herausfinden.

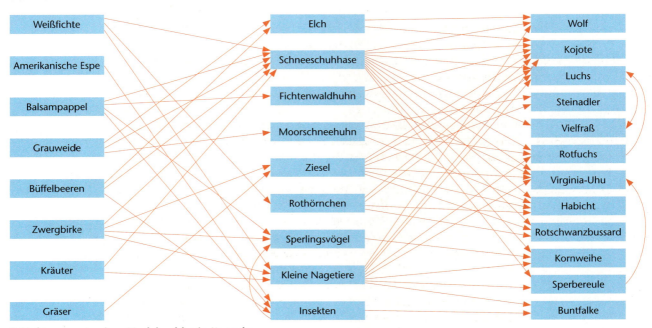

3 *Nahrungsnetz eines Nadelwaldes in Kanada*

→ 7.10 Die Kohlenstoffbilanz einer Pflanze → 11.1 Der globale Kohlenstoffkreislauf

10.2 Energiefluss in Ökosystemen

von einer Raupe gefressene Pflanzensubstanz: 200 J

Kot: 100 J — Raupen verwerten nur ungefähr die Hälfte ihrer Nahrung, der Rest wird als Kot ausgeschieden. Frisst eine Raupe Blätter mit einem Energiegehalt von 200 Joule (J), gehen 100 Joule mit dem Kot verloren.

Wachstum: 30 J — Nur Biomasse mit einem Energiegehalt von 30 Joule wird in neue Raupenbiomasse umgesetzt und steht damit der nächsten Trophieebene zur Verfügung.

Wärmeabgabe bei der Zellatmung: 70 J — Etwa 70 Joule werden als Wärme bei der Zellatmung abgegeben.

1 *Energieumwandlung in einem Glied der Nahrungskette*

Autotrophe Primärproduzenten nutzen die Lichtenergie der Sonne im Prozess der Fotosynthese zur Synthese von Biomasse, also von energiereichen organischen Verbindungen. Diese werden anschließend zum Teil im Prozess der Zellatmung abgebaut, wobei ATP gebildet wird. Heterotrophe Organismen nehmen als Konsumenten chemische Energie durch die in ihrer Nahrung enthaltenen energiereichen Stoffe auf. Diese werden in katabolen Stoffwechselwegen abgebaut, wodurch die Konsumenten die benötigte Energie erhalten. Konsumenten beziehen die energiereichen organischen Stoffe über Nahrungsketten direkt von den Produzenten oder über Konsumenten niedrigerer Trophieebenen. Für die gesamte in Biomasse gebundene Energie eines Ökosystems ist demnach die Fotosyntheseleistung seiner Produzenten entscheidend.

Unter **Energiefluss** versteht man die Weitergabe chemischer Energie in einem Ökosystem von einer Trophieebene zur nächsten. Ökosysteme umfassen selten mehr als fünf Trophieebenen. Dies lässt sich vor allem dadurch erklären, dass alle Organismen Energiewandler sind, die beim Abbau von Biomasse bei der Zellatmung einen Teil der chemischen Energie in Wärme umwandeln. Wärme ist eine Energieform, die von Lebewesen nicht mehr in eine andere Energieform umgewandelt werden kann. Man spricht daher von **Energieentwertung.** Als Faustregel gilt, dass von einer Trophieebene zur nächsten die Biomasse, und damit auch die darin enthaltene Energie, jeweils um ungefähr 90 % Prozent abnimmt (Abb. 1, 3).

Als **Energiepyramiden** bezeichnete Diagramme verdeutlichen, wie die nutzbare Energie im Laufe des Energieflusses von niedrigen zu höheren Trophieebenen abnimmt. Die Biomasse der Organismen verschiedener Trophieebenen kann in Form von **Biomassepyramiden** dargestellt werden. Oft haben beide Pyramiden in einem Ökosystem ungefähr die gleiche Form (Abb. 2).

Da auf jeder Trophieebene ein Teil der Energie entwertet wird oder als organischer Abfall verloren geht, wird die Gesamtmasse, die auf einer Trophieebene entstehen kann, durch die gespeicherte Energiemenge der Biomasse auf der nächst niedrigeren Ebene begrenzt. Die Biomasse der Produzenten ist daher in der Regel immer größer als die der Primärkonsumenten und diese wiederum immer größer als die der Sekundärkonsumenten (Abb. 3). Daher verlaufen Biomassepyramiden nach oben oftmals spitz zu (Abb. 2). Dies gilt jedoch nicht für jedes Ökosystem.

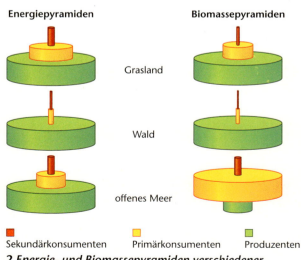

Energiepyramiden — Biomassepyramiden

Grasland, Wald, offenes Meer

■ Sekundärkonsumenten ■ Primärkonsumenten ■ Produzenten

2 *Energie- und Biomassepyramiden verschiedener Ökosysteme*

170 → 5.10 Übersicht: Glucoseabbau und Energiebereitstellung → 7.9 Übersicht: Fotosynthese

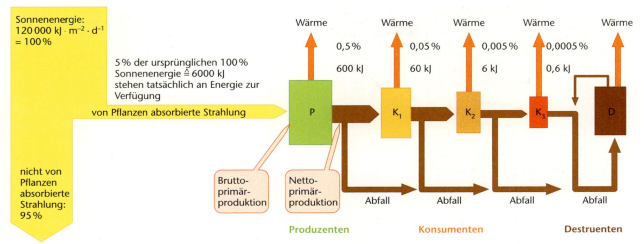

3 *Energieflussdiagramm in einem Ökosystem*

1 Energiefluss und Energieentwertung.
a) Erläutern Sie die Begriffe Energiefluss und Energieentwertung. Vergleichen Sie Energiefluss und Stoffkreislauf miteinander.
b) Erläutern Sie die in Abb. 3 dargestellten Zusammenhänge. Nennen Sie beispielhaft für das allgemeine Schema in Abb. 3 eine Nahrungskette.

2 Energiefluss in verschiedenen Ökosystemen.
Erläutern Sie qualitative Unterschiede im Energiefluss der drei Ökosysteme Mischwald, Kartoffelacker und Großstadt (Abb. 4).

3 Energie- und Biomassepyramiden in den Ökosystemen Wald, Grasland und Meer.
a) Vergleichen und erläutern Sie die in Abb. 2 dargestellten Energie- und Biomassepyramiden in den Ökosystemen Wald und Grasland. Erklären Sie die Gemeinsamkeiten und die Unterschiede.
b) Formulieren Sie eine begründete Hypothese, weshalb im offenen Meer die Biomassepyramide von der Form her stark von der Energieflusspyramide abweicht (Abb. 2).

4 Bruttoprimärproduktion und Nettoprimärproduktion. Die Gesamtmenge der von den Pflanzen fixierten Energie wird als Bruttoprimärproduktion bezeichnet (Abb. 3). Der Energiebetrag, der nach Abzug der Zellatmung der Pflanzen noch übrig bleibt, ist die Nettoprimärproduktion. Erläutern Sie, wie die Bruttoprimärproduktion in einem Ökosystem auf die Nettoprimärproduktion begrenzend wirkt.

4 *Ökosysteme mit unterschiedlichem Energiefluss: a) Mischwald, b) Kartoffelacker, c) Großstadt*

→ 10.1 Stoffkreisläufe in Ökosystemen → 10.12 Produktivität von Ökosystemen im Vergleich

10.3 Der Stickstoffkreislauf

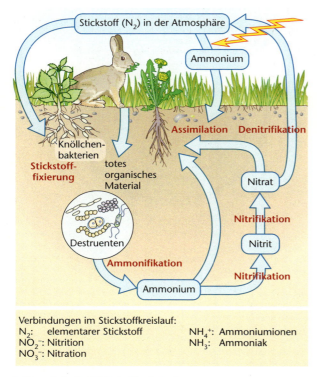

1 *Der globale Stickstoffkreislauf*

Stickstoff ist ein unentbehrlicher Bestandteil vieler biologischer Moleküle, wie z. B. von Aminosäuren oder von Nucleotiden und muss von Tieren und Pflanzen aufgenommen werden.

Unsere Atmosphäre besteht zu etwa 78 % aus elementarem Stickstoff (N_2). Die meisten Organismen können diesen Stickstoff jedoch nicht direkt nutzen. Sie nehmen Stickstoff nur in der Form von Ammoniumionen (NH_4^+) oder Nitrationen (NO_3^-) auf (Abb. 1, 2). Dies nennt man **Assimilation.** Lediglich einige Bakterien können den in der Luft enthaltenen Stickstoff durch **Stickstofffixierung** aufnehmen und nutzbar machen, wie z. B. die symbiotisch lebenden Knöllchenbakterien in den Wurzelknöllchen von z. B. Klee oder Bohnen. Neben der Stickstofffixierung, die etwa 90 % der fixierten Stickstoffmenge pro Jahr ausmacht, gibt es noch einen zweiten Weg, wie der Stickstoff in ein Ökosystem gelangen kann. Durch die große Energiemenge kosmischer Strahlung oder Blitze kann sich Stickstoff in der Atmosphäre mit den Sauerstoff- und Wasserstoffatomen aus dem Wasserdampf verbinden. Dabei entstehen Ammoniakmoleküle und Nitrationen, die sich im Regenwasser lösen und u. a. als Ammoniumionen in den Boden gelangen. Ammonium kann dann direkt über die Pflanzenwurzeln aufgenommen werden. Ammonium gelangt außerdem durch Abbau von totem organischem Material, das Stickstoffverbindungen enthält durch Bakterien in den Boden. Während ihrer Tätigkeit wird Ammoniak freigesetzt, was als **Ammonifikation** bezeichnet wird. Dieses reagiert schnell zu Ammonium und steht so den Pflanzen zur Verfügung.

In einigen Ökosystemen konkurrieren Pflanzen und zwei Gattungen von Bakterien um das Ammonium. Bakterien der Gattung *Nitrosomonas* oxidieren Ammonium zu Nitrit. Bakterien der Gattung *Nitrobacter* oxidiert anschließend Nitrit zu Nitrat. Diese Vorgänge bezeichnet man als **Nitrifikation.** Das gebildete Nitrat kann von den Pflanzenwurzeln aufgenommen werden oder es kann unter anaeroben Bedingungen die **Denitrifikation** durchlaufen. Dabei reduzieren heterotrophe Bakterien das Nitrat zu elementarem Stickstoff, welcher wieder in die Atmosphäre gelangt.

Biologisch verwertbarer Stickstoff ist häufig der limitierende Faktor in Ökosystemen. Zur Optimierung des Pflanzenwachstums werden landwirtschaftliche Nutzflächen mit Stickstoffverbindungen, besonders Nitrat, gedüngt. Nitrat gehört zu den Mineralsalzen, die am häufigsten aus den Landökosystemen in Gewässer eingetragen werden. Diese **Eutrophierung** kann vielfältige negative Auswirkungen auf die Gewässer haben.

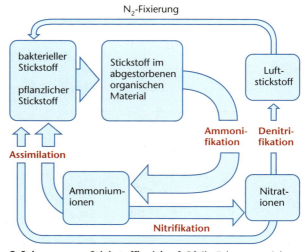

2 *Schema zum Stickstoffkreislauf.* Pfeilstärke entspricht dem Mengenumsatz.

Prozess/Vorrat	Stickstoffmengen (10^6 Tonnen)
Denitrifikation (Land)	40
biologische Fixierung	44
industrielle Fixierung aus der Atmosphäre (z. B. Dünger)	30
Denitrifikation (Gewässer)	40
Vorrat in der Atmosphäre	$3{,}9 \cdot 10^9$
Vorrat im Boden	$100{-}140 \cdot 10^3$
Vorrat im Gewässer	8000
Vorrat, gebunden in organischer Substanz	1200

3 *Der globale Stickstoffkreislauf. Die Zahlen geben die Menge an Stickstoff in Organismen und verschiedenen Reservoiren an, sowie die Mengen, die pro Jahr zwischen den globalen Kompartimenten ausgetauscht werden.*

1 Der Stickstoffkreislauf. Erläutern Sie den Stickstoffkreislauf in Abb. 1 mit Hilfe der Informationen in Abb. 2 und 3.

2 Eutrophierung an der Mündung des Mississippi. Durch den Abfluss von den Feldern im Mittelwesten der Vereinigten Staaten gelangen immer größere Mengen Stickstoff und Phosphor in den Golf von Mexiko. Durch den hohen Stickstoffeintrag kommt es zu einer Zone mit starkem Sauerstoffmangel, in der die meisten Meeresorganismen nicht mehr überleben können.
Entwickeln Sie eine mögliche Kausalkette zur Erklärung der Bildung dieser Zone.

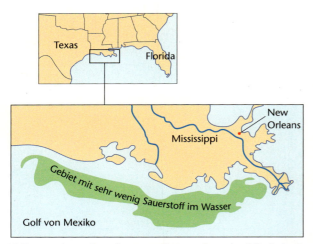

4 *Zone mit starkem Sauerstoffmangel an der Mississippimündung*

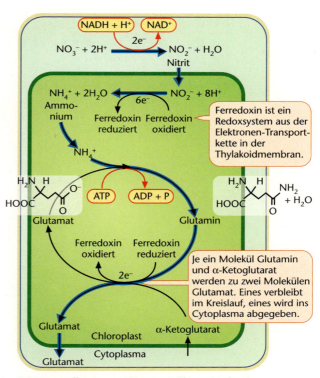

5 *Umwandlung von Nitrat zu Glutamat in einer Pflanzenzelle*

3 Glutamat-Bildung in Mesophyllzellen. Beschreiben Sie anhand der Abb. 5 die Synthese von Glutamat, dem Stickstofflieferant für die Bildung aller Aminosäuren. Gehen Sie von dem Nitrat aus, das die Pflanze über die Wurzeln aufgenommen hat.

4 Stoffverteilung im eutrophen See. Deuten Sie die Stoffverteilung in einem eutrophen See (Abb. 6).

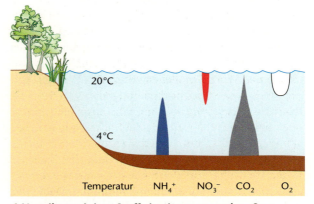

6 *Verteilung einiger Stoffe in einem eutrophen See*

→ 11.1 Der globale Kohlenstoffkreislauf

10.4 Übersicht: Stoffkreisläufe und Energiefluss in einem Ökosystem

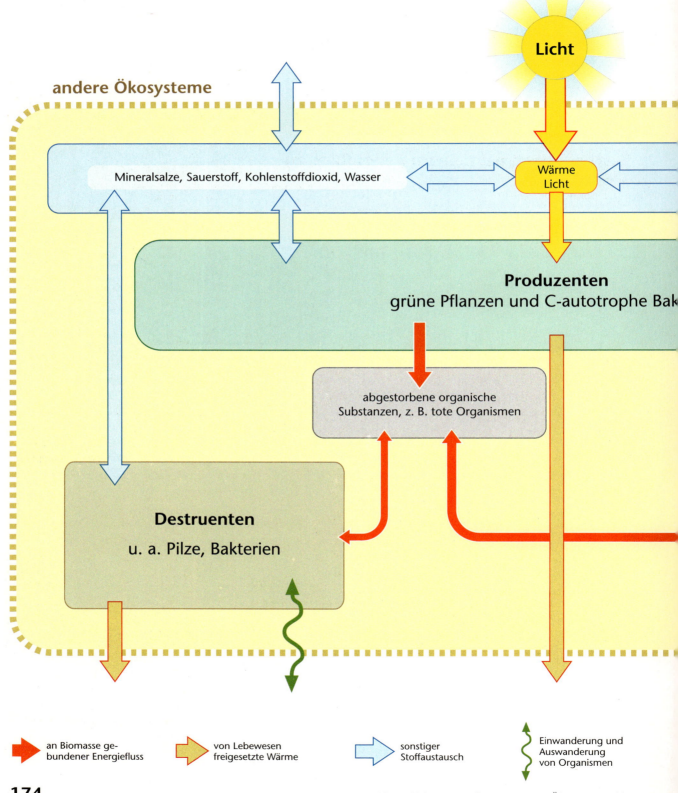

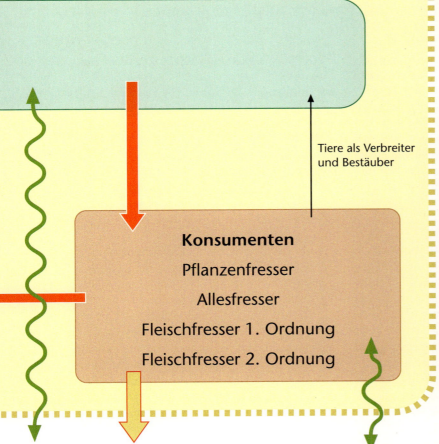

Ökosystemgrenze

Beschaffenheit des Lebensraumes (Biotop)

Ausrichtung (u. a. zur Sonne, zum Wind)   Ausdehnung   Höhe, Relief Bodenart   Barrieren

Tiere als Verbreiter und Bestäuber

Konsumenten

Pflanzenfresser

Allesfresser

Fleischfresser 1. Ordnung

Fleischfresser 2. Ordnung

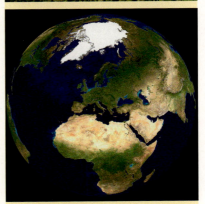

Verschiedene Ökosysteme: kleine Glaskugel mit Meerwasser, Algen und Bakterien auf Korallenstücken und zwei Garnelen; Streuobstwiese; Regenwald und die Erde

→ 10.10 Ökosystem See   → 10.11 Ökosystem Hochmoor

10.5 Fließgleichgewichte in offenen Systemen

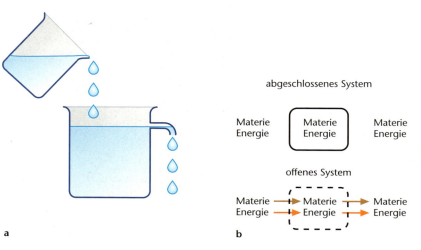

1 Modelldarstellungen: a) *Fließgleichgewicht im unteren Gefäß,* b) *Systeme,* c) *Fließgleichgewicht bei Staustufen eines Flusses*

Fließgleichgewichte gibt es auf allen Systemebenen: auf Ebene der Zelle, der Organe, des Organismus und des Ökosystems. Zellen stehen zum Beispiel in permanentem Stoffaustausch mit ihrer Umgebung. Nährstoffe werden aufgenommen, in der Zelle abgebaut oder zum Aufbau anderer Stoffe verwendet, Stoffwechselprodukte werden ausgeschieden. Pflanzen nehmen mit ihren Wurzeln Wasser und Mineralsalze aus dem Boden und mit den Blättern Kohlenstoffdioxid aus der Luft auf und geben gleichzeitig durch die Fotosynthese Sauerstoff wieder an die Luft ab.

Unter einem **System** versteht man im Allgemeinen ein Gefüge von Elementen, die gegenseitig auf ganz bestimmte Weise in Beziehung stehen und aufeinander einwirken. Diese Wechselwirkungen machen aus einer Ansammlung von Elementen ein geordnetes und funktionstüchtiges Ganzes, ein System. Ein Beispiel dafür ist das Zusammenwirken der Organe im menschlichen Körper. Man unterscheidet zwischen offenen und abgeschlossenen Systemen (Abb. 1b). Offene Systeme sind durch den Austausch von Stoffen und Energie mit ihrer Umgebung gekennzeichnet. Abgeschlossene Systeme stehen dagegen nicht im Austausch mit ihrer Umwelt.

Nur in offenen Systemen können sich Fließgleichgewichte einstellen. Das **Fließgleichgewicht** beschreibt einen ausgeglichenen Zustand, bei dem fortgesetzt Stoffe und/oder Energie in ein System einströmen und Reaktionsprodukte und/oder Energie herausgeschleust werden. Im Fließgleichgewicht halten sich diese Ein- und Ausströme die Waage. Ein einfaches Beispiel hierfür ist die Staustufe eines Flusses (Abb. 1c). Innerhalb der Staustufe befindet sich zwar immer gleich viel, jedoch nie dasselbe Wasser. Der Wasserstand wird vielmehr dadurch konstant gehalten, dass von oben ständig genauso viel Wasser nachfließt, wie nach unten hin abfließt. Im Fließgleichgewicht liegen Stoffe in konstanten Konzentrationen vor, solange Zu- und Abfluss der Stoffe gleich groß sind.

Nach Störungen des Fließgleichgewichts-Zustandes besteht bei offenen Systemen die Tendenz, zum ursprünglichen Zustand zurückzukehren. Störungen zeigen sich in abweichenden Mengen der beteiligten Stoffe. Diese Störungen werden durch das System, z. B. eine Zelle, registriert. Sie reagiert mit einem Regulationsvorgang, der den ursprünglichen Zustand oder einen neuen Fließgleichgewichts-Zustand bewirkt. So benötigen Muskelzellen bei körperlicher Anstrengung mehr Glucose und Sauerstoff. Diese Störung des Fließgleichgewichts wird durch eine erhöhte Atem- und Herzschlagfrequenz und eine damit verbundene vermehrte Aufnahme von Glucose und Sauerstoff in die Muskelzellen kompensiert.

1 Analogie-Beispiel für Fließgleichgewicht.
a) Ordnen Sie folgenden Bauteilen des Modells in Abb. 2 die Fachbegriffe aus dem Energiestoffwechsel zu: Wasserzufluss, Wasserrad, Glühlampe, Wasserabfluss, Wasserstand, Niveau des Wasserbehälters.
b) Vergleichen Sie das Analogie-Beispiel mit dem Auszug aus dem Energiestufendiagramm des Citratzyklus in Abb. 3.

2 Fließgleichgewicht auf verschiedenen Systemebenen.
a) Erläutern Sie die Fließgleichgewichte in Abb. 4–6.
b) Erläutern Sie die Unterschiede beim Fließgleichgewicht zwischen einem jungen, wachsenden Wald und einem Wald im Endstadium (Abb. 6).

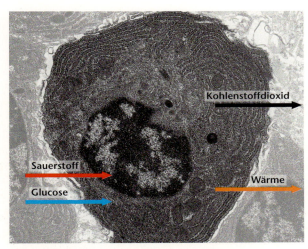

4 Fließgleichgewicht auf Ebene der Zelle

2 Modell zum Fließgleichgewicht einer Zelle

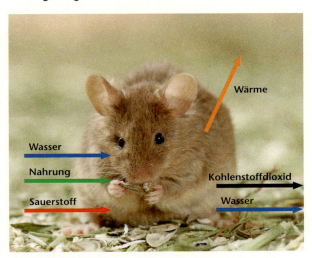

5 Fließgleichgewicht auf Ebene eines Organismus

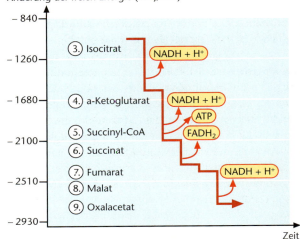

3 Auszug aus dem Energiestufendiagramm des Citratzyklus

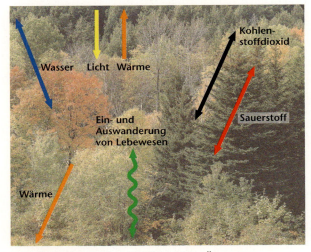

6 Fließgleichgewicht auf Ebene eines Ökosystems, Beispiel Wald

→ 5.5 Pyruvatabbau zu Kohlenstoffdioxid im Mitochondrium   → 10.4 Übersicht: Stoffkreisläufe und Energiefluss …

10.6 Funktionen des Bodens

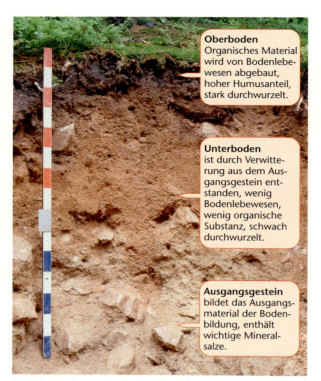

1 Bodenaufbau

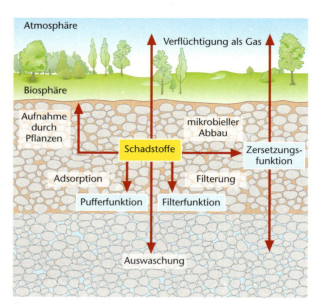

2 Umsatz von Schadstoffen im Boden

Der Boden ist die oberste lockere und belebte Schicht der Erdoberfläche. Böden bestehen aus festen Bestandteilen, dem Bodenwasser und der Bodenluft. Die festen Bestandteile setzen sich zusammen aus anorganischen, mineralischen Bestandteilen, lebenden Organismen und dem **Humus**, der zersetzten organischen Substanz (Abb. 1).

Der Boden hat vielfältige Funktionen:
Lebensraumfunktion: Er dient Pflanzen, Tieren und Mikroorganismen als Lebensraum.
Produktionsfunktion: Er ist Pflanzenstandort und damit die Nahrungsgrundlage für viele Lebewesen. Anorganische Tonminerale und organische Huminstoffe besitzen große geladene Oberflächen und können dadurch Wassermoleküle und für das Pflanzenwachstum wichtige Ionen anlagern und austauschen. Tonminerale und Huminstoffe sind daher wichtig für die Bodenfruchtbarkeit.
Regelungsfunktion: Böden regulieren Wasser-, Luft-, und Stoffkreisläufe.
Speicher- und Pufferfunktion: Böden haben die Fähigkeit, Mineralsalze und Schadstoffe zu binden, Säuren zu neutralisieren sowie Wasser zu speichern (Abb. 2). Je mehr Tonminerale und Humus in einem Boden vorhanden sind, desto besser kann der Boden diese Funktion erfüllen.
Filterfunktion: Böden besitzen die Fähigkeit, Stoffe aus dem Bodenwasser zu filtern.
Zersetzungsfunktion: Organische Stoffe, zu denen auch organische Dünger und Pflanzenschutzmittel gehören, können im Boden durch Mikroorganismen zersetzt werden.
Rohstofffunktion: Böden liefern Rohstoffe, z. B. Sand, Ton, Torf.
Kulturfunktion: Böden beherbergen Kulturgüter, z. B. archäologische Bodendenkmale.

Die Gefährdung des Bodens durch menschliche Nutzung ist groß. Böden werden entwertet durch Versiegelung und Abgrabungen, sie werden als Nutzpflanzenstandort unter Einsatz von Pflanzenschutzmitteln bearbeitet, befahren, be- und entwässert und gedüngt. Bodenverdichtung und Erosion können die Folge sein. Schadstoffeinträge, die Bodenversauerung durch „Sauren Regen" (Eintrag von Wasserstoffionen über Niederschläge) und die Anreicherung von Schwermetallen im Boden können die Böden belasten. Gesetzliche Regelungen wie das Bundes-Bodenschutzgesetz fordern, die Funktionen des Bodens nachhaltig zu sichern und schädliche Bodenveränderungen abzuwehren.

3 *Bodenfunktionen*

1 Funktionen des Bodens.
a) Ordnen Sie den Bildern in Abb. 3 jeweils eine Bodenfunktion zu.
b) Erstellen Sie eine tabellarische Übersicht der Bodenfunktionen. Diskutieren Sie über mögliche Gefährdungen der jeweiligen Funktionen und nehmen Sie diese Gefährdungen in die Tabelle auf.
c) Beurteilen Sie die Bedeutsamkeit der Bodenfunktionen für einen Gartenliebhaber, einen Landwirt, einen Archäologen, einen Umweltschützer und für Sie selbst.
d) Beschreiben Sie an zwei selbst gewählten Beispielen aus Ihrer Umgebung Nutzungskonflikte im Hinblick auf den Boden. Erläutern Sie die jeweilige Interessenlage der Beteiligten.

2 Schadstoffe im Boden. Erläutern Sie den Umsatz von Schadstoffen im Boden anhand von Abb. 2. Beurteilen Sie die Wirkung des Bodens auf Schadstoffeinträge.

3 Modellexperiment zur Schadstoffpufferung.
Führen Sie den Versuch in Abb. 4 durch. Protokollieren Sie das Ergebnis und überprüfen Sie die Hypothesen.

4 Flächennutzung. Stellen Sie die folgenden Daten zur Bodenfläche in Deutschland in einem Diagramm dar. Diskutieren Sie vorab, welche Diagramm-Form besonders geeignet ist.
Bodenfläche Deutschlands: insgesamt 357 000 km^2 (≙ 100 %), davon:
Gebäude-, Grundstücksflächen: 7,4 %, Erholungsflächen: 0,9 %, Verkehrsflächen: 4,9 %, Landwirtschaftsflächen: 53,0 %, Waldflächen: 29,8 %, Wasserflächen: 2,3 %, andere Flächen: 1,7 %.

Hypothesen:
– Böden können Mineralsalze binden.
– Tonböden binden Mineralsalze besser als Sandböden.
– Kationen- und Anionen werden gleichermaßen gebunden.

Material:
Verschiedene Böden (Sand, Ton, humusreicher Boden), Trichter, Reagenzgläser, Watte, Stativ mit Stativringen, Methylenblau (Kationenfarbstoff), Eosin-Lösung (Anionenfarbstoff), destilliertes Wasser, Pipetten.

Durchführung:
In die Trichter wird ein Wattebausch gelegt und mit gesiebtem Boden zur Hälfte gefüllt. Jeder Boden wird zuerst mit wenig Wasser angefeuchtet und dann mit 5 ml einer Kationen- oder Anionenfarbstofflösung begossen. Nach dem Versickern wird mehrmals mit destilliertem Wasser vorsichtig nachgewaschen. Das durchsickernde Wasser wird in den Reagenzgläsern nacheinander aufgefangen. Die Färbung ab dem 2. bzw. 3. Reagenzglas wird beurteilt. Jeder Boden sollte mit den beiden Farblösungen getestet werden.

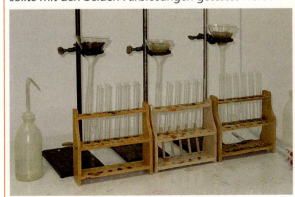

4 *Modellexperiment zur Schadstoffpufferung*

10.7 Biologische Aktivität im Boden

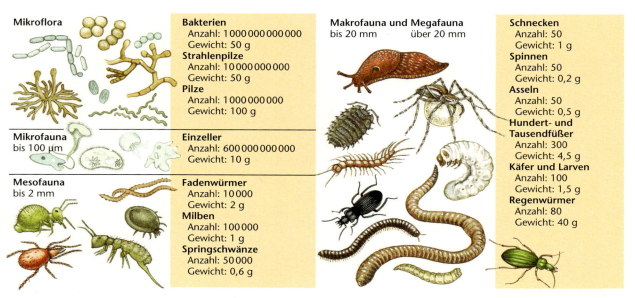

1 *Einteilung der Bodenorganismen.* Gewicht und Anzahl pro m² Boden bis 30 cm Tiefe; Größenangaben: Körperbreite in mm.

Eine Handvoll humusreichen Bodens enthält mehr Lebewesen als Menschen auf der Erde leben. Diese Bodenlebewesen, deren Lebendgewicht pro Hektar Boden bis 30 cm Tiefe 15 Tonnen betragen kann, werden in die **Bodenfauna** und die **Mikroflora** unterteilt. Die Mikroflora umfasst Bakterien und Pilze, die Bodenfauna besteht aus Einzellern und den Bodentieren (Abb. 1).

Der Boden ist für die meisten Stoffkreisläufe sehr wichtig. In einem Laubmischwald fallen ungefähr 100-1000 g/m² Streu pro Jahr an. Die Streu besteht vorwiegend aus Blättern, Zweigen und tierischem Material. Ohne Bodenorganismen blieben die meisten Mineralsalze, die in der Streu organisch gebunden sind, unzersetzt und stünden den Pflanzen nicht zur Verfügung. Die nachhaltige Produktivität von Ökosystemen hängt von der raschen Zersetzung organischer Stoffe zu Mineralsalzen ab. Für die Zersetzung zuständig sind im engeren Sinne nur die **Destruenten** (Bakterien und Pilze), die organische Stoffe zu Kohlenstoffdioxid, Wasser und Mineralsalzen abbauen. Im weiteren Sinne können auch die Humus fressenden Tiere hinzugerechnet werden, die allerdings allesamt **Konsumenten** sind. Bodenfauna und Mikroflora arbeiten bei der Zersetzung organischer Substanz eng zusammen. Dadurch wird der Zersetzungsprozess bei schwer zersetzbaren Stoffen wie Cellulose, Holzsubstanz und Harz beschleunigt.

Die Aktivität der Bodenorganismen kann man mit Hilfe verschiedener Methoden messen. Bei Netzbeutelversuchen werden Beutel mit unterschiedlicher Maschenweite mit Streu gefüllt und in die Streuschicht am Boden gelegt. Nach einiger Zeit lassen sich je nach Maschenweite Unterschiede in der Streuzersetzung feststellen (Abb. 3). Die Aktivität der Kleinstlebewesen lässt sich über die Bodenatmung bestimmen (Abb. 4).

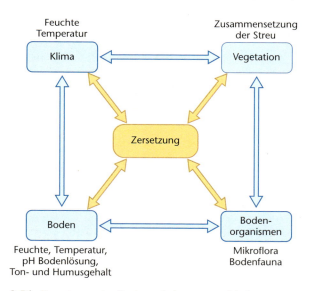

2 *Die Zersetzung im Boden wird von verschiedenen Faktoren beeinflusst*

→ 4.1 Enzyme als Biokatalysatoren   → 10.1 Stoffkreisläufe in Ökosystemen

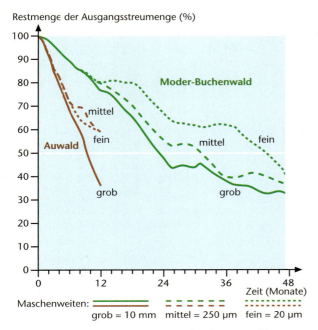

3 *Verlauf des Streuabbaus in verschiedenen Wäldern*

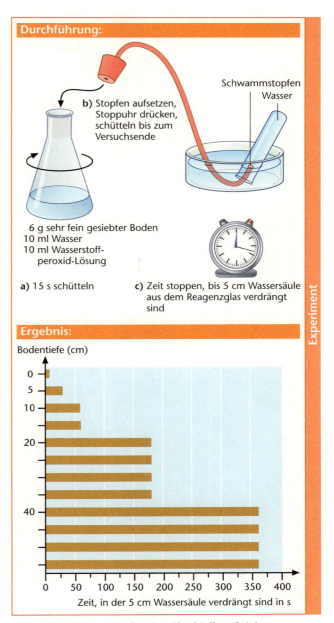

4 *Experiment zum Nachweis mikrobieller Aktivität*

1 **Netzbeutelversuch.** Beutel aus Gaze werden mit Streu gefüllt und an der Entnahmestelle wieder ausgelegt. Alle vier Wochen wird der Beutelinhalt gewogen und die Zersetzungsrate über die Gewichtsverminderung bestimmt. Durch die unterschiedlichen Maschenweiten der Netzbeutel werden die Bodentiere nach ihrer Größe ausgeschlossen (grob: kein Ausschluss; mittel: Makrofauna ausgeschlossen; fein: auch Mesofauna ausgeschlossen; Abb. 3). Durch die unterschiedliche Maschenweite lässt sich ermitteln, welche Anteile die jeweiligen Bodenorganismen an der Zersetzung haben. Zwei Standorte werden untersucht: **Moder-Buchenwald:** schattig, niedriger pH-Wert, mittlere Bodenfeuchte, auf Buntsandstein; häufige Bodenorganismen: Fadenwürmer, Milben und Pilze. **Auwald:** lichtreich, neutraler pH-Wert, hohe Bodenfeuchte, auf Auelehm; häufige Bodenorganismen: Regenwürmer, Käfer, Schnecken, Fadenwürmer und Bakterien.
a) Beschreiben Sie die in Abb. 3 dargestellten Ergebnisse.
b) Erläutern Sie die Rolle der Mega- und Makrofauna im Zeitverlauf des Streuabbaus.
c) Diskutieren Sie mit Hilfe von Abb. 2 und den Angaben über die beiden Standorte, welche Faktoren in diesem Versuch die unterschiedliche Zersetzungsrate an den beiden Standorten bedingen könnten.

2 **Nachweis mikrobieller Aktivität mittels Katalase.** Beim Stoffwechsel aller aeroben Organismen entsteht das giftige Zwischenprodukt Wasserstoffperoxid, das durch das Enzym Katalase sofort zu Wasser und Sauerstoff abgebaut wird.
a) Ermitteln Sie die Fragestellung, die dem Versuch in Abb. 4 zugrunde liegt.
b) Deuten Sie die Ergebnisse.

→ 10.9 Ökosystem Wald → 11.6 Bedeutung der Biodiversität

10.8 Bioindikatoren für Bodeneigenschaften

Bioindikatoren sind Organismen, deren Anwesenheit oder deren Zustand Rückschlüsse auf bestimmte Umweltbedingungen zulassen. So können Pflanzen Hinweise auf die herrschenden Boden- und Klimabedingungen geben, Flechten auf die Schadstoff-Konzentration der Luft und wasserlebende Tiere auf die Gewässergüte. Als Bioindikatoren kommen vor allem Organismen mit enger ökologischer Potenz in Frage.

Mit Hilfe von Pflanzen lassen sich pH-Wert und Wasserversorgung eines Bodens im Gelände relativ rasch abschätzen, ohne vorher langwierige Messungen durchgeführt zu haben. Der pH-Wert des Bodens erlaubt Rückschlüsse darüber, in welchem Maße Mineralsalze für die Pflanze verfügbar sind. Eine ausreichende Mineralsalzversorgung ist ebenso wie eine ausreichende Wasserversorgung Voraussetzung für ein gutes Pflanzenwachstum. Pflanzen können als Bioindikatoren verwendet werden, um beispielsweise eine Fläche als geeigneten Standort für Nutzpflanzen einzuschätzen.

Für den Einsatz von Pflanzen als Bioindikatoren zieht man z. B. die von ELLENBERG entwickelten **Zeigerwerte** heran, die das ökologische Verhalten gegenüber wichtigen Standortfaktoren wie Licht, Temperatur, Feuchtigkeit und Boden-pH-Wert für jede Pflanzenart mit einer bestimmten Ziffer beschreiben (Abb. 1, 2). Ein Vorteil der Einstufung in Ziffern ist die Möglichkeit, Durchschnitts-Zeigerwerte für ganze Pflanzenbestände zu berechnen. Somit bekommt man eine erste, schnelle Einschätzung der Umweltbedingungen. Um diese Aussagen zu überprüfen oder weiteren Fragestellungen nachzugehen, können dann beispielsweise Messungen mit dem pH-Meter vor Ort erfolgen.

Darüber hinaus erlaubt die Verwendung von Pflanzen als Bioindikatoren auch Aussagen über den langfristigen Mittelwert von Standortfaktoren, die sonst schwer oder gar nicht messbar sind. Dies ist z. B. dann von Bedeutung, wenn Umweltbedingungen im Tages- oder Jahresverlauf stark schwanken und Messungen immer nur eine Momentaufnahme darstellen, z. B. Lichtmenge und Wasserversorgung.

Echte Schlüsselblume F: 4 R: 8
Seidelbast F: 5 R: 7

Waldmeister F: 5 R: 6
Goldnessel F: 5 R: 7

Weißliche Hainsimse F: 5 R: 3
Heidelbeere F: x R: 2

Kriechender Hahnenfuß F: 7 R: x
Waldziest F: 7 R: 7

1 *Verschiedene Pflanzenarten und ihre Zeigerwerte für Bodenfeuchte (F) und Boden-pH-Wert (R)*

F Feuchtezahl:
Ordnung nach der Bodenfeuchte bzw. Wasserversorgung: 1: starke Trockenheitszeiger; 3: Trockniszeiger; 5: Frischezeiger; 7: Feuchtezeiger; 9: Nässezeiger
R Reaktionszahl zum Boden-pH-Wert:
Ordnung nach der Bodenreaktion: 1: Starksäurezeiger; 3: Säurezeiger; 5: Mäßigsäurezeiger; 7: Schwachsäure- bis Schwachbasenzeiger; 9: Basen- und Kalkzeiger
x: indifferentes Verhalten einer Art Die Zeigerwerte 2, 6, 8 heißen jeweils: 2: zwischen 1 und 3, usw.

2 *Die Ellenberg-Zeigerwerte für Bodenfeuchte und Boden-pH-Wert*

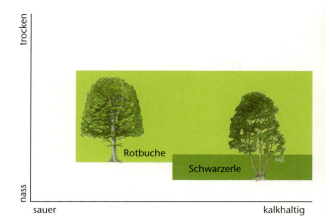

3 Ökogramm von Rotbuche und Schwarzerle

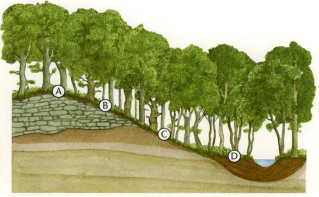

Kalk   Sandstein   Auelehm

	Ⓐ	Ⓑ	Ⓒ	Ⓓ	F	R
Rotbuche	3	4	5	.	5	x
Elsbeere	1	.	.	.	4	7
Traubeneiche	.	2	2	.	5	x
Schwarzerle	.	.	.	4	9	6
Esche	.	.	.	2	x	7
Echte Schlüsselblume	+	.	.	.	4	8
Seidelbast	+	.	.	.	5	7
Maiglöckchen	+	.	.	.	4	x
Schwalbenwurz	+	.	.	.	3	7
Waldhabichtskraut	+	.	.	.	5	5
Rotes Waldvögelein	+	.	.	.	3	8
Waldmeister	.	1	.	.	5	6
Einblütiges Perlgras	.	1	.	.	5	6
Haselwurz	.	+	.	.	5	7
Bingelkraut	+	+	.	.	x	8
Buschwindröschen	+	+	.	+	5	x
Waldziest	.	+	.	2	7	7
Goldnessel	.	+	.	1	5	7
Weißliche Hainsimse	.	.	1	.	5	3
Drahtschmiele	.	.	+	.	x	2
Heidelbeere	.	.	+	.	x	2
Giersch	.	.	.	3	6	7
Gundermann	.	.	.	1	6	x
Echte Nelkenwurz	.	.	.	+	5	x
Mädesüß	.	.	.	+	8	x
Rote Lichtnelke	.	.	.	+	6	7
Kriechender Hahnenfuß	.	.	.	+	7	x

1 **Eignung von Pflanzen als Bioindikatoren.** Beurteilen Sie unter Verwendung des Ökogramms in Abb. 3 die Eignung von Rotbuche und Schwarzerle als Bioindikatoren. Die farblich hinterlegte Fläche zeigt die Verbreitung der Arten unter natürlichen Konkurrenzbedingungen.

2 **Bestandsaufnahme eines Waldgebietes.** In einem Waldgebiet sind entlang einer Linie von einer Bergkuppe bis ins Tal vier Bestandsaufnahmen angefertigt worden (Abb. 4 Ⓐ–Ⓓ). In den Vegetationsaufnahmen sind alle Arten, die auf einer Fläche von 100 m² vorkommen, aufgelistet. Die Abb. 4 gibt diese vier Bestandsaufnahmen verkürzt wieder.
a) Berechnen Sie für jede Aufnahme die Mittelwerte von R und F, indem Sie pro Aufnahme die Summe aller Zahlen von R bzw. F durch die Artenzahl der Aufnahme teilen. Arten mit indifferentem Verhalten (Zeigerwert=x) werden nicht mitgerechnet. Stellen Sie diese Ergebnisse für die verschiedenen Aufnahmeflächen graphisch dar.
b) Interpretieren Sie Ihre Ergebnisse in Hinblick auf die Lage der Bestandsaufnahmen im Wald.
c) Entwickeln Sie Hypothesen hinsichtlich der Standortverhältnisse, die am jeweiligen Ort vorherrschen.
d) Während der Bestandsaufnahmen wurden pH-Wert-Messungen im Boden mit folgenden Ergebnissen durchgeführt: Aufnahmefläche/pH-Wert: A/7,9; B/6,7; C/4,9; D/7,6. Überprüfen Sie anhand dieser Messdaten Ihre Hypothesen.

4 *Ergebnisse von vier Bestandsaufnahmen in einem Wald. Die Zahlen in den Spalten A–D geben die Bodenbedeckung durch die jeweiligen Arten an: +: bis 1 % der Fläche bedeckend; 1: bis 5 %; 2: bis 25 %; 3: bis 50 %; 4: bis 75 %; 5: bis 100 %. Am rechten Rand der Tabelle sind die Zeigerwerte für die Faktoren Wasserversorgung (F) und Boden-pH-Wert (R) für die jeweilige Art aufgeführt.*

1 *Sommergrüner Laubwald*

10.9 Ökosystem Wald

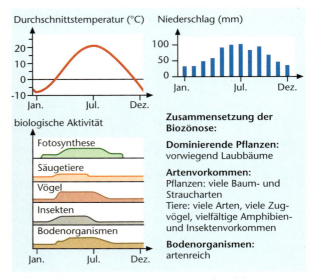

2 *Kennzeichen des sommergrünen Laubwaldes*

Wälder sind komplexe Ökosysteme. Neben den Ozeanen beeinflussen sie maßgeblich das Klima der Erde. Sie sind wichtige Sauerstoffproduzenten und nehmen Kohlenstoffdioxid aus der Atmosphäre auf. Damit sind sie auch bedeutsam für den **globalen Kohlenstoffkreislauf.** Auf der Erde findet man je nach Klimazone verschiedene Waldformen. In den tropischen Klimaten dominieren immergrüne Regenwälder. In unseren Breiten würden von Natur aus sommergrüne Wälder, vor allem Buchenmischwälder, vorkommen. Bedingt durch die Forstwirtschaft bestehen die Wälder bei uns zu etwa 50 % aus Nadelbäumen, vor allem Fichte und Kiefer.

Die Ökologie der sommergrünen Laubwälder unterscheidet sich von derjenigen der immergrünen Wälder. Im Winter tragen die Laubbäume keine Blätter mehr, weshalb der Stoffwechsel, z. B. die Zellatmung, stark reduziert ist. Im Frühjahr ist der gut belichtete Waldboden von einer artenreichen Bodenvegetation bedeckt, deren Pflanzen oft schon Samen gebildet haben, bevor die auf den Boden fallende Lichtintensität geringer wird, wenn sich das Blätterdach schließt. Die Existenz verschiedener Jahreszeiten ermöglicht somit im sommergrünen Laubwald eine ökologische Nische für die Frühblüher.

Im Wald wird ein großer Teil des Kohlenstoffdioxids durch die Fotosynthese grüner Pflanzen, den **Produzenten,** zur Herstellung von Biomasse genutzt. Dies geschieht vornehmlich durch Bäume und Sträucher und nur in geringem Anteil durch Kräuter, Moose und Farne. Die Pflanzen sind sowohl Stoff- als auch Energielieferanten für die Pflanzen fressenden **Konsumenten** erster Ordnung, wie z. B. viele Insekten, Vögel oder Säugetiere. Sie dienen wiederum den Konsumenten zweiter Ordnung, den Fleisch fressenden Tieren, wie z. B. Mäusebussard oder Marder, als Nahrung. Größere Fleisch fressende Tiere, wie z. B. Fuchs oder Habicht, sind Konsumenten dritter Ordnung. Das im Herbst abfallende Laub bildet zusammen mit abgestorbenen Ästen oder Bäumen die Streu. Sie wird von den **Destruenten,** wie z. B. Schnecken, Milben, Pilzen und Bakterien, im Laufe mehrerer Jahre zersetzt. Dabei gelangt der fixierte Kohlenstoff teilweise in Form organischer Verbindungen als Humus in den Boden. Beim vollständigen Abbau werden Wasser, Mineralsalze und Kohlenstoffdioxid frei.

Die meisten Waldbäume können nur existieren, weil es im Waldboden weit verzweigte Pilzgeflechte gibt, welche die Enden der Baumwurzeln umgeben und in die Wurzeln eindringen, die sogenannte **Mykorrhiza** (Abb. 5). Durch die auf diese Weise stark vergrößerte Oberfläche der Wurzeln können Bäume genügend Wasser und Mineralsalze aus dem Boden aufnehmen. Die Pilze werden durch die Wurzeln mit energiereichen Stoffen versorgt, welche die Bäume durch Fotosynthese bilden.

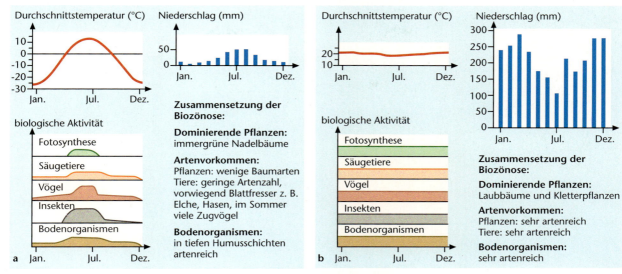

3 Kennzeichen a) des borealen und b) des immergrünen tropischen Waldes

1 Vergleich dreier Wald-Typen.
a) Vergleichen Sie die drei in Abb. 2 und 3 dargestellten Waldtypen miteinander.
b) Erklären Sie die unterschiedliche biologische Aktivität sowie die Zusammensetzung der Biozönose bei den drei Waldtypen.

2 Tragen Wälder zur Minderung des Treibhauseffekts bei?
a) Erläutern Sie den Kohlenstoffkreislauf im Wald anhand einer aussagekräftigen Skizze.
b) Geben Sie für die drei Phasen eines wachsenden Baumbestandes an, inwieweit der Wald eine Kohlenstoffsenke ist (Abb. 4).

3 Stoff- und Energiefluss im Ökosystem Wald.
Skizzieren Sie den Energiefluss im sommergrünen Wald anhand einer selbst erstellten beispielhaften Nahrungskette. Erläutern Sie Ihre Darstellung.

4 Mykorrhiza.
a) Vergleichen Sie den Bau der Wurzeln in der Abb. 5.
b) Erläutern Sie die besondere Bedeutung der Mykorrhiza für den Wald unter Bezug auf das Basiskonzept „Struktur und Funktion".
c) Planen Sie in den Grundzügen ein Experiment, mit dem Sie nachweisen können, ob es sich bei der Mykorrhiza um Symbiose oder um Parasitismus handelt.

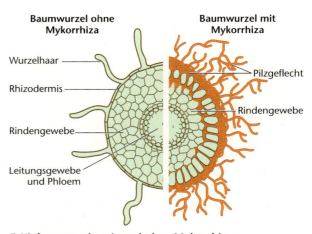

4 CO_2-Umsatz eines Waldes

5 Kiefernwurzeln mit und ohne Mykorrhiza

→ 10.12 Produktivität von Ökosystemen im Vergleich → 11.1 Der globale Kohlenstoffkreislauf

10.10 Ökosystem See

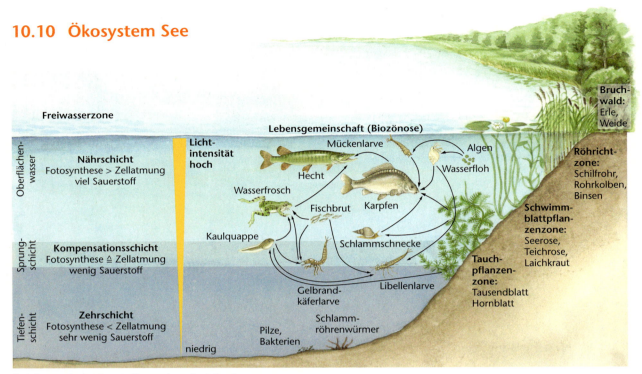

1 *Schematische Darstellung eines Sees im Sommer*

Seen sind natürliche Gewässer mit einer Tiefe von mehr als zwei Metern, die am Boden nicht durchgängig mit Pflanzen bewachsen sind. Im Gegensatz zu den flacheren Gewässern kann sich in tiefen Seen im Sommer eine stabile Temperaturschichtung ausbilden, die bedeutsame ökologische Folgen hat (Abb. 1, 2). Die abiotischen Faktoren, wie Lichtintensität, Temperatur und Sauerstoffkonzentration, sind abhängig von der Wassertiefe. In der oberen Wasserschicht ist die Lichtintensität so stark, dass die Bildung von Biomasse und die Freisetzung von Sauerstoff durch die Produzenten größer ist als der Verbrauch von Biomasse und Sauerstoff durch die Zellatmung der Tiere und Pflanzen. Daher bezeichnet man diese Zone auch als **Nährschicht**. Die Lichtintensität nimmt jedoch mit zunehmender Wassertiefe exponentiell ab. In der **Kompensationsschicht** halten sich Fotosynthese und Zellatmung die Waage. In der **Zehrschicht** ist aufgrund der geringen Lichtintensität kaum noch oder fast gar keine Fotosynthese mehr möglich. Der wenige hier vorhandene Sauerstoff wird durch die heterotrophen Organismen nahezu vollständig verbraucht. In der Zehrschicht kommen nur noch Organismen vor, die bei sehr geringen Sauerstoffkonzentrationen existieren können.

In Seen der gemäßigten Breiten kann es im Frühjahr und Herbst zur vollständigen Durchmischung des Wassers, der **Vollzirkulation,** kommen (Abb. 2). Die Gründe hierfür sind der Wind und die Konvektion. Darunter versteht man, dass kaltes Wasser aufgrund seiner höheren Dichte nach unten sinkt und wärmeres Wasser aufsteigt. Wasser hat bei 4 °C seine größte Dichte. Im Sommer bildet sich aufgrund der unterschiedlichen Dichte des Wassers ein Temperatursprung zwischen Oberflächen- und Tiefenwasser aus, das kältere Tiefenwasser kann nicht mehr nach oben steigen. Zwischen Oberflächen- und Tiefenwasser bildet sich eine Sperrschicht, die Sprungschicht, aus. Zirkulation erfolgt nur noch im Oberflächenwasser, vor allem bedingt durch den Wind. Dieser Zustand heißt **Sommerstagnation** (Abb. 2). Bedingt durch diese Stagnation kommt es zum Absinken des Sauerstoffgehalts in der Zehrschicht, da abgestorbene Pflanzenreste oder Tiere nach unten sinken und von Destruenten unter Sauerstoffverbrauch zu Mineralsalzen, wie Nitrat, Phosphat und Ammonium, sowie Kohlenstoffdioxid abgebaut werden. Durch die Vollzirkulation im Frühjahr gelangen diese Mineralsalze in die obere Wasserschicht. Zusammen mit den steigenden Temperaturen wird dann das Wachstum von Wasserpflanzen und Algen begünstigt. Man spricht von **Eutrophierung,** wenn es durch hohen zusätzlichen Mineralsalzeintrag in ein Gewässer zu einem übermäßigen Wachstum von Wasserpflanzen und Algen kommt.

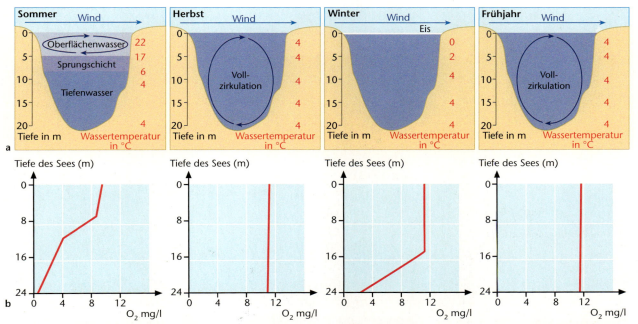

2 Der See im Wechsel der Jahreszeiten. a) Zustand in den verschiedenen Jahreszeiten, b) zugehöriger Sauerstoffgehalt

1 Temperatur- und Stoffschichtung im See.

a) Erklären und begründen Sie die Temperaturschichtung und den Sauerstoffgehalt im See in den vier Jahreszeiten (Abb. 2).

b) Ordnen Sie die folgenden Messwerte einer bestimmten Jahreszeit begründet zu und erklären Sie die unterschiedlichen Werte im Hinblick auf die Wassertiefe.

Tiefe [m]	NH_4^+-Gehalt [mg/l]	NO_3^--Gehalt [mg/l]	PO_4^{3-}-Gehalt [mg/l]
0	0,34	0,15	0
5	0,35	0,17	0
9	3,04	0,28	0,99
15	10,2	0,31	4,59

2 Kohlenstoffkreislauf im See.

a) Beschreiben Sie anhand der Abb. 1 das Verhältnis von Zellatmung und Fotosynthese in den verschiedenen Schichten eines Sees im Sommer.

b) Skizzieren Sie in einem Schema den Kohlenstoffkreislauf in einem See. Präsentieren Sie Ihre Skizze und diskutieren Sie die Vor- und Nachteile.

3 Modellversuch zur Eutrophierung.

Entwickeln Sie mit Hilfe von flüssigem Blumendünger einen Modellversuch zum Einfluss unterschiedlicher Mineralsalzkonzentrationen auf ein Stillgewässer. Führen Sie nach Rücksprache mit Ihrer Lehrerin oder Ihrem Lehrer den Versuch durch.

4 Jahreszeitliche Schwankungen.

Der Gehalt an Sauerstoff, Kohlenstoffdioxid sowie der Mineralsalzgehalt des Bodensees schwanken jahreszeitlich. Setzen Sie die Angaben in der Tabelle in ein geeignetes Diagramm um und beschreiben Sie die Schwankungen. Erläutern Sie das Wirkungsgefüge, das für diese Schwankungen ursächlich ist.

Temperatur [°C]	O_2 [mg/l]	CO_2 [mg/l]	NO_3^- [mg/l]	PO_4^{3-} [mg/l]
Jan. 4,6	10,0	4,6	0,71	35
Feb. 4,6	10,0	3,5	1,13	36
März 4,3	10,2	2,5	0,93	62
April 5,6	10,1	3,3	0,70	64
Mai 9,0	14,7	0,0	0,45	11
Juni 14,7	11,0	0,0	0,31	10
Juli 19,8	11,9	0,0	0,27	1
Aug. 20,1	12,2	0,0	0,24	3
Sep. 19,6	11,0	0,0	0,11	1
Okt. 14,7	12,0	0,0	0,14	4
Nov. 8,7	10,5	1,0	0,45	22
Dez. 4,3	9,2	4,0	0,77	85

3 Messwerte für das Oberflächenwasser des Bodensees

→ 10.4 Übersicht: Stoffkreisläufe und Energiefluss in einem Ökosystem → 11.1 Der globale Kohlenstoffkreislauf

10.11 Produktivität verschiedener Ökosysteme

1 *Verschiedene Ökosysteme*

Bruttoprimärproduktion (BPP): gesamte pro Zeit und Fläche durch Fotosynthese produzierte organische Substanz (Biomasse) in Gramm Trockengewicht pro Quadratmeter und Jahr. Ein Gramm Biomasse enthält durchschnittlich 20 kJ an chemisch gespeicherter Energie. Damit kann die Trockenmasse in Energieäquivalente umgerechnet werden.

Nettoprimärproduktion (NPP): Bruttoprimärproduktion abzüglich der von den autotrophen Lebewesen selbst veratmeten Energie (Respiration, RA): NPP = BPP − RA

Nettoproduktion (NP): Bruttoprimärproduktion abzüglich der von den autotrophen (RA) und heterotrophen Lebewesen veratmeten Energie (Respiration, RH): NP = BPP − RA − RH

2 *Kenngrößen für die Produktivität von Ökosystemen*

In den verschiedenen Klimazonen bilden sich unterschiedliche Vegetationen aus. Die Vegetation ist Grundlage der verschiedenen Ökosysteme. Die Energiezufuhr der Ökosysteme erfolgt dadurch, dass Pflanzen Lichtenergie der Sonne für die Fotosynthese und damit die Produktion energiereicher, organischer Stoffe, der sogenannten **Biomasse,** nutzen. Die Intensität, mit der die Pflanzen Fotosynthese treiben können, hängt vom Licht- und Wasserangebot, der Temperatur und der Mineralsalzverfügbarkeit ab. Pflanzen in verschiedenen Ökosystemen produzieren unterschiedliche Mengen an Biomasse (Abb. 1).

Pflanzen nutzen 1–2 % der eingestrahlten Sonnenenergie für die **Bruttoprimärproduktion** von Biomasse (Abb. 2). Etwa die Hälfte dieser Biomasse wird bei der Zellatmung der Pflanzen, über die diese ihren eigenen Energiebedarf decken, wieder abgebaut. Der Rest bildet die **Nettoprimärproduktion** an Biomasse. Ein Teil dieser Biomasse wird von heterotrophen Organismen für deren Ernährung genutzt. Den im Ökosystem verbleibenden Überschuss an Biomasse bezeichnet man als Nettoproduktion.

Zum Vergleich der Produktivität von Ökosystemen kann man die Biomasse bestimmen, die auf einer bestimmten Fläche pro Jahr produziert wird. Typisch für viele natürliche Ökosysteme, die sich in der Endstufe ihrer Entwicklung befinden, ist eine hohe Bruttoprimärproduktion bei geringer Nettoproduktion. Es kommt kaum zu einem Zuwachs an Biomasse. In der Landwirtschaft wird dagegen eine hohe Nettoproduktion angestrebt, da mit der Ernte ständig Biomasse entfernt wird. Durch optimierte Anbaumethoden, zu denen künstlich erhöhte CO_2-Konzentrationen, Folienabdeckungen, Bewässerungssysteme und Düngung gehören, wird im Vergleich zu natürlichen Ökosystemen eine bis zu vierfach höhere Nettoproduktion erreicht.

→ 7.9 Übersicht: Fotosynthese → 7.10 Die Kohlenstoffbilanz einer Pflanze

	Anteil am weltweit in Pflanzenmasse gespeicherten Kohlenstoffvorrat in Prozent und Gigatonnen	Fläche in Millionen km²	Kohlenstoffvorrat in der Biomasse in Kilogramm Kohlenstoff pro Quadratmeter	Nettoprimärproduktion des Lebensraumes in Gigatonnen Kohlenstoff pro Jahr
tropische Regenwälder	340	26,7	19	21,9
Wälder der gemäßigten Zonen	139	15,5	13	8,1
tropische Savannen und Grasland	79	39,9	3	14,9
Nadelwald	57	20,0	4	2,6
Wüsten und Halbwüsten	10	42,2	0,36	3,5
Agrarland	4	3,1	0,3	1,9
offener Ozean	0,46	332	0,0014	18,9

3 *Produktivität ausgewählter Ökosysteme*

1 Produktivität verschiedener Ökosysteme im Vergleich.
a) Vergleichen und interpretieren Sie die Daten der Abb. 3 anhand ausgewählter Beispiele. Begründen Sie dabei die unterschiedliche Nettoprimärproduktion der Ökosysteme.
b) Die Nettoprimärproduktion lässt sich auch in Gramm fixierter Kohlenstoff pro Quadratmeter und Tag angeben. Aus den Daten für tropische Regenwälder ermittelt man einen Wert von 2,25 g C/(m² · d). Ermitteln Sie unter Bezug auf Abb. 3 die Daten für andere Ökosysteme und interpretieren Sie Ihre Ergebnisse.

2 Buchenwald und Regenwald im Vergleich. Vergleichen Sie die Produktivität eines Buchenwaldes und eines tropischen Regenwaldes anhand der Abb. 4. Erläutern Sie die Zusammenhänge und berücksichtigen Sie auch die anderen dargestellten Parameter. Stellen Sie Bezüge zur Abb. 3 her.

3 Zusammenhänge zwischen Artenvielfalt und Produktivität. In den vergangenen Jahren haben viele Untersuchungen gezeigt, dass Standorte mit einer hohen Artenvielfalt unempfindlicher auf sich ändernde Umweltbedingungen reagieren. Ob es auch einen Zusammenhang zwischen der Artenvielfalt und Produktivität gibt, wird gegenwärtig untersucht. Abb. 5 zeigt Ergebnisse für verschiedene Ökosysteme.
Hypothese: Die Produktivität eines Ökosystems ist umso höher, je mehr Arten darin vorkommen.
Analysieren Sie, ob und inwiefern die in Abb. 5 dargestellten Ergebnisse diese Hypothese stützen.

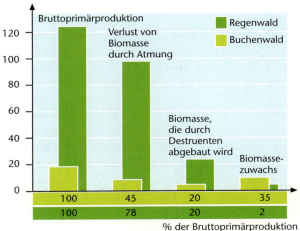

4 *Produktivität eines 60-jährigen mitteleuropäischen Buchenwaldes sowie eines tropischen Regenwaldes*

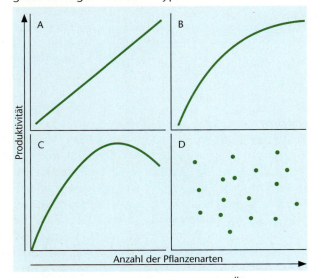

5 *Artenvielfalt und Produktivität von vier Ökosystemen*

→ 10.1 Stoffkreisläufe in Ökosystemen   → 11.6 Bedeutung der Biodiversität

10.12 Ökosystem Hochmoor

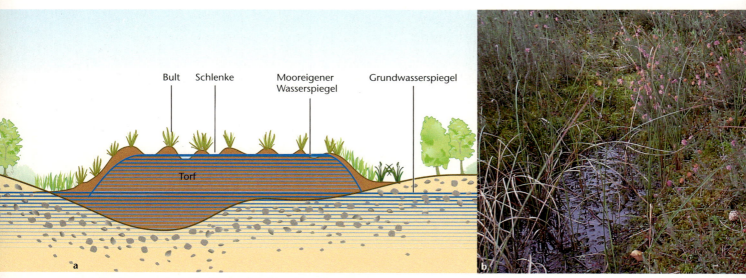

1 *a) Hochmoor mit Schlenken und Bulten, b) Schlenke im Hochmoor*

Im niederschlagsreichen Nordwestdeutschen Tiefland und im Harz waren Hochmoore ursprünglich weit verbreitet. Das Hochmoor ist gekennzeichnet durch hohe Wasserstände, geringe Mineralsalzverfügbarkeit und extrem niedrige pH-Werte. In diesem Milieu können Pflanzenreste nur unvollständig zersetzt werden und es kommt zur **Torfbildung** (Abb. 1). Durch das starke Torfwachstum werden Hochmoore nicht mehr vom Grundwasser, sondern ausschließlich durch Regenwasser gespeist. Das Hochmoor besitzt somit einen eigenen vom Grundwasser unabhängigen Wasserspiegel. Die Pflanzen des Hochmoors erhalten ihr Wasser nur aus Niederschlägen, ihre Mineralsalze nur aus der Luft. Trockenere, torfmoosreiche Erhebungen des Moors, Bulten, wechseln sich mit nassen, tiefer liegenden Schlenken ab (Abb. 1).

Die Pflanzen des Hochmoors sind an diesen Extremstandort angepasst. Die Torfmoose nehmen eine Schlüsselstellung bei der Torfbildung ein (Abb. 2). Durch ihre Lebensweise werden andere Pflanzen am Wachstum gehindert: Torfmoose besitzen spezialisierte Zellen, die enorm viel Wasser speichern können (Abb. 3). Torfmoose haben keine Wurzeln und nehmen Mineralsalze über die Oberfläche auf. Dabei geben sie Protonen in das umgebende Wasser ab, was dort zur Versauerung führt (Abb. 4). Torfmoose verlagern Mineralsalze aus abgestorbenen Teilen in wachsende Abschnitte. So wachsen sie an der Spitze, während ihre unteren Teile allmählich absterben und vertorfen. Da ihre Zellwände schwer zersetzbar sind und aufgrund ungünstiger Bedingungen wie Sauerstoffarmut und fehlender mikrobieller Aktivität wächst die Torfschicht in die Höhe. Die Mineralsalzaufnahme erfolgt bei Torfmoosen sehr rasch, für Gefäßpflanzen bleiben daher kaum Mineralsalze übrig. Sie zeigen andere Angepasstheiten an ihren Standort. So kann der Sonnentau z. B. seinen Stickstoffbedarf zusätzlich über Insektenfang decken (Abb. 5, 6).

Moore haben besondere Bedeutung für das Klima. Ihre großen Wasserspeicher helfen, den Wasserhaushalt der Umgebung im Boden und in der Luft zu regulieren. Durch die Torfbildung wird Biomasse gebunden, das Moor ist somit eine Kohlenstoffsenke im Kohlenstoffkreislauf. Durch Entwässerung und Torfabbau wird Kohlenstoffdioxid wieder frei und die Senke wird zur Quelle. Hochmoore sind Extremstandorte und stellen einen Lebensraum für Tiere und Pflanzen mit entsprechenden Angepasstheiten dar. Durch Entwässerung und Torfabbau sind die Moore stark gefährdet und mit ihnen die selten gewordenen Pflanzen und Tiere.

2 Torfmoos

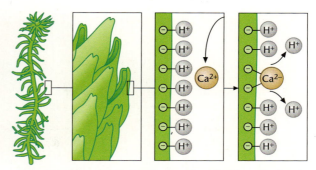

4 Ionenaustausch beim Torfmoos über die Blattoberfläche

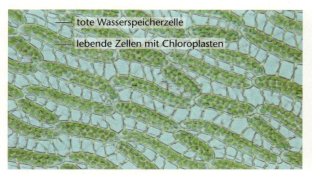

— tote Wasserspeicherzelle
— lebende Zellen mit Chloroplasten

3 Zellaufbau eines Torfmoosblättchens

5 Sonnentau mit gefangenem Insekt

1 Torfmoose mikroskopieren.
a) Skizzieren und beschreiben Sie den Bau eines frischen Torfmooses.
b) Mikroskopieren Sie ein Torfmoosblatt. Zeichnen Sie ein Blatt in Übersicht und einen Ausschnitt mit wenigen Zellen.

2 Experimente mit Torfmoos.
a) Eine getrocknete Torfmoospflanze wird in ein mit 10 ml roter Tinte gefülltes Becherglas gestellt. Messen Sie alle 2 Minuten, wie hoch die Pflanze rot eingefärbt ist.
b) Frische Torfmoospflanzen werden für mehrere Stunden in ein mit Wasser gefülltes Becherglas gelegt. Messen Sie den pH-Wert des Wassers vor Beginn des Experimentes, kurz nach Beginn und anschließend in Abständen von jeweils einer Stunde. Beschreiben und begründen Sie das Ergebnis.
c) Erläutern Sie nach Auswertung der Experimente Zusammenhänge zwischen Struktur und Funktion im Hinblick auf Angepasstheiten an das Leben im Hochmoor.

3 Die Pflanzen des Hochmoores zeigen Angepasstheiten. Erläutern Sie anhand von Abb. 6 Struktur- und Funktionsbeziehungen sowie die Angepasstheiten beim Sonnentau.

kleine, weiße Blüten von Juli bis August auf sehr langen Stielen, Überwinterung ohne Blätter und Blüten

Blätter mit rötlichen Drüsenhaaren. Die glitzernden Perlen, die wie Tautropfen wirken, bestehen aus klebrigem Schleim.

Verdauungsdrüsen in der Mitte des Blattes sondern Proteasen und Ameisensäure ab.

Blätter bodenständig mit einem Durchmesser von 2–10 cm, Blattwachstum ab Mai

wenig Wurzeln

6 Angepasstheiten des Sonnentaus

11.1 Der globale Kohlenstoffkreislauf

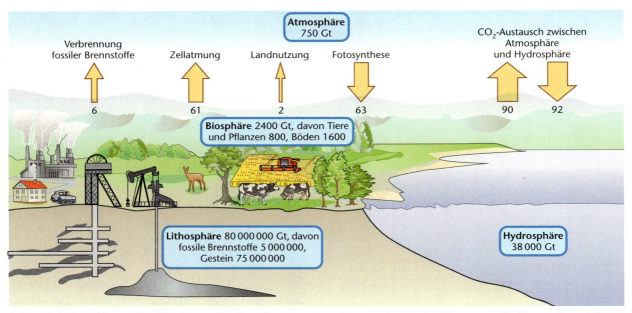

1 *Der globale Kohlenstoffkreislauf unter Einfluss des Menschen. Austausch cirka in Gigatonnen Kohlenstoff pro Jahr*

Viele Jahrtausende blieb die CO_2-Konzentration in der Atmosphäre in etwa konstant. Seit Beginn der Industrialisierung steigt sie stetig an. Pro Jahr gelangen durch Verbrennen fossiler Energieträger und veränderte Landnutzung 6–8 Gigatonnen Kohlenstoff in die Atmosphäre (Abb. 1).

Im **globalen Kohlenstoffkreislauf** gibt es vier unterschiedlich große Speicher: die Atmosphäre, die Biosphäre (Pflanzen, Tiere und Böden), die Lithosphäre (Gestein, fossile Brennstoffe) und die Hydrosphäre (vorwiegend Ozeane). Zwischen diesen Speichern kann durch unterschiedliche Prozesse ein Kohlenstoffaustausch stattfinden. Alle diese Speicher können sowohl **Kohlenstoffsenken** als auch **-quellen** darstellen, das heißt, sie können Kohlenstoff aufnehmen oder abgeben. Obwohl die Atmosphäre den kleinsten Speicher darstellt, hat sie für den Kohlenstoffkreislauf eine große Bedeutung. Denn zum einen sind die Austauschraten zwischen ihr und den anderen Speichern sehr groß und zum anderen bewirken bereits geringe Zuflussmengen eine große Konzentrationsänderung.

Für den Kohlenstofffluss zwischen Biosphäre und Atmosphäre spielen Fotosynthese und Zellatmung eine wichtige Rolle. Die Biosphäre wirkt hier als Senke, da sie mehr atmosphärisches CO_2 bindet als sie abgibt. Da jedoch durch die Landnutzung des Menschen Kohlenstoffdioxid freigesetzt wird, ist die CO_2-Bilanz, bezogen auf die Biosphäre, annähernd ausgeglichen.

An der Grenzfläche zwischen Luft und Ozean kann CO_2 in Wasser gelöst werden oder aus dem Ozean in die Atmosphäre entweichen. Das ist abhängig von Temperatur, pH-Wert und CO_2-Partialdruck. Unter derzeitigen Bedingungen ist der Ozean eine Senke für atmosphärisches CO_2, da er den Kohlenstoff langfristig in der Tiefsee binden kann (Abb. 1). Das geschieht auf zwei Wegen: CO_2 reagiert mit Wasser zu anorganischen C-Verbindungen und gelangt durch Wasserbewegungen in die Tiefe oder es wird von marinen Organismen in organische Verbindungen umgewandelt und sinkt in die Tiefe ab. In großen Zeiträumen geht der Kohlenstoff von dort auch in die Lithosphäre über.

Die Hauptfolge der Anreicherung von CO_2 in der Atmosphäre ist eine globale Erwärmung der Erde, der **Treibhauseffekt.** In den Ozeanen führt diese Anreicherung zu einer Versauerung der Meere. Kalkschalenbildende Lebewesen, die oftmals Grundlage der Nahrungsketten in den Meeren sind, sind bei sinkendem pH-Wert nicht mehr in der Lage, Kalkschalen zu bilden und werden dadurch geschädigt.

1 Kohlenstoffkreislauf.
a) Skizzieren Sie den natürlichen Kohlenstoffkreislauf mit seinen vier Speichern (Abb. 1). Verbinden Sie die Speicher mit beschrifteten Pfeilen, die die Netto-Zu- bzw. Abflüsse verdeutlichen. Beschriften Sie die Kohlenstoffquellen und -senken.
b) Ergänzen Sie Ihre Skizze mit den anthropogenen Veränderungen des Kohlenstoffkreislaufes.
c) Beurteilen Sie den Einfluss des Menschen unter dem Aspekt einer nachhaltigen Entwicklung. Berücksichtigen Sie dabei Vorgänge wie die zunehmende Zerstörung des tropischen Regenwaldes sowie folgendes Zitat: „Durch den globalen Klimawandel wird auch das Oberflächenwasser des Ozeans erwärmt, dadurch bilden sich weniger kalte Wassermassen, die in die Tiefe absinken könnten. Der Transport von Kohlenstoff in Form von Kohlenstoffdioxid in die Tiefsee wird reduziert. Durch den kombinierten Effekt von erstens der zunehmenden Sättigung des Oberflächenwassers mit Kohlenstoffdioxid und zweitens des geringeren Absinkens von kaltem Wasser werden zwei wichtige negative Rückkopplungen im Kohlenstoff-Klima-System geschwächt und damit die Rate der Aufnahme von Kohlenstoffdioxid durch den Ozean reduziert."

2 Veränderungen im Kohlenstoffhaushalt seit 1850. Vergleichen Sie Abb. 1 und 2 und gehen Sie dabei auch auf die Veränderungen der Kohlenstoffflüsse ein.

3 Die Versauerung der Meere.
a) Erläutern Sie die Ursache und den Prozess der Versauerung (Abb. 3, 4).
b) Stellen Sie mögliche Folgen für die Meeresbewohner dar.

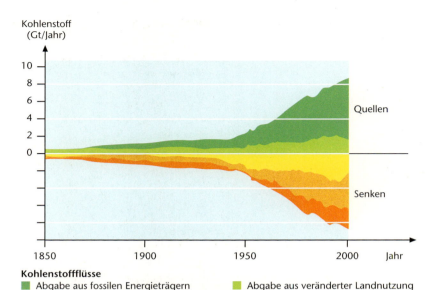

Kohlenstoffflüsse
- Abgabe aus fossilen Energieträgern
- nicht identifizierte Senke; wahrscheinlich: CO_2-Aufnahme durch Biosphäre
- Abgabe aus veränderter Landnutzung
- Aufnahme durch Meere
- Aufnahme in die Atmosphäre

2 Anthropogene Kohlenstoffquellen und Kohlenstoffsenken in der Zeit von 1850 bis 2000

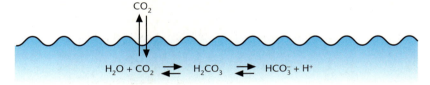

3 Lösung von CO_2 in Wasser

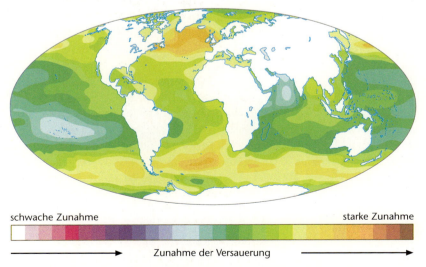

4 Geschätzte Zunahme der Versauerung an der Meeresoberfläche durch anthropogenes CO_2 in der Atmosphäre zwischen 1700 und 2000. *Der pH-Wert ist in dieser Zeit im Durchschnitt von 8,18 auf 8,07 gesunken.*

11.2 Der Treibhauseffekt

1 *Natürlicher Treibhauseffekt und anthropogener Treibhauseffekt mit Folgen,* N_2O: Distickstoffmonooxid

Der Mensch reichert heute durch seine auf fossilen Energieträgern basierende Wirtschaft die Atmosphäre stark mit Kohlenstoffdioxid an. CO_2 ist ein so genanntes Treibhausgas, weil es das Klima auf der Erde beeinflusst. Die Zunahme von CO_2 in der Atmosphäre hat gravierende Folgen für die Menschheit: globale Erwärmung, Anstieg des Meeresspiegels und extreme Wetterveränderungen (Abb. 1).

Der **natürliche Treibhauseffekt** macht das Leben auf der Erde erst möglich. Ohne ihn würden statt 14 °C im Jahresmittel -19 °C auf der Erde vorherrschen (Abb. 1). Durch Emissionen beeinflusst der Mensch die Zusammensetzung der Atmosphäre, was zu einer Zunahme des Treibhauseffektes führt. Dieser zusätzliche Effekt wird **anthropogener Treibhauseffekt** genannt.

Die CO_2-Konzentration in der Atmosphäre ist in den letzten 250 Jahren von 280 ppm auf 385 ppm stetig gestiegen und steigt auch weiterhin an (Abb. 3). Allerdings hat es in der Erdgeschichte schon immer Schwankungen im CO_2-Gehalt gegeben. Da der CO_2-Gehalt mit der Temperatur korreliert, gab es bei hohen CO_2-Werten relativ warme Zeiten, bei niedrigen Werten kalte Zeiten wie z. B. die Eiszeiten der letzten zwei Millionen Jahre. Ursache dafür sind u. a. regelmäßige Schwankungen im Umlaufverhalten der Erde um die Sonne, wodurch die Erwärmung der Erde durch die Sonne variiert. Der Zyklus, in dem sich die Form der Ellipse ändert, die die Erde um die Sonne beschreibt, hat eine Dauer von ungefähr 100 000 Jahren (Abb. 3). Andere Ursachen sind Veränderungen der Erdoberfläche, z. B. die Hebung des Himalayas vor 55 Mio. Jahren. Änderungen von Luftströmungen und Windrichtungen sind Folgen solcher Gebirgshebungen. Zeiten starker tektonischer Aktivität führen zu intensiverem Vulkanismus, erhöhten Treibhausgas-Emissionen und damit einhergehend höheren globalen Temperaturen. Man vermutet, dass solche Zeiten starker Veränderungen auch die Evolution der Lebewesen antrieb. So wird die Evolution der Gräser vor ca. 60 Mio. Jahren unter anderem auf eine starke CO_2-Zunahme in der Atmosphäre zurückgeführt.

Viele Zusammenhänge sind bislang noch ungeklärt. Jedoch gehen Wissenschaftler heute davon aus, dass die derzeitige Zunahme der globalen Temperatur mit hoher Wahrscheinlichkeit auf den anthropogenen Treibhauseffekt zurückzuführen ist.

Gesundheit: Sterblichkeit und Krankheiten werden zunehmen, bedingt durch Hitzewellen, Überschwemmungen und Dürren. Infektionskrankheiten wie Malaria und Denguefieber werden sich ausbreiten.

Ökosysteme: Die Artenvielfalt wird sich verändern; es wird zum vermehrten Aussterben von Arten kommen. Die Biosphäre wird zunehmend zur Kohlenstoffquelle. Im Meer werden die Kalkskelette der Korallen zerstört.

Wasser: In nördlichen Breiten sowie den Tropen wird mehr Wasser zur Verfügung stehen, in mittleren Breiten wird es zu Wassermangel kommen; dabei wird für Hunderte Millionen Menschen das Wasser knapp. Generell werden die Starkniederschläge zunehmen.

Küsten: Durch Überschwemmungen und Stürme werden viele Millionen Menschen jedes Jahr von Küstenüberflutungen betroffen sein.

Nahrungsmittel: Während die Getreideproduktivität in mittleren Breiten zunächst zunehmen wird, sinkt die Getreideproduktivität in äquatorialen Gebieten und wird mit weiter steigender Temperatur auch in mittleren Breiten abnehmen.

2 Angenommene globale Auswirkungen des Klimawandels im 21. Jahrhundert

1 Der Treibhauseffekt.
a) Beschreiben und erklären Sie den natürlichen und den anthropogenen Treibhauseffekt.
b) Nennen Sie Treibhausgase und ihre Entstehung.
c) Geben Sie die Folgen an, die der anthropogene Treibhauseffekt mit sich bringt.

2 Klimawandel in der Erdgeschichte und Ursachen.
Deuten Sie die Kurven in Abb. 3 und vergleichen Sie den heutigen Zustand mit dem der letzten 400 000 Jahre.

3 Wenn sich Nahrungsketten verändern.
a) Verschiedene Arten richten sich in ihren Rhythmen nach unterschiedlichen Umweltfaktoren. Erläutern Sie diese Aussage anhand von Abb. 4 und 5.
b) Stellen Sie das Problem dar, das sich aus der Klimaerwärmung für die Kohlmeisenpopulation ergibt.

In einem niederländischen Nationalpark werden seit 1955 Untersuchungen an Kohlmeisenpopulationen durchgeführt. Die Kohlmeisen füttern ihre Jungen vorwiegend mit Frostspannerraupen, die sich wiederum von jungen Eichenblättern ernähren. Ältere Eichenblätter enthalten Gerbstoffe als Fraßschutz vor Raupen und werden von den Frostspannern nicht verzehrt. Das Ausschlagen der Eichen richtet sich nach den Temperaturen im Spätfrühling. Heute sind diese etwa 2 °C höher als 1980. Das Schlüpfen der Frostspannerraupen hängt u. a. von den Temperaturen im Spätwinter ab. Die Spätwinter sind in den letzten 30 Jahren wärmer geworden. Die Kohlmeisen schlüpfen einen Monat nach der Eiablage, die von den Temperaturen des Vorfrühlings abhängt. Diese haben sich im Untersuchungszeitraum kaum verändert.

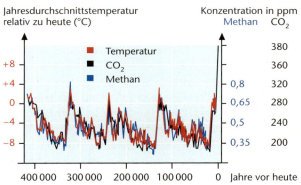

3 Temperaturschwankungen und Treibhausgas-Konzentrationen der letzten 400 000 Jahre

5 Klimaerwärmung und ihre Auswirkung auf Kohlmeisenpopulationen

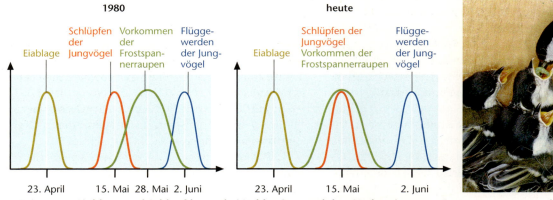

4 Zeiten von Eiablage und Schlupfdatum bei Kohlmeisen und dem Vorkommen von Frostspannerraupen in einem niederländischen Nationalpark 1980 und heute

11.3 Kohlenstoffdioxid-Bilanzen und Nachhaltigkeit

1 CO$_2$-Fußabdruck auf einer Lebensmittelverpackung

Rindfleisch	13,4 kg	**Transport-Aufwand für Obst**	
Butter	23,6 kg	aus der Region	0,23 kg
Käse	8,5 kg	Europa	0,46 kg
Geflügel	3,6 kg	Übersee (Schiff)	0,57 kg
Speiseöl	1,0 kg	Übersee (Flugzeug)	11 kg
Margarine	0,8 kg	**CO$_2$-Ausstoß pro km und Person bei mittlerer Auslastung**	
Tiefkühlgemüse aus der Region	0,4 kg		
frisches Gemüse aus der Region	0,2 kg	Pkw (Kleinwagen)	120 g
Kartoffeln	0,2 kg	ICE	47 g
Brot	0,8 kg	Flugzeug	150 – 750 g

2 CO$_2$-Äquivalente für jeweils 1 kg Lebensmittel

In den vergangenen Jahren ist der globale Klimawandel immer stärker in das Bewusstsein von Bevölkerung und Politikern gedrungen. In diesem Zusammenhang werden auch die Umwelt- und Klimaauswirkungen bei der Erzeugung von Gütern zum Thema. Mit **Ökobilanzen** versucht man, Auswirkungen von der Rohstoffgewinnung bis zur Herstellung, Lieferung, Nutzung und Entsorgung eines Produktes auf Wasser, Boden, Luft und Klima zu erfassen. In Ökobilanzen fließt nicht nur die unmittelbare Produktion ein. Werden z. B. Dünger und Pestizide beim Anbau von Getreide verwendet, ist zu berücksichtigen, dass auch bei deren Produktion Rohstoffe und Energie eingesetzt werden und dass auch dabei klimaschädliche Gase freigesetzt werden.

Ein Maß für die Umweltbelastungen durch ein Produkt ist das **CO$_2$-Äquivalent** (Abb. 2). Dieses gibt an, in welchem Umfang ein Produkt das Klima belastet. Um eine Vergleichsmöglichkeit zu haben, werden alle anderen klimaschädlichen Gase, wie z. B. Methan, in CO$_2$-Äquivalente umgerechnet. Immer mehr Verbraucher interessieren sich für die Umweltauswirkungen ihres Verhaltens. Erste Hersteller geben auf Lebensmittelverpackungen den **CO$_2$-Fußabdruck** an (Abb. 1). Jeder Bundesbürger setzt pro Tag etwa 30 Kilogramm Kohlenstoffdioxid frei. Bis 2050 soll dieser Wert auf 5,5 Kilogramm reduziert werden. Einsparpotenziale sind vorhanden. Werden z. B. saisonale Produkte aus der Region verzehrt, wird weniger Energie für den Transport oder das Beheizen von Gewächshäusern aufgewendet. Ein wesentlicher Faktor bei den Emissionen klimaschädlicher Gase ist der Verkehr. Es werden große Mengen fossiler Brennstoffe vor allem als Autobenzin verbrannt. Dabei wird Kohlenstoffdioxid in die Umwelt abgegeben, das vor Millionen von Jahren von Pflanzen durch Fotosynthese gebunden und der Atmosphäre entzogen wurde. Eine Lösung könnte die vermehrte Verwendung von Biosprit sein. Biosprit ist Bioalkohol oder Biodiesel. Beides wird aus pflanzlichen Rohstoffen hergestellt. Bei der Verbrennung wird nur das Kohlenstoffdioxid freigesetzt, das die Pflanzen bei ihrem Wachstum assimiliert haben. Deshalb wird Biosprit als klimaneutral bezeichnet. Allerdings sind dabei CO$_2$-Emissionen bei Herstellung, Verarbeitung und Transport des Biokraftstoffes nicht berücksichtigt. Pflanzen zur Energiegewinnung werden häufig in großen Monokulturen angebaut. Der Einsatz von Pestiziden und Düngemitteln, die Rodung von Waldgebieten und ein erheblicher Wasserverbrauch belasten die Umwelt. Anbauflächen für die Lebensmittelproduktion gehen dabei verloren. Ob Biosprit eine umweltverträglichere Alternative zum Erdöl sein kann, ist also nicht so einfach zu entscheiden, wie es auf den ersten Blick wirkt. Bei der Beurteilung von Fragen zur Nachhaltigkeit sind so genannte „Fallen" zu bedenken. Man spricht von

- **sozialer Falle,** wenn ein Nutzen für eine Gruppe von Menschen zu Nachteilen oder Schäden bei anderen Menschen führt;
- **zeitlicher Falle,** wenn Handlungen von heute zu Schäden in der Zukunft führen;
- **räumlicher Falle,** wenn Handlungen bei uns positive Folgen haben, aber in anderen Gebieten der Erde negative Auswirkungen nach sich ziehen.

Ein etwas verschwenderischer Tag

- Der Radiowecker springt an, dudelt eine halbe Stunde. Er hängt den ganzen Tag am Netz.
Ausstoß CO_2: 22,26 g
- Licht an. Insgesamt brennt die Lampe mit der 60-Watt-Birne sechs Stunden, zum Teil leuchten mehrere Birnen zugleich, sodass sich die Leuchtzeit auf neun Stunden summiert. **286,2 g**
- Heizung an: Eine 90-qm-Wohnung zu beheizen, produziert täglich im Schnitt **9562 g**
- Zähneputzen mit elektrischer Bürste. **47,7 g**
- Einen Liter Teewasser kochen. **137,8 g**
- Zwei Brötchen vom Vortag 15 Minuten lang aufbacken. **212 g**
- Mit dem VW Golf acht Kilometer zur Arbeit fahren, und zwar im Stadtverkehr. **1800 g**
- Das Büro neun Stunden lang mit drei 58-Watt-Neonröhren von 1,20 Metern Länge beleuchten. **1001,7 g**
- Computer und Flachbildschirm einschalten. Sie werden neun Stunden laufen. Nachts ist der Computer aus, der Bildschirm auf Standby.
- Und der Drucker ist immer an. **726,1 g**
- Mittagessen: 200 g Rindfleisch **1290 g**
- Heimfahrt mit dem Auto. **1800 g**
- Lust auf Obst: Ein Kilogramm Erdbeeren aus Südafrika, eingeflogen. **11671 g**
- Ein Kilogramm Äpfel aus Neuseeland, mit dem Schiff geliefert. **513 g**
- 45 Minuten Sport auf dem Laufband. **596,3 g**
- Drei Minuten heiß duschen. **2885 g**
- Drei Minuten fönen. **47,7 g**
- Wäsche waschen – bei 90 Grad in einer mittelmäßig effizienten Maschine. **1060 g**
- Wäsche trocknen in einem Trockner mit durchschnittlichem Verbrauch. **2332 g**
- Tiefkühlgemüse auf E-Herd auftauen. **371 g**
- Geschirrspülen in einer Spülmaschine der Energieeffizienzklasse D. **869,2 g**
- Zehn Minuten Staubsaugen bei einer Leistung von 2000 Watt. **106 g**
- Eine Stunde Fernsehen mit einem kleinen Röhrenfernseher. **37,1 g**
- Fernseher und DVD-Player immer auf Standby. **148,4 g**
- Eine Stunde Laptop. **12,19 g**
- DSL-Modem den ganzen Tag angeschaltet haben. **148,4 g**
- Nochmal elektrisch Zähne putzen. **47,7 g**
- 150-Liter-Kühlschrank Klasse A mit ***-Fach, läuft 24 Stunden. **355,1 g**

Bilanz: 38 085,85 g

3 CO_2-Bilanz an einem „verschwenderischen Tag"

1 Persönliche CO_2-Bilanzen.

a) Abb. 3 zeigt die von einem Journalisten ermittelte CO_2-Bilanz an einem „etwas verschwenderischen Tag". Der gleiche Journalist kommt in einer Bilanz für einen „sparsamen Tag" auf ein CO_2-Äquivalent von 14 411 g. Entwickeln Sie einen hypothetischen Tagesverlauf für diesen „sparsamen" Tag, der dem „verschwenderischen Tag" vom Ablauf her ähneln soll.

b) Beschreiben Sie nach dem Muster von Abb. 3 für sich persönlich den Verlauf eines typischen Tages. Beurteilen Sie, ob es sich dabei um einen eher „verschwenderischen" oder einen eher „sparsamen Tag" handelt.

c) Diskutieren Sie Möglichkeiten, Ihre persönliche CO_2-Bilanz günstiger zu gestalten. Beurteilen Sie diese Möglichkeiten auch im Hinblick darauf, ob Sie in der Realität dazu bereit wären, diese zu realisieren.

2 Vor- und Nachteile von Biokraftstoffen.

a) Abb. 4 zeigt ein Diagramm der Welthungerhilfe und ein Plakat eines Kraftstoffherstellers. Formulieren Sie die Aussagen, die beiden Materialien zu entnehmen sind.

b) Untersuchen Sie die in Abb. 4 dargestellte Problematik, gegebenenfalls mit weiteren Recherchen, auf soziale, räumliche und zeitliche Fallen.

c) Diskutieren und beurteilen Sie anschließend aus der Sicht eines Vertreters der Welthungerhilfe und eines Vertreters des Kraftstoffherstellers Chancen und Risiken einer verstärkten Nutzung von Biosprit als Automobilkraftstoff. Entwickeln Sie jeweils einen Pressetext für beide Organisationen, aus dem die jeweilige Position deutlich wird.

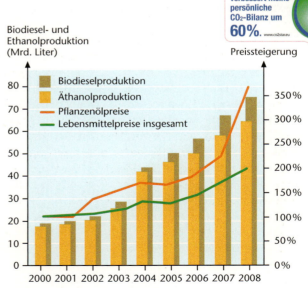

4 Biodiesel – und die Folgen?

→ 10.4 Übersicht: Stoffkreisläufe und Energiefluss in einem Ökosystem → 11.1 Der globale Kohlenstoffkreislauf

11.4 Ökologisches Bewerten: Beispiel Kursfahrt

Bei der Planung einer Kursfahrt gibt es in der Regel viele Wünsche und Meinungen. Dem Einen sind die Kosten wichtig, dem Anderen die Verpflegung, dem Dritten das Freizeitangebot.

In diesem Fall soll die Entscheidung über die Kursfahrt unter dem Gesichtspunkt der Nachhaltigkeit erfolgen. Dazu gibt es ein Verfahren, das in Abb. 1 dargestellt ist.

Schritte	Leitfragen	Beispiel
1. Aufgabenstellung	Welche Aufgabe soll durch ökologisches Bewerten gelöst werden?	Planung einer nachhaltigen Kursfahrt
2. Erarbeiten von normativen Rahmenbedingungen	Welche Werte und Normen müssen bei der Planung berücksichtigt werden?	Vorgaben der Schule zum zeitlichen und finanziellen Rahmen und Bildungsanspruch einer Kursfahrt; Kriterien der Nachhaltigkeit: Kosten für Fahrt, Unterkunft und Verpflegung; gemeinsame Aktivitäten, gesundes Essen aus der Region…
3. Datenerhebung	Welche Informationen werden gebraucht?	Wie gelangt der Kurs möglichst günstig und umweltverträglich zum Zielort? Sind die Unterkünfte so beschaffen, dass die Schüler möglichst viel zusammen erleben?
4. Klärung eigener Wünsche und Festlegen eines gemeinsamen Ziels	Was sind die eigenen Bedürfnisse und auf welches Ziel einigt man sich in der Gruppe?	Eine Schülerin möchte nach England fahren, ein anderer Schüler möchte eine Fahrradtour machen. Die Gruppe einigt sich auf folgendes Ziel: eine möglichst kostengünstige Fahrt unter umweltgerechten Gesichtspunkten mit vielen gemeinschaftlichen Unternehmungen in reizvoller Landschaft.
5. Mögliche Handlungsoptionen	Welche verschiedene Möglichkeiten zu handeln gibt es?	1. Fahrt mit dem Zug an die Nordsee mit Unterkunft auf dem Zeltplatz 2. Fahrradtour in die Niederlande mit Unterkünften in Jugendherbergen 3. Fahrt mit dem Bus in die Alpen mit Unterkunft in Ferienhäusern
6. Erstellen einer Sachtabelle mit Messvorschriften (Abb. 2)	Welche Kriterien sind für das Ziel relevant und wie sollen sie gemessen werden?	Wichtig sind z. B. die Kosten, sie werden in Euro angegeben. Unter umweltgerechten Gesichtspunkten wird die Verpflegung als Kriterium hinzugezogen, hier wird unterschieden zwischen regionaler oder nicht-regionaler Kost, aus kontrolliert biologischem oder konventionellem Anbau.
7. Erstellen einer Bewertungstabelle mit Gewichtungsfaktoren, Berechnungs- und Verknüpfungsvorschrift (Abb. 3, 4)	Wie sollen die Kriterien ausgewählt, gewichtet und verknüpft werden? (Sie sind in diesem Beispiel in Abb. 3 vorgegeben).	Aufgrund des Ziels einer möglichst umweltgerechten Kursfahrt sind Kriterien wie „Art der Verpflegung" und „benutztes Transportmittel" für die Gruppe besonders wichtig, sie gehen mit Faktor 3 in die Bewertung ein. Zu jedem Kriterium gibt es verschiedene Kategorien (z. B. Anfahrtskosten in den drei Kategorien unter 100, zwischen 100 und 150 sowie über 150 Euro), die ebenfalls mit einem Faktor versehen werden. Die Berechnungsvorschrift gibt vor, wie die gewichteten Daten verrechnet werden sollen (Abb. 3).
8. Ermitteln einer Rangfolge	Welche Handlungsoption ist am besten geeignet?	Die Kursfahrt an die Nordsee und die Fahrradtour in die Niederlande sind gleich gut geeignet, die Bustour in die Alpen weniger gut.
9. Kritische Diskussion des Ergebnisses	Sind die Ergebnisse tragfähig und dem Ziel angemessen?	Es könnten weitere Daten erhoben werden, um die beiden gleich bewerteten Handlungsoptionen zu unterscheiden.

1 *Mögliche Verfahrensschritte bei der ökologischen Bewertung*

→ 16.2 Ethisches Bewerten: Die Präimplantationsdiagnostik

Kriterium	Messvorschrift	Zelten an der Nordsee	Fahrradtour in die Niederlande	Ferienhäuser in den Alpen
Kosten Anfahrt pro Person	in €	125	40	160
Kosten Unterkunft pro Person	in €	75	120	170
Art der Verpflegung	Essen kommt aus der Region (R), bzw. nicht aus der Region (NR) Essen stammt aus biologischem Anbau (B), bzw. aus konventionellem Anbau (K)	R K	NR K	R B
benutztes Transportmittel	Fahrrad: F Zug: Z Bus: B	Z	F	B
Gruppenunternehmungen	immer: I häufig: H	H	I	H

2 *Sachtabelle*

Kriterium	Gewichtungsfaktor (GWF)	Berechnungsvorschrift	Zelten an der Nordsee	Fahrradtour in die Niederlande	Ferienhäuser in den Alpen
Kosten Anfahrt pro Person	2	< 100 €: 3 100–150 €: 2 x GWF/3 > 150 €: 1	2 x 2/3 = 1,3	2	0,67
Kosten Unterkunft pro Person	2	< 100 €: 3 100–150 €: 2 x GWF/3 > 150 €: 1	3 x 2/3 = 2	1,3	0,67
Art der Verpflegung	3	NR und K: 1 NR und B: 2 R und K: 3 x GWF/4 R und B: 4	3 x 3/4 = 2,25	0,75	3
benutztes Transportmittel	3	Bus: 1 Zug: 2 x GWF/2 Fahrrad: 3	2 x 3/3 = 2	3	1
Gruppenunternehmungen	1	häufig: 1 x GWF/2 immer: 2	1 x 1/2 = 0,5	1	0,5
Ergebnis		Verknüpfungsvorschrift: Summenbildung	8,05	8,05	5,84

3 *Bewertungstabelle. Lesebeispiel:* Die Kosten der Anfahrt pro Person werden unabhängig vom Ziel mit dem Faktor 2 gewichtet (GWF = 2). Nach der Berechnungsvorschrift liegen die Kosten für die Fahrt an die Nordsee in der Kategorie „100 bis 150 Euro" und gehen daher mit dem Faktor 2 in die Berechnung ein. Nach der Berechnungsvorschrift wird dieser Faktor 2 mit dem Gewichtungsfaktor (hier ebenfalls 2) multipliziert. Das Ergebnis wird durch den höchsten Faktor in den drei Kategorien, hier also 3, dividiert: 2 x 2/3 = 1,3.

Berechnungsvorschrift: Angabe, wie die Daten des jeweiligen Kriteriums in einer Bewertungstabelle berechnet werden sollen

Bewerten bedeutet Dingen, Handlungen oder Personen einen Wert zuzuordnen. Im Sinne einer ökologischen Bewertung bedeutet dies ein Bewertungsverfahren in Teilschritten (Abb. 1), bei dem Sachinformationen mit Werten verbunden werden, um eine Entscheidung vorzubereiten.

Gewichtung, Gewichtungsfaktor (GWF): Dieser Faktor gibt an, wie stark Kriterien berücksichtigt werden sollen. Wichtige Kriterien werden mit einem hohen Faktor gewichtet.

Bewertungstabelle: Eine Tabelle, in der Bewertungskriterien und Gewichtungsfaktoren für jede der Handlungsmöglichkeiten zusammengeführt werden

Sachtabelle: Eine Tabelle, die alle wichtigen Sachinformationen beinhaltet

Verknüpfungsvorschrift: Diese Vorschrift gibt an, wie die gewichteten und berechneten Daten für jede Handlungsmöglichkeit verknüpft werden. In diesem Beispiel werden sie aufaddiert.

Wertvorstellungen, Werte: Unter Wertvorstellungen oder Werten versteht man wichtige und wünschenswerte Eigenschaften, die Menschen Dingen, Ideen oder Handlungen anderer Menschen zuschreiben. Dabei können unterschiedliche Menschen unterschiedliche Wertvorstellungen haben.

Nachhaltige Entwicklung umfasst die Bereiche Ökologie, Ökonomie und Soziales mit dem Ziel, dauerhaft umweltgerecht, wirtschaftlich tragfähig und sozialverträglich zu handeln.

4 *Glossar*

11.5 Ökologisches Bewerten: Beispiel Streuobstwiese

1 *Verschiedene Streuobstwiesen*

Streuobstwiesen sind die traditionelle Form des Obstanbaus. Auf Streuobstwiesen wachsen Obstbäume verschiedener Arten und unterschiedlichen Alters. Streuobstwiesen werden gemäht oder von Schafen beweidet. Da sie häufig ohne Pestizideinsatz auskommen und vielen Tieren einen strukturreichen Lebensraum bieten, zeichnen sie sich durch eine große Artenvielfalt aus. Streuobstwiesen sind Lebensraum für viele Vogel-, Insekten- und Spinnenarten, aber auch selten gewordene Blütenpflanzen wachsen dort. So gelten Streuobstwiesen aus Sicht des Naturschutzes als besonders wertvolle Landschaftsteile. Demgegenüber steht der intensiv genutzte Plantagenobstbau mit Monokultur, bei dem der Boden häufig chemisch oder mechanisch von Bewuchs freigehalten wird.

Der ortsansässige Naturschutzverband hat die finanziellen Mittel, eine Streuobstwiese zu kaufen. Durch den Kauf einer Streuobstwiese will der Naturschutzverband verschiedene Dinge verwirklichen: Zum einen möchte man eine alte, strukturreiche Streuobstwiese erhalten, um Tier- und Pflanzenarten Lebensraum zu bieten. Zugleich möchte man durch geeignete Vermarktung des Obstes die finanzielle Situation des Vereins verbessern. Seit langem sucht der Verein Betätigungs- und Erforschungsfelder in schöner Umgebung für die Kinder und Jugendlichen des Vereins.

Der Verein hat sowohl Kontakt zu einem Schäfer als auch zu einem Bauern, die bereit wären, die Wiese zu beweiden, beziehungsweise zwei Mal im Jahr zu mähen.

Kriterien	Streuobstwiese A	Streuobstwiese B	Streuobstwiese C	Streuobstwiese D
Entfernung zum Vereinsheim in m	100	1000	2500	5000
Siedlungsnähe in m	50	2500	1000	1000
Flächengröße in m²	1000	5000	3000	10 000
Ausrichtung nach Himmelsrichtung	W	WSW	NO	SSO
Alter der meisten Bäume in Jahren	15	20	35	sehr verschieden
Art der Obstbäume	Apfel	Apfel, Birne, Süßkirsche	Apfel	Süßkirsche, Apfel u.a.
Artenvielfalt der Obstsorten	5	12	5	8
Anzahl alter Obstsorten	0	4	4	3
Anzahl vorkommender Pflanzenarten	29	40	53	85
davon Rote-Liste-Arten	0	2	1	2
Anzahl vorkommender Tagfalterarten	5	8	12	15
davon Rote-Liste-Arten	0	0	1	3
Strukturreichtum (andere Gehölze, Sträucher, Kräuter)	gering	gering	mittel	hoch
Anteil hohe, große Obstbäume	überwiegend	überwiegend	überwiegend	mittel
Erkrankung der Bäume z. B. Pilzbefall	gering	gering	hoch	mittel
Ertrag (schwankt jedes Jahr sehr stark)	300 kg Äpfel	600 kg Äpfel 200 kg Birnen 200 kg Süßkirschen	500 kg Äpfel	400 kg Kirschen 1000 kg Äpfel
% der Bäume im ertragsfähigen Alter	80	60	90	50
Nutzungsform des Grünlands unter den Bäumen	Mahd, 2-mal/Jahr	Mahd	Mahd, 1–2-mal/Jahr	Weide
Pflegezustand der Bäume	mittel	gering	hoch	gering
Grundstückspreis pro m²	25	7	9	12

5 *Daten zu vier verschiedenen Streuobstwiesen*

1 **Bewerten von Streuobstwiesen.** Für vier zum Verkauf stehende Streuobstwiesen sind im Jahr zuvor verschiedene Daten erhoben worden (Abb. 1–5). Beurteilen Sie in Gruppen mit Hilfe dieser Daten, welche der Streuobstwiesen für den Verein am besten geeignet wäre. Gehen Sie dabei schrittweise nach dem Verfahren der ökologischen Bewertung vor.

11.6 Bedeutung der Biodiversität

Im Laufe der Evolution sind zu allen Zeiten Arten von Lebewesen ausgestorben. In der heutigen Zeit ist daher nicht dieses natürliche Phänomen besorgniserregend, sondern die dramatische Zunahme der Geschwindigkeit, mit der Arten heute von der Erde verschwinden.

Die Artenvielfalt ist Teil der biologischen Vielfalt, auch **Biodiversität** genannt. Darunter versteht man die Vielfalt der Ökosysteme, die Vielfalt der Arten und die genetische Vielfalt innerhalb von Populationen (Abb. 1). Die genetische Vielfalt und die Artenvielfalt sind das Ergebnis langer Evolutionsprozesse.

Die biologische Vielfalt ist eine unersetzliche Lebensgrundlage und für den Menschen aus vielen Gründen wertvoll. Man hat versucht, den wirtschaftlichen Wert der biologischen Vielfalt in Geldeinheiten auszudrücken. Nach Schätzungen von Fachleuten sind es mehrere hundert Milliarden Euro weltweit in jedem Jahr. Für die Züchtung von Nutztieren und Nutzpflanzen ist genetische Vielfalt unabdingbare Voraussetzung (Abb. 2).

Als **Ökosystem-Dienstleistungen** bezeichnet man alle Leistungen, die von der Natur erbracht und von Menschen genutzt werden. Zu ihnen gehören Versorgungs-Dienstleistungen wie Nahrung, Rohstoffe, Energie, Heilmittel und Regulations-Dienstleistungen wie Klima- und Hochwasserregulation. Biologische Vielfalt hat zudem Bedeutung für das Wohlergehen der Menschen, z. B. für Erholung und Tourismus. Menschliches Leben wäre ohne die Dienstleistungen der Ökosysteme nicht denkbar.

Die größten Bedrohungen der Biodiversität gehen vom Menschen und seinen Ansprüchen an die Umwelt aus. Der Verlust an Lebensräumen, der Klimawandel und die durch Menschen herbeigeführte Einwanderung konkurrenzstarker Arten aus fremden Gebieten verursachen den größten Teil des Artensterbens. Der Schutz der biologischen Vielfalt zielt darauf ab, sie weltweit zu erhalten und nachhaltig zu nutzen.

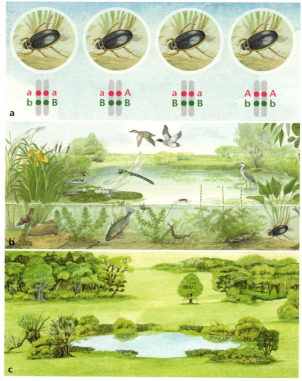

1 *Biodiversität bedeutet a) genetische Vielfalt bei Lebewesen, b) Artenvielfalt in Ökosystemen und c) Vielfalt der Ökosysteme*

2 *Genetische Vielfalt beim Wildapfel Malus sieversii aus dem Kaukasus. Dieser Wildapfel ist Vorfahre unserer heutigen Äpfel.*

1 Biodiversität auf verschiedenen Systemebenen beschreiben. Beschreiben Sie anhand der Abb. 1 Biodiversität auf der Ebene der Gene, der Arten und der Ökosysteme.

2 Genetische Vielfalt bei der Apfelzüchtung. Erläutern Sie die Bedeutung genetischer Vielfalt für die Züchtung von Äpfeln aus der Wildform (Abb. 2).

3 Genetische Vielfalt und Umweltveränderungen. Erläutern Sie die Bedeutung genetischer Variabilität in Populationen für das Überleben bei Veränderungen der Umwelt, z. B. bei Klimaerwärmung.

4 Biologische Vielfalt ist wertvoll. Erläutern sie die Abb. 3. Entwickeln Sie auf dieser Grundlage in arbeitsteiliger Form ökologische und ökonomische Begründungen sowie soziale und kulturelle Gründe für den Schutz und die nachhaltige Nutzung der Biodiversität.

5 Bedeutung der Biodiversität im regionalen Umfeld. Erläutern Sie unter Bezug auf die rechte Spalte in Abb. 3 anhand selbst gewählter Beispiele aus Ihrem regionalen Umfeld die wirtschaftliche, ökologische, soziale und gesundheitliche Bedeutung biologischer Vielfalt.

Globale Veränderungen verringern die biologische Vielfalt:
- stark wachsende Weltbevölkerung;
- Land- und Meeresnutzung, Zerstörung von Lebensräumen;
- veränderte Stoffkreisläufe;
- Klimawandel;
- Einwanderung gebietsfremder Arten

biologische Vielfalt:
- genetische Vielfalt;
- Artenvielfalt;
- Vielfalt der Ökosysteme

wirtschaftlicher Wert:
- organische Stoffe: Nahrung, Futter, nachwachsende Rohstoffe, Arzneimittel, Grundstoffe für biotechnologische Verfahren;
- genetische Ressourcen für Ernährung, Land- und Forstwirtschaft, für Tier- und Pflanzenzüchtung

ökologischer Wert:
- Luft, Klima: CO_2-Speicher für Fotosynthese, Produktion von atmosphärischem Sauerstoff, Temperatur- und Klimaregulation, Windhemmung, Filter für Schadstoffe in der Luft;
- Wasser: Versorgung, Speicherung und Reinigung des Wassers, Hochwasserregulation, Wasserkreislauf;
- Boden: Bodenbildung, Humusbildung, Schutz vor Erosion, Standort für Pflanzen, Filterwirkung, Abbau von Schadstoffen;
- Stoffkreisläufe: Kohlenstoffkreislauf, Stickstoffkreislauf, Zersetzung toter Pflanzen und Tiere; Mineralsalzbildung;
- weitere Ökosystem-Leistungen: biologische Schädlingsbekämpfung, Bestäubung von Pflanzen

Wert für das Wohlergehen der Menschen:
- Grundversorgung;
- Gesundheit, Erholungsfunktion;
- wirtschaftliche und soziale Sicherheit, gute soziale Beziehungen;
- Entscheidungsfreiheit;
- Wert für Wissenschaft: Arzneimittelforschung, Bionik, Bio-Indikatoren, ökologische Forschung;
- kultureller Wert: Schönheit der Natur, bildende Funktion, Tourismus, Heimatkultur;
- Zukunftswert: Biologische Vielfalt ist auch für zukünftig lebende Menschen wertvoll.

3 Biologische Vielfalt ist wertvoll

→ 18.7 Das Zusammenwirken der Evolutionsfaktoren im Prozess der Artbildung

11.7 Grüne Gentechnik – Fakten

1 *Maiszüchtung: vom Teosinte zum heutigen Mais*

2 *Vergleich klassischer und gentechnischer Pflanzenzüchtung*

Bereits seit Jahrtausenden züchtet der Mensch leistungsfähige Nutzpflanzen und Tiere. Bei der **klassischen Züchtung** wählt man aus der Vielfalt der unterschiedlichen Individuen einer Art gezielt solche zur Vermehrung aus, die die gewünschten Eigenschaften zeigen. In einem langwierigen Prozess entstehen dabei immer ertragreichere Pflanzen (Abb. 1, 2). Heute wird diese klassische Methode durch molekularbiologische Verfahren ergänzt. So werden heute Analysen der Erbinformation bereits an Keimlingen durchgeführt und diese auf gewünschte Eigenschaften hin untersucht.

Man muss also nicht mehr warten, bis die Pflanze die Merkmale erkennbar ausbildet. Die Züchtung wird dadurch enorm beschleunigt. Heute gibt es darüber hinaus die Möglichkeit, die Erbinformation von Pflanzen und Tieren gezielt zu verändern, indem zum Beispiel Gene anderer Organismen in das Genom der Nutzpflanzen bzw. Nutztiere eingeschleust werden. Anders als bei klassischen Züchtungsmethoden ist es dabei möglich, artfremde Gene zu übertragen. Dadurch können auch Eigenschaften hervorgebracht werden, die innerhalb der Art bisher nicht vorkamen (Abb. 2). Diesen Bereich der Gentechnik, der sich mit Tieren und Pflanzen beschäftigt, bezeichnet man als **Grüne Gentechnik.**

Die Ziele, die bei der gentechnischen Pflanzenzüchtung angestrebt werden, entsprechen weitgehend denen bei klassischen Züchtungsmethoden. Vor allem sollen Ertrag und Qualität erhöht und die Widerstandsfähigkeit der Pflanzen gegen Schädlinge oder Umweltbedingungen verbessert werden. So enthält Bt-Mais ein Gen des Bodenbakteriums *Bacillus thuringiensis*. Bt-Maispflanzen produzieren damit ein Protein, das für ihren Hauptschädling, den Maiszünsler, giftig ist. Gentechnisch wurden Kartoffeln gezüchtet, die einen besonders hohen Anteil an Stärke produzieren, der als Rohstoff in der Industrie benötigt wird. Um Wildkräuter auf Anbauflächen effektiver mit Herbiziden bekämpfen zu können, werden herbizidresistente Nutzpflanzen gezüchtet. Auf Anbauflächen dieser Pflanzen kann das Herbizid hochdosiert ausgebracht werden, ohne die Nutzpflanzen zu schädigen.

Anders als in den USA sind in Europa die Vorbehalte gegenüber gentechnisch veränderten Pflanzen groß: Es wird befürchtet, dass verstärkt Allergien gegen Pflanzeninhaltsstoffe auftreten. Der permanente Kontakt von Schädlingen mit den von gentechnisch veränderten Pflanzen produzierten Giften könnte zur Ausbildung von Resistenzen führen. Die Gifte könnten sich im Boden anreichern. Die Herbizidresistenzen könnten auf Wildkräuter übergehen, die dann nur noch schwer zu bekämpfen wären. Vor allem aber wird befürchtet, dass Pollen von im Freiland angebauten gentechnisch veränderten Pflanzen sich unkontrolliert ausbreitet und konventionell angebaute Pflanzen bestäubt. Vollständig gentechnikfreie Anbauflächen würde es dann nicht mehr geben.

1 Gentechnisch veränderte Pflanzen: Zuchtziele

a) Nennen Sie die im Text genannten Zuchtziele gentechnisch veränderter Pflanzen. Nennen Sie weitere wünschenswerte Eigenschaftsänderungen von Pflanzen und begründen Sie diese.
b) Beschreiben Sie Gemeinsamkeiten und Unterschiede klassischer und gentechnischer Züchtungsmethoden auch mit Hilfe der Abb. 2.
c) Erläutern Sie, inwiefern gentechnische Methoden die klassische Züchtung ergänzen können.

2 Vom Wirtschaftswunder zum Problemfall: herbizidresistentes Soja in Argentinien

1997 wurde in Argentinien erstmals eine herbizidresistente Sojasorte angebaut. Bis heute ist die Anbaufläche auf fast 100 % der gesamten Soja-Anbaufläche im Land gestiegen. Auf etwa der Hälfte des argentinischen Ackerlandes wird Soja angebaut, überwiegend für den Export. Dafür ging der Anbau von Mais, Weizen, Reis und Bohnen für den argentinischen Lebensmittelmarkt zurück. In den ersten Jahren erzielten die Farmen große Gewinne. Die Bewirtschaftung der Felder war einfacher als zuvor und die Erträge wurden höher. Verglichen mit dem Anbau konventionellen Sojas wurden viel mehr Herbizide ausgebracht. Dadurch kam es im Lauf der Jahre zu einer starken Belastung der Böden. Nach und nach tauchten herbizidresistente Wildkräuter auf und die Qualität der Sojabohnen ließ nach. Der großflächige Anbau von Gensoja brachte auch soziale Probleme mit sich. Kleinbauern wurden verdrängt, die Landflucht nahm zu und auf dem Lebensmittelmarkt gab es Versorgungsengpässe.

3 Problemfall Soja

4 Gentechnik und Lebensmittelkennzeichnung

a) Veranschaulichen Sie die in Abb. 3 genannten Zusammenhänge anhand eines selbst entworfenen Schaubildes.
b) Formulieren Sie Erwartungen, die mit dem Anbau von Gensoja in Argentinien verbunden waren und vergleichen Sie diese mit der Realität. Welche zeitlichen und sozialen Entwicklungen wurden falsch eingeschätzt?

3 Kennzeichnung gentechnisch veränderter Lebensmittel in der EU.

In der Europäischen Union werden bisher mit Ausnahme von geringen Mengen Bt-Mais keine gentechnisch veränderten Pflanzen kommerziell angebaut. Vor allem aus den USA gelangen aber gentechnisch veränderter Mais und Soja als Futtermittel oder Bestandteil von Nahrungsmitteln in die EU. Seit 2003 gilt in der EU eine Kennzeichnungsrichtlinie, die es den Verbrauchern ermöglichen soll, gentechnikfreie Lebensmittel zu erkennen. Abb. 4 veranschaulicht die Grundzüge dieser Richtlinie.
a) Erläutern Sie die der Abb. 4 zu entnehmenden Fakten.
b) Entscheiden Sie jeweils begründet, ob die folgenden Lebensmittel gekennzeichnet werden müssen: Milch von gentechnisch veränderten Kühen, Öl aus gentechnisch verändertem Soja, Joghurt, der mit gentechnisch veränderten Milchsäurebakterien hergestellt wurde, Käse, der mit gentechnisch veränderten Schimmelpilzen hergestellt wurde, Eier von Hühnern, die mit gentechnisch verändertem Mais gefüttert wurden, Käse mit dem gentechnisch erzeugten Enzym Chymosin.
c) Halten Sie die Kennzeichnungspflicht für gentechnisch veränderte Lebensmittel für notwendig beziehungsweise ausreichend? Argumentieren Sie aus der Sicht eines Verbrauchers und eines Lebensmittelproduzenten und geben Sie Ihre persönliche Einschätzung.
d) Bei der Herstellung von Produkten, die das staatliche Biosiegel tragen, darf Gentechnik auf allen Produktionsstufen nicht eingesetzt werden. Dennoch gilt auch bei Bioprodukten ein Grenzwert von 0,9 % für zufällige, technisch unvermeidbare Beimischungen gentechnisch veränderter Organismen, bis zu dem keine Kennzeichnung erfolgen muss. Erörtern Sie mögliche Gründe, warum der Gesetzgeber einen solchen Grenzwert für notwendig hält.

11.8 Grüne Gentechnik – Chancen und Risiken

*Medizin-Nobelpreisträgerin
C. Nüsslein-Volhard*

„**Die Bundesregierung muss sich klar zu gentechnisch veränderten Lebensmitteln bekennen.** Sie sollte sich von Vernunft leiten lassen, nicht von Ideologie! Es ist doch klar: Um den Nahrungsbedarf einer wachsenden Weltbevölkerung zu decken, müssen wir die landwirtschaftlichen Erträge steigern.
Entweder zerstören wir dazu Natur und machen unberührte Flächen urbar. Oder aber wir setzen die Grüne Gentechnik ein, um unsere Äcker ergiebiger zu machen und weniger Pflanzenschutzmittel zu versprühen. Insofern ist ein Bekenntnis zur Grünen Gentechnik auch eines zum Naturschutz …
Bisher hat es keinen nachweisbaren Schaden für Mensch und Umwelt gegeben, obwohl die Pflanzen weltweit auf einer Fläche angebaut werden, die dreimal größer ist als Deutschland. Warum sollten Cornflakes aus Genmais ausgerechnet für die Deutschen schädlich sein?"

*Verbraucherin
Frau Kiene*

„**Ich will kein Genfood!** Ich will frei entscheiden können, was ich esse. Ich bin gegen den Anbau von gentechnisch veränderten Pflanzen im Freiland, weil die manipulierten Gene über Insekten, Pflanzenteile oder Pollen auf andere Pflanzen übertragen werden. Das ist nicht kontrollierbar und in einiger Zeit wird es gar keine gentechnikfreien Nahrungsmittel mehr geben. Ich habe bereits heute Probleme mit Nahrungsmittelallergien und ich glaube, dass sich diese durch den Verzehr genmanipulierter Pflanzen noch verstärken werden."

„**Wo es keinen Ausstieg gibt, verbietet sich der Einstieg.** Wir lehnen den Einsatz von gentechnisch veränderten Organismen (GVO) in der Landwirtschaft ab, da wir die Risiken derzeit für nicht abschätzbar und kontrollierbar halten. Einem erhofften „Mehrwert" durch den Einsatz Grüner Gentechnik stehen erhebliche soziale, ökologische und strukturelle Nachteile und Gefährdungen gegenüber. Wir fordern daher ein generelles Verbot von gentechnisch veränderten Pflanzen. Wo es keinen Ausstieg gibt, verbietet sich der Einstieg. Den berechtigten Vorbehalten gegenüber der Gentechnik muss endlich Rechnung getragen werden. Wenn der überwiegende Teil der Bevölkerung gentechnisch manipulierte Pflanzen und Lebensmittel ablehnt, ist es nicht einsehbar, warum bei der Bundes- und EU-Gesetzgebung vor allem die Forderungen der Agrarkonzerne berücksichtigt werden. Die Sorge um unkalkulierbare und irreversible Veränderungen an den Lebensgrundlagen der jetzigen und der kommenden Generationen sollte Ansporn genug sein, der Verantwortung für die Schöpfung einen Vorrang gegenüber den Interessen einiger weniger Agrarkonzerne einzuräumen."

Diözesanrat der Katholiken der Erzdiözese München und Freising, *Positionspapier des Vorstandes*

*Verbraucher
Herr Ratermann*

„**Die Risiken werden herbeigeredet.** Ich denke nicht, dass von gentechnisch veränderten Pflanzen höhere Risiken ausgehen als von konventionellen. Für mich sind vor allem der Preis und die Qualität entscheidend. Wenn gentechnisch veränderte Pflanzen zu höheren Erträgen führen, sinkt der Nahrungsmittelpreis. Außerdem glaube ich, dass gentechnisch veränderte Pflanzen sogar gesünder sein können. Zum Beispiel, wenn wichtige Vitamine in größeren Mengen enthalten sind."

„Monsanto und andere Agrarunternehmen arbeiten weiter an der Verbesserung von pflanzlichen Erbinformationen und an der Entwicklung von gentechnisch veränderten Merkmalen, die neben der Ertragssteigerung weitere Vorteile bieten. 2009 wird Monsanto eine Sojabohnenlinie auf den Markt bringen, die laut Feldversuchen Ertragssteigerungen von 7 bis 11 Prozent ermöglicht. Monsanto hat sich öffentlich zu dem Ziel bekannt, die Erträge von wichtigen Nutzpflanzen bis zum Jahr 2030 zu verdoppeln. Ebenso wichtig wie die Ertragssteigerung ist uns ein zweites Ziel, nämlich gleichzeitig Ressourcen einzusparen: Wir wollen ein Drittel weniger Ressourcen wie z. B. Dünger und Wasser pro Ertragseinheit aufwenden."
Internetauftritt von Monsanto, eine Herstellungsfirma gentechnisch veränderter Pflanzen

*Alexandra Fritzsch
Gärtnerin, Biohof*

„Für mich gibt es viele Gründe, mich gegen Gentechnik auszusprechen – sozial, wirtschaftlich, ökologisch und auch emotional. Dass ich Biogemüse anbaue, ist nur ein Grund von vielen und auch bevor ich selbst Gärtnerin geworden bin, war ich schon gegen den Einsatz und die Erforschung dieser Technik. Wütend macht mich die Pseudo-Moral der Gentechnikbefürworter, nur mit ihrer Technik ließe sich die Ernährung der gesamten Weltbevölkerung sichern. Es gibt genügend Lebensmittel, auch für noch mehr Menschen, sie sind nur falsch zwischen Nord und Süd verteilt. Außerdem werden Flächen, auf denen Nahrungsmittel für Menschen angebaut werden könnten, benutzt, um unseren Energiebedarf zu decken und Futter für all unser Billigfleisch zu produzieren. Für mich geht es nicht darum, die Landwirtschaft unseren in meinen Augen falschen Bedürfnissen anzupassen, sondern menschliche Bedürfnisse an den gegebenen Bedingungen auszurichten. Momentan liegt die Produktivität von Gensojapflanzen übrigens noch immer unter dem Ertrag konventionell angebauten Sojas. Soviel zur Bekämpfung des Welthungers."

„Grüne Gentechnik steht für Innovationen und Fortschrittssicherung.
Die Gentechnik entwickelt sich zum wichtigsten Innovationsmotor in der Pflanzenzüchtung. Herkömmliche Methoden bei der Züchtung von Kulturpflanzen stoßen mittlerweile an ihre Grenzen – der Fortschritt hat sich in den letzten Jahrzehnten verlangsamt. Demgegenüber bietet die Grüne Gentechnik auf lange Sicht große Potenziale, wie krankheits- und schädlingsresistente Pflanzen, gesündere pflanzliche Inhaltsstoffe oder maßgeschneiderte nachwachsende Rohstoffe."
*Deutsche Industrievereinigung Biotechnologie
Dr. Ricardo Gent*

„Die Leitlinie für die Forschung und Entwicklung von gentechnisch veränderten Organismen (GVO) sollte ein werteorientierter, umweltbewusster Fortschritt sein. Im Sinne der Bürgergesellschaft sind dazu Transparenz und die Orientierung am Vorsorgeprinzip sowie an einer nachhaltigen Landwirtschaft unabdingbar. Dem stehen die aktuellen Entwicklungen beim Patentrecht, in der Forschung und beim Einsatz gentechnisch veränderter Pflanzen in der Landwirtschaft entgegen.
Deshalb fordert der NABU …
– den Verzicht auf Agro-Gentechnik, soweit wie derzeit gesetzlich möglich, auf nationaler Ebene festzuschreiben bzw. zu befördern und sich in der EU hierfür einzusetzen. ……..
– ein Verbot von Patenten auf Lebewesen in der Tier- und Pflanzenzucht, da sie den Zugang zu Saatgut/Nutztieren für wenige große Unternehmen monopolisieren."
Aus einem Positionspapier des NABU (Naturschutzbund Deutschland)

1 **Grüne Gentechnik: Chancen und Risiken**
a) Stellen Sie die Argumente, die in den Texten für und gegen die Anwendung der Grünen Gentechnik genannt werden, übersichtlich dar. Ergänzen Sie gegebenenfalls weitere Aspekte. Beachten Sie dabei auch den vorherigen Abschnitt. Geben Sie ethische Werte an, die hinter den Pro- und Kontra-Argumenten stehen.
b) Versetzen Sie sich in die Lage der jeweiligen Interessengruppen und erörtern Sie aus deren Sicht Chancen und Risiken der Anwendung gentechnisch veränderter Pflanzen in der Landwirtschaft.

Mit Basiskonzepten arbeiten

Die naturwissenschaftliche Erforschung von Lebewesen untersucht Vorgänge von der Größe eines Moleküls bis hin zum System der Biosphäre unseres Planeten, Ereignisse von Millionstelsekunden Dauer bis hin zu Milliarden Jahren. Die Wissenschaft Biologie hat eine riesige, ständig wachsende Fülle biologischer Phänomene und Sachverhalte zu erklären. Dabei stellt sich heraus, dass dieser Vielfalt eine überschaubare Zahl grundlegender biologischer Gemeinsamkeiten und Regeln zugrunde liegt, sodass man biologische Prinzipien formulieren konnte. Diese Prinzipien nennt man auch **Basiskonzepte.** Basiskonzepte dienen dazu, die riesige, kaum überschaubare Vielfalt biologischen Fachwissens zu strukturieren. Mit Hilfe der Basiskonzepte können biologische Phänomene und Sachverhalte aus verschiedenen Bereichen der Biologie gedanklich miteinander verknüpft und vernetzt werden (Abb. 2). Fast jedes Thema des Biologieunterrichts lässt sich einem Basiskonzept oder mehreren Basiskonzepten zuordnen.

Das regelmäßige Arbeiten mit den Basiskonzepten trägt zum Aufbau strukturierten Wissens bei, verbessert den Überblick und kann dadurch das Lernen erleichtern. Das Wissen um Basiskonzepte ist ein wichtiges Werkzeug, um sich eigenständig neue biologische Sachverhalte zu erschließen und die neu erworbenen Kenntnisse mit vorhandenem Wissen zu verknüpfen.

In Abb. 2 sind acht Basiskonzepte genannt, die für den Biologieunterricht relevant sind. In den folgenden Abschnitten dieses Buches wird jedes der acht Basiskonzepte erläutert. Dabei werden in jedem Abschnitt auf der rechten Seite Beispiele aus diesem Buch für das jeweilige Basiskonzept dargestellt.

Dieses Kapitel über Basiskonzepte kann im Biologieunterricht unter anderem dazu genutzt werden
– sich über Basiskonzepte zu informieren,
– sich regelmäßig darin zu üben, biologische Sachverhalte des jeweiligen Unterrichtsthemas einem oder mehreren Basiskonzepten zuzuordnen,
– mit Hilfe von Basiskonzepten neu erworbenes Wissen mit schon vorhandenem Wissen zu verknüpfen,
– sich mit Hilfe der Basiskonzepte neue biologische Sachverhalte und Zusammenhänge eigenständig zu erschließen,
– über biologische Zusammenhänge zwischen den Basiskonzepten nachzudenken,
– sich in der Vorbereitung auf das Abitur in Niedersachsen einen wiederholenden Überblick der Basiskonzepte und relevanter Inhalte zu verschaffen.

1 *Honigbiene, a) Nektar- und Pollen sammelnde Honigbiene, b) Aufsicht auf eine Bienenwabe im Stock*

Struktur und Funktion: Lebewesen und ihre Teile (Moleküle, Zellorganellen, Zellen, Organe) sind in ihrer Struktur (Aufbau) an bestimmte Funktionen (Aufgaben, biologische Bedeutungen) angepasst.

Kompartimentierung: Biologische Systeme sind in abgegrenzte Teilräume untergliedert, in denen verschiedene Vorgänge gleichzeitig und nebeneinander ungestört stattfinden können.

Steuerung und Regelung: Auf allen Systemebenen (Moleküle, Zellen, Organe, Organismen, Ökosysteme) treten Wechselwirkungen auf. Bestimmte Wechselwirkungen unterliegen der Steuerung und Regelung. Dadurch werden Bedingungen im Körper stabil gehalten.

Stoff- und Energieumwandlung: Alle Lebewesen nehmen Stoffe auf, wandeln sie enzymatisch um und geben Stoffe ab. Alle Lebensvorgänge sind energiebedürftig und laufen unter Energieumwandlung ab.

Information und Kommunikation: Nicht nur zwischen Lebewesen, sondern auch im Körper eines Lebewesens findet zwischen Organen, zwischen Zellen und innerhalb einer Zelle Informationsübertragung und Kommunikation statt.

Reproduktion: Bei der Fortpflanzung (Reproduktion) werden Erbinformationen weitergegeben, die Grundlage für die Individualentwicklung eines Lebewesens sind. Mutationen in den Erbinformationen sind eine Grundlage der genetischen Vielfalt von Lebewesen in der Stammesgeschichte.

Variabilität und Angepasstheit: Unter Variabilität versteht man die Veränderlichkeit von Merkmalen, die zur Vielfalt führt. Genetische Variabilität ist Voraussetzung für die Ausbildung von Angepasstheiten. Das sind erbliche Merkmale, die durch natürliche Auslese im Laufe der Stammesgeschichte entstanden sind.

Geschichte und Verwandtschaft: Jedes Lebewesen hat Geschichte. Es lässt sich durch eine ununterbrochene Kette von Fortpflanzungen auf Vorfahren, Vor-Vorfahren bis hin zu den Ursprüngen des Lebens zurückführen. Die vielfältigen Arten von Lebewesen sind im Laufe der Evolution aus anderen Formen hervorgegangen. Alle Lebewesen sind miteinander verwandt, unterscheiden sich jedoch im Grad stammesgeschichtlicher Verwandtschaft.

2 Basiskonzepte in Kurzform

3 Männlicher Pfau beim Radschlagen

1 Zur Arbeit mit Basiskonzepten. Erläutern Sie die Bedeutung von Basiskonzepten für das Lernen im Biologieunterricht.

2 Biologische Sachverhalte einzelnen Basiskonzepten zuordnen. Nennen Sie zu jedem Basiskonzept drei biologische Sachverhalte, die Ihnen zum jetzigen Zeitpunkt bekannt sind. Beispiel: Struktur und Funktion: 1. Enzym und Substrat, 2. …

3 Beispiel: „Bestäubung durch nektar- und pollensammelnde Honigbienen". Erörtern Sie die Relevanz aller acht Basiskonzepte für das Thema der Abb. 1.

4 Erschließende Funktion von Basiskonzepten: Fragen entwickeln. Stellen Sie sich vor, Sie haben „Die Biologie des Pfauen-Rades" als Thema eines Referats oder einer Präsentation (Abb. 3). Entwickeln Sie auf der Grundlage der Basiskonzepte Fragen, mit denen Sie dieses Thema erschließen können.

Basiskonzept „Struktur und Funktion"

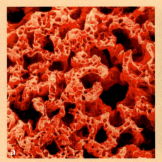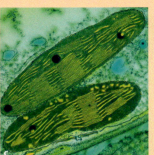

1 Verschiedene biologische und ein technischer Sachverhalt. a) Lungengewebe, b) Wurzelhaare, c) Chloroplasten, d) Heizkörper

In den Lungen wird beim Einatmen Luft über Bronchien, die sich immer weiter verästeln, bis zu den dünnwandigen, traubenförmig angeordneten Lungenbläschen eingesaugt (Abb. 1a). Die Lungen eines Menschen sind aus mehreren Millionen Lungenbläschen aufgebaut, deren Aufgabe der Gasaustausch von Sauerstoff und Kohlenstoffdioxid ist. Insgesamt nehmen die Lungenbläschen eine Fläche von ungefähr 90 m^2 ein. Die äußere Lungenoberfläche beträgt dagegen nur etwa 0,07 m^2. Diese große innere Oberfläche begünstigt die Intensität des Gasaustausches beträchtlich. An diesem Beispiel wird der **Zusammenhang von Struktur** (Aufbau) **und Funktion** (Aufgabe, biologische Bedeutung) deutlich. Diesen Zusammenhang gibt es auf allen Systemebenen biologischer Organisation, von den Molekülen bis hin zum Ökosystem. Weil sich viele Strukturen durch natürliche Auslese als Angepasstheiten entwickelt haben, hat das Basiskonzept „Struktur und Funktion" besonders umfangreiche Beziehungen zum Basiskonzept „Variabilität und Angepasstheit".

Innerhalb des Basiskonzeptes „Struktur und Funktion" gibt es einige Prinzipien, die einen eigenen Namen haben (Abb. 2).

Das **Schlüssel-Schloss-Prinzip** beschreibt Wechselwirkungen zwischen Teilen, die sich in ihrer Struktur räumlich ergänzen, d. h. komplementär zueinander sind und die ähnlich wie ein Schlüssel zum Schloss zueinander passen müssen, um ganz bestimmte biologische Funktionen erfüllen zu können. Wenn Moleküle nach dem Schlüssel-Schloss-Prinzip miteinander in Wechselwirkung treten, wird die Genauigkeit der Passung durch den chemischen Aufbau und die Verteilung von Ladungen bestimmt. Beispiele: Antigen-Antikörper-Reaktion; Enzym-Substrat-Komplex.

Das **Prinzip der Oberflächenvergrößerung** besagt, dass ein Körper umso mehr Fläche hat, je stärker er durch Auffaltungen oder Einstülpungen strukturiert ist. Solche Körper haben im Vergleich zu ihrem Volumen eine sehr große Oberfläche. Eine große Oberfläche pro Volumeneinheit begünstigt unter anderem den Stoffaustausch, wie es z. B. beim Lungengewebe der Fall ist.

Mit dem **Bausteinprinzip** wird der Aufbau von Lebewesen aus Grundbausteinen beschrieben. Auf molekularer Ebene sind vier verschiedene Nucleotide Bausteine der DNA und zwanzig verschiedene Aminosäuren Bausteine aller Proteine. Grundbausteine aller Lebewesen sind Zellen. Eng verknüpft mit dem Bausteinprinzip ist das **Abwandlungsprinzip**. Es besagt, dass durch Abwandlungen in der Struktur oder durch verschiedene Kombinationen von Grundbausteinen Teile mit veränderter Funktion entstehen. Beispiele: verschiedene Zelltypen; DNA-Basentripletts.

Das **Prinzip der Gegenspieler** nennt man auch „antagonistisches Prinzip". Die Gegenspieler oder Antagonisten wirken entgegengesetzt auf einen bestimmten biologischen Vorgang. Die Bedeutung dieses Prinzips liegt daher in der Regelung biologischer Vorgänge. Beispiele: Beuge- und Streckmuskel; die Hormone Insulin und Glukagon bei der Blutzuckerregulation.

2 Prinzipien innerhalb des Basiskonzeptes „Struktur und Funktion"

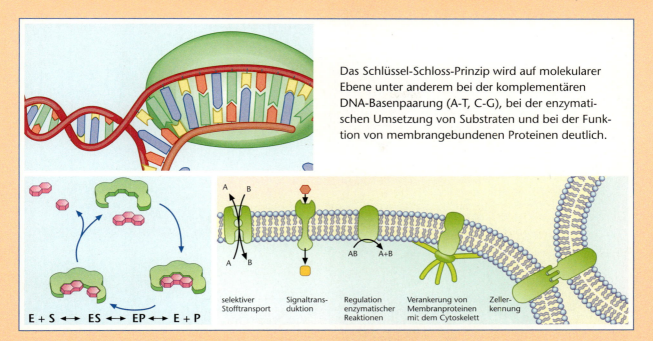

Das Schlüssel-Schloss-Prinzip wird auf molekularer Ebene unter anderem bei der komplementären DNA-Basenpaarung (A-T, C-G), bei der enzymatischen Umsetzung von Substraten und bei der Funktion von membrangebundenen Proteinen deutlich.

E + S ↔ ES ↔ EP ↔ E + P

selektiver Stofftransport | Signaltransduktion | Regulation enzymatischer Reaktionen | Verankerung von Membranproteinen mit dem Cytoskelett | Zellerkennung

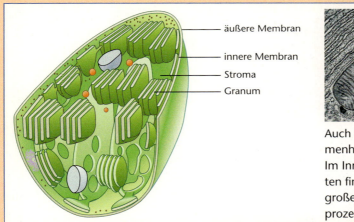

äußere Membran
innere Membran
Stroma
Granum

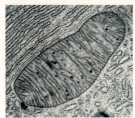

Auch auf der Ebene von Zellorganellen ist der Zusammenhang von Struktur und Funktion zu erkennen. Im Inneren von Mitochondrien und von Chloroplasten finden sich viele Membranen, die eine relativ große Fläche für die dort stattfindenden Stoffwechselprozesse bilden.

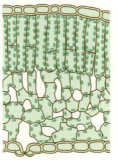
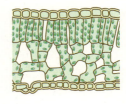

Sonnenblatt — Schattenblatt

Auf der Ebene von Organen zeigt sich zum Beispiel bei Laubblättern der Zusammenhang von Struktur und Funktion. Sonnenblätter und Schattenblätter der Buche sind Modifikationen, die an die unterschiedlichen Lichtverhältnisse angepasst sind.

Basiskonzept „Kompartimentierung"

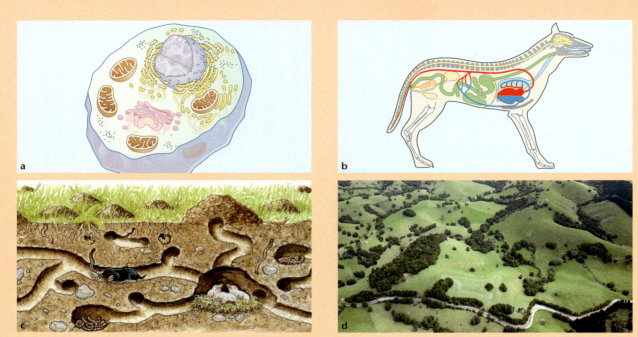

1 *Kompartimente sind abgegrenzte Räume. a) Zelle mit Zellorganellen; b) Organe eines Hundes; c) Maulwurfsrevier; d) Verschiedene Lebensräume (Biotope) in einer Landschaft.*

Kompartimentierung bezeichnet den Sachverhalt, dass ein biologisches System in voneinander abgegrenzte Räume unterteilt ist, in denen gleichzeitig verschiedene biologische Vorgänge stattfinden können. Besonders augenfällig ist die Abgrenzung eines Individuums, z. B. eines Menschen oder einer Pflanze gegen seine Umwelt. Gleichzeitig steht jedes Lebewesen auch in ständigem Austausch mit seiner Umwelt.

Kompartimentierung war eine unabdingbare Voraussetzung für die Entstehung und Evolution von Leben. Die Vorläufer der ersten Zellen vor Milliarden Jahren besaßen eine einfach gebaute Membran, die innen von außen abgrenzte. Eukaryotische Zellen besitzen zahlreiche membranumgrenzte Kompartimente, die Zellorganellen, wie Zellkern, Mitochondrien und Chloroplasten (Abb. 1a). Auch die Zellorganellen sind kompartimentiert. Die biologische Bedeutung der Kompartimentierung auf Ebene von Zellen liegt darin, dass verschiedene Stoffwechselvorgänge ungestört nebeneinander stattfinden können. In einer Blattzelle kann zum Beispiel in den Chloroplasten der Aufbau energiereicher Stoffe durch Fotosynthese erfolgen und gleichzeitig in den Mitochondrien der Abbau energiereicher Stoffe im Rahmen der Zellatmung ablaufen.

In der Geschichte des Lebens war die Kompartimentierung von Zellen eine wesentliche Voraussetzung für die Entstehung von spezialisierten Zellen und damit für Arbeitsteilung in einem Vielzeller.

Die Grenzen von Kompartimenten auf der Ebene von Zellen werden durch Biomembranen gebildet. Sie sind selektiv permeabel. Dadurch ist der Austausch von Stoffen, von Energie und von Informationen möglich. Arbeitsteilung und Zusammenarbeit von Zellen in einem vielzelligen Organismus erfordern Informationsaustausch und Kommunikation (siehe Basiskonzept „Information und Kommunikation"). Auch die Kompartimentierung in verschiedene Organe dient der Arbeitsteilung und Kooperation (Abb. 1b).

In der Landschaft gibt es zahlreiche Kompartimente. Manche Tiere bilden Reviere aus (Abb. 1c). Die Abgrenzung eines solchen Kompartiments erfolgt durch Revierkämpfe sowie durch optische, akustische und/oder chemische Signale. Das Verbreitungsgebiet einer Pflanzen- oder Tierart wird oft durch abiotische und biotische Faktoren begrenzt. Das Nebeneinander verschiedener Lebensräume bezeichnet man auch als „Kompartimentierung der Landschaft" (Abb. 1d).

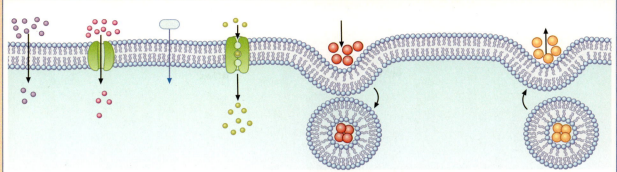

Membranen sind Schranken, die das Zellinnere von der Umgebung und die Kompartimente im Inneren einer Zelle voneinander trennen. Durch verschiedene Möglichkeiten des Stofftransports ist eine Membran für bestimmte Stoffe durchlässig, für andere dagegen nicht.

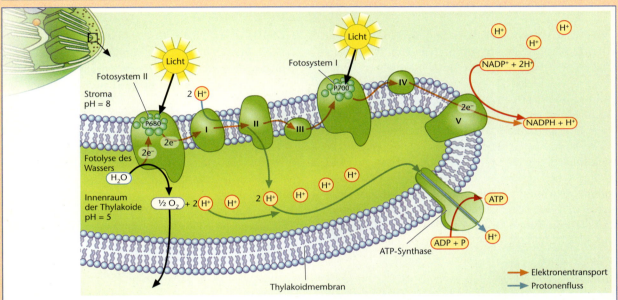

Die Thylakoidmembranen eines Chloroplasten trennen das Stroma vom Innenraum der Thylakoide. Diese Kompartimentierung ist Voraussetzung für die Bildung und Aufrechterhaltung eines Konzentrationsgefälles an Protonen (H^+). Die ATP-Bildung durch Chemiosmose gründet auf diesem Protonengradienten.

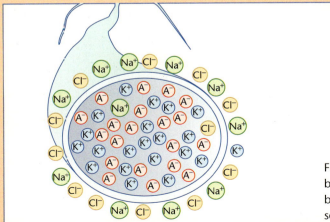

Für die Signalübertragung und Signalweiterleitung bei Nervenzellen ist die ungleiche Verteilung von Ionen beiderseits der Zellmembran eine wesentliche Voraussetzung.

Basiskonzept „Steuerung und Regelung"

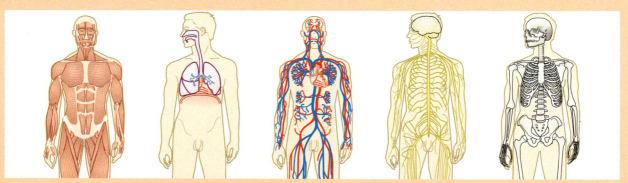

1 *Ein Individuum ist ein lebendes System*, Systemelemente sind die Organsysteme mit ihren Wechselwirkungen

Das Basiskonzept „Steuerung und Regelung" ist eng mit dem Begriff „System" verbunden (Abb. 2). In biologischen Systemen wie Zellen und Lebewesen finden dauernd Wechselwirkungen statt. Wenn eine Wechselwirkung darin besteht, dass ein Vorgang in gerichteter Weise beeinflusst wird, spricht man von **Steuerung**. Zum Beispiel steuern Hormone Zustandsgrößen im Stoffwechsel, unter anderem den Glucosegehalt im Blut. In biologischen Systemen sind Steuerungen meistens in Regelungsvorgänge eingebettet. Von **Regelung** spricht man dann, wenn eine bestimmte Zustandsgröße, z. B. der Glucosegehalt im Blut, durch **negative Rückkopplung** auf sich selbst zurückwirkt. Regelungen in Zellen und Lebewesen setzen die Messung des aktuellen Wertes einer Zustandsgröße, z. B. des aktuellen Glucosegehalts im Blut, voraus. Dieser Ist-Wert wird mit einem im System vorgegebenen **Soll-Wert** verglichen. Bei Abweichungen von Ist- und Soll-Wert werden Regelungsvorgänge ausgelöst, die zur Angleichung des Ist-Wertes an den Soll-Wert führen.

Eine **Systemeigenschaft** von Organismen und Zellen ist die Fähigkeit zur **Homöostase**. Dies ist die Gesamtheit der Regelungen, die bestimmte Zustandsgrößen der Innenwelt (z. B. die Körpertemperatur) gegenüber Einflüssen von außen in engen Grenzen stabil halten.

Unter einem **System** versteht man im Allgemeinen ein Gefüge von **Elementen**, die gegenseitig auf ganz bestimmte Weise in Beziehung stehen und aufeinander einwirken. Diese Wechselwirkungen machen aus einer Ansammlung von Elementen ein geordnetes und funktionstüchtiges Ganzes, ein System. Ein Beispiel dafür ist das Zusammenwirken der menschlichen Organsysteme (Abb. 1).

Ein System lässt sich mit Antworten auf die beiden folgenden Leitfragen analysieren:
– Aus welchen Elementen besteht ein System?
– Auf welche Weise stehen die Elemente eines Systems in Beziehung und in Wechselwirkung?

In einem Denkmodell kann man sich deutlich machen, dass nicht die bloße Ansammlung von Elementen ein System aufbaut, sondern die Beziehungen und Wechselwirkungen zwischen den Elementen dafür maßgeblich sind: Zerlegt man ein Fahrrad in seine Teile, sind zwar immer noch alle Elemente des Systems „Fahrrad" vorhanden, aber die Beziehungen zwischen den Teilen sind verändert. Erst wenn die Kette über Zahnräder Bewegungsenergie auf das Hinterrad überträgt, wenn die Schläuche auf den Felgen sitzen usw., wird ein funktionsfähiges System aus einer Ansammlung verschiedener Elemente.

Typisch für ein System ist, dass es neue Eigenschaften besitzt, die sich nicht aus den Eigenschaften seiner Elemente herleiten lassen. Man spricht von **emergenten Eigenschaften** (lat. *emergere*, auftauchen, hervorkommen) und sagt vereinfachend „Das Ganze ist mehr als die Summe seiner Teile". Die Fähigkeit des Systems „Mensch" zur Regulation der Körpertemperatur ist dafür ein Beispiel. Keines seiner Organsysteme hat für sich genommen die Fähigkeit zur Temperaturregulation. Erst bestimmte Wechselwirkungen zwischen Organsystemen und ihren Teilen lassen die Fähigkeit zur Temperaturregulation entstehen.

2 *Was ist ein System?*

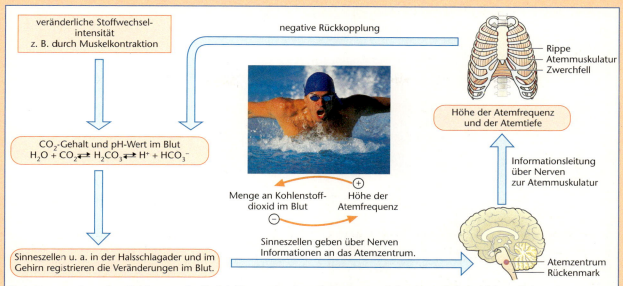

Das Atemzentrum im Gehirn regelt die Erhöhung der Atemfrequenz und der Atemtiefe bei körperlichen Anstrengungen vor allem aufgrund von Informationen über die aktuelle Konzentration an Kohlenstoffdioxid im Blut.

Bei der Stressreaktion wirken neuronales und hormonelles System in geregelter Weise zusammen. Durch negative Rückkopplung von Stresshormonen auf das Gehirn wird die aktuelle Stressreaktion gedämpft.

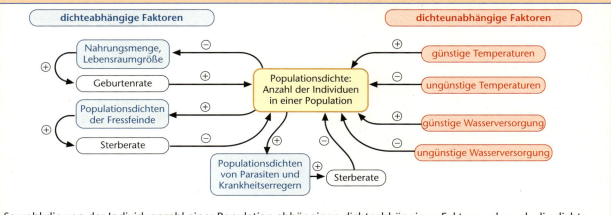

Sowohl die von der Individuenzahl einer Population abhängigen dichteabhängigen Faktoren als auch die dichteunabhängigen Faktoren beeinflussen die Populationsdichte.

Basiskonzept „Stoff- und Energieumwandlung"

Lebewesen sind **offene Systeme.** Sie nehmen ständig Stoffe aus ihrer Umgebung auf, wandeln sie durch enzymatische Reaktionen um und geben Endprodukte des Stoffwechsels an ihre Umgebung ab. Lebewesen benötigen ständig nutzbare Energie, die sie aus Energieumwandlungen beziehen. Stoff- und Energieumwandlungen dienen den Lebensäußerungen, dem Erhalt, dem Wachstum und der Fortpflanzung der Lebewesen. Nutzbare Energie ist für die meisten Lebewesen eine knappe Ressource. Energie, die ein Lebewesen für eine bestimmte Funktion aufwendet, z. B. für die Flucht vor Feinden, mindert die verfügbare Energie des Lebewesens für andere Funktionen.

Kohlenstoff ist der Grundbaustein aller organischen Verbindungen. **Autotrophe Lebewesen,** das sind Pflanzen und manche Bakterien, nutzen Kohlenstoffdioxid aus der Luft als Kohlenstoffquelle für den Aufbau ihrer organischen Substanzen. **Heterotrophe Lebewesen,** das sind Menschen, Tiere, Pilze und viele Bakterien, ernähren sich von bereits gebildeten organischen Substanzen.

Die Prozesse, bei denen schrittweise körpereigene Substanzen aufgebaut werden, bezeichnet man als **aufbauenden oder anabolen Stoffwechsel.** Er ist in der Regel energiebedürftig. Ein bedeutender anaboler Stoffwechselweg ist die **Fotosynthese,** bei der mit Hilfe von Lichtenergie aus energiearmem Kohlenstoffdioxid und Wasser energiereiche organische Substanzen wie Glucose aufgebaut werden. Der Abbau energiereicher organischer Verbindungen wie z. B. Glucose wird **kataboler oder abbauender Stoffwechsel** genannt. Lebewesen beziehen aus dem katabolen Stoffwechsel Energie für ihre Lebensäußerungen. Die **Zellatmung** ist ein Beispiel für einen aeroben, d. h. Sauerstoff benötigenden Stoffwechselprozess. Menschen, die meisten Tiere und Pflanzen sowie viele Arten von Pilzen beziehen aus der Zellatmung nutzbare Energie. Gärungen sind katabole Stoffwechselprozesse, die anaerob, d. h. ohne Sauerstoff ablaufen und ebenfalls der Bereitstellung nutzbarer Energie dienen. Kataboler und anaboler Stoffwechsel sind stets eng miteinander verknüpft.

In biologischen Systemen sind Bewegungsenergie, Lichtenergie, elektrische Energie und vor allem chemische Energie von Bedeutung. In Biomasse ist chemische Energie gespeichert. Grundsätzlich bleibt bei allen Energieumwandlungen die Energie vollständig erhalten, es ändert sich lediglich die **Energieform,** z. B., wenn eine Pflanze im Verlauf der Fotosynthese Lichtenergie in chemische Energie und Wärme wandelt. Alle Lebewesen, vom Bakterium bis zum Menschen, beziehen Energie für endotherme, d. h. energiebedürftige Vorgänge unmittelbar aus der exothermen, d. h. Energie freisetzenden Hydrolyse von ATP zu ADP und einer Phosphatgruppe. Man bezeichnet ATP daher als universellen biologischen Energieüberträger. Das **ATP-ADP-System** vermittelt zwischen exothermen und endothermen Stoffwechselprozessen. Bei normaler Tätigkeit setzt ein Mensch täglich 80 kg ATP um, der aktuelle Gehalt im Körper beträgt 80 g.

Bei Energieumwandlungen in biologischen Systemen wird ein Teil als **Wärme** frei. Das ist vor allem bei der Zellatmung quantitativ bedeutsam. Wärme ist eine Energieform, die kein Lebewesen in eine andere Energieform wandeln kann. Wenn nutzbare Energie in nicht mehr nutzbare Energie gewandelt wird, spricht man von **Energieentwertung.**

Nach ihrer Funktion in einem **Ökosystem** lassen sich Organismen in **Trophieebenen** (Ernährungsstufen) einordnen: Die autotrophen **Produzenten** können Biomasse mittels Fotosynthese selbst herstellen, die heterotrophen **Konsumenten** ernähren sich von der Biomasse anderer Lebewesen. **Destruenten** sind heterotrophe Lebewesen, die tote organische Substanz zersetzen und mineralisieren und auf diese Weise den Produzenten wieder zur Verfügung stellen. Durch die Tätigkeit der Destruenten wird die Weitergabe von Stoffen von Trophieebene zu Trophieebene zu einem Kreislauf geschlossen. Beim Energiefluss durch ein Ökosystem wird aufgrund der Freisetzung von Wärme letztlich alle von Produzenten in Biomasse festgelegte chemische Energie in Wärmeenergie entwertet. Daher ist zur Aufrechterhaltung eines Ökosystems und seiner Lebensgemeinschaften eine ständige Zufuhr von Energie von außen notwendig.

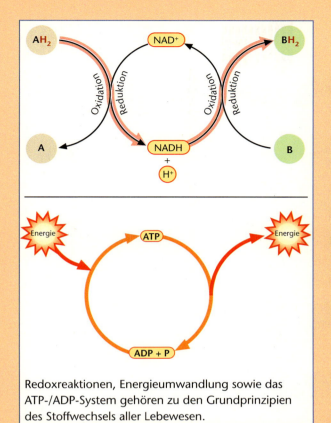

Redoxreaktionen, Energieumwandlung sowie das ATP-/ADP-System gehören zu den Grundprinzipien des Stoffwechsels aller Lebewesen.

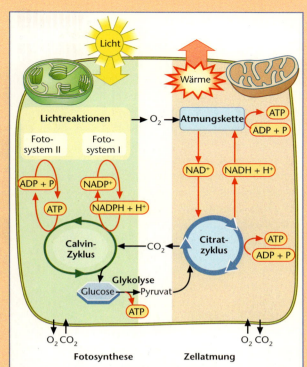

Die Umwandlung von Lichtenergie in chemische Energie erfolgt in Chloroplasten im aufbauenden Prozess der Fotosynthese, bei der Sauerstoff freigesetzt und energiereiche Glucose gebildet wird. Durch Zellatmung wird bei Anwesenheit von Sauerstoff durch Abbau von Glucose unter Beteiligung der Mitochondrien ATP aus ADP und P gebildet.

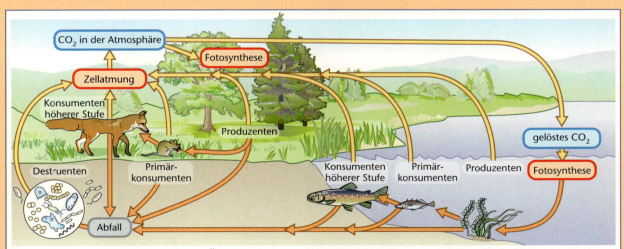

Die Weitergabe von Stoffen in einem Ökosystem von den Produzenten über Konsumenten zu den Destruenten nennt man Stoffkreislauf. Destruenten schließen den Kohlenstoffkreislauf durch vollständige Zersetzung der organischen Stoffe zu Wasser, Kohlenstoffdioxid und Mineralsalzen, die wiederum den Produzenten zur Verfügung stehen.

Basiskonzept „Information und Kommunikation"

Jeder Organismus und jede lebende Zelle nimmt fortwährend Informationen auf, überträgt, verarbeitet und speichert Informationen und kann auf Informationen reagieren. Informationen, die sich im Zustand der Übertragung befinden, nennt man auch **Signale.** Signale können aus der Umwelt oder aus dem Inneren eines Lebewesens oder einer Zelle stammen. Den Weg der Information im Verlauf der Übertragung bezeichnet man als **Informationsfluss.** Information ist immer an einen **Informationsträger** gebunden. In der Welt der Lebewesen werden physikalische Informationsträger wie z. B. Schallwellen oder Licht und chemische Informationsträger wie z. B. DNA, Proteine, Hormone, Neurotransmitter und Duftstoffe genutzt. Während Sie diese Zeilen lesen, erfolgt der Informationsfluss zunächst in Form von Lichtsignalen zu den Lichtsinneszellen der Augen und von dort nach der **Signalumwandlung** in eine Folge von elektrischen und chemischen Signalen über Nervenzellen zum Gehirn. Ein Beispiel für den Informationsfluss innerhalb einer Zelle ist die Proteinbiosynthese.

Erfolgt der Austausch von Informationen wechselseitig, spricht man von **Kommunikation.** Man kann den Informationsfluss im Sender-Empfänger-Modell beschreiben. Der Sender verschlüsselt die Information und überträgt das Signal. Nur dann, wenn das Signal den Empfänger erreicht und der Empfänger das Signal entschlüsseln kann, sind die Informationen für den Empfänger nutzbar.

Kommunikation findet auf verschiedenen Systemebenen statt. In einem

1 *Der Austausch von Informationen durch Kommunikation setzt grundsätzlich voraus, dass der Empfänger die vom Sender verschlüsselten Signale entschlüsseln kann. Gemälde: „Die Tratscher" von Norman Rockwell (1894–1978).*

vielzelligen Organismus sind alle Organe, Gewebe, und Zellen beständig an der Kommunikation beteiligt. Zusammen mit der Verarbeitung von Signalen aus der Umwelt eines Organismus werden dadurch die Tätigkeiten in einem Vielzeller koordiniert. Das ist eine Grundlage dafür, dass ein vielzelliger Organismus als Ganzes, als System, funktioniert.

Beispiele für **Zell-Zell-Kommunikation** innerhalb eines Vielzellers sind die Informationsübertragung zwischen Nervenzellen sowie zwischen Zellen der Immunabwehr. Die Fähigkeit zur Umwandlung von extrazellulären in intrazelluläre Signale ist eine Eigenschaft aller lebenden Zellen. Diese **Signaltransduktion** erfolgt immer nach dem gleichen Prinzip über Rezeptorproteine, die meistens in der Zellmembran sitzen. Nur solche extrazellulären Signale, zu denen es ein passendes Rezeptorprotein gibt, können in der Zelle biologische Wirkung entfalten. Die meisten vielzeligen Tiere verfügen innerhalb ihres Körpers über zwei Systeme der Kommunikation, das **Nervensystem** und das **Hormonsystem.** Hormon- und Nervensystem arbeiten eng zusammen und ergänzen sich. Bei vielzelligen Pflanzen spielen chemische Signale eine große Rolle.

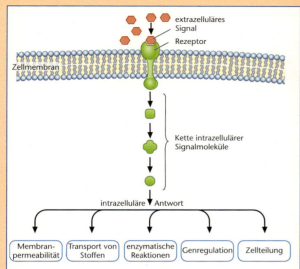

Bei der Signaltransduktion werden mit Hilfe von Rezeptorproteinen in der Zellmembran extrazelluläre Signale in intrazelluläre Signale umgewandelt. Diese führen zu einer spezifischen Zellantwort.

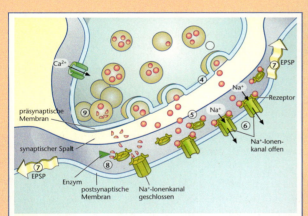

Bei der neuronalen Informationsübertragung werden elektrische Impulse in Form von Aktionspotenzialen mit hoher Geschwindigkeit entlang eines Axons zu den Synapsen geleitet. Dort erfolgt die Informationsübertragung mit Transmittern, die an der postsynaptischen Membran nach dem Schlüssel-Schloss-Prinzip an passende Rezeptoren binden.

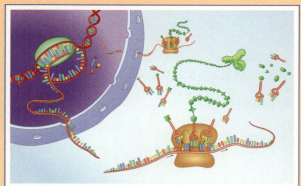

Der Informationsfluss bei der Proteinbiosynthese erfolgt von der DNA durch Transkription zur mRNA und von dort durch Translation zu einem Protein. In der Abfolge der DNA-Basentripletts ist die Aminosäuresequenz eines Proteins codiert.

Fitis und Zilpzalp sind nah verwandte Arten, die unter natürlichen Bedingungen keine gemeinsamen Nachkommen haben. Ein Grund dafür sind die unterschiedlichen Gesänge, mit denen Paarungspartner angelockt und Reviere verteidigt werden.

Basiskonzept „Reproduktion"

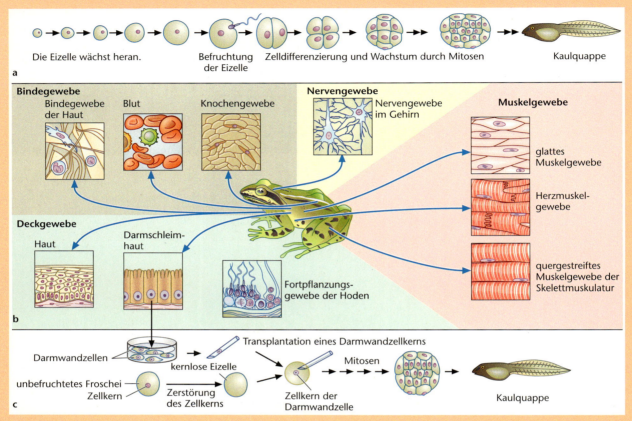

1 Entwicklung eines Frosches und die Vielfalt der spezialisierten Zellen. a) Entwicklung eines Frosches aus der befruchteten Eizelle bis zur Kaulquappe. Aus der befruchteten Eizelle gehen durch Mitosen genetisch identische Körperzellen hervor. b) Verschiedene Gewebe mit differenzierten Zellen beim Frosch. c) Transplantation des Zellkerns einer Darmzelle in eine zuvor entkernte Eizelle führt zur Entwicklung einer Kaulquappe.

Bei der Reproduktion (Fortpflanzung) werden seit den Ursprüngen des Lebens von Generation zu Generation genetische Informationen mit DNA als Informationsträger weitergegeben. DNA besitzt sowohl die Fähigkeit zur identischen Verdopplung als auch zur Veränderlichkeit durch Mutationen. Die Fähigkeit von Lebewesen, sich selbst zu reproduzieren, ist auf die Fähigkeit der DNA zur identischen Verdopplung zurückzuführen. Mutationen tragen zur Entstehung genetischer Varianten bei, die der natürlichen Auslese unterliegen (siehe Basiskonzept „Variabilität und Angepasstheit"). Mutationen sind eine Quelle der genetischen Vielfalt der Lebewesen auf der Erde.

Im Gegensatz zur ungeschlechtlichen Fortpflanzung kommt es bei der geschlechtlichen Fortpflanzung zur Neukombination der elterlichen Gene bei der Bildung der Geschlechtszellen während der Meiose.

Alle Körperzellen eines Vielzellers entstehen durch Mitosen aus der befruchteten Eizelle (Abb. 1a, b). Körperzellen und befruchtete Eizelle sind genetisch identisch. Dieser Umstand ist Grundlage der Klon-Technik, bei der künstlich erbgleiche Zellen, Gewebe oder Lebewesen erzeugt werden (Abb. 1c).

Die Entwicklung von unspezialisierten zu spezialisierten Zellen wird **Zelldifferenzierung** genannt (Abb. 1b). Verschieden differenzierte Zellen, z. B. eine weiße Blutzelle und eine Nervenzelle, unterscheiden sich im Muster ihrer aktiven Gene. Man spricht von **differenzieller Genaktivität.** In allen Lebewesen gibt es immer auch undifferenzierte Körperzellen, die sogenannten **Stammzellen.** Stammzellen können durch Teilung spezialisierte Zellen bilden.

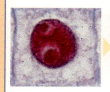    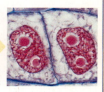

Die Zeit zwischen zwei Zellteilungen bezeichnet man als Zellzyklus. Er wird in Interphase und Mitose unterteilt. Bei der Mitose werden zuvor identisch verdoppelte Chromosomen so verteilt, dass die Tochterzellen untereinander und mit der Zelle, aus der sie hervorgingen, erbgleich sind.

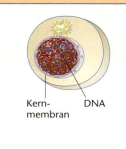 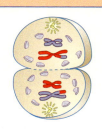

Kern-membran   DNA

Doppelchromosomen werden getrennt

Entstehung von 4 Geschlechtszellen

Bei der Meiose entstehen aus einer Zelle vier Geschlechtszellen, die untereinander nicht erbgleich sind.

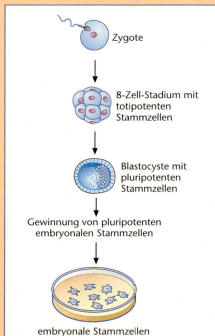

Zygote

8-Zell-Stadium mit totipotenten Stammzellen

Blastocyste mit pluripotenten Stammzellen

Gewinnung von pluripotenten embryonalen Stammzellen

embryonale Stammzellen

Bis etwa zum 8-Zell-Stadium sind die Zellen des Embryos totipotent. Das bedeutet, dass aus jeder dieser Zellen ein vollständiger Mensch entstehen kann. Das deutsche Embryonenschutzgesetz definiert jede einem Embryo entnommene totipotente Zellen als Embryo mit Menschenwürde.

Basiskonzept „Variabilität und Angepasstheit"

1 Evolution vor der Haustür. *Die Schwarzmündige Bänderschnecke (Cepeae nemoralis) und die Weißmündige Bänderschnecke (Cepaea hortensis) sind in Europa häufig. Sie leben in verschiedenen Biotopen wie Laubwäldern, Hecken, Wiesen und Kräuterbeständen. Die große Variabilität der Gehäuse hinsichtlich Grundfarbe und Bänderungsmuster ist genetisch bedingt. Färbung und Bänderung dienen unter anderem der Tarnung gegenüber ihren Fressfeinden, vor allem der Singdrossel. Dunkle Gehäuse mit wenigen oder gar keinen Bändern finden sich relativ häufig in Populationen, die in Laubwäldern leben, während in Populationen der Hecken, Wiesen und Kräuterbestände häufiger gebänderte, helle Gehäuse auftreten. Die Farbe des Schneckenhauses beeinflusst auch die Körpertemperatur der Schnecke. Dunkle Gehäuse erwärmen sich schneller als helle Gehäuse. In kühleren Gegenden werden durch natürliche Auslese Individuen mit dunklen Gehäusen begünstigt. Umgekehrt begünstigt ein warmes Klima das Auftreten von Individuen mit hellen Gehäusen. Im Jahre 2009 begann europaweit mit Hilfe vieler Freiwilliger eine Erhebung über Färbung und Bänderung der Schnecken in verschiedenen Lebensräumen. Die Daten sollen mit früheren Erhebungen verglichen werden. Die beiden Arten von Bänderschnecken sind vielleicht ein Indikator des Klimawandels. Die Hypothese lautet: Es gibt europaweit heute mehr helle, gelbe Gehäuse als vor dreißig Jahren.*

Am Beispiel der Bänderschnecken lassen sich wesentliche Aspekte des Basiskonzepts „Variabilität und Angepasstheit" deutlich machen. Beide Arten von Bänderschnecken zeigen eine große **Variabilität** in Bezug auf die Bänderung der Schneckengehäuse (Abb. 1). Diese Unterschiede im Phänotyp von Individuen einer Population werden als phänotypische Variabilität bezeichnet. Die phänotypische Variabilität der Schneckengehäuse beruht auf genetischer Variabilität. Genetische Variabilität entsteht durch zufällige, nicht zielgerichtete **Mutationen** sowie durch **Neukombination** (Rekombination) von Erbanlagen bei der Bildung der Geschlechtszellen und bei der Befruchtung. Variabilität ist auf allen Ebenen biologischer Systeme zu finden.

Aus der Vielzahl der Varianten in einer Population haben diejenigen Individuen eine höhere Wahrscheinlichkeit sich fortzupflanzen und ihre Gene in die nächste Generation weiter zu geben, die in der Auseinandersetzung mit der belebten und unbelebten Umwelt vorteilhafte, das Überleben fördernde Merkmale und Verhaltensweisen haben. Man spricht von **Selektion** oder natürlicher Auslese. Selektion ist ein anderer Ausdruck für Unterschiede im Fortpflanzungserfolg der Individuen, also Unterschieden in ihrer **reproduktiven Fitness.** Selektion basiert auf Variabilität und führt in einem viele Generationen während Prozess zu einer Anpassung einer Population an die jeweilige Umwelt. Als **Angepasstheiten** bezeichnet man vorteilhafte erbliche Merkmale und Verhaltensweisen, die durch natürliche Auslese bewirkt wurden. Im Beispiel der Bänderschnecken sind die dunklen Gehäuse eine Angepasstheit an die Temperaturbedingungen.

Dieser Zusammenhang von Variabilität und natürlicher Auslese ist Kern der **Evolutionstheorie** von CHARLES DARWIN (1809–1882).

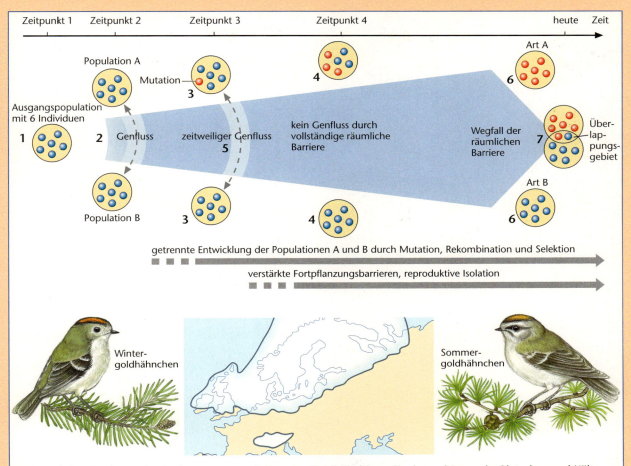

Während der Eiszeit wurde die Ausgangspopulation der Goldhähnchen durch vordringende Gletscher und Kältesteppen in zwei Populationen räumlich getrennt. Durch Mutationen, Rekombination und Selektion entwickelten sich die beiden Populationen getrennt weiter bis schließlich zwei Arten entstanden. Jede der beiden Arten besetzt eine ökologische Nische. Genetische Variabilität in Populationen ist eine Voraussetzung für Artbildung.

Feldmäuse und Elefanten unterscheiden sich nicht nur in der Körpergröße, sondern auch in der Fortpflanzungsrate, im Elterninvestment, in Lebensdauer und Individualentwicklung sowie in der Sterblichkeit. Die Fortpflanzungsstrategie beider Lebewesen unterscheidet sich deutlich.

Basiskonzept „Geschichte und Verwandtschaft"

1 Augen als Belege für gemeinsame Abstammung. Insekten haben Komplexaugen, die ganz anders aufgebaut sind als die Linsenaugen der Wirbeltiere. Fachleute nahmen noch vor wenigen Jahren an, dass sich Insektenaugen und Wirbeltieraugen in der Geschichte der Lebewesen unabhängig voneinander entwickelt haben. In den ersten Jahren dieses Jahrhunderts haben jedoch Forscherinnen und Forscher gezeigt, dass ein Kontrollgen namens „Pax-6" sowohl bei Insekten als auch bei Säugetieren in der Individualentwicklung die Bildung von Augen auslöst und kontrolliert. Es gelang sogar, durch gezielte Übertragung und Aktivierung des Pax-6-Gens aus Mäusen bei Fruchtfliegen auf Fühlern und Beinen zusätzliche Augen entstehen zu lassen. Das Pax-6-Gen kommt im ganzen Tierreich vor und spielt bei allen Tieren und beim Menschen eine Schlüsselrolle in der Augenentwicklung. Die weite Verbreitung des Pax-6-Gens wird nicht als Zufall gedeutet, sondern als Ausdruck der gemeinsamen Abstammung der Tiere und des Menschen.

„Panta rhei" formulierte der 500 v. Chr. lebende griechische Philosoph HERAKLIT. Damit ist gemeint, dass alles Sein in Bewegung, im Fluss ist und nichts so bleibt wie es ist.

Ein fortwährender Wandel findet auf allen Ebenen biologischer Systeme statt. Moleküle, Zellorganellen, Zellen, Organe, Lebewesen, Populationen, Ökosysteme und die Biosphäre verändern sich mit der Zeit. Die vielfältigen Arten der Lebewesen sind im Laufe langer Zeiträume aus anderen Formen hervorgegangen. Diesen Vorgang bezeichnet man als **Evolution.** Sie geht immer damit einher, dass sich die Häufigkeit von Genen in Populationen im Laufe der Zeit verändert.

Alle Lebewesen haben eine Geschichte, alle biologischen Systeme können unter der Perspektive ihrer Geschichtlichkeit und ihres So-Geworden-Seins betrachtet werden. Die **Abstammung** jedes heutigen Lebewesens lässt sich gedanklich durch eine ununterbrochene Kette von Vorfahren, Vor-Vorfahren usw. bis hin zu den Ursprüngen des Lebens zurückführen.

Letztendlich sind alle Lebewesen aufgrund ihrer Abstammung von gemeinsamen Vorfahren miteinander verwandt. Man spricht von stammesgeschichtlicher **Verwandtschaft.** Unterschiede im Verwandtschaftsgrad hängen davon ab, wie lange die stammesgeschichtliche Entwicklung der zu vergleichenden Arten getrennt verlief. Je kürzer dieser Zeitraum war, desto größer ist die verwandtschaftliche Nähe. Die Rekonstruktion der Stammesgeschichte erfolgt unter anderem durch Untersuchungen erblicher Merkmale an fossilen und heutigen Lebewesen. Die verwandtschaftlichen Beziehungen werden oft in einem **Stammbaum** dargestellt.

Ähnliche Merkmale, die Lebewesen verschiedener Arten von einem gemeinsamen Vorfahren geerbt haben, bezeichnet man als **homologe Merkmale.** Sie beruhen auf übereinstimmenden Erbinformationen. Der Vergleich der DNA-Basensequenz ist eine Methode, um den Grad der stammesgeschichtlichen Verwandtschaft zu klären.

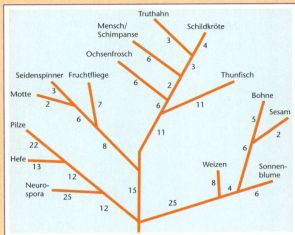

Verwandtschaftsbeziehungen zwischen artverschiedenen Lebewesen werden unter anderem durch Vergleich der DNA-Basensequenzen oder der Aminosäuresequenzen von Proteinen, zum Beispiel des Cytochrom c untersucht.

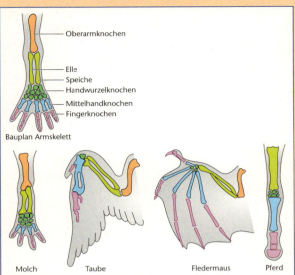

Die Skelette der Vordergliedmaßen verschiedener Wirbeltiere zeigen Ähnlichkeiten im Grundbauplan. Diese Ähnlichkeiten basieren auf der Abstammung von gemeinsamen Vorfahren. Man spricht von Homologien oder Abstammungsähnlichkeiten.

Die Evolution des Menschen verlief nicht „von Stufe zu Stufe" mit einer additiven Abfolge zunehmend menschlicherer Merkmale. Vielmehr veränderten sich mosaikartig verschiedene Merkmale und Eigenschaften mit unterschiedlichen Geschwindigkeiten. In der Abbildung sind einige bedeutsame evolutive Trends in der Menschwerdung genannt.

Das Erstellen einer Concept-Map

Eine Concept-Map ist eine Art „Begriffslandkarte". Sie bietet die Möglichkeit, Begriffe und ihre Beziehungen zueinander grafisch darzustellen. Im Gegensatz zu einer Mind-Map werden die Beziehungen zwischen den Begriffen benannt, um die Art des Zusammenhangs zu verdeutlichen. Mit Hilfe einer Concept-Map können vernetzte Zusammenhänge in einem Wissensgebiet dargestellt werden (Abb. 2). Die Concept-Map ist eine Möglichkeit der Wissensstrukturierung. Bei der Erstellung einer Concept-Map ist eine Auseinandersetzung mit einzelnen Begriffen und deren Beziehungen untereinander nötig. Dadurch kann das Behalten von gelerntem Wissen verbessert werden. Neu erworbenes Wissen lässt sich mit Hilfe einer Concept-Map in bereits vorhandene Wissensstrukturen einordnen. Außerdem können mit Hilfe dieser Methode Wissenslücken einfacher erkannt werden.

Mit Hilfe einer Concept-Map lassen sich auch die komplexen Strukturen von Texten anschaulich darstellen. Dies ist am Beispiel des Textes über die allopatrische Artbildung verdeutlicht (Abb. 1).

> **Allopatrische Artbildung**
> Bei dieser Variante der Artbildung wird durch geografische Isolation eine Population in zwei Populationen geteilt. Das kann z. B. durch Kontinentaldrift oder Eiszeiten erfolgen. Aufgrund der geografischen Isolation wird der Genfluss zwischen den neu entstandenen Gruppen verhindert. Das hat zur Folge, dass sich die Individuen der einen Population nicht mehr mit den Individuen der anderen Population fortpflanzen können. Somit können sich vorteilhafte Mutationen, wenn sie nur in einer Population auftreten, nur innerhalb dieser Gruppe verbreiten. Die Häufigkeit von Genen im Genpool verändert sich in den isolierten Populationen unterschiedlich. Das führt dazu, dass sich beide Populationen langsam auseinander entwickeln. Weitere Mutationen führen dazu, dass sich im Laufe der Zeit aus den isolierten Populationen zwei Arten entwickeln, deren Individuen untereinander nicht mehr fortpflanzungsfähig sind (reproduktive Isolation).

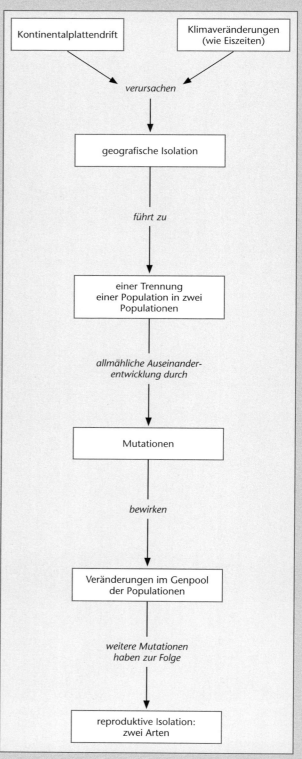

1 *Eine Concept-Map zur allopatrischen Artbildung*

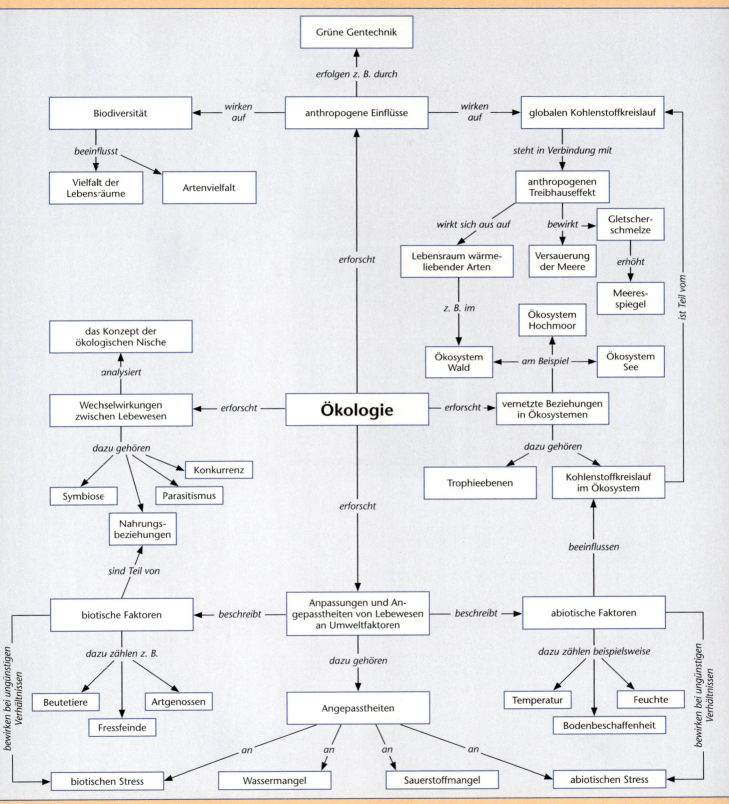

2 Concept-Map zum Thema Ökologie

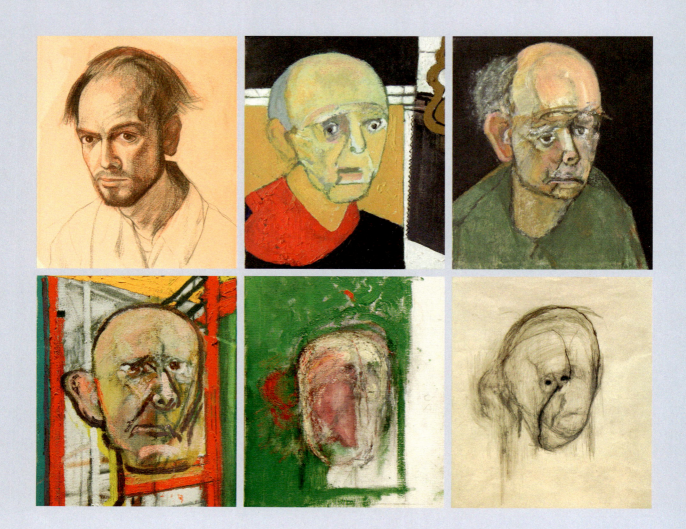

Nerven-, Hormon- und Immunsystem

12 Bau und Funktion von Nerven- und Sinneszellen

13 Zusammenwirken von Hormon- und Nervensystem bei Stress

14 Lernen und Gedächtnis

15 Immunsystem

16 Individualentwicklung des Menschen

Der Künstler WILLIAM UTERMOHLEN erfuhr 1995, dass er an der Alzheimer-Erkrankung leidet. Er hielt den Krankheitsverlauf in Selbstporträts fest. In ihnen zeichnet er nach, wie das Ich allmählich im Laufe der Jahre verschwindet. Details und Farbe werden in seinen Selbstporträts seltener, die räumliche Tiefe geht verloren. Schließlich wird er orientierungslos, kennt vertraute Gegenstände und nahestehende Personen nicht mehr. Selbst das eigene Spiegelbild ist ihm fremd und ängstigt ihn. WILLIAM UTERMOHLEN starb 2007.

12.1 Nervenzellen und Nervensysteme

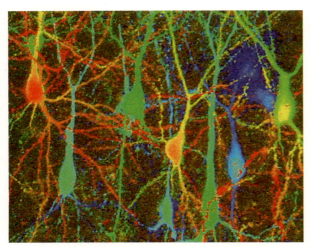

1 Neurone der Großhirnrinde. Zur besseren Unterscheidung sind die einzelnen Neurone mit ihren Dendriten koloriert worden.

Fast alle Tiere können sich im Gegensatz zu den meisten Pflanzen aktiv fortbewegen. Sie besitzen ein Nervensystem, das mit Hilfe einer schnellen Signal-Weiterleitung der raschen Informationsverarbeitung und der gezielten Fortbewegung dient. Die Koordination der Fortbewegung gehört zu den stammesgeschichtlich ursprünglichen Funktionen von Nervensystemen. Grundlegende Baueinheiten von Nervensystemen sind **Nervenzellen** oder **Neurone** (Abb. 1, 2). Dies sind hochspezialisierte Zellen, die es in vielfältigen Formen gibt. Neurone, die an der Muskelkontraktion beteiligt sind und so Bewegungen steuern, bezeichnet man als motorische Neurone (Abb. 2). Sie zeigen die typischen Strukturen und Funktionen eines Neurons. Die meisten Neurone lassen sich in vier Regionen einteilen, denen jeweils eine bestimmte Funktion zugeordnet werden kann. Die Signalaufnahme erfolgt über die verästelten **Dendriten** (gr. *dendron,* Baum). Das sind dünne, verzweigte Ausläufer des Neurons. An der Membran der Dendriten und des Zellkörpers, dem Soma, können Signale von anderen Neuronen empfangen werden.

Der lange Ausläufer des Neurons wird **Axon** genannt. Dort, wo das Axon aus dem Zellkörper hervorgeht, liegt der Axonhügel. In dieser Signal-Auslöse-Region werden empfangene Signale zusammengeführt und verrechnet. Wenn bestimmte Bedingungen erfüllt sind, werden elektrische Signale ausgelöst, die über die Membran des Axons fortgeleitet werden. Axone von Neuronen der Wirbeltiere können nur wenige Millimeter bis hin zu mehr als einem Meter lang sein. Axone leiten elektrische Signale mit hoher Geschwindigkeit vom Axonhügel bis zu den Synapsen. Die Axone von motorischen Neuronen der Wirbeltiere sind in eine Hülle aus Myelin eingewickelt, die in regelmäßigen Abständen unterbrochen ist. Die Myelinhüllen steigern die Leitungsgeschwindigkeit des Axons.

Die Signalübertragung erfolgt durch **Synapsen.** Sie sind auf die Übertragung von Signalen auf Zielzellen, hier auf Muskelzellen, spezialisiert. An den Synapsen wird das einlaufende elektrische Signal in ein chemisches Signal umgewandelt. Bestimmte Botenstoffe, zusammenfassend Neurotransmitter genannt, werden in den synaptischen Spalt freigesetzt, diffundieren zur gegenüberliegenden Membran der Muskelzelle und binden dort an spezifische Rezeptoren. Dadurch kann es schließlich zur Kontraktion der Muskelzelle kommen.

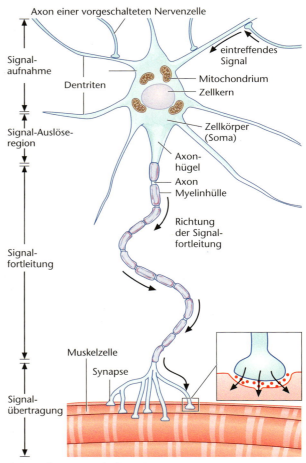

2 Bau eines motorischen Neurons

1 Übersicht zum Bau und zur Funktion eines motorischen Neurons. Erarbeiten Sie anhand der Abb. 2 den Bau und die grundlegenden Funktionen eines motorischen Neurons. Skizzieren Sie an der Tafel den Bau eines Neurons und erläutern Sie die Funktionen in einem freien Kurzvortrag.

2 Gehirn am Vorderende des Körpers. Entwickeln Sie ultimate Erklärungen zu der Tatsache, dass bei den meisten Tieren das Gehirn am Vorderende des Körpers liegt.

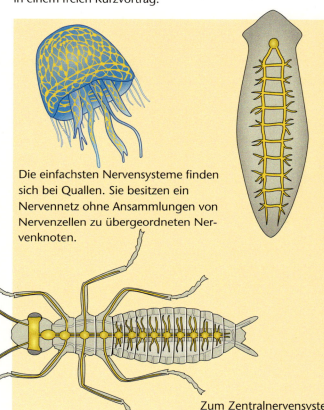
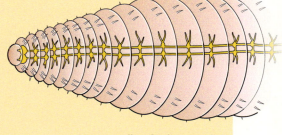
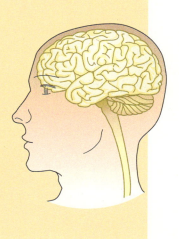

Die einfachsten Nervensysteme finden sich bei Quallen. Sie besitzen ein Nervennetz ohne Ansammlungen von Nervenzellen zu übergeordneten Nervenknoten.

Zusammenlagerungen von Nervenzellen findet man bei Wirbellosen, u. a. bei Plattwürmern, Ringelwürmern sowie Insekten und Krebsen. Diese Nervenknoten dienen der Zusammenführung von Informationen in einem bestimmten Abschnitt des Körpers und der Abstimmung von Reaktionen, z. B. Bewegungen der Beine. Bei vielen Wirbellosen bildet ein großer Nervenknoten am Vorderende des Körpers ein Gehirn. Darunter versteht man den übergeordneten Teil des Nervensystems, der als Integrationszentrum die neuronalen Aktivitäten eines Lebewesens koordiniert, steuert und regelt. Ein typisches Merkmal von Gehirnen ist die große Ansammlung von Nervenzellen mit vielfältigen Verbindungen z. B. zu Sinnesorganen und Muskeln.

Zum Zentralnervensystem der Wirbeltiere gehören das Gehirn und das Rückenmark. Sie sind durch den knöchernen Schädel und die Wirbelsäule geschützt. Die neuronalen Strukturen, die außerhalb des Zentralnervensystems liegen, heißen peripheres Nervensystem. Beim Menschen dient das Gehirn unter anderem der Zusammenführung von Informationen aus der Umwelt und dem Inneren des Körpers, der Koordination und Feinabstimmung von Bewegungen, der Informationsverarbeitung und Gedächtnisbildung, der Wortsprache sowie der Entstehung von Gefühlen. Auch die Regelung von Hunger, Durst, Körpertemperatur, Atem- und Herzschlagfrequenz sind Funktionen des Gehirns. Darüber hinaus beeinflusst das Gehirn über hormonelle Vorgänge den Energiehaushalt im Körper und die Fortpflanzung.

3 Nervensysteme bei verschiedenen Tiergruppen und dem Menschen

→ 14.1 Lernen und Gedächtnis   → 20.5 Evolution des menschlichen Gehirns

12.2 Das Ruhepotenzial

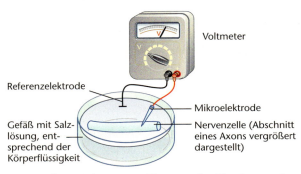

1 Versuchsanordnung zur Messung des Membranpotenzials an einer Nervenzelle

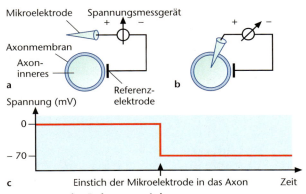

2 Messung des Ruhepotenzials

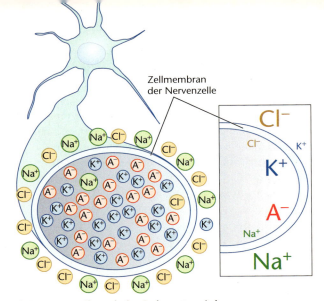

3 Ionenverteilung beim Ruhepotenzial

Messungen zeigen, dass das Innere einer Nervenzelle im Ruhezustand gegenüber dem Außenraum negativ geladen ist. Zwischen Innen und Außen herrscht eine elektrische Spannung von minus 70 Millivolt (mV). Man bezeichnet diese Spannung an der Membran einer unerregten Nervenzelle als **Ruhepotenzial** (Abb. 2).

Das Ruhepotenzial beruht auf der ungleichen Verteilung von Ionen. Diese wird durch die selektive Permeabilität der Membran hervorgerufen. Im Wesentlichen tragen folgende Ionen zum Ruhepotenzial bei: Natrium Na^+, Kalium K^+, Chlorid Cl^- und negativ geladene organische Moleküle A^-, vor allem Proteine. Vereinfacht kann man sagen, dass die Membran sehr gut durchlässig für Kaliumionen und gut durchlässig für Chloridionen ist, undurchlässig für organische Anionen und wenig durchlässig für Natriumionen.

Im Inneren der Nervenzelle befinden sich viele Kaliumionen und organische Anionen, aber nur wenige Natriumionen und Chloridionen (Abb. 3). Außerhalb der Zelle findet man viele Natriumionen und viele Chloridionen, aber nur wenige Kaliumionen und keine organischen Anionen. Man bezeichnet die Arbeit, die durch die Trennung von unterschiedlich geladenen Ionen beim Ausgleich verrichtet werden kann, als **elektrostatisches Potenzial**, die Arbeit, die von ungleich verteilten Teilchen beim Ausgleich durch Diffusion entlang eines Konzentrationsgefälles verrichtet wird, als **Diffusionspotenzial**. Es besteht ein Diffusionspotenzial für alle Ionen, wobei die organischen Anionen die Membran aber nicht passieren können. Kaliumionen können nach außen diffundieren. Mit jedem Kaliumion gelangt eine positive Ladung nach außen. Das vorhandene elektrostatische Potenzial wird dadurch erhöht, die Bewegung von Kaliumionen von Innen nach Außen schließlich gestoppt. Das Diffusionspotenzial der Chloridionen bewirkt, dass Chloridionen in die Nervenzelle wandern, doch ist die Menge an Chlorid in der Zelle gering, da die Chloridionen von den negativen organischen Anionen in der Zelle abgestoßen und von den positiven Ionen außerhalb der Zelle angezogen werden. Es herrscht ein stabiles Gleichgewicht zwischen dem Diffusionspotenzial für Kalium- und Chloridionen und dem elektrostatischen Potenzial. Das Ruhepotenzial beruht auf diesem Gleichgewicht.

Durch die Zellmembran können im geringen Umfang auch Natriumionen in das Axon wandern. Diese stören das bestehende Gleichgewicht und die für die Funktion der Signalübertragung wichtige Ungleichverteilung der Ionen. In die Membran eingelagerte Natrium-Kalium-Ionenpumpen befördern laufend eingedrungene Natriumionen unter ATP-Verbrauch nach außen und gleichzeitig Kaliumionen nach innen (Abb. 4).

1 Gedankenexperiment zum Ruhepotenzial.
a) Gehen Sie davon aus, dass zum Beginn des Experimentes im Innern des Axons nur Kaliumionen und organische Anionen vorliegen, außen hingegen nur Natriumionen und Chloridionen. Die Membrandurchlässigkeit soll so sein wie auf der linken Seite beschrieben. Erläutern Sie die möglichen Vorgänge an der Nervenzelle.
b) Beschreiben und begründen Sie in einem Gedankenexperiment die Auswirkungen auf das Ruhepotenzial, wenn die Membran für Natrium-, Kalium- und Chloridionen ungehindert passierbar ist, nicht aber für die organischen Anionen. Berücksichtigen Sie Abb. 3.

2 Experiment an der Nervenzelle. Mit einer Anordnung wie in Abb. 1 wird das Membranpotenzial gemessen. Anschließend erhöht man kontinuierlich die Natriumkonzentration in der umgebenden Flüssigkeit. Skizzieren Sie ein Spannung-Zeit-Diagramm. Stellen Sie Hypothesen auf, wie sich die Erhöhung der Natriumkonzentration auf das Ruhepotenzial auswirken könnte.

3 Chloridionen im Gleichgewicht. Obwohl die Membran des Axons einer Nervenzelle für Chloridionen gut durchlässig ist, diffundieren nur relativ wenige dieser Anionen von außen nach innen. Begründen Sie diesen Sachverhalt unter Bezug auf Abb. 3.

4 Die Natrium-Kalium-Ionenpumpe. Entwickeln Sie Hypothesen über die Auswirkungen, wenn die Natrium-Kalium-Ionenpumpen einer Nervenzelle aufgrund einer Vergiftung der mitochondrialen Atmungskette kein ATP mehr zur Verfügung haben.

5 Experimente mit Natriumsulfatlösung. In einem U-Rohr mit einer selektiv permeablen Membran, die für Natriumionen durchlässig ist, nicht aber für Sulfationen, wird ein Schenkel mit Natriumsulfatlösung und ein Schenkel mit Wasser gefüllt (Abb. 5). Während des Experimentes wird die Spannung zwischen den beiden Schenkeln des U-Rohres gemessen. Man wiederholt das Experiment, wobei statt der selektiv permeablen Membran ein Diaphragma verwendet wird, das beide Ionen hindurchlässt, den Austausch zwischen den Schenkeln des U-Rohres aber insgesamt verlangsamt. Erläutern Sie jeweils den Verlauf des Spannung-Zeit-Diagramms. Beachten Sie dabei, dass die Diffusionsgeschwindigkeit der großen Sulfationen geringer ist als die der kleinen Natriumionen.

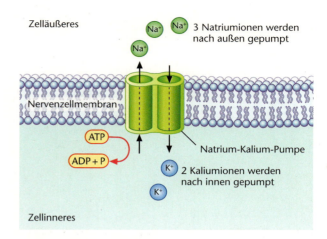

4 *Die Natrium-Kalium-Ionenpumpe*

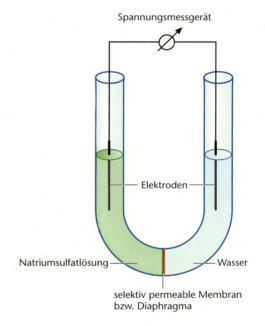

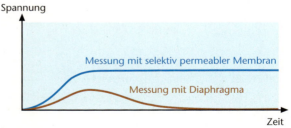

5 *Experiment mit Natriumsulfatlösung*

12.3 Das Aktionspotenzial an Nervenzellen

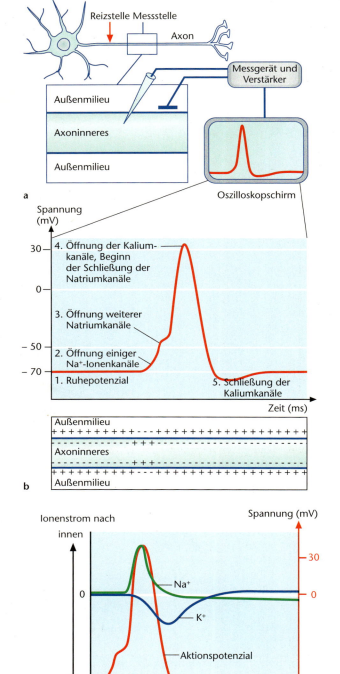

1 a) Anordnung zur Messung des Membranpotenzials, b) Aktionspotenzial, c) Ionenströme

Die zentrale Funktion von Nervenzellen ist die Weiterleitung von Informationen in Form von elektrischen Impulsen. Dies geschieht durch mehrere aufeinander folgende, wenige Millisekunden dauernde Spannungsänderungen am Axon, die sich auf einem Oszilloskopschirm darstellen lassen (Abb. 1a). Den typischen zeitlichen Verlauf dieser Spannungsänderungen nennt man **Aktionspotenzial.** Den Ablauf eines Aktionspotenzials kann man in verschiedene Phasen einteilen (Abb. 1b):

– Ausgehend vom Ruhepotenzial (1) verringert sich die Spannung. Durch das Öffnen einiger Na^+-Ionenkanäle (2) beginnt die Depolarisation.

– Wird der Schwellenwert erreicht, bei dem die Spannung nur noch etwa –50 mV beträgt, öffnen sich in der Membran abrupt weitere Ionenkanäle für Na^+-Ionen (3). Durch diese **spannungsgesteuerten Ionenkanäle** für Na^+-Ionen, die sich infolge der Spannungsänderung öffnen, strömen aufgrund des Diffusionspotenzials und des elektrostatischen Potenzials positiv geladene Natriumionen in das Axoninnere ein. Dadurch schreitet die Depolarisation voran, bis es zu einer Umkehr der Ladungsverhältnisse kommt. Im Axon überwiegen jetzt positive Ladungen, außerhalb negative Ladungen.

– Die Spannungsumkehr bewirkt die Öffnung von spannungsgesteuerten Kaliumkanälen. Kaliumionen strömen durch diese geöffneten Kanäle ins Außenmedium, während sich die Natriumkanäle bereits wieder schließen (4). Die Spannung kehrt sich dadurch wieder um, man spricht von Repolarisation.

– Darauf schließen sich die Kaliumkanäle und das Ruhepotenzial stellt sich wieder ein (5). Die beständig arbeitenden Natrium-Kalium-Ionenpumpen stellen die ursprünglichen Ionenverhältnisse wieder her.

Aktionspotenziale können nur am Axonhügel und am Axon der Nervenzelle ausgelöst werden. Aktionspotenziale folgen dem „**Alles-oder-Nichts-Gesetz**". Das bedeutet, entweder wird ein vollständiges Aktionspotenzial ausgelöst, oder es entsteht kein Aktionspotenzial. Nach einem Aktionspotenzial sind die spannungsgesteuerten Natriumkanäle für kurze Zeit nicht erregbar, ein erneutes Aktionspotenzial kann erst nach dieser sogenannten **Refraktärzeit** wieder ausgelöst werden.

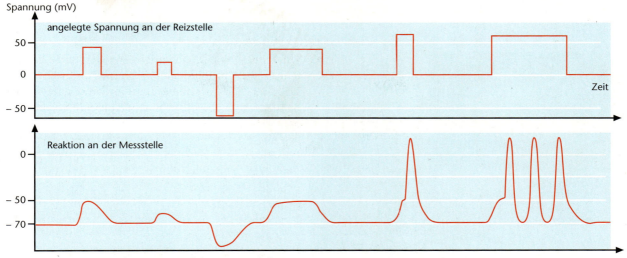

2 Experimente zur Auslösung von Aktionspotenzialen

1 Ionenströme.
a) Erläutern Sie Abb. 1c.
b) In Abb. 3 sind die Ergebnisse der Ionen-Strommessung während eines Aktionspotenzials angegeben. Erläutern und begründen Sie den unterschiedlichen Verlauf der Kurven.

2 Experimente zur Auslösung von Aktionspotenzialen.
Aktionspotenziale können an einem Axon auch durch Anlegen einer Spannung ausgelöst werden. Dabei verwendet man eine Mikroelektrode, die in das Axon eingestochen wird, und eine Drahtelektrode, die sich außen am Axon befindet (Abb. 1a).
Überprüfen Sie anhand der in Abb. 2 dargestellten Messergebnisse folgende Aussagen und begründen Sie Ihre Antwort.
A: Die Auslösung eines Aktionspotenzials ist unabhängig von der Polung der angelegten Spannung.
B: Die Dauer der angelegten Spannung ist maßgebend für die Auslösung von Aktionspotenzialen.
C: Nur die Höhe der angelegten Spannung ist für die Auslösung von Belang.
D: Eine hohe Dauerspannung erzeugt ein lang anhaltendes Aktionspotenzial.

3 Tetrodotoxin.
Tetrodotoxin (TTX) ist das schnell wirkende tödliche Nervengift der Kugelfische. Stellen Sie anhand der Kurven in Abb. 4 eine Hypothese über die Wirkung des Giftes bei einem Aktionspotential auf.

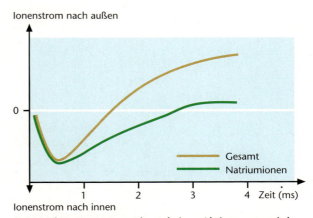

3 Ionenbewegungen während eines Aktionspotenzials

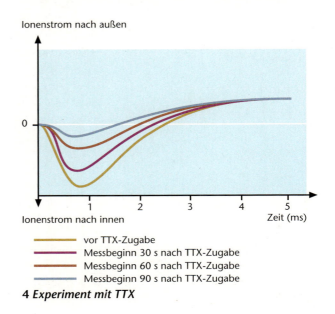

4 Experiment mit TTX

→ 12.1 Nervenzellen und Nervensysteme   → 12.2 Das Ruhepotenzial

12.4 Kontinuierliche und saltatorische Erregungsleitung

1 *Nervenzellen*

An Nervenzellen gibt es im Bereich des Somas und an den Dendriten keine spannungsgesteuerten Natriumionenkanäle. Daher kann hier kein Aktionspotenzial ausgelöst werden. Wird durch eine angelegte Spannung am Soma einer Nervenzelle eine Depolarisation ausgelöst, breitet sie sich entlang der Membran aus. Dabei wird die Depolarisation um so geringer, je größer der Abstand zur Reizstelle wird (Messstelle 1 und 2 in Abb. 2).

Am Axonhügel und am Axon kann aufgrund der hier vorhandenen spannungsgesteuerten Natriumionenkanäle ein Aktionspotenzial ausgelöst werden. Ist am Axonhügel eine Depolarisation noch stark genug, erreicht sie also den Schwellenwert von ca. –50 mV, so öffnen sich die Natriumionenkanäle. Ein Aktionspotenzial wird ausgelöst (Messstelle 3). Die bei einem Aktionspotenzial eingedrungen Natriumionen werden von den negativen Ionen in der unmittelbaren Umgebung im Inneren des Axons angezogen. Man spricht von Natrium-Ausgleichsströmen. Dadurch entsteht räumlich neben der gerade erregten Stelle eine Depolarisation (Abb. 4b). Diese Depolarisation löst nun benachbart zum „alten" Aktionspotenzial ein neues aus, während das alte Aktionspotenzial abklingt. Während der Refraktärzeit kann an der Stelle, an der ein Aktionspotenzial gerade abgeklungen ist, kein neues Aktionspotenzial ausgelöst werden. Ein Zurücklaufen eines Aktionspotenzials ist daher nicht möglich. Man nennt diese Art der Weiterleitung von Aktionspotenzialen **kontinuierliche Erregungsleitung.** Aktionspotenziale wandern aufgrund der „Alles-oder-Nichts"-Gesetzmäßigkeit ohne Verluste am Axon entlang (Messstelle 4) zur Synapse. Es können dabei Strecken von mehreren Metern überbrückt werden. Axone mit großem Querschnitt leiten dabei Aktionspotenziale schneller als dünne.

Axone können von Hüllzellen umgeben sein. Die Hüllzellen umschließen das Axon wie Isolatoren. Nur im Bereich der Ranvierschen Schnürringe haben Natriumionen Kontakt zur Axonmembran und nur dort wirken Ionenkanäle und Ionenpumpen. Deshalb kann nur dort ein Aktionspotenzial entstehen. Die Natrium-Ausgleichsströme erfolgen im Innern des Axons über die ganze Strecke der Hüllzelle von Schnürring zu Schnürring. Diese Ausgleichsströme wirken sehr schnell. Das Aktionspotenzial springt gewissermaßen von Schnürring zu Schnürring (Abb. 4). Man nennt diese Art der Weiterleitung **saltatorische Erregungsleitung.**

Weil ein Aktionspotenzial ein „Alles-oder-Nichts"-Ereignis ist und immer dieselbe Form hat, kann es nicht das Grundelement von Information sein. Die Information ist in der Frequenz der Aktionspotenziale verschlüsselt (codiert). Man spricht daher von der **Frequenzcodierung** der Information.

2 *Erregungsleitung*

→ 1.7 Aktiver und passiver Stofftransport

1 Leitung eines Aktionspotenzials. Beschreiben und vergleichen Sie die Erregungsleitung am Axon ohne Hüllzellen und am Axon mit Hüllzellen (Abb. 2, 4).

2 Verzweigung eines Axons. Abb. 5 zeigt die Aktionspotenzialfrequenz an der Messstelle A. Leiten Sie aus den Informationen des Textes die Aktionspotenziale an den Messstellen B und C ab und begründen Sie Ihre Ansicht.

3 Leitungsgeschwindigkeiten. Werten Sie die Abb. 3 mit Hilfe des Textes aus. Gehen Sie dabei auch auf die Lebensweise der Organismen ein.

4 Erstellen von Modellen zur Erregungsleitung. Erstellen Sie mit Hilfe von Dominosteinen Modelle für die kontinuierliche und saltatorische Erregungsleitung an Axonen. Beurteilen Sie die Aussagekraft der Modelle.

Tierart	Axondurchmesser µm	Hüllzellen	Geschwindigkeit in m/s	Temperatur (°C)
Frosch	18	ja	42	20
Frosch	2	ja	4	20
Frosch	2,5	nein	0,3	20
Katze	22	ja	120	37
Katze	3	ja	15	37
Katze	1	nein	2	37

3 Durchmesser und Leitungsgeschwindigkeit von Nerven

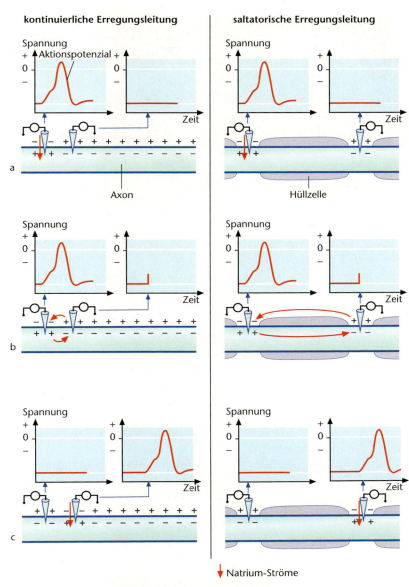

4 Kontinuierliche und saltatorische Erregungsleitung

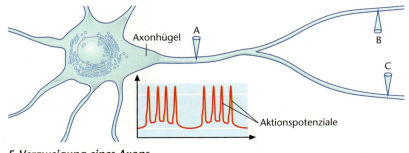

5 Verzweigung eines Axons

→ 12.3 Das Aktionspotenzial an Nervenzellen   → 12.16 Vergleich hormoneller und neuronaler Informationsübertragung

12.5 Multiple Sklerose

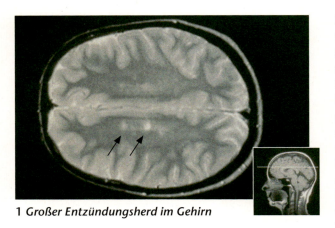

1 *Großer Entzündungsherd im Gehirn*

Multiple Sklerose ist eine Krankheit des Zentralen Nervensystems. Mit etwa 130 000 betroffenen Menschen in Deutschland ist Multiple Sklerose die häufigste auf Entzündungsprozesse zurückzuführende neuronale Erkrankung. Frauen sind doppelt so häufig betroffen wie Männer. Die Krankheit bricht meist zwischen dem 20. und 40. Lebensjahr aus. Bis heute ist Multiple Sklerose nicht heilbar, allerdings kann das Voranschreiten der Krankheit verlangsamt werden.

Die Symptome der Krankheit sind sehr vielfältig. Häufig treten zunächst Empfindungsstörungen wie Taubheitsgefühle oder Kribbeln in Armen und Beinen auf. Auch Lähmungserscheinungen und Depressionen sind nicht ungewöhnlich. Sehstörungen treten fast immer auf. Zum Beispiel nehmen Betroffene alles wie durch einen Schleier wahr oder Kleingedrucktes kann plötzlich nicht mehr gelesen werden. Meist verläuft die Krankheit in Schüben, doch gibt es auch eine schleichende Form und eine Mischform aus Schüben und schleichendem Fortschreiten. Die Symptome verschwinden nach den Schüben häufig zunächst wieder, bis sie oder andere Symptome bei einem nächsten Schub wieder auftreten. In der Regel bleiben nach einem Schub irreparable Schäden zurück, sodass sich der Allgemeinzustand der Erkrankten mit jedem Schub verschlechtert. Eine Prognose zum Verlauf der Krankheit ist nicht möglich. Die Zunahme bleibender Schäden kann so langsam erfolgen, dass auf Jahrzehnte hin kaum eine Beeinträchtigung erfolgt. Im anderen Extremfall kann aufgrund von Gehbehinderungen ein Leben im Rollstuhl nach einiger Zeit nicht ausgeschlossen werden.

Bei Multipler Sklerose entstehen Entzündungsherde im Zentralen Nervensystem (Abb. 1). Immunzellen greifen die Hüllzellen von Nerven an und zerstören dabei die von den Hüllzellen gebildete Isolationsschicht um die Axone (Abb. 2). Die Weiterleitung der Aktionspotenziale ist damit gestört. Die Art der Symptome hängt davon ab, in welchem Gehirnteil sich die Entzündung entwickelt und wie umfassend die Zerstörung ist. Da die Abwehr der Immunzellen sich gegen körpereigene Zellen richtet, wird Multiple Sklerose zu den **Autoimmunkrankheiten** gezählt. Entsprechende Antigene hat man allerdings noch nicht gefunden. Unklar ist auch, weshalb die Angriffe nur im zentralen Nervensystem erfolgen und Hüllzellen außerhalb des Gehirns unbeschädigt bleiben. Als Auslöser für Multiple Sklerose werden verschiedene Faktoren diskutiert (Abb. 4).

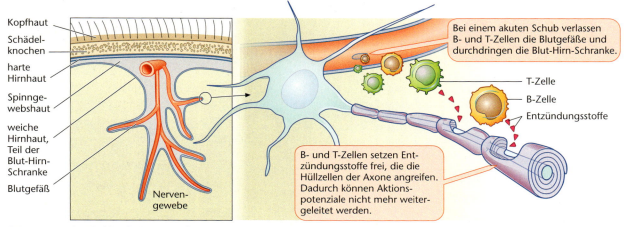

2 *Vorgänge im Gehirn bei einem akuten Schub von Multipler Sklerose*

	Großbritannien	Kanada
Bevölkerung, insgesamt	0,3 %	0,2 %
Frauen	0,7 %	
Männer	0,1 %	
Verwandte 1. Grades (Eltern, Geschwister, Kinder)	2,8 %	3–5 %
Verwandte 2. Grades	1,0 %	
eineiige Zwillinge	33,0 %	38,0 %
zweieiige Zwillinge	3,0 %	3–5 %
Geschwister	3,0 %	3–5 %
Halbgeschwister		1,3 %
Adoptivkinder/-geschwister		0,2 %

Die Konkordanzrate (lat. *concordare,* übereinstimmen) gibt hier an, mit welcher Wahrscheinlichkeit eine Übereinstimmung hinsichtlich der Erkrankung an Multipler Sklerose vorhanden ist. Lesebeispiel: Die Wahrscheinlichkeit, dass ein eineiiger Zwilling in seinem Leben an Multipler Sklerose erkrankt, wenn der andere Zwilling an Multipler Sklerose erkrankt ist, beträgt nach der Untersuchung aus Großbritannien 33%.

3 *Verwandtschaftsgrad und Konkordanzrate für Multiple Sklerose*

1 Konkordanzrate für Multiple Sklerose. Werten Sie die Angaben in Abb. 3 aus.

2 Ursachen von Multipler Sklerose. Bezüglich der Ursache(n) von Multipler Sklerose werden verschiedene Faktoren diskutiert (Abb. 4). Keiner der Faktoren kann allein Multiple Sklerose hervorrufen. Welche Schwierigkeiten ergeben sich bei der Ursachenforschung? Erläutern Sie, wie weitere Untersuchungen zur Ursachenforschung angelegt sein können.

3 Multiple Sklerose, Schwangerschaft und Kinderwunsch. Ein junges Paar, die Frau ist an Multipler Sklerose erkrankt, hat noch keine Kinder und steht vor der Frage, ob es seinem Wunsch nach einem eigenen Kind nachgibt oder davon Abstand nimmt. Beschreiben Sie das Dilemma, in dem sich das Paar befindet. Beachten Sie dabei die Angaben im Text sowie Abb. 3 und 5.

Beim derzeitigen Stand des Wissens lässt sich Folgendes sagen:
– Hormonale Empfängnisverhütungsmittel können von Multiple Sklerose-Patientinnen verwendet werden.
– Durch Multiple Sklerose ist keine Schädigung des Fötus zu erwarten, da nach mehreren Studien die Fehlbildungsrate bei Kindern von Frauen mit Multipler Sklerose nicht erhöht ist.
– Der Geburtsverlauf ist bei Multiple Sklerose-Patientinnen normal.
– Mit fortschreitender Schwangerschaft werden die Multiple-Sklerose-Schübe seltener, steigen jedoch nach der Geburt wieder an.
– Eine Schwangerschaft hat nach den bisherigen Daten keinen ungünstigen Einfluss auf den Langzeitverlauf einer Multiplen Sklerose.

5 *Multiple Sklerose, Schwangerschaft und Kinderwunsch*

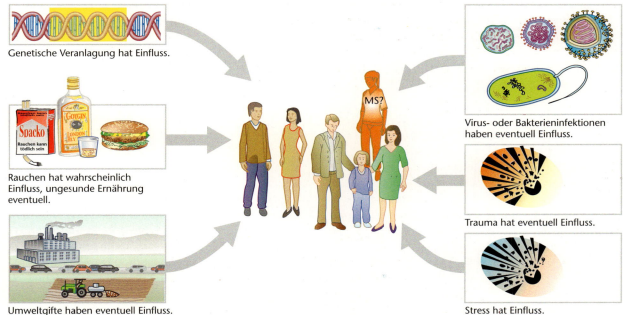

4 *Viele Faktoren werden als Auslöser der Multiple Sklerose diskutiert*

→ 15.1 Das Erkennen und die Abwehr von Antigenen   → 15.2 Unterscheidung von Selbst und Fremd

12.6 Informationsübertragung an Synapsen

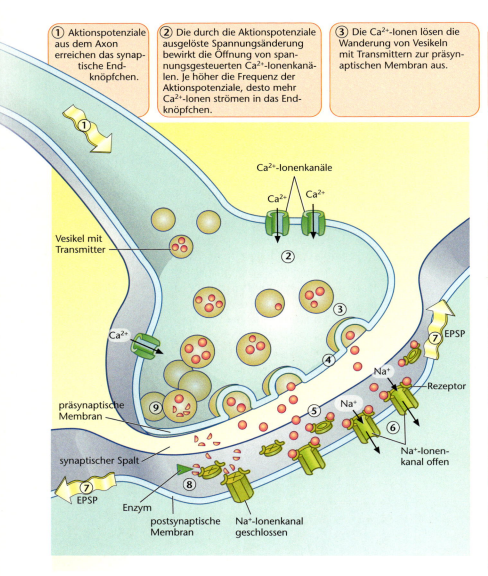

① Aktionspotenziale aus dem Axon erreichen das synaptische Endknöpfchen.

② Die durch die Aktionspotenziale ausgelöste Spannungsänderung bewirkt die Öffnung von spannungsgesteuerten Ca²⁺-Ionenkanälen. Je höher die Frequenz der Aktionspotenziale, desto mehr Ca²⁺-Ionen strömen in das Endknöpfchen.

③ Die Ca²⁺-Ionen lösen die Wanderung von Vesikeln mit Transmittern zur präsynaptischen Membran aus.

④ Die Vesikel verschmelzen mit der postsynaptischen Membran und entleeren die Transmittermoleküle in den synaptischen Spalt. Je mehr Ca²⁺-Ionen vorhanden sind, desto mehr Transmittermoleküle werden ausgeschüttet.

⑤ Transmittermoleküle diffundieren durch den synaptischen Spalt und docken an passende Rezeptoren der postsynaptischen Membran an.

⑥ Durch das Andocken der Transmittermoleküle an die Rezeptoren werden Na⁺-Ionenkanäle geöffnet, Na⁺-Ionen strömen in die postsynaptische Zelle. Je mehr Transmitter an die Rezeptoren andocken, desto mehr Na⁺-Ionen strömen ein.

⑦ Durch den Natrium-Ionen-Einstrom entsteht eine Depolarisation an der postsynaptischen Membran. Diese Depolarisation wird als EPSP (erregendes postsynaptisches Potenzial) bezeichnet. Je mehr Na⁺-Ionen einströmen, desto stärker ist das EPSP. Das EPSP breitet sich auf der postsynaptischen Membran aus.

⑧ Enzyme spalten die Transmittermoleküle an den Rezeptoren. Die Teilstücke lösen sich von den Rezeptoren. Daraufhin schließen sich die Na⁺-Ionenkanäle.

⑨ Die Produkte der enzymatischen Spaltung werden in die präsynaptische Zelle transportiert. Dort werden sie wieder zu neuen Transmittermolekülen synthetisiert.

1 *Informationsübertragung an einer Synapse*

Synapsen sind die Verbindungsstellen zwischen Nervenzellen oder anderen nachgeschalteten Zellen. Die Nervenzelle mit ihrem Endknöpfchen wird als präsynaptische Zelle bezeichnet, die nachgeschaltete Zelle als postsynaptische Zelle. Nachgeschaltete Zellen können Nervenzellen, Muskelzellen oder Drüsenzellen sein. Das Prinzip der Signalübertragung ist bei den meisten Synapsen gleich (Abb. 1): Sie erfolgt durch Übertragersubstanzen, die man als **Transmitter** bezeichnet. Es gibt verschiedene Transmitter, wobei jede Nervenzelle nur einen Transmitter verwendet. Wichtige Transmitter sind z. B. Acetylcholin, Serotonin, Dopamin und Glutamat. Das von dem Transmitter an der postsynaptischen Membran ausgelöste Potenzial (EPSP) wandert z. B. bei einer Nervenzelle unter Abschwächung zum Axonhügel der postsynaptischen Zelle und kann im Axon Aktionspotenziale auslösen. Störungen an Synapsen können Krankheiten hervorrufen. So wird z. B. die Parkinsonkrankheit durch einen Mangel an dem Transmitter Dopamin hervorgerufen. Viele Psychopharmaka und Drogen wirken im Bereich der Synapsen.

→ 1.7 Aktiver und passiver Stofftransport → 4.1 Enzyme als Biokatalysatoren

Stoff	Wirkungsweise	natürliches Vorkommen	Anwendung der Medizin
Curare	– blockiert die Rezeptoren für Acetylcholin der postsynaptischen Membran, ohne die Ionenkanäle zu öffnen – Es handelt sich um eine kompetitive Hemmung. Der Tod tritt durch Atemlähmung ein.	– Pflanzenextrakte, die als Pfeilgift von südamerikanischen Indianern verwendet werden – giftig nur bei Injektion.	– zur Ruhigstellung von Muskeln z. B. bei Augenoperationen – heute wegen starker Nebenwirkungen kaum noch verwendet
Botulinumtoxin (Botox)	– verhindert in der präsynaptischen Zelle die Verschmelzung der Vesikel mit der präsynaptischen Membran, indem das Toxin als Enzym ein Protein spaltet, das zur Verschmelzung der Vesikelmembran mit der präsynaptischen Membran notwendig ist – 0,0001 mg Botulinumtoxin können für Menschen tödlich sein. Der Tod erfolgt durch Atemlähmung.	– Unter anaeroben Bedingungen vom Bakterium *Clostridium botulinum* gebildet – Lebensmittelvergiftung z. B. nach Genuss verdorbener Konserven	– bei spastischen Lähmungen, die meist durch eine zu hohe Muskelspannung oder wechselnde Muskelspannungen hervorgerufen werden – unter dem Namen Botox in der Kosmetik zur Faltenglättung

2 Vergleich zweier Giftstoffe: Curare und Botulinumtoxin, beide wirken auf Synapsen mit Acetylcholin als Transmitter

Das zur Milderung von Falten eingesetzte Mittel zur Muskelentspannung Botox gerät zunehmend in die Kritik. Das Nervengift Botox wird unter anderem in verkrampfte Muskeln gespritzt, um diese zu lösen. Die weltgrößte Medikamenten-Aufsichtsbehörde „US Food and Drug Administration" meldete 180 ernsthafte Zwischenfälle in Zusammenhang mit der Verabreichung des Nervengifts. Wie es heißt, werden 16 Todesfälle, darunter vier Minderjährige, in Verbindung mit der Kosmetik-Injektion gebracht. Dabei wird Botox in bestimmte Gesichtsbereiche injiziert, um Mimikfalten zu glätten. Der unter der Falte liegende Muskel wird durch Botox für einige Monate gelähmt. Dann kann die Injektion wiederholt werden. Unerwünschte Nebenwirkungen seien das Auftreten von Muskelschwäche oder Schluckbeschwerden. Ein amerikanischer Verbraucherverband fordert nun eine eindeutige Kennzeichnungspflicht für das Medikament, die auf die Todesgefahr hinweist. Botox-Hersteller Allergan, der dieses Jahr einen weltweiten Umsatz von 1,1 Milliarden US-Dollar erwartet, weist darauf hin, dass die angezeigten Risiken bereits in der Anwendungsbeschreibung aufgeführt sind.

3 Pressemeldung zu Botox

Von der Mehrzahl der Betroffenen wird der Biss nicht einmal bemerkt. 10 Minuten bis eine Stunde nach dem Biss setzt ein Schmerz in den Lymphknoten der Achselhöhlen oder der Leistengegend ein. Erst scheint der Schmerz gering, dann steigert er sich ins Unerträgliche. Er strahlt in den Bauch, in die Arme und Beine aus. Der Patient ist vor Schmerz nicht mehr in der Lage zu stehen, wälzt sich stöhnend und schreiend auf dem Boden. Beklemmungsgefühle in der Brust treten auf. Die Haut ist schweißbedeckt und extrem schmerzempfindlich. Die Atmung ist schnell und oberflächlich, und es treten heftige Krämpfe auf. Die Symptome halten unbehandelt 12 bis 24 Stunden an.

5 Der Biss der schwarzen Witwe

1 Bau und Funktion einer Synapse. Erarbeiten Sie Bau und Funktion einer Synapse anhand der Abb. 1. Schlagen Sie dann das Buch zu und skizzieren Sie eine Synapse. Erläutern Sie Ihre Skizze.

2 Curare und Botulinumtoxin.
a) Vergleichen Sie Curare und Botulinumtoxin (Abb. 2).
b) Stellen Sie eine Hypothese auf, weshalb Botulinumtoxin eine wesentlich höhere Giftigkeit aufweist als Curare.

3 Botoxbehandlungen. Nennen Sie anhand der Abb. 2, 3 und 4 die Vor- und Nachteile von Botoxanwendungen und bewerten Sie den Einsatz in Medizin und Kosmetik.

4 Der Biss der schwarzen Witwe. Das Gift der schwarzen Witwe bewirkt die schlagartige Ausschüttung der Vesikel an Synapsen zwischen Nerven- und Muskelzellen. Werten Sie die Abb. 5 aus und begründen Sie die Symptome nach einem Biss.

4 Gesichtshälften mit und ohne Botoxbehandlung

12.7 Neuronale Verrechnung

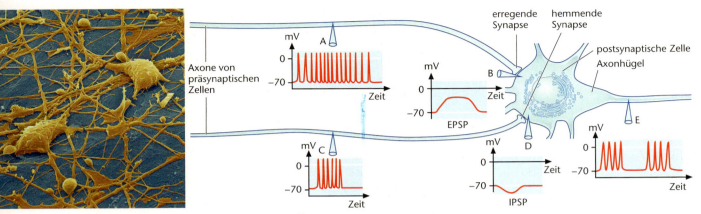

1 *Potenzialverrechnung an einer Nervenzelle*

Werden bei einer Synapse durch den Transmitter an der postsynaptischen Membran Na⁺-Ionenkanäle geöffnet, entsteht in der postsynaptischen Zelle eine Depolarisation, die über den Zellkörper unter Abschwächung bis zum Axonhügel läuft. Wird dort der Schwellenwert erreicht, werden ein oder mehrere Aktionspotenziale nach dem Alles-oder-Nichts-Gesetz im Axon ausgelöst. Die Depolarisation der postsynaptischen Zelle wirkt also erregend. Dieses postsynaptische Potenzial wird deswegen als **e**rregendes **p**ostsynaptisches **P**otenzial (**EPSP**) bezeichnet, die Synapse als erregende Synapse (Abb. 1B). Es gibt aber auch Synapsen, bei denen durch das Andocken der Transmitter an die Rezeptoren der postsynaptischen Membran statt der Na⁺-Ionenkanäle K⁺-Ionenkanäle oder Cl⁻-Ionenkanäle geöffnet werden. Dabei kommt es kurzfristig zu einem Ausstrom von K⁺-Ionen bzw. einem Einstrom von Cl⁻-Ionen, bevor sich wieder ein Gleichgewichtszustand einstellt. In beiden Fällen entsteht für kurze Zeit ein stärkerer Überschuss an negativen Ionen in der Zelle als im Ruhezustand. Es entsteht eine Hyperpolarisation (Abb. 1D). Ein solches postsynaptisches Potenzial bezeichnet man als hemmendes oder **i**nhibitorisches **p**ostsynaptisches **P**otenzial (**IPSP**), da es einer Depolarisation und damit einer Erregung entgegenwirkt. Man spricht von einer hemmenden Synapse. Sowohl für erregende Synapsen als auch hemmende Synapsen gilt, dass die Transmittermenge die Höhe des postsynaptischen Potenzials bestimmt. Von der gleichen Nervenzelle können erregende und hemmende Synapsen ausgebildet werden. Ob eine Synapse erregend oder hemmend wirkt, hängt von den Rezeptoren und der Art der Ionenkanäle an der postsynaptischen Membran ab.

Die von dem Ruhepotenzial abweichende Ionenverteilung bei einem EPSP oder einem IPSP hat eine Wanderung von Ionen zur Folge. Sowohl das EPSP als auch das IPSP breiten sich über Dendrit und Soma der Nervenzelle aus. Dabei nimmt die Depolarisation bzw. Hyperpolarisation mit zunehmender Entfernung von der Synapse ab, weil sich die Ionen im Cytoplasma der Nervenzelle verteilen. Je weiter ein postsynaptisches Potenzial wandert, desto kleiner wird es.

Entstehen mehrere postsynaptische Potenziale in kurzen Zeitabständen oder gleichzeitig an verschiedenen Synapsen der gleichen Nervenzelle, summieren sich die Potenziale. Depolarisationen addieren sich, ebenso Hyperpolarisationen. Depolarisationen und Hyperpolarisationen wirken einander entgegen. Werden zeitlich schnell folgende Potenziale auf diese Weise verrechnet, spricht man von **zeitlicher Summation,** werden gleichzeitige Potenziale von verschiedenen Synapsen verrechnet, von **räumlicher Summation.** Maßgebend für die Entstehung von Aktionspotenzialen ist schließlich das am Axonhügel durch Verrechnung aller Potenziale resultierende Potenzial. Hat dies einen Schwellenwert überschritten, entstehen am Axonhügel Aktionspotenziale. Je stärker und länger der Schwellenwert überschritten wird, desto größer ist die Frequenz der Aktionspotenziale.

Im zentralen Nervensystem kann eine Nervenzelle über 10 000 Synapsen ausbilden. Die Verknüpfungen der Nervenzellen untereinander durch Synapsen und das Verrechnen der Potenziale stellt ein äußerst komplexes System dar.

1 Einfache neuronale Verrechnung. Erläutern Sie die in Abb. 1 dargestellten Vorgänge.

2 Modell zur neuronalen Verrechnung. Abb. 2 zeigt ein Modell zur neuronalen Verrechnung.
a) Beschreiben und erläutern Sie die Funktionsweise des Modells.
b) Stellen Sie den Bezug zwischen den Funktionselementen des Modells und den entsprechenden neuronalen Elementen her.
c) Beurteilen Sie die Aussagekraft des Modells.

3 Beispiele neuronaler Verrechnung. Erläutern Sie die Verrechnung der Aktionspotenzialfrequenzen in Abb. 3. Skizzieren Sie dabei die postsynaptischen Potenziale an den aktiven Synapsen im Spannungs-Zeit-Diagramm.

4 Alltagssituation. Abb. 4 zeigt eine Verschaltung von Neuronen, die zur Bewältigung folgender Alltagssituation notwendig ist: Ein ziemlich heißer Topf wird vom Herd genommen. Die Finger schmerzen, aber der Topf wird nicht fallen gelassen. Erläutern Sie die Funktion dieser Verschaltung.

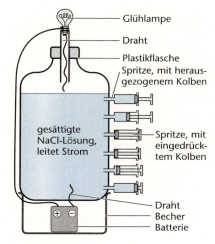

2 *Modell zur neuronalen Verrechnung*

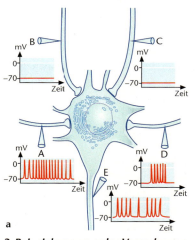
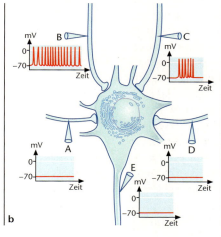
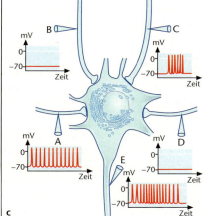

3 *Beispiele neuronaler Verrechnung*

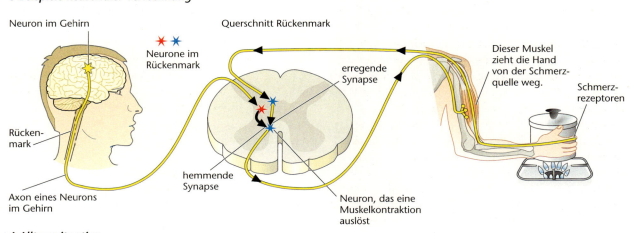

4 *Alltagssituation*

→ 12.6 Informationsübertragung an Synapsen   → 14.2 Erfahrungen verändern neuronale Verbindungen

12.8 Beeinflussung von Nervenzellen durch neuroaktive Stoffe

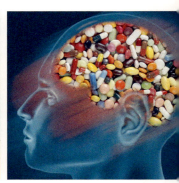

1 *Nervengifte von Pflanzen und Tieren sowie Drogen und Psychopharmaka haben Wirkungen auf die Funktion von Synapsen*

Kegelschnecken kommen in flachen Meeresbereichen des indisch-pazifischen Ozeans vor (Abb. 1). Manche von ihnen jagen Fische. Blitzschnell wird einem vorbeischwimmenden Fisch ein Giftcocktail mit einem Giftzahn injiziert. Der Jagderfolg der Kegelschnecke beruht darauf, dass auf die Fische sofort Gifte wirken, die die Muskulatur der Flossen schlagartig verkrampfen lassen und die Fische dadurch bewegungsunfähig machen. Die Nervengifte, die zum Verkrampfen führen, aktivieren die Na^+-Ionenkanäle und hemmen die K^+-Ionenkanäle in den Axonen des Fisches (Abb. 2).

Mit kurzer zeitlicher Verzögerung werden auch die Ca^{2+}-Ionenkanäle der präsynaptischen Membran blockiert sowie die Ionenkanäle der postsynaptischen Membran. Der Fisch ist nun gelähmt und wird gefressen.

Mittlerweile kennt man Hunderte von Stoffen, die an Nervenzellen wirksam sind. Diese neuroaktiven Stoffe entfalten ihre Wirkung meistens im Bereich der Synapsen. Zu den **neuroaktiven Stoffen** gehören auch Drogen und Psychopharmaka (Abb. 1).

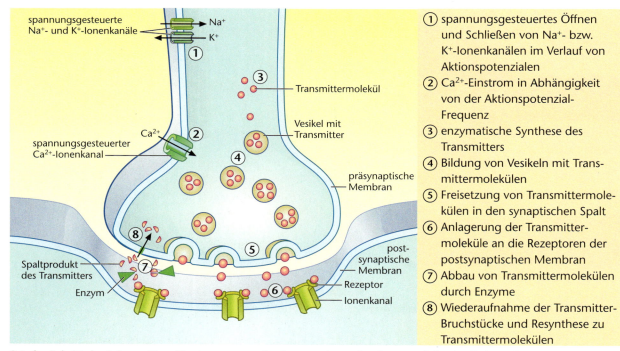

① spannungsgesteuertes Öffnen und Schließen von Na^+- bzw. K^+-Ionenkanälen im Verlauf von Aktionspotenzialen
② Ca^{2+}-Einstrom in Abhängigkeit von der Aktionspotenzial-Frequenz
③ enzymatische Synthese des Transmitters
④ Bildung von Vesikeln mit Transmittermolekülen
⑤ Freisetzung von Transmittermolekülen in den synaptischen Spalt
⑥ Anlagerung der Transmittermoleküle an die Rezeptoren der postsynaptischen Membran
⑦ Abbau von Transmittermolekülen durch Enzyme
⑧ Wiederaufnahme der Transmitter-Bruchstücke und Resynthese zu Transmittermolekülen

2 *Jeder Schritt der Informationsübertragung an der Synapse kann durch neuroaktive Stoffe beeinflusst werden*

→ 4.1 Enzyme als Biokatalysatoren → 12.1 Nervenzellen und Nervensysteme

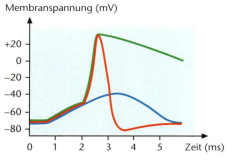

3 *a)* Aktionspotenzial und seine Veränderung durch Nervengifte, *b)* Kugelfisch

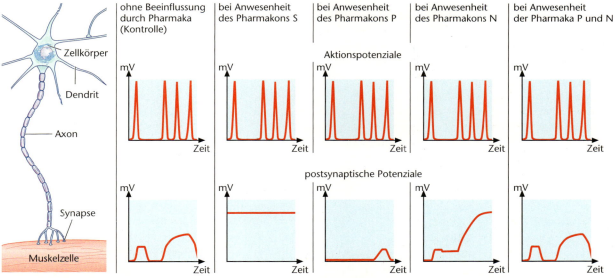

4 Kontrollversuch und Effekte verschiedener neuroaktiver Stoffe auf die Synapsen eines motorischen Neurons

1 **Beeinflussung der Informationsübertragung an Synapsen durch neuroaktive Stoffe.** Beschreiben Sie die acht Schritte synaptischer Übertragung (Abb. 2). Entwerfen Sie dann für jeden einzelnen Schritt begründete Hypothesen über die Folgen auf die synaptische Übertragung, wenn der jeweilige Schritt von einem neuroaktiven Stoff gehemmt (oder gefördert) wird.

2 **Recherche: Nikotin.** Recherchieren und präsentieren Sie Informationen zur biologischen Bedeutung des Nikotins in der Tabakpflanze, zu den synaptischen Wirkungen sowie zum Suchtpotenzial des Nikotins.

3 **Nervengift von Kegelschnecke und Kugelfisch.** Analysieren Sie Abb. 3 in Hinblick auf mögliche Wirkungsweisen der Nervengifte eines Kugelfisches und einer Kegelschnecke.

4 **Beeinflussung von neuromuskulären Synapsen.** Werten Sie Abb. 4 in Hinblick auf mögliche Wirkorte und Wirkungsweisen der neuroaktiven Stoffe S, P und N vergleichend aus.

5 **Recherche: Neuro-Enhancement.** Unter Neuro-Enhancement (engl. *to enhance*, steigern, verbessern) versteht man den Versuch, die eigene Hirnleistung z. B. Konzentration, Gedächtnis und Stimmung durch die Einnahme von Medikamenten, die zur Behandlung von Kranken entwickelt wurden, zu verbessern. Recherchieren Sie zur Problematik des Neuro-Enhancements und referieren Sie zu diesem Thema.

→ 12.6 Informationsübertragung an Synapsen   → 12.11 Neuronale Steuerung der Muskelkontraktion

12.9 Bau und Funktion der Skelettmuskulatur

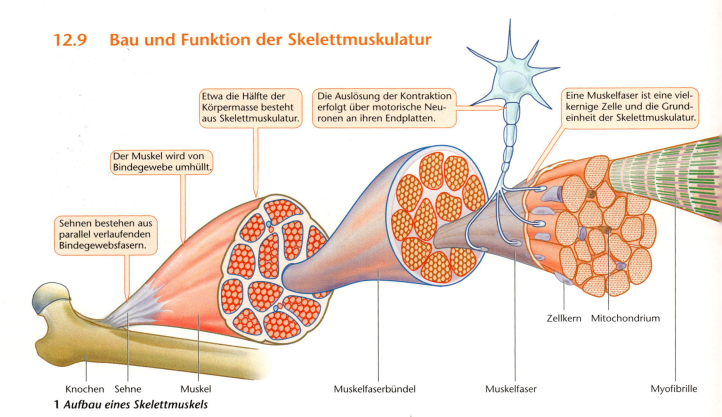

1 Aufbau eines Skelettmuskels

Die Skelettmuskeln ermöglichen willkürliche Bewegungen, indem sie kontrahieren; dabei werden sie dicker und kürzer. Da Skelettmuskeln über Sehnen fest mit den Knochen verbunden sind, bewegen sie durch ihre Verkürzung den Körper. Innerhalb der Skelettmuskeln verlaufen **Muskelfaserbündel** in Längsrichtung (Abb. 1). Muskelfaserbündel fassen viele Muskelfasern zusammen. **Muskelfasern** haben einen Durchmesser von etwa 50 µm und sind oft mehrere Zentimeter lang. Sie sind aus der Verschmelzung embryonaler Vorläuferzellen, sogenannter Myoblasten, entstanden. Dieser Ursprung ist die Ursache für die vielen Zellkerne in den Muskelfasern. Muskelfasern teilen sich nicht mehr. Sie sind meistens reich an Mitochondrien und von einer durch Aktionspotenziale erregbaren Membran umschlossen.

Muskelfasern sind in Längsrichtung von sogenannten Myofibrillen durchzogen. **Myofibrillen** haben einen Durchmesser von nur 1 bis 2 µm (Abb. 1). Sie werden durch zahlreiche hintereinander gereihte **Sarkomere** gebildet. Diese Sarkomere sind die funktionellen Einheiten eines Skelettmuskels: In ihnen finden die Kontraktionen statt. Sarkomere werden durch flächige Proteine, die Z-Scheiben, miteinander verbunden und begrenzt. Da sie regelmäßig aufgebaut sind und in einer Muskelzelle parallel liegen, zeigen Skelettmuskelfasern im mikroskopischen Bild regelmäßige Querstreifen (Abb. 2). Man spricht deshalb auch von quergestreifter Muskulatur.

Diese Querstreifung entsteht durch die Anordnung der fadenförmigen Muskelproteine **Myosin** und **Aktin** im Sarkomer (Abb. 1). Die dünnen Aktinfilamente sind mit einem Ende fest mit den Z-Scheiben verbunden und reichen mit dem anderen Ende in die dickeren Myosinfilamente hinein. Das Titin, ein langes und elastisches Protein, ist mit dem Myosin und den Z-Scheiben verknüpft. Dadurch wird das Myosin genau in der Mitte des Sarkomers positioniert. Während das Titin das Sarkomer passiv wie ein Gummiband zusammenhält, verkürzen Aktin-Myosin-Wechselwirkungen das Sarkomer. Dabei gleiten Myosin- und Aktinfilamente aktiv ineinander.

Die Kontraktion der Skelettmuskeln wird durch Aktionspotenziale von motorischen Neuronen ausgelöst. Ein motorisches Neuron endet in mehreren Synapsen, den sogenannten **motorischen Endplatten.** Ein motorisches Neuron erregt so gleichzeitig mehrere Muskelfasern. Dies führt zu einer Verkürzung des Sarkomeres und damit zu einer Kontraktion des Muskels.

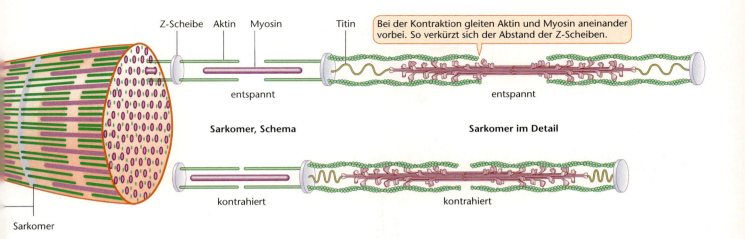

Bei der Kontraktion gleiten Aktin und Myosin aneinander vorbei. So verkürzt sich der Abstand der Z-Scheiben.

Sarkomer, Schema — Sarkomer im Detail
Sarkomer

1 Verschiedene Schnittebenen im Skelettmuskel.
a) Benennen Sie die in Abb. 2 und 3 bezifferten Strukturen mit Hilfe von Abb. 1.
b) Ermitteln Sie die Lage der in Abb. 4 dargestellten Schnittebenen durch ein Sarkomer.

2 Vergleich verschiedener Muskeln. Die Muskelfasern in verschiedenen Muskeln haben unterschiedlich viele motorische Endplatten und verschiedene Eigenschaften. Analysieren Sie anhand der Abb. 5 funktionelle Zusammenhänge.

3 Muskelkater. Muskelkater wird nicht durch eine Übersäuerung erschöpfter Muskeln, sondern durch kleinste Risse an den Z-Scheiben verursacht. Dazu wurden folgende Befunde ermittelt:
A: Nach einer einmaligen Kontraktion an einer Kraftmaschine kann Muskelkater auftreten.
B: Untrainierte Sportler entwickeln oft nach anstrengenden Ausdauerbelastungen einen starken Muskelkater.
C: Muskelkater tritt bei intensiven Belastungen in kurzfristig gedehnten Muskeln eher auf als in ungedehnten. Mehrwöchige Dehnprogramme scheinen dagegen prophylaktisch zu wirken.
Beurteilen Sie die Befunde und deren Aussagekraft im Hinblick auf die obige Aussage.

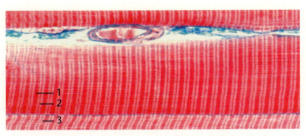

2 Quergestreifter Skelettmuskel, lichtmikroskopisch

3 Quergestreifter Skelettmuskel, elektronenmikroskopisch

4 Verschiedene Querschnittebenen durch ein Sarkomer

	Ungefähre Anzahl der motorischen Endplatten eines Neurons	Überwiegende Kontraktionsgeschwindigkeit der Muskelfaser
Lachmuskel	100	schnell
Armbeuger	800	langsam
Augenmuskel	10	schnell
Wadenmuskel	1500	langsam
Kaumuskel	1000	langsam

5 Unterschiede von Bau und Funktion bei verschiedenen Muskeln

→ 5.2 Energiestoffwechsel und Mitochondrien   → 12.15 Vom Reiz zur Reaktion

12.10 Muskelkontraktion im Gleitfilament-Modell

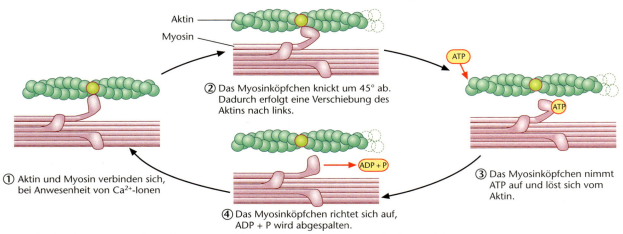

1 *Wechselwirkungen zwischen Aktin-Myosinfilamenten bewirken die Muskelkontraktion*

Bei der Skelettmuskelkontraktion übertragen motorische Neuronen die Erregung auf die Muskelfasern. Die Zellkörper dieser motorischen Neuronen befinden sich im Rückenmark. Über ihre Axone sind sie mit der Skelettmuskulatur verbunden. Die Synapsen der motorischen Neuronen, **motorische Endplatten** genannt, setzen den Neurotransmitter Acetycholin frei und lösen an den Zellmembranen der beteiligten Muskelfasern Aktionspotenziale aus. Die Zellmembran der Muskelfaser reicht in das Zellinnere hinein. Die Depolarisation durch die Aktionspotenziale führt zur Freisetzung von Calciumionen in der Zelle. Steigt die Calciumionen-Konzentration in den Sarkomeren an, lagern sich die Köpfchen der Myosinmoleküle am Aktin an (Abb. 1 ①). Ist diese Aktin-Myosin-Verbindung hergestellt, kippen die Myosinköpfe um 45 Grad. Dadurch gleiten die Aktin- und Myosinfilamente etwa 10 nm ineinander (Abb. 1 ②). Sobald die Myosinköpfe ATP binden, lösen sie sich wieder vom Aktin (Abb. 1 ③). Die Myosinköpfchen richten sich auf und die Spaltprodukte des ATP, das sind ADP und eine Phosphatgruppe, werden freigesetzt (Abb. 1 ④). Dieser Prozess hat die chemische Energie des ATP in Bewegungsenergie und Wärme umgewandelt. Sind ausreichend ATP und Calciumionen vorhanden, durchlaufen die Aktin- und Myosinfilamente weitere Zyklen des Ineinandergleitens. Das Sarkomer wird verkürzt, der Muskel kontrahiert.

Da der Vorrat an ATP schon nach etwa zehn Gleitbewegungen aufgebraucht wäre, muss es ständig regeneriert werden. Kurzfristig steht dafür energiereiches Kreatinphosphat zur Verfügung, das seine Phosphatgruppe mit Hilfe des Enzyms Kreatinkinase auf ADP überträgt. Dadurch entsteht ATP. Dieser kleinere Vorrat reicht aber auch nur für eine kurze Zeit (Abb. 2). Bei weiterer intensiver Belastung deckt die Milchsäuregärung den ATP-Bedarf. Dabei sinkt der pH-Wert in der Muskelfaser und es sammelt sich Lactat an.

Bei weiterer körperlicher Anstrengung wird im Energiestoffwechsel die Glykolyse mit anschließender Zellatmung intensiviert. Als Anpassung an den deutlich angestiegenen Sauerstoffbedarf in den Mitochondrien wird die Atmung tiefer und schneller und ein etwa vierfach höheres Herzminutenvolumen stellt sich ein. Der Glucosebedarf kann zunächst durch das aus vielen Glucosemolekülen bestehende und reichlich vorhandene Glykogen der Muskel- und Leberzellen gedeckt werden. Längere Ausdauerleistungen sind jedoch nur bei geringerer Intensität möglich. Dann nutzt die Skelettmuskulatur als hauptsächliche Energiequelle Fettsäuren, die abgebaut und in den Citratzyklus eingeschleust werden. In dieser stabilen Phase des so genannten Steady-State bei der Belastung wird unter Sauerstoffverbrauch das angefallene Lactat abgebaut und das Kreatinphosphat regeneriert. Bei längeren Ausdauerbelastungen ab etwa 30–40 Minuten nimmt der Glykogenvorrat langsam ab und der Abbau der Fettsäuren nimmt im Muskel einen immer größeren Anteil an der Energiebereitstellung ein.

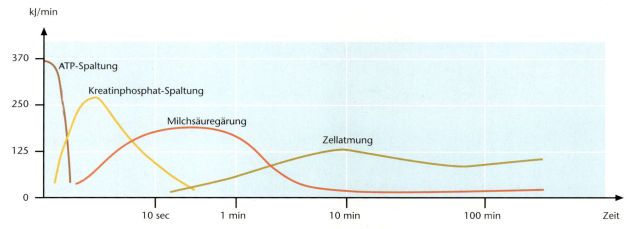

2 Anteil der Energiequellen an der Versorgung der Skelettmuskulatur mit ATP

1 Aktin-Myosin-Wechselwirkungen.
a) Erläutern Sie die in Abb. 1 dargestellten Vorgänge.
b) Die Totenstarre gilt als ein Todeszeichen. Ermitteln Sie die Ursachen für die erstarrten Muskeln.
c) Zeichnen Sie in Anlehnung an Abb. 1 zu dem in b) geschilderten Sachverhalt der Totenstarre ein beschriftetes Schema.

2 Energiebereitstellung für die Muskelkontraktion.
a) Beschreiben und erläutern Sie die in Abb. 2 dargestellten Sachverhalte.
b) Vergleichen Sie die Ausbeute an ATP pro Molekül Glucose bei der Milchsäuregärung und der Zellatmung.
c) Am Abend vor Marathonläufen finden häufig sogenannte „Nudelpartys" statt. Geben Sie eine Erklärung dafür.

3 Sauerstoffaufnahme und -bedarf bei unterschiedlichen Intensitäten körperlicher Aktivität.
a) Beschreiben und erläutern Sie die Kurvenverläufe in Abb. 3.
b) Vergleichen Sie die Effekte leichter und schwerer Arbeit auf die Sauerstoffaufnahme und stellen Sie Bezüge zu realen Situationen her.
c) Bei körperlicher Tätigkeit kann der Körper vorübergehend mehr Sauerstoff verbrauchen, als er über die Atmung aufnimmt. Im Körper entsteht so eine Sauerstoffschuld. Ordnen Sie den Begriff Sauerstoffschuld in das Schema der Abb. 3 ein. Begründen Sie die Zuordnung.

4 Experimente an Skelettmuskelfasern.
Experiment 1: Der ATP-Gehalt von Skelettmuskelfasern im Oberschenkelmuskel verschiedener Personen auf dem Fahrrad-Ergometer wurde mittels Sonden vor und während einer zwanzig minütigen Belastung bestimmt. Im Ergebnis bleibt der ATP-Gehalt während der gesamten Belastungsdauer annähernd konstant auf dem Wert, der vor der Belastung festgestellt wurde.
Experiment 2: Bei einer isolierten Muskelfaser in einer Lösung werden mittels eines Giftes schlagartig die mitochondrialen Atmungsketten blockiert. Anschließend wird die isolierte Muskelfaser gereizt. Die so behandelte Muskelfaser kann noch etwa 40 Kontraktionen durchführen, bevor die Kontraktionsfähigkeit nachlässt, der ATP-Gehalt abfällt sowie der pH-Wert im Cytoplasma von 6,8 auf 6,4 sinkt.
Werten Sie die Ergebnisse der beiden Experimente vergleichend aus.

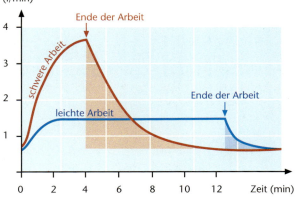

3 Sauerstoffaufnahme bei verschiedenen Tätigkeiten

→ 5.8 Gärungen: Glucoseabbau unter Sauerstoffmangel → 5.10 Übersicht: Glucoseabbau und Energiebereitstellung

12.11 Neuronale Steuerung der Muskelkontraktion

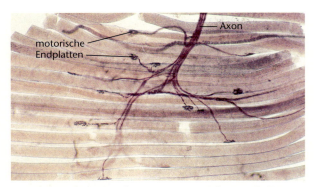

1 *Ende eines motorischen Neurons auf der Muskelfaser*

Neuronen leiten elektrische Signale auch zu Muskelfasern. Die Synapsen zwischen diesen motorischen Neuronen und den Muskelfasern bezeichnet man als **motorische Endplatten** (Abb. 1). Typischerweise teilt sich ein Axon eines motorischen Neurons vor seinem Ende in viele Äste auf, die alle mit einer motorischen Endplatte enden. Durch ein Aktionspotenzial im Axon werden immer alle motorischen Endplatten dieses Axons gemeinsam erregt. Je mehr Axone in einem Muskel enden, desto feiner erfolgt die Bewegungssteuerung der Skelettmuskeln.

An der motorischen Endplatte erfolgt die Erregungsübertragung des Aktionspotenzials vom motorischen Neuron auf die Muskelfaser durch den Transmitter Acetylcholin. Binden die Transmittermoleküle an die Acetylcholin-Rezeptoren der Muskelzellmembran, so öffnen sich die Na^+-Kanäle für kurze Zeit. Es kommt zu einem Na^+-Einstrom und damit zu einer Depolarisation, dem **Endplattenpotenzial.** Die Muskelfaser ist wie ein Neuron erregbar, das heißt, ihre Zellmembran kann ab einem bestimmten Schwellenwert ein Aktionspotenzial erzeugen und weiterleiten (Abb. 2). Dies **Muskelaktionspotenzial** wird nicht nur auf der Oberfläche der Muskelfaser weitergeleitet, sondern es wandert entlang eines Systems röhrenförmiger Einstülpungen in der Plasmamembran auch ins Innere der Muskelfaser. Da die einzelnen Röhren transversal, das heißt senkrecht zur Faserachse verlaufen, nennt man sie **T-Tubuli.**

Die Myofibrillen sind zudem von einem Netzwerk aus Membranen umgeben, das längs der Muskelfasern verläuft, dem Sarkoplasmatischen Retikulum (SR). Das SR ist ein Kompartiment, in dem Ca^{2+}-Ionen gespeichert werden. In der SR-Membran befinden sich im Bereich der Kontaktstellen mit den T-Tubuli Ca^{2+}-Kanäle. Bei jedem Aktionspotenzial öffnen sich diese Kanäle. Ca^{2+}-Ionen diffundieren aus dem SR in das Cytoplasma, das die Aktin- und Myosinfilamente umgibt, und leiten die Muskelkontraktion ein (Abb. 2b). Der gesamte Vorgang vom Eintreffen der Aktionspotenziale in den motorischen Endplatten bis zur mechanischen Kontraktion des Muskels wird **elektromechanische Kopplung** genannt.

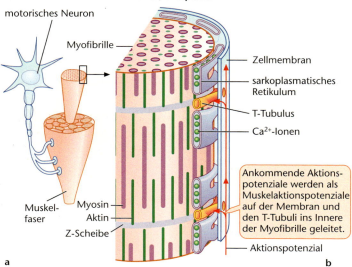
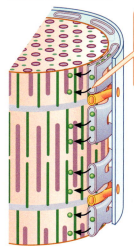

2 *Teilschritte der elektromechanischen Kopplung*

1 Erregung von Muskelfasern.
a) Stellen Sie die bei der Erregung von Muskelfasern ablaufenden Vorgänge vom Eingang der Aktionspotenziale bis zur Muskelkontraktion in Form eines Fließdiagramms dar.
b) Vergleichen Sie die Erregungsleitung zwischen Neuron und Muskel mit der zwischen zwei Neuronen.

2 Experiment zur Bedeutung der Ca^{2+}-Ionen-Konzentration bei der Muskelkontraktion.
a) Formulieren Sie die Fragestellung, die dem in Abb. 4 beschriebenen Experiment zugrunde liegt und begründen Sie den Aufbau des Experiments.
b) Erläutern Sie die Messergebnisse und überprüfen Sie die Hypothese.

3 Das Heizorgan der Fächerfische. Einige Raubfische der offenen See, wie z. B. Fächerfische, haben im Verlauf der Evolution einen Muskel in der Nähe des Auges zu einem Heizorgan umgewandelt, das Wärme freisetzt und nicht mehr der Kontraktion dient. Die Wärme ermöglicht eine bessere Bildauflösung im Auge bei niedrigen Temperaturen. Die Augen werden so auf 10 bis 15 °C über der Wassertemperatur erwärmt. Erläutern Sie anhand von Abb. 3 den Vorgang der Wärmefreisetzung im Heizorgan.

Aus Leuchtquallen der Gattung Aequorea kann das Protein Aequorin isoliert werden, das bei Kontakt mit Ca^{2+}-Ionen bläuliches Licht aussendet.

Hypothese:
Jede Muskelkontraktion ist mit einem Anstieg der intrazellulären Ca^{2+}-Ionen-Konzentration verbunden.

Durchführung:

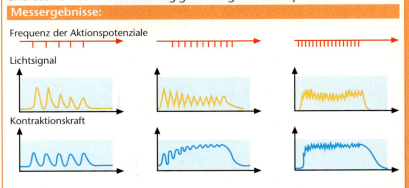

Eine Muskelfaser wird in ein Kraftmessgerät eingespannt, das die bei einer Kontraktion auftretende Kraft misst. In die Muskelfaser wird eine definierte Menge Aequorin injiziert. Die Kontraktion wird mittels elektrischer Stimulation, die Aktionspotenzialen entspricht, ausgelöst. Bei einem Anstieg der Ca^{2+}-Ionen-Konzentration in der Muskelfaser wird Licht ausgesendet, das durch eine Linse auf einen Lichtdetektor fokussiert wird. Im Oszilloskop erhält man schließlich zwei Messsignale: die Kontraktionskraft des Muskels und das von Ca^{2+}-Ionen abhängige Lichtsignal des Aequorins.

Messergebnisse:

4 *Experiment zur Aufklärung zellulärer Vorgänge bei der Muskelkontraktion*

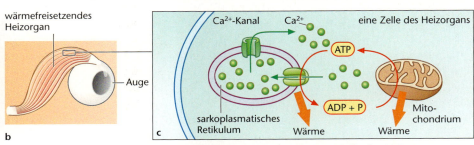

3 *Heizorgan der Fächerfische a) Fächerfisch, b) Heizorgan, c) molekulare Vorgänge in einer Zelle des Heizorgans*

→ 12.1 Nervenzellen und Nervensysteme   → 12.6 Informationsübertragung an Synapsen

12.12 Trainingseffekte

1 *Sport unter verschiedenen Aspekten*

Wird der Körper regelmäßig trainiert, können sich Beweglichkeit, Ausdauer und Kraft verbessern. Diese Auswirkungen lassen sich besonders bei Untrainierten beobachten. Sportliches Training kann jedoch auch dazu dienen, ein bestimmtes Leistungsniveau zu halten. Werden Muskeln dagegen längere Zeit nicht beansprucht, kann ihre Leistungsfähigkeit abnehmen. Auch die Festigkeit der beteiligten Knochen kann sich dadurch verringern.

Motorisches Lernen ist ein Prozess, bei dem die Steuerung von Bewegungsabläufen durch Nervenzellen und das abgestimmte Zusammenwirken verschiedener Muskeln gelernt und im Gedächtnis gespeichert wird. Beim motorischen Lernen werden in bestimmten Regionen des Großhirns neue und leichter erregbare Verbindungen zwischen Nervenzellen gebildet. Bereits gelernte Bewegungsabläufe werden so harmonischer und effektiver und können leichter in neue Bewegungen einbezogen werden.

Bei einer **Leistungsorientierung** soll in einer bestimmten Sportart eine möglichst hohe körperliche Leistung über einen bestimmten Zeitraum erbracht werden. Bei einer **Gesundheitsorientierung** steht das allgemeine Wohlbefinden, die Verbesserung des Herz-Kreislauf-Systems bzw. die Fettreduktion im Vordergrund, aber auch der Spaß an der Bewegung. Bei der **Rehabilitation,** z. B. nach einem Unfall, wird versucht, die Unfallschäden zu heilen, indem körperliche Funktionen möglichst wieder hergestellt werden.

Die körperliche Leistungsfähigkeit wird unter anderem durch die den Skelettmuskeln zur Verfügung stehende Menge an ATP begrenzt. Die Skelettmuskulatur entwickelt bei regelmäßigem Training größere und zahlreichere Mitochondrien und eine höhere Glykogenreserve. Die Anzahl der Sarkomere in den Muskelfasern nimmt zu. Sie wird außerdem durch zusätzliche Bildung von Blutkapillaren besser durchblutet. Dadurch wird eine intensivere Zellatmung ermöglicht. Bei trainierten Menschen steigt bei Belastungen der Lactatgehalt im Blut in geringerem Umfang an (Abb. 2). Herz, Blutgefäßsystem und Blut beeinflussen sich gegenseitig. Das Herz wird durch regelmäßige sportliche Betätigung größer und kann mehr Blut pro Minute pumpen. Die Menge des Blutes nimmt zu und es wird durch einen höheren Wassergehalt dünnflüssiger. Das Blut wird durch ein Blutgefäßsystem gepumpt, dessen Arterien oftmals elastischere Wände mit weniger Ablagerungen aufweist. Die Lungen entwickeln eine größere innere Oberfläche, was eine verbesserte Sauerstoffaufnahme ermöglicht.

Beweglichkeit, Ausdauer und Kraft können zwar schwerpunktmäßig, nicht jedoch isoliert voneinander trainiert werden.

1 Trainingseffekte. Stellen Sie in einer Tabelle wesentliche Auswirkungen von regelmäßigem körperlichen Training zusammen.

2 Messung der Lactatkonzentration zur Leistungsdiagnostik. Reicht bei körperlicher Anstrengung die Sauerstoffversorgung der Muskelzellen über das Blut nicht mehr aus, wird durch anaerobe Glykolyse (Milchsäuregärung) Lactat gebildet. Lactat ist eine sportmedizinische Messgröße zur Ermittlung der Ausdauerleistungsfähigkeit. Werden Messungen bei zunehmender Belastung durchgeführt, kann der Anstieg der individuellen Lactatkonzentration wie in Abb. 2 dargestellt werden.
a) Beschreiben Sie die Versuchsergebnisse.
b) Deuten Sie die Versuchsergebnisse als langfristige Anpassungen an körperliche Beanspruchung.

3 Regelmäßiges Training als Gesundheitsförderung. Begründen Sie, warum langfristig betriebener Ausdauersport in der Regel die Atemfrequenz, den mittleren arteriellen Blutdruck und das Arterioskleroserisiko absenkt.

4 Myoglobin. In Herz- und Skelettmuskelzellen befinden sich größere Mengen Myoglobin. Myoglobin (Mb) ist innerhalb der Muskelzellen ein Kurzzeitspeicher für Sauerstoff (Abb. 3).
Regelmäßiger Ausdauersport erhöht die Myoglobinsynthese und kann eine Verdopplung der Myoglobinkonzentration in der Skelettmuskelfaser bewirken. Erläutern sie die Bedeutungen des Myoglobins für die Sauerstoffversorgung eines Skelettmuskels. Deuten Sie die genannten Trainingseffekte auf die Myoglobinsynthese als Anpassung an körperliche Anstrengungen.

5 VO₂max als Messgröße für die Ausdauerleistung. VO₂max gibt an, wie viel Sauerstoff pro Minute und Kilogramm Körpergewicht bei maximaler Belastung aufgenommen werden kann.
a) Benennen Sie wesentliche Faktoren im Organismus, die den VO₂max-Wert beeinflussen.
b) Werten Sie die Abb. 4 aus.

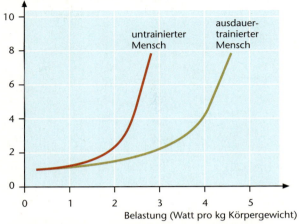

2 Lactatkonzentrationen im Blut bei ansteigender körperlicher Belastung

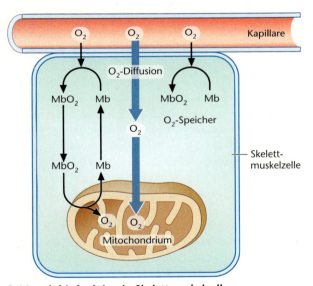

3 Myoglobinfunktion in Skelettmuskelzellen

Kontrollgruppen und Athleten	VO₂max in ml O₂/min/kg
Frauen untrainiert	38
Männer untrainiert	44
400-m-Läufer	unter 65
1500-m-Läufer	70–75
10 000-m-Läufer	75–80
Marathon-Läufer	unter 75

4 Maximale Sauerstoffaufnahme (VO₂max) bei verschiedenen Personengruppen

→ 6.2 Regelung der äußeren Atmung   → 14.1 Lernen und Gedächtnis

12.13 Riechen: Vom Reiz zum Aktionspotenzial

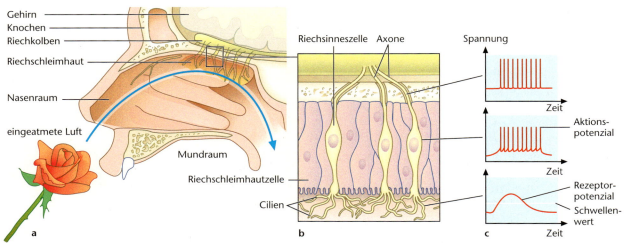

1 a) Schnitt durch den Nasenraum, b) Riechschleimhaut, c) Spannungsänderungen an einer Riechsinneszelle nach Reizung. Riecht ein Mensch an einer Blume, so gelangen die Geruchsstoffmoleküle der Blume in die Nase, wo sie an die Rezeptoren verschiedener Riechsinneszellen binden und Aktionspotenziale erzeugen können.

Wenn ein Mensch an einer Blume riecht, so nimmt er mit seiner Nase ein Gemisch aus verschiedenen Geruchsstoffen auf. Die Geruchsstoffe wirken als Reize, die von spezialisierten Neuronen, den **Riechsinneszellen,** aufgenommen und in Aktionspotenziale umgewandelt werden. Die Riechsinneszellen liegen in der Riechschleimhaut im oberen Nasenraum (Abb. 1). Mit der eingeatmeten Luft gelangen die Geruchsstoffe in den Nasenraum, wo sie teilweise in der Riechschleimhaut hängen bleiben. Wenn die Geruchsstoffe an die Rezeptoren in den Cilien einer Riechsinneszelle binden, verändert sich das Membranpotenzial der Zelle. Dieser Vorgang ist eine Form der **Signaltransduktion,** denn die Geruchsinformation wird in eine Veränderung des Membranpotenzials der Sinneszelle übertragen. Die elektrische Veränderung nennt man **Rezeptorpotenzial.** Wenn der Wert des Rezeptorpotenzials oberhalb eines bestimmten Schwellenwerts liegt, werden in der Sinneszelle Aktionspotenziale erzeugt, die über das Axon weitergeleitet werden (Abb. 1).

Die Axone der Riechsinneszellen führen in mehreren Bündeln in den Riechkolben. Jede Riechsinneszelle besitzt einen bestimmten Geruchsrezeptortyp. Die Axone der Zellen mit dem gleichen Rezeptortyp enden im Riechkolben in einem Knäuel. Entsprechend gibt es im Riechkolben so viele Knäuel wie Rezeptortypen. Die Anzahl der wahrnehmbaren Geruchsstoffe ist weitaus höher als die Anzahl der verschiedenen Geruchsrezeptortypen. Dies ist nur möglich, weil ein Geruchsstoffmolekül an mehr als einen Geruchsrezeptortyp binden kann (Abb. 2). Die meisten Rezeptoren der Riechsinneszellen arbeiten nämlich nicht streng nach dem Ein-Schlüssel-Ein-Schloss-Prinzip. Vielmehr ähnelt ein Geruchsstoffmolekül einem Dietrich, der viele Schlösser aufschließen kann, jedoch in verschiedenen Schlössern unterschiedlich gut funktioniert. Ein bestimmtes Geruchsstoffmolekül aktiviert so jeweils mehrere Geruchsrezeptoren. Die weitere Verarbeitung dieses Aktivierungsmusters erfolgt im Gehirn.

2 Modell zur Entstehung von Geruchsinformationen. Aktivierte Rezeptoren sind blau gefärbt. Jedes Geruchsstoffmolekül aktiviert ein anderes Muster von Rezeptoren. So kann im Gehirn vom Aktivierungsmuster der Rezeptoren auf den jeweiligen Geruchsstoff geschlossen werden.

1 Signaltransduktion. Erläutern Sie anhand von Abb. 1 den Vorgang der Signaltransduktion am Beispiel einer Riechsinneszelle.

2 Spannungsmessungen an einer Riechsinneszelle.
a) Nennen Sie die Orte, an denen die in Abb. 3 dargestellten Messungen a, b und c vorgenommen worden sind.
b) Begründen Sie mit Hilfe von Abb. 3 die Aussage, dass gleichbleibend starke Gerüche bereits nach kurzer Zeit nicht mehr wahrgenommen werden.

3 Modell zur Entstehung von Geruchsinformationen. Beschreiben Sie das in Abb. 2 dargestellte Modell zur Entstehung von Geruchsinformationen.

4 Entstehung von Geruchsinformationen.
a) Werten Sie die in Abb. 5 dargestellten Messergebnisse aus.
b) Prüfen Sie, ob die Messergebnisse das in Abb. 2 dargestellte Modell bestätigen.

5 Biologische Funktion von Blütenduft. Viele Pflanzen geben während ihrer Blütezeit Duftstoffmoleküle an ihre Umgebung ab. Erläutern Sie an einem selbst gewählten Beispiel die biologische Funktion des Blütendufts.

6 Menschliche Pheromone. Pheromone sind Botenstoffe, die der biochemischen Kommunikation zwischen Lebewesen einer Art dienen. Begründen Sie anhand von Abb. 4, dass auch Menschen über Pheromone kommunizieren. Entwickeln Sie eine Hypothese zur biologischen Funktion dieses Phänomens.

> Von einer Gruppe von Frauen, den „Spenderinnen", wurden Pheromone gesammelt, indem man in ihren Achselhöhlen acht Stunden Wattebäuschchen anbrachte. Die Wattebäuschchen wurden anschließend anderen Frauen, den „Empfängerinnen", für einige Zeit unter die Nase gehalten. Zudem durften die Empfängerinnen in den folgenden sechs Stunden ihr Gesicht nicht waschen. Den Empfängerinnen war die Herkunft der Wattebäuschchen nicht mitgeteilt worden. Sie nahmen keinen Geruch bewusst wahr. In der folgenden Zeit verkürzte oder verlängerte sich der Menstruationszyklus der Empfängerin in Abhängigkeit vom jeweiligen Zeitpunkt im Zyklus der Spenderin.

4 *Nachweis menschlicher Pheromone*

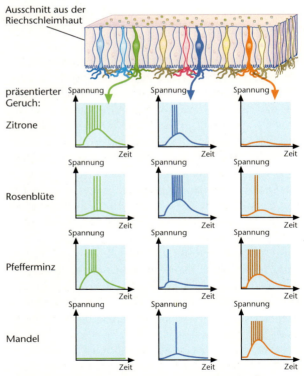

5 *Messungen zur Aktivierung von Riechsinneszellen. Riechsinneszellen besitzen jeweils einen einzigen Rezeptortyp, der hier durch die Farben der Zellen symbolisiert wird.*

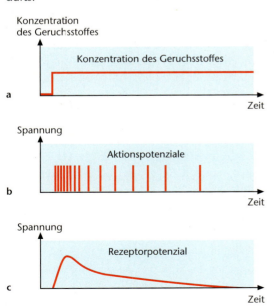

3 *Spannungsveränderungen bei gleichbleibender Konzentration eines Geruchsstoffes*

→ 12.1 Nervenzellen und Nervensysteme   → 3.7 Übertragung von extrazellulären Signalen in intrazelluläre Signale

12.14 Molekulare Vorgänge der Signaltransduktion an Sinneszellen

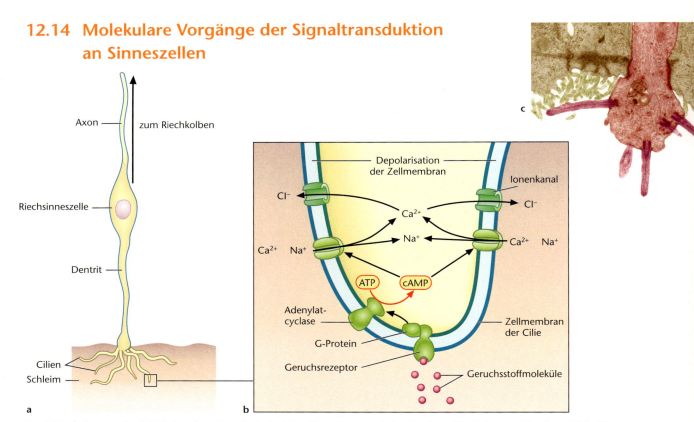

1 *a)* Riechsinneszelle, *b)* Molekulare Vorgänge bei der Signaltransduktion in einer Riechsinneszelle eines Wirbeltiers, *c)* Riechsinneszelle mit Cilien

Binden Geruchsstoffmoleküle an Geruchsrezeptoren einer Riechsinneszelle, wird dies Signal in der Riechsinneszelle in ein Rezeptorpotenzial übertragen. Dieses ist ein Beispiel für **Signaltransduktion.** Auf molekularer Ebene führt das Signal zu einer Abfolge chemischer Reaktionen (Abb. 1): Durch die Bindung an den Rezeptor in der Cilienmembran aktiviert der Geruchsstoff das sogenannte G-Protein. Das G-Protein wiederum aktiviert eine Adenylatcyclase. Adenylatcyclasen sind an die Zellmembran gebundene Enzyme, welche die Synthese von cyclischem Adenosinmonophosphat (cAMP) aus Adenosintriphosphat (ATP) katalysieren. Das cAMP reichert sich im Cytoplasma der Riechsinneszelle an. Es wirkt als **Second messenger.** Ein solcher sekundärer Botenstoff wird als Antwort auf ein Signal in der Zielzelle freigesetzt. Der Second messenger dient der intrazellulären Signalübertragung des äußeren Signals, hier des Geruchsstoffes. In der Riechsinneszelle bindet der Second messenger cAMP an Ionen-Kanäle in der Zellmembran. Die Ionen-Kanäle öffnen sich und Ca^{2+}- sowie Na^+-Ionen diffundieren von außen in die Zelle. Die Membran der Riechsinneszelle wird depolarisiert. Daraufhin lösen die Ca^{2+}-Ionen einen Cl^--Ionenstrom aus, der das Rezeptorpotenzial der Riechsinneszelle weiter verstärkt. Wenn das entstehende Rezeptorpotenzial den Schwellenwert übersteigt, werden Aktionspotenziale erzeugt, die entlang des Axons zum Riechkolben und weiter ins Gehirn geleitet werden. Erst mit der Verarbeitung der Aktionspotenziale im Gehirn findet die eigentliche Geruchswahrnehmung statt.

Neben den Riechsinneszellen gibt es noch weitere Sinneszellen, die darauf spezialisiert sind, bestimmte Reize aus der Umwelt aufzunehmen (Abb. 2). Die meisten Sinneszellen besitzen Rezeptoren in ihrer Membran, die den Reiz aufnehmen und als Reaktion darauf die Ionenverteilung entlang der Membran verändern. Das veränderte Rezeptorpotenzial führt je nach Sinneszelltyp entweder direkt zur Erzeugung von Aktionspotenzialen oder zu einer veränderten Transmitterausschüttung, welche die Bildung von Aktionspotenzialen im nachgeschalteten Neuron beeinflusst. Die Reizstärke wird immer in Aktionspotenzial-Frequenzen codiert und diese werden in das Gehirn weitergeleitet.

→ 1.6 Struktur und Funktion von Zellmembranen   → 1.7 Aktiver und passiver Stofftransport

2 Drei Formen der Signaltransduktion in Sinneszellen

1 Signaltransduktion bei Riechsinneszellen. Stellen Sie die bei der Signaltransduktion ablaufenden Vorgänge von der Bindung des Geruchsstoffmoleküls an einem Geruchsrezeptor in der Membran bis zur Erzeugung des Rezeptorpotenzials in Form eines Fließdiagramms dar (Abb. 1).

2 Formen der Signaltransduktion in Sinneszellen. Neben den Riechsinneszellen gibt es noch weitere Sinneszellen, die auf verschiedene Weisen die physikalischen oder chemischen Signale in Rezeptorpotenziale übertragen. Vergleichen Sie diese Formen der Signaltransduktion in Sinneszellen (Abb. 2).

3 Signalverstärkung bei Lichtsinneszellen.
a) Beschreiben Sie die in Abb. 3 dargestellten Vorgänge bei Lichtsinneszellen und die Signalverstärkung.
b) Begründen Sie, worin der Vorteil der Signalverstärkung liegt.
c) Das Rezeptorpotenzial kontrolliert die in den synaptischen Spalt ausgeschüttete Neurotransmittermenge. Begründen Sie, wann die Lichtsinneszelle die größte Menge Neurotransmitter freisetzt.

4 Nutzung des Lichts in einer Lichtsinneszelle und bei der Fotosynthese. Vergleichen Sie die Nutzung des Lichts bei der Reizung einer Lichtsinneszelle und bei der Fotosynthese.

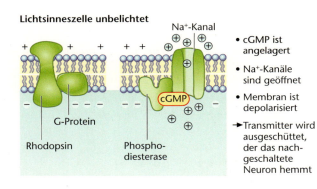

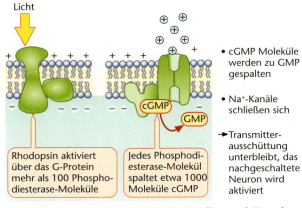

3 *Membranvorgänge an Lichtsinneszellen und Signalverstärkung*

12.15 Vom Reiz zur Reaktion

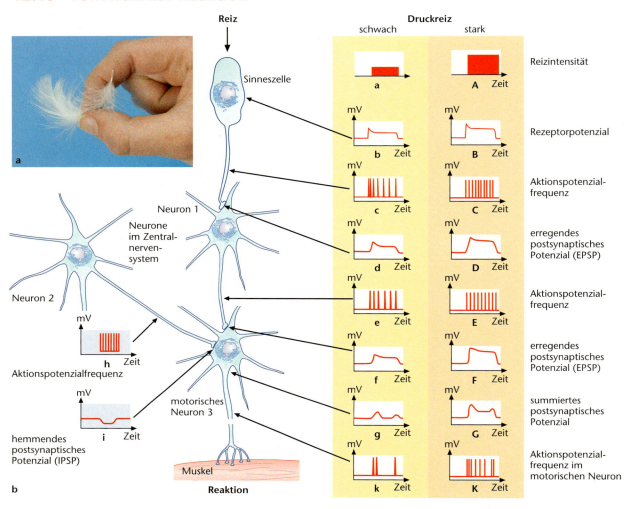

1 a) Präzisionsgriff, b) Vom Reiz zur Reaktion, vereinfachtes Schema. Beispiel Druckreiz beim Präzisionsgriff.

Die Hände des Menschen sind komplexe Tast- und Greiforgane, die sich in der Evolution der Primaten herausgebildet haben. Bei fast allen Greifbewegungen spielt der Daumen eine besondere Rolle. Er kann allen anderen Fingern der Hand gegenübergestellt werden. Beim Präzisionsgriff wird ein Gegenstand zwischen Daumen und Zeigefinger genommen (Abb. 1). Die Haut der Hände besonders der Fingerendglieder enthält viele Sinneszellen, für die mechanischer Druck ein adäquater **Reiz** ist (Abb. 1).

Die Bereiche der Großhirnrinde, die für die Steuerung der Hand- und Fingerbewegungen zuständig sind und für die Auswertung von Informationen des Tastsinns, weisen eine hohe Nervenzell-Dichte auf und haben im Verlauf der Evolution des Menschen eine beträchtliche Erweiterung erfahren. In der Großhirnrinde werden die verschiedenen Sinneseindrücke zu einer Gesamtwahrnehmung verknüpft. Außerdem gibt es vielfältige Verbindungen zu Gehirnfunktionen wie Sprache, Aufmerksamkeit und zu Gedächtnisinhalten. Zum Beispiel wird bei der Feinsteuerung des Präzisionsgriffs mit Daumen und Zeigefinger das Gedächtnis über erlernte Bewegungsabläufe genutzt.

Das Gehirn ist über Nervenzellen mit den Organen, in denen eine **Reaktion** erfolgt, verbunden. Man nennt solche Organe Effektoren (lat. *efficere*, bewirken). Im Fall der Bewegungssteuerung beim Präzisionsgriff gehören Muskeln in der Hand zu den Effektoren.

→ 12.1 Nervenzellen und Nervensysteme → 12.7 Neuronale Verrechnung

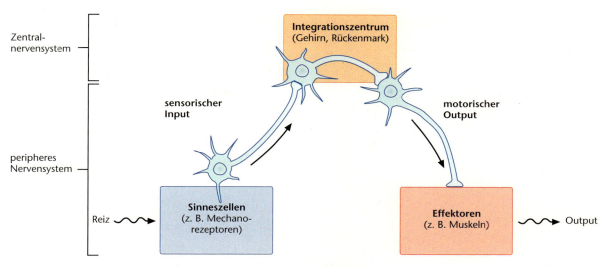

2 Vom Reiz zur Reaktion: Die drei Funktionsbereiche des Nervensystems

1 Die drei Funktionsbereiche des Nervensystems. Erläutern Sie die drei Funktionsbereiche des Nervensystems in Abb. 2. Beschreiben Sie das Zusammenwirken dieser drei Bereiche anhand von Abb. 1, links.

2 Vom Reiz zur Reaktion: Der Präzisionsgriff. Beschreiben Sie die Abb. 1 in der Abfolge der Schritte, die unter Beteiligung des Gehirns vom Reiz bis zur Reaktion führen. Beachten Sie dabei die einzelnen Spannung-Zeit-Diagramme. Differenzieren Sie Ihre Ausführungen in Hinblick auf einen schwachen Druckreiz und einen starken Druckreiz.

3 Ein technisches Modell. In der Technik haben Sensoren eine ähnliche Funktion wie Sinnesorgane. In der Abb. 3 sind einfache Verbindungen zwischen Sensoren und Effektoren am Beispiel von Modellfahrzeugen dargestellt.
a) Beschreiben Sie für jedes der drei Modellfahrzeuge, wie es sich „verhält", wenn die Lichtquelle eingeschaltet wird. Die Lichtintensität nimmt mit der Entfernung von der Lichtquelle ab.
b) Beschreiben Sie prinzipielle Unterschiede in den Reiz-Reaktions-Beziehungen, die in Abb. 3 und in Abb. 1b dargestellt sind.

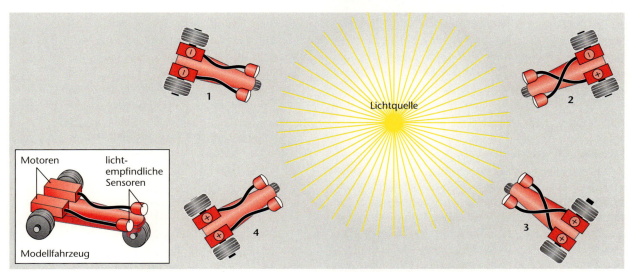

3 Verknüpfung zwischen Sensoren und Effektoren. *Jedes der vier Modellfahrzeuge besitzt vorne zwei lichtempfindliche Sensoren, die jeweils für sich mit einem Effektor, einem der beiden Motoren hinten, verschaltet sind. Jeder Motor treibt ein Rad an. Dabei erregt (+) bzw. hemmt (–) jeder Sensor seinen Motor umso mehr, je mehr Licht auf ihn fällt. Im Dunkeln bewegen sich die Fahrzeuge langsam gradlinig vorwärts.*

12.16 Vergleich hormoneller und neuronaler Informationsübertragung

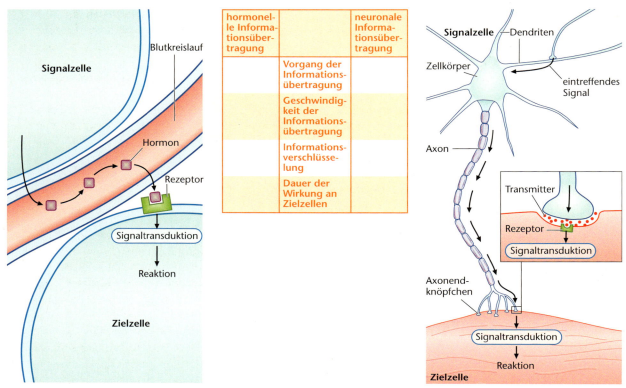

1 *Hormonelle und neuronale Informationsübertragung im Vergleich*

	hormonelle Informationsübertragung	neuronale Informationsübertragung
Vorgang der Informationsübertragung		
Geschwindigkeit der Informationsübertragung		
Informationsverschlüsselung		
Dauer der Wirkung an Zielzellen		

Lebensvorgänge erfordern vielfältige Formen der Verständigung. Innerhalb eines Organismus erfolgt die Kommunikation zwischen Zellen, Geweben und Organen über chemische oder elektrische Signale. Die permanente Verarbeitung von Informationen ermöglicht es Lebewesen, auf Veränderungen in der Umwelt oder im eigenen Körper zu reagieren. Die Übertragung von Informationen erfolgt durch das Nerven- und Hormonsystem (Abb. 1).

Hormone sind Signalstoffe, die meistens schon in sehr geringen Konzentrationen Wirkung in den Zielzellen entfalten. Der Vorgang der Informationsübertragung beginnt mit der Freisetzung von Hormonmolekülen aus hormonbildenden Zellen. Beim Menschen werden Hormone mit dem Blut transportiert. Hormonmoleküle können nur an solchen Zielzellen ihre Wirkung entfalten, die über die passenden Rezeptoren verfügen. Wenn sich ein Hormonmolekül nach dem Schlüssel-Schloss-Prinzip mit einem Rezeptor verbindet, entsteht ein Hormon-Rezeptor-Komplex. Durch **Signaltransduktion** wird das extrazelluläre Signal in ein intrazelluläres Signal umgewandelt und letztlich eine bestimmte **Zellantwort** hervorgerufen. Die Dauer der Hormonwirkung hängt davon ab, wie viele Hormonmoleküle freigesetzt werden, wie lange die Freisetzung dauert und wie schnell die Hormone durch Enzyme abgebaut werden. Gewöhnlich ist die Dauer der Hormonwirkung erheblich länger als die Dauer der Wirkung bei neuronaler Informationsübertragung.

Bei der **neuronalen Informationsübertragung** werden elektrische Impulse in Form von Aktionspotenzialen mit hoher Geschwindigkeit entlang des Axons einer Nervenzelle geleitet. Information ist in der Frequenz der Aktionspotenziale verschlüsselt. An den Synapsen erfolgt die neuronale Informationsübertragung mit Transmittern. Diese diffundieren zur postsynaptischen Membran der nachgeschalteten Zelle und binden nach dem Schlüssel-Schloss-Prinzip an die passenden Rezeptoren. Durch Signaltransduktion wird eine bestimmte Antwort in der Zielzelle hervorgerufen. Welche Zielzellen welche Informationen erhalten, hängt auch von der Verschaltung der Neurone ab.

1 Neuronale und hormonelle Informationsübertragung. Beschreiben und vergleichen Sie die Informationsübertragung im Nervensystem und im hormonellen System anhand von Abb. 1. Führen Sie den Vergleich für alle aufgeführten Punkte durch.

2 Venusfliegenfalle. Informationsübertragungen erfolgen auch bei Pflanzen. So werden Keimungs- und Wachstumsprozesse von pflanzlichen Hormonen reguliert. Schnelle koordinierte Bewegungen zeigen die Mimose oder die Venusfliegenfalle, deren Reaktionen auf äußere Reize durch die Weiterleitung von Aktionspotenzialen erfolgen (Abb. 3).

a) Entwerfen Sie begründete Hypothesen, die die in Abb. 3 dargestellten Geschwindigkeitsunterschiede in der Weiterleitung der Aktionspotenziale in Neuronen und in pflanzlichen Zellen erklären.
b) Erstellen Sie Hypothesen über die Signalwege am Beispiel der Venusfliegenfalle.
c) Beschreiben Sie die Hypothese Darwins und deren Überprüfung nach den Kriterien wissenschaftlicher Vorgehensweisen.

„Nur vielzellige Tiere verfügen über Neurone, doch sie sind nicht die einzigen Organismen, die rasch und koordiniert auf ihre Umwelt reagieren können. Charles Darwin z. B. faszinierten die Venusfliegenfallen, die er als die wunderbarsten Pflanzen der Welt bezeichnete. Die Blattspreiten ähneln einem geöffneten Kiefer. Wenn ein Insekt auf der Blattspreite der Venusfliegenfalle landet und eine der Berührungsborsten auf deren Oberfläche reizt, schnappt die Falle zu und schließt das Insekt ein. Anschließend verdaut die Venusfliegenfalle das gefangene Insekt. Dieses verdaute Material stellt für die Pflanze eine zusätzliche Quelle für Stickstoff und Mineralsalze dar, beides Mangelware in ihrem mineralsalzarmen Lebensraum. Wegen der Fähigkeit dieser Pflanze, aktiv Beute zu fangen, nahm Darwin an, die Venusfliegenfalle müsse Neurone besitzen, wie man sie auch bei Tieren findet. Um seine Hypothese über die Grundlage der Bewegung der Venusfliegenfalle zu testen, nahm er Kontakt mit Burdon-Sanderson auf, einem renommierten medizinischen Physiologen am University College London. Burdon-Sanderson platzierte Elektroden auf den Blättern der Venusfliegenfalle und untersuchte, was passierte, wenn er die Berührungsborsten reizte. Er fand heraus, dass die Pflanze auf Berührungsreize mit einem elektrischen Impuls reagierte, der einem Aktionspotenzial sehr ähnlich war.
Heute wissen wir, dass die Venusfliegenfalle keine Neurone besitzt. Vielmehr breiten sich die Aktionspotenziale durch das Gewebe der Pflanze aus, indem sie über Zell-Zell-Kontakte von einer Zelle zur anderen weitergeleitet werden. Diese Art der Fortleitung ist im Vergleich zur Fortleitungsgeschwindigkeit in Neuronen sehr langsam. Bei Pflanzen bewegen sich Aktionspotenziale gewöhnlich mit einer Geschwindigkeit von ein bis drei Zentimeter pro Sekunde fort; bei Tieren können Aktionspotenziale hingegen mit Geschwindigkeiten von bis zu 100 Metern pro Sekunde die Neurone entlangwandern. Diese schnelle Fortleitung von Aktionspotenzialen ist eine Eigenschaft, die man nur bei Tieren findet." (Moyes, Tierphysiologie)

3 Darwin und die Venusfliegenfalle

13.1 Der Anpassungswert der Stressreaktion

1 *a) Stress bei Frühmenschen, b) Stress im heutigen Straßenverkehr*

Bei Bedrohungen, in Gefahren- und Notfallsituationen kann es vorteilhaft sein zu fliehen oder – wenn Aussicht auf Erfolg besteht – energisch gegen die Ursache der Bedrohung vorzugehen. Bei solch einer **Kampf-oder-Flucht-Reaktion** wird in einer festgelegten Folge von schnellen neuronalen und etwas langsamer einsetzenden hormonellen Schritten die körperliche Leistungsfähigkeit und die Reaktionsbereitschaft mobilisiert. Die Herzfrequenz und der Blutdruck sowie die Atemfrequenz steigen. Die Muskeln werden durch Abbau von Glykogen und Fett vermehrt mit Glucose und Fettsäuren für die Zellatmung versorgt. Die Alarmierung geht mit gesteigerter Aufmerksamkeit einher. Sie richtet sich auf die Gefahrenquelle. Andere Körperfunktionen, die für die Auseinandersetzung mit der akuten Gefahr weniger bedeutsam sind, wie z. B. Verdauung oder Immunabwehr, werden zurück gefahren. Die Kampf-oder-Flucht-Reaktion läuft bei allen Wirbeltieren und dem Menschen in ähnlicher Weise ab. Die erblich angelegte Folge der neuronalen und hormonellen Schritte wird durch individuelle Lernvorgänge ergänzt. Eigene Erfahrungen beeinflussen die Entscheidung, ob eine Situation als gefährlich oder ungefährlich eingeschätzt wird. Daraus ergeben sich verschiedene Reaktionsmöglichkeiten. Kampf-oder-Flucht-Reaktionen gehören zu den **Stressreaktionen**.

Unter den Lebensbedingungen der Vor- und Frühmenschen hatte die Kampf-oder-Flucht-Reaktion erhebliche Überlebensvorteile (Abb. 1a). Auch unter den Lebensbedingungen heutiger Gesellschaften erfolgt diese stammesgeschichtlich alte und genetisch verankerte Stressreaktion bei Belastungen (Abb. 1b). Beim Menschen sind heute seelische und mitmenschliche Belastungen häufig. Man spricht von psychosozialem Stress. Kampf oder Flucht sind dabei unter heutigen kulturellen und zivilisatorischen Bedingungen oftmals keine angemessene Reaktion mehr. Zu den Stressreaktionen gehören nicht nur solche außergewöhnlichen Bedrohungen wie bei der Kampf-oder-Flucht-Reaktion, sondern alle Reaktionen von Lebewesen auf belastende Bedingungen. Solche belastenden Bedingungen nennt man **Stressoren** (Abb. 2). Alle Lebewesen reagieren auf Belastungen, zeigen also Reaktionen auf Stressoren. Die biologische Bedeutung von Stressreaktionen besteht darin, das Individuum vor den Stress verursachenden Belastungen zu schützen. Eine Stressreaktion ist dann erfolgreich, wenn der Stresszustand gemindert wird oder ganz entfällt. Die Fähigkeit zur Anpassung an aktuelle Belastungen mit Hilfe einer Stressreaktion wurde in der Evolution durch die natürliche Selektion begünstigt. Diese Fähigkeit steigerte den Fortpflanzungserfolg der Lebewesen. Man sagt auch, die Stressreaktion hat einen hohen **Anpassungswert**.

Vornehmlich beruflicher Stress: Erwartungsdruck, Arbeitsbelastung, Zeitmangel, Konflikte mit Vorgesetzten, Konkurrenz mit Kollegen; Mobbing	unangenehme Gefühle
Reizüberflutung, Lärm	Schmerz
Auseinandersetzungen und Konflikte im sozialen Umfeld/in der Partnerbeziehung	Angst
Geldmangel, Armut, Schulden	Hunger, Durst
Isolation	Krankheitsgefühl
Bedrohungen/Aggressionen durch Menschen	Versagensängste
Bedrohungen/Aggressionen durch Tiere	Wut
Bedrohungen durch Naturereignisse (Hitze, Kälte, Feuer, Wasser, Erdbeben etc.)	Einsamkeitsgefühl
Körperliche Belastungen	Erschöpfungszustände
Strahlung (z. B. UV-Strahlung, Röntgenstrahlung)	Krankheit
Giftige Stoffe	Trauer
Nahrungsmangel	Verletzungen
Wassermangel	Eifersucht
Krankmachende Viren, Bakterien, Einzeller bzw. Parasiten	Krebs

2 *Beispiele für Stressoren beim Menschen*

1 Die Stressreaktion – proximate und ultimate Betrachtung. Erläutern Sie die Stressreaktion aus proximater und aus ultimater Perspektive.

2 Stressoren in der Frühzeit des Menschen und heute.
a) Entwickeln Sie für jede der beiden Spalten in Abb. 2 eine passende Überschrift.
b) Ermitteln Sie unter Bezug auf Abb. 2 je eine Liste der sechs wichtigsten Stressoren für die Lebensverhältnisse der Frühmenschen sowie für heutige Lebensverhältnisse in Mitteleuropa. Ordnen Sie die Stressoren nach der von Ihnen vermuteten Häufigkeit.

3 Anpassungswert der Stressreaktion.
a) Informieren Sie sich in diesem Buch über die Evolutionstheorie CHARLES DARWINS. Erläutern Sie dann die Kampf-oder-Flucht-Reaktion als evolutive Angepasstheit mit hohem Anpassungswert.
b) Erörtern Sie die Behauptung, dass beim Menschen die Kampf-oder-Flucht-Reaktion unter heutigen Lebensbedingungen ihren Anpassungswert verloren hat (Abb. 1, 2, 3).

Wie geht der menschliche Organismus mit den Stressoren unserer Zivilisation um? Die biologische Evolution verlief nicht so schnell, dass sich seine genetische Ausstattung den schnellen kulturellen bzw. zivilisatorischen Veränderungen seit wenigen Jahrhunderten bereits anpassen konnte.
Die durch Stressoren ausgelöste körperliche Aktivierung ist an sich nicht gesundheitsschädlich. Das sieht man beispielhaft an „positivem Stress" wie sportlichem Training, bei dem die Stressreaktion auch abläuft. Dass dennoch gesundheitsschädliche Auswirkungen der Stressreaktion bei Menschen zu beobachten sind, ist im Wesentlichen auf folgende Aspekte zurück zu führen:
– Die natürliche Stressreaktion mit Kampf- oder Fluchtverhalten ist in vielen Fällen unter heutigen kulturellen Bedingungen unpassend. Weil die Stressreaktion heute in der Regel ohne intensivere Bewegungen abläuft, werden kurzfristig bereitgestellte Glucose und Fettsäuren nicht durch körperliche Aktivität verbraucht.
– Wenn keine Mittel zur Bewältigung einer anhaltenden Belastung zur Verfügung stehen, kann Stress dauerhaft, also chronisch werden. Der Organismus kehrt dann nach einer Stressreaktion nicht in den Ruhezustand zurück. Dem Körper fehlen Erholung und Entspannung.

3 *Stressreaktion beim Menschen unter heutigen Lebensbedingungen*

13.2 Hormonelle und neuronale Grundlagen der Stressreaktion

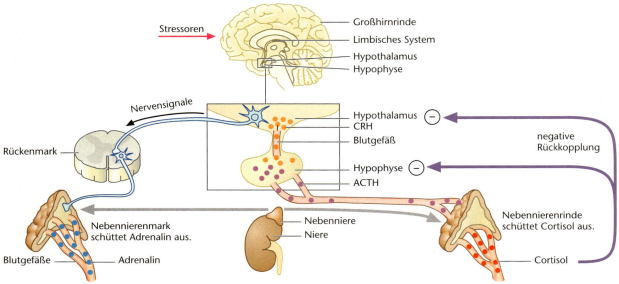

Kurzfristige Stressantwort, Wirkungen von Adrenalin:
– Glykogen der Leber wird zu Glucose abgebaut und freigesetzt.
– Glykogen der Muskeln wird zu Glucose abgebaut.
– Der Blutglucosespiegel steigt.
– erhöhte Herzschlagfrequenz;
– erhöhter Blutdruck;
– Beschleunigung der Atmung;
– gesteigerte Aufmerksamkeit und Wachheit;
– verlangsamte Tätigkeit von Verdauungs-, Ausscheidungs- und Fortpflanzungsorganen

Längerfristige Stressantwort, Wirkung von Cortisol:
– Cortisol unterstützt die Wirkungen von Adrenalin.
– Vermehrter Abbau von Proteinreserven zu Aminosäuren. Aus Aminosäuren wird in der Leber neue Glucose gebildet. Aminosäuren dienen dazu, neue Proteine in beschädigtem Gewebe aufzubauen.
– wirkt entzündungshemmend;
– Beteiligung an der Umstellung des Stoffwechsels und der Hirntätigkeit bei Dauerstress

1 *Zusammenwirken neuronaler und hormoneller Vorgänge bei der Stressreaktion*

Auf viele Stressoren reagieren Menschen mit einer schnellen Mobilisierung und Aktivierung der körperlichen Leistungsfähigkeit. Informationen über Stressoren werden von Sinnesorganen an das Gehirn übermittelt. Die bewusste Wahrnehmung der Situation, ihre Bewertung und Überlegungen zu ihrer Bewältigung erfolgen vor allem unter Beteiligung der Großhirnrinde (Abb. 1). Bei Gefahr entsteht im Limbischen System das Gefühl der Angst. Das Limbische System ist Teil des Zwischenhirns und hat zentrale Bedeutung für die Entstehung von Emotionen. Manche Stressoren rufen unter Umgehung der Großhirnrinde, ohne bewusstes Denken, blitzschnell Angst und die nachfolgenden Schritte der Stressreaktion hervor.

Der Hypothalamus ist die oberste Schaltzentrale für die unwillkürlich ablaufenden Schritte der Stressreaktion. Bei der neuronalen Stressreaktion senden Neurone des Hypothalamus Informationen an das Rückenmark (Abb. 1, links). Über das Rückenmark wird schließlich in wenigen Sekunden das Nebennierenmark zur Ausschüttung des **Stresshormons Adrenalin** angeregt. Adrenalin wirkt unter anderem auf Skelettmuskulatur, Leber und Gehirn. Seine Wirkung besteht im Wesentlichen in gesteigerter Verfügbarkeit energiereicher Verbindungen und vermehrter Aufnahme von Sauerstoff. Adrenalin steigert Wachheit und Aufmerksamkeit.

Die hormonellen Schritte der Stressreaktion verlaufen langsamer als die neuronale Informationsübertragung (Abb. 1, rechts). Nervenzellen des Hypothalamus geben Freisetzungshormone an das Blut ab, bei Stress speziell das CRH (Corticotropin-Releasing-Hormon). Es regt in der Hypophyse die Freisetzung des Hormons ACTH (adrenocorticotropes Hormon) an, das seinerseits in der Nebennierenrinde das **Stresshormon Cortisol** freisetzt. Cortisol unterstützt die Wirkungen des Adrenalins, wirkt aber zusätzlich auf das Gehirn: Im Hypothalamus und in der Hypophyse dämpft es bei kurzfristigem Stress durch negative Rückkopplung die hormonelle Stressreaktion. Bei längerfristigem Stress überwiegt jedoch die Stimulation der Cortisol-Freisetzung.

1 Zusammenwirken von neuronaler und hormoneller Informationsübertragung bei der Stressreaktion.
a) Beschreiben Sie anhand der Abb. 1 das Zusammenwirken von neuronaler und hormoneller Informationsübertragung bei der Stressreaktion.
b) Der Ablauf einer Stressreaktion, wie in Abb. 1 dargestellt, hat stammesgeschichtlich alte Wurzeln. Beim Menschen und den meisten Säugetieren laufen diese unwillkürlichen Teile der Stressreaktion in grundsätzlich ähnlicher Weise ab.
Erläutern Sie vor diesem Hintergrund die Funktionen des Stresshormons Adrenalin (Abb. 1) in proximater und ultimater Hinsicht.

2 Prüfungsstress?
a) Analysieren Sie den Verlauf des Gehalts an ACTH und an Cortisol im Blut einer Versuchsperson (Abb. 2).
b) Skizzieren Sie den mutmaßlichen Verlauf der Adrenalin-Konzentration und des Blutglucosegehalts in den beiden fünfstündigen Zeiträumen mit Stress.
c) Erstellen Sie eine persönliche Rangliste der vier wichtigsten Möglichkeiten, um Prüfungsstress zu verringern oder zu vermeiden. Diskutieren Sie Ihre Vorschläge.

3 Fehlfunktionen in der stressbedingten Cortisol-Freisetzung. Abb. 3 zeigt schematisiert die Abfolge von Hormonfreisetzungen aus dem Hypothalamus bis zur Cortisol-Wirkung an Zielzellen.
a) Erläutern Sie Abb. 3.
b) Entwickeln Sie Hypothesen über mögliche Folgen für die hormonelle Stressreaktion (Abb. 3),
– wenn die Rezeptoren für Cortisol im Hypothalamus und in der Hypophyse defekt sind;
– wenn die ACTH-Rezeptoren der Nebennierenrinde funktionsuntüchtig sind.

4 Früher Stress mit lebenslangen Folgen. Erläutern Sie anhand der Abb. 3 die in Abb. 4 angegebenen Unterschiede in der negativen Rückkopplung.

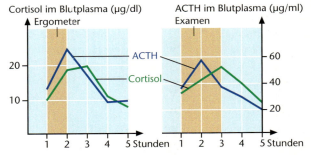

2 Auswirkungen von Stress auf dem Fahrrad-Ergometer und in einer Prüfung

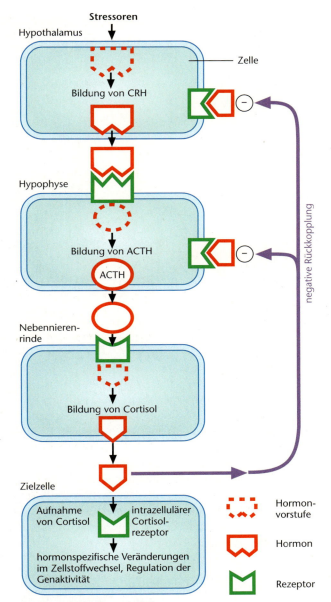

3 Hormonelle Stressreaktion

Experimente an Ratten zeigen, dass starker Dauerstress in der Zeit nach der Geburt, z. B. durch Trennung von Muttertier und Jungtier, dazu führt, dass die so behandelten Jungtiere ihr Leben lang sehr viel stressanfälliger sind als Tiere ohne diese Stresserfahrung. Man vermutet, dass durch frühe Stresserfahrungen das Muster von an- und abgeschalteten Genen in Zellen, die an der hormonellen Stressreaktion beteiligt sind, dauerhaft verändert wird. Stressanfällige Tiere zeigen lebenslang eine schwache, wenig stressanfällige Tiere eine starke negative Rückkopplung.

4 Früher Stress mit lebenslangen Folgen?

13.3 Zelluläre Wirkmechanismen von hydrophilen und lipophilen Hormonen

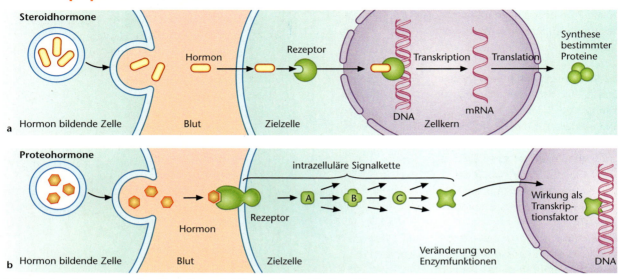

1 *Prinzipien der hormonellen Signaltransduktion, a) lipophile Steroidhormone, b) hydrophile Proteohormone*

Proteohormone sind Hormone mit Proteinstruktur. Sie gehören zur Gruppe der **hydrophilen Hormone.** Kleinere Proteohormone bestehen aus Ketten von acht bis 100 Aminosäuren. Zu ihnen gehören Hormone des Hypothalamus und der Hypophyse. Adrenalin ist ein hydrophiles Hormon, das aus der Aminosäure Tyrosin gebildet wird. **Steroidhormone** gehören zu den **lipophilen Hormonen.** Zu ihnen zählen z. B. alle Sexualhormone und Cortisol. Steroidhormone werden in den Keimdrüsen oder in der Nebennierenrinde gebildet. Die **Signaltransduktion** erfolgt bei Proteohormonen und Steroidhormonen auf unterschiedliche Weise.

Steroidhormone, wie z. B. die Östrogene, Testosteron oder Schilddrüsenhormone, sind lipophil. Sie können die Lipid-Doppelschicht der Zellmembran passieren. Ein Beispiel für die Wirkungsweise der Steroidhormone ist das männliche Geschlechtshormon Testosteron. Die Produktion und Ausschüttung erfolgt durch Zellen des Hodens in das Blut (Abb. 1a). Das Testosteron diffundiert aus dem Blut in das Gewebe. Die Moleküle des Testosteronrezeptors befinden sich im Cytoplasma der Zielzellen. Durch die Bindung des Hormons an seinen spezifischen Rezeptor bildet sich die aktive Form des Rezeptorproteins. Dieser Hormon-Rezeptor-Komplex gelangt in den Zellkern und wirkt dort als Transkriptionsfaktor. Als solcher aktiviert er z. B. Gene zur Ausbildung von männlichen Geschlechtsmerkmalen.

Die Zellmembran ist aufgrund ihrer Lipid-Doppelschicht lipophil. Große hydrophile Moleküle, wie z. B. das Proteohormon Insulin, können nicht durch die Membran diffundieren und gelangen daher nicht in die Zielzelle (Abb. 1b). Sie binden an einen passenden Rezeptor der Zellmembran der Zielzelle und bewirken dort eine Veränderung des Rezeptorproteins. Bei der Zellantwort wird ein inaktives Enzym A aktiviert. Solange das Proteohormon am Rezeptor gebunden ist, bleibt seine Aktivierungswirkung bestehen. So kann ein Hormonmolekül viele Moleküle von A aktivieren. Das Enzym A aktiviert seinerseits Enzym B, dieses Prinzip setzt sich fort. In jedem Schritt der Signalkette aktiviert ein Enzym viele weitere Enzyme. Das ursprüngliche Signal wird dadurch verstärkt (Abb. 3). Das Endprodukt der Signalkette verändert z. B. Enzymfunktionen in der Zielzelle oder wirkt als Transkriptionsfaktor im Zellkern.

Bei hydrophilen Hormonen bezeichnet man das von außen an die Rezeptoren bindende Hormon als **first messenger.** Am Anfang der dadurch ausgelösten intrazellulären Signalübertragung steht die Aktivierung eines Moleküls, das als **second messenger** bezeichnet wird. Zyklisches Adenosinmonophosphat (cAMP) ist ein weitverbreiteter second messenger (Abb. 3).

1 Vergleich der hormonellen Signaltransduktion. Vergleichen Sie die Signaltransduktion bei hydrophilen Proteohormonen mit der bei lipophilen Steroidhormonen (Abb. 1).

2 Testosteron und verwandte Stoffe: Hormone und Dopingmittel.
a) Beschreiben Sie die Signaltransduktion und Wirkung von Testosteron in der Zielzelle. Gehen Sie dabei auf alle Ziffern in der Abb. 2 ein.
b) Beschreiben Sie die Bedeutung des Testosterons beim Mann (Abb. 2).
c) Bestimmte mit dem Testosteron nah verwandte Stoffe bezeichnet man als anabole Steroide oder kurz als Anabolika. Sie gehören zu den verbotenen Dopingmitteln im Sport. Entwickeln Sie Hypothesen über die Wirkungsweise dieser Anabolika bei Sportlern und Sportlerinnen und die Auswirkungen langfristiger Anabolika-Einnahme.

3 Adrenalin: intrazelluläre Verstärkung der Hormonwirkung.
a) Beschreiben Sie die Signalkette, die durch Adrenalin ausgelöst wird und die Bedeutung des second messengers cAMP (Abb. 3).
b) In Muskel- und Leberzellen bewirkt Adrenalin durch eine Kette intrazellulärer Aktivierungen die Bildung von Glucose aus dem Reservestoff Glykogen. Ein einziges Adrenalin-Molekül kann durch den Verstärkereffekt, auch „Schneeballeffekt" genannt, zur Aktivierung von Millionen Enzymmolekülen führen, die Glykogen zu Glucose abbauen (Abb. 3). Erläutern Sie den Verstärkereffekt.

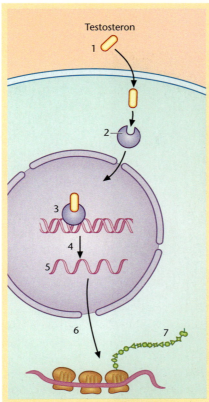

Vorgänge beim Mann, die durch Testosteron beeinflusst werden:
vorgeburtlich:
– Entwicklung der Hoden und des männlichen äußeren Genitals
– geschlechtliche Differenzierung des Gehirns

in der Pubertät:
– Entwicklung der äußeren Genitalien
– Bildung von Spermazellen
– Veränderungen der Körper-, Gesichts- und Achselbehaarung
– Veränderung der Stimmlage (Kehlkopf, Stimmbänder)
– Veränderungen des Skeletts (Längenwachstum, männliche Proportionen)
– Veränderungen der Muskulatur (Muskelmasse, Kraft, Ausdauer)
– Veränderungen im Stoffwechsel: Testosteron hat eine proteinaufbauende (anabole) Wirkung.
– Beeinflussung der Psyche und des Verhaltens

2 Signaltransduktion durch Testosteron und seine Wirkungen

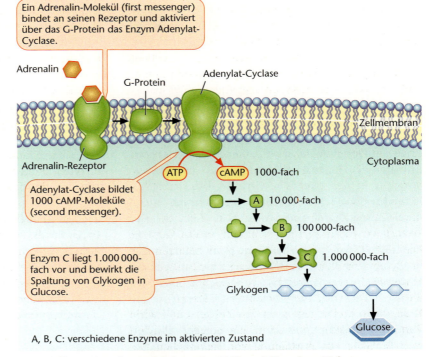

3 Modell zur Signaltransduktion mit cAMP und Signalverstärkung

14.1 Lernen und Gedächtnis

1 *Diese Kohlmeise hat gelernt, den Foliendeckel einer Milchflasche aufzupicken*

In England beobachtete man Kohlmeisen dabei, wie sie den Foliendeckel von Milchflaschen durchpickten. So gelangten sie an die Milch, die morgens vom Milchmann vor die Tür gestellt wurde (Abb. 1). Rasch breitete sich dieses Verhalten in Kohlmeisenpopulationen aus. Die Kohlmeisen haben gelernt, d. h. sie haben ihr Verhalten aufgrund individuell erworbener Erfahrungen geändert. Zum Lernen gehört die Aufnahme, Verarbeitung sowie die abrufbare Speicherung von Informationen im Gedächtnis.

Man unterscheidet verschiedene **Lernformen:**
Gewöhnung ist eine einfache Lernform. Beispielsweise wird jemand in seiner neu bezogenen Wohnung in der Nähe einer viel befahrenen Bahnstrecke schon nach wenigen Tagen in der Nacht nicht mehr wach, wenn ein Zug vorbeifährt. Gewöhnung liegt dann vor, wenn ein Verhalten nach wiederholter identischer Reizung abnimmt. Die biologische Funktion von Gewöhnung liegt in der Unterscheidung von bedeutungsvollen und bedeutungslosen Reizen.
Lernen durch Verstärkung ist eine Lernform, bei der auf ein Verhalten gute Erfahrung, z. B. eine Belohnung, erfolgt. Im Gehirn werden Informationen über das Verhalten mit den Informationen über die Folgen zu einer Assoziation verknüpft. Verstärker sind alle Reize, die in einer Lernsituation die Häufigkeit eines bestimmten Verhaltens erhöhen. In vielen Tierdressuren werden z. B. Futterbrocken als Verstärker für ein bestimmtes Verhalten eingesetzt.
Lernen durch Nachahmung ist dann gegeben, wenn ein Verhalten, ohne vorheriges eigenes Ausprobieren durch Beobachtung und Nachahmung von Artgenossen übernommen wird. Das Lernen durch Nachahmung spielt unter anderem für eine Reihe sozial lebender Vögel und Säugetiere sowie für den Menschen eine wichtige Rolle.
Lernen durch Einsicht erfolgt, wenn ein neues Verhalten gleichsam „in Gedanken", also ohne Ausprobieren und ohne Lernen durch Nachahmung, geplant und dann ausgeführt wird.

Lernen ist untrennbar mit Gedächtnis verbunden. Man unterteilt das Gedächtnis nach der Zeitdauer des Behaltens in Kurzzeit- und Langzeitgedächtnis. Das **Kurzzeitgedächtnis,** auch Arbeitsgedächtnis genannt, speichert mehrere Minuten, das **Langzeitgedächtnis** für Stunden, Tage, Monate oder ein ganzes Leben. Beim Menschen besteht das Langzeitgedächtnis aus zwei Hauptkomponenten, dem **deklarativen Gedächtnis** und dem **prozeduralen Gedächtnis.** Beide unterscheiden sich in der Art der gespeicherten Information und beanspruchen teilweise unterschiedliche Gehirnstrukturen. Das deklarative Gedächtnis, manchmal auch als Wissensgedächtnis bezeichnet, speichert Tatsachen, Fakten und Ereignisse, die bewusst wiedergegeben und im Prinzip sprachlich bezeichnet und erklärt werden können. Es wird unterteilt in zwei Untersysteme: Das **semantische Gedächtnis** enthält Informationen über Wissen, Fakten, Regeln und Bedeutungen, die von der Person unabhängig sind („London ist die Hauptstadt von England."). Das **episodische Gedächtnis** verarbeitet und speichert dagegen Informationen, die die Person unmittelbar betreffen („Letztes Jahr war ich in London."). Es ist auf das eigene Leben angelegt. Das prozedurale Gedächtnissystem ist zuständig für Bewegungsabläufe, Fertigkeiten und Verfahrensweisen, z. B. Radfahren, Tanzen, Klavierspielen oder Lesen, die vielfach geübt wurden und ohne nachzudenken, also unbewusst, abgerufen werden können.

2 *Der Schimpanse gelangt mit Hilfe von mehreren Kisten an die Bananen an der Decke*

1 **Lernformen.** Erläutern Sie Abb. 1 bis 3 in Hinblick auf die zugrunde liegenden Lernformen.

2 **Gedächtnis.**
a) Erstellen Sie anhand der Angaben im Text ein Baumdiagramm des menschlichen Gedächtnisses. In einem Baumdiagramm sind über- und untergeordnete Begriffe durch Linien verbunden. Präsentieren und erläutern Sie Ihr Diagramm.
b) Nennen Sie die zutreffende Gedächtnisform, die für Antworten auf jede der acht Fragen in Abb. 4 sowie für die Lösung der Aufgabe in Abb. 5 beansprucht wird.

1. Wo waren Sie letztes Wochenende am Samstagabend?
2. Was bedeutet die Abkürzung ATP?
3. Wie heißt die Grundschule, die Sie besuchten?
4. Wann und wo fand Ihr Abtanzball statt?
5. Wie heißen die deutschen Bundesländer?
6. Was ist das Elementsymbol für Kohlenstoff?
7. Was geschah am 11. September 2001?
8. Wie fanden Sie die Atmosphäre auf der letzten Fete, auf der Sie waren?

4 *Welche Gedächtnisformen werden zur Beantwortung der Fragen benötigt?*

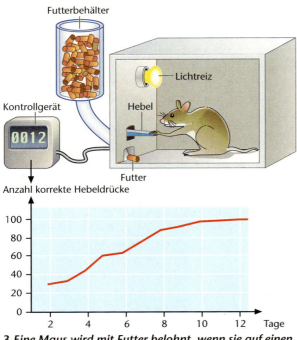

3 *Eine Maus wird mit Futter belohnt, wenn sie auf einen Lichtreiz mit einem Hebeldruck reagiert*

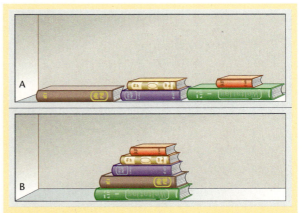

Ihre Aufgabe besteht darin, die farbigen Bücher von der Anordnung A in die Anordnung B umzuräumen. Bedingungen sind, dass Sie immer nur ein Buch umräumen und dass ein größeres Buch nicht auf ein kleineres gelegt werden darf. Ihre Aufgabe ist gelöst, wenn Sie die kleinste Zahl von Räumvorgängen angeben können, um von der Anordnung A nach B zu gelangen.

5 *Welche Gedächtnisform wird zur Aufgabenlösung benötigt?*

→ 20.5 Evolution des menschlichen Gehirns   → 20.8 Vergleich biologischer und kultureller Evolution

14.2 Erfahrungen verändern neuronale Verbindungen

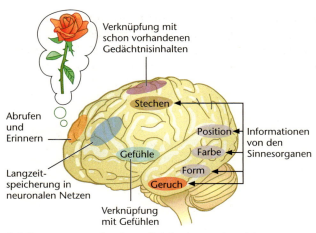

1 Erinnerung an eine Rose. Bei der Langzeitspeicherung wird in miteinander verknüpften neuronalen Netzen Gedächtnis gebildet.

Auf zellulärer und molekularer Ebene sind an Lernen und Gedächtnis insbesondere Synapsen beteiligt (Abb. 1, 2). Diese sind in Abhängigkeit von ihrer Aktivität veränderlich. Diese **Veränderlichkeit synaptischer Verbindungen** ist ein Kennzeichen, in dem sich neuronale Netze von der starren Verschaltung eines Computerchips grundlegend unterscheiden. Solche Synapsen, in denen häufig Aktionspotenziale einlaufen, zeigen eine anhaltende Verbesserung der Erregungsübertragung. Das drückt sich unter anderem darin aus, dass die Amplitude des postsynaptischen Potenzials an diesen Synapsen anhaltend größer wird. Ursachen für die verbesserte Erregungsübertragung können eine erhöhte Transmitterfreisetzung je Aktionspotenzial sein oder eine erhöhte Zahl von Rezeptoren und Ionenkanälen in der postsynaptischen Membran. Wenn mehrere Synapsen an einem Neuron gleichzeitig aktiv sind, verbessern sie sich außerdem gegenseitig in der Erregungsübertragung (Abb. 2). Transmitter haben neben ihrer Funktion bei der synaptischen Erregungsübertragung weitere Bedeutung. Auch die verbesserte Erregungsübertragung an Synapsen wird durch Transmitter ausgelöst. Sie besetzen an der postsynaptischen Membran Rezeptoren, die über den Vorgang der **Signaltransduktion** eine intrazelluläre Signalkette im nachgeschalteten Neuron auslösen: Es werden Proteine aktiviert, die ihrerseits die Membraneigenschaften ändern. Durch die Aktivierung von Transkriptionsfaktoren wird die **Proteinbiosynthese** reguliert. Die Synthese von Proteinen wie z. B. Rezeptormolekülen, Kanalproteinen, Enzymen für die Transmittersynthese ist wahrscheinlich für das Langzeitgedächtnis unerlässlich. Auch für die Bildung neuer Synapsen werden Proteine benötigt.

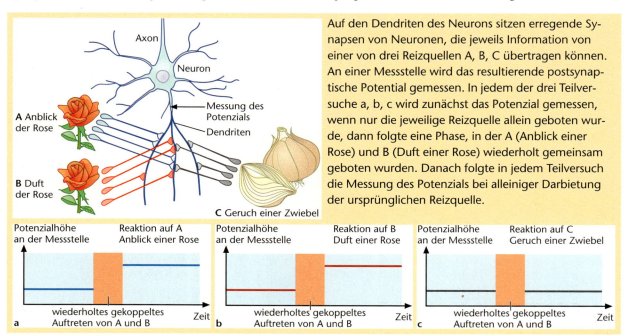

Auf den Dendriten des Neurons sitzen erregende Synapsen von Neuronen, die jeweils Information von einer von drei Reizquellen A, B, C übertragen können. An einer Messstelle wird das resultierende postsynaptische Potenzial gemessen. In jedem der drei Teilversuche a, b, c wird zunächst das Potenzial gemessen, wenn nur die jeweilige Reizquelle allein geboten wurde, dann folgte eine Phase, in der A (Anblick einer Rose) und B (Duft einer Rose) wiederholt gemeinsam geboten wurden. Danach folgte in jedem Teilversuch die Messung des Potenzials bei alleiniger Darbietung der ursprünglichen Reizquelle.

2 Modell zur Verbesserung der Erregungsübertragung an gleichzeitig aktiven Synapsen

→ 2.14 Übersicht: Vom Gen zum Protein   → 12.1 Nervenzellen und Nervensysteme

1 Veränderlichkeit von synaptischen Verbindungen. Die aktivitätsabhängige Veränderlichkeit von Synapsen und die Ausbildung neuer Synapsen ist eine wesentliche Grundlage der Ausbildung des Langzeitgedächtnisses.
Skizzieren Sie eine Synapse und tragen Sie die möglichen Veränderungen mit Stichworten ein. Erläutern Sie Ihre Skizze.

2 Gleichzeitig aktive Synapsen an einem Neuron. Beschreiben Sie die Versuchsergebnisse in Abb. 2. Deuten Sie die Versuchsergebnisse.

3 Proteinbiosynthese und Langzeitgedächtnis.
a) Formulieren Sie die Hypothese, die mit der Versuchsreihe in Abb. 3 untersucht wurde.
b) Erläutern Sie die Bedeutung des Kontrollversuchs.
c) Beschreiben Sie die Versuchsergebnisse. Deuten Sie die Versuchsergebnisse im Hinblick auf die Hypothese.

Hypothese:
???

Durchführung:
In einer Trainingsphase erhielten Goldfische leichte elektrische Schläge. Dies konnten sie vermeiden, indem sie rechtzeitig von einer beleuchteten in eine unbeleuchtete Beckenhälfte schwammen. Den Goldfischen wurde zu unterschiedlichen Zeiten Puromycin durch Injektion in das Gehirn verabreicht. Puromycin ist ein Stoff, der die Proteinbiosynthese hemmt.

Ergebnis:

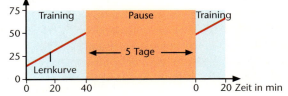

a) Kontrollversuch ohne Puromycin

Lesebeispiel Kontrollversuch:

Lernkurve von Goldfischen ohne Puromycin-Injektion: 40 Minuten Training, dabei Messungen, die die rote Lernkurve ergeben; 5 Tage ohne Training; dann wieder 20 Minuten Training mit neuer Lernkurve.

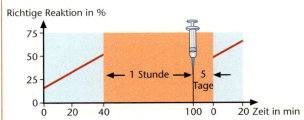

b) Puromycin-Injektion 1 Stunde nach dem Training

c) Puromycin-Injektion 1/2 Stunde nach dem Training

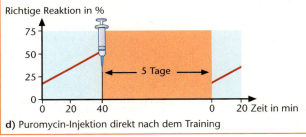

d) Puromycin-Injektion direkt nach dem Training

e) Puromycin-Injektion unmittelbar vor dem Training

3 *Proteinbiosynthese und Langzeitgedächtnis*

14.3 Alzheimer-Krankheit

Patientin 65 Jahre, leichte Demenz

Patient 81 Jahre, mittelschwere Demenz

Patientin 87 Jahre, schwere Demenz

Patient 79 Jahre, schwere Demenz

1 *An Alzheimer-Demenz erkrankte Patienten zeichnen eine Uhr, die auf 10 nach 11 stehen soll*

Die **Alzheimer-Krankheit** ist eine allmählich fortschreitende Erkrankung, die im Alter auftreten kann. Im Zuge der Erkrankung kommt es zu biochemischen Veränderungen in solchen Bereichen des Großhirns, die mit Lernen und Gedächtnisbildung zu tun haben. Der Verlust von Nervengewebe gehört zum Krankheitsverlauf. Gedächtnisschwund und vermindertes Lernvermögen, Defizite in Entscheidungs- und Erkenntnisprozessen, aber auch Orientierungslosigkeit sowie Sprachstörungen und Persönlichkeitsveränderungen sind Symptome dieser Krankheit (Abb. 1). Die Alzheimer-Erkrankung kann bis zum vollständigen Verlust von Urteils- und Entscheidungsvermögen, Gedächtnis, Sprachvermögen und Körperkontrolle voranschreiten.

Auf molekularer und zellulärer Ebene spielen im Verlauf der Erkrankung Proteinablagerungen und ihre Auswirkungen auf die Funktion von Nervenzellen eine maßgebliche Rolle (Abb. 2). Im Großhirn von Patienten, die an der Alzheimer-Krankheit leiden, finden sich im Extrazellulärraum gehäuft winzige Ablagerungen, die jeweils aus vielen Molekülen eines Proteins namens Amyloid bestehen. Diese Amyloid-Plaques werden als eine wichtige Ursache für die gestörte Signalübertragung zwischen den Neuronen und letztlich für das massive Absterben von Nervenzellen angesehen (Abb. 2). Nach einer Modellvorstellung werden die wissenschaftlichen Belege folgendermaßen gedeutet: Amyloid-Plaques setzen sich an bestimmte Kanalproteine für Calciumionen, die dadurch dauerhaft geöffnet werden. Calciumionen diffundieren entsprechend dem Konzentrationsgefälle in das Innere der Neuronen (Abb. 2). Dadurch wird die Weiterleitung von Aktionspotenzialen blockiert und zusätzlich verkleben Moleküle des sogenannten Tau-Proteins. Das Tau-Protein hat normalerweise eine wichtige Funktion für die Stabilität der Axone, den Stofftransport in den Axonen sowie deren Energieversorgung. Fällt das Tau-Protein aus, verlieren Axone ihre Struktur und ihre Funktionsfähigkeit. So führt die hohe Konzentration an Calciumionen letztlich zum Zelltod.

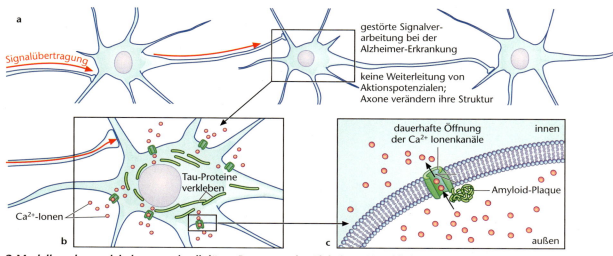

2 *Modell zu den molekularen und zellulären Prozessen der Alzheimer-Krankheit*

1 Systemebenen und die Alzheimer-Krankheit. Beschreiben Sie anhand der Informationen im Text die Alzheimer-Krankheit auf molekularer und zellulärer Ebene sowie auf Organ- und Organismus-Ebene.

2 Vergleichende Gewebeuntersuchungen mit Hilfe von DNA-Microarrays. Bei der Untersuchung von Erkrankungen des Gehirns wird auch die DNA-Microarray-Technik eingesetzt (Abb. 3). Informieren Sie sich in diesem Buch über diese Technik. Erläutern Sie das Verfahren. Formulieren Sie Fragen, die man mit dieser Technik in Bezug auf die Alzheimer-Krankheit einer Antwort näher bringen kann.

3 Dramatischer Anstieg der Zahl von Alzheimer-Erkrankten zu befürchten. In Deutschland werden bis zum Jahre 2050 etwa 2,6 Millionen Menschen an der Alzheimer-Krankheit erkranken. Entwickeln Sie mit Hilfe von Abb. 4 begründete Vermutungen über die Ursachen dieses dramatischen Anstiegs.

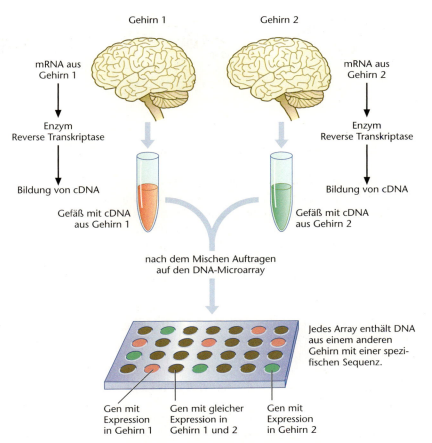

3 *DNA-Microarray-Technik zur vergleichenden Untersuchung von Nervengewebe*

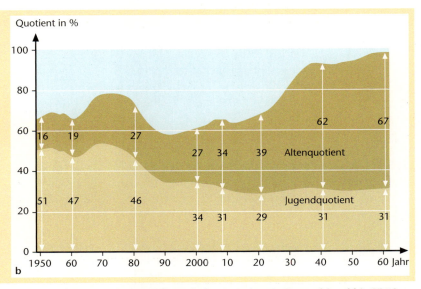

Jugendquotient: Anzahl der unter 20-Jährigen pro 100 Menschen im Alter zwischen 20 und 64 Jahren
Altenquotient: Anzahl der über 65-Jährigen pro 100 Menschen im Alter zwischen 20 und 64 Jahren

Lesebeispiel: Für das Jahr 2040 wird für Deutschland prognostiziert, dass auf 100 Menschen im Alter von 20 bis 64 Jahren 62 über 65-jährige und 31 unter 20-jährige Menschen kommen.

4 *a) Geschätzte Zahl der an Alzheimer Erkrankten bis 2050, b) Jugend- und Altenquotient in Deutschland bis 2060*

→ 14.1 Lernen und Gedächtnis   → 16.4 Biologische Aspekte des Alterns

15.1 Das Erkennen und die Abwehr von Antigenen

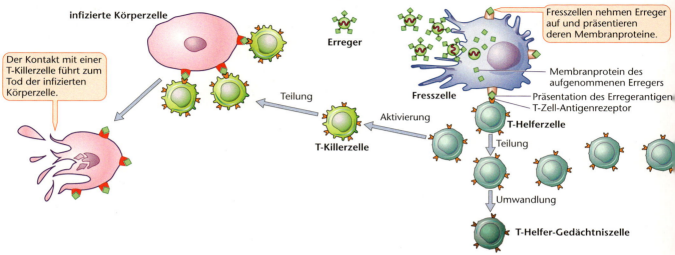

1 *Ablauf der spezifischen Immunabwehr*

Der menschliche Körper verfügt über verschiedene Mechanismen, mit denen er sich gegen Krankheitserreger zur Wehr setzt. Eine erste Barriere gegen das Eindringen von Erregern bilden Haut und Schleimhäute mit verschiedenen Sekreten, die antibakterielle Enzyme enthalten. An der zweiten Barriere sind Fresszellen maßgeblich beteiligt, sie gehören zu den weißen Blutzellen. Sie nehmen eingedrungene Erreger auf und zerstören sie. Diese Abwehrmechanismen sind Teil der **unspezifischen Abwehr**.

Eine andere Bekämpfung von Krankheitserregern erfolgt über die **spezifische Abwehr.** Zellen, die die spezifische Immunantwort auslösen, sind Lymphocyten. Auch sie gehören zu den weißen Blutzellen und werden im Knochenmark gebildet. B-Lymphocyten produzieren **Antikörper,** spezialisierte Proteine, die an Erreger binden, die dann von Fresszellen unschädlich gemacht werden können. Dieses Vorgehen gegen Erreger bezeichnet man als **humorale Immunantwort** (lat. *humor,* Flüssigkeit), weil sie in den Körperflüssigkeiten, Blut und Lymphe, stattfindet. Die zu den T-Lymphocyten gehörenden T-Killerzellen bekämpfen als Teil der **zellulären Immunantwort** infizierte Körperzellen, indem sie an diese binden und ihr Absterben einleiten.

Die spezifische Immunabwehr ist in Abb. 1 dargestellt. Fresszellen erkennen Erreger an ihren Membranproteinen. Nehmen Fresszellen Erreger auf, werden Teile dieser Membranproteine auf der Zelloberfläche der Fresszellen präsentiert. Diese Bruchstücke sind **Antigene.** So bezeichnet man alle Substanzen, die an spezifische Antigenrezeptoren an der Oberfläche von B- oder T-Lymphocyten nach dem Schlüssel-Schloss-Prinzip binden und in der Folge eine spezifische humorale und/oder zelluläre Immunantwort hervorrufen. Im Blut und im Gewebe befinden sich außerdem **T-Helferzellen** mit jeweils unterschiedlichen Rezeptoren. Passt ein Rezeptor zu einem Antigen, vermehrt sich diese T-Helferzelle stark. T-Helferzellen leiten die Immunantwort ein. B-Zellen weisen unterschiedliche Rezeptoren auf. Nur diejenigen B-Zellen, die passende Rezeptoren für das Antigen des Erregers besitzen, werden massenhaft vermehrt. Sie differenzieren sich dabei zu Plasmazellen und produzieren Antikörper, die spezifisch gegen das Erregerantigen gerichtet sind. Voraussetzung für diese Vermehrung ist der Kontakt mit dem Erreger und mit aktivierten T-Helferzellen. Diese Auswahl von B-Zellen mit passendem Rezeptor und ihre Vermehrung zu einem Klon gleichartiger Plasmazellen nennt man **klonale Selektion.** Antikörper binden an die Antigene der Erreger, die dann besonders leicht von Fresszellen aufgenommen und unschädlich gemacht werden können. Außerdem aktivieren T-Helferzellen T-Killerzellen zu massenhafter Vermehrung, die gezielt infizierte Körperzellen abtöten. Nach dem ersten Kontakt mit einem Erregerantigen werden auch langlebige **Gedächtniszellen** gebildet. Diese ermöglichen bei erneutem Kontakt mit dem gleichen Antigen eine beschleunigte Immunreaktion.

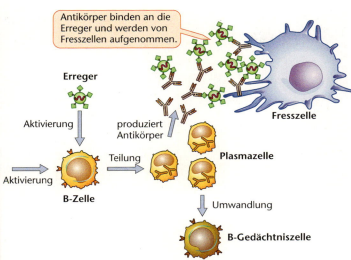

2 Primäre und sekundäre Immunantwort. Die Reaktion des Immunsystems auf das erste Auftreten eines Erregers nennt man primäre, die Reaktion auf das erneute Auftreten des gleichen Erregers sekundäre Immunreaktion. Beschreiben und begründen Sie die unterschiedlichen Verläufe der primären und sekundären Immunreaktion mit Hilfe der Abb. 3.

3 Grippeschutzimpfungen. In jedem Jahr treten neue Variationen von Grippeviren mit anderen Antigenen auf, die Epidemien auslösen können. Fachleute müssen jeweils entscheiden, ob eine neue teure Impfkampagne durchgeführt werden soll. Abb. 4 zeigt die Veränderung der Virusantigene und die Antikörper des Impfstoffes.
a) Die Fachleute entscheiden, dass im 2. Jahr kein neuer Impfstoff nötig ist. Erläutern Sie die Überlegungen, die dieser Entscheidung zugrunde liegen.
b) Entwickeln Sie eine Vermutung, welche Entscheidung im 3. Jahr getroffen wird.

1 Ablauf einer Immunreaktion und klonale Selektion von B-Zellen.
a) Entwickeln Sie auf der Basis der Abb. 1 und des Textes ein Fließdiagramm und erläutern Sie daran den Ablauf einer Immunreaktion.
b) Beschreiben Sie den Ablauf der klonalen Selektion, indem Sie für die Felder 1–5 in Abb. 2 jeweils einen erklärenden Kommentar verfassen.

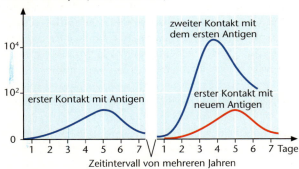

3 *Primäre und sekundäre Immunantwort*

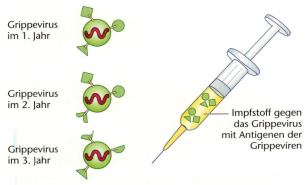

4 *Veränderung von Oberflächenstrukturen bei Grippeviren*

2 *Klonale Selektion von B-Zellen*

→ 12.5 Multiple Sklerose → 15.3 Das HI-Virus und Aids

275

15.2 Unterscheidung von Selbst und Fremd

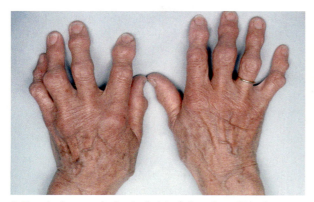

1 *Durch rheumatische Arthritis deformierte Hände*

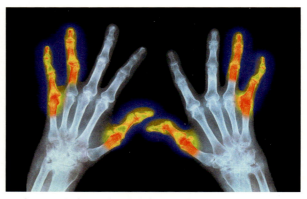

2 *Rheumatische Arthritis führt zu chronischen Entzündungen in Gelenken.* Die Aufnahme zeigt, welche Gelenke akut entzündet sind.

Jeder Mensch hat auf den Oberflächen seiner Zellen verschiedene Membranproteine als individuelle Gewebemerkmale. Die Gene, die diese MHC-Proteine codieren, bezeichnet man als **MHC-Komplex** (Haupthistokompatibilitätskomplex). Für jedes der MHC-Gene gibt es so viele unterschiedliche Genvarianten, dass es unwahrscheinlich ist, dass zwei Menschen über vollkommen identische MHC-Proteine verfügen. Die Zellen des Immunsystems lernen im Thymus oder im Knochenmark, körpereigene von körperfremden Antigenen zu unterscheiden (Abb. 3). Intakte Immunzellen tolerieren körpereigene Antigene und bekämpfen körperfremde. Bei Organtransplantationen ist es wichtig, dass eine möglichst große Übereinstimmung der MHC-Proteine von Spender und Empfänger besteht, damit das Immunsystem des Empfängers das Spenderorgan möglichst wenig angreift. Um Abstoßungsreaktionen zu vermeiden müssen nach einer Transplantation lebenslang Medikamente verabreicht werden.

Autoimmunerkrankungen wie rheumatische Arthritis, Diabetes Typ 1 und Multiple Sklerose entstehen, wenn T-Lymphocyten eigene Körperzellen angreifen und körpereigenes Gewebe zerstören (Abb. 1, 2).

Die Immunzellen produzieren eine solche Vielfalt an Antikörpern, dass für die meisten körperfremden Antigene geeignete Bindungsstellen vorhanden sind. Jeder B-Lymphocyt produziert einen etwas anderen Antikörper, jeder T-Lymphocyt besitzt etwas unterschiedliche Rezeptoren. Man schätzt, dass jeder Mensch Millionen verschiedener B- und T-Zellen besitzt, jede davon mit einem spezifischen Antigenrezeptor. Möglich wird diese Vielfalt dadurch, dass etwa 300 Genabschnitte, die die Antikörper codieren, in jeder Immunzelle umstrukturiert und neu kombiniert werden (Abb. 4). Außerdem ist alternatives Spleißen an der Bildung der Antikörpervielfalt beteiligt.

Im Thymus findet die Reifung der T-Lymphocyten statt. Thymuszellen präsentieren an ihrer Oberfläche MHC-Proteine. Die noch unreifen T-Lymphocyten binden mit ihren T-Zell-Rezeptoren an diese MHC-Proteine.

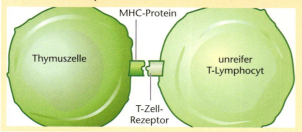

3 *Entwicklung der Selbsttoleranz*

Fall 1: Es kommt zu keiner Bindung zwischen T-Zell-Rezeptor und MHC-Protein: Die T-Zelle stirbt ab.
Fall 2: Es kommt zu einer starken Bindung zwischen T-Zell-Rezeptor und MHC-Protein. Diese T-Zellen reagieren auf körpereigene MHC-Proteine und können Autoimmunreaktionen auslösen. Auch diese T-Lymphocyten sterben ab.
Fall 3: Es kommt zu einer schwachen Bindung zwischen T-Zell-Rezeptor und MHC-Protein. Diese Zellen erkennen die MHC-Proteine, lösen aber im Körper keine Immunreaktion gegen körpereigene Antigene aus. Nur diese Zellen überleben.

1 Die genetischen Grundlagen der Antikörpervielfalt.

a) Beschreiben Sie die in Abb. 4 dargestellten Vorgänge, die zur Bildung von Antikörpern führen.
b) Erläutern Sie anhand der Abb. 4 und des Textes die Ursachen der Variabilität der Antikörper.
c) Erläutern Sie die Bedeutung der Variabilität der Antikörper für die Funktion des Immunsystems.
d) Antikörper enthalten konstante und variable Regionen. Die variablen Regionen bilden die Antigenbindungsstelle. Sie werden von V-, J- und D-Genabschnitten codiert. Man kennt 135 verschiedene V-, 27 D- und 15 J-Genabschnitte. Die schweren Ketten der Antikörper eines B-Lymphocyten enthalten jeweils eine Kombination aus einem V, einem J- und einem D-Protein. Die leichten Ketten eine Kombination aus V und J. Ermitteln Sie rechnerisch die Zahl der möglichen unterschiedlichen Antikörper, die sich aus der Kombination der drei Segmente ergibt.

2 Entwicklung von Immuntoleranz. Immuntoleranz ist die erworbene Nichtreaktivität gegen bestimmte Antigene. 1945 machte ein Wissenschaftler die Beobachtung, dass zweieiige Kälberzwillinge, die während der Embryonalzeit eine gemeinsame Plazenta besessen hatten, als erwachsene Tiere gegenseitig Hautimplantate des jeweils anderen Tieres tolerierten. Das Experiment in Abb. 5 soll dazu beitragen, die diesem Phänomen zugrunde liegenden Ursachen aufzuklären.

a) Formulieren Sie eine Fragestellung für das in Abb. 5 dargestellte Experiment und beschreiben Sie Versuchsdurchführung und Versuchsergebnis.
b) Deuten Sie das Versuchsergebnis.
c) Entwickeln Sie begründete Vorschläge für weiterführende Experimente, die den Mechanismus zum Erwerb der Immuntoleranz aufklären könnten.

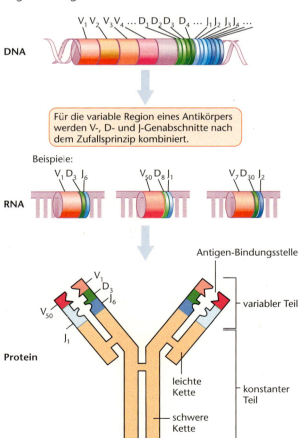

4 *Entstehung der Antikörpervielfalt*

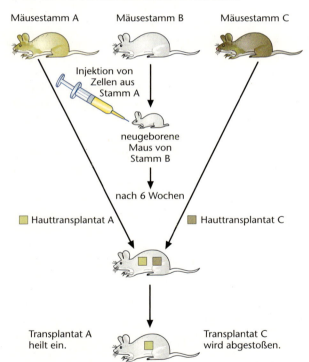

5 *Transplantationsexperiment zur Immuntoleranz*

→ 12.5 Multiple Sklerose   → 15.1 Das Erkennen und die Abwehr von Antigenen

15.3 Das HI-Virus und Aids

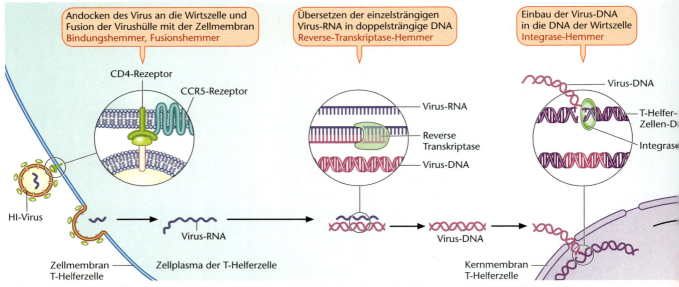

1 *Vermehrung des HI-Virus im Menschen und Einflussmöglichkeiten durch Medikamente (rote Schrift)*

Nach Schätzungen der Weltgesundheitsorganisation WHO infizieren sich jährlich weltweit fast drei Millionen Menschen mit dem HI-Virus, in Deutschland geht man von etwa 3000 Neuinfektionen jährlich aus.

Das **HI-Virus** (Human Immunodeficiency Virus) gehört zu den Retroviren: Das genetische Material dieser Viren besteht aus RNA. Dringt das Virus in eine Zelle ein, wird seine RNA zunächst mit Hilfe des Virusenzyms Reverse Transkriptase in DNA umgeschrieben und dann in die DNA der Wirtszelle integriert (Abb. 1). Bei Zellteilungen der Wirtszelle wird das Virusgenom mit vervielfältigt und an die Tochterzellen weitergegeben. Von der Wirtszelle werden Virusbestandteile produziert und freigesetzt, wodurch die Wirtszelle schließlich zerstört wird.

HI-Viren sind für Menschen besonders gefährlich, weil sie T-Helferzellen befallen, die dann ihre Aufgabe im Immunsystem nicht mehr erfüllen können. Durch den Ausfall vieler T-Helferzellen wird das Immunsystem so stark geschwächt, dass es zu vielfältigen Infektionserkrankungen wie z. B. Lungenentzündung oder Pilzinfektionen kommt. Das durch diese zahlreichen Infektionen hervorgerufene Krankheitsbild bezeichnet man als **Aids**. Die Infektionskrankheiten nehmen bei HIV-Infizierten häufig einen sehr schweren Verlauf und führen schließlich zum Tod. Die Zeit von der Infektion bis zum Auftreten des Krankheitsbildes Aids kann viele Jahre betragen.

Inzwischen sind viele der molekularen Vorgänge bei der Virusvermehrung aufgeklärt. Dadurch konnten in den vergangenen Jahren Medikamente entwickelt werden, die selektiv einzelne, für die Virusvermehrung notwendige, Stoffwechselschritte hemmen (Abb. 1, rote Schrift). Bei HIV-Infizierten wird eine Therapie angewandt, deren Ziel es ist, die Virusanzahl massiv zu senken. Da HI-Viren schnell gegen einzelne Wirkstoffe resistent werden, setzt man Kombinationen aus verschiedenen hochdosierten Medikamenten ein. Je weniger Viren im Körper verbleiben, desto geringer ist die Gefahr der Resistenzentwicklung. Die Nebenwirkungen der Medikamente sind erheblich und eine endgültige Heilung der Patienten ist noch nicht möglich, aber die Lebenserwartung der Infizierten ist heute gegenüber früher deutlich erhöht.

Um in eine Zelle eindringen zu können, muss das Virus zunächst an bestimmte Membranproteine auf der Oberfläche der Wirtszellen andocken, den CD4- und den CCR5-Rezeptor (Abb. 1). Der CCR5-Rezeptor ist bei einem Zehntel der Europäer so mutiert, dass das Virus nicht daran binden kann. Menschen, die bezogen auf diese Mutation homozygot sind, werden seltener mit HI-Viren infiziert.

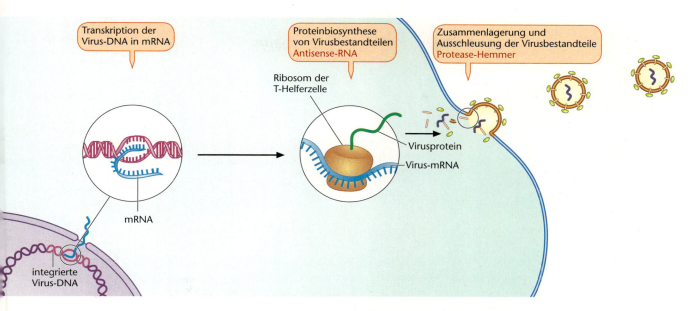

1 HIV-Infektionen: Von molekularen Vorgängen zu Medikamenten.
a) Beschreiben Sie die Vermehrung des HI-Virus mit Hilfe der Abb. 1.
b) Stellen Sie tabellarisch die in der Abb. 1 dargestellten Wirkorte und Wirkmechanismen der Aidsmedikamente zusammen.
c) Entwickeln Sie zur Veranschaulichung der Wirkungsweise eines Bindungshemmers für den CD4-Rezeptor ein einfaches Schema.
d) HI-Viren mutieren schnell. Dadurch treten häufig Viren auf, die zumindest gegen einzelne Wirkstoffe der verwendeten Medikamente resistent und gegen die vom Körper produzierten Antikörper unempfindlich werden. Beurteilen Sie vor diesem Hintergrund den Einsatz hoher Dosierungen von Kombinationspräparaten mit mehreren unterschiedlichen Wirkstoffen, obwohl diese Medikamente erhebliche Nebenwirkungen hervorrufen. Erläutern Sie dabei, welche Folgen die Beschränkung auf Präparate mit nur einem Wirkstoff oder die Senkung der Medikamentendosis haben könnten.

2 Hepatitis C. Hepatitis C ist eine von Viren verursachte Infektionskrankheit, die zu schweren Leberschädigungen führt. Hepatitis C wird mit einem Aidsmedikament, einem „Reverse-Transkriptase-Hemmer", behandelt. Entwickeln Sie eine Hypothese, warum dieses Medikament für die Behandlung von Hepatitis C, nicht aber für die Behandlung aller Virusinfektionen geeignet ist.

3 Mit Gentherapie gegen Aids? Ein HIV-Patient hatte zur Behandlung seiner Leukämie eine Knochenmarktransplantation erhalten. Der Knochenmarkspender war Träger einer Mutation im CCR5-Gen, einem Protein auf der Oberfläche von T-Helferzellen. Bei dem Patienten wurden über einen langen Zeitraum keine HI-Viren mehr nachgewiesen. Eine solche Behandlung scheitert für andere Patienten daran, dass kaum geeignetes Spenderknochenmark mit dieser Mutation verfügbar ist. Zudem sind Transplantationen mit großen Risiken für den Empfänger verbunden.
Heute werden Verfahren angedacht, dem Patienten eigene Stammzellen zu entnehmen und diese genetisch so zu manipulieren, dass ein mutiertes CCR5-Gen entsteht. Diese Zellen würden dann im Labor vermehrt und anschließend dem Patienten transplantiert.
Bei einem alternativen, in der Erprobung befindlichen Verfahren werden Patienten genetisch manipulierte HI-Viren gespritzt. Diese produzieren im Körper des Patienten eine Antisense-RNA. Das ist ein kurzes RNA-Stück, das komplementär zu einer wichtigen mRNA des echten HI-Virus ist. Antisense-RNA bindet an die mRNA des echten Virus und verhindert so deren Translation und damit die Virusvermehrung.
a) Veranschaulichen Sie beide Verfahren mit Hilfe selbst entwickelter Schemata.
b) Diskutieren Sie, inwiefern beide Verfahren zu einer dauerhaften Heilung der Patienten führen können.

16.1 An den Grenzen des Lebens

1 a) 1954: Frank Tugend und sein Enkel Dan Jury, b) 1974: Dan Jury und sein Großvater Frank Tugend

Geburt und Tod begrenzen das Leben eines jeden Menschen. In Übereinstimmung mit dem heutigen christlichen Verständnis legt das deutsche **Embryonenschutzgesetz** fest, dass bereits die befruchtete und entwicklungsfähige Eizelle vom Zeitpunkt der Verschmelzung der Zellkerne als Embryo und damit als ein Mensch anzusehen ist (Abb. 3).

Lange Zeit galt ein Mensch dann als tot, wenn er nicht mehr atmete, sein Herz nicht mehr schlug und sein Gehirn nicht mehr arbeitete. Die moderne Intensivmedizin ermöglicht mit ihren funktionserhaltenden Apparaten jedoch, dass die Funktionen von Lunge, Herz und Gehirn nicht mehr zwangsläufig gleichzeitig ausfallen. Dies machte eine Entscheidung darüber notwendig, welches Merkmal für den Eintritt des Todes bestimmend sein soll: das endgültige Aufhören der Atmung, des Kreislaufs oder der Gehirntätigkeit. Im Jahre 1968 definierte ein Komitee der Harvard Medical School in den USA als Todeskriterium den **Hirntod,** den irreversiblen Ausfall der gesamten Hirntätigkeit (Abb. 2). Diese Todesdefinition ist heute von den meisten Ländern übernommen worden. Bis zur endgültigen Feststellung des Hirntods wird durch künstliche Beatmung die Herz-Kreislauf-Funktion aufrechterhalten. Erst nach Feststellung des Hirntods werden die Maschinen ausgestellt. Sollte sich ein Patient zu Lebzeiten zur **Organspende** bereit erklärt haben, wird die Herz-Kreislauf-Funktion bis zur Organentnahme maschinell aufrechterhalten.

Vor dem Tod durchlaufen viele Menschen einen unterschiedlich langen Prozess des Sterbens. Angesichts von Patienten, die unter einer fortschreitenden unheilbaren Erkrankung leiden, stellt sich die Frage nach **Sterbehilfe.** Mit Sterbehilfe kann Hilfe im Sterben gemeint sein. In diesem Sinne bedeutet Sterbehilfe die Begleitung und Unterstützung Sterbender durch menschliche Zuwendung, durch Hilfestellungen, Pflege und schmerzlindernde Behandlung. So verstandene Sterbehilfe ist unumstritten. Dagegen befinden sich bestimmte Formen der Sterbehilfe als Hilfe zum Sterben in der Diskussion; in Deutschland sind sie gesetzlich unzulässig. In diesem Zusammenhang ist die **Patientenverfügung** von großer Bedeutung. Sie gibt die Möglichkeit, bestimmte lebenserhaltende Behandlungsmaßnahmen für sich selbst auszuschließen.

Die Bundesärztekammer definierte am 29. Juni 1991 den Hirntod als einen „Zustand des irreversiblen Erloschenseins der Gesamtfunktion des Großhirns, des Kleinhirns und des Hirnstamms bei einer durch kontrollierte Beatmung künstlich noch aufrechterhaltenen Herz-Kreislauf-Funktion. Mit dem Hirntod ist naturwissenschaftlich-medizinisch der Tod des Menschen festgestellt."
Zur Feststellung des Hirntods gehören:
– Bewusstlosigkeit (Koma),
– Fehlen der Stammhirnreflexe,
– Fehlen motorischer Reaktionen,
– Fehlen der Spontanatmung,
– Wiederholung der Untersuchung nach einem definierten Zeitraum.

2 Kriterien für den Hirntod

→ 16.2 Ethisches Bewerten: Die Präimplantations-Diagnostik

1 Beginn und Ende des Lebens. Diskutieren Sie unter Bezug auf Abb. 5 die Frage, ob der Beginn des Lebens und das Ende des Lebens schnell eintretende Ereignisse oder länger andauernde Vorgänge sind. Beachten Sie dabei unter anderem die Informationen in diesem Abschnitt, insbesondere in Abb. 3 und 4.

2 Recherche: Hirntod.
a) Recherchieren Sie die Begriffe „Wachkoma" und „Apallisches Syndrom".
b) Vergleichen Sie die Teilabbildungen in Abb. 6 und beschreiben Sie die Unterschiede.

3 Recherche: Hospizbewegung. Recherchieren Sie für einen Kurzvortrag die Arbeit der Hospizbewegung.

4 Patientenverfügung. Besorgen Sie sich eine Vorlage für eine Patientenverfügung. Fassen Sie die Kerninhalte der Vorlage zusammen. Nehmen Sie Stellung zu der Frage, ob das Anfertigen einer Patientenverfügung sinnvoll ist.

§ 8 Begriffsbestimmung
(1) Als Embryo im Sinne dieses Gesetzes gilt bereits die befruchtete, entwicklungsfähige menschliche Eizelle vom Zeitpunkt der Kernverschmelzung an, ferner jede einem Embryo entnommene totipotente Zelle, die sich bei Vorliegen der dafür erforderlichen weiteren Voraussetzungen zu teilen und zu einem Individuum zu entwickeln vermag.
(2) In den ersten vierundzwanzig Stunden nach der Kernverschmelzung gilt die befruchtete menschliche Eizelle als entwicklungsfähig, es sei denn, dass schon vor Ablauf dieses Zeitraums festgestellt wird, dass sich diese nicht über das Einzelstadium hinaus zu entwickeln vermag.

3 Auszug aus dem Gesetz zum Schutz von Embryonen (Embryonenschutzgesetz)

„Ein geläufiges Argument der Ethik begründet den Beginn der Schutzwürdigkeit damit, dass die menschliche Entwicklung von der Befruchtung an ein kontinuierlicher Vorgang sei, der keine scharfen Einschnitte aufweise, in dem nichts mehr hinzukäme, das eine Änderung des Status rechtfertigen würde. Auch wird argumentiert, das Entwicklungspotenzial sei mit der Bildung der Zygote und der Konstitution des Genoms des werdenden Organismus vollständig, alles sei beieinander, das den Menschen bestimme. [...] Bei Menschen (und Säugetieren) ist das aber erst nach der Einnistung in den Uterus der Fall: Die Zygote hat lediglich das Potenzial, eine Blastozyste zu bilden, die aus der Eihülle schlüpfen muss, um mit der Einnistung das nächste Stadium der Entwicklung zu beginnen.
Biologisch gesehen gibt es nichts Diskontinuierlicheres in einer Entwicklung als einen solchen Vorgang, bei dem sich der Embryo in direkten zellulären Kontakt mit einem anderen Organismus begibt. In der befruchteten Eizelle ist das genetische Programm zwar vollständig vorhanden. Zu seiner Ausführung braucht der Embryo aber die intensive Wechselwirkung, die Symbiose mit einem anderen Organismus – dem der Mutter. Die ist unersetzlich und unabdingbar.
Erst mit der Einnistung ist das Entwicklungsprogramm vollständig und mit der Geburt ist es ausgeführt."

4 Ab wann ist der Mensch ein Mensch? Christiane Nüsslein-Volhard, Medizin-Nobelpreisträgerin 1995

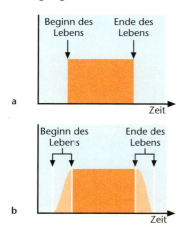

5 Beginn und Ende des Lebens als a) plötzliches Ereignis oder b) als Vorgang?

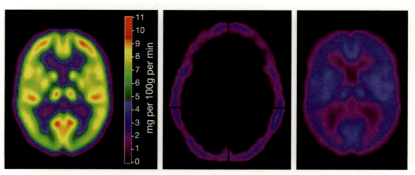

6 Stoffwechselaktivität in den Großhirnhälften eines Gesunden, eines Hirntoten und eines Wachkoma-Patienten. Die Farbskala gibt an, wie viel Milligramm Glucose in 100 g Hirngewebe umgesetzt werden.

16.2 Ethisches Bewerten: Die Präimplantationsdiagnostik

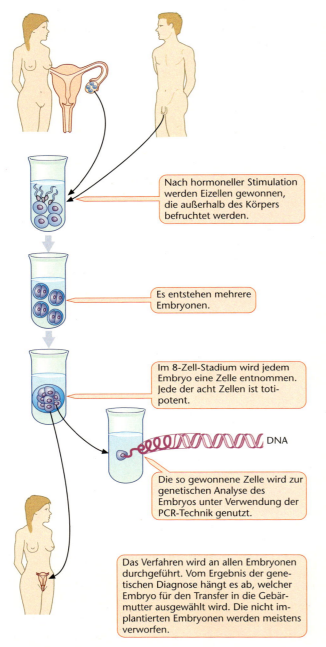

1 Präimplantationsdiagnostik. PID ermöglicht im Zusammenhang mit künstlicher Befruchtung eine genetische Diagnose insbesondere für bestimmte Erbkrankheiten (u. a. Bluterkrankheit, Sichelzellanämie, Mukoviszidose) und Chromosomenanomalien vor der Einnistung, also vor Beginn der Schwangerschaft. In Deutschland und einigen anderen Ländern ist die PID verboten, in vielen Ländern, z. B. in England, nicht.

Bildunterschriften zur Abbildung:
- Nach hormoneller Stimulation werden Eizellen gewonnen, die außerhalb des Körpers befruchtet werden.
- Es entstehen mehrere Embryonen.
- Im 8-Zell-Stadium wird jedem Embryo eine Zelle entnommen. Jede der acht Zellen ist totipotent.
- Die so gewonnene Zelle wird zur genetischen Analyse des Embryos unter Verwendung der PCR-Technik genutzt.
- DNA
- Das Verfahren wird an allen Embryonen durchgeführt. Vom Ergebnis der genetischen Diagnose hängt es ab, welcher Embryo für den Transfer in die Gebärmutter ausgewählt wird. Die nicht implantierten Embryonen werden meistens verworfen.

Mit der Befruchtung. In Übereinstimmung mit der Rechtssprechung des Bundesverfassungsgerichts wird im Deutschen Embryonenschutzgesetz der Zeitpunkt der Kernverschmelzung von Ei- und Spermazelle als Beginn menschlichen Lebens festgelegt, und „wo menschliches Leben existiert kommt ihm Menschenwürde zu" (Bundesverfassungsgericht 1975).

Mit der Einnistung. Mit der Einnistung beginnt die Schwangerschaft. Die Beziehung zum mütterlichen Organismus ist notwendige Bedingung dafür, dass aus dem frühen Embryo im Blastocystenstadium ein Individuum wird.

Mit dem Ausschluss der Zwillingsbildung am 14. Tag. Zu diesem Zeitpunkt hat sich der Embryo so weit entwickelt und den sogenannten Primitivstreifen ausgebildet, dass eine Teilung nicht mehr möglich ist und sich daher keine Zwillinge bilden können. Von nun an liege ein Individuum vor, der Embryo sei einzigartig. Das englische Embryonengesetz folgt dieser Argumentation. Das ist einer der Gründe dafür, dass die PID in England erlaubt ist.

2 Wann beginnt menschliches Leben? Drei verschiedene Sichtweisen

Cecile (28) und Harry (29), zur Zeit in London lebend, wünschen sich ein Kind. In der Familie von Harry trat gehäuft Brustkrebs auf, der auf einer Mutation des Gens BRCA1 beruht (BReast CAncer 1, ein Tumorsuppressorgen auf Chromosom 17). Zwei Verwandte sind an Brustkrebs und seinen Folgen gestorben. Das mutierte BRCA1 kann durch PID erkannt werden. 50 bis 85 Prozent der Frauen mit dieser Genvariante müssen damit rechnen, dass sie im Laufe ihres Lebens an Brustkrebs erkranken. Sollten Cecile und Harry eine Tochter bekommen, so wäre mit diesen Wahrscheinlichkeiten damit zu rechnen, dass ihre Tochter im Laufe ihres Lebens an Brustkrebs erkrankt.

Einerseits stehen Cecile und Harry der künstlichen Befruchtung und vor allem der Embryonenselektion bei der PID ablehnend gegenüber, anderseits verspüren sie einen starken Wunsch nach einem eigenen Kind. Das Paar fühlt sich in einem Dilemma.

3 Der Fall

→ 1.6 Struktur und Funktion von Zellmembranen   → 6.7 Sichelzellanämie: Molekulare Ursachen einer Erkrankung

1 **Ethisches Bewerten am Beispiel der Präimplantationsdiagnostik (PID).** Führen Sie unter Bezug auf den Fall, der in Abb. 3 dargestellt ist, eine ethische Bewertung durch. Unterscheiden Sie dabei zwischen deskriptiven und normativen Aussagen (Abb. 4). Nutzen Sie die in Abb. 5 dargestellte Methode der sechs Schritte.

Werte sind Zustände und/oder Ziele, die gesellschaftlich und individuell von Bedeutung sind. Einige Beispiele für Werte sind Frieden, Menschenwürde, Gesundheit, Schutz des Lebens, Gerechtigkeit, Freiheit, Sicherheit, Nachhaltigkeit, Selbstbestimmtheit, Toleranz, Erfolg, Meinungsfreiheit, Hilfsbereitschaft.

Normen sind Handlungsorientierungen, die zu bestimmten Handlungen auffordern (Du sollst helfen!) oder diese verbieten (Du sollst nicht lügen!). Normen haben eine bestimmte Verbindlichkeit und sind daher häufig in Form von Regeln und Gesetzen festgehalten.

Bewerten bezeichnet einen Prozess, bei dem Sachinformationen mit Werten und Normen in einer nachvollziehbaren Weise verknüpft werden, um Entscheidungen zu treffen oder vorzubereiten.

Deskriptive Aussagen sind rein beschreibende, wertfreie Aussagen.

Normative Aussagen gebieten Verhaltensweisen oder deklarieren sie als gerechtfertigt, haben also wertenden oder vorschreibenden Charakter. Normative Aussagen bezeichnen einen Soll-Zustand und nicht einen Ist-Zustand.

Moral beinhaltet individuelle oder kollektive Vorstellungen und Überzeugungen, nach denen Menschen ihre Handlungen als moralisch gut oder schlecht bewerten.

Ethik ist das Nachdenken über moralische Vorstellungen, die dem menschlichen Handeln zugrunde liegen. Ethik fragt auch nach Gründen, warum eine Handlung moralisch gut oder schlecht sein soll. Innerhalb der Ethik gibt es verschiedene Argumentationsansätze:
– Deontologische Ansätze stützen sich häufig auf kategorische, als unumstößlich erachtete Wahrheiten, höchste Prinzipien und absolut gesetzte Werte und Normen (Menschen dürfen nicht in die Schöpfung eingreifen!). Dabei wird eine Handlung unabhängig von ihren Konsequenzen beurteilt.
– Konsequenzialistische Argumentationen beurteilen die Konsequenzen und Folgen einer Handlung. Es wird nach der Verantwortung für die Folgen des Handelns gefragt: Wie gut oder erstrebenswert sind die Konsequenzen einer Handlung, welche Vor- und Nachteile, welche Chancen und Risiken bergen sie?

Dilemma: Unter einem Dilemma versteht man eine Situation ähnlich einer Zwickmühle, in der sich zwei oder mehr Handlungsmöglichkeiten so entgegenstehen, dass jede Entscheidung zu einem unerwünschten Resultat führt (Egal was man macht, man macht etwas falsch). In Hinblick auf Wertvorstellungen spricht man von einem Dilemma, wenn jede denkbare Entscheidung zur Verletzung eines Wertes führt.

4 Begriffserläuterungen

---

1. Schritt: Definieren des geschilderten Dilemmas. Die sachlichen Grundlagen werden geklärt und der Konflikt mit eigenen Worten wiedergegeben.
2. Schritt: Aufzählen möglicher Handlungsoptionen, die zur Lösung des Konflikts führen könnten.
3. Schritt: Auflisten von Pro- und Kontra-Argumenten zu den einzelnen Handlungsoptionen.
4. Schritt: Aufzählen ethischer Werte, die hinter den Argumenten stehen bzw. die Handlungsoptionen berühren. Dabei wird zwischen deontologischer und konsequenzialistischer Argumentationsweise unterschieden (Abb. 4).
5. Schritt: Fällen eines persönlichen und begründeten Urteils und Diskussion andersartiger Urteile. Alle Erkenntnisse aus den vorherigen Schritten werden einbezogen.
6. Schritt: Aufzählen von Konsequenzen, die das eigene Urteil und andere Urteile nach sich ziehen. Damit ist ein Perspektivwechsel verbunden.

5 Sechs-Schritte-Methode zur ethischen Bewertung

→ 16.3 Embryonale und adulte Stammzellen

16.3 Embryonale und adulte Stammzellen

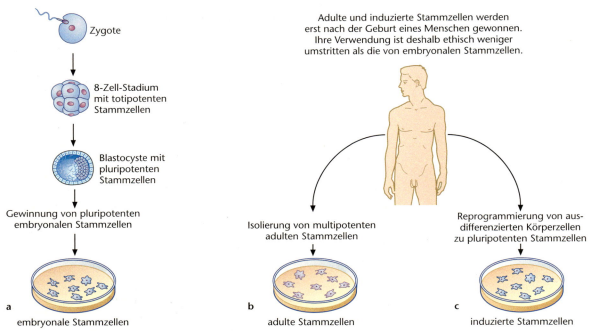

1 *Verschiedene Stammzelltypen des Menschen*

Aus einer Zygote entsteht etwa vier Tage nach der Befruchtung durch drei Zellteilungen ein 8-Zell-Stadium (Abb. 1a). Bis zu diesem Stadium sind die Zellen **totipotent.** Das bedeutet, aus jeder dieser Zellen kann ein vollständiger Mensch entstehen. Das deutsche Embryonenschutzgesetz definiert totipotente Zellen als Embryo mit Menschenwürde. Durch weitere Zellteilungen entsteht die Blastocyste. Ihre Zellen sind **pluripotent.** Sie besitzen das Potenzial, jeden Zelltyp des erwachsenen Organismus auszubilden. Nur eines können sie nicht mehr: im Mutterleib zu einem Menschen heranwachsen.

Das Einbringen embryonaler Stammzellen in den Körper eines Patienten birgt aufgrund der hohen Teilungsfähigkeit der Zellen die Gefahr der Tumorbildung. Zudem kann es zu immunologischen Abstoßungsreaktionen gegen das neu gebildete fremde Gewebe kommen.

Adulte Stammzellen stammen aus einem erwachsenen Organismus (Abb. 1b). Sie sind in zahlreichen Geweben zu finden. Wegen ihrer Eigenschaft, eine Vielzahl von Zelltypen, aber nicht alle, bilden zu können, nennt man sie **multipotent.** Die Hauptaufgabe der adulten Stammzellen ist die Reparatur und Erneuerung des jeweiligen Gewebes, z. B. der Haut oder des Darms. Die adulten Stammzellen teilen sich und bringen bei jeder Zellteilung eine neue Stammzelle sowie eine bereits spezialisierte Vorläuferzelle hervor. Vorläuferzellen bilden fortlaufend vollständig ausdifferenzierte Zellen des jeweiligen Gewebes. Adulte Stammzellen werden z. B. bei manchen Blutkrebsbehandlungen eingesetzt. Bevor durch Chemotherapie alle blutbildenden Zellen und damit auch die Krebszellen zerstört werden, werden Stammzellen aus Blut und Knochenmark gewonnen. Diese erhält der Patient nach Abschluss der Chemotherapie wieder zurück.

In neuester Zeit ist es in der Forschung gelungen, ausdifferenzierte menschliche Körperzellen in pluripotente Stammzellen umzuwandeln (Abb. 1c). Für diese als Reprogrammierung bezeichnete Umwandlung wird in den Körperzellen gezielt die Expression bestimmter Gene ausgelöst. Dies bewirkt die Umwandlung der ausdifferenzierten Körperzelle in eine **induzierte pluripotente Stammzelle.** Die Gewinnung dieser Stammzellen ist ethisch weniger bedenklich. Auch könnten die induzierten pluripotenten Stammzellen gezielt für den Patienten erzeugt werden. Weitere Forschungen, die vor allem die Gefahr der Krebsauslösung durch die Reprogrammierung betreffen, werden durchgeführt.

→ 2.2 Zellzyklus: Mitose und Interphase → 3.4 Differenzielle Genaktivität und die Vielfalt der Zellen

1 Embryonale und adulte Stammzellen. Vergleichen Sie tabellarisch embryonale und adulte Stammzellen.

2 Therapeutisches Klonen. Beschreiben und bewerten Sie das therapeutische Klonen (Abb. 4).

3 Therapie mittels induzierter pluripotenter Stammzellen. Erläutern Sie, wie an Sichelzellanämie erkrankte Mäuse mit Hilfe von induzierten pluripotenten Stammzellen therapiert werden können (Abb. 2).

4 Ethische Positionen. Wer könnte die in Abb. 3 genannten Positionen vertreten? Begründen Sie Ihre Entscheidung. Unterscheiden Sie in deontologische und konsequenzialistische Argumentationsweisen.

> A – Mit der Vereinigung von Ei- und Spermazelle liegt ein menschliches Wesen vor, dem menschliche Würde zukommt und das geschützt werden muss. Deshalb darf nicht zugelassen werden, dass einzelne Embryonen als geeignet für ein Weiterleben bezeichnet und andere ausgemustert werden.
> B – Es ist ethisch nicht vertretbar, schwer kranken Menschen mögliche Heilungschancen zu verweigern.
> C – Wir können es uns nicht leisten, dass Forschungen auf einem so wichtigen Gebiet nur im Ausland möglich sind. Da sich die Entwicklung nicht aufhalten lässt, sollte man auch in Deutschland an menschlichen Embryonen forschen dürfen.
> D – Für die Herstellung von Embryonen werden Eizellen benötigt. Diese stammen von Frauen, deren Eizellproduktion vor der Eizellspende hormonell stimuliert wird. Dabei kommt es immer wieder zu Komplikationen, die teilweise sogar lebensbedrohlich sein können. Zum Schutz dieser Frauen sollten keine embryonalen Stammzellen verwendet werden.
> E – In der Allgemeinen Erklärung der Menschenrechte heißt es: „Alle Menschen sind frei und gleich an Würde und Rechten geboren." Deshalb darf das Recht eines kranken Menschen auf Heilung nicht höher bewertet werden als der Schutz werdenden Lebens.

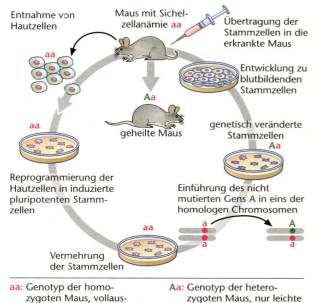

2 Therapie der Sichelzellanämie bei Mäusen

aa: Genotyp der homozygoten Maus, vollausgebildetes Krankheitsbild
Aa: Genotyp der heterozygoten Maus, nur leichte Krankheitserscheinungen

3 Ethische Positionen

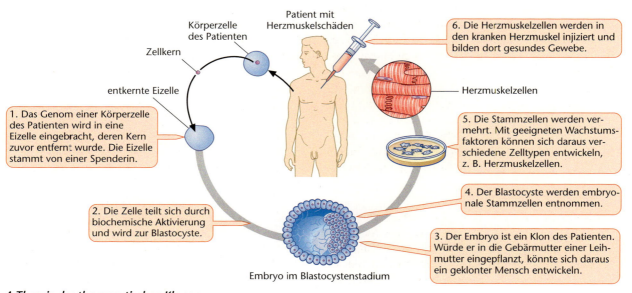

4 Theorie des therapeutischen Klonens

→ 6.7 Sichelzellanämie: Molekulare Ursachen einer Erkrankung   → 16.2 Ethisches Bewerten: Die Präimplantations-Diagnostik

16.4 Biologische Aspekte des Alterns

1 *In dem Gemälde „Der Jungbrunnen" von Lucas Cranach, 1546, steigen alte Menschen auf der linken Seite in ein besonderes Wasser und verlassen es rechts als junge Menschen.* Altern ist ein Prozess, der mit der Befruchtung beginnt und zum Leben dazu gehört. Insofern ist es Träumen und der Fantasie vorbehalten, das Altern zu überwinden.

Kein Mensch kann sich dem Altern entziehen. Trotz individueller Unterschiede ist das Altern ein unausweichlicher Prozess, der unabdingbar zum Leben gehört. Wissenschaftlich versteht man unter biologischem **Altern** zeitabhängige Veränderungen von Struktur und Funktion lebender Systeme, die irreversibel, also nicht rückgängig zu machen, sind.

Altern kann bei Lebewesen auf verschiedenen Systemebenen untersucht und erforscht werden: auf der Ebene der Moleküle, der Zellorganellen, der Zellen, der Gewebe und Organe sowie auf der Ebene eines Organismus. Die Suche nach den Ursachen des Alterns hat zu einer kaum überschaubaren Fülle von Erklärungsansätzen geführt. Sie beziehen sich jeweils nur auf einen Teilaspekt des Alterns. Die meisten Forschungsergebnisse lassen sich einer von zwei grundlegenden Theorien zuordnen, wie biologisches Altern erfolgt.

Die **Abnutzungs- und Verschleißtheorie** geht davon aus, dass sich im Laufe der Zeit bei Molekülen, Zellorganellen, Zellen und Organen kleine schädliche Ereignisse aufsummieren und zu Funktionsverlusten führen. Zum Beispiel können sich schädliche Stoffe ansammeln. Die **genetische Theorie des Alterns** erklärt Altern als Folge eines den Lebewesen innewohnenden genetischen Programms. Nach dieser Theorie ist der Alterungsprozess von Anfang an festgelegt. Allerdings ist das keine starre Festlegung, denn durch die Wechselwirkungen zwischen Umwelt und Genen gibt es individuelle Modifikationen im Alterungsprozess. Für jede der beiden Theorien gibt es wissenschaftliche Belege. Offenbar ergänzen sich die Abnutzungs- und Verschleißtheorie sowie die genetische Theorie des Alterns.

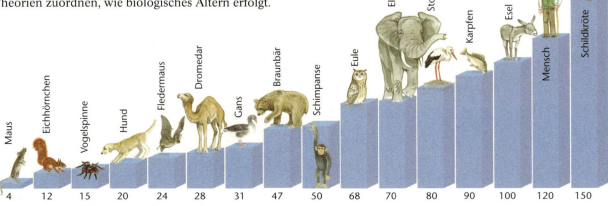

2 Höchstalter von Tieren und des Menschen

→ 3.5 Kontrolle des Zellzyklus → 5.2 Energiestoffwechsel und Mitochondrien

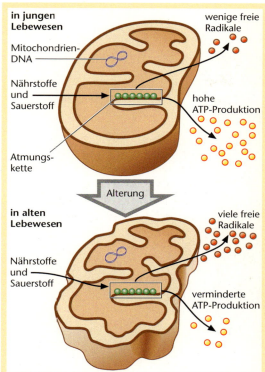

Ein möglicher Mechanismus des Alterns hängt mit den Atmungsketten in den Mitochondrien zusammen. Wenn Elektronen aus den Elektronentransportketten entweichen und mit Sauerstoff reagieren, entstehen als Nebenprodukt der Atmungsketten sehr reaktionsfreudige Sauerstoff-Radikale, die zu den freien Radikalen gehören. Sie können durch Oxidationsvorgänge u. a. Schäden an Membranen, Proteinen und der DNA der Mitochondrien und der Zelle hervorrufen. Sauerstoff-Radikale schädigen auch die membrangebundenen Proteine der Redoxsysteme. Dadurch wird in einem allmählichen Aufschaukelungsprozess die ATP-Produktion vermindert und die Bildung von schädlichen Radikalen gesteigert. Allerdings verfügen Zellen über Enzyme, die z. B. DNA reparieren oder die freien Radikale umsetzen und unschädlich machen. Auch diese Enzyme sind genetisch codiert und können im Verlauf des Alterungsprozesses ineffizient werden.

Wenn man den Mechanismus des Alterns durch freie Radikale isoliert betrachtet, können hypothetisch folgende Prognosen abgeleitet werden: Tiere mit einer hohen Stoffwechselintensität sollten kurzlebiger sein als solche mit einer niedrigen Stoffwechselrate. Tiere, die über sehr effiziente DNA-Reparaturenzyme und Radikale umsetzende Enzyme verfügen, sollten langlebiger sein.

3 *Alterungsprozesse in Mitochondrien*

1 Mitochondrien, freie Radikale und Altern.
a) Erarbeiten Sie den in Abb. 3 dargestellten Sachverhalt. Skizzieren Sie dann an der Tafel ein Mitochondrium und erläutern Sie im freien Kurzvortrag die Zusammenhänge zwischen Energiestoffwechsel in Mitochondrien, freien Radikalen und dem Altern.
b) Prüfen Sie, ob die in Abb. 3 genannten Befunde über freie Radikale eher die Abnutzungs- und Verschleißtheorie oder die genetische Theorie des Alterns stützen.
c) Die Stoffwechselrate (Energiemenge in Joule pro g Körpermasse und Stunde) beträgt bei einer Maus 34, beim Hund 7,2 und bei einem Elefanten 1,4. Angaben zum Höchstalter dieser Tiere finden Sie in Abb. 2. Beschreiben Sie für diese Tiere den Zusammenhang zwischen Stoffwechselrate und Höchstalter. Entwickeln Sie für diesen Zusammenhang Hypothesen mit Hilfe der Informationen in Abb. 3.

2 Begrenzte Zahl an Zellverdopplungen. Beschreiben Sie den Versuch, der in Abb. 4 dargestellt ist. Entwickeln Sie eine Hypothese, die dem Versuch vermutlich zugrunde lag. Erläutern Sie das Versuchsergebnis und ordnen Sie es begründet der Abnutzungs- und Verschleißtheorie oder der genetischen Theorie des Alterns zu.

3 Artspezifisches Höchstalter. Prüfen Sie, ob die artspezifischen Unterschiede im Höchstalter wie in Abb. 2 dargestellt, eher die Abnutzungs- und Verschleißtheorie oder die genetische Theorie des Alterns stützen oder aber zu beiden Theorien passen.

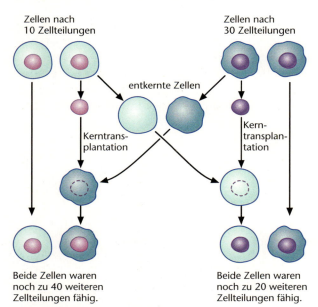

4 *Begrenzte Zahl an Zellteilungen*

→ 5.7 Chemiosmose als Mechanismus der ATP-Synthese → 16.1 An den Grenzen des Lebens

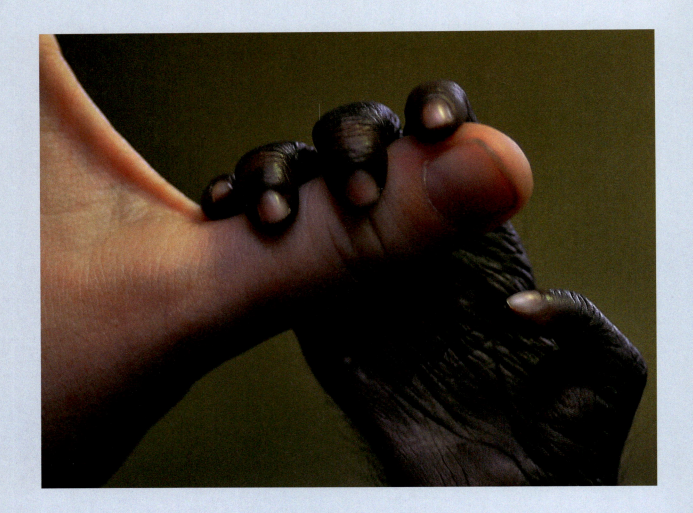

Evolution der biologischen Vielfalt

17 Stammesgeschichtliche Verwandtschaft und der Verlauf der Evolution

18 Die Evolution der biologischen Vielfalt

19 Evolution des Sozialverhaltens

20 Evolution des Menschen

Der Mensch ist aufgrund gemeinsamer Merkmale in unterschiedlichem Ausmaß mit allen anderen Lebewesen biologisch verwandt. Besonders eng ist die Verwandtschaft zwischen Schimpansen und Menschen. Vor sechs bis sieben Millionen Jahren lebten in Afrika ihre letzten gemeinsamen Vorfahren. Schimpansen können ihre Greifhände auch dafür nutzen, um einfache Werkzeuge herzustellen und soziale Kontakte zu pflegen. Der aufrechte Gang und sein enorm gewachsenes Gehirn befähigen den Menschen, seine Hände in äußerst vielgestaltiger Form einzusetzen. Das Handeln des Menschen gegenüber seinem nächsten Verwandten ist jedoch nicht ohne Tragik: Vielerorts sind freilebende Schimpansen in Afrika vom Aussterben bedroht. Es scheint, als wenn der Mensch da etwas nicht begreift.

17.1 Ähnlichkeiten zwischen Lebewesen: Homologien und Analogien

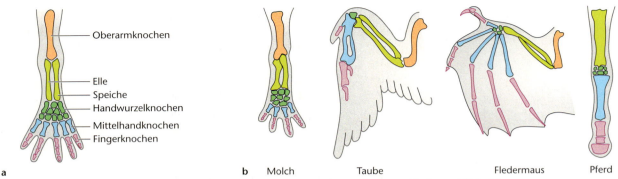

1 a) Bauplan einer Vordergliedmaße bei Wirbeltieren, b) Homologien bei verschiedenen Wirbeltieren

Säugetiere besitzen ähnliche Armskelette mit gleichem Grundbauplan: Sie sind übereinstimmend in Finger-, Mittelhand- und Handwurzelknochen sowie Elle, Speiche und Oberarmknochen gegliedert (Abb. 1). Auch andere Organe der Säugetiere wie Wirbelsäule, Augen, Verdauungskanal, Lungen ähneln denen anderer Wirbeltiere. Diese Ähnlichkeiten basieren auf der Abstammung von gemeinsamen Vorfahren. Man nennt diese Ähnlichkeiten auch **Homologien** oder Abstammungsähnlichkeiten. Fossile Skelettfunde bieten die Möglichkeit, Homologien zu erkennen und dadurch Hinweise auf eine gemeinsame Abstammung zu erlangen. Zum Nachweis möglicher Homologien werden Homologiekriterien verwendet (Abb. 3).

Trotz des gemeinsamen Bauplanes homologer Organe können die Übereinstimmungen einzelner Teile gering sein. Die Unterschiede im Bau der Armskelette entsprechen der unterschiedlichen Lebensweise dieser Tiere. Denn im Verlauf der Evolution haben viele Organismen ihre Lebensweise verändert. Durch genetische Variabilität und natürliche Auslese fand auch ein Funktionswandel von Organen statt. Es kam zu einer Angepasstheit des Baues an die jeweilige Funktion. Diese Erscheinung nennt man **Divergenz**.

Es gibt auch universelle Homologien, das sind Übereinstimmungen aller heute lebenden Organismen. Beispiele dafür sind der Aufbau der DNA oder ATP als universeller Energieträger sowie die Begrenzung der Zellen durch eine Zellmembran.

Die Grabhand des Maulwurfs sieht den Grabschaufeln der Maulwurfsgrille sehr ähnlich (Abb. 2, 3). Während die Hand des Maulwurfs ein Knochenskelett aufweist, liegt bei der Maulwurfsgrille ein Außenskelett aus Chitin vor. Maulwurf und Maulwurfsgrille besitzen unterschiedliche Baupläne ihrer äußerlich ähnlichen Gliedmaßen. Solche Übereinstimmungen werden **Analogie** oder Anpassungsähnlichkeit genannt. Sie sind stammesgeschichtlich unabhängig voneinander entstanden, lassen aber Rückschlüsse auf ähnliche Umweltbedingungen und Lebensweisen zu. Häufig besetzen Lebewesen mit analogen Organen ähnliche, überlappende ökologische Nischen. Man spricht von konvergenter Entwicklung oder **Konvergenz**.

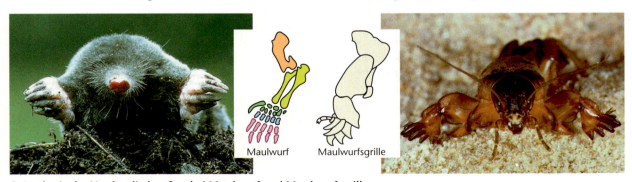

2 Analogie der Vordergliedmaßen bei Maulwurf und Maulwurfsgrille

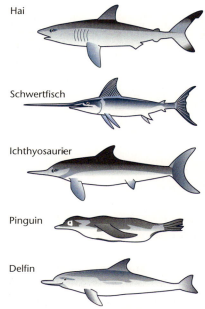

Hai

Schwertfisch

Ichthyosaurier

Pinguin

Delfin

4 *Stromlinienform verschiedener wasserlebender Tierarten*

1. Kriterium der Lage: Die betrachteten Organe liegen in einem vergleichbaren Gefügesystem und nehmen die gleiche Lage ein. Bei den Organen können Verschmelzungen und Reduktionen stattfinden. Beispiel: Vordergliedmaßen der Säugetiere, Gliederung der Verdauungsorgane der Säugetiere in Mund – Speiseröhre – Magen – Darm – After.
2. Kriterium der Kontinuität: Es liegt zwar ein unterschiedlicher Bau der Organe vor, aber es existieren Zwischenformen, die z.B. nur in der Embryonalentwicklung sichtbar sind. Beispiel: Die Halsschlagader von Säugetieren lässt sich aufgrund von Embryonalstadien mit den Kiemenbogenarterien der Fische homologisieren.
3. Kriterium der spezifischen Qualität: Die betrachteten Organe sind zwar äußerlich unterschiedlich, weisen aber übereinstimmende Teilstrukturen oder gemeinsame Baumerkmale auf. Beispiel: Dentin der Zähne und Haifischschuppen.

3 *Homologiekriterien, Organe gelten als homolog, wenn eines der Kriterien erfüllt ist*

1 **Stromlinienform.** In Abb. 4 sind Lebewesen dargestellt, die verschiedenen Wirbeltierklassen angehören. Ordnen Sie sie der zutreffenden Wirbeltierklasse zu. Begründen Sie, ob es sich um Homologien oder Analogien handelt. Erläutern Sie die Mechanismen, die zu der Ähnlichkeit der Körperform geführt haben.

2 **Homologien bei Schädelknochen.** Der Bau des Unterkiefergelenks hat sich während der Evolution der Wirbeltiere verändert. Knochenfische und Reptilien als frühe Wirbeltiere besitzen ein so genanntes primäres Kiefergelenk. Säugetiere haben ein sekundäres Kiefergelenk.

a) Beschreiben Sie anhand der Abb. 5 die Verlagerung der Knochen des Unterkiefergelenkes im Lauf der Evolution.
b) Analysieren Sie die Homologie der Gehörknöchelchen der Säugetiere zu den Kiefergelenkknochen von Reptilien und Knochenfischen (Abb. 5). Geben Sie an, welche Homologiekriterien hier relevant sind.
c) Erläutern Sie den Begriff Divergenz an diesem Beispiel.

3 **Homologie oder Analogie?** Die Vanille besitzt ebenso wie der Wilde Wein Ranken (Abb. 6). Diese sehen sich sehr ähnlich. Lange Zeit glaubte man, dass es sich um eine homologe Entwicklung handelt. In einem Experiment wurden die Pflanzen so gebogen, dass die Ranken den Boden berührten. Dabei zeigte sich, dass sich die Ranken der Vanille zu Wurzeln entwickeln können, die des Wilden Weines nicht.
Entwickeln Sie die Hypothesen die diesem Experiment zugrunde lagen. Werten Sie die Ergebnisse des Experiments hypothesenbezogen aus.

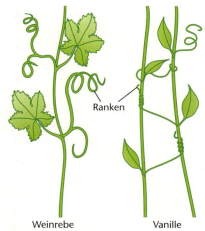

Weinrebe   Vanille

6 *Verschiedene Ranken*

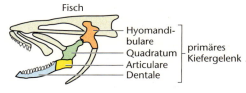

Fisch

Hyomandibulare
Quadratum — primäres Kiefergelenk
Articulare
Dentale

5 *Entwicklung des Kiefergelenkes*

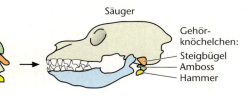

Reptil   Säuger

Gehörknöchelchen:
Steigbügel
Amboss
Hammer

→ 19.1 Proximate und ultimate Erklärungsformen in der Biologie   → 20.1 Evolutionäre Geschichte des menschlichen Körpers

17.2 Verwandtschaftsbelege durch molekularbiologische Homologien

Aminosäuren	1–9	10–19	20–29	30–39	40–49	50–59
Mensch/Schimpanse	GDVEKGKKI	FIMKCSQCHT	VEKGGKHKTG	PNLHGLFGRK	TGQAPGYSYT	AANKNKGIIW
Rhesusaffe	GDVEKGKKI	FIMKCSQCHT	VEKGGKHKTG	PNLHGLFGRK	TGQAPGYSYT	AANKNKGITW
Taube	GDIEKGKKI	FVQKCSQCHT	VEKGGKHKTG	PNLHGLFGRK	TGQAEGFSYT	DANKNKGITW
Schnappschildkröte	GDVEKGKKI	FVQKCAQCHT	VEKGGKHKTG	PNLNGLIGRK	TGQAEGFSYT	EANKNKGITW
Ochsenfrosch	GDVEKGKKI	FVQKCAQCHT	VEKGGPHKVG	PNLYGLIGRK	TGQAAGFSYT	DANKNKGITW
Thunfisch	GDVAKGKKT	FVQKCAQCHT	VEKGGPHKVG	PNLWGLFGRK	TGQAEGYSYT	DANKSKGIVW

Aminosäuren	60–69	70–79	80–89	90–99	100–104
Mensch/Schimpanse	GEDTLMEYLE	NPKKYIPGTK	MIFVGIKKKE	ERADLIAYLK	KATNE
Rhesusaffe	GEDTLMEYLE	NPKKYIPGTK	MIFVGIKKKE	ERADLIAYLK	KATNE
Taube	GEDTLMEYLE	NPKKYIPGTK	MIFAGIKKKA	ERADLIAYLK	KATAK
Schnappschildkröte	GEETLMEYLE	NPKKYIPGTK	MIFAGIKKKA	ERADLIAYLK	DATSK
Ochsenfrosch	GEDTLMEYLE	NPKKYIPGTK	MIFAGIKKKG	ERQDLIAYLK	SACSK
Thunfisch	NENTLMEYLE	NPKKYIPGTK	MIFAGIKKKG	ERQDLVAYLK	SATS–

Legende:
A: Alanin C: Cystein D: Asparaginsäure E: Glutaminsäure F: Phenylalanin G: Glycin H: Histidin
I: Isoleucin K: Lysin L: Leucin M: Methionin N: Asparagin P: Prolin Q: Glutamin
R: Arginin S: Serin T: Threonin V: Valin W: Tryptophan Y: Tyrosin

1 *Aminosäuresequenz des Cytochroms c verschiedener Wirbeltierarten*

Die durch morphologische Homologien ermittelten Verwandtschaftsbeziehungen werden heute durch einen Vergleich von Aminosäure- und DNA-Sequenzen bestätigt, korrigiert oder ergänzt. Diese molekularen Vergleiche sind sehr objektiv. Man setzt voraus, dass je größer die Unterschiede in der Aminosäure- oder DNA-Sequenz zweier Organismen sind, desto entfernter sind sie miteinander verwandt. Je näher die Arten stammesgeschichtlich miteinander verwandt sind, desto kleiner werden die Unterschiede in der DNA und damit auch in der Aminosäuresequenz.

Das **Cytochrom c** eignet sich für vergleichende evolutive Untersuchungen besonders, da es als Enzym der Atmungskette bei allen aerob lebenden Organismen verbreitet ist. Man kennt die Aminosäuresequenz des Cytochroms c von über hundert Arten, darunter sind auch Pflanzen, Hefen und Säugetiere. Der **Aminosäuresequenzvergleich** kann also eingesetzt werden, um Verwandtschaftsbeziehungen zu klären, die stammesgeschichtlich so weit voneinander entfernt sind, dass man keine morphologischen Ähnlichkeiten mehr feststellen kann.

Man geht davon aus, dass es ein Ur-Cytochrom c gegeben hat. Im Verlauf der Evolution hat sich die Aminosäuresequenz des Enzyms durch Mutationen verändert. Die Aminosäuresequenz ist beim Cytochrom c von Schimpanse und Mensch völlig identisch (Abb. 1). Von dem des Rhesusaffen unterscheidet sich das menschliche Cytochrom c nur in einer Aminosäure (Abb. 1). Das Cytochrom c des Menschen unterscheidet sich von dem des Ochsenfrosch in 17 Aminosäurepositionen (Abb. 1). Da man anhand von Fossilfunden weiß, dass sich die Entwicklungslinien „Reptilien und Säuger" und „Amphibien" vor etwa 400 Millionen Jahren getrennt haben, kann man schlussfolgern, dass durchschnittlich alle 20 Millionen Jahre eine Aminosäure in der Sequenz des Cytochroms c verändert wurde. So lässt sich näherungsweise berechnen, wann sich Entwicklungslinien voneinander trennten (Abb. 3, 4).

Noch präziser als der Vergleich von Aminosäuresequenzen ist der Vergleich von DNA-Basensequenzen. Die **DNA-Sequenzierung**, d. h. das Ermitteln der Basensequenz von DNA-Abschnitten, wird heute mit Hilfe der **Polymerasekettenreaktion (PCR)** durchgeführt. Durch die Entwicklung der PCR wurde es möglich kleinste Mengen von DNA zu vervielfältigen. So kann man die DNA-Sequenzen von lebendem Gewebe ermitteln, aber auch von fossilen Überresten oder gepressten Pflanzen in alten Herbarien, obwohl diese Überreste oft nur winzige Mengen DNA enthalten. Nach der Ermittlung der DNA-Basensequenzen verschiedener Organismen werden die Sequenzen miteinander verglichen und die Anzahl der Veränderungen in der Nucleotidsequenz der DNA lässt Rückschlüsse auf die Verwandtschaftsbeziehungen zu.

1 Vergleich der Aminosäuresequenz des Cytochroms c verschiedener Arten.
a) Ermitteln Sie aus den molekularbiologischen Befunden in Abb. 1 die möglichen Verwandtschaftsverhältnisse.
b) Prüfen Sie, inwiefern die molekularbiologischen Befunde in Abb. 1 mit den Stammbäumen a, b und c in Abb. 2 übereinstimmen oder ihnen widersprechen.

2 Vergleich von DNA- und Aminosäuresequenzanalyse. Begründen Sie, weshalb die DNA-Sequenzanalyse aussagekräftiger für die Untersuchung von Verwandtschaftsbeziehungen von Arten ist als die Aminosäuresequenzanalyse. Ziehen Sie zur Unterstützung Ihrer Aussagen auch die Code-Sonne heran.

3 Cytochrom-c-Stammbaum. Die Zahlen im Stammbaum der Abb. 3 geben die Aminosäureanzahl an, in der sich das Cytochrom c der verschiedenen Organismen voneinander unterscheidet. Verzweigungspunkte stellen gemeinsame Vorfahren dar. Man sucht im Stammbaum die zu vergleichenden Arten aus und verfolgt die Linien bis zu dem Verzweigungspunkt, wo sie sich auftrennen. Dann werden alle Zahlen, die an den jeweiligen Linien stehen addiert und man hat die gesuchte Anzahl der Unterschiede in der Aminosäuresequenz.
a) Erläutern Sie, weshalb der Cytochrom-c-Stammbaum einen Beleg für die Evolution darstellt.
b) Ermitteln Sie anhand des Stammbaums in Abb. 3, wann etwa die letzten gemeinsamen Vorfahren von Schildkröte und Sonnenblume lebten.

4 Eignung verschiedener Proteine zur Klärung der Verwandtschaftsverhältnisse. Beurteilen Sie anhand von Abb. 4 die Aussage, dass sich Fibrinopeptide gut zum Vergleich sehr nah verwandter Arten eignen, Histone dagegen zum Vergleich sehr entfernt verwandter Lebewesen.

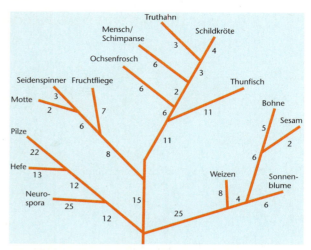

3 Vereinfachter Cytochrom-c-Stammbaum

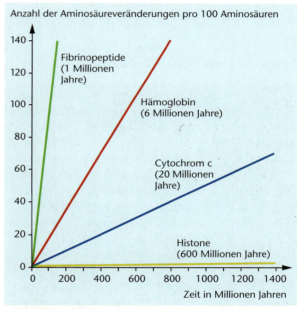

4 Evolutionsgeschwindigkeiten vier verschiedener Proteine. Die Zahlen in den Klammern geben an, in welchem Zeitraum zirka eine Aminosäure ausgetauscht wurde.

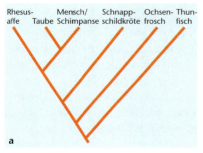
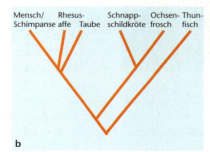
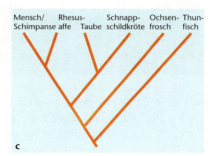

2 Stammbäume

→ 2.13 Der genetische Code und Genmutationen → 20.4 Biologische Arbeitstechnik: PCR

17.3 Verwandtschaftsbelege aus der molekularbiologischen Entwicklungsbiologie

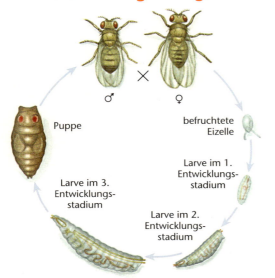

1 *Entwicklung der Taufliege Drosophila*

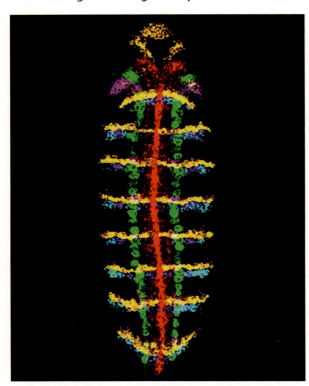

2 *Genaktivität bei einer Taufliegenlarve.* Die Abbildung zeigt eine Taufliegenlarve, der Kopf ist oben. Die fünf Farben entsprechen der Aktivität von fünf verschiedenen Entwicklungskontrollgenen. Sie sind an der Ausbildung der Körpersegmente und des Nervensystems der Taufliege beteiligt.

Bei der Taufliege, *Drosophila melanogaster*, verläuft die Individualentwicklung von der befruchteten Eizelle über verschiedene Larvenstadien sowie die Metamorphose zum erwachsenen Insekt (Abb. 1). Als Folge von Mitosen verfügen alle Zellen einer Taufliege in jedem Entwicklungsstadium über die Gesamtheit der Erbanlagen, das **Genom.** Bestimmte Gene des Taufliegen-Genoms steuern zusammen mit Umwelteinflüssen die Entwicklung. Zu diesen sogenannten **Entwicklungskontrollgenen** gehören unter anderem Gene, die für Proteine codieren, die als Transkriptionsfaktoren wieder andere Gene ein- oder abschalten. In den meisten Fällen arbeiten viele Entwicklungskontrollgene wie in einem Netzwerk zusammen. Andere Gene codieren für Proteine, die für die Entwicklung von differenzierten Zellen, wie z. B. Nerven-, Haut- oder Darmzellen, notwendig sind. Im Verlauf der Entwicklung ergeben sich in den Zellen der Taufliege zeitliche Veränderungen im Muster aktiver und inaktiver Gene (Abb. 2).

Vergleichende Untersuchungen haben ergeben, dass bestimmte Entwicklungskontrollgene, die man zunächst bei der Taufliege entdeckte, auch in der Entwicklung von so verschiedenen Tieren wie Spinnen, Tausendfüßern, Fischen und Mäusen sowie in der Embryonalentwicklung des Menschen eine wichtige Rolle spielen. Die DNA-Basensequenzen dieser Gene unterscheiden sich nur geringfügig oder gar nicht (Abb. 4). Dies wird als Ausdruck **stammesgeschichtlicher Verwandtschaft** gedeutet. Es handelt sich hierbei um Entwicklungskontrollgene, die grundlegende Entwicklungsvorgänge steuern, zum Beispiel die Entwicklung der Körperachse von vorn nach hinten mit Körperabschnitten und Gliedmaßen. Weil Mutationen dieser wichtigen Kontrollgene in der Regel schwere Entwicklungsstörungen auslösen, blieben sie im Verlauf der Evolution weitgehend unverändert.

Die Verknüpfung von Evolutionsbiologie und Entwicklungsbiologie bezeichnet man als **evolutionäre Entwicklungsbiologie.** Eine wesentliche Erkenntnis dieser jungen Forschungsrichtung ist, dass evolutionäre Neuheiten, wie z. B. die Flügel der Vögel, durch Veränderungen im Muster des An- und Abschaltens von vorhandenen Genen zu erklären sind.

3 *Entwicklung bei Frosch, Huhn, Maus und Fisch.* Bei allen Wirbeltieren treten in der Embryonalentwicklung entlang der Längsachse des Körpers Segmente auf. Bei den erwachsenen Tieren sind sie unter anderem noch an der Wirbelsäule durch die Abfolge der Wirbel erkennbar.

Taufliege
| R | K | R | G | R | Q | T | Y | T | R | Y | Q | T | L | E | L | E | K | E | F | H | F | N | R | Y | L | T | R | R | R | R | I | E | I | A | H | A | L | C | L | T | E | R | Q | I | K | I | W | F | Q | N | R | R | M | K | W | K | K | E | N |

Zebrafisch
| G | R | R | G | R | Q | T | Y | T | R | Y | Q | T | L | E | L | E | K | E | F | H | F | N | R | Y | L | T | R | R | R | R | I | E | I | A | H | A | L | C | L | T | E | R | Q | I | K | I | W | F | Q | N | R | R | M | K | W | K | K | E | N |

Maus
| G | R | R | G | R | Q | T | Y | T | R | Y | Q | T | L | E | L | E | K | E | F | H | Y | N | R | Y | L | T | R | R | R | R | I | E | I | A | H | A | L | C | L | T | E | R | Q | I | K | I | W | F | Q | N | R | R | M | K | W | K | K | E | S |

Mensch
| G | R | R | G | R | Q | T | Y | T | R | Y | Q | T | L | E | L | E | K | E | F | H | Y | N | R | Y | L | T | R | R | R | R | I | E | I | A | H | A | L | C | L | T | E | R | Q | I | K | I | W | F | Q | N | R | R | M | K | W | K | K | E | S |

4 *Ausschnitt aus der Aminosäuresequenz eines Proteins, das als Transkriptionsfaktor die Aktivität anderer Entwicklungskontrollgene bei vielen Tieren reguliert.* Jeder Buchstabe steht für eine bestimmte Aminosäure. Das zugehörige Gen spielt unter anderem bei der Entwicklung von Körperabschnitten (Segmenten) und Beinen eine grundlegende Rolle.

1 Vergleich der Entwicklung. Vergleichen Sie die Entwicklung von Taufliege, Frosch, Huhn, Maus und Fisch in Abb. 1 und 3 in den Grundzügen.

2 Homologe Entwicklungskontrollgene bei Tieren. Werten Sie Abb. 4 aus. Beachten Sie für den Zebrafisch, die Maus und die Taufliege auch die Informationen in Abb. 2 und 3 in Hinblick auf die Entwicklung von Körperabschnitten.

3 Zur Funktion von Entwicklungskontrollgenen. In Larven der Taufliege wurde in verschiedenen Körperregionen das Entwicklungskontrollgen für die normale Augenentwicklung künstlich aktiviert. Die erwachsenen Taufliegen bildeten daraufhin in all diesen Körperregionen Augenstrukturen aus (Abb. 5). Diese Augenstrukturen hatten keine Sehnervverbindung zum Gehirn. Statt des Taufliegen-Entwicklungskontrollgens für Augen konnte auch das entsprechende Gen von Mäusen benutzt werden, um überzählige Augen hervorzurufen. Erläutern Sie das Ergebnis des Experiments.

5 *Taufliege mit überzähligen Augen an falschen Orten*

→ 17.2 Verwandtschaftsbelege durch molekularbiologische … → 20.2 Molekularbiologische Verwandtschaftsanalyse …

17.4 Die Endosymbiontentheorie

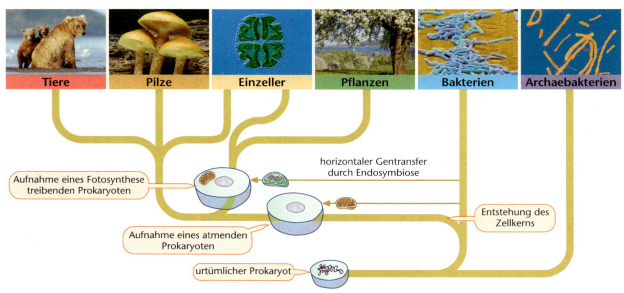

1 *Evolution der Reiche der Lebewesen*

Mitochondrien und Chloroplasten sind 1–10 μm groß und haben eine Doppelmembran. Die innere Membran ähnelt in ihrer Zusammensetzung der von Bakterien, die äußere der von Eukaryoten. Mitochondrien und Chloroplasten vermehren sich durch Teilung. Sie besitzen eigene ringförmige DNA, die einen Teil der Chloroplasten- und Mitochondrienproteine codiert. Die Mehrzahl der Proteine von Mitochondrien und Chloroplasten wird im Zellplasma synthetisiert und dann in die Organellen aufgenommen. Einige der Gene im Zellkern ähneln stark Bakteriengenen. Mitochondrien, Chloroplasten und Bakterien besitzen leichte Ribosomen vom 70-S-Typ, im Cytoplasma von Eukaryotenzellen befinden sich schwerere 80-S-Ribosomen. Das Genom von Mitochondrien und Chloroplasten ist deutlich kleiner als das von Bakterien.

2 *Vergleich von Eukaryotenorganellen und Bakterienzellen*

Vor zirka vier Milliarden Jahren besiedelten urtümliche Zellen die Erde. Diese Urzellen ähnelten vermutlich den auch heute noch lebenden Archaebakterien und Bakterien. Bakterien und Archaebakterien sind **Prokaryoten.** Bei ihnen befindet sich die DNA im Zellplasma. Zellorganellen wie Zellkern, Mitochondrien, Chloroplasten und Golgi-Apparat fehlen. Bedingt durch ein wachsendes Nahrungsangebot wurden einige ursprüngliche Prokaryoten größer. Durch Einfalten der Zellmembran kam es zu einer Kompartimentierung der Zelle und zur Ausbildung eines Zellkerns. Lebewesen, die Zellen mit einem Zellkern besitzen, nennt man **Eukaryoten**.

Durch Fotosynthese treibende Cyanobakterien hatte sich Sauerstoff in der Atmosphäre angereichert. Atmende, aerobe Prokaryoten nutzen diesen Sauerstoff. Vermutlich ernährten sich in dieser Zeit erste eukaryotische Einzeller räuberisch von diesen kleineren Prokaryoten. In einigen Fällen wurden die Prokaryoten aufgenommen, aber nicht verdaut. Sie lebten in Form einer **Symbiose** in der Zelle weiter. Die Wirtszelle bot dem Prokaryoten Schutz vor anderen räuberisch lebenden Zellen und versorgte ihn mit Nährstoffen, der Prokaryot entsorgte den für die Wirtszelle giftigen Sauerstoff. Gleichzeitig stellte er viel Energie in Form von ATP aus der Zellatmung bereit. Aus diesen Prokaryoten sind die Mitochondrien entstanden. Zellen, die bereits aerobe Prokaryoten aufgenommen hatten, nahmen später Fotosynthese treibende Cyanobakterien auf. Sie erlangten so die Fähigkeit, Lichtenergie zu nutzen. Aus diesen Cyanobakterien gingen die Chloroplasten der Pflanzenzellen hervor (Abb. 1). Das Weiterleben der kleineren Zelle im Innern der größeren Zelle zum beiderseitigen Vorteil bezeichnet man als **Endosymbiose**. Der **Endosymbiontentheorie** zur Folge haben sich aus den aufgenommenen Einzellern die heutigen Mitochondrien bzw. Chloroplasten entwickelt.

→ 1.2 Die Reiche der Lebewesen   → 5.2 Energiestoffwechsel und Mitochondrien

1 Belege für die Endosymbiontentheorie.
a) Stellen Sie unter Bezug auf den Text und Abb. 2 Belege für die Richtigkeit der Endosymbiontentheorie zusammen. Begründen Sie jeweils, inwiefern die genannten Fakten die Theorie stützen.
b) Stellen Sie den Verlauf einer Endosymbiose mit Hilfe von Skizzen schematisch dar. Veranschaulichen Sie dabei den Mechanismus, der zur Entstehung von Doppelmembranen geführt hat.
c) Die Chloroplasten von Braunalgen besitzen drei Membranen. Die beiden äußeren haben die typische Zusammensetzung von Membranen von Eukaryotenzellen. Finden Sie für diesen Befund eine plausible Erklärung.
d) Die Einnahme bestimmter Antibiotika kann dadurch Nebenwirkungen hervorrufen, dass Mitochondrien geschädigt werden. Begründen Sie diese Tatsache.

2 Horizontaler Gentransfer. Als horizontalen Gentransfer bezeichnet man die Übertragung von genetischer Information über Artgrenzen von einem Genom zu einem anderen ohne Beteiligung sexueller Fortpflanzung. Horizontaler Gentransfer erfolgt vor allem durch Mikroorganismen. Auch durch die Verschmelzung ganzer Organismen kann ein Genom in ein anderes übertragen werden.
a) Beschreiben Sie die Verwandtschaftsverhältnisse der vier Arten in Abb. 3. Erläutern Sie Probleme, die möglicherweise beim Lösen dieser Aufgabe auftreten.
b) Fertigen Sie analog zu Abb. 3 eine farbige Skizze des Stammbaums in Abb. 1 an. Erläutern Sie Ihre Skizze.

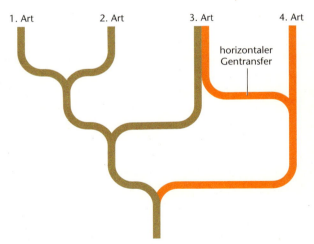

3 *Schema zum horizontalen Gentransfer in einem Stammbaum mit vier Arten*

3 Hatena – ein Modellorganismus für die Endosymbiontentheorie?
a) Stellen Sie den Lebenszyklus von Hatena mit Hilfe von Abb. 4 in Form einer Skizze dar.
b) Analysieren Sie, inwiefern die Beobachtungen der japanischen Wissenschaftler ein Indiz für die Richtigkeit der Endosymbiontentheorie sein können.
c) Wissenschaftler interpretieren die Beziehung zwischen Hatena und Nephroselmis als Frühform einer Endosymbiose. Erläutern Sie den Begriff Endosymbiose und vergleichen sie die Situation bei Hatena mit dem Endstadium einer Endosymbiose.

Ein kleiner Einzeller, den japanische Wissenschaftler am Strand gefunden haben, gibt Hinweise darauf, wie die Entwicklung der ersten Algen vor etwa einer Milliarde Jahren stattgefunden haben könnte. Der Einzeller Hatena ernährt sich in einer Phase seines Lebens von kleineren Einzellern. Nimmt er jedoch die grüne Alge Nephroselmis auf, verdaut er sie nicht. Die Alge lebt im Zellinnern von Hatena weiter, ihr Fotosyntheseapparat vergrößert sich auf das Zehnfache seiner ursprünglichen Größe. Die aufgenommene Alge verliert zahlreiche Zellstrukturen und versorgt ihren Wirt mit Fotosyntheseprodukten. Hatena stellt daraufhin seine räuberische Lebensweise ein.
Bei Zellteilungen von Hatena entstehen Tochterzellen mit und ohne symbiontisch lebende Alge. Die farblosen Tochterzellen ohne Alge beginnen wieder ein räuberisches Leben, bis auch sie auf die Alge Nephroselmis treffen.

4 *Lebensweise und Zellteilung von Hatena*

17.5 Evolution der Stoffwechseltypen

A Nahrungskrise in der Ursuppe
Die Gewässer sind reich an organischen Substanzen und die in diesen Gewässern lebenden Bakterien gewinnen ihre Nahrung heterotroph aus organischen Substanzen, indem sie diese zu energiearmen Stoffwechselprodukten abbauen. Sauerstoff ist in der Atmosphäre noch nicht vorhanden. Die massenhafte Vermehrung der Bakterien hat zur Folge, dass die Nahrung knapper wird. Es kommt zu einer ersten Nahrungskrise in der Erdgeschichte. In dieser Zeit entwickelt sich ein neuer Stoffwechseltyp.

B Tierische Eukaryoten nutzen den Sauerstoff für die Zellatmung.
Erste Eukaryoten entstanden vor 1,8 bis 2 Milliarden Jahren. Die Endosymbiontentheorie geht davon aus, dass Zellatmung betreibende Prokaryoten von größeren Zellen aufgenommen wurden und im Innern dieser Zellen symbiotisch weiterlebten. Dadurch wurden die Zellen in die Lage versetzt, mit Hilfe von Sauerstoff die Energie von Nährstoffen sehr effektiv zu nutzen. Die effektivere Energiefreisetzung aus Nährstoffen ist ein bedeutsamer Schritt in der Evolution. Aus diesen symbiontischen Prokaryoten gingen die Mitochondrien der Eukaryoten hervor.

C Erste Vielzeller entstehen.
Vielzeller konnten sich erst entwickeln, als der Sauerstoffgehalt der Atmosphäre hoch genug war, um auch die innen liegenden Zellen ausreichend mit Sauerstoff zu versorgen. Große Tiere besitzen in ihrem Körper Transportsysteme für Sauerstoff.

D Gärung liefert Energie.
Die Atmosphäre ist reduzierend, sie enthält unter anderem Wasserstoff. Bei der Gärung werden organische Substanzen anaerob, also ohne Beteiligung von Sauerstoff, abgebaut. Die freigesetzte Energie wird in Form von ATP für Wachstum und Stoffwechsel der Zelle genutzt. Die Gärung umfasst nur wenige Reaktionsschritte und findet im Zellplasma statt. Im Vergleich zur Zellatmung sind Gärungsprozesse energetisch weniger effektiv. Hunderte von Millionen Jahren ernährten sich Urzellen heterotroph durch Vergärung der in den Gewässern vorhandenen organischen Substanzen. Unter sauerstofffreien Bedingungen können auch heute noch Pflanzen- und z. B. Muskelzellen eine begrenzte Zeit ausschließlich Gärung betreiben.

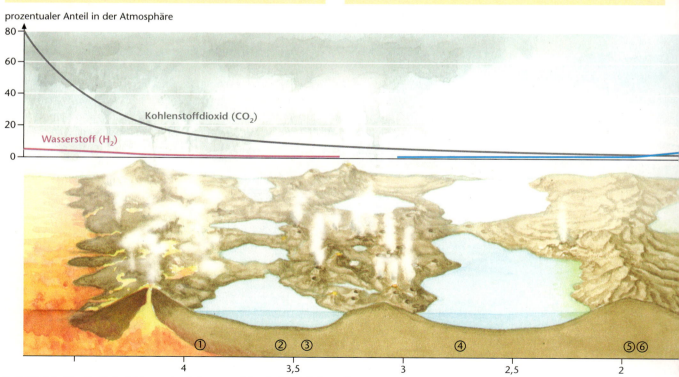

1 *Zeitleiste für die Entwicklung des Lebens auf der Erde, Zeit in Milliarden Jahren*

→ 1.2 Die Reiche der Lebewesen   → 5.8 Gärungen: Glucoseabbau unter Sauerstoffmangel

E Die Ozonschicht bildet sich, erste Landlebewesen treten auf.
Die Bildung von Ozon (O_3) aus Sauerstoff in der Atmosphäre ist eine wichtige Voraussetzung zur Besiedelung des Landes. Die wachsende Ozonschicht absorbiert immer höhere Anteile der für Lebewesen gefährlichen UV-B-Strahlung der Sonne. Dadurch können erstmals auch obere Wasserschichten und später auch das Land besiedelt werden. Vor etwa 0,5 Milliarden Jahren besiedelten erste Pflanzen das Land.

F Pflanzliche Eukaryoten entstehen, sie betreiben autotrophe Fotosynthese und atmen.
Erste pflanzliche Eukaryoten entstanden vermutlich vor 1,8 bis 2 Milliarden Jahren. Zellen, in denen bereits atmende Bakterien symbiotisch lebten, nahmen zusätzlich Fotosynthese treibende Cyanobakterien auf. Aus den Cyanobakterien gingen die Chloroplasten hervor. Pflanzenzellen können durch die Chloroplasten mit Wasser als Elektronenspender Fotosynthese betreiben, das heißt mit Hilfe des Sonnenlichts energiereiche Nährstoffe aus anorganischen Vorstufen aufbauen. Mit Hilfe der Mitochondrien können sie Zellatmung betreiben und so die in den Nährstoffen gespeicherte Energie effektiv nutzen. Die fotosynthetische Sauerstofffreisetzung durch Pflanzen und Cyanobakterien führte langsam zur Bildung der heutigen Sauerstoffatmosphäre.

1 Evolution der Stoffwechseltypen.
a) Die Kreise in der Abbildung markieren die angenommenen Zeitpunkte, an denen die auf dieser Seite beschriebenen Stoffwechseltypen entstanden sind. Ordnen Sie die beschriebenen Stoffwechseltypen begründet in der chronologisch richtigen Reihenfolge an und geben Sie die ungefähren Entstehungszeiten an.
b) Erläutern Sie die Konsequenzen aus der Sauerstofffreisetzung durch Cyanobakterien für die Evolution der Lebewesen.

G Heterotrophe Bakterien betreiben Sauerstoffatmung.
Die Sauerstoffkrise führt zur Entwicklung von Lebewesen, die den Sauerstoff nicht nur ertragen, sondern für ihre Energieversorgung nutzen konnten. Die Sauerstoffatmung entsteht. Die Energiebilanz ist bei der Sauerstoffatmung um ein Vielfaches günstiger als bei anaeroben Gärungsprozessen. Sauerstoff atmende Organismen sind energetisch im Vorteil.

H Bakterien nutzen das Sonnenlicht: Die Fotosynthese entsteht.
Bestimmte Bakterien sind die ersten Lebewesen, die das Sonnenlicht nutzen können, um aus einfachen anorganischen Verbindungen wie Kohlenstoffdioxid energiereiche organische Stoffe herzustellen. Diese Bakterien werden dadurch unabhängig vom Nahrungsangebot ihres Lebensraumes. Es sind die ersten autotrophen Prokaryoten. Die ältesten in Fossilien nachgewiesenen Fotosynthesepigmente sind 3,6 Milliarden Jahre alt. Urtümliche Fotosynthese treibende Bakterien nutzten zunächst nicht Wasser, sondern Schwefelwasserstoff als Elektronenquelle. Derartige Organismen findet man auch heute noch, vor allem in extremen Lebensräumen. Erst später konnten Bakterien und Pflanzen auch Wasser als Elektronenquelle nutzen. Damit begann auch die Anreicherung von Sauerstoff in der Atmosphäre.
Die Anreicherung des reaktionsfreudigen und für die damals lebenden Arten giftigen Sauerstoffs in der bis dahin sauerstofffreien Atmosphäre führt zum Aussterben der meisten Arten. Im Verlauf dieser „Sauerstoffkrise" entwickelt sich ein neuer Stoffwechseltyp.

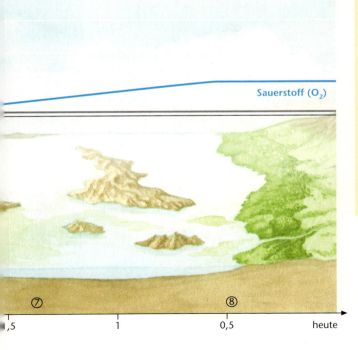

18.1 Die Evolutionstheorien von Lamarck und Darwin

Zu Lebzeiten des Franzosen Jean-Baptiste Lamarck (1744–1829) und des Briten Charles Darwin (1809–1882) glaubten die meisten Menschen, die Erde sei wenige tausend Jahre alt. Alle Lebewesen und der Mensch seien unabhängig voneinander erschaffen worden und seit ihrer Erschaffung unverändert und unveränderbar. Lamarck und nach ihm Darwin waren zwar nicht die ersten, die die Veränderlichkeit der Arten vertraten, aber sie waren die ersten, die jeweils eine Theorie entwickelten, wie sich die Veränderung von Organismen im Laufe der Zeit vollzogen haben könnte. Die Evolutionstheorien von Lamarck und Darwin weisen neben einigen Gemeinsamkeiten deutliche Unterschiede auf.

Lamarck hatte Reihen von Fossilien entdeckt, die jeweils von älteren über jüngere Fossilien bis zu einer heute lebenden Art führten. Lamarck nahm an, dass der Veränderlichkeit von Arten im Laufe der Zeit eine allmähliche Anpassung an die natürlichen Bedingungen zugrunde liegt. Lamarck begründete seine **Theorie von der Veränderlichkeit der Arten** mit folgenden Annahmen:

– Lebewesen entstanden in der Vergangenheit wiederholt in einfacher Form durch Urzeugung. Sie besitzen einen **inneren Drang zur Vervollkommnung** und Höherentwicklung, sodass in gerichteter Weise aus einfachen Formen komplexere Formen entstehen. Die Höherentwicklung der verschiedenen Arten verläuft unabhängig voneinander. Lamarcks Theorie beinhaltet keine gemeinsame Abstammung der Arten.
– Veränderte Umweltbedingungen führen bei Lebewesen zu verändertem **Gebrauch oder Nichtgebrauch von Organen**. Häufig genutzte Organe werden im Leben des Individuums gestärkt und in ihren Funktionen verbessert. Wenig gebrauchte Körperteile werden schwächer und verkümmern schließlich.
– Lamarck übernahm die bei seinen Zeitgenossen weitverbreitete Vorstellung, dass im individuellen Leben erworbene Eigenschaften vererbt werden. So werden die durch Gebrauch oder Nichtgebrauch veränderten Eigenschaften von Lebewesen an die Nachkommen vererbt. Die Annahme von der **Vererbung erworbener Eigenschaften** wird als Lamarckismus bezeichnet.

Als 22-Jähriger ging Darwin als Naturforscher auf fünfjährige Weltumseglung. Auf der Reise beobachtete Darwin insbesondere in Südamerika viele Beispiele für Angepasstheiten, also solche Merkmale und Eigenschaften, die für das Überleben vorteilhaft sind. Darwins **Theorie der natürlichen Auslese** bietet eine Erklärung für den Prozess der Anpassung und stellt einen Zusammenhang her zur Veränderlichkeit von Arten. Gestützt auf Vordenker und auf Tatsachen aus der Tier- und Pflanzenzüchtung hat Darwin seine Beobachtungen verallgemeinert und daraus Schlussfolgerungen gezogen.

– Beobachtung 1: Alle Populationen erzeugen unter natürlichen Bedingungen mehr Nachkommen als für den Erhalt der Population notwendig sind.
– Beobachtung 2: Trotzdem bleibt die Populationsgröße unter natürlichen Bedingungen im Rahmen gewisser Schwankungen konstant.
– Beobachtung 3: Die natürlichen Ressourcen wie z. B. Nahrung, Nistplätze und Mineralsalze sind begrenzt, mitunter sogar sehr knapp.
› Schlussfolgerung: Die Mitglieder einer Population wetteifern und konkurrieren um die begrenzten Ressourcen.
– Beobachtung 4: Die Individuen einer Population zeigen neben Gemeinsamkeiten auch Unterschiede in ihren Merkmalen und Eigenschaften.
– Beobachtung 5: Diese Unterschiede sind zum größten Teil erblich **(erbliche Variabilität).**
› Schlussfolgerung: Individuen, deren erbliche Merkmale in der jeweiligen Umwelt eine größere Chance zum Überleben bieten, werden sich durchschnittlich häufiger fortpflanzen als weniger gut angepasste Individuen. Diese **natürliche Selektion** ist ein anderer Ausdruck für den unterschiedlichen Fortpflanzungserfolg der Individuen einer Population.
› Schlussfolgerung: Der unterschiedliche Fortpflanzungserfolg von Individuen aufgrund unterschiedlicher erblicher Merkmale führt im Laufe vieler Generationen zu Angepasstheiten bei den Lebewesen einer Population an die gegebenen Umweltbedingungen.

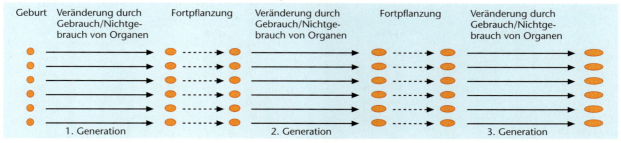
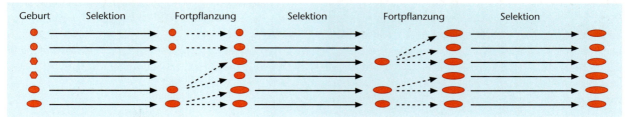

1 Modelle zur Evolutionstheorie von LAMARCK und DARWIN

1 Vergleich der Evolutionstheorien von LAMARCK und von DARWIN.
a) Vergleichen Sie die Evolutionstheorie LAMARCKS mit der Evolutionstheorie DARWINS.
b) Erläutern Sie, wie LAMARCK und wie DARWIN vermutlich die Evolution des langen Giraffenhalses beschrieben hätten (Abb. 2).
c) Erläutern Sie, wie LAMARCK und wie DARWIN vermutlich die Vielfalt der Arten erklären würden.
d) Die Vorstellungen LAMARCKS zu den Mechanismen, mit denen er die Veränderlichkeit der Arten erklärt, wurden und werden wissenschaftlich nicht akzeptiert. Entwickeln Sie begründete Argumente, die gegen die Theorie der Veränderlichkeit der Arten nach LAMARCK sprechen.

2 Modelle zur Evolution nach LAMARCK und nach DARWIN. Erläutern Sie die beiden Modelle in Abb. 1 und beurteilen Sie deren Aussagekraft.

3 Finale und lamarckistische Vorstellungen zur Evolution. Finale Vorstellungen zur Evolution sind weitverbreitet, wissenschaftlich jedoch nicht haltbar. Entwickeln Sie mit Hilfe der Abb. 3 einige finale Aussagen an selbst gewählten Beispielen und lassen Sie diese durch Ihre Mitschüler und Mitschülerinnen analysieren.

2 Giraffen im Naturschutzgebiet Massai Mara in Kenia

> Unter finalen Begründungen oder Vorstellungen versteht man im evolutionsbiologischen Zusammenhang, dass der Prozess der Anpassung durch eine höhere Instanz oder durch steuernde Eingriffe des Individuums selbst absichtlich und gezielt auf einen Zweck gerichtet wird. „Die kurzhalsigen Giraffen wollten die Blätter in den Baumkronen fressen und verlängerten deshalb ihren Hals" ist ein Beispiel für eine finale, auf ein Ziel gerichtete Vorstellung. Oftmals stehen finale Begründungen im Zusammenhang mit der wissenschaftlich nicht haltbaren Evolutionstheorie LAMARCKS. Finale Vorstellungen sind ein Hindernis für ein wissenschaftliches Verständnis von Evolution.

3 Finale Begründungen

→ 18.3 Variabilität   → 18.4 Selektionstypen und Selektionsfaktoren

18.2 Die Synthetische Evolutionstheorie

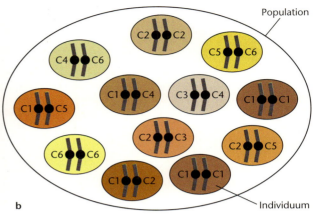

1 a) Hainschnirkelschnecken zeigen phänotypische Variabilität, die auf genetischer Variabilität beruht. Die Grundfarbe des Gehäuses wird durch ein Gen C hervorgerufen. **b) Modell des Genpools zum Gen C.** Jedes Oval repräsentiert ein Individuum der Population, die Farbe des Ovals gibt den Phänotyp der Gehäusefarbe an, die Kombination von je zwei Genvarianten (Allele C1–C6) ergeben den Genotyp der Schnecke für Gen C.

Mit dem Fortschritt in den Naturwissenschaften wurde die Evolutionstheorie DARWINS um Erkenntnisse aus vielen Wissenschaftsbereichen erweitert. Von besonderer Bedeutung waren dabei neue Erkenntnisse aus der Zellbiologie und der Genetik. Man bezeichnet die aus dieser Verknüpfung erwachsene Theorie als **Synthetische Evolutionstheorie.**

Die **Rekombination** der Gene, also die Neukombination von elterlichen Erbanlagen bei der Bildung der Geschlechtszellen und bei der Befruchtung, wurde in seiner Bedeutung für die genetische Variabilität der Individuen einer Population erkannt.

Die Entdeckung von **Mutationen** als zufällige und ungerichtete Veränderungen der Erbanlagen beförderte die Erkenntnis darüber, wie neue Merkmalsausprägungen in einer Population entstehen.

In der Synthetischen Evolutionstheorie spielen Populationen eine zentrale Rolle. Dem liegt die Erkenntnis zugrunde, dass nicht einzelne Organismen in ihrer individuellen Lebenszeit einen evolutiven Prozess durchmachen, sondern evolutive Veränderungen auf der Ebene der Populationen stattfinden. Unter einer **Population** versteht man eine Gruppe artgleicher Individuen, die zeitgleich in einem bestimmten Gebiet leben und sich untereinander fortpflanzen können. Individuen mit unterschiedlichen erblichen Merkmalsausprägungen haben unter dem Einfluss natürlicher Selektion unterschiedlichen Fortpflanzungserfolg, sodass im Laufe der Zeit in einer Population solche angepassten Individuen mit vorteilhaften erblichen Merkmalen häufiger auftreten.

In der Populationsgenetik wird der Zusammenhang zwischen Evolution und Genetik der Populationen erforscht. Drei Leitfragen sind in der Populationsgenetik von großer Bedeutung:
– Wie groß ist der Genpool einer Population? Die Gesamtheit aller Genvarianten in einer Population bezeichnet man als **Genpool** der Population.
– Mit welcher Häufigkeit treten die verschiedenen Genvarianten in einer Population auf?
– Welche Einflüsse verändern die Häufigkeit der verschiedenen Genvarianten, die **Genfrequenz,** in einer Population?

Eine Kernaussage der Synthetischen Evolutionstheorie lautet: Alle evolutiven Veränderungen beruhen auf Veränderungen von Genfrequenzen im Genpool von Populationen. Man bezeichnet alle Prozesse, die die Genfrequenz im Genpool einer Population verändern oder die zur Neukombination von Genen führen, als **Evolutionsfaktoren.** Dazu zählen Rekombination, Mutationen, natürliche Selektion, Genfluss und Gendrift (Abb. 2). Nach der Synthetischen Evolutionstheorie sind die Evolutionsfaktoren ursächlich für alle evolutiven Veränderungen, auch derjenigen, die zur Bildung neuer Arten führen.

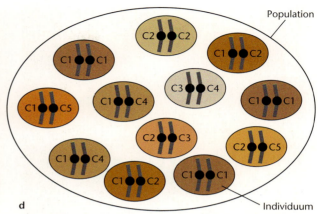

1 **c)** *Singdrosseln* fressen Hainschnirkelschnecken. **d)** Fressen Singdrosseln bevorzugt Hainschnirkelschnecken mit hellem Gehäuse, führt dies mit der Zeit zur Veränderung der Genfrequenz der Genvarianten C1–C6 in der Schneckenpopulation.

1 Hainschnirkelschnecken und die Synthetische Evolutionstheorie.

a) Vergleichen Sie die relative Häufigkeit der Genvarianten von Gen C in der Modell-Population in Abb. 1b mit den Häufigkeiten in Abb. 1d. Setzen Sie die Daten in ein geeignetes Diagramm um.

b) Erläutern Sie am Beispiel des Modells in Abb. 1b und d die Synthetische Evolutionstheorie. Verwenden Sie dabei u. a. folgende Fachbegriffe: Population, Genpool, Genvarianten (Allele), Genfrequenz, Anpassung als Prozess, Evolutionsfaktoren, Rekombination, natürliche Selektion, Fortpflanzungserfolg, genetische Variabilität, Phänotyp, Genotyp.

2 Evolutionsfaktoren verändern Genfrequenzen.

a) Beschreiben Sie unter Bezug auf Abb. 2 den Einfluss jedes Evolutionsfaktors auf die Genfrequenz einer Population.

b) Simulieren Sie mit verschiedenfarbigen kleinen Papierkreisen und Petrischalen die Wirkung der verschiedenen Evolutionsfaktoren auf Genfrequenzen in einer Population. Beachten Sie dabei Abb. 2. Stellen Sie die Analogien zwischen Modell und Synthetischer Evolutionstheorie her. Diskutieren Sie Möglichkeiten, Ihr Modell zu verbessern.

3 Genetische Variabilität bei Geparden.

Untersuchungen haben ergeben, dass Geparden-Populationen in den Savannen Afrikas vor 10 000 Jahren durch eine Seuche auf wenige hundert Tiere verringert wurden. Der Genpool bei Geparden ist u. a. daher extrem klein. Geparden sind heute wieder vom Aussterben bedroht. Tierschützer befürchten bei einer erneuten Epidemie ein Aussterben der Tiere. Erläutern Sie diese Befürchtungen.

Mutationen: zufällige, ungerichtete Veränderung von Genen

Rekombination: Neukombination von elterlichen Erbanlagen in der Meiose

natürliche Selektion: unterschiedlicher Fortpflanzungserfolg aufgrund unterschiedlich angepasster erblicher Merkmale

Genfluss: Austausch von Genen zwischen zwei Populationen einer Art, z. B. durch Pollenübertragung

Gendrift: Änderung des Genpools, z. B. Verkleinerung des Genpools einer Population aufgrund von Umweltkatastrophen, bei denen nur relativ wenige Individuen überleben, oder bei Gründung einer kleinen Population in einem neuen Lebensraum, z. B. einer Insel

2 Evolutionsfaktoren

→ 18.3 Variabilität   → 18.7 Das Zusammenwirken der Evolutionsfaktoren im Prozess der Artbildung

18.3 Variabilität

1 *Asiatischer Marienkäfer,* unterschiedliche Färbungen durch genetische Variabilität

2 *Chinesische Primel* mit roten Blüten bei 25 °C und weißen Blüten bei mehr als 35 °C

Der Asiatische Marienkäfer weist zahlreiche Variationen in der Färbung auf, die auf **genetische Variabilität** zurückzuführen sind (Abb. 1). Eine Ursache der genetischen Variabilität ist die Bildung der Geschlechtszellen, bei der die homologen Chromosomen und die in ihnen lokalisierten unterschiedlichen Genvarianten (Allele) zufällig auf die Geschlechtszellen verteilt werden. Außerdem werden bei der Befruchtung Geschlechtszellen mit unterschiedlichen Genvarianten neu kombiniert. Jede aus einer Befruchtung hervorgehende Zygote enthält durch diese **Rekombination** eine einzigartige Kombination von Genvarianten. Rekombination erzeugt genetische Variabilität durch Neukombination bereits vorhandener Varianten der Gene. Ihre Bedeutung für die Evolution liegt darin, dass sie immer neue Genotypen und Phänotypen hervorbringt, die an die jeweilige Umwelt mehr oder weniger gut angepasst sind und der natürlichen Selektion unterliegen.

Die Entstehung genetischer Variabilität in Populationen wird zusätzlich durch **Mutationen** erhöht, die zur Bildung neuer oder veränderter Genvarianten führen können. Mutationen, die während der Geschlechtszellenbildung auftreten, spielen dabei eine entscheidende Rolle, da Veränderungen sich direkt auf die Nachkommen auswirken und dadurch in einer Population etablieren können. Durch die neue genetische Information wird der Genpool einer Population vielfältiger.

Eine Chinesische Primel, die bei 25 °C gehalten wird, entwickelt eine rote Blüte (Abb. 2). Wird die gleiche Pflanze Temperaturen von über 35 °C ausgesetzt, blüht sie weiß. Dieser Farbumschlag ist auf ein temperaturempfindliches Enzym zurückzuführen. Bei gleichem Genotyp kann die Chinesische Primel also in unterschiedlichen Farben blühen. Diese Veränderung im Phänotyp eines Lebewesens, die durch wechselnde Umweltbedingungen hervorgerufen wird, nennt man **Modifikation.** Modifikationen sind eine weitere Ursache für die Vielfältigkeit der Phänotypen einer Art. Durch Modifikation wird die genetische Information jedoch nicht verändert.

Neben der umschlagenden Modifikation der Blütenfarbe der Chinesischen Primel gibt es auch fließende Modifikationen, das sind stufenlose Abwandlungen eines Merkmals innerhalb eines gewissen Bereichs. Ein Beispiel dafür ist die Rotbuche. Ihre unterschiedlich großen Licht- und Schattenblätter sind Modifikationen. Man bezeichnet die verschiedenen Ausprägungen des Phänotyps, die unter wechselnden Umweltbedingungen hervorgerufen werden, als **Reaktionsbreite.** Der Phänotyp eines Individuums wird durch die Reaktionsbreite bestimmt, also der Fähigkeit, innerhalb eines genetisch festgelegten Bereiches auf Umwelteinflüsse zu reagieren.

1 Variabilität bei der Schafgarbe. Die Schafgarbe ist eine Pflanze, die man durch Teilung an der Wurzel ungeschlechtlich vermehren kann. Dadurch erhält man aus einem Individuum mehrere Klone, also erbgleiche Nachkommen. Sechs Pflanzen der Schafgarbe aus einer kalifornischen Population um die Stadt Mather in 1400 m Höhe wurden ungeschlechtlich vermehrt. Die Klone der Pflanzen A–F ließ man in drei Versuchsgärten von Timberline, Mather und Stanford zeitgleich heranwachsen. Werten Sie die Ergebnisse der Versuche in Abb. 3 aus.

2 Aussterben durch genetische Verarmung. Eine bedeutsame Ursache für das Aussterben von Tierarten ist eine geringe genetische Variabilität. Beschreiben Sie die Abb. 5. Von der Iriomote-Wildkatze leben nur noch wenige hundert Exemplare. Erklären Sie die besondere Gefährdung dieser Tierart.

3 Experimente mit Mais. Eine Mutation führte bei Maispflanzen zu einer rezessiven Genvariante (a). Im Experiment färbten sich Pflanzen, die für diese Genvariante reinerbig (aa) waren, bei Keimtemperaturen von weniger als 20 °C blassgrün.
a) Beschreiben Sie Durchführung und Ergebnisse des Experimentes in Abb. 4. Erläutern Sie an diesem Beispiel Unterschiede zwischen genetischer Variabilität und modifikatorischer Variabilität.
b) Erklären Sie die evolutive Bedeutung des Erhalts von rezessiven Genvarianten bei diploiden Lebewesen.

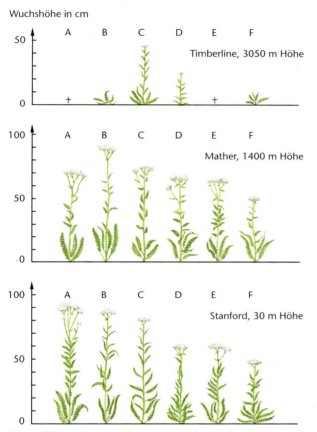

3 *Verpflanzungsversuche mit der Schafgarbe*

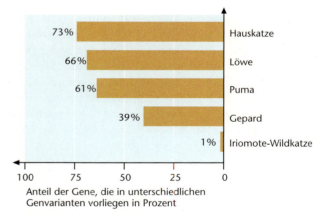

5 *Genetische Variabilität bei Katzenartigen*

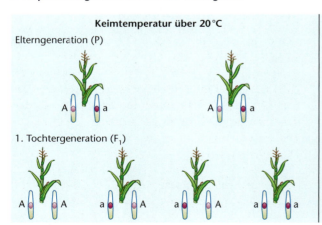
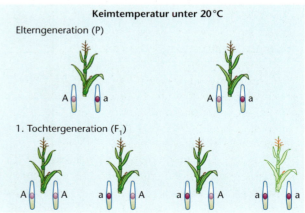

4 *Vererbungsversuche beim Mais*

→ 11.6 Bedeutung der Biodiversität → 18.2 Die Synthetische Evolutionstheorie

18.4 Selektionstypen und Selektionsfaktoren

Die Individuen einer Population von Lebewesen, die sich geschlechtlich fortpflanzen, zeigen genetische Variabilität. Die Gesamtheit der genetischen Varianten (Allele) einer Population bezeichnet man als **Genpool.** Umweltfaktoren wie z. B. Licht, Temperatur, Konkurrenz um Nahrung wirken wegen der genetischen Variabilität unterschiedlich auf die einzelnen Individuen. Dies beeinflusst die reproduktive Fitness, den Fortpflanzungserfolg, der verschiedenen Individuen. Diese Umweltfaktoren werden daher auch **Selektionsfaktoren** genannt. Die Gesamtheit der wirkenden Selektionsfaktoren beschreibt den auf eine Population wirkenden **Selektionsdruck.**

In einem Gedankenmodell kann man sich vorstellen, dass die Körpergröße einer Tierart innerhalb einer Reaktionsnorm genetisch bedingt ist. Durch Mutation und Rekombination bei der geschlechtlichen Fortpflanzung weisen die Individuen einer Population eine **genetische Variabilität** auf, die zu unterschiedlichen Körpergrößen führt, wobei die mittleren Größen überwiegen (Abb. 1a, oben). Wenn die Ausprägung der Umweltfaktoren über einen langen Zeitraum nahezu gleich bleibt, verändert sich der Selektionsdruck nicht, es werden weiterhin mittlere Körpergrößen bevorzugt. Extrem kleine und große Individuen werden seltener überleben (Abb. 1a, unten). Es handelt sich um eine stabilisierende Selektion.

Wenn sich Selektionsfaktoren verändern oder neue hinzukommen, kann eine gerichtete Selektion stattfinden (Abb. 1b). Individuen, die bisher vorteilhaft in Bezug auf die Körpergröße angepasst waren, können durch die veränderten Bedingungen in ihrem Fortpflanzungserfolg beeinträchtigt werden. Andere Individuen, die unter den veränderten Umweltfaktoren eine vorteilhafte Körpergröße aufweisen, vermehren sich in der Population dann stärker. Der Genpool der Population verändert sich.

Richtet sich der Selektionsdruck gegen eine mittlere Ausprägung, kommt es zu einer aufspaltenden Selektion (Abb. 1c).

Diese drei Formen der Selektion, die stabilisierende, die gerichtete und die aufspaltende, bezeichnet man als **Selektionstypen.**

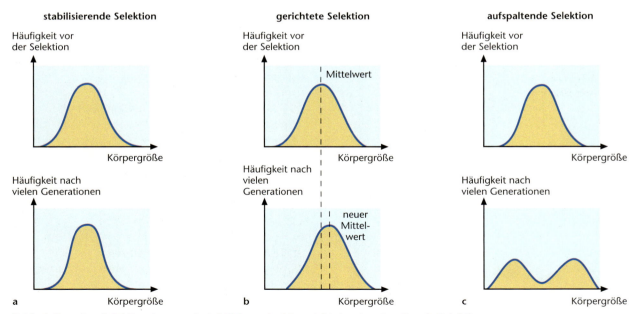

1 *Modell zu den Selektionstypen, a) stabilisierende, b) gerichtete, c) aufspaltende Selektion*

1 Selektionstypen in Populationen. In Abb. 2 ist die Häufigkeit von Genvarianten in drei Populationen dargestellt. Die obere Reihe zeigt jeweils die Ausgangsgeneration, die untere Reihe die Folgegeneration. Beschreiben Sie die Diagramme und erläutern Sie die Veränderungen. Ordnen Sie jeder Population einen Selektionstyp zu und erläutern Sie Ihre Entscheidung.

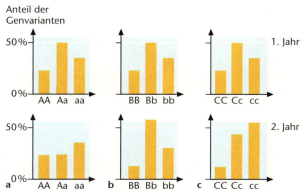

2 Anteil von Genvarianten im Genpool von drei Populationen in aufeinanderfolgenden Jahren

3 Purpurastrilde

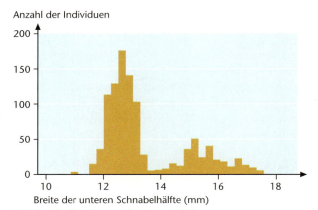

4 Schnabelbreite von Purpurastrilden

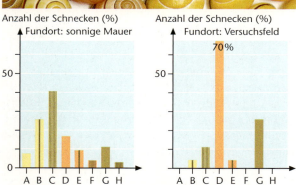

5 Fundhäufigkeiten unterschiedlicher Gehäusefarben und -bänderung von Bänderschnecken in Berlin. Die Farben in den Säulen repräsentieren die unterschiedlichen Gehäusefarben, die senkrechten Bänder kennzeichnen die Bänderung des Gehäuses.

2 Gehäusefärbung von Bänderschnecken. An zwei Standorten in Berlin wurde die Verteilung der Färbung und Bänderung von Bänderschnecken untersucht (Abb. 5). In der Literatur werden hypothetisch Faktoren des Selektionsdrucks auf diese Tiere benannt: Die Gehäusefarbe beeinflusst die Temperatur der Schnecke. Helle Gehäuse reflektieren die Sonnenstrahlen, während dunkle Gehäuse die Wärme absorbieren. Bänderschnecken sind die Hauptnahrung der Singdrossel. Dunkle Gehäuse und Bänderungen tragen zur Tarnung bei. Überprüfen Sie argumentativ diese Hypothesen anhand der dargestellten Fundhäufigkeiten.

3 Purpurastrilde und ihre Schnäbel. Purpurastrilde leben in Westafrika (Abb. 3). Die Vögel ernähren sich hauptsächlich von Samen zweier Grasarten. Die Samen sind von der Größe ähnlich, unterscheiden sich aber sehr in der Härte. Breite Schnäbel eignen sich besser zum Knacken harter Samen, während schmale Schnäbel eher geeignet für weiche Samen sind. Bei einer Untersuchung hat man eine Vielzahl von Vögeln eingefangen und die Schnäbel vermessen (Abb. 4).
a) Beschreiben Sie Abb. 4 und erläutern Sie die Ergebnisse in einem Text unter Verwendung der einschlägigen Begriffe.
b) An diesem Beispiel wird ein Selektionstyp deutlich. Begründen Sie Ihre Zuordnung.

→ 18.2 Die Synthetische Evolutionstheorie   → 18.7 Das Zusammenwirken der Evolutionsfaktoren im Prozess der Artbildung

18.5 Die Bedeutung von Präadaptationen für die Evolution

1 *Birkenspanner*

2 *Borneo-Flugfrosch*

Birkenspanner sind nachtaktive Schmetterlinge, die in einer hellen oder einer dunklen Form vorkommen (Abb. 1). Ihre Fressfeinde, wie Rotkehlchen und Amseln, fressen vor allem dunkle Exemplare, die auf hellen Birkenstämmen schlecht getarnt sind. Die Fressfeinde üben auf diese Weise einen Selektionsdruck bezüglich der Färbung aus. Ändern sich die Umweltbedingungen, verändert sich damit auch der Selektionsdruck. Verdunkelt sich beispielsweise in Industriegebieten die helle Rinde der Birke, sind dunkle Formen besser getarnt. Entsteht durch diese Angepasstheit ein wirksamer Selektionsvorteil, setzen sich die Gene, die diese Merkmale codieren, innerhalb der betroffenen Population mit einer höheren Wahrscheinlichkeit im Laufe vieler Generationen durch. Da diese Angepasstheiten bereits vor der Veränderung des Selektionsdruckes bestehen, werden sie als **Präadaptation** bezeichnet. Präadaptationen können also erst im Rückblick als solche erkannt werden.

Ein weiteres Beispiel für Präadaptation sind die Flughäute der Borneo-Flugfrösche (Abb. 2). Diese Baumbewohner können mit Hilfe dieser Häute zwischen den Zehen aus Baumwipfeln hinabgleiten, was besonders bei der Flucht vor Fressfeinden einen Vorteil darstellt. Die Häute zwischen den Zehen sind aus Schwimmhäuten hervorgegangen, die ursprünglich eine Angepasstheit an die Fortbewegung im Wasser waren.

In mikrobiologischen Experimenten kann nachgewiesen werden, dass Präadaptationen auf zufälligen Mutationen beruhen. Anders als bei diploiden Organismen wirken sich Mutationen direkt auf den Phänotyp von Bakterien aus, da sie haploid sind. Präadaptationen können bei Bakterien beobachtet werden, wenn sie in einem Nährmedium mit einem Antibiotikum vermehrt werden. Normalerweise verhindern Antibiotika die Vermehrung von Bakterien (Abb. 3). Einige Bakterien haben jedoch durch Mutationen Präadaptationen zur Resistenzbildung. Sie bilden eine veränderte äußere Membran, die das Eindringen des Antibiotikums verhindert. Anderen Bakterien fehlen die inneren Transportsysteme oder Stoffwechselwege, von denen die Wirkung des entsprechenden Antibiotikums abhängt. Bekannt sind auch verschiedene Enzyme, die in Bakterien produziert werden und das jeweils entsprechende Antibiotikum durch Spaltung inaktivieren. Diese resistenten Bakterien bringen durch Zellteilungen, die etwa alle 20 Minuten erfolgen können, ebenfalls resistente Nachkommen hervor, die dann auf antibiotikahaltigen Nährböden sichtbare Bakterienkolonien bilden können (Abb. 5). Die Verbreitung der Resistenzgene wird durch horizontalen Gentransfer zwischen Bakterien weiter verstärkt. Dabei werden DNA-Abschnitte, in diesem Fall Resistenzgene, von einem Bakterium in ein anderes übertragen.

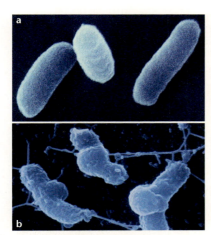

3 *a) lebende Bakterien, b) durch Antibiotika zerstörte Bakterien*

1 Experiment zur Antibiotika-Resistenzbildung.

a) Beschreiben Sie das in Abb. 4 dargestellte Experiment und die Befunde.
b) Überprüfen Sie, inwieweit die Versuchsergebnisse die Hypothesen stützen.
c) Welches Versuchsergebnis würden Sie erwarten, wenn das Antibiotikum die Resistenz verursachen würde? Begründen Sie.
d) Vergleichen Sie die beiden Hypothesen unter Einbeziehung der Evolutionstheorien von LAMARCK und DARWIN.

2 Resistenz gegen Antibiotika.

a) Erläutern Sie die sichtbaren Auswirkungen der sechs Antibiotika auf die Bakterienkultur (Abb. 5).
b) Recherchieren Sie die Gefahren der Resistenzen von Bakterien gegenüber Antibiotika. Stellen Sie das Ergebnis ihrer Recherche in einer Concept-Map dar. Erläutern Sie Ihre Concept-Map.

Beobachtung:
Durch den Kontakt mit einem Antibiotikum werden nicht immer alle Bakterien abgetötet. Einige haben resistente Eigenschaften und können sich auf Nährböden mit Antibiotika weiter vermehren.

Hypothese 1:
Die Bakterien passen sich aktiv an die veränderten Umweltbedingungen an. Die Resistenz entwickelt sich durch den Kontakt mit dem Antibiotikum.

Hypothese 2:
Unabhängig vom Kontakt mit einem Antibiotikum erfolgen ständig spontane und ungerichtete Mutationen. Dadurch sind einige Bakterien zufällig schon gegen ein Antibiotikum resistent. Sie sind präadaptiert und können sich trotz Antibiotikum weiter vermehren.

Durchführung:

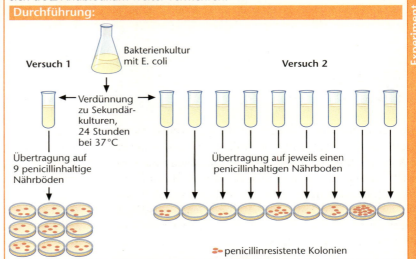

4 *Experiment zur Antibiotika-Resistenzbildung bei E. coli*

Auf einem Nährboden wachsen Bakterien, bis dieser vollständig von ihnen bedeckt ist. Dann werden mit verschiedenen Antibiotika (1–6) getränkte Fließplättchen aufgelegt.

5 *Bakterienkultur mit Resistenztest gegen Antibiotika*

→ 11.6 Bedeutung der Biodiversität   → 18.4 Selektionstypen und Selektionsfaktoren

18.6 Isolationsmechanismen

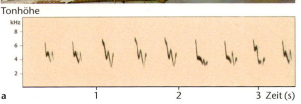

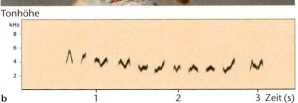

1 *a) Fitis und b) Zilpzalp* sind nah verwandte Arten einheimischer Singvögel. Der unterschiedliche Gesang trägt mit dazu bei, dass sich die Vögel nicht miteinander fortpflanzen.

Fitis und Zilpzalp sind zwei nah verwandte Arten, die anhand ihrer Größe und ihres Gefieders nur schwierig zu unterscheiden sind (Abb. 1). Beide Arten sind während der Eiszeit in Europa allmählich aus einer Art hervorgegangen. Auch dort, wo Populationen von Fitis und Zilpzalp heute gemeinsam vorkommen, paaren sie sich nicht. Sie haben keine gemeinsamen Nachkommen. Die Populationen von Fitis und Zilpzalp sind hinsichtlich der Fortpflanzung voneinander getrennt. Man spricht von **reproduktiver Isolation.** Ein Grund dafür sind die unterschiedlichen, genetisch bedingten Gesänge von Zilpzalp und Fitis, mit denen Paarungspartner angelockt und Reviere verteidigt werden (Abb. 1).

In der Biologie werden verschiedene Definitionen einer Art diskutiert. Nach einer häufig gebrauchten Definition versteht man unter einer biologischen **Art** alle Populationen, deren Mitglieder sich untereinander fortpflanzen können, die fruchtbare Nachkommen haben und die von anderen Populationen reproduktiv isoliert sind. Das wesentliche Kriterium für das Vorhandensein von zwei Arten ist ihre reproduktive Isolation. Dadurch ist der **Genfluss** zwischen den Populationen unterbunden. Bei entfernt verwandten Lebewesen ist das Kriterium der reproduktiven Isolation offensichtlich, z. B. werden sich Hasen und Tiger nicht fortpflanzen können. Bei nah verwandten Lebewesen wie Fitis und Zilpzalp ist das Kriterium der reproduktiven Isolation von Bedeutung, um zu entscheiden, ob Fitis und Zilpzalp zu verschiedenen Arten gehören.

Heute weiß man, dass reproduktive Isolation beim evolutiven Prozess der Artbildung eine entscheidende Rolle spielt. Barrieren, die eine erfolgreiche Fortpflanzung zwischen Vertretern verschiedener Populationen einschränken oder ganz verhindern, bezeichnet man als **Isolationsmechanismen** (Abb. 2).

Isolationsmechanismen, die Befruchtung verhindern
1. Ökologische Isolation: Die Populationen leben im gleichen Gebiet, besetzen aber verschiedene ökologische Nischen.
2. Zeitliche Isolation: Die Populationen leben im gleichen Gebiet. Die Tiere oder Pflanzen sind jedoch zu unterschiedlichen Zeiten paarungsbereit oder geschlechtsreif.
3. Verhaltensbedingte Isolation: Genetisch bedingte Unterschiede im Paarungsverhalten bei Tieren, z. B. Paarungsrufe, Gefiederfärbung.
4. Mechanische Isolation: Ein unterschiedlicher Bau der Fortpflanzungsorgane verhindert Begattung.

Isolationsmechanismen, die nach der Befruchtung wirken
1. Die normale Embryonalentwicklung wird verhindert, weil Mitosen aufgrund veränderter Chromosomenzahl gestört sind oder gar nicht ablaufen.
2. Die Mischlinge sind unfruchtbar oder weisen eine erhöhte Sterblichkeit auf.

2 *Isolationsmechanismen*

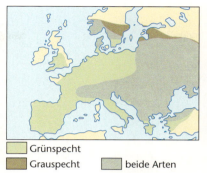

Grünspecht
Grauspecht   beide Arten

3 a) Grauspecht und b) Grünspecht sind nah verwandte Arten, die voneinander reproduktiv isoliert sind. Sie unterscheiden sich unter anderem im Gefieder und in den Rufen, mit denen sie ihr Revier abgrenzen. Der Grünspecht ist auf bodenlebende Ameisen als Nahrung spezialisiert. Der Grauspecht frisst auch Ameisen, sucht aber auch häufig an der Borke von Baumstämmen und Ästen nach Insekten.

4 Maultiere sind Mischlinge einer Kreuzung zwischen Eselhengst und Pferdestute. Esel und Pferd sind nah verwandte Arten. Der diploide Chromosomensatz beträgt bei Eseln $2n = 62$, bei Pferden $2n = 64$. Maultiere haben mit 63 eine ungerade Zahl von Chromosomen. Sie sind unfruchtbar, können also selbst keine Nachkommen haben.

5 Liger sind Mischlinge aus der Kreuzung eines Löwen mit einer Tigerin. Weltweit gibt es etwa ein Dutzend Liger. Weibliche Liger konnten im Zoo mit Löwen oder Tigern Nachkommen haben. Männliche Liger sind unfruchtbar. Unter natürlichen Bedingungen entstehen Liger nicht, da sich die Lebensräume von Tiger und Löwe nicht überschneiden. Darüber hinaus unterscheiden sie sich im Verhalten. Tiger sind Einzelgänger, Löwen leben meistens in Rudeln.

1 Isolationsmechanismen.
a) Ordnen Sie die verschiedenen Beispiele aus Abb. 1, 3, 4 und 5 einem oder mehreren der in Abb. 2 beschriebenen Isolationsmechanismen zu.
b) Erläutern Sie mit Hilfe einer selbst gefertigten Skizze den Genfluss zwischen artgleichen Populationen und die Bedeutung reproduktiver Isolation zwischen artverschiedenen Populationen.

2 Kriterien der Artdefinition.
a) Nennen Sie alle Kriterien, die zur Definition einer Art gehören.
b) Prüfen Sie, welche Kriterien der Artdefinition die verschiedenen Beispiele in Abb. 1, 3, 4 und 5 erfüllen oder nicht erfüllen.

18.7 Das Zusammenwirken der Evolutionsfaktoren im Prozess der Artbildung

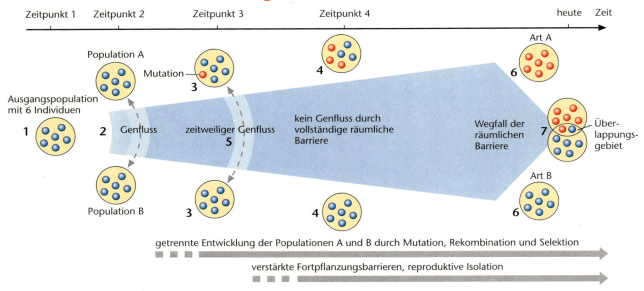

1 *Modell zur Artbildung mit räumlicher Isolation: allopatrische Artbildung*

Bei der Artbildung durch räumliche Isolation wird durch eine räumliche Barriere der **Genfluss** zwischen verschiedenen Populationen der gleichen Art unterbunden. Die räumliche Trennung führt zu einer getrennten Evolution der Populationen. Abb. 1 zeigt ein vereinfachtes Modell dieser sogenannten **allopatrischen Artbildung** (gr. *allos*, fremd; *patra*, Heimatland). Die nachfolgenden Ziffern beziehen sich auf Abb. 1.

1 Die Individuen der Ausgangspopulation bilden eine Fortpflanzungsgemeinschaft. Ihre Mitglieder weisen genetische Variabilität auf.

2 Durch räumliche Trennung, z. B. vorrückende Gletscher, Gebirgsbildung oder Klimawandel, wird die Ausgangspopulation in zwei Populationen A und B mit jeweils eigenem Genpool getrennt. Ein Genfluss findet aber noch statt.

3 In jeder Population treten im Laufe der Zeit durch Mutationen und Rekombinationen neue Varianten auf. Auf die Individuen der getrennten Populationen wirken unterschiedliche Umweltfaktoren (Selektionsfaktoren).

4 Da der Genfluss zwischen den Populationen unterbrochen ist, breiten sich in der jeweiligen Population durch Selektion solche genetisch bedingten Merkmale aus, die den Fortpflanzungserfolg, also die reproduktive Fitness, steigern.

5 Fällt die geografische Barriere für eine bestimmte Zeit fort, z. B. in Wärmeperioden einer Eiszeit, kann zeitweiliger Genfluss zwischen den Populationen stattfinden. Wenn die Individuen der beiden Populationen sich noch fruchtbar fortpflanzen können, gehören sie noch zu einer Art.

6 Bleibt die räumliche Trennung längerfristig bestehen, treten in den getrennten Populationen zunehmend genetisch mitbedingte Merkmale und Eigenschaften auf, die dauerhaft die Fortpflanzung zwischen Vertretern der beiden Populationen verhindern.

7 Wenn die Populationen reproduktiv voneinander isoliert sind, spricht man von Arten. Selbst dort, wo sich dann die Verbreitungsgebiete der beiden Arten überlappen, haben sie keine gemeinsame Nachkommen mehr.

Bei der **sympatrischen Artbildung** (gr. *syn*, zusammen) kann sich eine neue Art ohne räumliche Trennung bilden, also in ein und demselben Gebiet (Abb. 4). Auch von dieser Form der Artbildung kennt man Beispiele, bei denen reproduktive Isolation erfolgt.

2 *Während der Eiszeit entstanden a) Winter- und b) Sommergoldhähnchen*

1 Allopatrische Artbildung bei heimischen Singvögeln.
a) Während der Eiszeit wurde die Ausgangspopulation der Goldhähnchen durch die vordringenden Gletscher und Kältesteppen in eine südwestliche und in eine südöstliche Population getrennt. Dort fand eine getrennte Entwicklung der Populationen statt, die im Laufe der Zeit zu zwei Arten führte. Winter- und Sommergoldhähnchen unterscheiden sich unter anderem im Gesang und in der Gefiederfärbung. Auch dort, wo sich heute die Verbreitungsgebiete beider Arten überschneiden, sind beide Arten reproduktiv voneinander isoliert. Erstellen Sie ein Fließdiagramm zur allopatrischen Artbildung bei den Goldhähnchen. Benutzen Sie dabei die relevanten Fachbegriffe (Abb. 1, 2).
b) Waldbaumläufer und Gartenbaumläufer, Sumpfmeise und Weidenmeise, Zilpzalp und Fitis, Sumpfrohrsänger und Teichrohrsänger sowie Nachtigall und Sprosser sind weitere Beispiele für nah verwandte heimische Singvögel, die jeweils aus einer Ausgangspopulation hervorgingen. Auch sie wurden durch die eiszeitlichen Kältegebiete in zwei Populationen getrennt.
Recherchieren Sie für jedes dieser Artenpaare Eigenschaften und Merkmale, die reproduktive Isolation bewirken.

2 Evolution von Rabenkrähen und Nebelkrähen. Rabenkrähen und Nebelkrähen sind durch räumliche Trennung im Verlauf der letzten Eiszeit entstanden. Heute treten in einem Überlappungsgebiet, in Deutschland, fruchtbare Nachkommen aus der Paarung beider Arten auf (Abb. 3). Ordnen Sie die Evolution von Rabenkrähen und Nebelkrähen in das Modell der Abb. 1 begründet ein.

3 Sympatrische Artbildung. Erläutern Sie unter Bezug auf Abb. 4, wie bei diesen Beispielen der sympatrischen Artbildung eine reproduktive Isolation der Populationen erfolgt.

Rabenkrähe / Nebelkrähe / Rabenkrähe und Nebelkrähe

3 *Verbreitungsgebiet von Rabenkrähe und Nebelkrähe*

Bei Blütenpflanzen kann Artbildung durch die Vervielfachung des Chromosomensatzes stattfinden. Die so entstandenen Individuen und ihre Nachkommen sind untereinander fruchtbar, in der Regel jedoch gegenüber der Elternpopulation reproduktiv isoliert. Man schätzt, dass bei einem Drittel der Blütenpflanzen, darunter dem Weizen, diese Form der Artbildung stattfand.

Die ersten Schritte der Artbildung erfolgen bei manchen Apfelfruchtfliegen durch sexuelle Selektion: Die Weibchen legen Eier meistens an solche Früchte, in denen sie sich selbst entwickelt haben, z. B. in Weißdorn-Früchten oder in Äpfeln. Bei der Paarung werden solche Partner bevorzugt, die sich in der gleichen Art von Früchten entwickelt haben.

4 *Beispiele für sympatrische Artbildung*

→ 18.3 Variabilität → 18.6 Isolationsmechanismen

18.8 Adaptive Radiation

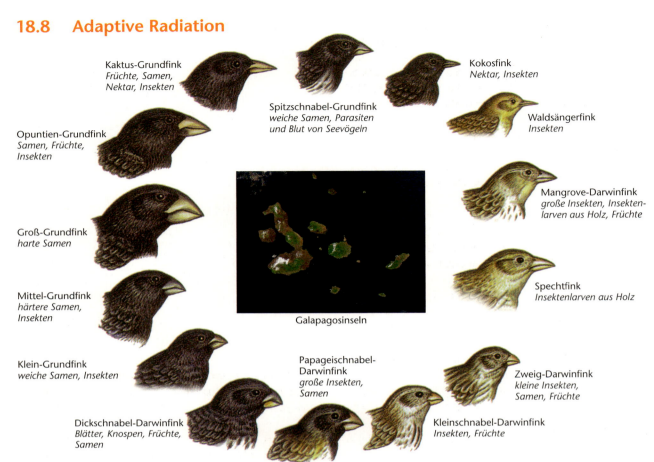

1 *Vierzehn Arten von Darwinfinken und ihre Nahrung (kursiv)*

CHARLES DARWIN besuchte auf seiner Weltreise 1835 einige der etwa 1000 Kilometer westlich vor dem südamerikanischen Festland im Pazifik liegenden Galapagosinseln. Sie entstanden vor ungefähr zehn Millionen Jahren durch Vulkanismus. Die verschiedenen Galapagosinseln unterscheiden sich in geologischer, klimatischer und ökologischer Hinsicht.

DARWIN entdeckte dort verschiedene Arten von Vögeln die eng miteinander verwandt sind und später Darwinfinken genannt wurden. Die Darwinfinken unterscheiden sich unter anderem in der Größe, in der Ernährungsweise, im Gesang und in der Form des Schnabels (Abb. 1). Die vierzehn Arten leiten sich von einer Ausgangspopulation ab, die vor Millionen Jahren vom südamerikanischen Festland aus auf eine der Galapagosinseln einwanderte. Auf den Inseln lebten keine Beutegreifer, gab es keine Konkurrenz durch andere Vogelarten und ein großes Nahrungsangebot. Im Laufe der Zeit wurden die anderen Galapagosinseln von den eingewanderten Vögeln besiedelt. Heute leben auf manchen Galapagosinseln Populationen verschiedener Arten nebeneinander.

Darwinfinken sind ein besonders gut untersuchtes Beispiel für **adaptive Radiation** (lat. *adaptare*, anpassen; *radiatur*, strahlenförmig). So nennt man die meist in relativ kurzen erdgeschichtlichen Zeiträumen verlaufende Auffächerung einer Art in zahlreiche Arten. Im Wechselspiel von genetischer Variabilität und Selektion entwickelten die Vögel spezielle Angepasstheiten an die Umweltbedingungen und die Nutzung vorhandener Ressourcen wie z. B. Nahrung. Im Verlauf der adaptiven Radiation werden unterschiedliche ökologische Nischen besetzt, die vorher nicht realisiert waren. Adaptive Radiation tritt meistens dann auf, wenn neue Lebensräume mit vielfältigem Nahrungsangebot besiedelt werden, in denen für die Neusiedler keine oder nur geringe Konkurrenz herrscht. Durch räumliche Trennung von Populationen, wie sie z. B. für Inseln typisch ist, wird die schnelle Auffächerung einer Ausgangspopulation in zahlreiche neue Arten gefördert.

1 Adaptive Radiation bei Darwinfinken. Stellen Sie ausgehend vom Zeitpunkt der Erstbesiedlung einer der Galapagosinseln durch eine Ausgangspopulation den mutmaßlichen weiteren Verlauf der adaptiven Radiation der Darwinfinken dar. Erläutern Sie diese in einem Fließdiagramm an drei selbst ausgewählten Finkenarten.

2 Modell zur adaptiven Radiation auf einer Inselgruppe. Abb. 2 zeigt modellhaft den Verlauf der Besiedlung einer dem Festland vorgelagerten Inselgruppe.
a) Erläutern Sie die adaptive Radiation auf dieser Inselgruppe.
b) Erläutern Sie Ihre Erwartungen an das experimentelle Ergebnis, wenn Sie die Möglichkeit haben, mit Hilfe molekularbiologischer Verwandtschaftsanalysen die heutigen Arten A, B, C, D und E zu untersuchen.

3 Radiation der Säugetiere. Man spricht auch von adaptiver Radiation, wenn sich eine stammesgeschichtliche Linie, z. B. die der Säugetiere, in zahlreiche Gruppen mit jeweils vielfältigen Arten auffächert.
Lange Zeit gab es nur relativ wenige Arten von Säugetieren. Sie führten als zumeist sehr kleine, nachtaktive Tiere ein Leben im Schatten der Reptilien, unter anderem der Dinosaurier. Reptilien besetzten in großer Artenvielfalt vielfältige ökologische Nischen.
Nachdem die Dinosaurier und zahlreiche andere Reptilien weltweit ausstarben, fächerten sich die Säugetiere in zahlreiche, zumeist artenreiche Gruppen auf. Erläutern Sie mögliche Zusammenhänge zwischen dem Aussterben der Dinosaurier und vieler anderer Reptilien mit der adaptiven Radiation der Säugetiere (Abb. 3).

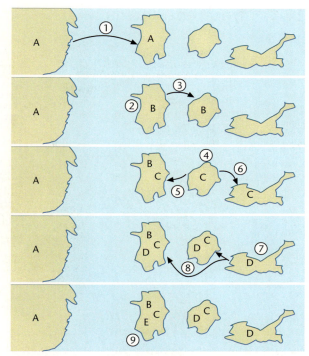

2 Modell zur adaptiven Radiation auf einer Inselgruppe. *A, B, C, D, E sind nahe verwandte Arten. Die Ziffern geben die Reihenfolge der Besiedlung an.*

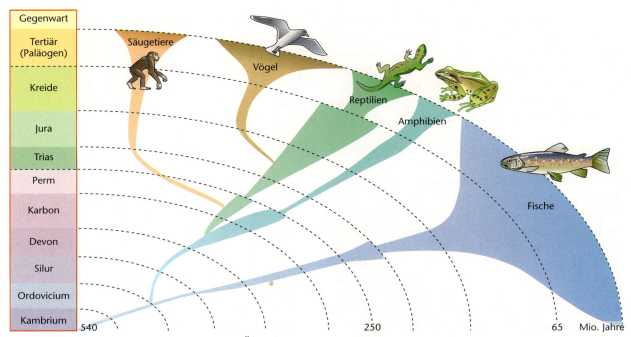

3 Stammbaum der Wirbeltiere. *Die Breite der Äste entspricht der Artenvielfalt der Wirbeltierklassen.*

→ 18.6 Isolationsmechanismen   → 18.7 Das Zusammenwirken der Evolutionsfaktoren im Prozess der Artbildung

19.1 Proximate und ultimate Erklärungsformen in der Biologie

Proximate Erklärungsformen beziehen sich auf die unmittelbaren Ursachen eines Verhaltens oder Merkmals.
Das Männchen singt, weil
– seine Singmuskulatur durch Nervenzellen aktiviert wird,
– sein Blut im Frühjahr einen hohen Gehalt an Testosteron hat,
– es die Gesangsstrophen als Jungtier von einem männlichen Artgenossen gelernt hat.
– ...

Ultimate Erklärungsformen beziehen sich auf die biologische Funktion eines Verhaltens oder eines Merkmals. Dabei werden oft evolutionsbiologische Zusammenhänge hergestellt und das evolutionäre So-Gewordensein betrachtet.
– Der Gesang des Amselmännchens steigert seine Fortpflanzungschancen. Der Gesang lockt paarungsbereite Weibchen an und hält Rivalen aus dem Revier fern.
– ...

1 *Proximate und ultimate Erklärungen, warum ein Amselmännchen singt*

Im Frühjahr hört man bereits am Morgen den Gesang männlicher Amseln. Die Frage, warum sie singen, lässt sich auf verschiedene Weise richtig beantworten, denn biologische Fragen beziehen sich auf verschiedene Erklärungsebenen (Abb. 1).

Proximate Erklärungen beziehen sich auf unmittelbare Ursachen, zum Beispiel wie Stoffwechsel und Hormone bestimmte Verhaltensweisen steuern oder wie sich Verhaltensweisen im Laufe des individuellen Lebens entwickeln. Proximate Erklärungen greifen oftmals aktuelle Ursachen auf, die im Inneren eines Organismus wirken (z. B. physiologische, hormonelle, neuronale Ursachen) oder von außen wirken (z. B. soziale Beziehungen).

Ultimate Erklärungen beziehen sich auf die biologische Funktion eines Merkmals. Ultimate Erklärungen stellen evolutionsbiologische und stammesgeschichtliche Zusammenhänge her. Dabei spielt der adaptive Wert eines Merkmals eine große Rolle, also die Frage, inwiefern ein bestimmtes Merkmal vorteilhaft für das Überleben und den Fortpflanzungserfolg eines Individuums ist. Verhaltensweisen und Merkmale mit einem hohen adaptiven Wert sind durch Selektion begünstigt.

Proximate und ultimate Erklärungsformen gibt es auch auf der Ebene von Organen, Zellen und Molekülen. Ein Beispiel auf Molekülebene ist die Regulation des Enzyms Phosphofructokinase, das in der Glykolyse die Umwandlung von Fructose-6-phosphat in Fructose-1,6-bisphosphat katalysiert. Proximat gesehen wird dieses Enzym durch ATP allosterisch gehemmt und durch ADP und AMP aktiviert (Abb. 2). Ultimat betrachtet wird der adaptive Wert deutlich, nämlich dass die Zellen mit der wichtigen Ressource Glucose wirtschaftlich umgehen. Während der Gärung arbeitet die Phosphofructokinase mit voller Aktivität. Wenn jedoch die Zellatmung möglich ist, bei der pro Molekül Glucose etwa 19-mal mehr ATP gebildet wird, hemmt das gebildete ATP konzentrationsabhängig das Enzym. Durch diese Rückkopplung wird nur so viel ATP gebildet wie benötigt wird. Ultimat trägt dies zum effektiven und wirtschaftlichen Umgang mit Glucose bei. Ein solcher Umgang mit begrenzten Ressourcen hat in der Evolution einen sehr hohen adaptiven Wert.

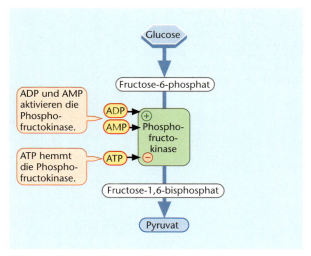

2 *Regulation des Enzyms Phosphofructokinase*

1 Proximate und ultimate Erklärungsformen.
Formulieren Sie proximate und ultimate Erklärungen zu den folgenden Merkmalen und Verhaltensweisen:
A – Eine männliche Amsel singt am Morgen.
B – Säuglinge besitzen in den ersten Lebensmonaten einen Klammerreflex.
C – Eisbären besitzen ein weißes Fell.
D – Hummeln sind wechselwarme Tiere, die in kalten Nächten in eine Kältestarre fallen. Dennoch erscheinen sie mit ihren massigen, dunklen und wärmeisolierten Körpern als erste in den kühlen Morgenstunden an den Blüten. Die Bienen schwärmen erst später aus, wenn sich die Luft bereits erwärmt hat. Damit ihre Flugmuskulatur effektiv arbeiten kann, müssen Hummeln und Bienen eine Temperatur von 35 °C in ihrem Brustabschnitt erreichen. Dieses Aufwärmen erfolgt bei den Hummeln in zwei Phasen. Während der ersten Phase erfolgt eine Vorerwärmung der Muskulatur (Abb. 3). Diese Phase gibt es nur bei Hummeln. In der zweiten Phase wird die Flugmuskulatur aktiviert, sodass frische Atemluft über die Tracheen in den Körper gepumpt wird und sich der Körper erwärmt. Man erkennt dies am charakteristischen Flügelzittern.

4 *Rauchschwalben*

2 Hassverhalten bei Rauchschwalben.
a) Überprüfen Sie die drei Hypothesen in Abb. 5 mit Hilfe der beschriebenen Beobachtungen.
b) Erläutern Sie selbst entwickelte Fragen, die proximate Erklärungen zu den Beobachtungen in Abb. 5 ermöglichen.

Rauchschwalben mit Jungvögeln attackieren Beutegreifer, z. B. Eulen, indem sie auf diese herabstoßen, um sie herumschwirren und ihnen gelegentlich sogar im Vorüberfliegen einen Schlag versetzen. Man bezeichnet dieses Verhalten als Hassen.

Hypothesen:
1. Das Hassen ist eine Angepasstheit, welche die Überlebenswahrscheinlichkeit der Nachkommen eines hassenden Tieres erhöht, indem der Feind von einem gefährdeten Nest mit Eiern oder Jungvögeln abgelenkt wird.
2. Das Hassen erhöht die Überlebenswahrscheinlichkeit des hassenden Vogels selbst, indem es ihm ermöglicht, den Feind einzuschätzen und vielleicht aus dem Gebiet zu vertreiben.
3. Das Hassen dient dazu, dem jeweils anderen Geschlecht die Eignung als möglicher Partner zu signalisieren.

Durchführung:
In der Nähe einer Rauchschwalben-Brutkolonie wird eine ausgestopfte Eule aufgestellt und beobachtet, welche Tiere wie häufig Hassreaktionen zeigen.

Beobachtungen:

Schwalbentyp	Anteil an der Population (%)	Anteil bei Hassreaktionen (%)
Alttiere unverpaart	6	2
Alttiere vor dem Brüten	9	11
Alttiere während des Brütens	14	10
Alttiere mit Jungen	51	77
Jungtiere	20	0

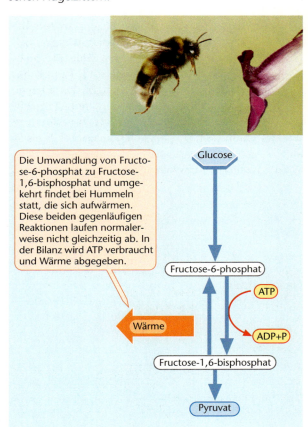

Die Umwandlung von Fructose-6-phosphat zu Fructose-1,6-bisphosphat und umgekehrt findet bei Hummeln statt, die sich aufwärmen. Diese beiden gegenläufigen Reaktionen laufen normalerweise nicht gleichzeitig ab. In der Bilanz wird ATP verbraucht und Wärme abgegeben.

3 *Kurzschluss der Glykolyse bei Hummeln*

5 *Experiment zum Hassverhalten bei Rauchschwalben*

→ 19.2 Der adaptive Wert von Verhalten: Kosten-Nutzen-Analysen

19.2 Der adaptive Wert von Verhalten: Kosten-Nutzen-Analysen

1 *Fütternde Kohlmeise am Nest*

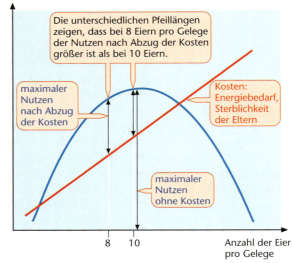

2 *Kosten und Nutzen bei der Gelegegröße von Kohlmeisen*

In einer Langzeitstudie wurden über vierzig Jahre lang Daten über eine Kohlmeisenpopulation in der Nähe von Oxford in Großbritannien gesammelt. In dieser Population legten die meisten Paare acht Eier pro Gelege. Gab man zusätzliche Eier in die Nester, so wurden auch diese noch erfolgreich bebrütet. Offensichtlich wird die Gelegegröße also nicht durch Schwierigkeiten beim Bebrüten begrenzt. Weitere Untersuchungen zeigten, dass die Eltern allerdings Probleme bei der Fütterung von Bruten mit mehr als acht Eiern hatten. Junge Kohlmeisen aus diesen Bruten hatten beim Ausfliegen durchschnittlich eine geringere Masse als solche aus kleineren Bruten. Sie waren seltener gefüttert worden. Die Körpermasse der ausfliegenden Jungen ist für das weitere Überleben jedoch von entscheidender Bedeutung: Junge mit einer größeren Masse haben innerhalb des ersten Lebensjahres eine erheblich höhere Überlebenswahrscheinlichkeit. Es zeigt sich ein deutlicher Zusammenhang zwischen Gelegegröße und Überlebensrate. Nicht die Bruten mit den meisten Jungvögeln sind die produktivsten, sondern die etwas kleineren mit durchschnittlich besser genährten Jungvögeln. Bei zehn Eiern ist die Anzahl überlebender Jungen am größten. Die tatsächlich am häufigsten zu beobachtende Gelegegröße liegt mit acht Eiern jedoch unterhalb der theoretisch zu erwartenden Gelegegröße. Diese Beobachtung steht nur scheinbar im Widerspruch zu der Vorstellung, dass es günstig ist, wenn Lebewesen ihren Fortpflanzungserfolg maximieren. Denn bei der Bewertung des Fortpflanzungserfolges muss berücksichtigt werden, dass Kohlmeisen durchschnittlich häufiger als ein Mal im Jahr brüten. Dem Nutzen, den die Eltern durch möglichst viele überlebende Nachkommen pro Brut erzielen, stehen die Kosten gegenüber, die mit der Aufzucht einer größeren Brut verbunden sind: dem erhöhten Energiebedarf und dem möglicherweise früheren Tod der Eltern zu Lasten weiterer Bruten (Abb. 2).

Den Fortpflanzungserfolg, den ein Lebewesen innerhalb seines gesamten Lebens erzielt, bezeichnet man als seine **reproduktive Fitness.** Im Rahmen von **Kosten-Nutzen-Analysen** untersucht man, wie sich ein Verhalten oder Merkmal auf die reproduktive Fitness, also den Fortpflanzungserfolg, des Individuums auswirkt. Der Nutzen eines Verhaltens oder Merkmals bemisst sich am mittel- und langfristigen Beitrag zum Fortpflanzungserfolg eines Individuums. Kurzfristig kann sich Nutzen auch im Gewinn nutzbarer Energie ausdrücken. Die Kosten beziehen sich meist auf den Energiebedarf, der notwendig ist, um ein Verhalten zu zeigen oder ein Merkmal auszubilden. Das Verhältnis zwischen Kosten und Nutzen eines Merkmals entscheidet also über seinen adaptiven Wert. Im Laufe der Evolution haben sich letztlich nur diejenigen Merkmale durchsetzen können, bei denen der Nutzen größer als die Kosten ist.

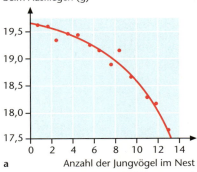
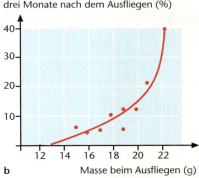
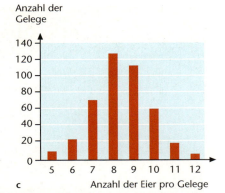

3 Untersuchungen an Kohlmeisen, a) Mittlere Körpermasse der Jungvögel, b) Überlebenschancen junger Kohlmeisen, c) Häufigkeitsverteilung verschiedener Gelegegrößen

1 Kosten und Nutzen. Begründen Sie für die folgenden Beispiele, was jeweils Kosten und Nutzen sind.
A – Bienen sammeln auf ihren Flügen Nektar, den sie zum Stock zurückbringen. Mit zunehmender Beladung mit Nektar nimmt die Energie zu, die für den Transport aufgewendet werden muss.
B – Bei den zu den Grabwespen gehörenden Bienenwölfen können Weibchen, die mehr Mitochondrien als ihre Artgenossinnen haben, mehr erlegte Bienen als Nahrung für ihre Larven eintragen.
C – Turmfalken jagen meist im Flug. Dabei setzen sie etwa 9-mal mehr Energie um als bei der Jagd von einer Warte aus, erzielen dabei aber auch durchschnittlich etwa 10-mal mehr Energie.
D – Die Ernährung der Elche am Ufer des Großen Sees in Nordamerika wird sehr stark vom Natriumbedarf beeinflusst. Die Tiere suchen ihre Nahrung im Wald, wo sie Laub fressen, und an kleinen Seen, wo sie unter Wasser wachsende Pflanzen abgrasen. Die Wasserpflanzen haben einen hohen Natriumgehalt, liefern aber relativ wenig Energie. Für die Landpflanzen gilt das Gegenteil.
E – Die auf Madagaskar lebenden Grauen Mausmakis gehören zu den kleinsten Primaten. Sie können in eine Kältestarre verfallen. Dabei reduzieren sie ihre Stoffwechselrate in erheblichem Maße.

2 Die Gelegegröße bei Kohlmeisen.
a) Nehmen Sie an, dass Kohlmeisen innerhalb von zehn Minuten einmal an das Nest zur Fütterung kommen. Dabei wird jedes Mal nur ein Junges gefüttert. Berechnen Sie, wie groß die Wahrscheinlichkeit bei fünf und bei zwölf Jungen innerhalb einer Stunde ist,
– jedes Mal gefüttert zu werden,
– mindestens einmal gefüttert zu werden,
– nicht gefüttert zu werden.
b) Analysieren Sie, wie sich ein großes Nahrungsangebot in der Nähe des Nestes auf die Kosten-Nutzen-Beziehung auswirken könnte.
c) Werten Sie die in Abb. 3 dargestellten Untersuchungsergebnisse aus und setzen Sie sie zueinander in Beziehung.

3 Reviergröße des Fuchskolibris. Fuchskolibris ernähren sich überwiegend von Blütennektar. Die Männchen verteidigen in ihrem Revier alle Blüten gegen Artgenossen.
a) Werten Sie die Abb. 4 aus.
b) Formulieren Sie die Fragestellung, die mit dem Experiment geklärt werden sollte.

4 a) Fuchskolibri an Blüte, b) Veränderung der Körpermasse eines Fuchskolibris an fünf aufeinanderfolgenden Tagen nach Besetzen eines neuen Reviers

→ 20.6 Lebensgeschichte und Elterninvestment

19.3 Evolutionsstabile Verhaltensstrategien und Fitnessmaximierung

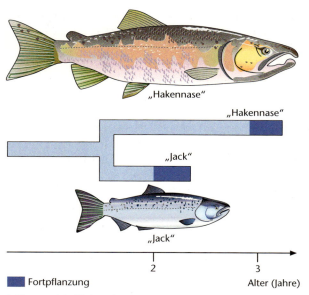

1 *Unterschiedliche Phänotypen und Lebenslaufstrategien bei männlichen Coho-Lachsen: „Hakennasen" und „Jacks"*

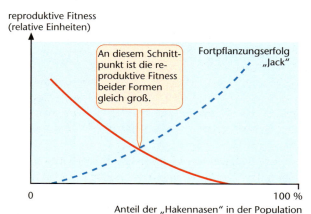

2 *Beziehung zwischen Fortpflanzungserfolg und Häufigkeit einer Strategie am Beispiel der „Hakennasen" des Coho-Lachses.*

Pazifische Coho-Lachse laichen von November bis Januar in Flüssen an der amerikanischen Westküste und sterben anschließend. Nach einem Jahr wandern die Jungfische in den Pazifik. Die Weibchen kehren im Alter von drei Jahren in ihr Ursprungsgewässer zurück. Bei den Männchen lassen sich hingegen zwei unterschiedliche Lebenslaufstrategien beobachten. Kleine Männchen, die sogenannten „Jacks", werden bereits im zweiten Lebensjahr geschlechtsreif und kehren früher in das Laichgewässer zurück als ihre größeren Artgenossen, die sogenannten „Hakennasen". Die „Hakennasen" werden erst im Alter von drei Jahren geschlechtsreif (Abb. 1). Wenn sie dann ins Laichgewässer kommen, sind sie etwa zwei- bis dreimal größer als die „Jacks" und auffällig rot gefärbt. Zudem sind sie leicht an ihren hakenförmig vorgezogenen Kiefern und vergrößerten Zähnen zu erkennen, die sie beim Kampf gegen männliche Artgenossen nutzen. Diese Merkmale fehlen den „Jacks". Anstatt um laichende Weibchen zu kämpfen und sie gegen andere Männchen zu verteidigen, versuchen sie heimlich Zugang zu ihnen zu erlangen. Gut getarnt verbergen sie sich in der Nähe der Weibchen und vermeiden so Angriffe von „Hakennasen". Beginnt der Laichvorgang, kommen die „Jacks" schnell aus ihrem Versteck und versuchen, einige der Eier zu besamen.

Sowohl die Strategie der „Jacks" als auch die der „Hakennasen" ist evolutionsstabil. Unter einer **evolutionsstabilen Strategie** (ESS) versteht man allgemein eine Strategie, die bei unveränderten Umweltbedingungen durch keine andere Strategie innerhalb der Population ersetzt werden kann, ohne die reproduktive Fitness zu mindern. Eine Strategie ist ein unbewusst ablaufendes genetisch fixiertes Programm von Verhaltensregeln, das die Handlungen beeinflusst, die zu einer Maximierung der reproduktiven Fitness beitragen.

Wie das Beispiel der Coho-Lachse zeigt, können auch zwei Strategien innerhalb einer Population evolutionsstabil vorkommen. In diesem Fall hängt der Fortpflanzungserfolg eines Individuums nicht nur von seiner eigenen Strategie ab, sondern auch davon, wie viele der Konkurrenten sich anders verhalten. So würde zum Beispiel der Fortpflanzungserfolg der „Hakennasen" sinken, wenn ihr Anteil in der Population übermäßig zunähme und die Kämpfe deshalb intensiver würden (Abb. 2). In der Natur findet man in solchen Fällen deshalb eine annähernd konstante Häufigkeitsverteilung der beteiligten Strategien. Die durch beide Strategien erzielte reproduktive Fitness ist in etwa gleich, denn Gene, die eine Strategie mit geringerer reproduktiver Fitness zur Folge hätten, würden durch Selektion aus dem Genpool verdrängt werden.

1 Kosten-Nutzen-Analyse. Führen Sie für die beiden Strategien „Jack" und „Hakennase" des Coho-Lachses jeweils eine Kosten-Nutzen-Analyse durch.

2 Beziehung zwischen Erfolg und Häufigkeit einer Strategie.
a) Erläutern Sie Abb. 2.
b) Begründen Sie, was in Abb. 2 verändert werden muss, wenn nicht mehr der Anteil der „Hakennasen", sondern der Anteil der „Jacks" auf der x-Achse dargestellt wird. Zeichnen Sie das veränderte Diagramm.

3 Konfliktstrategien im Modell. Modellhaft werden fünf unterschiedliche Strategien angenommen, die von Tieren in einer Population in Konfliktsituationen mit Artgenossen verfolgt werden (Abb. 3).
a) Begründen Sie für jede Strategie, was jeweils Kosten und Nutzen sind.
b) Entwickeln Sie eine Hypothese, welche der fünf Strategien am erfolgreichsten sein könnte.
c) Übertragen Sie die Tabelle in Abb. 3 in Ihr Heft. Bewerten Sie dann die Auswirkungen auf die reproduktive Fitness, indem Sie für jeden Konflikt Punkte an die Gegner verteilen (Beispiele in Abb. 3):
– sicherer Sieger: +2
– fünfzigprozentige Gewinnchance: +1
– Kampf verloren, unverletzt: 0
– Gefahr ernster Verletzung: –10.
Tragen Sie die ermittelten Punkte in die Tabelle ein. Dabei sollen die Punkte für das Tier gelten, das die in der Tabelle links genannte Strategie in einem Kampf mit einem Artgenossen verfolgt, der die in der Abb. 3 oben genannte Strategie wählt.
d) Begründen Sie mit Bezug auf Ihre Hypothese, bei welcher Strategie es sich in diesem Modell um eine evolutionsstabile Strategie handelt.
e) Diskutieren Sie Vor- und Nachteile des Modells.

„Kommentkämpfer": Er kämpft konventionell, d. h. symbolisch (Knurren, Zähnefletschen, Drohen, …); zieht sich zurück, wenn der Gegner gefährlich wird.

„Beschädigungskämpfer": Er eskaliert sofort den Kampf und geht rücksichtslos vor.

„Einschüchterer": Er eskaliert sofort den Kampf, aber zieht sich zurück, wenn der Gegner gefährlich wird.

„Vergelter": Er beginnt die Auseinandersetzung wie ein Kommentkämpfer und bleibt dabei, solange der Gegner dasselbe tut; geht sein Gegner aber zum Beschädigungskampf über, so tut er es auch.

„Sondierer": Er kämpft zunächst wie ein Kommentkämpfer, aber eskaliert dann, wenn der Gegner ebenfalls wie ein Kommentkämpfer kämpft.

Beispiele für Konflikte:

„Kommentkämpfer": Er kämpft konventionell, d. h. symbolisch (Knurren, Zähnefletschen, Drohen, …); zieht sich zurück, wenn der Gegner gefährlich wird.		„Kommentkämpfer": Er kämpft konventionell, d. h. symbolisch (Knurren, Zähnefletschen, Drohen, …); zieht sich zurück, wenn der Gegner gefährlich wird.	Ergebnis +1 ↔ +1
„Beschädigungskämpfer": Er eskaliert sofort den Kampf und geht rücksichtslos vor.		„Kommentkämpfer": Er kämpft konventionell, d. h. symbolisch (Knurren, Zähnefletschen, Drohen, …); zieht sich zurück, wenn der Gegner gefährlich wird.	Ergebnis +2 ↔ 0

	gegen Kommentkämpfer	gegen Beschädigungskämpfer	gegen Einschüchterer	gegen Vergelter	gegen Sondierer
Kommentkämpfer	+1				
Beschädigungskämpfer	+2				
Einschüchterer					
Vergelter					
Sondierer					

3 Ein Modell zu Konfliktstrategien

19.4 Fortpflanzungsstrategien und Lebensgeschichte

Die Fortpflanzung von Lebewesen ist mit Kosten verbunden. Dazu zählen unter anderem die Aufwendungen der Eltern für ihre Nachkommen. Unter **Elterninvestment** versteht man in der Biologie alle Investitionen von Eltern zu Gunsten eines Nachkommen, die dessen Überlebenschancen und seinen Fortpflanzungserfolg erhöhen. Das Elterninvestment kann artspezifisch unterschiedlich sein. Ein hohes Elterninvestment geht meistens mit einer geringen Zahl an Nachkommen einher. Elefanten sind dafür ein Beispiel (Abb. 1). Im Vergleich zu Elefanten haben Feldmäuse sehr hohe Nachkommenzahlen und ein geringes Elterninvestment (Abb. 2).

In der Evolution haben sich unter dem Einfluss verschiedener Umweltbedingungen verschiedene **Fortpflanzungsstrategien** ausgebildet. Darunter versteht man durch Selektion im Laufe der Stammesgeschichte einer Art entstandene, genetisch fixierte Muster des Fortpflanzungsverhaltens. Den verschiedenen Fortpflanzungsstrategien ist gemeinsam, dass sie die reproduktive Fitness der Individuen steigern.

Die Fortpflanzungsstrategie der Individuen einer Art ist eng verknüpft mit ihrer Lebensgeschichte. Mit **Lebensgeschichte** bezeichnet man die Abfolge von Entwicklungsschritten und Veränderungen innerhalb der Lebensspanne eines Individuums, die Einfluss auf seine Fortpflanzung haben. Dazu gehören z. B. die Dauer der Trächtigkeit, die Zeitspanne elterlicher Betreuung des Nachkommen, das Alter beim Eintritt der Geschlechtsreife und die Zeitspanne der Fortpflanzungsfähigkeit sowie die gesamte Lebensdauer eines Individuums. Feldmäuse und Elefanten unterscheiden sich in ihrer Lebensgeschichte (Abb. 1, 2).

Eine Fortpflanzungsstrategie ist die sogenannte **r-Strategie**. Das Kürzel r steht für Reproduktionsrate (Fortpflanzungsrate). Diese Lebewesen, **r-Strategen** genannt, haben hohe Nachkommenzahlen gepaart mit einem geringen Elterninvestment. Es handelt sich in der Regel um kleine Lebewesen mit schneller Individualentwicklung und geringer Lebensdauer. Weitere typische Kennzeichen von r-Strategen sind früher Eintritt in das fortpflanzungsfähige Alter und kurze Geburtenabstände. Populationen von r-Strategen zeigen oft stark schwankende Individuenzahlen. Die Sterblichkeit der Nachkommen, besonders der Jungen, ist hoch. Die Feldmaus ist ein Beispiel für einen r-Strategen.

Ein Bulle des Afrikanischen Elefanten wiegt etwa 5000 kg. Im Alter von etwa 12 Jahren werden Elefanten geschlechtsreif. Nach 20 bis 22 Monaten Tragzeit wird ein 100 kg schweres Junges geboren, das etwa drei Jahre von der Elefantenkuh gesäugt wird. Eine Elefantenkuh bringt in ihrem Leben höchstens sechs Junge zur Welt. Elefanten werden etwa 60 Jahre alt.

1 *Elefantenkuh mit Jungtier*

Elefanten gehören zur Gruppe der **K-Strategen**. Das Kürzel K bezieht sich auf die Kapazität (Tragfähigkeit) des Lebensraumes. K-Strategen sind zumeist Lebewesen mit großer Körpermasse und hoher Wettbewerbsfähigkeit. Populationen von K-Strategen nutzen die Ressourcen eines Lebensraumes mit vergleichsweise wenigen Individuen aus. Die Individuenzahl schwankt bei konstanten Umweltverhältnissen kaum und liegt an der Grenze der Tragfähigkeit des jeweiligen Lebensraumes. Typisch für K-Strategen sind relativ wenige, jedoch langlebige Nachkommen, verbunden mit hohem Elterninvestment. Große Geburtenabstände, langsame Individualentwicklung und später Eintritt der Geschlechtsreife sind weitere Kennzeichen von K-Strategen. Die Sterblichkeit ihrer Nachkommen ist gering.

Zwischen ausgeprägten r- und ausgeprägten K-Strategen gibt es vielfältige Übergänge. Die Zuordnung einer Art zu einer der beiden Fortpflanzungsstrategien erfolgt dabei meistens im Vergleich: Eine Feldmaus ist im Vergleich mit einer Auster, die jedes Jahr mehrere Millionen Eier legt, eher K-Stratege, im Vergleich zum Elefanten eher r-Stratege. In manchen Fällen ist eine Zuordnung zur r- oder K-Strategie nicht eindeutig möglich.

Eine Feldmaus wiegt etwa 25 g. Im Alter von 12 Tagen sind die Tiere geschlechtsreif. Die Tragzeit beträgt 21 Tage. Ein Feldmaus-Weibchen kann unter günstigen Bedingungen bis zu zehnmal im Jahr bis zu zwölf Junge pro Wurf zur Welt bringen. Die Jungtiere werden 17 bis 20 Tage gesäugt. Die Lebensdauer von Feldmäusen beträgt ungefähr ein halbes Jahr bis zu zwei Jahren.

2 *Feldmäuse im Nest*

1 **Kennzeichen von K- und r-Strategen.**
Vergleichen Sie die Kennzeichen von K- und r-Strategen in Form einer Tabelle. Beachten Sie dabei folgende Aspekte: Reproduktionsrate, Elterninvestment, Körpergröße, Individualentwicklung, Lebensdauer, Eintritt der Geschlechtsreife, Geburtenabstände, Sterblichkeit, Schwankungen der Populationsgröße.

2 **r- oder K-Stratege?** Bilden Sie aus den Organismen, die in Abb. 3 dargestellt sind, Vergleichspaare. Begründen Sie, welcher der beiden gegenübergestellten Organismen K-Stratege bzw. r-Stratege ist.

3 **r-Strategen zeigen Angepasstheiten an schwankende Umweltbedingungen.** Begründen Sie an selbst gewählten Beispielen, dass r-Strategen Angepasstheiten aufweisen, die vorteilhaft für die Besiedlung von Lebensräumen mit stark schwankenden, variablen Umweltbedingungen sind.

4 **Modell: Lebensdauer und Elterninvestment.**
a) Erläutern Sie die Zusammenhänge, die dem Modell in Abb. 4 zugrunde liegen.
b) Begründen Sie anhand der Abb. 4, wie eine stabile Population auf eine Zunahme a) des Elterninvestments, b) der Lebensdauer reagieren muss, wenn die Individuenzahl gleich bleiben soll.

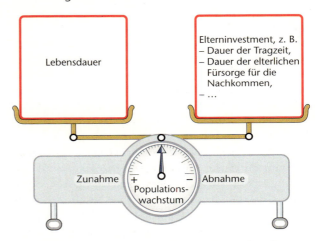

4 *Zusammenhänge zwischen Lebensdauer, Elterninvestment und Individuenzahl*

3 *r- oder K-Stratege? a) Eichhörnchen, b) Bakterien, c) Frosch mit Laich, d) Kaninchen, e) Schnecken, f) Menschen*

→ 19.3 Evolutionsstabile Strategien und Fitnessmaximierung → 20.6 Lebensgeschichte und Elterninvestment

19.5 Sozialverhalten der Primaten

Gorillas bilden Haremsgruppen mit durchschnittlich elf Mitgliedern, darunter ein altes erwachsenes Männchen („Silberrücken"), fünf Jungtiere und fünf andere Erwachsene, meist Weibchen. Die Gruppen werden vom Silberrücken angeführt. Die Gruppengröße variiert und hängt von der Ernährungsweise der Tiere ab. Neben dieser Form des Zusammenlebens gibt es noch einzeln umherziehende Silberrücken, die sich auch zu Gruppen aus mehreren Männchen zusammenschließen können. Erwachsene Männchen konkurrieren stark um die Führungsposition in einer Gruppe.

1 *Sozial- und Paarungssystem beim Gorilla*

Viele Primaten leben in Gruppen zusammen. Innerhalb dieser Gruppen haben nicht alle Tiere die Möglichkeit, sich zu paaren. Wer sich mit wem paart, beschreibt man mit Hilfe von Paarungssystemen (Abb. 2). Die Evolution der verschiedenen Paarungssysteme hängt damit zusammen, dass Männchen viele Spermien und Weibchen vergleichsweise wenige, dafür aber große Eizellen produzieren. Daraus folgt, dass Männchen ihren **Fortpflanzungserfolg** erhöhen, wenn sie mit mehr als einem Weibchen kopulieren. Ihre Spermienanzahl reicht aus, die Eizellen mehrerer Weibchen zu befruchten. Der Fortpflanzungserfolg weiblicher Primaten ist durch ein höheres Elterninvestment begrenzt, da sie ihren Nachwuchs nicht nur austragen, sondern auch stillen. Beide Geschlechter verfolgen gegenläufige Fortpflanzungsstrategien: Für männliche Primaten ist es vorteilhaft, wenn sie sich mit mehr als einem Weibchen paaren und diese Weibchen sich nicht zusätzlich mit anderen Männchen paaren. Für Weibchen ist es vorteilhaft, wenn sie sich mit einem oder mehreren Männchen paaren und diese bei der Aufzucht der Jungen helfen. Der Fortpflanzungserfolg der Männchen hängt also ganz entscheidend von der räumlichen und zeitlichen Verteilung der fruchtbaren Weibchen ab. Für die Weibchen hingegen ist entscheidend, wie die Nahrung räumlich und zeitlich verteilt ist. Aber auch die Hilfe der Männchen bei der Aufzucht der Jungen spielt eine wichtige Rolle.

Paarungssystem	Anzahl der männlichen Paarungspartner	Anzahl der weiblichen Paarungspartner
Monogamie	1	1
Polyandrie	> 1	1
Polygynie	1	> 1
Polygynandrie	> 1	> 1

2 *Paarungssysteme*

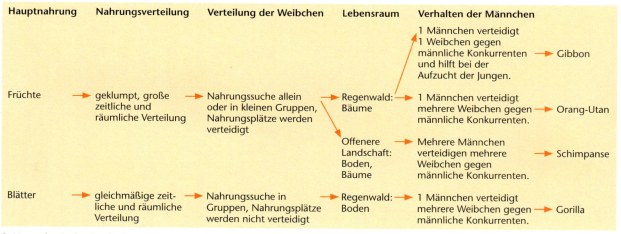

3 *Hypothetische Evolution von Paarungssystemen bei Primaten*

Die Frucht fressenden Gibbons bewohnen die tropischen Regenwälder Südostasiens. Sie leben in einer wahrscheinlich lebenslangen Partnerbindung. Durch aggressives Verhalten gegenüber gleichgeschlechtlichen Artgenossen binden die Tiere ihren Partner an sich. Zudem verteidigen sie einen Teil ihres bis zu 50 Hektar großen Streifgebiets gegen Artgenossen. Trotz der engen Paarbindung wird regelmäßig beobachtet, wie sich ein Tier in ein Nachbarrevier begibt, sich dort paart und zum Partner zurückkehrt.

4 Sozial- und Paarungssystem beim Gibbon

Orang-Utans sind Baumbewohner. Sie leben als Einzelgänger in den Wäldern Nord-Sumatras und Borneos und ernähren sich hauptsächlich von Früchten. Die Männchen sind wesentlich größer als die Weibchen. Mit bis zu zehn Quadratkilometern sind die Streifgebiete männlicher Orang-Utans häufig mehr als doppelt so groß wie die der Weibchen. Das Streifgebiet eines voll ausgewachsenen Männchens schließt oftmals die Streifgebiete mehrerer Weibchen mit ein.

5 Sozial- und Paarungssystem beim Orang-Utan

Schimpansen leben sowohl im Regenwald als auch in den trockeneren offenen Savannen Afrikas. Sie verbringen etwa 50 Prozent der Zeit auf dem Boden. Den Hauptbestandteil ihrer Nahrung bilden Früchte. Sie leben in lockeren Gruppen von 20 bis 100 Individuen. Ihre Mitglieder treffen sich gelegentlich und wandern zeitweise in kleineren Gruppen umher, bis sie schließlich wieder auseinander gehen. Die Männchen sind oft Halbbrüder, wohingegen die eingewanderten Weibchen nicht miteinander verwandt sind.

6 Sozial- und Paarungssystem beim Schimpansen

1 Paarungssysteme. Vergleichen Sie die Paarungssysteme der vier Menschenaffenarten (Abb. 1–6).

2 Evolution von Paarungssystemen. Erläutern Sie die Evolution der in Abb. 3 dargestellten Paarungssysteme und benennen Sie diese mit Hilfe von Abb. 2.

3 Schlüsselstrategien bei Primaten.
a) Erläutern Sie die folgenden Aussagen: 1. Die „Schlüsselstrategie" weiblicher Primaten ist eine Nahrungsstrategie. 2. Die „Schlüsselstrategie" männlicher Primaten ist eine Paarungsstrategie.
b) Beurteilen Sie, inwieweit das in Abb. 7 beschriebene Experiment die Aussagen zu den unterschiedlichen „Schlüsselstrategien" von männlichen und weiblichen Primaten stützt oder widerlegt.

Auf einer kleinen Insel wurden entweder männliche oder weibliche Graurötelmäuse in Drahtkäfigen in verschiedenen räumlichen Mustern verteilt. Wenn in den Käfigen Weibchen weiträumig verteilt wurden, dann folgten ihnen die Männchen, indem sie ihre Streifgebiete ausweiteten. Wenn die Käfige nah beieinander standen, dann konzentrierten sich auch die Männchen an diesen Stellen. Veränderte man mit Hilfe der Drahtkäfige die räumliche Verteilung der männlichen Tiere, so führte dies zu keiner Veränderung der räumlichen Aktivität der Weibchen. Sie blieben in ihren Streifgebieten und folgten den Männchen nicht.

7 Experiment zu geschlechtsspezifischen „Schlüsselstrategien" bei Graurötelmäusen

20.1 Evolutionäre Geschichte des menschlichen Körpers

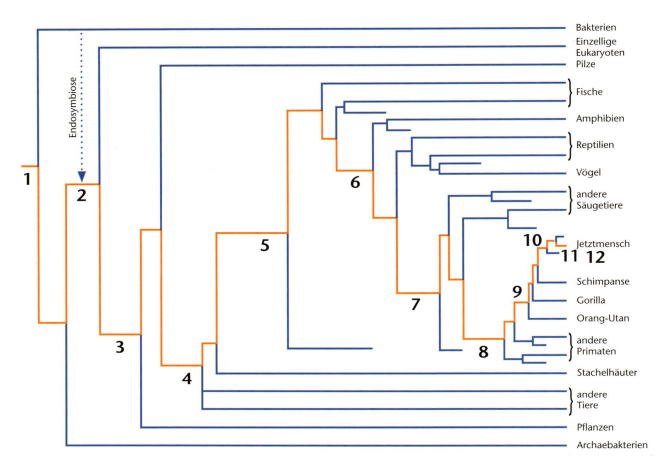

1 Der Weg der Evolution, der im Verlauf von ungefähr 3,6 Milliarden Jahren vom gemeinsamen Vorfahren aller Lebewesen bis zum heutigen Menschen führt, ist in diesem Stammbaum farbig hervorgehoben. Der Mensch ist aufgrund gemeinsamer Merkmale in unterschiedlichem Ausmaß mit allen anderen Lebewesen verwandt. Die Ziffern im Stammbaum geben das erste Auftreten einiger Merkmale im Laufe der Evolution an. Die Ziffern beziehen sich auf den Text und die Abb. 3.

Domäne	Eukarya
Reich	Animalia (Tiere)
Stamm	Chordata (Wirbeltiere)
Klasse	Mammalia (Säugetiere)
Ordnung	Primates (Herrentiere)
Familie	Hominidae (Menschenaffen und Mensch)
Gattung	Homo (Mensch)
Art	Homo sapiens

2 Einordnung des Jetztmenschen in das Sytem der Lebewesen

1 Die **DNA** ist bei allen Lebewesen Träger der Erbinformation. DNA enthält Informationen zur Proteinbiosynthese. Der gemeinsame Vorfahre aller Lebewesen lebte vor etwa 3,6 Milliarden Jahren.

2 Entstehung der **Eukaryoten.** Durch Endosymbiose von atmenden Prokaryoten entstehen die Mitochondrien, in denen wichtige Schritte der Zellatmung stattfinden. Älteste eukaryotische Fossilien werden auf 1,5 bis 2 Milliarden Jahre geschätzt.

3 **Vielzellige Lebewesen** mit differenzierten Zelltypen für verschiedene Funktionen entstehen. Älteste Fossilien vielzelliger Tiere sind etwa 640 Millionen Jahre alt.

326   → 1.2 Die Reiche der Lebewesen   → 1.3 Die Zellen der Prokaryoten und Eukaryoten

4 Erste Tiere mit **innerem Verdauungsraum** sowie Muskelzellen für Bewegung entwickeln sich.

5 Älteste **Wirbeltiere** mit **knöchernem Skelett**.

6 Mit der Eroberung des Festlandes durch Übergangsformen zwischen Fischen und Amphibien vor etwa 370 Millionen Jahren gehen u. a. folgende bedeutsamen evolutiven Entwicklungen einher: die Evolution eines **Halses** mit Halswirbeln ermöglicht, dass der Kopf sehr viel unabhängiger vom übrigen Körper bewegt werden kann. Die **Lungenatmung** gewinnt an Bedeutung. An den Enden der Gliedmaßen bilden sich **Hand- und Fußgelenke** aus.

7 Mit der Evolution der **Säugetiere** vor etwa 220 Millionen Jahren traten neue typische Merkmale auf: Dazu gehören die Ausbildung von **Milchdrüsen** für die nachgeburtliche Ernährung der Nachkommen. Das Gebiss der Säugetiere weist **verschiedenartige Zähne** auf. Dadurch kann ein breiteres Spektrum an Nahrung genutzt werden. Aus bestimmten Kieferknochen der Reptilien entwickelten sich bei den Säugetieren die drei Gehörknöchelchen des Mittelohres. Dadurch wurde das **Hörvermögen** verfeinert.

8 Seit ungefähr 75 Millionen Jahren gibt es die Gruppe der **Primaten** innerhalb der Säugetiere. Die meisten Primaten zeigen Angepasstheiten an das Leben in Bäumen. Mit den Primaten traten in der Evolution u. a. folgende neue Merkmale auf: Die nach vorne gerichteten Augen mit überlappenden Sehfeldern ermöglichen ein **räumliches Sehen**. Primaten haben Finger und Zehen zum **Greifen**. Das Gehirn ist im Verhältnis zur Körpermasse relativ groß. Es ermöglicht die Verarbeitung von Sehreizen, die Steuerung der Fingerbewegungen und das ausgeprägte Sozialverhalten.

9 Verlust des Schwanzes bei den großen Menschenaffen.

10 Entwicklung des **aufrechten Ganges**.

11 Starke Vergrößerung des Gehirnvolumens, vor allem der **Großhirnrinde**.

12 Entwicklung von Merkmalen und Eigenschaften, die zu einer **Wortsprache** befähigen.

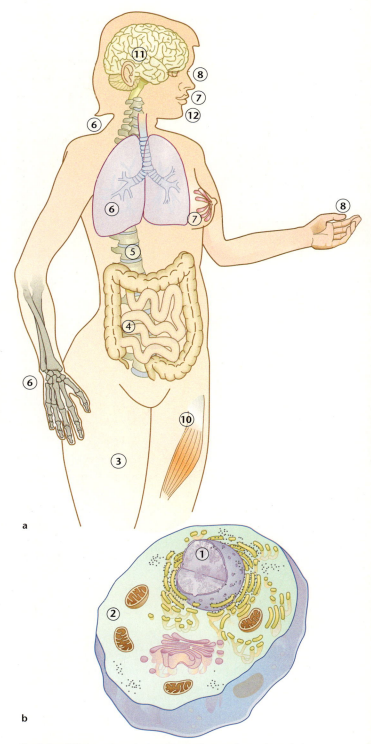

3 a) *Der Körper eines jeden Menschen* weist während der Evolution erworbene Merkmale und Eigenschaften auf, die ein Erbe seiner Zugehörigkeit zu den Primaten, den Säugetieren, zu den landlebenden Wirbeltieren, den Vielzellern und den Eukaryoten sind. **b)** *Eukaryotische Zelle*

→ 17.1 Ähnlichkeiten zwischen Lebewesen: Homologien und Analogien   → 20.3 Der Stammbaum des Menschen

20.2 Molekularbiologische Verwandtschaftsanalyse von Menschen und Menschenaffen

1 *Im letzten Jahrhundert wurden unter anderem diese vier Stammbäume bezüglich der Verwandtschaft von Menschen und Menschenaffen diskutiert.*

Unter den Säugetieren sind die Primaten die engsten biologischen Verwandten des Menschen. Innerhalb der Primaten stehen die Menschenaffen dem Menschen am nächsten (Abb. 1). Zu den Menschenaffen zählen Gorillas, Schimpansen, Orang-Utans und Gibbons. Seit CHARLES DARWIN in seinem 1871 erschienenen Buch „The Descent of Man" den Schluss zog, der Mensch stamme von affenähnlichen Vorfahren ab, wurden immer wieder die Verwandtschaftsbeziehungen zwischen heute lebenden Menschenaffen und dem Menschen diskutiert (Abb. 1). In den letzten Jahrzehnten wurden in diesem Zusammenhang verstärkt Methoden der **molekularbiologischen Verwandtschaftsanalyse** eingesetzt.

Arten-Paare	Zahl der untersuchten Gene	Zahl der untersuchten Basen	Unterschiede in den Basen (%)
Mensch/Schimpanse	97	92 451	0,87
Mensch/Gorilla	67	57 861	1,04
Mensch/Orang-Utan	68	57 935	2,18
Mensch/Maus	49	38 778	20,58
Schimpanse/Gorilla	67	57 716	0,99
Schimpanse/Orang-Utan	68	57 878	2,14
Schimpanse/Maus	49	38 758	20,57

2 *Unterschiede in der DNA-Basensequenz bei verschiedenen Arten*

1 Stammbäume und DNA-Basensequenzanalyse.
a) Beschreiben und vergleichen Sie die vier Stammbäume in Abb. 1 in Hinblick auf evolutionäre Verwandtschaftsbeziehungen.
b) Werten Sie die Daten der DNA-Basensequenzierung in Abb. 2 aus. Prüfen Sie für jeden Stammbaum in Abb. 1, inwiefern er zu den Daten der DNA-Basensequenzierung passt oder nicht passt.

2 Immunbiologischer Verwandtschaftsnachweis mit dem Serum-Präzipitin-Test.
a) Beschreiben Sie das Verfahren des Serum-Präzipitin-Tests in Abb. 3.
b) Skizzieren Sie anhand der Daten in Abb. 3 einen Stammbaum der Primaten.
c) Vergleichen Sie die DNA-Sequenzierung und den Serum-Präzipitin-Test hinsichtlich der Genauigkeit, mit der evolutionäre Verwandtschaftsbeziehungen festgestellt werden.

3 Stammbaumdarstellung.
Beschreiben Sie den Stammbaum in Abb. 4 aus dem Jahre 1976 und nehmen Sie dazu Stellung.

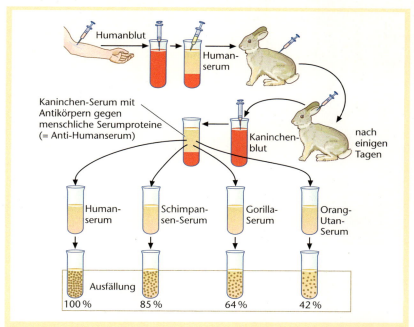

4 *Stammbaumzeichnung von 1976*

Der Serum-Präzipitin-Test ist ein immunbiologischer Verwandtschaftsnachweis, der vor der Ära der DNA-Sequenzierung und der Aminosäuresequenzanalyse von Proteinen häufiger genutzt wurde. Dabei wird das Schlüssel-Schloss-Prinzip bei der spezifischen Antigen-Antikörper-Reaktion genutzt, um bei zwei Organismen verschiedener Artzugehörigkeit den Grad der Übereinstimmung hinsichtlich der Proteine im Blutserum zu bestimmen. Je größer diese Übereinstimmung ist, desto größer ist die verwandtschaftliche Nähe der Organismen.
Zunächst wird aus einer Blutprobe eines Menschen Serum gewonnen. Dieses Humanserum enthält verschiedene Proteine. Wird Humanserum einem Kaninchen injiziert, so wirken die Proteine des Humanserums als Antigene, gegen die das Kaninchen im Laufe weniger Tage spezifische Antikörper bildet. Aus Kaninchenblut wird das Serum gewonnen, das spezifische Antikörper gegen Serumproteine des Menschen enthält.
Gibt man in einem Kontrollversuch Anti-Humanserum mit Humanserum zusammen, so kommt es aufgrund der Passung von Antigenen und Antikörpern zu einer Ausflockung, Präzipitation genannt. Die Intensität der Ausflockung im Kontrollversuch wird gleich 100 % gesetzt.

3 *Serum-Präzipitin-Test*

20.3 Der Stammbaum des Menschen

1 *Rekonstruktion einiger Vor- und Frühmenschen. Die Ziffern sind im Text erläutert.*

Die Ziffern im Text beziehen sich auf Abb. 1 und 2.

1 Die letzten gemeinsamen Vorfahren von heutigen Schimpansen und heutigen Menschen lebten vermutlich vor 6 bis 7 Millionen Jahren in Ostafrika.

2 Ein weltweiter Klimawandel mit Abkühlung führte in Afrika zur Verringerung der Fläche des tropischen Regenwaldes zugunsten einer Baumsavanne. Hier fand die Evolution der Vor- und Frühmenschen statt. Fossilfunde aus der Zeit vor 5 Millionen Jahren legen nahe, dass diese Vormenschen die meiste Zeit aufrecht gehen konnten.

3a, 3b 3,5 Millionen Jahre alte Fossilfunde verschiedener Arten von Vormenschen mit dem Gattungsnamen *Australopithecus* belegen den aufrechten Gang. Das Gehirnvolumen glich dem heutiger Schimpansen.

4a, 4b Lange Zeit in der Evolution des Menschen lebten mehrere Arten von Vor- und Frühmenschen zeitgleich in Afrika. Eine Art von Vormenschen der Gattung *Australopithecus* (4b) hatte im Vergleich mit einer zeitgleich lebenden Art (4a) große Backenzähne mit dickem Zahnschmelz und sehr große und kräftige Kaumuskeln. Wahrscheinlich aßen diese Vormenschen hartschalige Samen und Nüsse.

5a, 5b Fossilfunde von Frühmenschen mit der Gattungsbezeichnung Homo gibt es seit etwa 2,5 Millionen Jahren. Sie stellten zunächst einfach gebaute Steinwerkzeuge her. Dies machte sie unabhängiger von den Umweltbedingungen und diente auch der besseren Nutzung von Nahrungsquellen. In dieser Zeit der Frühmenschen wuchs das Hirnvolumen beträchtlich.

6 Frühmenschen der Art *Homo erectus* (6a) waren die ersten, die seit etwa 1,8 Millionen Jahren außer Afrika auch Asien und Teile Europas besiedelten. Manches spricht dafür, dass sie auch die Vorfahren der Neandertaler (6b) waren, die während der letzten Eiszeiten in Europa lebten und vor 32 000 Jahren ausstarben. Älteste Spuren der Feuernutzung datieren auf 790 000 Jahre vor heute.

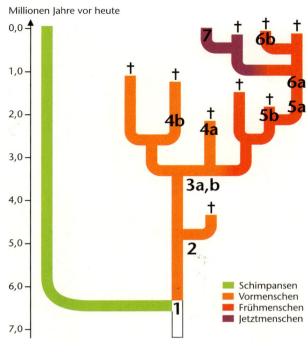

2 Stammbaum des Menschen. *Die Ziffern sind im Text erläutert.*

Schimpansen
Vormenschen
Frühmenschen
Jetztmenschen

7 Der Jetztmensch *(Homo sapiens)* entwickelte sich in Afrika und begann vor 180 000 Jahren allmählich andere Kontinente zu besiedeln. Vor etwa 35 000 Jahren wanderte *Homo sapiens* nach Europa ein, wo er auf die Neandertaler traf.
Die weitaus größte Zeit, in denen es Menschen auf der Erde gibt, waren sie Sammler oder Jäger und Sammler. Mit dem Ackerbau wurden Menschen vor etwa 10 000 Jahren sesshaft und begannen, die Natur nach ihren Bedürfnissen umzugestalten. Die Wortsprache ist ein Merkmal des Jetztmenschen, vermutlich verfügten auch Neandertaler darüber.

1 Zum Stammbaum des *Homo sapiens*. Fertigen Sie eine mit Texten beschriftete Skizze des Stammbaums in Abb. 2 an. Nutzen Sie diese Skizze als Grundlage eines Kurzvortrags zum Thema „Der Stammbaum des *Homo sapiens*".

2 Sachlich und sprachlich angemessen? Prüfen Sie die nachfolgenden Aussagen daraufhin, ob sie sachlich und sprachlich angemessen sind. Diskutieren Sie die Ergebnisse Ihrer Prüfung.
1. „Der Mensch stammt vom Affen ab."
2. „Warum hat das evolutionäre Schicksal Affen und Menschen so ungleich behandelt? Den einen beließ es im Dunkeln des Dschungels, dem anderen bereitete es einen glänzenden Auszug, der ihn zur Herrschaft über die Erde, das Meer und den Himmel führte."
3. „Die ganze Geschichte des Lebens lief unausweichlich darauf hinaus, den Menschen hervorzubringen."
4. „Der Kampf ums Dasein war hart. Dies zwang den Menschen in der Morgendämmerung unserer Geschichte dazu, kräftige Gliedmaßen für lange Fußmärsche, starke Lungen zum Laufen, eine rasche Auffassungsgabe und Schläue für die Jagd zu entwickeln."

3 Zeitungsüberschrift für Abbildung 3 gesucht. Versetzen Sie sich in die Rolle eines Wissenschaftsjournalisten, der zu Abb. 3 eine dick gedruckte Hauptüberschrift mit Bezug auf die Evolution des Menschen sucht. Platz ist auf der Zeitungsseite knapp: Es stehen maximal 60 Anschläge zur Verfügung.

3 Zeitungsüberschrift gesucht

→ 20.7 Evolutionäre Trends in der Menschwerdung   → 20.8 Vergleich biologischer und kultureller Evolution

20.4 Biologische Arbeitstechnik: PCR

In den meisten Zellen des Menschen kommt die DNA in den Chromosomen des Zellkerns und als ringförmiger Doppelstrang in den Mitochondrien vor. In Fossilien, z. B. Schädelknochen, die einige zehntausend Jahre alt sind, können sich noch Bruchstücke der DNA finden, zumeist allerdings in sehr geringer Menge (Abb. 1). Man spricht von alter oder fossiler DNA, abgekürzt aDNA (engl. *ancient,* alt). Je älter Fossilien sind, desto weniger wissenschaftlich verwertbare DNA-Bruchstücke sind in der Regel noch vorhanden. Aber auch die Umwelt der fossilen Knochen hat Einfluss auf den Erhalt der DNA. Trockene und kühle Bedingungen verlangsamen ihren Zerfall, ungünstige pH-Werte und Wärme fördern den Zerfall. So findet sich in Moorleichen wegen der sauren Umgebung in der Regel kaum verwertbare aDNA. Bei der Gewinnung von aDNA müssen besondere Reinlichkeitsgebote und Verfahren angewandt werden, um die Verschmutzung der Probe durch DNA von Bakterien, Pilzen oder durch Menschen zu verhindern.

Weil aDNA in der Regel nur in sehr geringen Mengen vorliegt, bedient man sich der **PCR-Technik (Polymerase Chain Reaction,** Polymerase-Kettenreaktion). Mit dieser Technik kann in einem automatisierten Verfahren DNA in wenigen Stunden millionenfach identisch vervielfältigt werden, sodass schließlich genügend DNA zur weiteren Untersuchung vorliegt. Die PCR-Technik macht sich das Prinzip der komplementären Basenpaarung bei der identischen Verdopplung der DNA zunutze (Abb. 2). Die PCR ist eine der wichtigsten molekularbiologischen Methoden. Anwendungsgebiete der PCR liegen unter anderem in der Genetik, der Erkennung von Krankheiten, der Gerichtsmedizin und Kriminalistik sowie in der Evolutionsbiologie.

1 *Fossiler Schädel und Rekonstruktion eines Neandertalers.* Er lebte vor etwa 40 000 Jahren in Mitteleuropa.

Bei der Erforschung der Abstammung ist das Ausmaß der Unterschiede in der Basensequenz bestimmter DNA-Abschnitte von Vertretern verschiedener Populationen oder Arten ein wichtiger Maßstab. Je geringer die Unterschiede in der DNA-Basensequenz sind, desto größer ist in der Regel die verwandtschaftliche Nähe.

Die Auswertung **mitochondrialer DNA (mtDNA)** hat bei bestimmten Fragestellungen Vorteile. MtDNA wird beim Menschen und vielen anderen Lebewesen fast ausnahmslos über Eizellen, also über die mütterliche Linie vererbt. Die mtDNA hat eine konstante und im Vergleich zur Zellkern-DNA relativ hohe Mutationsrate, sodass sich in vergleichsweise kurzer Zeit Unterschiede in der Basensequenz der mtDNA ergeben. Da in einer Zelle viele hundert Mitochondrien vorkommen, lässt sich oftmals auch aus Fossilien genug mtDNA gewinnen. Humane mtDNA spielt eine wichtige Rolle bei der Erforschung der jüngeren Menschheitsgeschichte, z. B. der Besiedlung Europas und anderer Kontinente.

1 PCR und aDNA. Erläutern Sie unter Bezug auf Abb. 2 die PCR-Technik und ihre Bedeutung bei der Untersuchung von aDNA.

2 Mitochondriale DNA und die Stellung der Neandertaler im Stammbaum des Menschen.
a) Beschreiben Sie unter Bezug auf Abb. 3 die beiden Hypothesen zur Entwicklung des modernen Menschen und seine Verwandtschaft mit dem Neandertaler.
b) Werten Sie die in Abb. 4 dargestellten Untersuchungen von mtDNA aus. Prüfen Sie mit Bezug auf die Ergebnisse Ihrer Auswertung, inwiefern dadurch eine der beiden Hypothesen oder beide Hypothesen gestützt werden bzw. nicht gestützt werden.

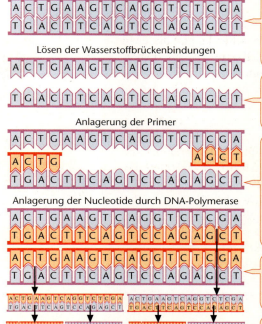

2 Das Prinzip der PCR

1. Zyklus: Die Lösung muss u. a. die zu vervielfältigende DNA enthalten, daneben Nucleotide, zwei verschiedene Primer-Moleküle und Moleküle eines hitzestabilen Enzyms namens DNA-Polymerase.

Erhitzen auf ca. 95 °C. Dadurch lösen sich die Wasserstoffbrückenbindungen zwischen komplementären Basen. Die DNA liegt nun einzelsträngig vor.

Abkühlen auf ca. 55 °C. Bei dieser Temperatur können die Primer binden. Primer sind kurze DNA-Stücke, die dem Enzym DNA-Polymerase als Startpunkt für die komplementäre DNA-Synthese dienen. Die Wahl der Primer muss also so erfolgen, dass sie den zu vervielfältigenden DNA-Abschnitt eingrenzen.

Erhitzen auf 72 °C. Bei dieser Temperatur arbeitet eine bestimmte hitzestabile DNA-Polymerase am besten. Die DNA wird verdoppelt.

Es folgt der 2. Zyklus, der wie der 1. Zyklus abläuft, usw.

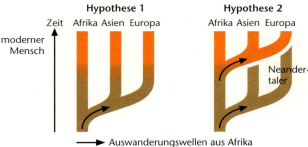

3 Zwei Hypothesen über die Entwicklung des modernen Menschen und seine Stellung zum Neandertaler

	Basenunterschiede eines Abschnitts der mtDNA
Neandertaler – Europäer	28
Neandertaler – Aborigines	28
Neandertaler – Afrikaner	27
Neandertaler – Indianer	27
Neandertaler – Asiaten	28

5 Vergleich von mtDNA eines Neandertalers mit entsprechenden mtDNA-Abschnitten heutiger Menschen

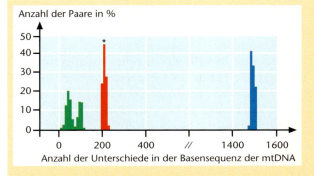

Grün: Vergleich der mtDNA-Basensequenz von 53 Menschen aus der ganzen Welt. Jeweils 2 Menschen bilden ein Paar. Alle Paaruntersuchungen zusammen entsprechen 100 %.

Rot: Vergleich der mtDNA-Basensequenz von 53 Menschen mit der DNA-Basensequenz eines vor 38 000 Jahren lebenden Neandertalers.

Blau: Vergleich der mtDNA-Basensequenz von 53 Menschen mit der mtDNA-Basensequenz eines Schimpansen.

* Lesebeispiel: 45 % der Paare „Mensch/Neandertaler" zeigten beim Vergleich der vollständigen mtDNA-Basensequenz jeweils etwas mehr als 200 Unterschiede.

4 Vergleich von mtDNA-Basensequenzen

20.5 Evolution des menschlichen Gehirns

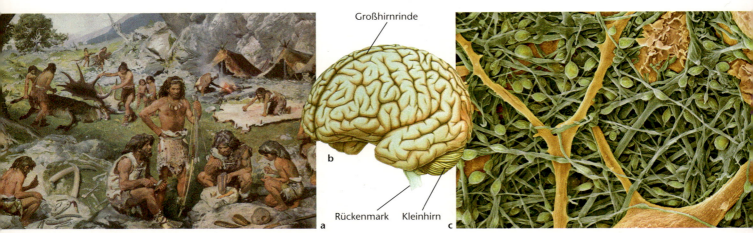

1 a) Die Evolution des Gehirns im Verlauf der Menschwerdung begünstigte ausgiebiges Lernen. **b)** Besonders der stammesgeschichtlich jüngste, stark gewundene Teil der Großhirnrinde hat zugenommen. **c)** Vernetzung von Nervenzellen (grün) und Begleitzellen (orange) in der Großhirnrinde

Obwohl die durchschnittliche Körpermasse heute lebender Menschen nur etwa um ein Viertel größer ist als die Körpermasse von Vormenschen, die vor drei Millionen Jahren lebten, unterscheiden sich die Gehirnvolumina etwa um den Faktor drei (Abb. 2). Im evolutiven Prozess der Menschwerdung wurden nicht alle Teile des Gehirns gleichmäßig vergrößert, sondern im Wesentlichen nur der stammesgeschichtlich jüngste Teil der Großhirnrinde, seine oberflächennahe Schicht (Abb. 1b). Vielfältige Windungen der Großhirnrinde tragen zu einer relativ großen Oberfläche bei. Sie ist um ein Vielfaches größer als beim Schimpansen und beherbergt beim Menschen etwa zwölf Milliarden Neuronen.

Die Funktionen der Großhirnrinde sind stark miteinander vernetzt. Bestimmte Bereiche dienen vornehmlich der Auswertung von Informationen der Sinnesorgane, insbesondere des Sehsinns, des Hörsinns und des Tastsinns. Andere Bereiche steuern und regeln willkürliche Bewegungen, zum Beispiel die der Hände, der Stimmbänder und des Kehlkopfes. Auch die Fähigkeit, eine **Wortsprache** zu verstehen und durch sie mit anderen Menschen zu kommunizieren, ist an die Großhirnrinde gebunden. Ausgedehnte Bereiche der Großhirnrinde dienen der **Speicherung** von erlernten Informationen (Gedächtnis) sowie der **Verknüpfung** von Informationen (Assoziation) und der **Zusammenführung** (Integration) von Wahrnehmungen, Gedächtnisinhalten und emotionalen Bewertungen.

Funktionen der Großhirnrinde sind nicht nur Voraussetzung für problemlösendes und für planendes, in die Zukunft gerichtetes Denken, sondern auch für die Fähigkeit, sich in andere Menschen, ihre Gefühle, Stimmungen und Absichten hineinzuversetzen. Diese Fähigkeit wird **Empathie** genannt und ist Teil der beim Menschen besonders ausgeprägten **sozialen Intelligenz.** Darunter versteht man die Fähigkeit, mit anderen Menschen in Wechselwirkung zu treten: sich mit ihnen zu verständigen, mit ihnen zusammenzuarbeiten, gemeinsam zu planen, Beziehungen aufzubauen und Beziehungen zu pflegen, Konflikte zu lösen und von anderen Menschen zu lernen.

Fachleute nehmen an, dass unter den Lebensbedingungen der Sammler und Jäger ein wichtiger Überlebensvorteil mit der verstärkten Ausbildung sozialer Intelligenz einherging. Das Sozialverhalten äußert sich zum Beispiel in Form von Kooperationen, Arbeitsteilung, Lernen voneinander und Verständigung über zukünftige Ziele. Das Sozialverhalten liefert Lösungen für die Überwindung von Problemen, wie z. B. das Lösen von Konflikten oder das Erschließen von neuen Nahrungsquellen.

Dem vielfältigen Nutzen eines relativ großen Gehirns stehen erhebliche Kosten gegenüber. Das Gehirn des Menschen benötigt einen Großteil der in der Zellatmung bereitgestellten Energie (Abb. 2).

1 Überlebenssicherung durch soziale Wechselwirkungen. Beschreiben Sie mit Hilfe von Abb. 1a die verschiedenen sozialen Wechselwirkungen im Leben von Menschen im eiszeitlichen Europa vor 20 000 Jahren.

2 Kosten-Nutzen-Analyse des großen Menschenhirns.
a) Werten Sie die Abb. 2 aus.
b) Erstellen Sie eine Kosten-Nutzen-Analyse des menschlichen Gehirns.

3 Evolution des HAR1-Gens.
a) Beschreiben und begründen Sie die Vorgehensweise der in Abb. 3 beschriebenen Untersuchung.
b) Bestimmen Sie die Unterschiede der DNA-Basensequenz zwischen dem HAR1-Gen des Huhns und des Schimpansen bzw. zwischen Schimpanse und Mensch (Abb. 3). Interpretieren Sie die Sequenzunterschiede mit Hilfe von Abb. 4).
c) Erläutern Sie, inwieweit diese Forschungsergebnisse im Widerspruch dazu stehen, dass die Anzahl der Mutationen ein Maß für die zeitliche Trennung von Entwicklungslinien ist.

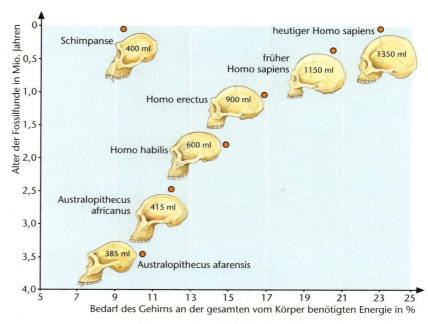

2 Anteil des Gehirns am Ruhe-Energiebedarf des gesamten Körpers bei Schimpansen, Vormenschen (Australopithecus afarensis, Australopithecus africanus) sowie Frühmenschen (Homo habilis, Homo erectus) und Jetztmenschen (Homo sapiens). Die Zahlen geben das Gehirnvolumen an.

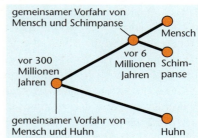

4 Stammbaum von Mensch, Schimpanse und Huhn

Der Schimpanse stimmt in fast 99 % der DNA mit ihm überein und hat ein Gehirn, dessen Volumen dem der Vormenschen am nächsten kommt. Unten ist die DNA-Basensequenz beim Huhn, beim Schimpansen und beim Menschen für das Gen mit dem Kürzel HAR1 dargestellt. Es sind keine komplementären Basen, sondern 120 aufeinander folgende Basen der einen Hälfte des DNA-Moleküls dargestellt. HAR1 ist ein Beispiel für ein aktives Gen, das sich seit der Trennung von Menschen- und Schimpansenlinie in seiner DNA-Basensequenz stark verändert hat. Untersuchungen haben gezeigt, dass dieses Gen u. a. an der Ausbildung der typischen Windungen und Furchen der Großhirnrinde des Menschen beteiligt ist.

Basensequenz Huhn: HAR1-Gen

```
TGAAATGGAGGAGAAATTACAGCAATTTATCAACTGAAATTATAGGTGTAGACACATGT
CAGCAGTAGAAACAGTTTCTATCAAAATTAAAGTATTTAGAGATTTTCCTCAAATTTCA
```

Schimpanse

```
TGAAATGGAGGAGAAATTACAGCAATTTATCAACTGAAATTATAGGTGTAGACACATGT
CAGCAGTGGAAATAGTTTCTATCAAAATTAAAGTATTTAGAGATTTTCCTCAAATTTCA
```

Mensch

```
TGAAACGGAGGAGACGTTACAGCAACGTGTCAGCTGAAATGATGGGCGTAGACGCACGT
CAGCGGCGGAAATGGTTTCTATCAAAATGAAAGTGTTTAGAGATTTTCCTCAAGTTTCA
```

3 Veränderungen der DNA-Basensequenz im HAR1-Gen

→ 14.1 Lernen und Gedächtnis   → 20.2 Molekularbiologische Verwandtschaftsanalyse von Menschen und Menschenaffen

20.6 Lebensgeschichte und Elterninvestment

Vergleicht man die **Lebensgeschichte,** also die Abfolge von Entwicklungsschritten und Veränderungen innerhalb der Lebensspanne eines Menschen, mit der Lebensgeschichte anderer Primaten, so ergeben sich beim Menschen folgende Besonderheiten: Die Phase der Kindheit und der Jugend und damit die Zeitspanne elterlicher Betreuung ist so lang wie bei keinem anderen Lebewesen. Der Eintritt in die Geschlechtsreife erfolgt relativ spät. Außerdem sind Menschen sehr langlebig (Abb. 2). Zu diesen lebensgeschichtlichen Aspekten kommt hinzu, dass Menschen vergleichsweise wenige Nachkommen großziehen.

Die Evolution der menschlichen Lebensgeschichte erfolgte im Verlauf der Menschwerdung. Man nimmt an, dass die Vormenschen eine ähnliche Lebensgeschichte wie die heutigen Schimpansen hatten (Abb. 2). In der Zeit der Frühmenschen entwickelte sich dann allmählich die menschliche Lebensgeschichte. Ein Beispiel für diesen allmählichen Übergang ist der „Junge von Nariokotome" (Abb. 1). Er starb vermutlich im Alter von neun Jahren. Im Vergleich zu Schimpansen und Vormenschen hatte der Junge von Nariokotome bereits eine Lebensgeschichte mit deutlich längerer Kindheit und Jugend. Als Erwachsener wäre er etwa 1,80 m groß und 70 kg schwer geworden und hätte ein Gehirnvolumen von knapp 1000 cm^3 gehabt.

Die sehr lange Kindheit beim Menschen geht mit einem sehr hohen **Elterninvestment** einher. Besonders in den ersten Lebensjahren ist der Aufwand der Eltern an Zeit und Energie erheblich. Dabei erfordert insbesondere die Entwicklung des kindlichen Gehirns einen hohen Anteil der lebensnotwendigen, mit der Nahrung zur Verfügung gestellten Energie (Abb. 3). Die Gehirnmasse eines Babys vervierfacht sich in den ersten zwei Jahren nach der Geburt. Dieses Wachstum, vor allem der Großhirnrinde, geht kaum mit der Erhöhung der Zahl der Neuronen, sondern vor allem mit der Entwicklung synaptischer Verschaltungen einher (Abb. 4). Unter dem Einfluss der Umwelt und entsprechenden Erfahrungen des Babys vollzieht sich nach und nach die Verschaltung der Neuronen im Gehirn. In der Kindheit wird besonders viel gelernt: beim Spielen, von Eltern, Geschwistern und von anderen Gruppenmitgliedern. Das ausgeprägte Lernvermögen bezieht sich unter anderem auf das Lernen von Bewegungen, von Sprache, von Wissen und von sozialen Verhaltensweisen.

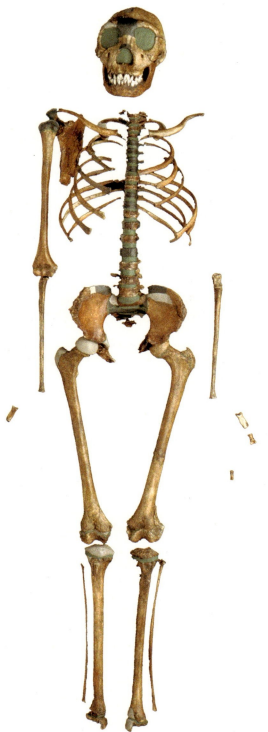

1 Skelett eines Frühmenschen aus der Zeit um 1,6 Millionen Jahren vor heute. Es wird nach dem Fundort in Kenia „Junge von Nariokotome" genannt.

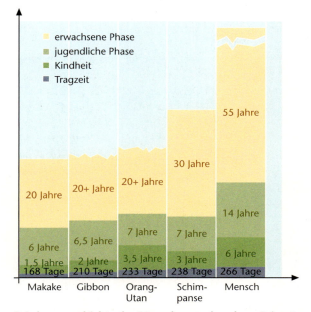

2 Lebensgeschichte des Menschen und anderer Primaten

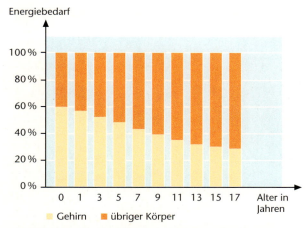

3 Relativer Energiebedarf des Gehirns im Verlauf der Individualentwicklung des Menschen

1 Biologische Bedeutung der langen Kindheit beim Menschen.

a) Werten Sie Abb. 2 aus.
b) Erläutern Sie die biologische Bedeutung der langen Kindheit beim Menschen. Beachten Sie dabei unter anderem Abb. 2, 3 und 4.
c) Ordnen Sie anhand von Informationen aus diesem Abschnitt den Menschen in das Modell der r- und K-Fortpflanzungsstrategien ein.

2 Synaptische Verschaltungen durch Zusammenwirken von Genen und Umwelt.
Begründen Sie unter Bezug auf Abb. 4, inwiefern das Zusammenwirken von Genen und Umwelt die neuronalen Verschaltungen in der Großhirnrinde beeinflusst.

Die meisten der vielen Milliarden Neuronen des menschlichen Gehirns liegen bereits nach der Hälfte der Schwangerschaft vor – allerdings zunächst noch fast ohne synaptische Verschaltungen. Unter dem Einfluss der Gene bildet sich in der Großhirnrinde im weiteren Verlauf der Schwangerschaft bis in das zweite nachgeburtliche Lebensjahr hinein ein riesiges Netzwerk von Axonen mit vielen Billiarden Synapsen – etwa doppelt so viele, wie letztlich gebraucht werden. Im Laufe der Kindheit findet eine Auslese der Synapsen statt: Diejenigen, die häufiger gebraucht werden und aktiv sind, werden im Laufe der Zeit stabilisiert. Diejenigen, die kaum oder gar nicht gebraucht werden, bilden sich zurück. Ob Synapsen aktiv oder nicht aktiv werden, hängt vor allem von der Umgebung ab: Sinneseindrücke, Lernen und Erfahrungen, soziale und emotionale Wechselwirkungen mit anderen Menschen beeinflussen das bleibende Muster der Verschaltungen in der Großhirnrinde. Zwar können das ganze Leben hindurch durch Lernen neue synaptische Verbindungen gebildet werden, doch geschieht das beim Erwachsenen nicht mehr so flexibel wie in der Kindheit.

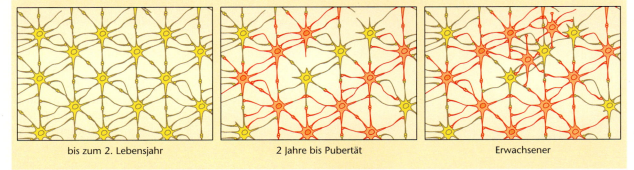

4 Neuronale Verschaltungen in der Großhirnrinde sind das Ergebnis des Zusammenwirkens von Genen und Umwelt

20.7 Evolutive Trends in der Menschwerdung

1 *Evolutive Trends, die in der Menschwerdung bedeutsam waren*

Die Evolution des Menschen verlief nicht eingleisig als geradliniger Prozess mit einer additiven Abfolge von neuen, menschenähnlichen Merkmalen von „Stufe zu Stufe". Vielmehr veränderten sich mosaikartig verschiedene Merkmale und Eigenschaften allmählich mit unterschiedlicher Geschwindigkeit. Während des größten Zeitanteils der Menschwerdung lebten mehrere Arten von Vor- und Frühmenschen mit jeweils eigenen Merkmalskombinationen zeitgleich. Der *Homo sapiens* ist die einzige überlebende Art.

Mit Ausnahme der Wortsprache sind viele Merkmale, die man früher allein dem Menschen zuschrieb, auch bei Schimpansen, bei anderen Menschenaffen und bei bestimmten Nicht-Primaten angelegt. Dazu gehört die Herstellung und Nutzung einfacher Werkzeuge sowie bestimmte Aspekte sozialer Intelligenz wie die Fähigkeit, sich seiner selbst bewusst zu sein und sich in andere hineinversetzen zu können.

Die allmähliche Veränderung von Merkmalen im Verlauf der Menschwerdung bezeichnet man als **evolutiven Trend**. In Abb. 1 sind einige bedeutsame evolutive Trends dargestellt. Die allmähliche Vergrößerung des Gehirns ist ein Beispiel für einen evolutiven Trend:
– Das Gehirnvolumen nahm, vor allem aufgrund der Vergrößerung der Großhirnrinde, beträchtlich zu.
– Die Lern- und Gedächtniskapazitäten vergrößerten sich erheblich.
– Das Ausmaß sozialer Wechselwirkungen nahm in den Gruppen zu und begünstigte soziale Intelligenz.
– Innerhalb der Lebensgeschichte verlängerte sich die Dauer der Kindheit sowie die gesamte Lebensdauer.
– Das Elterninvestment, der Einsatz an Energie und Zeit für die Nachkommen, wurde umfangreicher.
– Im Zusammenleben vergrößerten sich die Gruppengrößen.
– Der Fleischanteil an der Nahrung nahm zu.
– Die Werkzeugherstellung verfeinerte sich und die Vielfalt an Werkzeugen wurde größer.
– Die Bereiche der Großhirnrinde, die für die Steuerung der Feinmotorik der Finger zuständig sind, vergrößerten sich.
– Wortsprache ermöglichte, sich über Vergangenes, Zukünftiges und alles, was nicht unmittelbar wahrnehmbar ist, zu verständigen.

1 Wirkungsgefüge in der Evolution des Menschen. Die verschiedenen evolutiven Trends entwickelten sich nicht isoliert, sondern beeinflussten sich gegenseitig. Sie bilden ein Wirkungsgefüge in der Evolution des *Homo sapiens*.

a) Bilden Sie Gruppen. Schreiben Sie für jede Gruppe die in Abb. 1 angegebenen evolutiven Trends jeweils gut lesbar auf eine von elf kleinen Karteikarten. Ordnen Sie die Karten kreisförmig an. Legen Sie eine beliebige Karte in die Mitte (z. B. „Gehirngröße"). Entwerfen Sie Vermutungen über Beziehungen dieses evolutiven Trends zu einem oder mehreren anderen evolutiven Trends (Beispiel: Das vergrößerte Gehirn steigert die Lern- und Gedächtniskapazitäten). Diskutieren Sie Ihre Vermutungen, auch mit Blick auf die Plausibilität Ihrer Ausführungen. Fahren Sie mit der nächsten Karte fort usw. Beenden Sie diese Aufgabe, wenn sich nach Ihrem Eindruck die Wiederholungen häufen.
b) Erstellen Sie mit Hilfe der Abb. 1 und dem Text auf der linken Seite eine Concept-Map mit dem Titel „Evolutive Trends in der Menschwerdung".

2 Evolutiver Trend: Abnahme des Geschlechtsdimorphismus. Unter Geschlechtsdimorphismus versteht man körperliche Unterschiede zwischen den Geschlechtern einer Art, z. B. in der Körpergröße oder der Körpermasse. Bei den Primaten zeigt sich häufig ein Zusammenhang zwischen den Geschlechtsunterschieden bei Körpergröße und Körpermasse einerseits und dem Gruppenleben andererseits. Zum Beispiel ist bei den Gorillas, die in Haremsgruppen leben, der Geschlechtsdimorphismus in der Körpermasse sehr deutlich ausgeprägt: Die Weibchen erreichen 90 kg, die Männchen bis zu 200 kg. Je größer die Konkurrenz der Männchen um die Weibchen ist, desto größer ist in der Regel der Geschlechtsdimorphismus. Umgekehrt gilt: Je geringer die Konkurrenz der Männchen um die Weibchen ist, zum Beispiel bei Zweierbeziehungen wie bei den Gibbons, desto geringer ist in der Regel der Geschlechtsdimorphismus ausgeprägt.

a) Erläutern Sie anhand der Angaben in Abb. 2 den evolutiven Trend im Geschlechtsdimorphismus.
b) Interpretieren Sie diesen Trend im Zusammenhang mit zunehmendem Elterninvestment und verlängerter Kindheit.

3 Versteckte Ovulation beim Menschen. Während der fruchtbaren Tage treten bei Primaten-Weibchen körperliche Veränderungen oder Veränderungen im Verhalten auf, die als Signale auf paarungsbereite Männchen wirken. Eine Hypothese besagt, dass dies auch noch bei den Vormenschen so war. Im Verlauf der Menschwerdung entwickelte sich dann eine versteckte Ovulation. Dabei gehen von einer Frau zur Zeit der fruchtbaren Tage keine offensichtlichen Signale an mögliche Partner aus.
Entwickeln Sie Hypothesen über evolutive Wechselwirkungen der versteckten Ovulation auf das Sozialsystem und das Ausmaß des Geschlechtsdimorphismus.

	Vormensch	Frühmensch	Jetztmensch
Schädel (Gewicht)	118 %	119 %	118 %
Körpermasse	155 %	110 %	117 %
unterer Eckzahn (Größe)	127 %	114 %	105 %
Angegeben sind die durchschnittlichen Abweichungen der Männer von den entsprechenden Werten der Frauen (= 100 %).			

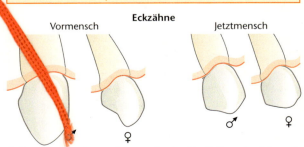

2 Geschlechtsdimorphismus in der Evolution des Menschen

20.8 Vergleich biologischer und kultureller Evolution

1 *Kulturelle Evolution beruht auch auf der schnellen Weitergabe erworbener Informationen in einer Gruppe.*

Wenn Sie den Text auf dieser Seite lesen, findet ein alltäglicher kultureller Prozess statt: Sie erwerben Informationen von einem „Artgenossen", dem Autor dieser Zeilen, der seinerseits Informationen von anderen Menschen und aus Fachbüchern erworben hat. Während des Informationserwerbs arbeiten Sie mit einem während der Evolution entstandenen Gehirns, das enorme Lern- und Gedächtniskapazitäten aufweist und auf soziale Intelligenz und Lernen von Mitmenschen angelegt ist. Sie haben in sozialer Wechselwirkung mit Ihren Eltern und Mitmenschen die Sprache gelernt, die es Ihnen ermöglicht, den Informationsgehalt der Worte und Zeilen auf dieser Seite zu verstehen. Außerdem sind Sie in der Lage, diese Informationen mit eigenen Worten an Dritte, z. B. ihre Mitschüler und Mitschülerinnen, weiterzugeben. Und Sie und der Autor dieser Zeilen profitieren davon, dass Johannes Gutenberg um 1450 die Druckerpresse erfand.

Unter **Kultur** versteht man im weit gefassten Sinne die nichterbliche Weitergabe von Fähigkeiten, Verhaltensweisen und Wissen durch soziales Lernen, also durch Lernen von anderen Mitgliedern der Population. Das so Erworbene hat oftmals über Generationen Bestand hat, kann allerdings auch der Veränderung unterliegen.

Der kulturellen Evolution und der biologischen Evolution ist gemeinsam, dass Informationen zwischen Mitgliedern einer Population übertragen werden. Bei der **biologischen Evolution** werden die Informationen in Form von DNA als Informationsspeicher übertragen. Diese genetischen Informationen werden bei der geschlechtlichen Fortpflanzung von Eltern an ihre Nachkommen weitergegeben, können aber durch Mutationen verändert werden. **Kulturelle Evolution** beruht hingegen auf der Übertragung von Information durch Lernen und Gedächtnis, wobei das Gehirn als Informationsspeicher dient. Erlernte Informationen können außerdem ständig zwischen allen Mitgliedern einer Population ausgetauscht und durch unmittelbare Erfahrungen oder Einsichtslernen verändert werden. Das ist einer der Gründe, warum kulturelle Evolution viel schneller abläuft als biologische Evolution. Beim Menschen wurde die kulturelle Evolution durch Wortsprache und später durch Schrift enorm beschleunigt. Diese Beschleunigung hat durch Computer und Internet weiter zugenommen.

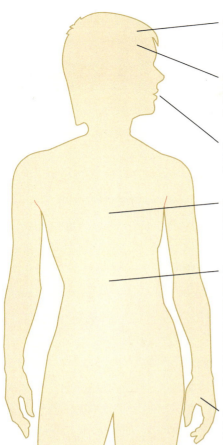

Gen ASPM
An der Ausbildung des großen menschlichen Gehirns beteiligt.

Gen HAR 1
Spielt eine Rolle bei der Ausbildung der stark gefurchten Großhirnrinde in der Individualentwicklung.

Gen FOXP2
Ist an der Ausbildung der Fähigkeit zu sprechen mit beteiligt.

Gen AMY1
Fördert den Stärkeabbau. Half wahrscheinlich unseren Vorfahren, neue stärkehaltige Nahrungsquellen zu erschließen.

Gen LCT
In der stammesgeschichtlich ursprünglichen Form verloren Menschen nach der Entwöhnung von der Muttermilch allmählich die Fähigkeit, Milchzucker (Lactose) abzubauen. Das mutierte Gen LCT ermöglicht einem Teil der Menschen auch als Erwachsene Laktose zu nutzen. Diese Mutation breitete sich vor allem in solchen Regionen aus, in denen Menschen begannen, Vieh zu züchten.

Gen HAR2
Fördert während der Embryonalentwicklung Genaktivitäten in Daumen und Handgelenken. Vermutlich ist dieses Gen an der Ausbildung der besonders guten Handgeschicklichkeit des Menschen beteiligt.

heute

vor etwa 3000 Jahren

vor etwa 25 000 Jahren

vor etwa 1,8 Millionen Jahren

2 *a) Biologische Evolution.* Die Abb. zeigt eine Auswahl von Genen, in deren Basensequenz oder Regulation sich der Mensch vom Schimpansen unterscheidet; *b) Aspekte der kulturellen Evolution des Menschen* in den letzten zwei Millionen Jahren

1 Vergleich biologischer und kultureller Evolution.
a) Vergleichen Sie anhand der Informationen auf der linken Seite und der Abb. 2 biologische und kulturelle Evolution.
b) Manchmal wird behauptet, die kulturelle Evolution folge lamarckistischen Prinzipien, während die biologische Evolution nach darwinistischen Prinzipien erfolgt. Prüfen Sie den ersten Teil der Behauptung.
c) Begründen Sie, dass die menschliche Wortsprache und die darauf basierende Schrift Katalysatoren der kulturellen Evolution waren und sind.

2 Werkzeugkultur bei Schimpansen. Erläutern Sie Bedingungen für Kultur bei Schimpansen und beschreiben Sie den mutmaßlichen Verlauf der kulturellen Evolution des „Termitenangelns" (Abb. 3).

3 *Werkzeugkultur bei Schimpansen:* Mit einem dünnen Zweig werden Termiten aus ihrem Bau gezogen und gefressen.

→ 18.2 Die Synthetische Evolutionstheorie → 20.7 Evolutionäre Trends in der Menschwerdung

Worterklärungen

Abiotische Umweltfaktoren gehören zur unbelebten Umwelt eines Organismus. Windstärke, Luftfeuchtigkeit, Lichtintensität, Temperatur, pH-Wert und Gehalt an verfügbarem Wasser im Boden sind Beispiele für abiotische Umweltfaktoren einer Pflanze.

adaptive Radiation: So nennt man die meist in relativ kurzen erdgeschichtlichen Zeiträumen verlaufende Auffächerung einer Art in zahlreiche Arten (z. B. Darwinfinken). Im Verlauf der adaptiven Radiation werden unterschiedliche ökologische Nischen besetzt, die vorher nicht realisiert waren. Adaptive Radiation tritt meistens dann auf, wenn neue Lebensräume mit vielfältigem Nahrungsangebot besiedelt werden, in denen für die Neusiedler keine oder nur geringe Konkurrenz herrscht. (siehe auch ökologische Nische, Artbildung)

Aktionspotenziale (Nervenimpulse) sind kurzzeitige, stets gleich ablaufende Veränderungen des Membranpotenzials, die nur am Axonhügel und am Axon ausgelöst werden können. Die Phasen eines Aktionspotenzials, an dessen Spitze das Membranpotenzial +30 mV beträgt, werden durch Öffnen und Schließen spannungsgesteuerter Ionenkanäle für Na^+-Ionen und für K^+-Ionen hervorgerufen. Aktionspotenziale folgen einem „Alles-oder-Nichts-Gesetz": Wenn am Axonhügel durch Depolarisation ein Schwellenwert von –50 mV erreicht wird, entsteht ein vollständiges Aktionspotenzial. Es breitet sich ohne Abschwächung mit hoher Geschwindigkeit entlang des Axons bis zu den Synapsen aus. Bei der neuronalen Informationsübertragung ist die Information in der Frequenz (Häufigkeit) der Aktionspotenziale codiert.

Aktiver Transport liegt dann vor, wenn ein Stoff unter Energieaufwand, also mit Aufwand an ATP, durch eine selektiv permeable Membran transportiert wird. Aktiver Transport erfolgt durch bestimmte Membranproteine und kann gegen das Konzentrationsgefälle erfolgen. Auf diese Weise wird eine Anreicherung von Molekülen oder Ionen in bestimmten Kompartimenten ermöglicht. Ein Beispiel für aktiven Transport ist die Tätigkeit der Natrium-Kalium-Ionenpumpen in der Membran von Nervenzellen.

Aktivierungsenergie heißt der Energiebetrag, der notwendig ist, um sonst nur langsam oder gar nicht ablaufende chemische Reaktionen in Gang zu bringen. Enzyme vermindern die benötigte Aktivierungsenergie, sodass zum Beispiel schon die normalen Temperaturen im Körper ausreichen, um die Reaktionen schnell ablaufen zu lassen.

Allele sind Varianten eines bestimmten Gens, die für dasselbe Merkmal zuständig sind. Durch Mutationen besitzen Allele eines Gens im Vergleich mehr oder weniger unterschiedliche DNA-Basensequenzen, die zu unterschiedlichen Merkmalsausprägungen führen können. Jedes Chromosom trägt nur ein Allel. (siehe auch Genvarianten)

Allosterische Effekte können regulatorisch wirksame Moleküle auf bestimmte Enzyme ausüben. Diese allosterischen Enzyme besitzen an anderer Stelle als ihrem aktiven Zentrum (griech. *allosterie*, am anderen Ort) eine Bindungsstelle (allosterisches Zentrum) für regulatorisch wirksame Moleküle. Bei der allosterischen Hemmung verändert die reversible Bindung eines Hemmstoffs die Raumstruktur des Enzyms bzw. seines aktiven Zentrums so, dass es kein Substrat mehr binden kann. Bei der allosterischen Aktivierung verändert die reversible Bindung des Aktivators die Raumstruktur des Enzyms bzw. seines aktiven Zentrums so, dass es Substrat binden kann. Manche allosterisch regulierten Enzyme können sowohl Aktivatoren als auch Hemmstoffe binden. Allosterische Enzyme wie das Enzym Phosphofructokinase spielen in der Regulation des Stoffwechsels eine wichtige Rolle. Allosterische Hemmstoffe sind häufig Endprodukte von Stoffwechselwegen. Durch negative Rückkopplung hemmen solche Endprodukte konzentrationsabhängig ein allosterisches Enzym im Stoffwechselweg und verhindern so eine Überproduktion des Endprodukts.

Alternatives Spleißen ist ein Vorgang im Rahmen der Transkription eukaryotischer Gene, bei dem in kontrollierter Weise aus ein und denselben Primärabschriften eines Gens (prä-mRNA) unterschiedliche fertige mRNA-Moleküle entstehen, die durch Translation zu unterschiedlichen Proteinen führen.

Aminosäuresequenz heißt die genetisch festgelegte Abfolge der verschiedenen Aminosäuren in einem Protein. Die Aminosäuresequenz wird auch als Primärstruktur eines Proteins bezeichnet. Sie bedingt maßgeblich die dreidimensionale räumliche Struktur eines Proteins und damit seine Funktion. Vergleiche der Aminosäuresequenz eines bestimmten Proteins bei verschiedenen Arten dienen der Analyse stammesgeschichtlicher Verwandtschaft.

Anabole Stoffwechselwege sind aufbauende, energiebedürftige Stoffwechselwege, bei denen aus energiearmen Molekülen energiereiche Stoffe gebildet werden. Die fotosynthetische Bildung von Glucose aus Kohlenstoffdioxid und Wasser mit Hilfe von Lichtenergie ist ein Beispiel eines anabolen Stoffwechselprozesses.

Anaerobiose ist die Bezeichnung für Leben ohne Sauerstoff oder unter Sauerstoffmangel. Lebewesen, die immer ohne Sauerstoff leben und für die Sauerstoff giftig ist, nennt man obligate Anaerobier. Organismen, die mit und ohne Sauerstoff leben können, heißen fakultative Anaerobier. Lebewesen, die in Biotopen mit (zeitweiligem) Sauerstoffmangel leben, zeigen oftmals Angepasstheiten, zum Beispiel das Umschalten des Stoffwechsels von Zellatmung mit Luftsauerstoff auf Gärung ohne Sauerstoff.

Analogien: Strukturen oder Merkmale bei verschiedenen Arten, deren Ähnlichkeit auf gleicher Funktion, nicht jedoch auf gemeinsamer Abstammung basiert, bezeichnet man als analog. Analogien werden auch als Anpassungsähnlichkeiten bezeichnet. Sie sind stammesgeschichtlich unabhängig voneinander entstanden, lassen jedoch Rückschlüsse auf ähnliche Umweltbedingungen und Selektionsdrücke zu (z. B. Stromlinienform verschiedener wasserlebender Tiere). (siehe auch Homologie)

Angepasstheiten sind vorteilhafte Merkmale, mit denen Lebewesen an ihre Umwelt angepasst sind. Angepasstheiten sind im Laufe der Evolution durch natürliche Auslese entstanden. Sie sind genetisch bedingt und tragen zum Fortpflanzungserfolg (reproduktive Fitness) bei.

Antibiotika (Singular: Antibiotikum) sind Stoffe, die das Wachstum von Mikroorganismen wie Bakterien hemmen oder sie abtöten. Antibiotika können künstlich hergestellt werden. In der Natur werden sie von Pilzen oder Bakterien produziert.

Antigene sind alle Substanzen, die an spezifische Antigenrezeptoren an der Oberfläche von T- und B-Lymphocyten nach dem Schlüssel-Schloss-Prinzip binden und in der Folge eine spezifische humorale und/oder zelluläre Immunantwort hervorrufen. (siehe auch Immunabwehr)

Antigenpräsentation ist die Bezeichnung für einen Vorgang, der in vielen Fällen die spezifische Immunabwehr einleitet. Bestimmte Zellen des Immunsystems, zumeist Fresszellen, nehmen Erreger auf, verdauen sie teilweise und präsentieren (gebunden an sogenannte MHC-Moleküle) Teile der Erreger-Membranproteine als Antigene an der Oberfläche der Fresszelle. In dieser Form können T-Helferzellen mit dem passenden Antigenrezeptor das spezifische Antigen erkennen, sich teilen und ihrerseits T-Killerzellen und B-Lymphocyten mit passendem Antigenrezeptor aktivieren.

Antigenrezeptoren: siehe Immunabwehr

Antikörper sind von differenzierten B-Lymphocyten (Plasmazellen) gebildete und freigesetzte Proteine von Y-förmiger Gestalt mit zwei Bindungsstellen für ein spezifisches Antigen. (siehe auch Schlüssel-Schloss-Prinzip)

Art: Nach einer häufig gebrauchten Definition versteht man unter einer biologischen Art alle Populationen, deren Mitglieder sich untereinander fruchtbar fortpflanzen können, die fruchtbare Nachkommen haben und die von anderen Populationen reproduktiv isoliert sind.

Artbildung: Bei der allopatrischen Artbildung wird durch eine räumliche Barriere (z. B. Gletscher während der Eiszeit in Mitteleuropa) der Genfluss zwischen Populationen der gleichen Art unterbunden. Die räumliche Trennung führt zu einer getrennten Evolution der Populationen. Wenn sich die Populationen im Laufe der Zeit durch Mutation, Rekombination und Selektion und damit einhergehender Veränderung von Genfrequenzen so weit auseinander entwickelt haben, dass sie hinsichtlich der Fortpflanzung isoliert sind, spricht man von Arten. Bei der sympatrischen Artbildung können sich neue Arten in ein und demselben Gebiet, also ohne räumliche Trennung in Populationen, bilden. (siehe auch Art, Isolationsmechanismen)

ATP-ADP-System: ATP (Adenosintriphosphat) speichert chemische Energie und ist der wichtigste Überträger für Energie im Zellstoffwechsel aller Lebewesen. Die Hydrolyse von ATP zu ADP und P ist eine exergone, Energie freisetzende Reaktion, die Bildung von ATP aus ADP und einem Phosphatrest ist eine endergone, Energie benötigende Reaktion. Das ATP-ADP-System koppelt im Stoffwechsel exergone mit endergonen Prozessen. So wird ATP bei der insgesamt exergonen Zellatmung insbesondere in den Mitochondrien aus ADP und P gebildet. ATP setzt für endergone Prozesse wie die Synthese von Hormonen und Nucleinsäuren, den aktiven Stofftransport, die elektrische Arbeit bei der Leitung von Aktionspotenzialen und für die mechanische Arbeit bei Muskelbewegungen Energie frei. (siehe auch exergone Reaktionen)

Äußere Atmung ist die Bezeichnung für den Austausch der Atemgase Sauerstoff und Kohlenstoffdioxid zwischen Körperinnerem und Umgebung, zum Beispiel durch Lungen.

Autotrophe Organismen können eigenständig aus energiearmen, anorganischen Molekülen mit Hilfe von Energie körpereigene, energiereiche, organische Moleküle herstellen. Die selbst hergestellten organischen Moleküle dienen als Energiequelle sowie als Kohlenstoffquelle beim Aufbau körpereigener Substanz. Die meisten Pflanzen können im Prozess der Fotosynthese aus Kohlenstoffdioxid mit Hilfe von Lichtenergie energiereiche Moleküle wie Glucose herstellen. Bestimmte Bakterien haben ebenfalls eine autotrophe Ernährungsweise. In Ökosystemen sind autotrophe Organismen die Produzenten.

Biodiversität: Darunter versteht man die Vielfalt der Ökosysteme, die Vielfalt der Arten und die genetische Vielfalt innerhalb von Populationen. Biologische Vielfalt hat wirtschaftlichen, ökologischen sowie gesundheitlichen Wert und ist daher ein bedeutsamer Aspekt von Nachhaltigkeit.

Bioindikatoren sind Organismen, deren Anwesenheit oder deren Zustand Rückschlüsse auf bestimmte Umweltbedingungen zulässt z. B. auf den pH-Wert des Bodens, Schadstoffe in der Luft oder die Gewässergüte. Als Bioindikatoren kommen vor allem Organismen mit enger ökologischer Potenz in Frage.

Biologische Evidenzen sind empirisch, also durch experimentelle Daten sowie durch andere Befunde belegte biologische Sachverhalte.

Biomembran ist die Bezeichnung für die aus Membranlipiden und Membranproteinen bestehende Abgrenzung von Zellen und Zellorganellen (Kompartimentierung). Membranlipide bilden in wässriger Umgebung aufgrund ihrer lipophilen und hydrophilen Bereiche eine Phospholipid-Doppelschicht, in der die hydrophilen Bereiche nach außen und ins Zellinnere weisen. Biomembranen bilden eine Abgrenzung zwischen zwei wässrigen Kompartimenten. Membranproteine sind in die Phospholipid-Doppelschicht mosaikartig und beweglich eingelagert (Flüssig-Mosaik-Modell). Membranproteine sind für die Funktionen einer Biomembran von großer Bedeutung, unter anderem für die selektive Permeabilität. Die Zusammensetzung der Membranproteine weist je nach Funktion einer Zelle neben Gemeinsamkeiten auch Unterschiede auf. (siehe Membranproteine, selektive Permeabilität)

Biotische Umweltfaktoren gehören zur belebten Umwelt eines Organismus, z. B. Konkurrenz durch Artgenossen, Fressfeinde, bakterielle Krankheitserreger, Einflüsse des Menschen.

Biotop ist die Bezeichnung für einen räumlich begrenzten Lebensraum, der ganz bestimmte abiotische Umweltbedingungen aufweist. Dazu gehören chemische und physikalische Eigenschaften des Bodens, des Wassers und Eigenschaften des Klimas. Ein Biotop ist Lebensraum für eine Biozönose (Lebensgemeinschaft).

Biozönose (Lebensgemeinschaft) ist die Gesamtheit der Lebewesen, die in einem Biotop (Lebensraum) vorkommt.

CAM-Pflanzen: Das Kürzel CAM steht für Crassulacean Acid Metabolism. CAM-Pflanzen zeigen Angepasstheiten der Fotosynthese an extreme Trockenheit bzw. Wassermangel. Nachts wird bei geöffneten Spaltöffnungen Kohlenstoffdioxid aufgenommen und in Form von Äpfelsäure in den Vakuolen gespeichert. Tagsüber wird bei geschlossenen Spaltöffnungen Kohlenstoffdioxid aus der Äpfelsäure abgespalten und im Chloroplasten im Calvin-Zyklus zu Glucose reduziert. CAM-Pflanzen zeigen also eine zeitliche Trennung der CO_2-Fixierung (nachts) und der Bildung von Glucose mit Hilfe von ATP und Reduktionsäquivalenten aus den Lichtreaktionen tagsüber. Durch die zeitliche Trennung werden die Wasserverluste gering gehalten.

Chemiosmose wird die Kopplung von Elektronenfluss, Aufbau eines Protonengradienten und ATP-Bildung genannt. Sowohl in Chloroplasten (Fotosynthese) als auch in Mitochondrien (Zellatmung) erfolgt chemiosmotische ATP-Bildung. Die beim Elektronenfluss durch eine Kette von Redoxreaktionen schrittweise freigesetzte Energie wird dafür genutzt, Protonen durch eine Membran zu pumpen und so einen Protonengradienten zwischen zwei Kompartimenten aufzubauen bzw. aufrecht zu erhalten. Dies geschieht in Mitochondrien zwischen Matrix und Intermembranraum und in Chloroplasten zwischen Stroma und Innenraum der Thylakoide. Im Protonengradienten ist Energie gespeichert. Sie wird durch ein Tunnelprotein in der Membran, die ATP-Synthase, genutzt. Beim Fluss der Protonen durch die ATP-Synthase entsprechend dem Konzentrationsgefälle wird Energie frei, die zur Bildung von ATP aus ADP und einem Phosphatrest genutzt wird.

Chloroplasten sind Organellen pflanzlicher Zellen, in denen die Umwandlung von Lichtenergie in chemische Energie durch den Prozess der Fotosynthese stattfindet. Chloroplasten enthalten Licht absorbierende Pigmente, darunter das Chlorophyll. Die innere Membran weist in der Regel zahlreiche Einstülpungen auf, sodass eine große innere Oberfläche entsteht. Chloroplasten besitzen eigene Ribosomen und DNA und vervielfältigen sich durch Teilung selbstständig. Nach der Endosymbiontentheorie gehen Chloroplasten auf die Symbiose eines Fotosynthese betreibenden Prokaryoten im Inneren eines urtümlichen heterotrophen Eukaryoten zurück. Chloroplasten zeigen einige Merkmale, in denen sie Prokaryoten ähneln. (siehe auch Endosymbiontentheorie)

Chromatographie ist die Bezeichnung für ein Stofftrennverfahren, das zum Beispiel bei der Auftrennung von Blattfarbstoffen genutzt wird. Papierchromatographie und Dünnschichtchromatographie sind zwei von mehreren Formen der Chromatographie. Bei der Dünnschichtchromatographie wird der Blattfarbstoff-Extrakt an der Startlinie z. B. auf eine dünn mit Kieselgel als Trägermaterial beschichtete Fertigfolie aufgetragen. Die Folie wird in eine Laufkammer mit Lösungsmittel (Laufmittel) gestellt. Das Trägermaterial saugt das Lösungsmittel auf. Es steigt auf und mit ihm die darin gelösten Farbstoffe, wobei sich aufgrund der Wechselwirkungen der Farbstoffe mit dem Lösungsmittel einerseits und dem Trägermaterial andererseits stoffspezifische Wanderungsgeschwindigkeiten ergeben.

Chromosomen sind in den Zellkernen eukaryotischer Zellen enthaltene fadenförmige Strukturen. Sie sind Träger der Erbanlagen (Gene). Die DNA-Doppelhelix bildet die Grundstruktur eines Chromosoms. Während eines Zellzykus wird das DNA-Molekül erst verdoppelt und dann während der Zellteilung durch Aufschraubung verkürzt und verdickt. In dieser Form wird es als Doppelchromosom in seiner typischen Form im Lichtmikroskop sichtbar. Der Chromosomensatz, die Anzahl der in Länge und Form verschiedenen Chromosomen, ist für jede Art charakteristisch. Beim Menschen beträgt der diploide Chromosomensatz 2n = 46. Dazu gehören zwei Geschlechtschromosomen (Gonosomen) und 22 Paare von Autosomen (Nicht-Geschlechtschromosomen). Diese Paare nennt man homologe Chromosomen, es sind die einander entsprechenden Chromosomen väterlicher und mütterlicher Herkunft.

Die übersichtlich geordnete Darstellung der Chromosomen eines Menschen nennt man Karyogramm. Karyogramme sind wichtig für die genetische Beratung.

Concept-Map: Eine Concept-Map ist eine Begriffslandkarte, in der Beziehungen zwischen den Begriffen dargestellt werden, z. B. durch Beschriftung der verbindenden Pfeile.

Dendrit: siehe Neuron

Deontologische Argumentationsansätze innerhalb der Ethik stützen sich häufig auf kategorische, also unumstößlich erachtete Wahrheiten, höchste Prinzipien und absolut gesetzte Werte und Normen (z. B.: Menschen dürfen nicht in die Schöpfung eingreifen). Dabei wird eine Handlung unabhängig von ihren Konsequenzen beurteilt. (siehe auch ethische Analyse)

Deskriptive Aussagen sind rein beschreibende, wertfreie Aussagen.

Destruenten (Zersetzer) sind heterotrophe Lebewesen wie Würmer, Asseln, Bakterien und Pilze, die an der schrittweisen Zersetzung abgestorbener Biomasse beteiligt sind. Bei der vollständigen Zersetzung abgestorbener

Biomasse durch Bakterien und Pilze entstehen Kohlenstoffdioxid, Wasser und Mineralsalze.

Dichteunabhängige Faktoren sind Umweltfaktoren, die auf eine Population einwirken, unabhängig von der Anzahl der Individuen in einer Population (z. B. Lufttemperatur). Dichteabhängige Faktoren sind dagegen von der Individuenzahl einer Population abhängig (z. B. verfügbare Nahrungsmenge je Individuum).

Differenzielle Genaktivität bedeutet, dass in Zellen mit gleichem Genom verschiedene Gene aktiv sind. Zellen eines Organismus mit verschiedenen Funktionen, z. B. Nervenzellen und weiße Blutzelle, zeigen Unterschiede in der Aktivität ihrer Gene. Diese Unterschiede äußern sich in Unterschieden in den Proteinen. Differenzielle Genaktivität steht in engem Zusammenhang mit der Entwicklung spezialisierter Zellen, der Zelldifferenzierung.

Diffusion erfolgt aufgrund der ungerichteten Eigenbewegung von Molekülen (Brownsche Molekularbewegung) in einem Gas oder in einer Flüssigkeit. Bei ungleichmäßiger Verteilung bewegen sich in der Bilanz mehr Moleküle vom Bereich höherer in den Bereich niedrigerer Konzentration als umgekehrt. Dadurch erfolgt netto ein Stofftransport entlang des Konzentrationsgefälles bis hin zur gleichmäßigen Verteilung bzw. bis zum Konzentrationsausgleich. Die Diffusionsgeschwindigkeit ist von der Temperatur abhängig. Die Diffusion kleiner, ungeladener Moleküle durch eine Biomembran, z. B. von Sauerstoff oder Kohlenstoffdioxid, ist eine Form von passivem Stofftransport. Von erleichterter Diffusion spricht man, wenn die Diffusion bestimmter Teilchen entlang des Konzentrationsgefälles durch Transportproteine oder Kanalproteine in der Membran begünstigt wird. Dies erfolgt ebenfalls ohne Energieaufwand und ist daher eine Form passiven Stofftransports. Diffusion spielt unter anderem beim Transport in Zellen und zwischen Zellen sowie beim Gasaustausch (Atmung, Fotosynthese) eine Rolle.

DNA ist die Abkürzung für die Desoxyribonucleinsäure. DNA ist ein Kettenmolekül, das aus vielen hintereinander verknüpften Nucleotiden besteht. In der DNA gibt es vier verschiedene Nucleotide, die sich in der enthaltenen Base unterscheiden (A = Adenin, T = Thymin, C = Cytosin, G = Guanin). Die Abfolge der Basen in einem DNA-Molekül bezeichnet man als Basensequenz oder DNA-Sequenz. In ihr ist bei allen Lebewesen die genetische Information verschlüsselt. Ein DNA-Molekül besteht aus zwei Strängen, die sich schraubig umeinander winden, die Doppelhelix. Dabei bilden die Basen A und T sowie C und G jeweils ein Paar, man bezeichnet dies als komplementäre Basenpaarung. Die semikonservative Verdopplung der DNA ist ein von Enzymen bewirkter Vorgang, bei dem zunächst die Doppelhelix in Einzelstränge getrennt wird. Dann wird zur Basenabfolge jedes Einzelstranges ein komplementärer neuer Strang gebildet. Die identische Verdopplung der DNA ist Grundlage der erbgleichen Verdopplung von Zellen durch Mitose.

DNA-Microarray-Technik: Microarrays werden auf kleinen Glasplatten hergestellt, die in mehrere zehntausend Felder (engl. *array*, Kästchen) unterteilt sind. Die Technik der DNA-Microarrays (DNA-Chips) basiert auf dem Prinzip der komplementären Basenpaarung. Sie dient vor allem dazu, die Genaktivität zu analysieren und zu vergleichen. Der Grundgedanke ist, dass die Zusammensetzung der mRNA und die Menge identischer mRNA-Moleküle Aufschluss darüber geben, welche Gene aktuell abgelesen werden und wie häufig dies geschieht. Ein wichtiger Schritt bei der Durchführung ist es daher, die mRNA der zu untersuchenden Probe aus Zellen oder Gewebe zu isolieren. Mit Hilfe der DNA-Microarray-Technik kann zum Beispiel folgenden Fragen nachgegangen werden: Wie unterscheidet sich die Genaktivität von unterschiedlich spezialisierten Zellen eines Organismus, von Gewebe im Verlauf von Entwicklungsprozessen, von gesundem und krankem Gewebe? Welche Auswirkungen haben bestimmte Umwelteinflüsse auf die Genaktivität?

Dominant-rezessiv ist ein Erbgang, wenn bei Mischerbigkeit (Heterozygotie) ein Allel den Phänotyp bestimmt. Dieses Allel ist dominant. Das rezessive Allel trägt nicht zur Merkmalsausbildung bei. GREGOR MENDEL (1822-1884) beobachtete, dass sich bei der Kreuzung von mischerbigen Erbsen (Genotyp Aa x Aa) mit einer dominanten Anlage A für gelbe Samenfarbe und einer rezessiven Anlage a für grüne Samenfarbe die Nachkommen im Verhältnis 3 (gelb) zu 1 (grün) aufspalteten (2. Mendelsche Regel, Spaltungsregel). Mit Hilfe eines Erbschemas kann man sich diesen Sachverhalt verdeutlichen. Intermediär ist ein Erbgang, bei dem beide Allele eines Gens an der Ausbildung eines Merkmals beteiligt sind.

ELISA ist die Abkürzung für ein immunologisches Nachweisverfahren, das auf einer enzymatischen Farbreaktion basiert. Dabei macht man sich die Eigenschaft von Antikörpern zu Nutze, spezifisch an ein Antigen (hier der nachzuweisende Stoff) zu binden. Mit ELISA können unter anderem Viren, Proteine und Hormone spezifisch nachgewiesen werden.

endergone Reaktion: siehe exergone Reaktion

Endosymbiontentheorie: Unter Endosymbiose versteht man, dass ein Wirtsorganismus einen anderen Organismus aufnimmt. Dieser Endosymbiont lebt im Wirtsorganismus weiter. Endosymbiont und Wirt haben gegenseitigen Nutzen voneinander. Nach der Endosymbiontentheorie entstanden in der Frühzeit der Evolution der Eukaryoten durch Endosymbiose von atmenden Prokaryoten die Mitochondrien und durch Endosymbiose von Fotosynthese treibenden Prokaryoten die Chloroplasten. Chloroplasten und Mitochondrien haben wie Prokaryoten eine eigene ringförmige DNA, stellen eigene Proteine her, benutzen dabei einen prokaryotischen Proteinsyntheseapparat, ihre Ribosomen ähneln den Prokaryoten und die innere der beiden Membranen, die Chloroplasten oder Mitochondrien umgeben, ähnelt der Zellmembran von Prokaryoten. Chloroplasten und Mitochondrien teilen sich selbständig. (siehe auch Chloroplasten, Mitochondrien)

Energiefluss ist die Weitergabe von chemischer Energie in einem Ökosystem. Im Verlauf der Nahrungsketten wird Biomasse von den Produzenten über die Konsumenten zu den Destruenten weitergegeben. Mit der Biomasse wird chemische Energie transportiert. Ein Teil der Biomasse wird für den Aufbau von Körpersubstanz benötigt, der weitaus größere Teil für die Zellatmung. Bei der Zellatmung der Lebewesen wird ein erheblicher Teil der Energie in Form von Wärme abgegeben. Diese Wärme ist nicht mehr nutzbar, da Lebewesen Wärme nicht in eine andere Energieform umwandeln können. Deshalb spricht man manchmal auch von „Einbahnstraße der Energie" in einem Ökosystem. Als offenes System ist ein Ökosystem auf beständige Energiezufuhr, in der Regel von Lichtenergie, angewiesen.

Energieumwandlung liegt dann vor, wenn eine Energieform in eine andere Energieform gewandelt wird. So betrachtet ist der Mensch ein Energiewandler, der chemische Energie aus der Nahrung unter anderem in Bewegungsenergie und Wärme umwandeln kann. Eine grüne Pflanze wandelt Lichtenergie in chemische Energie und Wärme.

Enzyme sind in lebenden Zellen gebildete Proteine, die als Biokatalysatoren die Gesamtheit der chemischen Umsetzungen im Organismus, seinen Stoffwechsel, steuern. Enzyme vermindern die benötigte Aktivierungsenergie, sodass chemische Reaktionen zum Beispiel schon bei normalen Temperaturen schnell ablaufen. Die meisten Enzyme besitzen neben dem eigentlichen Proteinanteil, dem Apoenzym, einen Nichtproteinanteil, den Cofaktor. Cofaktoren können Metallionen oder organische Moleküle sein. Letztere bezeichnet man als Coenzyme oder, wenn sie fest gebunden sind, als prosthetische Gruppe. Jedes Enzym hat eine bestimmte räumliche Struktur, die vor allem von der genetisch codierten Abfolge der Aminosäuren im Protein bestimmt wird. Enzyme setzen an ihrem aktiven Zentrum Substrate zu Produkten um, ohne sich dabei bleibend zu verändern. Nur ein bestimmtes Substrat passt in das aktive Zentrum des Enzyms (Schlüssel-Schloss-Prinzip). Jedes Enzym katalysiert daher nur die Umsetzung eines ganz bestimmten Substrats (Substratspezifität) und führt nur eine spezielle chemische Reaktion durch (Wirkungsspezifität). Der pH-Wert und die Temperatur können die räumliche Struktur eines Enzyms verändern und daher die Enzymaktivität beeinflussen.

Erregungsleitung: a) Kontinuierliche Erregungsleitung findet an Axonen von Nervenzellen statt, die keine Hüllzellen aus Myelin besitzen. Dabei sorgen Na^+-Ionen, die während des Aktionspotenzials in das Axoninnere gelangt sind, durch Ausgleichsströme dafür, dass die benachbarte Stelle am Axon überschwellig depolarisiert wird und gemäß der Alles-oder-Nichts-Gesetzmäßigkeit in der Folge ein Aktionspotenzial ausgebildet wird. So wandert das Aktionspotenzial kontinuierlich entlang des Axons. b) Saltatorische Erregungsleitung findet an Neuronen mit isolierenden Hüllzellen statt. An solchen Neuronen finden sich in regelmäßigen Abständen die Ranvierschen Schnürringe, an denen das Axon nicht umhüllt ist. Nur an den Ranvierschen Schnürringen kann durch Na^+-Ausgleichsströme von einer gerade erregten Stelle ein Aktionspotenzial ausgelöst werden. Das Aktionspotenzial springt gewissermaßen von Schnürring zu Schnürring.

ethische Analyse: Ethik ist das Nachdenken über Moral und gesellschaftliche Werte. Ethik fragt auch nach Gründen, warum eine Handlung moralisch gut oder schlecht, richtig oder falsch sein soll. Eine ethische Analyse ist ein Verfahren zur moralischen Urteilsfindung. Ein Beispiel hierfür ist das Verfahren „Sechs Schritte moralischer Urteilsfindung": 1. Definieren des geschilderten Dilemmas; 2. Aufzählen möglicher Handlungsoptionen; 3. Aufzählen ethischer Werte, welche die Handlungsoption impliziert; 4. Unterscheiden zwischen konsequenzialistischer und deontologischer Argumentationsweise; 5. Begründete Urteilsfällung und Diskussion andersartiger Urteile; 6. Aufzählen von Konsequenzen, die das eigene und andere Urteile nach sich ziehen.

Eukaryoten sind Lebewesen mit kompartimentierten Zellen, die in der Regel einen Zellkern sowie Zellorganellen enthalten. Eukaryotische Zellen können sich durch Zell- und Kernteilung (Mitose) verdoppeln, wobei die beiden Zellen untereinander genetisch identisch sind. Zu den Eukaryoten zählen alle Einzeller mit Zellkern sowie Pilze, Pflanzen, Tiere und der Mensch.

Eutrophierung heißt der Vorgang, bei dem sich durch menschliches Handeln Mineralsalze in einem Gewässer anreichern. Dadurch wächst die Biomasse vor allem in den Sommermonaten stark an. Sterben diese Pflanzen und Tiere ab, werden sie durch Destruenten zersetzt. Dabei wird viel Sauerstoff verbraucht. Eutrophierung kann daher auch zu Sauerstoffmangel in einem Gewässer führen.

Evolutionsfaktoren sind alle Prozesse, die die Genfrequenzen (Gen-Häufigkeiten) im Genpool einer Population verändern oder die zur Neukombination von Genen führen. Dazu zählen Rekombination bei der Geschlechtszellbildung, Mutationen, natürliche Selektion, Genfluss und Gendrift. (siehe Synthetische Evolutionstheorie, Artbildung)

Evolutionstheorien von Lamarck und Darwin: Evolutionstheorien sind Theorien über die Entwicklung der biologischen (Arten-)Vielfalt, über die Abstammung der Lebewesen und über die Ursachen des evolutiven Wandels der Lebewesen. Zu Zeiten LAMARCKS (1744-1829) und DARWINS (1809-1882) war die Vorstellung von der Unveränderlichkeit der einmal durch Schöpfung entstandenen Arten weitverbreitet. LAMARCKS Theorie von der Veränderlichkeit der Arten besagt, dass wiederholt durch Urzeugung unabhängig voneinander (also ohne gemeinsame Abstammung) entstandene Arten durch den inneren Drang zur Vervollkommnung und durch die Vererbung erworbener Eigenschaften (Gebrauch und Nichtgebrauch von Organen) in gerichteter Weise zu einer

Höherentwicklung gelangten. Als Lamarckismus bezeichnet man die Annahme der Vererbung von im individuellen Leben erworbenen Eigenschaften.
DARWINS Theorie der natürlichen Auslese bietet eine Erklärung für den Prozess der evolutiven Anpassung und stellt einen Zusammenhang zur Veränderlichkeit von Arten her. Die Individuen einer Population zeigen neben Gemeinsamkeiten auch erblich bedingte Unterschiede (erbliche Variabilität). Natürliche Selektion bedeutet, dass diejenigen Individuen durchschnittlich einen größeren Überlebens- und Fortpflanzungserfolg haben, die über erbliche Merkmale verfügen, die in der jeweiligen Umwelt vorteilhafter sind. Im Laufe der Generationen führt dies zu Angepasstheiten bei den Lebewesen einer Population. (siehe auch Angepasstheiten, Synthetische Evolutionstheorie, Artbildung)

Exergone Reaktionen sind Energie freisetzende Reaktionen. Häufig ist eine exergone Reaktion mit einer Energie benötigenden (endergonen) Reaktion gekoppelt. Ein Beispiel für diese Kopplung ist das ATP-ADP-System. (siehe ATP-ADP-System)

Exons sind codierende Bereiche innerhalb eines eukaryotischen Gens bzw. innerhalb der Primärabschrift (prä-mRNA). Exons bleiben beim Spleißen der prä-mRNA in der fertigen mRNA erhalten und werden in eine Aminosäuresequenz translatiert. (siehe auch Proteinbiosynthese)

Fallen (räumliche Falle, zeitliche Falle, soziale Falle): Eine räumliche Falle liegt vor, wenn bei einer Handlung vor Ort der Nutzen und andernorts der Schaden entsteht. Eine zeitliche Falle ist dadurch gekennzeichnet, dass der Nutzen einer Handlung jetzt, der Schaden jedoch zu einem späteren Zeitpunkt entsteht. Von sozialen Fallen spricht man, wenn bei einer Handlung der Nutzen bei einem Individuum oder einer Gruppe, der Schaden jedoch bei einem anderen Individuum oder einer anderen Gruppe liegt.

finale Begründungen: Hierbei wird ein Verhalten oder ein Phänomen von der beabsichtigten Wirkung her begründet. Diese Form ist nur korrekt, wenn es sich um die Erklärung einsichtigen Verhaltens handelt, welches ein Bewusstsein voraussetzt.

Fortpflanzungsstrategien: Darunter versteht man durch Selektion im Laufe der Stammesgeschichte einer Art entstandene, genetisch fixierte Angepasstheiten in der Fortpflanzung und im Fortpflanzungsverhalten. R-Strategen z. B. die Feldmäuse sind gewöhnlich kleine Lebewesen mit schneller Individualentwicklung, frühem Eintritt der Geschlechtsreife, kurzen Geburtenabständen, geringem Elterninvestment und relativ geringer Lebensdauer. Das Kürzel r steht für Reproduktionsrate. K-Strategen z. B. Elefanten nutzen die Kapazität eines Lebensraumes mit relativ wenigen Individuen aus. K steht für die Kapazität des Lebensraumes. K-Strategen sind zumeist Lebewesen mit großer Körpermasse, hoher Wettbewerbsfähigkeit, wenigen aber langlebigen Nachkommen, hohem Elterninvestment und großen Geburtenabständen. Zwischen ausgeprägten r- und ausgeprägten K-Strategen gibt es vielfältige Übergänge.

Fotosynthese heißt der aufbauende (anabole) Stoffwechselprozess, bei dem autotrophe Lebewesen (Pflanzen, bestimmte Bakterien) aus Wasser und Kohlenstoffdioxid mit Hilfe von Lichtenergie energiereiche organische Stoffe wie Glucose herstellen. Bei der am weitesten verbreiteten Form der Fotosynthese wird Sauerstoff freigesetzt. Fotosynthese ist der wichtigste Vorgang bei der Bildung von Biomasse. Entsprechend sind Fotosynthese betreibende Lebewesen Produzenten in Ökosystemen. Die große Vielfalt pflanzlicher Naturstoffe, die teilweise auch vom Menschen genutzt wird, lässt sich auf Stoffe zurückführen, die im Laufe der Fotosynthese gebildet wurden.
Bei der Fotosynthese wird eine nahezu unerschöpfliche außerirdische Energiequelle genutzt. Ein zentraler Vorgang im Fotosyntheseprozess ist die Umwandlung von Lichtenergie in chemische Energie des ATP an den Thylakoidmembranen der Chloroplasten in den sogenannten Lichtreaktionen (Primärreaktionen) der Fotosynthese. Sie umfassen eine Kette von Teilschritten, in die Licht absorbierende Fotosynthese-Pigmente (darunter Chlorophyll), die Fotolyse des Wassers sowie verschiedene Redoxsysteme als Elektronenüberträger einbezogen sind. Die ATP-Bildung erfolgt durch Chemiosmose. Neben ATP werden in den Lichtreaktionen Reduktionsäquivalente gebildet. ATP und NADPH + H$^+$ aus den Lichtreaktionen werden in den Sekundärreaktionen der Fotosynthese (Calvin-Zyklus) im Stroma der Chloroplasten eingesetzt. Der Calvin-Zyklus wird in drei Phasen eingeteilt: a) die Bindung von Kohlenstoffdioxid an ein CO_2-Akzeptormolekül (Phase der Kohlenstofffixierung), b) die Phase der Reduktion zu einem energiereichen Zwischenprodukt, aus dem Glucose hergestellt wird, und c) die Phase der Regeneration des CO_2-Akzeptors. (siehe auch Chemiosmose)

Gärungen sind Formen des Stoffwechsels, bei denen energiereiche Stoffe wie Glucose ohne Sauerstoff (anaerob) unvollständig abgebaut werden. Die ATP-Bildung pro Glucosemolekül ist erheblich geringer als bei der Zellatmung. Alkoholische Gärung und Milchsäuregärung sind zwei Beispiele für Gärungen. Letztere findet auch in Muskeln des Menschen statt, wenn etwa bei körperlichen Anstrengungen kurzfristig nicht genügend Sauerstoff für die Zellatmung zur Verfügung steht.

Gelelektrophorese heißt ein Trennverfahren für Protein- oder DNA-Gemische. Dabei wandern die geladenen Teilchen durch ein Gel in einem elektrischen Feld. Unterschiede in der Ladung und/oder der Größe der zu trennenden Teilchen führen zu unterschiedlich weiten Wanderungen im Gel in einem bestimmten Zeitraum.

Genaktivität: siehe Genexpression

genetischer Code: Im genetischen Code ist die Zuordnung der Basentripletts der DNA zu den zwanzig Aminosäuren, die in Proteinen vorkommen, verschlüsselt.

Genexpression ist der Vorgang, bei dem genetische Information umgesetzt und in der Zelle ein Genprodukt hergestellt wird. Bei den proteincodierenden Genen ist das Genprodukt ein Protein. Entsprechend gehören die Schritte der Proteinbiosynthese (Transkription, Translation) zur Genexpression. Häufig wird der Begriff Genexpression auch mit dem Begriff „Genaktivität" gleichgesetzt. Die Genexpression vieler proteincodierender Gene unterliegt Regelungen, die zum Anschalten oder zum Abschalten der Genexpression führen können.

Genfrequenz ist die Häufigkeit, mit der ein bestimmtes Gen und seine Genvarianten (Allele) im Genpool einer Population vorkommen. Die Änderung von Genfrequenzen durch natürliche Selektion ist nach der Synthetischen Evolutionstheorie ein maßgeblicher Aspekt von Evolution.

Genmutationen sind Veränderungen in der Basensequenz eines Gens. Sie werden vereinfacht in zwei Untergruppen eingeteilt. Bei Punktmutationen wird eine Base eines Basentripletts durch eine andere Base ausgetauscht. Bei Leserastermutationen wird durch Hinzufügen oder Entfernen einer oder mehrerer Basen das Leseraster verändert.

Genom ist die Bezeichnung für die Gesamtheit der verschiedenen Gene einer Zelle eines Lebewesens. Meistens bezieht sich bei Eukaryoten der Begriff nur auf die Gene im Zellkern. Zusätzlich können auch die Gene in Chloroplasten und Mitochondrien gemeint sein.

Genpool: Damit wird die Gesamtheit aller Gene und ihrer Varianten (Allele) in einer Population bezeichnet.

Genvarianten (Allele) sind Varianten eines bestimmten Gens, die für dasselbe Merkmal codieren. Durch Mutationen besitzen Genvarianten im Vergleich mehr oder weniger unterschiedliche DNA-Basensequenzen, die zu unterschiedlichen Merkmalsausprägungen führen können. Jedes Chromosom trägt nur eine Genvariante. (siehe auch: Allel)

Glucose-Homöostase: Eine stabile Versorgung mit Glucose ist für Menschen und viele Tiere überlebenswichtig, zum Beispiel in Zeiten von Nahrungsmangel. Ein geregelter Blutzuckerwert ist ein wichtiger Beitrag zur Homöostase, also einem in engen Grenzen stabilen inneren Milieu. Man spricht daher bei der Regelung des Blutzuckerwertes von Glucose-Homöostase.

Hämoglobin (Hb) besteht aus vier Protein-Untereinheiten und befindet sich bei Wirbeltieren und Menschen in den roten Blutzellen. Hämoglobin dient dem Sauerstofftransport. Hämoglobin kann Sauerstoff reversibel binden (oxygeniertes Hb) und wieder abgeben. Die Sauerstoffbindungskurve gibt den Zusammenhang von Sauerstoffpartialdruck im Körper und Anteil des oxygenierten Hb am Gesamthämoglobin in Prozent an.

Heterotrophe Organismen ernähren sich von organischer Substanz, also von anderen toten oder lebenden Organismen oder deren Teile. Die aus der Umgebung aufgenommenen organischen Moleküle dienen als Energiequelle sowie als Kohlenstoffquelle beim Aufbau körpereigener Substanz. Menschen, Tiere, Pilze und viele Bakterien sind heterotrophe Organismen. In Ökosystemen gehören heterotrophe Lebewesen zur Gruppe der Konsumenten und zur Gruppe der Destruenten.

Homologien: Einander entsprechende Strukturen und Merkmale bei artverschiedenen Organismen, die auf gemeinsamer Abstammung (also einer gemeinsamen Stammart) und auf gemeinsamer genetischer Information basieren, werden als homolog bezeichnet. Ein Beispiel für Homologie sind die Vordergliedmaßen von Wirbeltieren. Die Homologie von Strukturen und Organen wird mit Hilfe von Homologiekriterien festgestellt: 1. Kriterium der Lage; 2. Kriterium der Kontinuität; 3. Kriterium der spezifischen Qualität. Molekularbiologische Homologien werden durch Sequenzvergleiche (Basensequenzvergleiche der DNA, Aminosäuresequenzvergleiche bei Proteinen) verschiedener Arten ermittelt. (siehe auch Analogien)

Homöostase: So bezeichnet man die Fähigkeit, unabhängig von den Schwankungen der Umwelt im Inneren von Zellen, Organen und Organismen annähernd gleich bleibende Bedingungen zu erhalten. Homöostase setzt Regelungsvorgänge voraus. Zellen, Organe und Organismen sind biologische Systeme, die über die Fähigkeit zur Regulation innerer Bedingungen verfügen. Zum Beispiel können viele Tiere den pH-Wert, den Salzgehalt und den Wassergehalt sowie den Gehalt an Glucose im Körper regulieren. Gleichwarme Tiere regulieren ihre Körpertemperatur. Durch die Fähigkeit zur Regulation werden Lebewesen unabhängiger von ungünstigen Außenbedingungen, zum Beispiel Hitze oder Kälte. (siehe auch Glucose-Homöostase)

Horizontaler Gentransfer meint die Übertragung genetischer Information außerhalb der geschlechtlichen Fortpflanzung über Artgrenzen hinweg von einem Genom zu einem anderen Genom. Die Übertragung genetischer Information im Rahmen geschlechtlicher Fortpflanzung bezeichnet man als vertikalen Gentransfer.

hormonelle Informationsübertragung: Hormone sind Signalstoffe, die aus spezialisierten hormonbildenden Zellen geregelt freigesetzt und beim Menschen und bei Wirbeltieren mit dem Blut transportiert werden. Hormonmoleküle können nur an solchen Zielzellen Wirkung entfalten, die über spezifische Rezeptoren verfügen (Schlüssel-Schloss-Prinzip). Durch Signaltransduktion wird das extrazelluläre Signal in ein intrazelluläres Signal gewandelt und letztlich eine bestimmte Zellantwort hervorgerufen. Die Hormonrezeptoren der Zielzellen vermitteln also zwischen Hormon und Zellantwort. Die Dauer der Hormonwirkung hängt davon ab, wie lange Hormon-Rezeptor-Komplexe gebildet werden. Das wiederum hängt davon ab, wie lange und wie viel Hormon freigesetzt wurde und wie schnell Hormone durch Enzyme abgebaut werden. Unter Hierarchie des hormonellen Systems versteht man, dass es über- und untergeordnete Hormondrüsen gibt. Hormonsystem und Nervensystem arbeiten eng zusammen.

Immunabwehr, spezifische Immunabwehr: Die spezifische Immunantwort auf eingedrungene Krankheitserreger erfolgt einerseits durch B-Lymphocyten, die zur Bildung von Antikörpern in der Lage sind. Weil die Antikörper als lösliche Proteine im Blutplasma und in der Lymphflüssigkeit zirkulieren, bezeichnet man diese Form der spezifischen Immunabwehr als humorale Immunantwort (lat. *humor*, Flüssigkeit). Die zelluläre spezifische Immunantwort erfolgt durch T-Killerzellen, die an infizierte Körperzellen binden und ihr Absterben einleiten. Wesentlich für die Spezifität der Immunabwehr sind Antigenrezeptoren. Das sind Proteine an der Oberfläche von T-Helferzellen, T-Killerzellen und von B-Lymphocyten, die es diesen Zellen ermöglichen, Antigene nach dem Schlüssel-Schloss-Prinzip spezifisch zu erkennen und darauf zu reagieren. Bei B-Lymphocyten sind membrangebundene Antikörper die Antigenzeptoren, T-Zellen erkennen Antigene nur im Komplex mit MHC-Molekülen an der Oberfläche antigenpräsentierender Zellen. T-Helferzellen aktivieren B-Lymphocyten bzw. T-Killerzellen und regen sie zur Teilung an. Die außerordentlich große Vielfalt an verschiedenen Antigenrezeptoren bringt es mit sich, dass die meisten Antigene erkannt werden und zu spezifischen Immunreaktionen führen. (siehe auch Antigen, Antikörper, Antigenpräsentation, immunologisches Gedächtnis, klonale Selektion)

Immunisierung ist die erworbene Widerstandskraft des Körpers gegen spezielle Krankheitserreger. Bei der aktiven Immunisierung werden abgeschwächte, abgetötete Erreger oder nur Bruchstücke von Erregern geimpft, sodass im Körper eine spezifische Immunantwort erfolgt, bei der gegen diese Antigene Gedächtniszellen gebildet werden. Bei der passiven Immunisierung werden erkrankten Menschen Antikörper aus dem Blut zuvor infizierter Tiere geimpft, die sich gegen das Antigen richten.

Immunologisches Gedächtnis beruht auf langlebigen Zellen der spezifischen Immunabwehr, die durch den Erstkontakt mit dem Antigen aktiviert wurden und beim erneuten Kontakt mit dem Antigen als B-Gedächtniszellen und T-Gedächtniszellen eine schnelle und effektive Immunantwort einleiten.

Interspezifische Wechselwirkungen sind Wechselwirkungen zwischen Lebewesen verschiedener Arten. Symbiose, Parasitismus und interspezifische Konkurrenz sind dafür Beispiele.

Introns sind in eukaryotischen Genen die nicht codierenden Bereiche. Introns werden aus der Primärabschrift (prä-mRNA) beim Spleißen herausgeschnitten. (siehe auch Proteinbiosynthese, Exons)

Isolationsmechanismen sind Barrieren, die eine erfolgreiche Fortpflanzung zwischen Vertretern verschiedener Populationen einschränken oder ganz verhindern. Man unterscheidet Isolationsmechanismen, die eine Befruchtung verhindern (u. a. ökologische, zeitliche, verhaltensbedingte und mechanische Isolation) von Isolationsmechanismen, die nach der Befruchtung wirken. Isolationsmechanismen spielen bei der Artbildung eine wichtige Rolle. (siehe auch Artbildung)

Katabole Stoffwechselwege sind abbauende Stoffwechselwege. Energiereiche Moleküle wie z. B. Glucose werden zu niedermolekularen Stoffen mit geringem Energiegehalt umgewandelt. Gärungen und die Zellatmung sind Beispiele für Energie freisetzende, katabole Stoffwechselwege.

Klon ist die Bezeichnung für Zellen oder Lebewesen, die genetisch identisch sind. Natürliche Klone sind zum Beispiel eineiige Zwillinge beim Menschen, durch ungeschlechtliche Fortpflanzung entstandene Ableger von Pflanzen oder Zellen einer Bakterienkolonie. Künstliche Klone können durch Zellteilungen im Reagenzglas oder durch Übertragung von Zellkernen (Kerntransfer) erzeugt werden.

Klonale Selektion bedeutet, dass aus der angeborenen Vielfalt von Zellen der spezifischen Immunabwehr mit unterschiedlichen Antigenrezeptoren durch den Kontakt mit dem Antigen diejenigen selektiert werden, die zu diesem Antigen den passenden Antigenrezeptor besitzen. Diese Zellen vermehren sich und bilden einen Klon gleicher Zellen. Die Nachkommen dieser Zellen produzieren als aktivierte B-Lymphocyten (Plasmazellen) identische Antikörper oder zerstören als T-Killerzellen spezifisch infizierte Zellen, die das Antigen an ihrer Oberfläche aufweisen.

Koevolution nennt man die Evolution artverschiedener Organismen, die über lange Zeiträume intensiv miteinander in Wechselwirkung stehen und sich in ihrer Evolution gegenseitig beeinflussen. Koevolution spielt unter anderem in der Ausbildung von Symbiosen, parasitischen Wechselwirkungen und Nahrungsbeziehungen eine Rolle.

Kohlenhydrathaushalt: Damit sind alle Prozesse gemeint, die eine ausreichende Versorgung des Organismus mit unmittelbar verfügbarer Glucose sicherstellen. Glucose kann in der Leber und in Muskeln in Form von Glykogen gespeichert werden. An der Regelung des Kohlenhydrathaushalts sind die Hormone Insulin, Glukagon, Adrenalin beteiligt.

Kohlenstoffbilanz einer Pflanze meint die Differenz aus Gewinnen und Verlusten an Kohlenstoff. Gewinne an Kohlenstoff erfolgen bei grünen Pflanzen durch Fotosynthese, Verluste durch Zellatmung.

Kohlenstoffkreislauf: a) Kohlenstoffkreislauf auf Ebene eines Ökosystems, z. B. eines Gewässers oder eines Waldes: Die Produzenten nehmen Kohlenstoff in Form von Kohlenstoffdioxid aus der Luft oder aus dem Wasser auf und bauen damit durch Fotosynthese energiereiche Biomasse auf, die über Nahrung teilweise auch an Konsumenten und an Destruenten weitergegeben wird. Durch Zellatmung von Produzenten und Konsumenten wird Kohlenstoffdioxid wieder frei. Destruenten schließen den Stoffkreislauf, indem sie tote organische Substanz vollständig abbauen, unter anderem zu Kohlenstoffdioxid. Die Rate der Primärproduktion durch

Fotosynthese und die Rate der Zersetzung bestimmen wesentlich die Geschwindigkeit des Kohlenstoffkreislaufs. b) Im globalen Kohlenstoffkreislauf gibt es vier Speicher: die Atmosphäre, die Biosphäre (Lebewesen), die Lithosphäre (Gesteine) und die Hydrosphäre (Wasser, vorwiegend Ozeane). Der weitaus größte Teil des globalen Kohlenstoffs ist in der Lithosphäre langfristig festgelegt. Zwischen Biosphäre und Atmosphäre sowie zwischen Atmosphäre und Hydrosphäre kommt es zum Austausch von Kohlenstoff vor allem in Form von Kohlenstoffdioxid. Die genannten Speicher sind sowohl Kohlenstoffsenken als auch Kohlenstoffquellen, da sie Kohlenstoff aufnehmen oder abgeben können. Die wichtigste Kohlenstoffsenke sind derzeit die Ozeane. Eine erdgeschichtlich junge Kohlenstoffquelle ist der Verbrauch fossiler Brennstoffe durch den Menschen. (siehe Treibhauseffekt)

Kompartimentierung bezeichnet den Sachverhalt, dass ein biologisches System in voneinander abgegrenzte Räume unterteilt ist, in denen gleichzeitig verschiedene biologische Vorgänge stattfinden können. Eukaryotische Zellen besitzen zahlreiche membranumgrenzte Kompartimente.

Kompetitive Hemmung ist eine Form reversibler Enzymhemmung. Kompetitive Hemmung liegt dann vor, wenn das Substrat einer enzymatischen Reaktion und ein Hemmstoff um das aktive Zentrum des Enzyms konkurrieren, wobei der Hemmstoff nicht umgesetzt wird. Das tatsächliche Ausmaß der Hemmung der Enzymaktivität hängt vom Verhältnis der Konzentrationen des Substrats und des Hemmstoffs ab. Hohe Substratkonzentrationen verringern die Wahrscheinlichkeit, dass der Hemmstoff das aktive Zentrum besetzt. Häufig zeigen der kompetitive Hemmstoff und das Substrat strukturelle Ähnlichkeit.

komplementäre Basenpaare: Unter einem Basenpaar versteht man zwei sich ergänzende, zueinander komplementäre Basen der DNA oder RNA. Jede Base eines DNA-Moleküls kann aufgrund ihrer molekularen Struktur nur mit jeweils einer bestimmten anderen Base über Wasserstoffbrücken eine Bindung eingehen: Adenin mit Thymin (A-T) und Guanin mit Cytosin (G-C). In RNA wird statt Thymin Uracil (U) eingebaut. DNA-Basenpaarung ist ein Beispiel für das Schlüssel-Schloss-Prinzip. DNA-Basenpaarung spielt bei der identischen Verdopplung der DNA (Replikation) und bei der Transkription im Rahmen der Proteinbiosynthese eine große Rolle.

Konkurrenz bedeutet Wettbewerb um knappe Lebensgrundlagen (Ressourcen). Sie findet als interspezifische Konkurrenz zwischen Vertretern verschiedener Arten oder als intraspezifische Konkurrenz zwischen Mitgliedern einer Art statt. Pflanzen konkurrieren unter anderem um Licht, Mineralsalze oder Wasser, Tiere um Nahrung.

Konsequenzialistische Argumentationsansätze innerhalb der Ethik (siehe ethische Analyse) beurteilen die Konsequenzen und Folgen einer Handlung. Es wird nach der Verantwortung für die Folgen des Handelns gefragt: Wie gut oder erstrebenswert sind die Konsequenzen einer Handlung, welche Vor- und Nachteile, welche Chancen und Risiken bergen sie?

Konsumenten (Verbraucher) sind die Tiere in einem Ökosystem. Sie ernähren sich von der Biomasse anderer Lebewesen. Konsumenten 1. Ordnung sind Pflanzenfresser, Konsumenten 2. Ordnung ernähren sich von Pflanzenfressern.

kulturelle Evolution: Unter Kultur versteht man im weit gefassten Sinne die nichterbliche Weitergabe von Fähigkeiten, Verhaltensweisen und Wissen durch soziales Lernen, also durch Lernen von anderen Mitgliedern der Population. Kulturelle Evolution beruht auf der Übertragung von Informationen zwischen den Mitgliedern einer Population durch Lernen und Gedächtnis, wobei das Gehirn als Informationsspeicher dient. Erlernte Informationen können ständig zwischen Mitgliedern einer Population ausgetauscht und durch unmittelbare Erfahrungen verändert werden.

limitierender Faktor: Wenn ein Prozess, z. B. die Fotosynthese, von mehreren Faktoren abhängt, so kann seine Intensität nach dem von JUSTUS VON LIEBIG (1803–1873) formulierten „Gesetz des begrenzenden Faktors" nur durch denjenigen Faktor gesteigert werden, der jeweils im Minimum ist und daher begrenzend (limitierend) wirkt. Die wichtigsten limitierenden Faktoren bei der Fotosynthese können Beleuchtungsstärke, Temperatur oder Kohlenstoffdioxidkonzentration sein.

Meiose ist der Vorgang der Bildung von Geschlechtszellen (Spermazellen, Eizellen) mit einfachem (haploidem) Chromosomensatz. Die Meiose führt zur Rekombination (Neukombination) der Erbanlagen, sodass alle entstehenden Geschlechtszellen untereinander nicht erbgleich, sondern genetisch verschieden sind. Die Meiose trägt ganz wesentlich zur genetischen Variabilität bei, die für Lebewesen mit sexueller Fortpflanzung typisch ist.

Membranproteine sind neben den Membranlipiden wesentliche Bestandteile von Biomembranen. Membranproteine sind in der Phopholipid-Doppelschicht der Zellmembran mosaikartig verteilt. Verschiedene Membranproteine erfüllen eine Reihe von Funktionen. Carrierproteine transportieren aktiv oder passiv Moleküle durch Membranen. Sie sind unter anderem am Transport von Glucose beteiligt. Tunnelproteine bilden Kanäle in der Membran, die geöffnet oder geschlossen werden können. Nerven- und Sinneszellen besitzen in großer Zahl Kanäle für Ionen. Rezeptorproteine in der Zellmembran wandeln extrazelluläre Signale in intrazelluläre Signale um, die dann zu einer Zellantwort führen. Rezeptorproteine spielen in der neuronalen und hormonellen Informationsübermittlung eine große Rolle. Zelloberflächenproteine dienen der Zellerkennung. Das Immunsystem erkennt an solchen Membranproteinen Zellen als fremd oder körpereigen. (siehe auch Biomembran)

Mitochondrien sind von einer Doppelmembran umgebene Organellen eukaryotischer Zellen, in denen wichtige Schritte der Zellatmung stattfinden (oxidative Decarboxylierung, Citratzyklus, Atmungskette). Die innere Membran weist in der Regel zahlreiche Einstülpungen auf, sodass eine große innere Oberfläche entsteht. In Mitochondrien wird die Hauptmenge an ATP gebildet. Mitochondrien besitzen eigene DNA und vervielfältigen sich durch Teilung selbstständig. Nach der Endosymbiontentheorie gehen Mitochondrien auf die Symbiose eines aeroben Prokaryoten im Inneren eines urtümlichen Eukaryoten zurück. Mitochondrien zeigen einige Merkmale, in denen sie Prokaryoten ähneln. (siehe auch Endosymbiontentheorie)

Mitose heißt der Vorgang, bei dem im Verlauf der Zell- und Kernteilung aus einer Zelle zwei Zellen entstehen, die untereinander und im Vergleich zur Zelle, aus der sie hervorgingen, genetisch identisch sind. Bei der Mitose werden zuvor identisch verdoppelte Chromosomen auf die Tochterzellen verteilt. Durch Mitose erhalten alle Körperzellen die gleiche genetische Information wie die Zygote.

Modifikationen sind Veränderungen im Phänotyp eines Lebewesens, die durch Umwelteinflüsse bedingt sind und nicht vererbt werden.

Motorische Endplatten sind Synapsen eines motorischen Neurons mit Skelettmuskelfasern. Solche Synapsen enthalten Acetylcholin als Transmitter.

Multipotenz: siehe Stammzellen

Mykorrhiza: Meist symbiotische Beziehung eines Pilzes mit dem Wurzelsystem eines Baumes. Durch das weit verzweigte Pilzgeflecht, das die Enden der Baumwurzeln umgibt und in sie eindringt, wird die Oberfläche zur Wasser- und Mineralsalzaufnahme stark vergrößert. Der Pilz wird mit Fotosyntheseprodukten der Pflanze versorgt.

Nachhaltigkeit bedeutet, dass den Bedürfnissen der heutigen Menschen-Generation entsprochen wird, ohne die Bedürfnisse zukünftiger Generationen zu gefährden. Nachhaltig ist eine Entwicklung also dann, wenn sie nicht auf Kosten zukünftiger Generationen erfolgt. Umwelt (Ökologie), Wirtschaft (Ökonomie) sowie Soziales und Gesundheit sind die drei gleichrangigen Faktoren einer nachhaltigen Entwicklung.

Natrium-Kalium-Ionenpumpen befinden sich in der Membran von Nervenzellen und pumpen, mit ATP als Energiequelle, beständig Na^+-Ionen aus der Zelle und K^+-Ionen in die Zelle. Die Natrium-Kalium-Ionenpumpen halten die für das Ruhepotenzial und für Aktionspotenziale wichtige Ungleichverteilung der Ionen aufrecht.

Neuroaktive Stoffe sind an Nervenzellen wirksam, oftmals im Bereich der Synapsen. Zu den von außen zugeführten neuroaktiven Stoffen gehören auch Psychopharmaka sowie Drogen und Synapsengifte.

Neuronen (Nervenzellen) sind spezialisierte Zellen der Signalaufnahme, Signalfortleitung und Signalübertragung. Die Signalaufnahme erfolgt über dünne, verzweigte Ausläufer des Neurons, die verästelten Dendriten. An ihrer Membran und der des Zellkörpers (Soma) können Signale von anderen Neuronen empfangen werden. Der lange Ausläufer des Neurons wird Axon genannt. Am Beginn des Axons liegt der Axonhügel. Dort werden empfangene Signale zusammengeführt, verrechnet und unter bestimmten Bedingungen neue elektrische Signale in Form von Aktionspotenzialen ausgelöst. Sie werden mit hoher Geschwindigkeit über die Membran des Axons bis zu den Synapsen weitergeleitet. Dort erfolgt die Signalübertragung auf eine Zielzelle, im Fall der motorischen Neuronen auf eine Muskelzelle. An den Synapsen wird das einlaufende elektrische Signal in ein chemisches Signal umgewandelt. Moleküle eines Neurotransmitters werden freigesetzt, diffundieren durch den synaptischen Spalt und docken an spezifische Rezeptoren der nachgeschalteten Zelle.

Normative Aussagen sind solche, die Verhaltensweisen gebieten oder als gerechtfertigt deklarieren, also wertenden oder vorschreibenden Charakter haben.

Normen sind Handlungsorientierungen, die zu bestimmten Handlungen auffordern (Du sollst helfen!) oder diese verbieten (Du sollst nicht lügen!). Normen haben eine bestimmte Verbindlichkeit und sind daher häufig in Form von Regeln und Gesetzen festgehalten.

Ökobilanzen erfassen die Umwelt- und Klimaauswirkungen der Erzeugung von Gütern von der Rohstoffgewinnung bis zur Herstellung, Lieferung, Nutzung und Entsorgung eines Produktes.

ökologische Nische: Nach einer häufig genutzten Definition versteht man unter ökologischer Nische die Gesamtheit der abiotischen und biotischen Umweltfaktoren (Bedingungen, Ressourcen), die von einer Art beansprucht werden. Entsprechend der umgangssprachlichen Bedeutung von „Nische" wird die ökologische Nische manchmal als ein Raum oder Ort missverstanden. Vertreter verschiedener Arten können nur dann dauerhaft nebeneinander leben, wenn sie sich in ihrer ökologischen Nische, z. B. in der bevorzugten Nahrung, unterscheiden (Prinzip der Konkurrenzvermeidung). Der Begriff Einnischung bezieht sich auf den Prozess, dass im Verlauf der Artbildung unter dem Einfluss von Konkurrenz ökologische Nischen eingenommen werden, die sich voneinander unterscheiden.

ökologische Potenz: Der Bereich eines Umweltfaktors, in dem Organismen einer Art unter natürlichen Bedingungen, also mit Konkurrenz durch andere Arten, bestimmte Lebensäußerungen, wie z. B. Wachstum zeigen, wird ökologische Potenz genannt. Kurven der ökologischen Potenz sind meistens Optimumkurven. Der Optimalbereich wird als ökologisches Optimum bezeichnet. Organismen, die bezüglich eines bestimmten Umweltfaktors, z. B. der Temperatur, eine schmale, enge ökologische Potenz haben, werden als stenök bezeichnet. Organismen mit breiter ökologischer Potenz bezüglich eines Umweltfaktors nennt man euryök.

Ökosystem: Ein Ökosystem umfasst alle Lebewesen eines bestimmten Lebensraumes und ihr Beziehungsgefüge sowie alle abiotischen Faktoren, mit denen diese Lebewesen in Wechselwirkung stehen. Die Lebewesen eines Ökosystems lassen sich in die drei Gruppen einteilen: Produzenten, Konsumenten und Destruenten. Die autotrophen Produzenten erzeugen (mit Ausnahme weniger Ökosysteme etwa in der Tiefsee) durch Fotosynthese energiereiche organische Stoffe (Biomasse), von denen sich die Produzenten selbst und direkt oder indirekt die Konsumenten und Destruenten ernähren. Destruenten bauen abgestorbene Biomasse zu anorganischen Stoffen wie Wasser, Kohlenstoffdioxid und Mineralsalzen ab, die wiederum den Produzenten zur Verfügung stehen (Stoffkreislauf). Ein bestimmtes Ökosystem lässt sich unter anderem durch seine Produktivität, durch das Geflecht seiner Nahrungsbeziehungen, durch Stoffkreisläufe und durch seinen Energiefluss beschreiben. Ökosysteme sind offene Systeme, d. h. sie stehen im Austausch von Stoffen und Energie mit ihrer Umgebung.

Ökosystem-Dienstleistungen sind alle für Menschen direkt oder indirekt nützlichen Funktionen von Ökosystemen, zum Beispiel Versorgungs-Dienstleistungen (u. a. Produktion von Sauerstoff, Nahrung, Rohstoffe, Energie, Heilmittel) und Regulations-Dienstleistungen (u. a. Klima- und Hochwasserregulation, Kohlenstoffdioxidsenken, Erosionsschutz, Wasserspeicherung).

Operon-Modell: Das Operon-Modell ist ein Modell zur Genregulation bei Prokaryoten. Ein gut untersuchtes Beispiel ist das lac-Operon des Bakteriums E.coli (lac steht für Lactose, Milchzucker). Das Operon ist eine Funktionseinheit aus drei benachbarten Abschnitten der DNA: Der Promotor ist die Ansatzstelle des Enzyms RNA-Polymerase. Der Operator ist der eigentliche Schalter, der den Zugang der RNA-Polymerase zur Transkription der benachbart liegenden Strukturgene zulässt oder nicht. Die Strukturgene als dritte Komponente eines Operon codieren für Proteine, zumeist für Enzyme, und werden gemeinsam abgelesen. Am Operator befindet sich eine spezifische Bindungsstelle für ein Repressorprotein (Repressor), das von einem außerhalb des Operons gelegenen Regulatorgen codiert wird. Der Repressor kann aktiv sein und bindet dann nach dem Schlüssel-Schloss-Prinzip an den Operator und hindert dadurch die RNA-Polymerase an der Transkription der Strukturgene. Ist der Repressor inaktiv, bindet er nicht an den Operator und die Transkription kann erfolgen. Im Fall des lac-Operons wird der Repressor durch Lactose inaktiviert.

Osmose: Damit wird die Diffusion des Lösungsmittels Wasser entlang seines eigenen Konzentrationsgefälles durch eine selektiv permeable Membran bezeichnet, die zwei Kompartimente unterschiedlicher Konzentration an gelösten Teilchen trennt. Wasser diffundiert vom Bereich niedriger Konzentration gelöster Teilchen (hypotoner Bereich) durch die selektiv permeable Membran in den Bereich höherer Konzentration gelöster Teilchen (hypertoner Bereich). Eine Voraussetzung für Osmose ist, dass die Membran für Wasser vollständig und für die gelösten Teilchen nicht durchlässig ist.

Parasiten sind Lebewesen, die in (Endoparasiten) oder auf (Ektoparasiten) einem artfremden Wirtsorganismus leben, von ihm Nahrung beziehen und ihn schädigen, ihn aber meistens nicht töten. Der Wirt ermöglicht dem Parasiten zu überleben und sich weiter fortzupflanzen. Zu den Parasiten zählt unter anderem der Erreger der Malaria.

Passiver Transport liegt dann vor, wenn ein Stoff durch eine selektiv permeable Membran ohne Energieaufwand, also ohne Aufwand an ATP, transportiert wird. Diffusion ist eine Form des passiven Transports. (siehe auch Diffusion)

PCR (Polymerase Chain Reaction, Polymerase-Kettenreaktion) ist ein automatisiertes Verfahren zur identischen Vervielfältigung von DNA-Stücken in kurzer Zeit. Die so angereicherte DNA kann dann weiteren Untersuchungen zugeführt werden (z. B. für Sequenzvergleiche). Schon eine sehr geringe Menge an DNA reicht als Vorlage für die PCR aus. Die PCR-Technik basiert auf dem Prinzip der komplementären Basenpaarung bei der identischen Verdopplung der DNA. Sie ist eine der wichtigsten molekularbiologischen Methoden und wird u. a. in der Genetik, der Erkennung von Krankheiten, der Gerichtsmedizin und Kriminalistik sowie in der Evolutionsbiologie angewandt.

physiologische Potenz: Der Bereich eines Umweltfaktors, in dem Individuen einer Art ohne Konkurrenz durch Vertreter anderer Arten leben können, heißt physiologische Potenz. Der Optimalbereich wird als physiologisches Optimum bezeichnet. Die Breite der physiologischen Potenz bezüglich eines bestimmten Umweltfaktors ist genetisch bedingt. Die physiologische Potenz einer Art in Hinblick auf einen bestimmten Umweltfaktor wird meistens experimentell untersucht.

Pluripotenz: siehe Stammzellen

Population nennt man eine Gruppe artgleicher Individuen, die zeitgleich in einem bestimmten Gebiet leben und sich untereinander fortpflanzen können.

Präadaptationen sind genetisch bedingte Merkmalsausprägungen im Rahmen der genetischen Variabilität einer Population, die sich bei veränderten oder neuen Umweltbedingungen als Selektionsvorteil erweisen. Ein Beispiel für Präadaptation ist die Antibiotikaresistenz von Bakterien. Experimentell konnte gezeigt werden, dass in Bakterienkulturen diejenigen Bakterien überlebten, die bei erstmaliger Zugabe eines Antibiotikums zufällig bereits über die Mutationen verfügten, die der Antibiotikaresistenz zugrunde liegen.

Produktivität von Ökosystemen: Folgende Kenngrößen spielen bei der Analyse der Produktivität von Ökosystemen eine Rolle. Die Bruttoprimärproduktion ist die gesamte pro Zeit und Fläche durch Fotosynthese produzierte organische Substanz (Biomasse) in Gramm Trockengewicht pro Quadratmeter und Jahr. Die Nettoprimärproduktion ist die Bruttoprimärproduktion abzüglich der Verluste durch die eigene Zellatmung der autotrophen Produzenten. Unter Nettoproduktion versteht man die Bruttoprimärproduktion abzüglich der Atmungsverluste der autotrophen und der heterotrophen Lebewesen in einem Ökosystem.

Prokaryoten sind Lebewesen, deren Zellen im Gegensatz zu den Eukaryoten keinen Zellkern und keine Zellorganellen enthalten. Bakterien sind Prokaryoten.

Proteinbiosynthese heißt der Prozess in Zellen, bei dem auf der Grundlage genetischer Information der DNA an den Ribosomen ein Protein aus Aminosäuren gebildet wird. Bei Prokaryoten erfolgt die Proteinbiosynthese vereinfacht folgendermaßen: Wenn ein Gen aktiv ist, wird von ihm eine Kopie in Form des Boten-Moleküls messenger-RNA (mRNA) angefertigt. Dieser Teil der Proteinbiosynthese heißt Transkription. Die mRNA gelangt zu einem Ribosom. Dort findet die Übersetzung (Translation) der genetischen Information statt: Nach Anleitung der mRNA erfolgt die Bildung eines Proteins aus den verschiedenen Aminosäuren. Dabei codiert die Abfolge der Basentripletts auf der mRNA die Abfolge der Aminosäuren im entstehenden Protein. Bei Eukaryoten ist die genetische Information auf verschiedene Chromosomen im Zellkern verteilt. Eukaryoten haben Mosaikgene: Sie enthalten codierende Bereiche, die Exons, und nichtcodierende Bereiche, die Introns. Nach der Transkription finden im Zellkern Vorgänge statt, die man insgesamt als mRNA-Prozessierung bezeichnet. Beim Spleißen werden in kontrollierter Weise aus der Primärabschrift, der prä-mRNA, die Introns enzymatisch herausgeschnitten und die verbliebenen Exons zur mRNA verknüpft.

Proximate Erklärungsformen in der Biologie beziehen sich auf die unmittelbaren Ursachen eines Verhaltens oder Merkmals. Proximate Erklärungen greifen oftmals aktuelle Ursachen auf, die im Inneren eines Organismus wirken (z. B. physiologische, hormonelle, neuronale Ursachen) oder von außen wirken (z. B. bestimmte Umwelteinflüsse, soziale Beziehungen). (siehe auch ultimate Erklärungsformen)

Redoxreaktion: Ein Elektronentransfer von einem Stoff auf einen anderen ist eine Redoxreaktion, bei der Oxidation (Elektronenabgabe) und Reduktion (Elektronenaufnahme miteinander gekoppelt sind.

Rekombination bedeutet Neukombination von Genen. Dabei spielt vor allem die Bildung der Geschlechtszellen durch Meiose und die Befruchtung im Rahmen sexueller Fortpflanzung eine große Rolle. Durch Crossing over und durch die Zufallsverteilung von Chromosomen mütterlicher und väterlicher Herkunft in der Meiose I treten Gene in neuer Kombination im Vergleich zu den Eltern auf. Rekombination ist ein wichtiger Aspekt genetischer Variabilität in Populationen und ein Evolutionsfaktor.

Reverse Transkriptase ist der Name eines Enzyms, dass eine RNA gemäß den Gesetzen der DNA-Basenpaarung in eine DNA umschreibt. Manche Viren, z. B. das HI-Virus, besitzen dieses Enzym. In der Biotechnologie wird es unter anderem bei der Untersuchung der Genaktivität mit Hilfe der DNA-Microarray-Technik eingesetzt.

Rückkopplung ist die (Rück-)Wirkung einer veränderlichen Größe auf sich selbst. Eine Rückkopplung heißt positiv, wenn die Wirkungsbeziehung gleichsinnig ist (je mehr... desto mehr..., je weniger... desto weniger...). Bei negativer Rückkopplung besteht eine gegensinnige Beziehung (je mehr ... desto weniger, je weniger... desto mehr).

Ruhepotenzial: Messungen zeigen, dass das Innere einer Nervenzelle im Ruhezustand gegenüber dem Außenraum negativ geladen ist, also gegenüber dem Außenraum einen Überschuss an negativen Ladungen aufweist. Zwischen Innen und Außen herrscht eine Spannung von -70 mV, das Ruhepotenzial. Es beruht auf der ungleichen Verteilung von Ionen aufgrund der selektiven Permeabilität der Membran. Im Ruhezustand ist die Membran sehr gut durchlässig für K^+-Ionen, gut für Cl^--Ionen, kaum durchlässig für Na^+-Ionen und gar nicht durchlässig für die großen organischen Anionen (hauptsächlich Proteine) im Inneren.

Schlüssel-Schloss-Prinzip meint allgemein, dass zwei Strukturen zueinander wie Schlüssel und Schloss passen. Substrat und Enzym, Hormon und Rezeptor, Antigen-Antikörper-Reaktion sowie komplementäre Basen der DNA sind Beispiele für das Schlüssel-Schloss-Prinzip.

Selektionstypen: Von stabilisierender Selektion spricht man, wenn mittlere Ausprägungen eines Merkmals bei den Individuen einer Population im Laufe der Generationen selektiv begünstigt sind, d. h. die höchste reproduktive Fitness aufweisen. Stabilisierende Selektion findet dann statt, wenn eine Population lange Zeit unter konstanten Umweltbedingungen und unverändertem Selektionsdruck lebt. Transformierende (gerichtete) Selektion erfolgt in Populationen, deren Umweltfaktoren sich ändern. Der geänderte Selektionsdruck führt in der Folge dazu, dass Individuen mit Merkmalsausprägungen selektiv begünstigt werden, die es vorher nicht in dem Ausmaß waren. (siehe auch Präadaptation)

Selektive Permeabilität bezeichnet die Eigenschaft von Biomembranen, nur bestimmte Moleküle durch die Membran hindurch zu lassen.

Signaltransduktion bezeichnet den Vorgang, bei dem ein extrazelluläres Signal durch einen spezifischen Rezeptor (meistens ein Protein in der Zellmembran) aufgenommen und in ein intrazelluläres Signal umgewandelt wird, das in der Folge zu einer spezifischen Zellantwort führt. Die Zellantwort auf ein äußeres Signal kann in Veränderungen des Stofftransports, in veränderter Aktivität von Enzymen oder in veränderter Genaktivität bestehen. Alle lebenden Zellen nehmen beständig Signale aus ihrer Umwelt auf. Eine Zelle kann nur auf solche extrazellulären Signale reagieren, für die sie passende Rezeptoren besitzt. Die Fähigkeit zur Signaltransduktion ist eine Eigenschaft aller lebenden Zellen.

Stammzellen sind Körperzellen, aus denen spezialisierte Zellen hervorgehen können. Neben der befruchteten Eizelle sind auch die Zellen der ersten drei Teilungsstadien (etwa bis zum 8-Zell-Stadium) totipotent. Das bedeutet, dass aus jeder dieser Zellen ein vollständiger Mensch mit seiner Vielzahl an differenzierten Zellen entstehen kann. Totipotente Zellen werden nach dem Deutschen Embryonenschutzgesetz mit menschlichen Embryonen gleichgesetzt. Embryonale Stammzellen befinden sich in der inneren Zellmasse von frühen Embryonen etwa eine Woche nach der Befruchtung. Embryonale Stammzellen sind pluripotent. Das bedeutet, dass sie das Potenzial besitzen, jeden Zelltyp des Erwachsenen auszubilden. Aus pluripotenten Zellen kann jedoch kein vollständiger Mensch hervorgehen. Adulte Stammzellen befinden sich in einer Vielzahl verschiedener Gewebe des bereits geborenen Organismus. Sie sind multipotent, d. h. aus ihnen können verschiedene differenzierte Zelltypen hervorgehen. Die Hauptaufgabe der adulten Stammzellen ist die Reparatur und Erneuerung des jeweiligen Gewebes, z. B. der Haut.

Stickstoffkreislauf heißen die Umsetzungen des Stickstoffs und seiner Verbindungen in der Biosphäre. Stickstoff liegt unter anderem als molekularer Stickstoff (N_2), als Nitrat-Ion (NO_3^-), Nitrit-Ion (NO_2^-) und als Ammoniak (NH_3) vor, aus dem in Wasser gelöst Ammonium-Ionen (NH_4^+) hervorgehen. Stickstoff wird von allen Lebewesen unter anderem für den Aufbau von Proteinen und Nucleinsäuren benötigt.

Der mit 78 Vol% in der Luft enthaltene molekulare Stickstoff ist für die meisten Lebewesen nicht direkt verfügbar. Pflanzen nehmen als Produzenten in Ökosystemen Stickstoff in der Regel nur in Form von Ammonium-Ionen und besonders von Nitrat-Ionen auf. Bakterien in den Wurzelknöllchen von Hülsenfrüchtern können durch den Prozess der Stickstofffixierung molekularen Stickstoff zu Ammonium-Ionen umsetzen, die dann den Pflanzen zur Verfügung stehen. Organische Stickstoffverbindungen in toter organischer Substanz kann durch Tätigkeit von Destruenten im Prozess der Ammonifikation zu Ammonium-Ionen mineralisiert werden. Diese können durch den Vorgang der Nitrifikation durch Bakterien weiter über Nitrit-Ionen zu Nitrat-Ionen umgewandelt werden.

Stoffkreislauf nennt man die Weitergabe von Stoffen in einem Ökosystem von den Produzenten über Konsumenten und Destruenten. Diese schließen den Stoffkreislauf, weil sie bei der vollständigen Zersetzung Wasser, Kohlenstoffdioxid und Mineralsalze bilden, die von den Produzenten wieder aufgenommen und bei der Fotosynthese genutzt werden. Ein Beispiel für einen Stoffkreislauf ist der Kohlenstoffkreislauf.

Stress: a) In der weit gefassten Definition des Begriffs bezeichnet er alle Beeinträchtigungen eines Organismus durch physikalische, chemische und biologische Belastungsfaktoren (Stressoren) und die damit einhergehenden körperlichen Reaktionen (Stressreaktionen). In diesem Sinne können zum Beispiel bei Pflanzen abiotische Stressoren (u. a. Hitze, Kälte, Licht-, Mineralsalz- oder Wassermangel) von biotischen Stressoren (u. a. Befall durch Krankheitserreger, Konkurrenz) unterschieden werden. b) Oft ist mit dem Begriff der kurzzeitige Stress beim Menschen gemeint, der durch eine Kette miteinander verschränkter neuronaler und hormoneller Vorgänge zu einer schnellen Mobilisierung der körperlichen Leistungsfähigkeit führt. Zur kurzfristigen Stressantwort gehört die durch Nervensignale angeregte Freisetzung des Stresshormons Adrenalin aus dem Nebennierenmark. Adrenalin bewirkt den Abbau von Glykogen zu Glucose in der Leber und in der Skelettmuskulatur, erhöht die Herzschlagfrequenz und den Blutdruck und beschleunigt die Atmung.

Symbiosen sind dauerhafte Wechselwirkungen zwischen Vertretern zweier Arten, bei denen beide Vorteile voneinander haben. Flechten sind ein Beispiel für Symbiose. Zwischen Symbiose und Parasitismus gibt es zahlreiche Übergänge. (siehe auch Parasitismus)

Synapsen, genauer die so genannten chemischen Synapsen, sind durch den synaptischen Spalt getrennte Verbindungsstellen zwischen zwei Nervenzellen oder zwischen einer Nervenzelle und einer anderen nachgeschalteten Zelle z. B. einer Muskelzelle. Je nach Frequenz sorgen einlaufende Aktionspotenziale für den Einstrom von Ca^{2+}-Ionen in die Präsynapse, die ihrerseits die Freisetzung eines Transmitters aus Vesikeln in den synaptischen Spalt auslösen. Der Transmitter diffundiert durch den schmalen synaptischen Spalt und dockt an der postsynaptischen Membran nach dem Schlüssel-Schloss-Prinzip an spezifische Rezeptoren, wodurch Ionenkanäle geöffnet werden und sich ein postsynaptisches Potenzial ausbildet. Durch abbauende Enzyme verlieren die Transmitter schnell an Wirkung. Die Zahl der Synapsen im Zentralnervensystem des Menschen wird auf 10^{14} geschätzt. Störungen synaptischer Vorgänge sind an einer Vielzahl von psychischen und neurologischen Erkrankungen beteiligt. Neuroaktive Stoffe wirken oftmals im Bereich der Synapsen. (siehe auch neuroaktive Stoffe)

Synthetische Evolutionstheorie: Mit dem Fortschritt der Naturwissenschaften wurde die Evolutionstheorie Darwins um Erkenntnisse aus vielen Wissenschaftsbereichen erweitert, insbesondere durch Erkenntnisse aus der Zellbiologie, der Genetik und der Populationsbiologie. Die Bedeutung der Neukombination von Erbanlagen bei der Geschlechtszellbildung (Meiose) und die Bedeutung von Mutationen für die genetische Variabilität in Populationen gehören dazu. Nach der Synthetischen Evolutionstheorie beruhen alle evolutiven Veränderungen auf Veränderungen von Genfrequenzen (Gen-Häufigkeiten) im Genpool von Populationen durch Prozesse, die man unter dem Begriff Evolutionsfaktoren zusammenfasst. (siehe Evolutionsfaktoren, Evolutionstheorien LAMARCKS und DARWINS, Artbildung)

Systemebenen dienen dazu, biologische Sachverhalte nach verschiedenen Ebenen der biologischen Organisation zu ordnen. Die Systemebene der Moleküle, der Zellorganellen, der Zellen, der Gewebe und Organe, der Organismen, der Populationen, der Lebensgemeinschaften, der Ökosysteme und die Biosphäre gehören zu den Ebenen biologischer Organisation.

Totipotenz: siehe Stammzellen

Treibhauseffekt: Unter Treibhauseffekt versteht man den Einfluss bestimmter Gase in der Erdatmosphäre auf die Temperatur in der Atmosphäre. Das kurzwellige Sonnenlicht durchdringt relativ leicht die Atmosphäre, wird an der Erdoberfläche absorbiert und erwärmt sie. Die von der Erdoberfläche wieder abgegebene langwellige Wärmestrahlung kann jedoch nicht vollständig in den Weltraum entweichen. Hauptsächlich Wasserdampf und Kohlenstoffdioxid sowie einige andere Gase in der Atmosphäre halten die Wärmestrahlung zurück. Man spricht von natürlichem Treibhauseffekt. Bei der Verbrennung von fossilen Energieträgern und von Holz gelangt Kohlenstoffdioxid in die Atmosphäre und bewirkt dort den zusätzlichen Treibhauseffekt (anthropogener Treibhauseffekt), der zur Erwärmung der Erdatmosphäre beiträgt.

Tumor: Bösartige Tumore wie das maligne Melanom, eine Form von Hauskrebs, zeichnen sich durch eine Reihe typischer Eigenschaften aus. Dazu gehört, dass sich Tumorzellen unkontrolliert teilen und extra- und intrazelluläre Signale der Zellteilungskontrolle missachten. Tumorzellen dringen in Nachbargewebe ein und können es zerstören. Tumorzellen können im Körper Tochtertumore (Metastasen) bilden. Eine Theorie der Entstehung bösartiger Tumore geht davon aus, dass sich anhäufende Mutationen solcher Gene, deren Produkte an der Zellteilung und ihrer Kontrolle beteiligt sind, maßgeblich die Umwandlung einer normalen Zelle in eine Tumorzelle bewirken.

Überlebensstrategien sind durch natürliche Selektion erworbene, genetisch bedingte Merkmale und Verhaltensweisen, die Organismen ein Überleben unter ungünstigen Umweltbedingungen ermöglichen.

Ultimate Erklärungsformen beziehen sich auf die biologische Funktion eines Verhaltens oder eines Merkmals. Dabei werden oft evolutionsbiologische Zusammenhänge hergestellt und die stammesgeschichtliche Herausbildung des jeweiligen Verhaltens oder Merkmals in den Blick genommen. In ultimaten Erklärungsformen spielt der adaptive Wert eines Verhaltens oder Merkmals eine Rolle. (siehe auch proximate Erklärungsformen)

Veränderlichkeit synaptischer Verbindungen (synaptische Plastizität) ist ein Kennzeichen, in dem sich neuronale Netze von der starren Verschaltung eines Computerchips unterscheiden. Häufig genutzte Synapsen zeigen eine anhaltende Verbesserung der Erregungsübertragung. Die Synthese von Proteinen, wie z. B. Rezeptormolekülen, Tunnelproteinen, Enzymen für die Transmittersynthese, spielt bei der Ausbildung des Langzeitgedächtnisses eine Rolle. Auch für die Bildung neuer Synapsen sind Proteine unerlässlich.

Wechselzahl: Sie gibt an, wie viele Substratmoleküle ein Enzymmolekül pro Sekunde umsetzt.

Wirkungsspektrum der Fotosynthese: Experimentell kann die Fotosyntheserate (Sauerstoffproduktion pro Zeiteinheit) bei Einstrahlung von Licht unterschiedlicher Wellenlänge bestimmt werden. Trägt man die Fotosyntheserate gegen die Wellenlänge des eingestrahlten Lichts auf, erhält man das Wirkungsspektrum der Fotosynthese.

Zellatmung (innere Atmung) ist der schrittweise Abbau energiereicher organischer Stoffe, zum Beispiel von Glucose, zu energiearmen Stoffen wie Kohlenstoffdioxid und Wasser in den Zellen. Dabei wird Sauerstoff benötigt, es handelt sich also um einen aeroben Stoffwechselprozess. Energie aus der Zellatmung in Form von ATP ist Grundlage aller Lebensvorgänge der meisten Eukaryoten und mancher Prokaryoten. Der vollständige aerobe Abbau von Glucose in eukaryotischen Zellen wird in vier Teilschritte untergliedert: Die Glykolyse findet im Cytoplasma statt, oxidative Decarboxylierung, Citratzyklus und Atmungskette im Mitochondrium. Das Kohlenstoffgerüst der Glucose wird in den ersten drei Teilschritten vollständig abgebaut. Bei der Glykolyse, der oxidativen Decarboxylierung und quantitativ besonders bedeutsam im Citratzyklus werden zudem Reduktionsäquivalente (insbesondere in Form von $NADH+H^+$) gebildet. Sie liefern Elektronen für die Redoxreaktionen in den Atmungsketten der inneren Mitochondrienmembran. Bei der schrittweisen Übertragung der Elektronen von Redoxsystem zu Redoxsystem über eine Elektronentransportkette bis hin zur Reduktion von Sauerstoff zu Wasser wird Energie frei. Diese wird dafür genutzt, Protonen durch die innere Mitochondrienmembran in den Intermembranraum zu pumpen. Der Protonengradient zwischen Intermembranraum und Mitochondrienmatrix wird zur ATP-Bildung durch Chemiosmose genutzt. Der größte Teil der pro Molekül Glucose in der Zellatmung durchschnittlich gebildeten 38 ATP-Moleküle wird auf diese Weise gewonnen. Bei der Zellatmung wird ein beträchtlicher Teil der chemischen Energie in Wärme gewandelt.

Zellen sind die kleinsten lebens- und vermehrungsfähigen Einheiten. Alle Zellen gehen durch Teilung aus anderen Zellen hervor, verfügen (von wenigen Ausnahmen abgesehen) über ein Genom mit DNA als Informationsträger. Zellen benötigen Energie für ihre Lebensprozesse. Zellen sind offene Systeme mit einer selektiv permeablen Zellmembran.

Zellkern: Er ist ein Organell eukaryotischer Zellen, der von einer Doppelmembran, der Kernmembran, umgeben ist. Die Kernmembran ist von vielen kleinen Öffnungen, den Kernmembranporen, durchsetzt. Im Inneren des Zellkerns befindet sich die genetische Information in Form von DNA-Molekülen (Chromosomen). Zwischen Zellkern und Cytoplasma besteht ein reger Stoffaustausch. Unter anderem gelangen in den Zellkern Signalstoffe, die die Aktivität von Genen im Zellkern beeinflussen. Der Zellkern steuert seinerseits die Proteinbiosynthese an Ribosomen im Cytoplasma mit Hilfe der mRNA.

Zellorganellen sind durch Membranen abgetrennte Reaktionsräume in Zellen. Durch diese Kompartimentierung wird gewährleistet, dass verschiedene Stoffwechselvorgänge gleichzeitig nebeneinander in einer Zelle ablaufen können und sich nicht gegenseitig stören. Beispiele für Zellorganellen sind Zellkern, Endoplasmatisches Retikulum, Mitochondrien und Chloroplasten.

Zellzyklus: So wird die kontrollierte Abfolge der Schritte in der Zeit zwischen zwei Zellteilungen bezeichnet. Der Zellzyklus wird in Interphase (mit G1-, S- und G2-Phase) und Mitose eingeteilt. Wachstumsfaktoren und wachstumshemmende Faktoren aus dem Organismus werden von Rezeptoren in der Zellmembran aufgenommen und durch Signaltransduktion in intrazelluläre Signale umgewandelt. Diese stimulieren oder hemmen den Zellzyklus. Unkontrollierte Zellteilungen und Fehler in der Zellteilungskontrolle können das Wachstum von bösartigen Tumoren zur Folge haben.

Stichwortverzeichnis

abiotische Faktoren 186
abiotische Stressoren 156
abiotische Umweltfaktoren **148,** 166
Abnutzungs- und Verschleißtheorie 286
Absorptionsspektrum 128, 129
Abstammung 224, 225, 290
Abstammungsähnlichkeit 290
Abwandlungsprinzip 210
Acetaldehyd 96
Acetat 90
Acetylcholin 240, 248, 250
Acetyl-CoA 90
Ackerbau 331
ACTH 264
adaptive Radiation 314
adaptiver Wert 316, 318
adäquater Reiz 258
Adenin 26, 44
Adenosintriphosphat s. ATP
Adenylatcyclase 256
aDNA 332
ADP **87,** 98
Adrenalin 102, 264, 267
aerob 96, 98
aerober Stoffwechsel 96
Affinität 77, 136
Affinität zu Sauerstoff 154
Ähnlichkeit 225
Aids 278
Aktin **246,** 250
Aktionspotenzial **234,** 236, 238, 242, 246, 248, 256, 260, 272, 294
aktives Zentrum 70, 74, 76
Aktivierung 266
Aktivierung von Transkriptionsfaktoren 270
Aktivierungsenergie 70
Akzeptormolekül 90
Alge 126
alkoholische Gärung **96,** 154
Allel 36
Allergie 204
Allesfresser 168
Alles-oder-Nichts-Gesetz **234,** 236, 242
allopatrische Artbildung 226, **312**
allosterische Hemmung 74, 98, 316
allosterische Regulation **98,** 215
Altern 286
alternatives Spleißen **59,** 276
Alzheimer-Krankheit 272
Ames-Test 65
Aminosäure 50, 70, 118, 120, 266
Aminosäuresequenz 116, 120, 144, **292**
Ammonifikation 172
Amniozentese 34
AMP **87,** 98
Amphibie 108, 146, 150, 292, 326
Amyloid-Plaque 272
anaerob 96, 102
Anaerobiose 154
analoge Organe 290
Analogie 225, **290**
Anaphase 29, 30
Angepasstheit 96, 116, 138, **152,** 154, 156, 190, 222, 300, 302, 308, 314
Angst 264
Animalia 13
Anionen 118
Anopheles-Mücke 162
anorganische Stoffe 168
Anpassungsähnlichkeit 225, **290**
Anpassungswert 262
Anreicherung von Schwermetallen 178
Antagonisten 102
antagonistisch wirkende Hormone 104
anthropogener Treibhauseffekt 194
Antibiotikum 308
Anticodon 48, 50
Antigen 238, **274,** 276
Antigen-Antikörper-Bindung 78, **274**
Antikörper 52, **274,** 276, 329
Äpfelsäure 138
Apoenzym 70
Apoptose 62
Arbeitsumsatz 82
Archaea 12
Archaebakterien 12, 296, 326
Art 202, **310,** 311, 322, 332

Artbildung 166
Artensterben 202
Artenvielfalt 189, 200, 202
Arzneimittel 144
Assimilation NH_4^+ 172
Assoziation 268
Atembewegung 108
Atemfrequenz 262
Atmosphäre 154, 192, 194, 196, 296, 298
Atmung 154
Atmungskette **92,** 96, 142, 287, 292
Atmungsorgan 100
Atmungsverlust 142
Atom 126
ATP 23, 84, **87,** 88, 90, 92, 94, 96, 98, 130, 142, 154, 170, 215, 216, 248, 252, 256, 287, 290, 296, 316
ATP-Synthese **94,** 130
ATP-Verbrauch 232
aufrechter Gang 327, 330
aufspaltende Selektion 306
Ausdauer 252
Außenskelett 290
äußere Atmung 108, 110
Australopithecus 330
Austrocknung 138
Autoimmunerkrankung 238, 276
Autoradiographie 118, **126,** 133, 138
Autosomen 26
autosomaler Erbgang 40
autotroph 14, 100, 140
autotrophe Lebewesen 168, 216
autotrophe Prokaryoten 299
Auwald 181
Avery 43
Axon **230,** 232, 234, 236, 238, 242, 244, 250, 254, 272
Axonhügel **230,** 234, 236, 242

Backenzahn 330
Bacteria 12
Bakterien **14, 12,** 180, 296, 299, 308, 326
Bakterien-Chromosom 14, 54, 106
Bakterien-Fotosynthese 12
Bakterienkolonie 308
Bänderschnecke 307

Basenpaarung, komplementär 68
Basensequenz 332
Basentriplett 48, 50
Basiskonzepte 208
Basiskonzept „Geschichte und Verwandtschaft" 224
Basiskonzept „Information und Kommunikation" 218
Basiskonzept „Kompartimentierung" 212
Basiskonzept „Reproduktion" 220
Basiskonzept „Steuerung und Regelung" 214
Basiskonzept „Stoff- und Energieumwandlung" 216
Basiskonzept „Struktur und Funktion" 210
Basiskonzept „Variabilität und Angepasstheit" 222
Bauchspeicheldrüse 102, 104
Baumsavanne 330
Bauplan 290
Bausteinprinzip 210
Befruchtung 282
Beleuchtungsstärke 134
Bergmannsche Regel 150
Bernsteinsäuregärung 154
Bestandsaufnahme 183
Beutegreifer 314
Beweglichkeit 252
Bewegungsenergie 248
Bewerten **199,** 201, **283**
Bewertungstabelle 199
Biodiversität **202**
Bioindikator 182
Biokatalysator 70
biologisches System 146
Biomasse 140, 142, 152, 168, 170, 184, 186, 190, 188
Biomassepyramide 170
Biosphäre 10, 192
Biosprit 196
biotische Stressoren 156
biotische Umweltfaktoren **148,** 166
Biozönose 160
Birkenspanner 308
Blatt **124,** 140, 152, 180
Blattpigment 129
Blattsukkulenten 138
Blut 100, 104, 252, 266, 274, 284
Blutdruck 262
Blütenpflanze 128
Bluterkrankheit 40
Blutgefäßsystem 252

357

Blutgerinnungsfaktor 106
Blutglucosewert 98
Blutkapillare 100, 120, 252
Blutkreislauf 100
Blutzuckerregulation 104
Blutzuckerwert 78, 102, 104
B-Lymphocyt 274, 276
Boden 178, 180
Bodenfauna 180
Bodenorganismen 180
Bodentier 180
Bodenvegetation 184
Botoxbehandlung 241
Botulinumtoxin 241
braune Fettzelle 85
Brownsche Molekularbewegung 22
Brutto-Primärproduktion **142**, 171, **188**
Bt-Mais 204
Buchenwald 189
Bulten 190
Bündelscheidenzelle 136
Bundes-Bodenschutzgesetz 178
B-Zelle 274

C_3-Pflanze 136
C_4-Pflanze 136
Ca^{2+}-Ionenkanal 244
Calvin-Zyklus 126, **132**, 136, 138, 142
CAM-Pflanze 138
Carotinoid 128
CCR5-Rezeptor 278
CD4-Rezeptor 278
cDNA 69
Cellulose 13, 16, 126, 180
Chemiosmose **94**, **130**
chemiosmotisches Modell 131
chemische Energie **87**, 94, 100, 128, 170, 248
Chemosynthese 12
Chinesische Primel 304
Chitin 13
Chlorid 232
Chlorophyll 124, **128**
Chloroplast 12, **16**, **124**, 128, 130, 132, 136, 138, 296
Chromatographie 126
Chromosom 17, 26, 46, 116, 120, 332
Citratzyklus 90, 92, 94, 101, 142, 177
Chloridionenkanal 242
Chloridionenstrom 256

Chromosomentheorie 39
CO_2 s. Kohlenstoffdioxid
CO_2-Akzeptor **132**, 138
CO_2-Äquivalent 196
CO_2-Fußabdruck 196
CO_2-Konzentration 194
Code-Sonne 51
Codon 48, 50
Codogen 48
codogener Strang 48, 50
Coenzym 70, 88, 90
Cofaktor 70
Concept-Map 226
Cortisol 264
CRICK 44
Cristae 17
Crossing over 30
Curare 241
Cyanobakterium 296
cyclisches Adenosinmonophosphat (cAMP) 256
Cytochrom c 292
Cytoplasma 14, 16, 84, 88, 136, 138, 242, 250, 256, 266
Cytosin 26, 44
Cytoskelett 20

DARWIN 300, 314, 328
Darwinfinken 314
Daumen 258
Denaturierung 71
Dendrit **230**, 236, 242
Denitrifikation 172
Denken 334
Dephosphorylierung 98
Depolarisation **234**, 236, 240, 242, 248, 250
deskriptive Aussage 283
Desoxygenierung 114
Destruent 12, **168**, **180**, 184, 216
Diabetes mellitus **104**, 276
Dichte 186
dichteabhängige Faktoren 164
dichteunabhängige Faktoren 164
Dickblattgewächs 138
differenzielle Genaktivität 220
differenzierte Zelle 326
Diffusion **22**, 25, 108, 110, 232
Diffusionspotenzial 232
Dilemma 283
diploid 26
diploide Organismen 308
Disulfidbrücke 70, 106
Divergenz 290

DNA 14, 17, 26, 28, 42, 44, 46, 48, 50, 52, 106, 124, 220, 278, 287, 290, 296, 308, 326, 332, 340
DNA-Basen 44
DNA-Basensequenz **292**, 294, 329, 332
DNA-Basensequenzanalyse 329
DNA-Doppelhelix 68
DNA-Microarray 68, 273
DNA-Polymerase 54
DNA-Reparaturenzym 287
DNA-Sequenzierung 292
DNA-Steuerelement 58
dominant 36
dominant-rezessiver Erbgang 36
Dopamin 240
Dopingmittel 117, 267
Doppelchromosom 26
Doppelhelix-Struktur 44
Drei-Domänen-System 12
3-Phosphoglycerat (PGS) 132
Droge 240, 244
Drosophila melanogaster 294
Düngemittel 196
Dünnschichtchromatographie 126

E.-coli-Bakterien 54, 106
Effektor 258
Einnischung 166
Einnistung 282
Einzeller 12, 14, 162, 180
einzellige Eukaryoten 326
Eiszeit 310, 330
Eiweiß 84
Eizelle 280, 282, 294, 324, 332
elektrische Signale 230, 234, 250, 260
elektrische Spannung 232
elektromagnetisches Spektrum 128
elektromechanische Kopplung 250
Elektronen 92, 130
Elektronenakzeptor 96
Elektronenquelle 299
Elektronentransfer 86
Elektronentransport 92
Elektronen-Transportkette 130
elektrostatisches Potenzial 232
ELLENBERG 182

Elterninvestment **322**, 324, 336, 338
Embryo 280, 282
embryonale Stammzelle 284
Embryonalentwicklung 294
Embryonenschutzgesetz **280**, 284
Emissionen 194
Emotion 264
Empathie 334
endergone Reaktion 92
Endocytose 23
Endoplasmatisches Retikulum (ER) 17
Endosymbiontentheorie **296**, 298
Endosymbiose **296**, 326
Endplattenpotenzial 250
Endprodukt-Hemmung 55
energetisches Modell 131
Energie 14, 82, 84, **86**, 87, 94, 96, **100**, 128, 130, **140**, 142, 150, 170, 196, 216, 318, 334, 336
Energieentwertung **170**, 216
Energiefluss 83, **170**, 185
Energieform 170
Energiepyramide 170
energiereiche organische Stoffe 168, 170, 184, 264
Energiestoffwechsel 84, 248
Energiestufendiagramm 91
Energieumsatz 86, 146, 147
Energieumwandlung 82, 170
Engelmannscher Versuch 129
Entwicklung 142
Entwicklungskontrollgen 294, 295
Enzym 54, **70**, 78, 80, 82, 84, 98, 102, 132, 144, 150, 156, 248, 256, 274, 287, 292, 304, 308, 316
Enzymhemmung 74
enzymkatalysierte Reaktion 78
Enzymkinetik 73
Enzymreaktion **70**, 72, 74, 77
Epidermis 152
Epo 117
erbliche Variabilität 300
Erbschema 37

Erosion 178
erregende Synapse 242
erregendes postsynaptisches Potenzial (EPSP) **240,** 242
Erreger 274
Erythropoetin 116
Ethanol 96
Ethik **283,** 285
Eubacteria 12
Euglena 14
Eukarya 12
Eukaryota 14, 12, 84, 296, 298, 299, 326
eukaryotische Zellen 17
Eutrophierung 172, 186
Evolution 32, 136, 140, 146, 156, 158, 166, 194, 202, 258, 290, 292, 294, 304, 312, 318, 324, 327, 330, 330, 336, 338, 340
Evolution des Gehirns 334
evolutionäre Entwicklungsbiologie 294
Evolutionsfaktor 302
evolutionsstabile Strategie (ESS) 320
Evolutionstheorie 222, **300, 302**
evolutiver Trend 338
Exocytose 23
Exon 58
exergone Reaktion 87, 92
Experiment 76
extrazellulär 272
extrazelluläres Signal 16, 20, 58, 66, 104, 156
Extremstandorte 190

Fächerfisch 250
FAD 87
$FADH_2$ 90
fakultative Anaerobier **96,** 154
Farbstoff 126
Farn 128
Feldmaus 159
fetales Hämoglobin 116
Fett 84, 102, 124, 144, 262
Fettabbau 150
Fettgewebe 104
Fettleibigkeit 99
Fettsäure 248, 262
Fettschicht 82
Feuchtezahl 182
Feuernutzung 330
Filterfunktion 178
first messenger 266
Fisch 108, 146, 326
Fitis 310

Flechte 158, 182
Fließgewicht 176
Fluoreszenzfarbstoff 69
Flüssig-Mosaik-Modell **18,** 22
Fortpflanzung 322
Fortpflanzungserfolg 262, 318, 320, 322, **324**
Fortpflanzungsstrategie **322,** 324
Fossil 300, 326, 332
fossile DNA 332
fossiler Brennstoff 196
fossiler Energieträger **192,** 194
Fossilfund 290, 292, 330
fotoautotroph 13
Fotolyse des Wassers 130
Fotosynthese 12, 100, 124, 128, 134, 136, 138, 142, 144, 152, 154, 170, 184, 188, 196, 216, 296, 299
Fotosynthese-Pigment **128,** 144
Fotosyntheserate **134,** 136, 137
Fotosystem 124, **128, 130**
freie Radikale 287
Freisetzungshormon 264
Frequenzcodierung 236
Fressfeind 144, 164, 308
Fresszelle 274
Fructose-1,6-bisphosphat 88, 98
Fructose-6-phosphat 98
Frühmensch 330, 336
Fuchskolibri 319
Fungi 13
Funktionswandel 290
Fußgelenk 327

G$_1$-, G_2-Phase 62
Galaktose 54
Galapagosinseln 314
Gärung 12, **84, 96,** 98, 102, 154, 298, 316
Gasaustausch 116, **124**
Gebrauch oder Nichtgebrauch von Organen 300
Geburtenrate 164
Gedächtnis 252, 258, **268,** 272, 340
Gedächtniszelle 274
Gegenspieler 210
Gegenstromprinzip 108
Gehirn 98, 256, 264, 327, 334, 336, 338, 340
Geißel 14, 12
gekoppelte Gene 38

Gelegegröße 318
Gelelektrophorese 60, 118
Gen 48, 58, 116, 120, 156, 204, 276, 286, 294, 308, 320
Genaktivität 60, 66, 116
genetische Information 304, 340
genetische Theorie des Alterns 286
genetische Variabilität 32, 290, 303, **304,** 306, 312, 314
genetische Verarmung 305
genetische Vielfalt 144, 202
genetischer Code 50
Genexpression **56,** 68
Genfluss **310,** 312
Genfrequenz **302,** 303
Genmutation 21, 50, 51
Genom 14, 26, 59, 106, 204, 294
Genotyp 36, 120, 304
Genpool **302,** 304, 306, 312, 320
Genregulation 54
gentechnische Veränderung 80
Gentherapie 279
Genvariante 36, 276, **302,** 304
Geruchsstoff 254, 256
Geruchswahrnehmung 256
Geschichte und Verwandtschaft 209
geschlechtlich 13
geschlechtliche Fortpflanzung 340
Geschlechtsdimorphismus 339
Geschlechtsreife 320, 322, 336
Geschlechtszelle 30, 162, 304
Gesetz des begrenzenden Faktors 134
Gesundheitsorientierung 252
Gewässergüte 182
Gewebe 10, 108, 114, 260, 284, 286, 292
Gewebemerkmal 276
Gewöhnung 268
Gibbon 325, 328
gleichwarme Tiere 146, **150**
globale Erwärmung 194
globaler Klimawandel 196

globaler Kohlenstoffkreislauf 184, **192**
Glucose 13, 16, 54, 82, 84, 88, 92, 94, 96, 98, 100, 102, 104, 124, 130, 132, 136, 138, 140, 146, 262, 316
Glucose-6-phosphat 88
Glucose-Transportproteine 104
Glukagon 98, 102, 104
Glutamat 173, 240
Glutaminsäure 120
Glycerinaldehyd-3-phosphat (G3P) 88, 132
Glykogen 100, 102, 248, 252, 262
Glykolyse **88,** 90, 92, 94, 98, 101, 142, 248, 316
Glykoprotein 20
Golgi-Apparat **17,** 296
Gonosom 26
gonosomaler Erbgang 40
Gorilla 324, 326, 328
G-Protein 256
Granathylakoide 124
Greifen 258, 327
Griffith 43
Grippeschutzimpfung 275
Großhirnrinde 258, 264, 327, 334, 336, 338
Grünalge 128, 158
Grundbauplan 290
Grundumsatz 82
Grundwasser 190
Grüne Biotechnologie 80
Grüne Gentechnik 204
Guanin 26, 44

Hämoglobin 112, **114,** 115, 116, 120, 154
Hämoglobinsynthese 116
haploid 26, 308
HAR1-Gen 335
Haremsgruppe 324
Haushalts-Gene 56
Haut 274
Hautatmung 108
Hautkrebs 69
Hefe 14, 96, 98
Heizorgan 250
Hemmstoff 74, 76, 78
Hepatitis C 279
Herbizide 131, 204
herbizidresistente Nutzpflanzen 204
Herz 252
Herzfrequenz 262
Herzinfarkt 78
Herzminutenvolumen 248

359

heterotroph 12, 298
heterotrophe Lebewesen 216
heterotrophe Organismen 14, 84, 140, 168, 170, 186, 188
Hirntod 280
Hirnvolumen 330
Histon 26
Hitzetod 150
HI-Virus 278
Hochmoor 190
Hoden 266
Höchstalter 287
Hohenheimer Grundwasserversuch 149
Homo erectus 330
Homo sapiens 331, 338
homologe Chromosomen 26, 304
homologe Merkmale 224
homologe Organe 290
Homologie 225, **290**, 292
Homologiekriterium 290
Homöostase **146,** 214
homozygot 120, 278
horizontaler Gentransfer 297, 308
Hormon 58, 87, 98, 106, 116, 260, 266, 316
Hormon-Rezeptor-Komplex 266
Hormonsystem 218, 260
Hospizbewegung 281
Hüllzelle **236,** 238
Humaninsulin 106
Huminstoff 178
humorale Immunantwort 274
Humus **178,** 184
Hybridisierungsreaktion 69
hydrophil 20
hydrophile Hormone 266
hydrophob 20
hydrophobe Membran 94
Hydrosphäre 192
Hyperglykämie 105
Hyperpolarisation 242
hyperton 23
Hyperventilation 111
Hypoglykämie 105
Hypophyse 266
Hypothalamus 264, 266
Hypothese 76
hypoton 23

Immunabwehr 262, 274
immunologische Abstoßungsreaktion 284
Immunreaktion 106
Immunsystem 104, 276
Immuntoleranz 277
Immunzelle 238, 276
Impfstoffe 106
Individualentwicklung 294, 322
Induktion 98
Induktor 54
Industrialisierung 192
Infektionskrankheit 278
Information 340
Information und Kommunikation 209
Informationsverarbeitung 230
Inhibitor 74
inhibitorisches postsynaptisches Potenzial (IPSP) 242
innere Atmung 108
Insekt 159, 294
Insulin 98, 102, 104, 106
Insulinresistenz 104
Intermembranraum 84, 92
Interphase 28, 30, 46, 62
interspezifische Konkurrenz **160,** 165
interspezifische Wechselwirkung 158
intraspezifische Konkurrenz 165
intraspezifische Wechselwirkung **158,** 165
intrazelluläre Signalkette 104, 156, 270
intrazelluläre Signalübertragung 62, 256, 266
intrazelluläres Signal 16, 20, 58, 66
Intron 58
Ionen 70, 119, 178, 236, 242
Ionenkanal 234, 236, 256, 270
Ionenpumpe 236
Isolation 312
Isolationsmechanismus 310
Isotopenmarkierung 133

Jäger und Sammler 331
Jetztmensch 326, 331
Jugend 336

Kaktus 138
Kaliumion 232, 242, 244
Kalorimeter 82, 83
Kältestarre 150
Kampf-oder-Flucht-Reaktion 262
Kanalprotein 272
Kapazität 322
Kapillare 114
Karyogramm 27
kataboler Stoffwechsel **84,** 170
Katalase 181
Kaumuskel 330
Keimung 155
Kernmembran 17
Kieme 108, 154
Kindheit 336
Klima 190
klimaschädliche Gase 196
Klimawandel 149, 163, 195, 202, 330
klonale Selektion 274
Knallgasreaktion 95
Knochen 246, 252
Knochenmark 274, 276, 284
Knolle 156
Koevolution 158
Kohlenhydrat 84, 100, 144
Kohlenhydratstoffwechsel 17, 102
Kohlenstoff 140, 142, 192
Kohlenstoffbilanz 140, **142**
Kohlenstoffdioxid 90, 96, 102, 110, 124, 130, 132, 134, 138, 140, 142, 152, 160, 168, 180, 184, 186, 194, 196
Kohlenstoffdioxidpartialdruck 114
Kohlenstofffixierung **132,** 136, 138
Kohlenstofffluss 192
Kohlenstoffkreislauf 169, 187, 190
Kohlenstoffmonooxid-Vergiftung 115
Kohlenstoffquelle 192
Kohlenstoffsenke 190, **192**
Kohlmeise 319
Kollagen 53
Kommunikation 218, 260
Kompartiment 18, **22,** 250
Kompartimentierung 14, **20,** 82, 95, 125, 136, **209,** 296
Kompensationsschicht 186
kompetitive Hemmung 74
kompetitive Wirkungen 215
komplementär, Basen 44
komplementäre Basenpaare 332
Konformer 146
Konkurrenz 148, **160,** 215, 314
Konkurrenzausschlussprinzip 166
Konkurrenzvermeidung 166
Konsument 144, **168,** 170, 180, 184, 216
kontinuierliche Erregungsleitung 236
Kontraktion 246
Kontrollpunkt 62
Kontrollregion 116
Konvektion 186
Konvergenz 290
Konzentrationsgefälle 22, 23, 232
Konzentrationsgradient **92,** 94
kooperative Effekte 112, 114
körperliche Leistungsfähigkeit 262, 264
Körperoberfläche 150
Körpertemperatur 146, 147, 150
Körpervolumen 150
Kosten 318, 322, 334
Kosten-Nutzen-Analyse 318
Kraft 252
Krankheitserreger 144
Kreatinkinase 248
Krebs 64, 108
K-Stratege **322**
Kuckuck 159
Kultur 340
kulturelle Evolution 340
Kulturfunktion 178
Kurzfingrigkeit 40
Kurzzeitgedächtnis 268
Kutikula 152

Lachs 320
Lactat 248, 252
Lactose 54
Ladung 118
Ladungsgradient **92,** 94
Laichgewässer 320
LAMARCK 300
Landnutzung 192
Langzeitgedächtnis 268, 271
Larvenstadium 294
Laubblatt 152
Lebensdauer 322
Lebensgemeinschaft 10

Lebensgeschichte **322**, 336, 338
Lebenslaufstrategie 320
Lebensraumfunktion 178
Leber 98, 100, 102, 162, 248, 264
Leitbündel 136, 140
Leitungsgeschwindigkeit 230, 236
Leitungsgewebe 100
Lernen 262, **268**, 272, 334, 340
Lernvermögen 336
Licht 134, 160
Lichtabsorption 130
Lichtenergie 100, 124, 128, 130, 140, 170, 188, 296
Lichtintensität 184, 186
Licht-Kompensationspunkt 134
Lichtreaktion **130**, 132, 133
Lichtsättigungskurve 134
LIEBIG 134
Limbisches System 264
limitierender Faktor 134
Lineweaver-Burk-Diagramm 77
Lipid-Doppelschicht 16, 266
Lipide 18
lipophile Hormone 266
Lithosphäre 192
Lösungsmittel 126
Lunge 108
Lungenatmung 108, 327
Lungenbläschen 114
Lymphe 274
Lymphocyten 274
Lysin 81

Mais 136, 305
Maiszünsler 159
Makromoleküle 23
Malaria 121, 158, **162**
Malat 136
Matrix 90
Mäusebussard 159
Medikament 276
Meiose 30, 32, 34, 220
Melanom 65
Membran **18, 20,** 22, 23, 84, 124, 144, 230, 236, 246, 250, 256, 287, 308
Membranpotenzial 254
Membranprotein **16, 18,** 20, 274, 276, 278
Membransystem 17
MENDEL 36

Mendelsche Regel 36, 38
Mensch 100, 262, 280, 328, 330, 336
Menschenaffe 328, 338
Menschwerdung 225, 334, 336
Merkmal 316
Merozoiten 162
Mesophyllzelle 136
Metamorphose 294
Metaphase 28, 30
MHC-Komplex 276
Michaeliskonstante 77
Michaelis-Menten-Diagramm 72
Mikroflora 180
Mikroorganismus 100, 159, 178
Milchsäure 96, 102
Milchsäurebakterien 96
Milchsäuregärung **96,** 102, 154
Mineralsalz 140, 144, 160, 168, 178, 180, 182, 184, 186, 190
mischerbig 36
Mistel 159
mitochondriale DNA (mtDNA) 332
Mitochondrien-DNA 84
Mitochondrium **17, 84,** 87, 90, 92, 94, 102, 108, 114, 124, 246, 248, 252, 287, 296, 299, 326, 332
Mitose 14, 28, 46, 62, 220, 294
Modell **76,** 167, 236, 255, 301, 315
Moder-Buchenwald 181
Modifikation 116, 286, **304**
Molekül 118, 124, 286, 316
molekularbiologische Verwandtschaftsanalyse 328
Molekül, polar 23
Mönchsgrasmücke 165
Monogamie 324
Monokultur 196, 200
Moos 128
Moral 283
Mosaikgen 58
motorische Endplatte **246,** 248, 250
motorisches Lernen 252
motorisches Neuron 230, 246, 248
mRNA 17, 52, 54, 61
mRNA-Polymerase 58
Mukoviszidose 21

Multiple Sklerose **238,** 276
multipotent 284
Muskel 246, 252, 262
Muskelaktionspotenzial 250
Muskelfaser **246,** 248, 250, 252
Muskelfaserbündel 246
Muskelkater 246
Muskelkontraktion 248
Muskelzelle 60, 248, 327
Mutation 50, 64, 222, 278, 292, 302, 304, 306, 308, 312
Mutationsrate 332
Myelin 230
Mykorrhiza 13, **184**
Myoblasten 246
Myofibrillen **246,** 250
Myoglobin 253
Myosin 52, **246,** 248

Nachhaltige Entwicklung 199
Nachhaltigkeit 81, **196**
Nachkommenzahl 322
nachwachsender Rohstoff 144
NAD$^+$/NADH + H$^+$ **86,** 88, 90, 96
NADPH + H$^+$ 132
Nährschicht 186
Nährstoff 12, 84, 144, 168, 296, 299
Nahrungsbeziehung 158
Nahrungskette **168,** 170, 192, 195
Nahrungsnetz 168
Natrium 232, 234, 236
Natrium-Ausgleichsströme 236
Natrium-Kalium-Ionenpumpe **232,** 234
Natriumkanal 234, 240, 242, 244, 250
natürliche Auslese 116, 136, 290
natürliche Selektion 160, **300,** 302, 304
natürlicher Treibhauseffekt 194
Neandertaler 330, 333
Nebennierenmark 102
Nebennierenrinde 264
negative Rückkopplung 74, **98,** 110, 116, 214
Nervengift 244
Nervensystem 218, **230,** 260

Nervenzelle 60, **230,** 252, 260
Netto-Energieausbeute 96
Netto-Fotosynthese 142
Nettoprimärproduktion 171, **188**
Nettoproduktion 188
Netzbeutelversuche 180
Neukombination 222
neuroaktive Stoffe 244
neuromuskuläre Synapse 245
Neuron **230,** 250, 254, 256, 272, 334, 336
neuronale Erkrankung 238
neuronale Stressreaktion 264
neuronale Verrechnung 243
Neurotransmitter **230,** 248
Neutron 126
nichtkompetitive Hemmung 74
nicht-protein-codierende Gene 56
Nikotin 245
Nitrat 186
Nitrifikation 172
Non-Disjunktion 34
Norm 283
normative Aussage 283
Nucleinsäure 87, 144
Nucleotid 26, 44
Nucleotidsequenz 292
numerische Chromosomenaberration 34
Nutzen 318, 334

Oberflächenvergrößerung 108, 210
obligate Aerobier 96
obligate Anaerobier **96,** 154
Ökobilanz 196
Ökogramm 161
ökologisches Bewerten 198
ökologische Nische 138, **166,** 184, 290, 314
ökologische Potenz **148,** 166, 215
Ökosystem 10, **168,** 170, 177, 184, 188, 202, 216
Ökosystem-Dienstleistungen 202
Oleander 152
Operator 54
Operon-Modell 54

Optimumkurve 134
Orang-Utan 325, 326, 328
Organ **10,** 146, 260, 286, 316
organische Stoffe 178, 186
Organismus **10,** 146, 177, 284, 286
Organspende 280
Organtransplantation 276
Osmose 23
osmotische Regulation 25
Ovulation 339
Oxalacetat 90, 136
Oxidation 86
oxidative Decarboxylierung **90,** 92, 94, 101
Oxigenierung 112
Ozon 299

Paarungssystem 324
Palisadengewebe **124,** 152
Papierchromatografie 126
Parasit **158,** 162
Parasitismus **158,** 215
Parkinsonkrankheit 240
Partialdruck 110, 114
Partnerbindung 325
PASTEUR, LOUIS 96
Pasteur-Effekt 96
Patientenverfügung 280
Penicillinase 73
PEP-Carboxylase 136
Permeabilität 22
Peroxidase 78
Persönlichkeitsveränderung 272
Pestizide 196, 200
Pflanze 14, 13, 182, 326
Pflanzenhormon 144
pflanzliche Naturstoffe 144
Phänotyp 36, 304, 308
Phase der Kindheit 336
Pheromone 255
Phloem 140
pH-Optima 71
Phosphat 186
Phosphat-Gruppe 118
Phosphoenolpyruvat (PEP) 88, 136
Phosphofructokinase 98, 316
Phospholipid-Doppelschicht 18, 20, 22
Phospholipide 18, 20
Phosphorylierung 98
Photonen 128
pH-Wert 71, 118, 138, 146, 182, 190, 248
physiologische Potenz **148,** 215

Pigment 124, **128**
Pilz 14, 13, 100, 158, 180, 184, 326
Plantae 13
Plasmazelle 85, 274
Plasmid 14, **106**
Plasmodesmen 16
Plasmodium 158, 162
Plasmolyse **23,** 24
Plazenta 116
pluripotent 284
polar 94
Pollen 204
Polyandrie 324
Polygynandrie 324
Polygynie 324
Polymerasekettenreaktion (PCR) 282, **292,** 332
Population 10, 142, 164, 202, 300, 302, 306, 308, 310, 312, 314, 318, 320, 322, 332, 340
Populationsdichte 164
Populationsgenetik 302
positive Rückkopplung 98
postsynaptische Membran **240,** 242, 244, 270
postsynaptische Zelle 240, 242
postsynaptisches Potenzial 242, 270
Präadaptation 308
Präimplantationsdiagnostik 282
präsynaptische Membran **240,** 244
präsynaptische Zelle 240
Präzisionsgriff 258
primäre Immunantwort 275
Primärkonsument 168
Primärproduzent **144,** 170
Primärreaktion 132
Primat 258, 324, 326, 328, 336
Produkt 70
Produktionsfunktion 178
Produktivität 180
Produktivität von Ökosystemen 188
Produzent **168,** 170, 184, 186, 216
programmierter Zelltod 62
Proinsulin 106
Prokaryoten 14, 12, 296, 326
prokaryotische Zellen 17
Promotor 54
Promotor-DNA 58

Prophase 28, 30
prosthetische Gruppe 70
Proteasen 80
Protein 17, 48, 50, 52, 66, 62, 70, 116, 118, 144, 204, 270, 274, 287, 294, 329
Proteinbiosynthese 17, 49, 51, 58, 84, 126, 144, 270
protein-codierende Gene **56**
Proteohormon 266
Protista 12
Proton 92, 94, 130, 190
Protonengradient 130
protonenmotorische Kraft **92,** 94
proximate Erklärung 316
Psychopharmaka 240, 244
psychosozialer Stress 262
Punktmutation 120
Purpurastrild 307
Pyruvat 88, 90, 96

Q_{10}-Wert 134
Quelle 140, 190
Queller 165
quergestreifte Muskulatur 246

Radiation der Säugetiere 315
Ranviersche Schnürringe 236
Räuber-Beute-Beziehung 158
räumliche Falle 196
räumliche Summation 242
räumliches Sehen 327
Raumstruktur 70, 74
Reaktion 82, **86,** 258
Reaktionsbreite 304
Reaktionsgeschwindigkeit 71, 77, 134
Redoxpotenzial **86,** 92
Redoxreaktion **86,** 92
Redoxsystem 92, 130
Reduktion 86, 90, 132
Reduktionsäquivalent **87,** 92, 130, 132
Refraktärzeit **234, 236**
Regelkreis 111
Regelung 110, 178
Regelungsvorgang 100, 146
Regel von der Neukombination 38
Regeneration des CO_2-Akzeptors 132
Regenwald 184, 189, 330

Regenwasser 190
Regenwurm 108
Regulation 58, 98, 102, 104, 146, 316
Regulation der Enzymaktivität 74
Regulation der Genaktivität 54, 58
Regulation der Proteinbiosynthese 56
Regulatorgen 54
Regulierer 146
Reiche 12
reinerbig 36
Reis 136
Reiz 259
Rekombination 30, 32, 302, 304, 306, 312
Replikation 46
Repolarisation 234
Repression von Genen 98
Repressor 54
Reproduktion 148, **209**
reproduktive Fitness 222, **306,** 312, 316, **318,** 320, 322
reproduktive Isolation **310,** 312
Reprogrammierung 284
Reptil 146, 150, 292, 326
Reservestoffe 142
Resistenz 204, 278, 308
Ressource **160,** 166, 314, 316, 322
Restriktionsenzym 106
Retrovirus 278
Reverse Transkriptase 69, 278
Revier 319
Rezeptor 66, 104, 156, 230, 240, 242, 254, 256, 260, 266, 270, 276
Rezeptorpotenzial **254,** 256
Rezeptorprotein 53, 64
rezessiv 36, 120
RGT-Regel 71
rheumatische Arthritis 276
Ribosom 14, 16, **17,** 84, 124
Ribulose-1,5-bisphosphat 132
Riechkolben **254,** 256
Riechschleimhaut 254
Riechsinneszelle 254
RNA 56, 278
RNA-Polymerase 48
Rodung 196
Rohstoff 178, 196, 204
Rotbuche 152

Rote Biotechnologie 80
rote Blutzelle 60, 102, 114, 116, 120, 158, 162
Rote Gentechnik 106
Rot-Grün-Sehschwäche 41
r-Stratege **322**
Rubisco 132, 136
Rückenmark 264
Rückkopplung 102, 316
Ruhepotenzial 232

Saccharose 100, 140
Sachtabelle 199
Salicylsäure 145
saltatorische Erregungsleitung 236
Sammler und Jäger 331, 334
Sarkomer **246,** 252
Sarkoplasmatisches Retikulum (SR) 250
Sättigungskonzentration 72
Sättigungskurve 114, 134
Säugetierzelle 42
Sauerstoff 12, 16, 96, 100, 108, 110, 112, 114, 140, 146, 154, 186, 190, 264, 296, 298, 299
Sauerstoffaffinität **114,** 116
Sauerstoffbindungskurve 114
Sauerstoffgehalt 108
Sauerstoffmangel 154
Sauerstoffpartialdruck 114
Sauerstoffsättigung 114
Sauerstoff-Transportkapazität **116,** 120
Sauerstoffverbrauch 248
Säugetier 108, 290, 292, 326, 328
Säure 178
Schädelknochen 291
Schadstoffeintrag 178
Schadstoff-Konzentration 182
Schadstoffpufferung 179
Schafgarbe 305
Schattenblatt 125
Schattenpflanze 134
Schimpanse 325, 326, 328, 330, 336, 338
Schleimhaut 274
Schlenken 190
Schlüssel-Schloss-Prinzip 44, 54, 58, 68, 70, 76, 104, 210, 254, 260, 274
Schlüsselstrategie 325

Schnürring 236
Schrift 340
Schwammgewebe 124, 152
Schwarze Witwe 241
Schweiß 150
Schwellenwert **234,** 236, 242, 254, 256
second messenger 256, 266
See 186
Sehne 246
sekundäre Immunantwort 275
Sekundärkonsument 168
Sekundärreaktion 126, 132, 138
Selektion 32, 222, 306, 314, 320, 322
Selektionsdruck 158, **306,** 308
Selektionsfaktor **306,** 312
Selektionstyp 306
Selektionsvorteil 308
selektiv permeabel 20
semikonservative Verdopplung 46
Serotonin 240
Serum 329
Serum-Präzipitin-Test 329
Serumprotein 329
Sexualhormon 266
Sichelzell-Allele 120
Sichelzell-Hämoglobin 120
Siebröhre 140
Signal 218, 230, 256
Signalaufnahme 230
Signal-Auslöse-Region 230
Signalkette 266
Signalmolekül 20, 56, 58
Signalstoff 144
Signaltransduktion 20, 58, **66,** 62, 104, 156, 218, 254, **256,** 260, **266,** 270
Signalübertragung 230, 232, 240
Signalumwandlung 218
Signalverstärkung 257
Sinneseindruck 258
Sinnesorgan 264, 334
Sinneszelle 256, 258
Skelett 290, 327
Skelettmuskel 100, 102, **246,** 252, 264
Soma 236, 242
Sommerstagnation 186
Sondierer 320
Sonnenblatt 125

Sonnenlicht 299
Sonnenpflanze 134
Sonnentau 190
soziale Falle 196
soziale Intelligenz **334,** 338, 340
soziale Wechselwirkung 338
Sozialverhalten 327, 334
Spaltöffnung **124,** 136, 138, 152
Spaltungsregel 36
Spannungsänderung 234
spannungsgesteuerter Ionenkanal 234, 236, 240
Speicher 192
Speicher- und Pufferfunktion 178
Speicherorgane 100
Speicherstoff 144
Speicherung 142, **334**
Sperma 324
spezifische Abwehr 274
S-Phase 62
Spielen 336
Spleißen 58
Sprachstörung 272
Stachelhäuter 326
Stammbaum 224, 328, 329, 331
Stammbaum des Menschen 330
Stammbaumuntersuchung 40
Stammesgeschichte 322
stammesgeschichtliche Verwandtschaft 224, **294**
Stammzelle 63, 220, **284**
Stärke 100, 140, 204
Stärkekorn 124
Steinwerkzeug 330
Sterbehilfe 280
Sterberate 164
Sterblichkeit 322
Steroidhormon 266
Steuerung und Regelung **209**
Stickstofffixierung 172
Stickstoffkreislauf 172
Stoff- und Energieumwandlung 209
Stoffaustausch 22
Stofffluss 185
Stoffkreislauf **168,** 180
Stofftransport 16
Stoffumsatz 86
Stoffwechsel 156, 184, 216, 316
stoffwechselaktive Zellen 150

Stoffwechselintensität 150, 287
Strahlen 128
Strategie 310
Stress 102, 146, 148, 156
Stressor **262,** 264
Stressreaktion **156, 262,** 264
Streu 180
Streuobstwiese 200
Stroma **124,** 130, 132
Stromathylakoide 124
Stromlinienform 291
Struktur und Funktion 112, **209**
Strukturgen 54
Substrat 70, 76
Substratinduktion 54
Substratkonzentration 77
substratspezifisch 70, 78
Sukkulenten 152
Sukkulenz 138
Sumpfpflanze 154
Symbiose 13, **158,** 215, 296
sympatrische Artbildung 312
Synapse **230, 240,** 242, 260, 270
synaptische Verschaltung 336, 337
synaptischer Spalt 230, 240
Synthetische Evolutionstheorie **302**
System 176, 214, 216
Systemebene 10, 273

Tastorgan 258
Taufliege 294
Tau-Protein 272
Telophase 29, 30
Temperaturabhängigkeit 134
Temperaturoptima 71
Temperaturschichtung 186
Tertiärkonsument 168
Testosteron 266, 267
Testosteronrezeptor 266
T-Helferzelle 274, 278
Theorie der natürlichen Auslese 300
Theorie von der Veränderlichkeit der Arten 300
therapeutisches Klonen 285
Thylakoid **124,** 130
Thylakoidmembran **124,** 128, 130

363

Thymin 26, 44
Thymus 276
Tier 14, 100
Titin 246
T-Killerzelle 274
T-Lymphocyten **274,** 276
Tonminerale 178
Tonoplasten 16
Torfbildung 190
Torfmoos 190
totipotent 282, **284**
Trachee 108
Training 252
Transformation 42
Transkription 48, 52, 54, 58, 116
Transkriptionsfaktor 58, 64, 266, 294
Translation 49, 52, 54
Transmitter **240,** 242, 250, 270
Transpiration 124, 140
Transpirationsschutz 152
Transport, aktiv 23
Transport, passiv 22
Transportprotein 53
Treibhauseffekt 185, **192**
Treibhausgas-Emissionen 194
Trisomie 21 34
Tropenkrankheit 162
Trophieebene **168,** 170, 216
Trypsin 53
T-Tubuli 250
Tumor 64, 68
Tumorbildung 284
Tunnelprotein 20, 84, 94
Turgor 23

Übergangsform 327
Übergewicht 104
Überhitzung 150
Überlebensrate 318
Überlebensstrategie 146
Überwinterung 150
Ubichinon 92
ultimate Erklärung 316
Umwelt 286
Umweltbedingungen 156, 182, 308
Umweltbelastung 196
Umweltfaktoren 164
ungeschlechtliche Fortpflanzung 13
Uniformitätsregel 36
unspezifische Abwehr 274
Uratmosphäre 140
Urease 75
UV-fluoreszierende Farbstoffe 118

Vakuole 13, **16,** 138
Valin 120
van-der-Waals-Kräfte 70
Vanille 291
Variabilität 222
Variabilität und Angepasstheit 209
Vegetation 188
Vegetationsperiode 152
Venusfliegenfalle 261
Verdauung 262
Verdauungsorgan 100
Vererbung erworbener Eigenschaften 300
Verhalten 316, 325
Vermehrung 13
Versauerung 193
Verwandtschaft 328
Verwandtschaftsbeziehung 292, 328
Vesikel **17,** 23, 240
Vielfalt 204
Vielzeller 14
Virus 78, 79, 278
Vogel 108, 326
Vollzirkulation 186
Vor- und Frühmensch 262
Vormensch 330, 336
Vulkanismus 194

Wachstum 142, 148
Wachstumsfaktor 62, 64
Wald 184
Wärme 82, 94, 170, 248
Wahrnehmung 264
Waschmittel 80
Wasser 92, 96, 102, 124, 140, 160, 168, 178, 180, 184
Wasserdampf 124, 152
Wassergehalt 146
Wasserhaushalt 190
Wasserstoffbrückenbindung 70
Wasserstoffperoxid 78
Wasserverbrauch 196
WATSON 44
Wattwurm 154, 155
wechselwarme Tiere 146, **150**
Wechselwirkung **158,** 286
Wechselzahl 72
Weiße Biotechnologie 80
weiße Blutzelle 274
Weizen 136
Wellenlänge 128
Werkzeug 338
Werkzeugherstellung 338
Wert 283
Wertvorstellung 199
Wiederkäuer 159

Wilder Wein 291
Wimper 12
Wind 186
Winterschläfer 150
Wirbeltier 108, 262, 327
Wirkungsgrad 95
Wirkungsspektrum 128
wirkungsspezifisch 71
Wirtsorganismus 158
Wirtszelle 278
Wortsprache 327, 331, 334, 338, 340
Wurzel 154, 184
Wurzelknöllchen 159

Xerophyten 152
Xylem 140

Zahn 327
Zehrschicht 186
Zeigefinger 258
Zeigerwert 182
zeitliche Falle 196
zeitliche Summation 242
Zellantwort 66, 260, **266**
Zellatmung 12, 82, **84,** 96, 100, 102, 108, 114, 142, 154, 170, 184, 186, 216, 248, 252, 262, 296, 298, 316, 326, 334
Zelldifferenzierung 56, 60, 220
Zelle 10, 14, 80, 96, 104, 114, 140, 144, 146, 154, 177, 190, 254, 260, 266, 286, 294, 296, 316
Zellkern 14, 12, 26, **17,** 266, 296, 332
Zellkörper 230, 242
Zellmembran 14, **16,** 20, 22, 66, 84, 102, 104, 248, 256, 266, 290, 296
Zellorganellen 10, 14, 12, 22, 84, 124, 286, 296
Zellplasma 138, 296, 298
Zellteilung 62, 278, 284
Zelltod 272
zelluläre Immunantwort 274
Zellwand 14, 12, 13, **16**
Zellzyklus 28, **62,** 64
zentrales Nervensystem 238, 242
Zersetzung **178,** 180
Zielzelle 230, 256, 260, 266
Zilpzalp 310
Z-Scheibe 246
Züchtung 136, 204
Zuckerkrankheit 104, 106

Zweig 180
Zwiebel 156
Zwillingsbildung 282
zwischenartliche Konkurrenz 158
Zwischenhirn 264
Zygote 284

physikalische Einheiten

Grundeinheit der **Länge l** im SI-Einheitensystem ist **1 m (Meter).**
1 nm (Nanometer) = 0,000000001 m = 1/1000 µm = $1 \cdot 10^{-9}$ m
1 µm (Mikrometer) = 0,000001 m = 1/1000 mm = $1 \cdot 10^{-6}$ m

Grundeinheit der **Masse m** im SI-Einheitensystem ist **1 kg (Kilogramm).**
1 pg (Pikogramm) = ein billionstel Gramm = $1 \cdot 10^{-12}$ g = $1 \cdot 10^{-15}$ kg
1 ng (Nanogramm) = 0,000001 mg = 0,000000001 g = 0,000000000001 kg = $1 \cdot 10^{-12}$ kg
1 µg (Mikrogramm) = 0,001 mg = 0,000001 g = 0,000000001 kg = $1 \cdot 10^{-9}$ kg
1 mg (Milligramm) = 0,001 g = 0,000001 kg = $1 \cdot 10^{-6}$ kg
1 Gt (Gigatonne) = 1000000000 t = $1 \cdot 10^9$ t = $1 \cdot 10^{12}$ kg

Grundeinheit des **Druckes p** im SI-Einheitensystem ist **1 Pa (Pascal).**
1 Pa = 1 N/m^2
1 Pa = 1/100000 bar bzw. 1 bar = 100 kPa
1 hPa (Hektopascal) = 100 Pa = 1 mbar (Millibar)
$P(O_2)$ = Sauerstoffpartialdruck

Grundeinheit der **Arbeit W, Energie E und Wärmearbeit Q** im SI-Einheitensystem ist **1 J (Joule).**
1 J = 1 kg · m^2/s^2 = 1 N · m = 1 V · A · s = 1 W · s
1 J = $2,78 \cdot 10^{-7}$ kWh
In der Wärmearbeit Q wurde früher die Einheit kcal verwendet. 1 kcal entspricht $4,19 \cdot 10^3$ J.

Grundeinheit der **Leistung P** im SI-Einheitensystem ist **1 W (Watt,** 1 W = J/s).

Δ G ist die freie Reaktionsenergie in kJ/mol. Es beschreibt diejenige Energieform, die Arbeit leisten kann und mit der auch die Zellen Stoffwechselprozesse in Gang halten können.

Beispielhafte Erläuterungen zu ausgewählten Grafiken:
Seite 109, Abb. 5
Anteile von Lungenatmung und Hautatmung bei Grasfröschen:
y-Achsen-Beschriftung: O_2-Aufnahme in ml $O_2 \cdot$ kg$^{-1} \cdot$ h^{-1} entspricht der Aufnahme von 1 ml O_2 pro kg Körpergewicht pro Stunde.
x-Achsen-Beschriftung: in den jeweiligen Monaten.

Seite 135, Abb. 4
Lichtsättigungskurven verschiedener Pflanzen:
y-Achsen-Beschriftung: CO_2-Aufnahme in µmol · m^{-2} · s^{-1} entspricht der Aufnahme von 1 µmol CO_2 pro m^2.
x-Achsen-Beschriftung: Beleuchtungsstärke in W · m^{-2} bedeutet Beleuchtungsstärke in Watt pro m^2 Oberfläche (hier: Pflanzenoberfläche).

Gefahrensymbole

T: giftig
T+: sehr giftig
Xn: gesundheitsschädlich
C: ätzend
Xi: reizend
F: leicht entzündlich
F+: hoch entzündlich
O: brandfördernd
E: explosionsgefährlich
N: umweltgefährlich

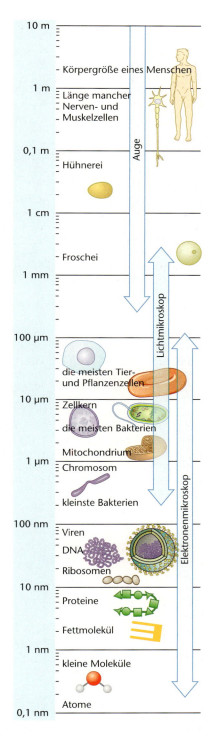

Operatoren

Analysieren: wichtige Bestandteile oder Eigenschaften auf eine bestimmte Fragestellung hin herausarbeiten

Anwenden: einen bekannten Sachverhalt oder eine bekannte Methode auf etwas Neues beziehen

Aufbauen eines Experiments: Objekte und Geräte zielgerichtet anordnen und kombinieren

Aufstellen einer Hypothese: eine begründete Vermutung auf der Grundlage von Beobachtungen, Untersuchungen, Experimenten oder Aussagen formulieren

Auswerten: Daten, Einzelergebnisse oder andere Elemente in einen Zusammenhang stellen und ggf. zu einer Gesamtaussage zusammenführen

Begründen: Sachverhalte auf Regeln und Gesetzmäßigkeiten bzw. kausale Beziehungen von Ursachen und Wirkung zurückführen

Beschreiben: Strukturen, Sachverhalte oder Zusammenhänge strukturiert und fachsprachlich richtig mit eigenen Worten wiedergeben

Bestätigen: die Gültigkeit einer Aussage (z. B. einer Hypothese, einer Modellvorstellung, eines Naturgesetzes) zu einem Experiment, zu vorliegenden Daten oder zu Schlussfolgerungen feststellen

Berechnen: numerische Ergebnisse von einem Ansatz ausgehend gewinnen

Bestimmen: mittels Größengleichungen eine chemische oder physikalische Größe gewinnen

Beurteilen: zu einem Sachverhalt ein selbstständiges Urteil unter Verwendung von Fachwissen und Fachmethoden formulieren und begründen

Bewerten: einen Gegenstand an erkennbaren Wertkategorien oder an bekannten Beurteilungskriterien messen

Darstellen: Sachverhalte, Zusammenhänge, Methoden etc. strukturiert und ggf. fachsprachlich wiedergeben

Deuten: Sachverhalte in einen Erklärungszusammenhang bringen

Durchführen eines Experiments: an einer Experimentieranordnung zielgerichtete Messungen und Änderungen vornehmen oder eine Experimentieranleitung umsetzen

Entwickeln: Sachverhalte und Methoden zielgerichtet miteinander verknüpfen; eine Hypothese, eine Skizze, ein Experiment, ein Modell oder eine Theorie schrittweise weiterführen und ausbauen

Erklären: einen Sachverhalt nachvollziehbar und verständlich zum Ausdruck bringen mit Bezug auf Regeln, Gesetzmäßigkeiten und Ursachen

Erläutern: einen Sachverhalt durch zusätzliche Informationen veranschaulichen und verständlich machen

Ermitteln: einen Zusammenhang oder eine Lösung finden und das Ergebnis formulieren

Erörtern: Argumente, Sachverhalte und Beispiele zu einer Aussage oder These einander gegenüberstellen und abwägen

Herleiten: aus Größengleichungen durch mathematische Operationen eine Bestimmungsgleichung einer naturwissenschaftlichen Größe erstellen

Nennen: Elemente, Sachverhalte, Begriffe, Daten ohne Erläuterungen aufzählen

Planen eines Experiments: zu einem vorgegebenen Problem eine Experimentieranordnung finden oder zu einem vorgegebenen Problem eine Experimentieranleitung erstellen

Protokollieren: Beobachtungen oder die Durchführung von Experimenten detailgenau zeichnerisch einwandfrei bzw. fachsprachlich richtig wiedergeben

Skizzieren: Sachverhalte, Strukturen oder Ergebnisse auf das Wesentliche reduziert grafisch übersichtlich darstellen

Stellung nehmen: zu einem Gegenstand, der an sich nicht eindeutig ist, nach kritischer Prüfung und sorgfältiger Abwägung ein begründetes Urteil abgeben

Überprüfen/Prüfen: Sachverhalte oder Aussagen an Fakten oder innerer Logik messen und eventuelle Widersprüche aufdecken

Verallgemeinern: aus einem erkannten Sachverhalt eine erweiterte Aussage formulieren

Vergleichen: Gemeinsamkeiten, Ähnlichkeiten und Unterschiede feststellen

Zeichnen: eine anschauliche und hinreichend exakte grafische Darstellung beobachtbarer oder gegebener Strukturen anfertigen

Zusammenfassen: das Wesentliche in konzentrierter Form herausstellen

Bild- und Textquellennachweis

Bildquellen:

A1PIX, Taufkirchen: 10.1g (ESB), 323.3b (PHN); AFP Agence France Press, Berlin: 311.5; akg-images, Berlin: 144.1b (Erich Lessing), 286.1; Gustavo Alabiso, Karlsruhe: 200.2; ALIMDI.NET, Deisenhofen: 10.1h1 (Kurt Friedrich), 10.1i (Kurt Friedrich), 170.1a (Dieter Hopf), 182.1f (Alfred), 188.1b (Kurt Friedrich), 244.1c1 (Hartmut Schmidt), 316.1 (Jspix), 317.3a (André Skonieczny); Andia.fr, Pacé: 328.1b (Goujon); Uwe Anders, Destedt: 212.1b, 261.2; Toni Angermayer, Holzkirchen: 290.2a (Reinhard), 311.3b (Schmidt); Arco Images, Lünen: 10.1h2 (J. de Cuveland), 303.1c (NPL), 308.1 (NPL); Peter Arnold, Berlin: 100.4 (Ed Reschke), 188.1a (Jim Wark), 188.1c (Bob Evans); Astrofoto, Sörth: 10.1f, 128.1a; Galerie Beckel Odille Boicos, Paris: 6.1, 228.1; Bildagentur Begsteiger, Gleisdorf: 313.4a; Bildagentur-online, Burgkunstadt: 134.1, 241.5, 245.3b (Ablestock); Bilderberg, Hamburg: 330.1 (Thomas Ernsting); Bildarchiv Boden, Creglingen: 178.1 (Otto Ehrmann); Biosphoto, Avignon: 325.6 (Ruoso Cyrill); Ortwin Bleich, Bad Salzdetfurth: 167.3b; Blickwinkel, Witten: 144.1a (A. Jagel), 145.3 (J. Kottmann), 154.1b (Hecker/Sauer), 160.1b (C. Wermter), 191.3 (Natur im Bild/Wellmann), 323.2 (F. Hecker), 325.5 (McPhoto); Bonnier Alba AG, Stockholm: 60.1c (Lennart Nilsson); Bridgeman, Berlin: 117.2, 300.0a, 300.0b; Z. Burian: 334.1a, 338.1; Carbon Trust, Witney: 196.1; Company of Biologists LTD.: 23.3; Corbis, Düsseldorf: 34.1 (Heide Benser), 142.1a (Pat O'Hara), 153.5 (PBNJ Productions), 168.1a (Joseph Sohm/Visions of America), 168.1b (Roger Ressmeyer), 184.1 (Gerolf Kalt), 191.5 (Fritz Polking), 276.1 (Mediscan); Das Fotoarchiv, Essen: 252.1a (Xinhua); die Bildstelle, Hamburg: 155.5 (Rex Features Ltd.); dieKLEINERT, München: 80.1c (Thomas Steyer), 244.1a (Andreas Schiebel); Aus "The Atlas of the Real World: Mapping the Way We Live" © 2008 Daniel Dorling, Mark Newman und Anna Barford, Thames & Hudson Ltd, London und Süddeutsche Zeitung, München: 4.1, 122.1; Reinhard Eisele, Walchensee: 152.1b; F1Online, Frankfurt: 212.1d (johner), 310.1b (ott); Agentur Focus, Hamburg: 10.1a (Evans/SPL), 10.1b (eye of science), 10.1c (eye of science), 12.1a (SPL/David McCarthy), 27.4b (A. Syred/Science Photo Library), 27.6 (Alexis Rosenfeld/SPL), 44.1a (A. BARRINGTON BROWN / SPL), 56.1b (SPL/POWER AND SYRED), 64.1a (SPL), 66.1b (eye of science), 68.2 (SPL/Volker Steger), 85.6 (Photo Researchers), 101.6 (SPL/Steve Gschmeissner), 106.1 (SPL/VolkerSteger), 112.1a, 118.2 (TEK Images/SPL), 120.1a, 127.2a (SPL/Sinclair Stammers), 158.1 (eye of science), 158.2 (Eye of Science), 161.5b (Photo Researchers), 212.1c (Dr. Karl Lounatmaa/SPL), 238.1 (SPL/Como-Unique, Custom Medical Stock Photo), 247.2 (SPL/M. Kage), 256.1c (SPL/Steve Gschmeissner), 262.1a (SPL/Mauricio Anton), 262.1b (SPL/Oscar Burriel), 296.1e (SPL/David McCarthy), 309.5 (SPL/John Durham); Andrew A. Forbes, Davis (USA): 313.4b; Fotex, Hamburg: 331.3b (Walter Allgoewer); H. Frank, Tübingen : 14.1a; Alexandra Fritzsch: 207.4; Bildagentur Geduldig, Maulbronn: 175.1c, 182.1a, 209.3, 310.1a; Getty Images, München: 110.1b (Bongarts), 210.1d (altrendo travel), 276.2 (Lester Lefkowitz), 308.2 (Timothy Laman), 340.1 (Michael Coyne/The Image Bank); Greiner + Meyer, Braunschweig: 150.1 (Schrempp); Rainer Hausfeld, Vechta: 190.1b, 304.2; Hippocampus-Bildarchiv, Seeheim-Jugenheim: 161.5a (Frank Teigler); Jutta Hof, Frankfurt: 7.1, 288.1; Bildagentur Huber, Garmisch-Partenkirchen: 116.1b; Dr. Thomas Huk, Braunschweig: 302.1a; imago, Berlin: 301.2 (Imagebroker), 318.1 (Photoshot/Evolve); Institut für Medizinische Genetik, Universitätsmedizin Berlin, CVK: 40.1 l.; Institut für Polarökologie, Kiel: 150.2; Institut für wissenschaftliche Fotografie Kage, Lauterstein: 309.3a, 309.3b; Jahreszeiten Verlag, Hamburg: 40.1 r.; Julius-Kühn-Institut, Dresden: 202.2; Juniors Bildarchiv, Ruhpolding: 177.5, 251.3a, 328.1c; Mark Jury und Dan Jury, Waverly: 280.1; Wissenschaftliche Film- und Bildagentur Karly, München: 14.2a, 27.4, 66.1a; Keystone, Hamburg: 13.1a (Horst Jegen), 296.1b (Horst Jegen), 341.2b1 (Jochen Zick); Unmesh Kher: 241.4; Andrea Knor: 154.1a; Klaus G. Kohn, Braunschweig: 89.3, 152.1a, 258.1a; D. Kosman u. a., Multiplex Detection of RNA Expression in Drosophile Embryos. In: Science 6. Aug. 2004; mit freundlicher Genehmigung von AAAS: 294.2; Helga Lade Fotoagentur, Frankfurt: 10.1e, 182.1b; aus: Steven Laureys, Death, unconsciousness and the brain. In: Nature Reviews Neuroscience 6, November 2005, S. 899ff. Mit freundlicher Genehmigung von Macmillan Publishers 2010: 280.6; Lavendelfoto, Hamburg: 182.1e (Gerhard Hoefer); LGN Landesvermessung und Geobasisinformation Niedersachsen, Hannover: 171.4c; Johannes Lieder, Ludwigsburg: 28-29.1a-f, 60.1a, 60.1b; Isabel Lisbach: 179.4; Look-Foto, München: 116.1a (Torsten Andreas Hoffmann), 138.1a (J. Richter); Max-Planck-Arbeitsgruppen für strukturelle Molekularbiologie, München: 56.1a (Jürgen Berger), 57.4b-d, 242.1a (J. Berger); Mauritius images, Mittenwald: 10.1d (Hiroshi Higuchi), 12.1b (Phototake), 44.1b, 63.4 (Alamy), 96.1 (Photo Researchers), 100.2, 101.7, 120.1b (Photo Researchers), 140.1 (Hiroshi Higuchi), 146.1 (alamy), 162.2 (Alamy), 176.1b (pepperprint), 177.6 (Thonig), 269.2a (Superstock), 269.2b (Superstock), 269.2c (Superstock), 296.1f (Phototake), 322.1 (Imagebroker), 323.3a (Lutz Gerken), 323.3c (age), 325.4 (Alamy); Medicalpicture, Köln: 236.1; S. Merz: 82.1; Molecular Biology of the Cell 5, Garland Science 2008 / Large Scale Biology Corporation, Vacaville: 60.2 (Tim Myers, Leigh Anderson); NASA/GSPC, Modis Rapid Response: 314.1b; National Academy of Sciences, U.S.A.: 57.4a (H. Kubota/R. L. Brinster); National Museums of Kenya, Nairobi – Mit freundlicher Genehmigung von David L. Brill © 1985: 336.1; naturganznah.de, Falkenfels: 182.1h; Neanderthal Museum, Mettmann: 332.1a, 332.1b; Okapia, Frankfurt: 12.1c, 39.4 (Jack Green), 69.3, 84.2a (Photo Researchers), 85.5, 161.4a (Nils Reinhard), 161.4b (Hans Reinhard), 175.1d (ZoomServerPro), 175.1e (Photri Inc.), 182.1d, 182.1g, 200.3 (Karl Gottfried Vock), 200.4 (Hapo), 212.1a (NA/David M. Phillips), 250.1 (Ed Reschke/P. Arnold Inc.), 268.1 (Nigel Cattlin/Holt Studios/NAS), 290.2b (Frieder Sauer), 296.1c, 307.3 (Hans Reinhard), 319.4a (ZoomServerPro), 323.3e (Photoresearchers/Francesco Tomasinelli), 328.1a (Terry Whittaker/NAS), 334.1c; Petit Format, Paris: 3.1–3.3, 8.1–8.3; Dr. E. Philipp, Berlin: 188.1d; Photothek, Radevormwald: 80.1a (Thomas Koehler); picture-alliance, Frankfurt: 80.1b (dpa), 195.4b (Helga Lade Fotoagentur/H. Krischel), 206.1 (Marijan Murat/dpa), 244.1c2 (medicalpicture), 323.3d (dpa), 323.3f (dpa), 324.1 (dpa); Mathias Popko, Meine: 32.1a–d; Martin Ratermann, Vechta: 79.4; Dr. C. Rebmann, Max-Planck-Institute for Biogeochmistry, Jena: 142.1b; Reinhard-Tierfoto, Heiligkreuzsteinach: 313.3b, 323.3a; Dr. Conly L. Rieder, Wadsworth Center, Albany, New York: 29.3; Printed by permission of the Norman Rockwell Family Agency, Antrim/© 1948 Norman Rockwell Family Entities: 220.1 (Triple Self Portrait. Cover for „The Saturday Evening Post" by Norman Rockwell; © 1948 SEPS: Licensed by Curtis Publishing, Indianapolis, IN/Image Courtesy of Norman Rockwell Museum); Bill Sanderson: 329.4; Schapowalow, Hamburg: 244.1b (Robert Harding), 252.1b (Zoellner); Udo Schmidt: 167.3a; SeaTops, Karlsruhe: 13.1c, 296.1a, 328.1d; Silvestris, Kastl: 311.3a, 313.3a; Lothar Sprenger, Dresden: 160.1a; STOCK4B, München: 101.5; Stockfood, München: 135.6 (Luyten, Joris); Tautz, Phänomen Honigbiene. Elsevier GmbH/Spektrum Akademischer Verlag 2007: 208.1, 208.2 (BEEphotos of science and art, Prof. Dr. Jürgen Tautz, Biozentrum Universität Würzburg); Thieme Verlag, Stuttgart: 16.1; Transit, Leipzig: 100.3 (Thomas Haertrich); UFZ - Helmholtz-Zentrum für Umweltforschung GmbH, Leipzig: 222.1 (André Künzelmann), 307.5a (André Künzelmann); vario images, Bonn: 10.1h3; Visuals Unlimited, Hollis: 17.2, 66.1c, 177.4, 204.1 (Science VU/John Doebley); Visum, Hamburg: 171.4b (The Image Works), 252.1c (Andreas Reeg); aus: R. Wehner, W. Gehring: Zoologie. Thieme Verlag Stuttgart, 24. Aufl. 2007, S. 391: 230.1 (Ehrengruber, Gähweiler, Mckinney); Westend61, Fürstenfeldbruck: 13.1b (Werner Dieterich), 296.1d (Werner Dieterich); Wikimedia Commons: 100.1 (Rastrojo); Wildlife, Hamburg: 151.4a (M. Harvey), 171.4a (R.Hoelzl), 182.1c (D. Harms), 191.2 (D. Harms), 224.1-27, 311.4 (S. Stuewer), 317.4, 341.3 (A.Shah); Patricia J. Wynne: 314.1a (Spiegel 4/2009, S. 101); www.entomart.be: 304.1 (Claude Galand); www.image-box.com, Duisburg: 200.1 (Uwe Schmid); www.naturbildportal.de, Hannover: 10.1h4.

367

Grafiken:
Julius Ecke, www.naturstudiendesign.de: 11.3, 14.1b, 14.2b, 15.3, 15.4, 18.1, 18.2, 19.3, 19.4, 19.5, 19.6, 19.7, 20.1, 20.2, 21.3, 22.1, 22.2, 24.4, 24.5, 25.6, 25.7, 25.8, 26.1, 27.5, 28-20.1a-f, 30-31.1, 34.2, 35.3, 35.4, 35.5, 39.3, 40.2, 40.3, 41.4, 41.5, 42.1, 42.2, 43.3, 43.4, 44.1c, 45.1d, 46.1, 46.2, 47.3, 47.4, 48.1, 49.1, 50.1, 51.2, 52-53.1, 52-53.1, 54.1, 54.2, 55.3, 55.4, 55.5, 56.1c, 57.2, 58.1, 59.2, 61.3, 61.4, 62.1, 63.2, 63.3, 64.1b, 64.2, 65.4, 67.2, 67.3, 68.1, 70.1, 70.2, 70.3, 70.4, 71.5, 71.6, 71.7, 72-73.1, 72-73.2, 72-73.3, 72-73.4a, 72-73.4b, 72-73.4c, 72-73.5, 74-75.1, 74-75.2, 74-75.3, 74-75.4, 74-75.5, 74-75.6, 74-75.7, 74-75.8, 76-77.1, 76-77.2, 76-77.3, 76-77.4, 76-77.5, 78.1, 78.2, 79.3, 80.2, 81.4, 81.5, 81.6, 81.7, 82.2, 83.3, 83.4, 83.5, 84.1, 84.2b, 85.3, 85.4, 86.1, 86.2, 87.3, 87.4, 88.1, 89.2, 90.1, 91.2, 91.3, 92.1, 93.3, 93.4, 94.1, 94.2, 95.3, 95.4, 97.2, 97.3, 97.4, 98.1, 99.2, 99.3, 101.8, 102.1, 103.2, 104.1, 105.2, 105.4, 106.2, 107.3, 108.1, 109.2, 109.4, 109.5, 113.1b, 113.1c, 113.3, 114.1, 115.2, 115.3, 117.3, 117.4, 118.1, 119.4, 120.2, 121.3, 121.4, 124.1, 125.2, 125.3, 126.1, 127.2, 128.1, 128.2, 129.3, 129.4, 130.1, 131.2, 132.1, 133.2, 133.3, 134.2, 135.3, 135.4, 135.5, 136.1, 136.2, 137.3, 137.4, 137.5, 138.1b, 138.1c, 138.2, 139.3, 140.2, 140.3, 141.4, 142.2, 143.4, 145.2, 147.2, 147.3, 147.4, 149.4b, 151.4b, 151.5, 152.1c, 153.2, 153.3, 153.4, 154.1c, 155.2, 155.3, 155.4, 157.2a, 161.2, 162.1, 163.4, 163.5, 163.6, 164.1, 164.2, 164.3, 165.1, 165.2, 166.1, 167.2, 169.2, 169.3, 170.1b, 170.2, 171.3, 172.1, 172.2, 173.4, 173.5, 173.6, 174.1a, 176.1a, 177.3, 178.2, 180.2, 181.3, 181.4, 184.2, 185.3, 185.4, 185.5, 186.1, 187.2, 189.3, 189.4, 189.5, 190.1a, 191.4, 192.1, 193.2, 193.3, 193.4, 194.1, 195.3, 195.4a, 196.2, 197.4, 204.2, 205.4, 210.1a, 210.1b, 216.1, 218.1, 226.1, 227.2, 230.2, 231.3, 232.1, 232.2, 232.3, 233.4, 233.5, 234.1, 235.2, 235.3, 235.4, 236.2, 237.4, 237.5, 238.2, 239.4, 240.1, 242.1b, 243.2, 243.3, 243.4, 244.2, 245.3a, 245.4, 246.1, 247.4, 248.1, 249.2, 249.3, 250.2, 251.3b-c, 251.4, 253.2, 253.3, 254.1, 254.2, 255.3, 255.5, 256.1a-b, 257.2, 257.3, 258.1b, 259.2, 259.3, 260.1, 264.1, 265.2, 265.3, 266.1, 267.2, 267.3, 269.3, 269.5, 270.1, 270.2, 271.3, 272.1, 272.2, 273.3, 273.4, 274.1, 275.2, 275.3, 275.4, 276.3, 277.4, 277.5, 278-279.1, 280.5, 282.1, 284.1, 285.2, 285.4, 287.3, 287.4, 290.1, 290.2c, 291.4, 291.5, 291.6, 292.1, 293.2, 293.3, 293.4, 297.3, 301.1, 302.1b, 303.1d, 303.2, 305.4, 305.5, 305.6, 306.1, 307.2, 307.4, 307.5b, 309.4, 310.1c, 311.3c, 312.1, 313.3c, 315.2, 315.3, 316.2, 317.3b, 318.2, 319.3, 319.4b, 320.1, 320.2, 321.3, 323.4, 324.3, 326.1, 327.3a, 327.3b, 328.1e, 329.3, 331.2, 333.2, 333.3, 333.4, 334.1b, 335.2, 335.3, 337.2, 337.3, 337.4, 339.2, 341.2a, 364.1; Christine Henkel, Dahmen: 11.2, 36.1, 36.2, 37.4, 37.5, 38.1, 65.3, 148.2, 149.3a, 149.3b, 149.4a, 150.3, 156.1, 179.3, 180.1, 183.3, 183.4, 191.6, 202.1, 210.1c, 286.2, 294.1, 295.3, 295.5, 298.1, 313.2, 339.3; Satz und Grafik Partner, Walter Laß, Meitingen: 27.3, 32-33.1, 38.2, 110.1, 111.3, 111.4, 148.1; Schwanke & Raasch, Hannover: 331.3a, 341.2b2-4.

Textquellen:
S. 11: Hickmann u. a., Zoologie, Pearson Studium München und Weiler, Nover: Allgemeine und molekulare Botanik, Thieme, Stuttgart 2008
S. 171: Ein etwas verschwenderischer Tag http://sueddeutsche.de/wissen/585/324451/text
S. 172-175: Ökologisches Bewerten: Wurde in Anlehnung an eine Veröffentlichung von Frau Prof. Dr. S. Bögeholz erstellt, veröffentlicht in PdN-Biologie, Jan 2006 (1/55)
S. 180: Text von Frau Nüsslein-Volhard: http://www.zeit.de/zeit
S. 217: Botox: http://www.shortnews.de/id/696189/Gro%C3%9Fbritannien-Tod-von-vier-Kindern-mit-Botox-Injektionen-in-Verbindung-gebracht
S. 237: Moyes, Tierpsychologie, Pearson Studium München
S. 259: Ab wann ist der Mensch ein Mensch?, Von Genen und Embryonen. Nüsslein-Volhard, Christiane, Stuttgart, Reclam 2004, S. 66 f.
S. 259: Ethisches Bewerten: Wurde in Anlehnung an eine Veröffentlichung von Frau N. Alfs und Frau Prof. Dr. C. Hößle erstellt, veröffentlich in PdN-Biologie Juni 2009 (4/58)

Es war nicht in allen Fällen möglich, die Inhaber der Bild- und Textrechte ausfindig zu machen und um Abdruckgenehmigung zu bitten. Berechtigte Ansprüche werden selbstverständlich im Rahmen der üblichen Konditionen abgegolten.